Barrington Barber

DIE NEUE ZEICHENSCHULE

Barrington Barber

Die neue ZEICHEN SCHULE

Zeichnen lernen in 12 Lektionen

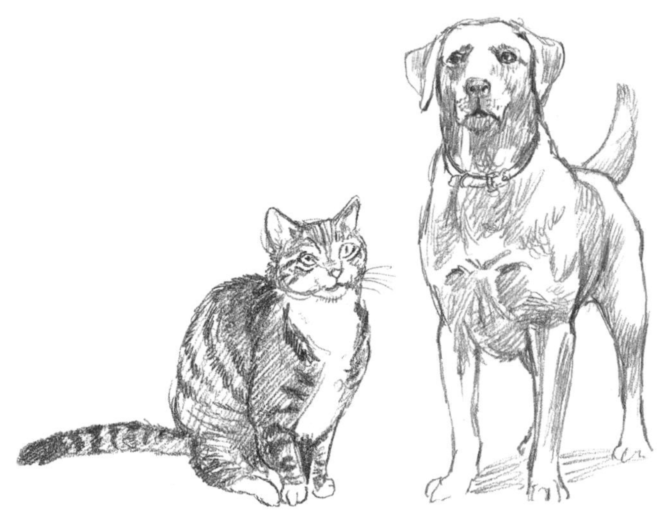

Bassermann

ISBN: 978-3-8094-2705-6

15. Auflage

Dieses Buch wurde 2009 erstmals in Großbritannien unter dem Titel
Drawing Class bei Arcturus Publishing veröffentlicht.

Umschlaggestaltung: Atelier Versen, Bad Aibling
Übersetzung: Regine Felsch
Gesamtproducing: berliner buch.macher

Druck: Mohn Media Mohndruck GmbH, Gütersloh

Printed in Germany

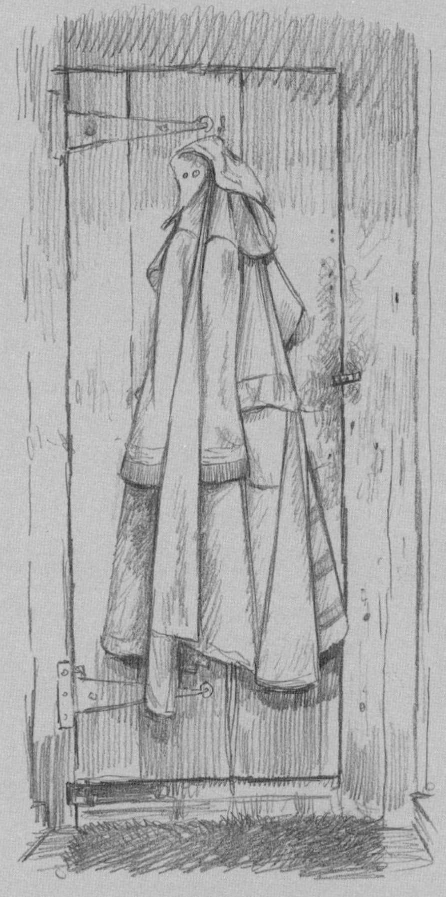

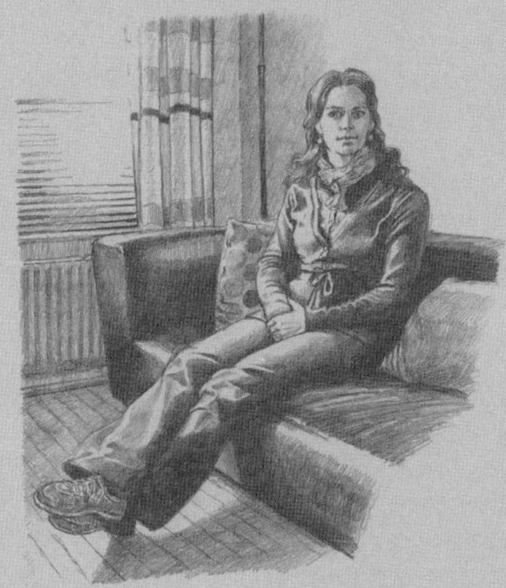

INHALT

EINFÜHRUNG

Zeichnen lernen ist nicht schwer – jeder lernt Gehen, Sprechen, Lesen und Schreiben schon in jungen Jahren, und zu ergründen, wie man zeichnen kann, ist viel leichter als all diese Vorgänge! Zeichnen bedeutet lediglich, Spuren einer visuellen Erfahrung auf einem Blatt Papier wiederzugeben. Alles, was Sie brauchen, um ausdrucksstark zu zeichnen, sind der Wunsch, es wirklich zu tun, ein wenig Beharrlichkeit, die Fähigkeit, zu beobachten, und die Bereitschaft, sich die Zeit zum Korrigieren von Fehlern zu nehmen. Der letzte Punkt ist sehr wichtig, denn Fehler sind nicht prinzipiell schlecht; sie bieten Ihnen die Chance, sich zu verbessern – sofern Sie Fehler stets korrigieren und so lernen, was beim nächsten Mal zu tun ist.

Viele Übungen dieses Buches beruhen auf altbewährten, von Kunststudenten und Profikünstlern praktizierten Methoden. Führen Sie diese gewissenhaft durch, werden Sie deutliche Fortschritte in Ihren Zeichenkünsten machen. Mit fortwährender Praxis und regelmäßiger Durchführung der Übungen, werden Sie in der Lage sein, gekonnt zu zeichnen, und Ihre Fertigkeiten werden sich rasch sichtbar entfalten. Lassen Sie sich von diesem Weg nicht durch Schwierigkeiten abbringen, denn diese lassen sich mit Zielstrebigkeit und viel Übung überwinden.

Arbeiten Sie so oft es geht mit anderen Lernenden zusammen, denn auch das fördert Ihren Fortschritt. Zeichnen mag wie eine Privatübung wirken, ist aber letztendlich öffentlich, weil Ihre Zeichnungen von anderen betrachtet und gewürdigt werden. Zeigen Sie anderen Menschen Ihre Arbeiten und achten Sie darauf, was sie sagen. Dabei sollten Sie nicht jedes Lob oder jede Kritik akzeptieren oder gar zurückweisen, sondern überprüfen Sie an Ihrer Zeichnung, ob die anderen nicht etwas sehen, was Ihnen bisher entgangen ist. Ist die Meinung Ihrer Mitmenschen nicht gerade schmeichelhaft, seien Sie nicht gekränkt. Lob und Kritik sollten nur dann eine Rolle spielen, wenn sie Ihnen helfen, Ihre Arbeit objektiver zu sehen. Obwohl der erfahrene Blick eines Künstlers zunächst von großem Wert ist, sollten Sie letztendlich selbst Ihr schärfster Kritiker sein, der am genauesten abschätzen kann, wie gelungen eine Zeichnung ist und wo sie nicht funktioniert.

Sprechen Sie mit professionellen Künstlern über ihre Arbeit, falls Sie die Gelegenheit dazu haben. Besuchen Sie Ausstellungen und Galerien, um sich bei der »Konkurrenz« umzuschauen, seien es die alten Meister oder zeitgenössische Künstler. All diese Erfahrungen helfen Ihnen, mit Ihren Werken den richtigen Weg einzuschlagen. Auch wenn Ihnen die Arbeit mit diesem Buch den Weg zum guten Zeichnen ebnen hilft, so können nur Sie selbst Ihre Schwächen und Stärken erkennen und versuchen, die Schwächen zu korrigieren und auf den Stärken aufzubauen.

Stetige, intensive Arbeit bewirkt mehr als Talent allein, also geben Sie nicht auf, wenn Sie sich entmutigt fühlen. Das Zeichnen ist eine wunderbare, befriedigende Tätigkeit, auch wenn Ihr Werk niemals den Weg in die »Royal Academy of Arts« oder in die »Tate Gallery of Modern Art« findet. Viel Vergnügen!

Barrington Barber

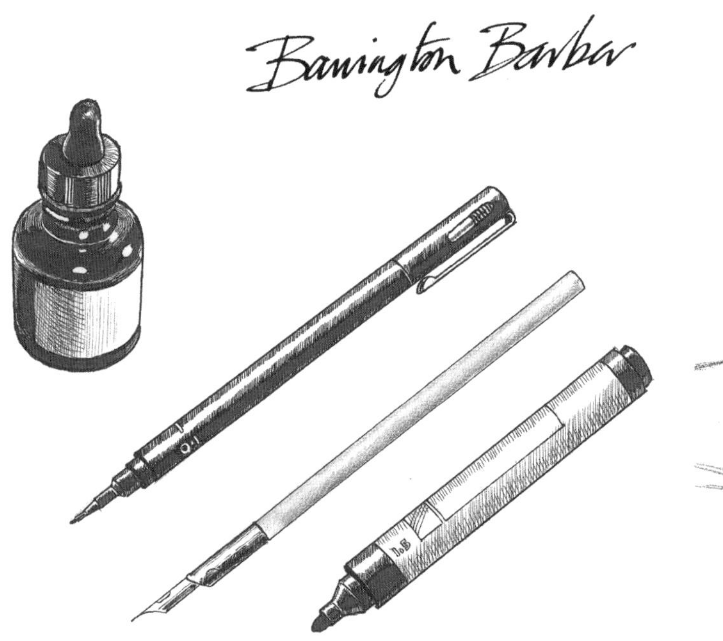

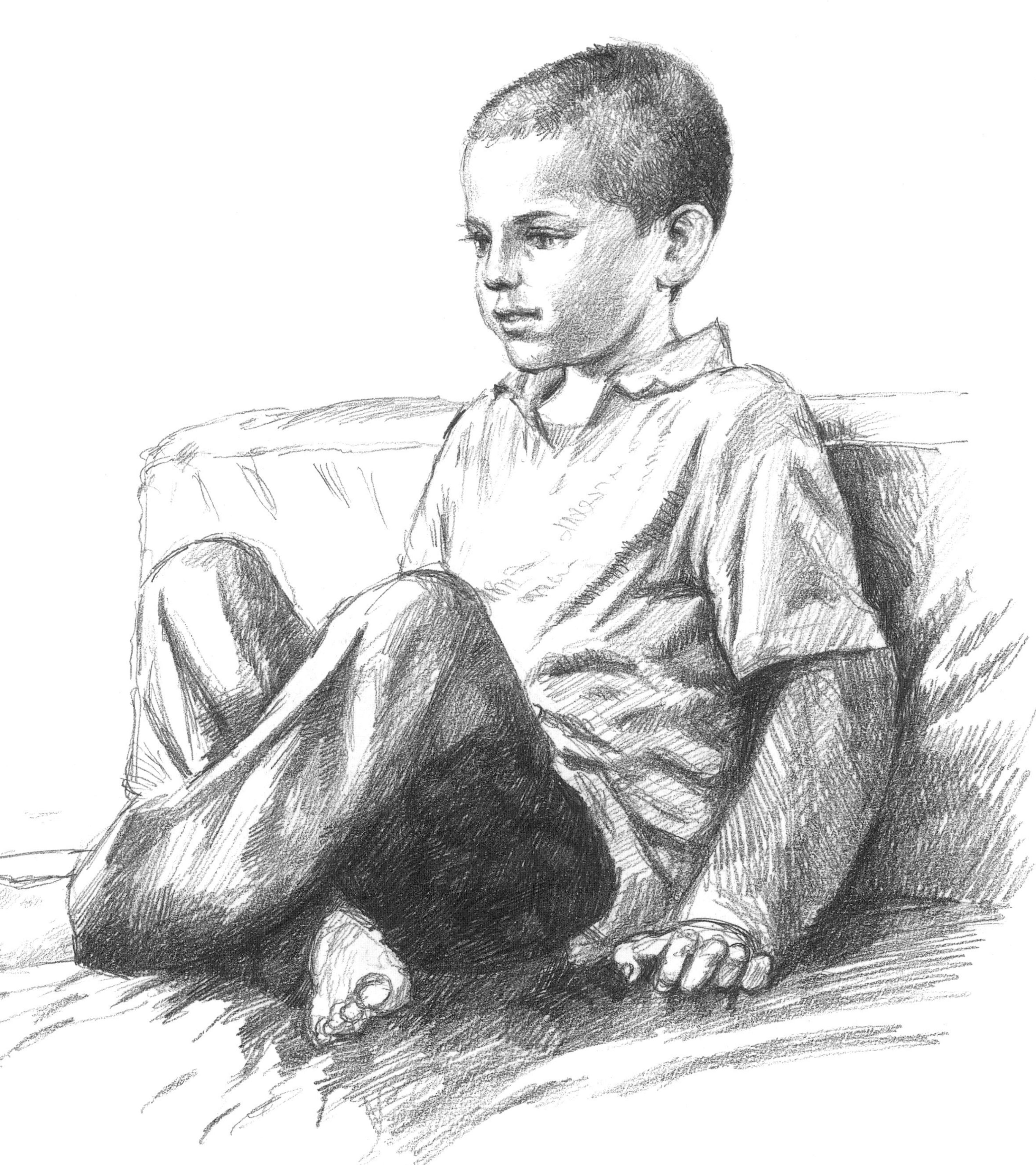

MATERIAL

Wenn Sie mit dem Zeichnen beginnen, liegt es nahe, dafür Bleistifte zu nehmen, da Sie diese schon als Kind benutzt haben und mit ihnen vertraut sind. Sobald Sie sich sicherer fühlen und ihre Zeichenfertigkeiten weiter ausbauen wollen, werden Sie eine größere Materialvielfalt ausprobieren, um nicht nur die Unterschiede in der Umsetzung zu erkunden, sondern auch mit Freude die Bandbreite Ihrer Techniken zu vergrößern. Auf den Seiten 124–153 werden weitere Malutensilien beschrieben sowie Übungen, mit denen Sie diese erproben können.

Als Zeichenfläche benötigen Sie mittelstarkes Zeichenpapier, das Sie als Einzelbögen oder Zeichenblock kaufen können. Letzterer ist praktisch, da er sich ins Freie mitnehmen und zu Hause nutzen lässt. Für unterwegs eignen sich die Formate DIN A5, A4 und A3 am besten – alle anderen Größen sind unhandlich.

Ein Zeichenbrett für Ihre Arbeit zu Hause ist im Künstlerbedarfsgeschäft erhältlich, aber es lässt sich auch leicht selbst und preiswerter aus einem Stück MDF-Platte oder dickem Sperrholz aussägen: am besten im DIN-A2-Format. Schleifen Sie die Kanten glatt. Bei Bedarf streichen Sie das Brett mit Grundierung oder Dispersionsfarbe, um die Oberfläche zu schützen. Zum Befestigen des Zeichenpapiers auf dem Brett eignen sich klassische Klammern oder Heftzwecken. Ich hingegen bevorzuge Kreppband: Es ist leicht, schnell anzubringen und beschädigt das Papier nicht, wenn man es vorsichtig anklebt.

Ob Sie im Sitzen oder Stehen zeichnen: Die Zeichenfläche muss sich in einem angemessenen Winkel vor Ihnen befinden. Wenn Sie im Stehen zeichnen (in der Regel ideal beim Abzeichnen der realen Umgebung) und keinen kleinen Skizzenblock verwenden, brauchen Sie eine Staffelei, die Ihr Zeichenbrett in Position hält. Sie können eine kleine, zusammenlegbare oder eine größere, in der Neigung verstellbare

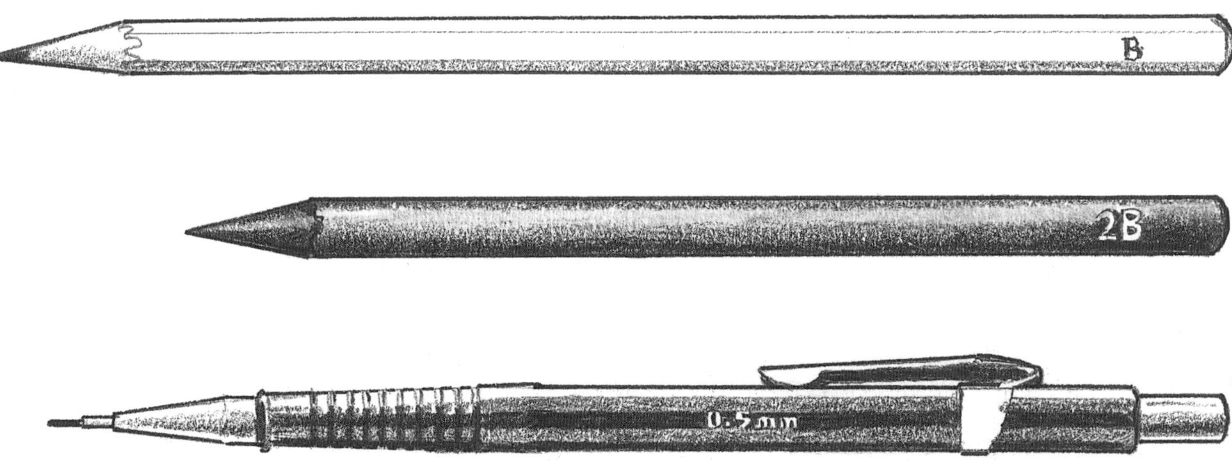

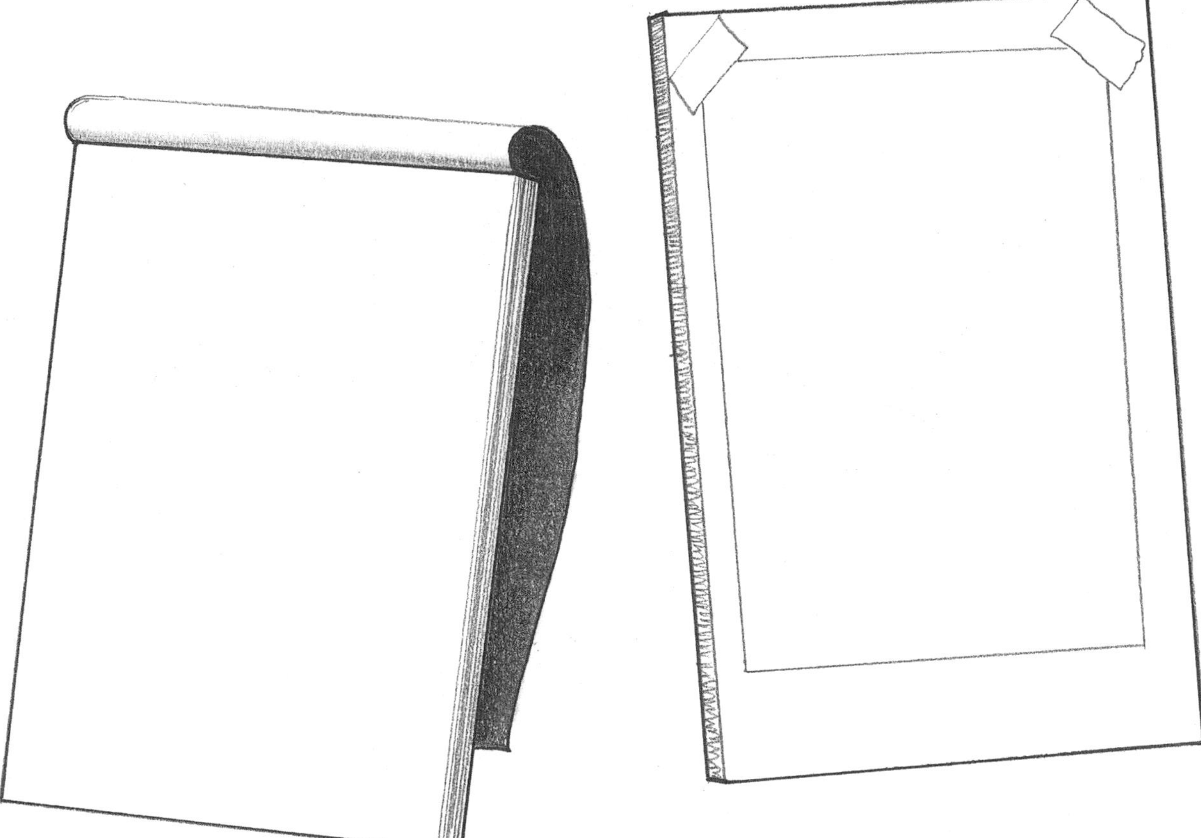

Feldstaffelei kaufen – ich bevorzuge Letzteres. Wenn Sie lieber im Sitzen zeichnen und keine Staffelei haben, können Sie ein auf Ihren Knien stehendes DIN-A2-Zeichenbrett an die Tischkante oder an die Lehne eines zweiten Stuhls lehnen.

Ganz gleich, ob Sie mit einer Staffelei oder einer Ersatzstütze arbeiten: Die Zeichenfläche sollte möglichst direkt vor Ihnen und senkrecht zu Ihrer Blickachse stehen. Schauen Sie hingegen schräg aufs Papier, zeichnen Sie leicht verzerrt, ohne es zu merken, bis Sie zurücktreten und einen objektiveren Blick auf Ihre Zeichnung werfen. Halten Sie den Bleistift oder andere Zeichengeräte mit leichtem, lockerem Griff – Sie brauchen sie nicht schraubstockartig zu umklammern. Probieren Sie auch andere Stifthaltungen aus, sowohl den gewohnten Schreibgriff als auch die Art, mit der Sie einen Pinsel oder Stock halten würden, besonders wenn Sie im Stehen zeichnen: Je senkrechter die Zeichenfläche, desto leichter fällt es, mit dem von oben fassenden Pinselgriff zu arbeiten.

Entspannen Sie Schultern, Arm und Handgelenk – eine fließende, leichte Bewegung ist für eine gute Zeichnung förderlicher. Wenn Sie merken, dass Ihre Bewegung ängstlich und eingeengt wird, treten Sie von der Staffelei etwas zurück und arbeiten mit schwingenden Strichen, bis Sie merken, dass Sie sich wieder lockern. Gerade Anfänger neigen leicht zur Anspannung, vielleicht weil sie befürchten, eine bisher gut begonnene Zeichnung zu verderben. Aber denken Sie daran: Sie zeichnen zu Ihrem Vergnügen! Die Übungen dieses Buches möchten Ihnen helfen, den Lernprozess zu genießen und sich auf Ihre Stärken anstatt auf Ihre Schwächen zu konzentrieren.

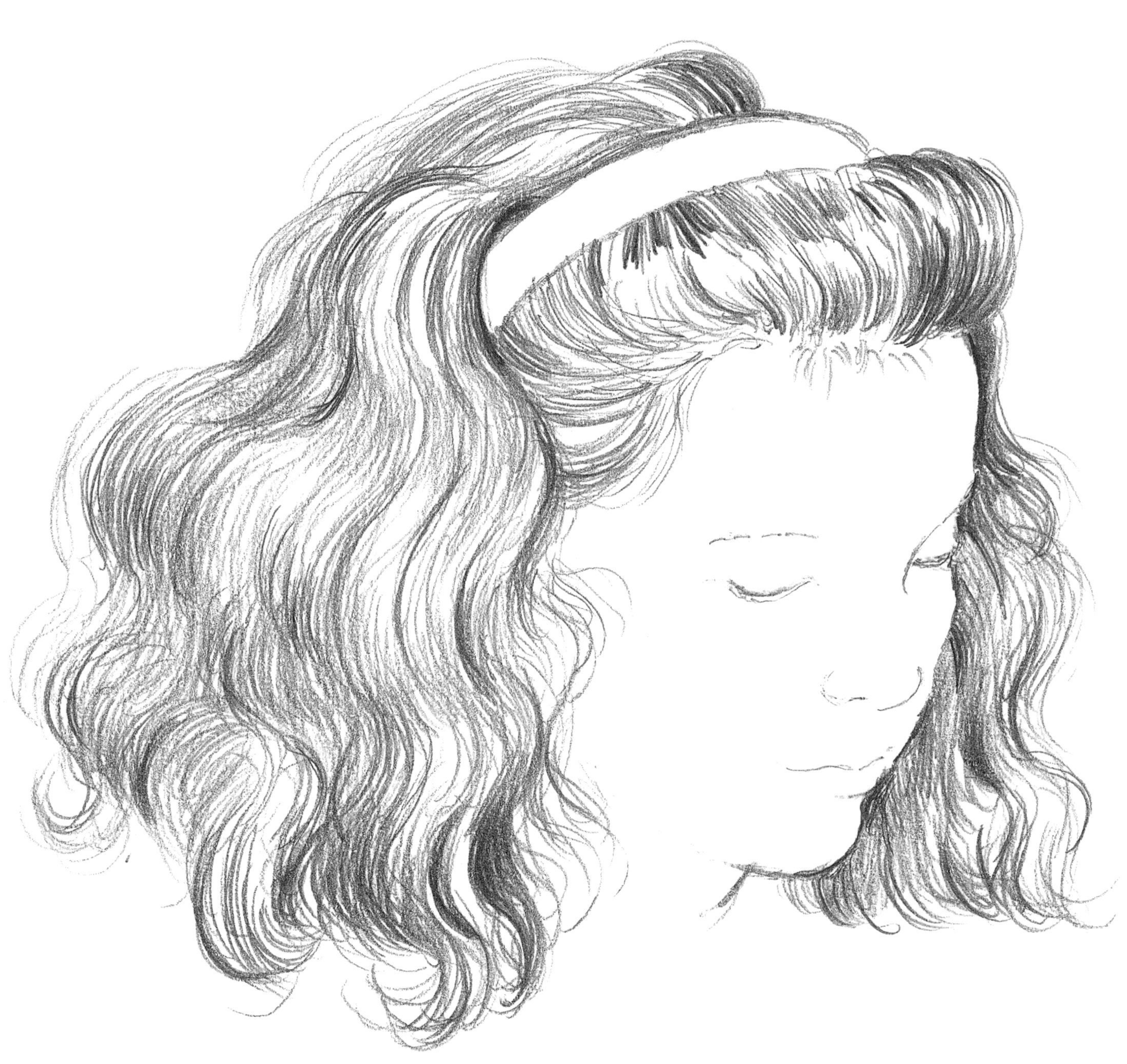

LEKTION 1

GRUNDÜBUNGEN FÜR LINIE, FORM UND TEXTUR

Diese Lektion ist für Sie vor allem dann interessant, wenn Sie bisher nur wenig gezeichnet haben. Doch selbst wenn Sie schon Erfahrungen sammeln konnten, tragen diese Übungen dazu bei, Sie zu lockern, denn hier geht es um Grundfertigkeiten, die Sie für Zeichnungen mit naturalistischem Bezug brauchen. Jede Zeichnung basiert letztlich auf dem bewussten Anlegen von Bewegungsspuren. Darauf werden Sie immer zurückgreifen, auch wenn Ihre Zeichnungen schon ausgefeilt sind.

Daher enthält dieses Kapitel Übungen zum Zeichnen von Linien, Schattierungen, Texturen und einfachen Formen. Sie alle erfordern eine gewisse Kontrolle über den Stift, für die sie nie zu viel Zeit aufwenden können. Dazu gehören auch Übungen für eine einfache Perspektive als erste Einführung in die Kunst, gezeichnete Formen dreidimensional wirken zu lassen.

Um das naturalistische Zeichnen vorzubereiten, konzentrieren wir uns auf die Konturen von Gegenständen, die vor uns stehen. Hier zeigt sich die wahre Meisterschaft eines Künstlers. Für einen guten Zeichner ist diese Übung ein kontinuierlicher, nie abgeschlossener Vorgang. Die letzten Übungen helfen Ihnen, unterschiedliche Texturen der gezeichneten Objekte realitätsgetreu abzubilden.

BEWEGUNGSSPUREN ZEICHNEN

Absolute Anfänger profitieren am meisten von diesen Übungen. Doch selbst für Erfahrene ist der Gewinn groß. Nur tägliches Training führt zu der Geschicklichkeit, die Künstler brauchen. Je öfter Sie derartige Übungen durchführen, desto besser lernen Hand und Auge, zusammenzuarbeiten, was Ihre Zeichenkunst erheblich verbessern wird.

Achten Sie dabei auch auf die ästhetische Qualität dieser Proben und versuchen Sie, Ihre Zeichnungen auf dem Papier gut aussehen zu lassen.

Übung I

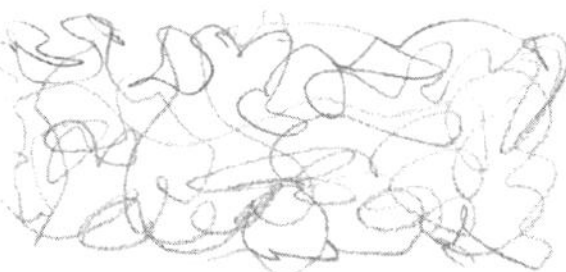

Zuerst kritzeln Sie eine in alle Richtungen laufende Linie in eine begrenzte Fläche; sie zeigt eine schöne Textur.

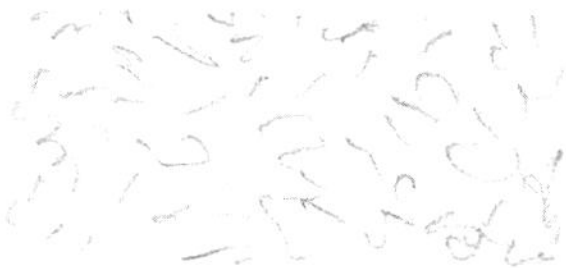

Setzen Sie nun gestoßene Spuren in eine Fläche. Die Striche dürfen sich nicht überschneiden, ihre Abstände sollen ungefähr gleich sein.

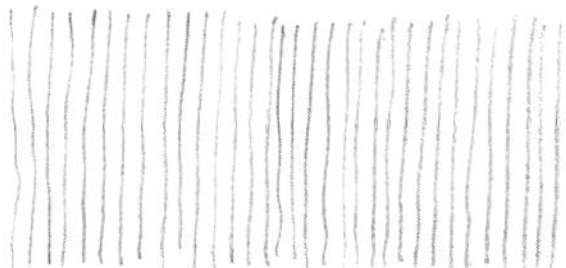

Zeichnen Sie nun kontrollierte, gleichmäßige und sehr gerade parallele Linien: alle mit gleicher Länge und mit gleichen Abständen dazwischen. Wiederholen Sie diese drei Übungen.

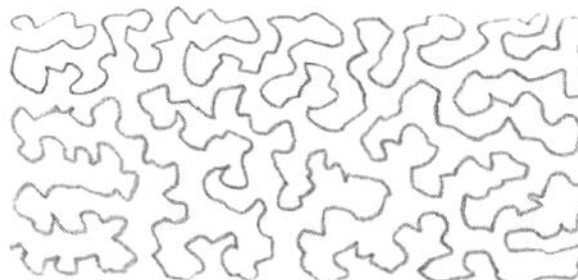

Jetzt lassen Sie eine einzige Linie ohne Überschneidungen über das Papier wandern. Das mag erzwungen wirken, doch dieser wichtige Lernschritt bringt Ihrer Hand bei, erkennbare Formen aufs Papier zu setzen.

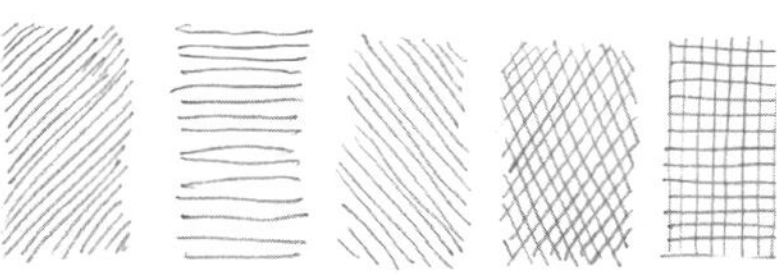

Zurück zu den geraden Linien. Zeichnen Sie verschiedene gerade Linien im gleichen Abstand zueinander und in imaginären Rechtecken sitzend. Ziehen Sie zuerst schräge Linien von unten links nach rechts oben, danach waagerechte Linien, dann schräge Linien von oben links nach unten rechts. Jetzt sollen sich zwei Lagen aus schrägen Linien kreuzen, dann genauso senkrechte und waagerechte.

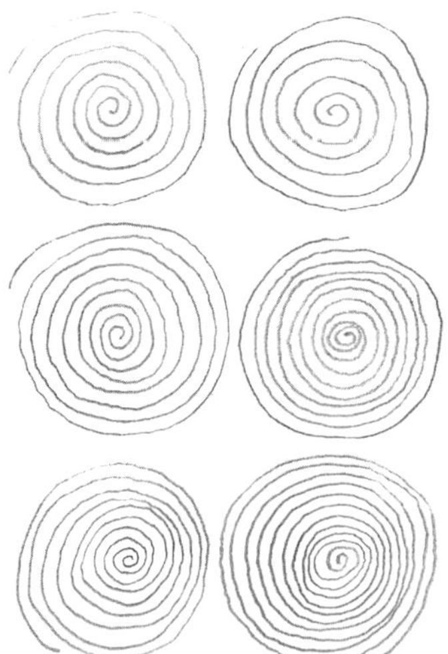

Rundere Formen üben Sie mit Spiralen. Zeichnen Sie von außen nach innen, im und gegen den Uhrzeigersinn, danach mit engerem Linienabstand und schließlich vom Zentrum nach außen, erneut in beide Richtungen.

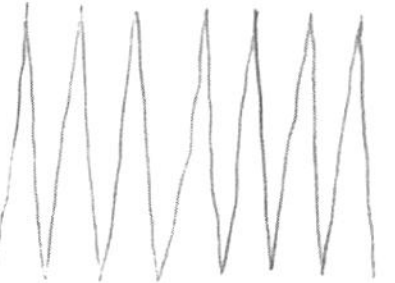

Eine Zickzacklinie führt auf und ab.

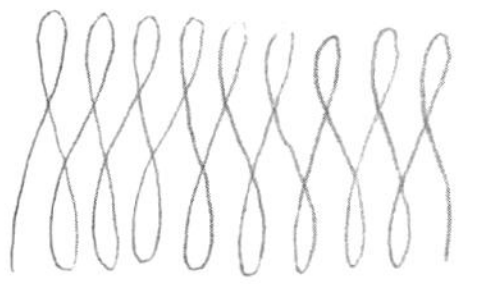

Führen Sie den Stift wieder auf und ab, nun aber zieht er Schleifen übers Blatt.

Versuchen Sie, eine dunkle Masse aus senkrechten Strichen zu zeichnen.

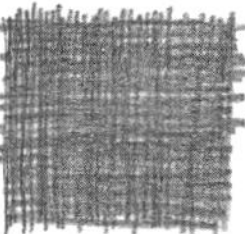

Zeichnen Sie eine weitere Lage aus waagerechten Linien darüber.

Schließlich verdichten Sie die Fläche mit einer dritten und vierten Lage, jeweils mit schrägen Linien.

Übung 2

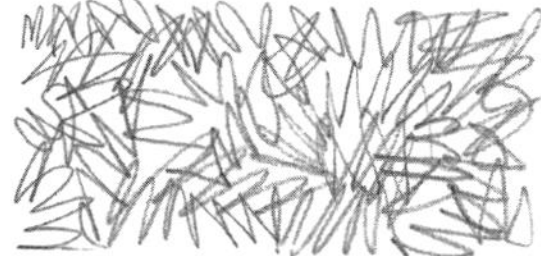

Erkunden Sie als nächste Bewegungsspur eine durchgezogene Linie mit sich kreuzenden Zickzackgruppen.

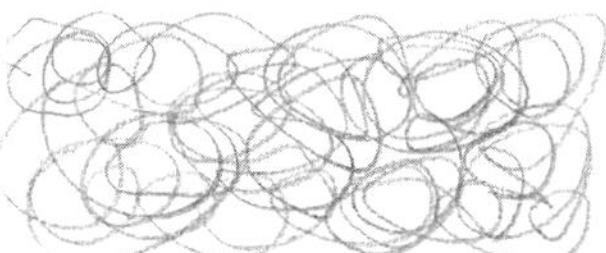

Nun folgen weichere, kurvige Linien, die sich gegenseitig überlappen.

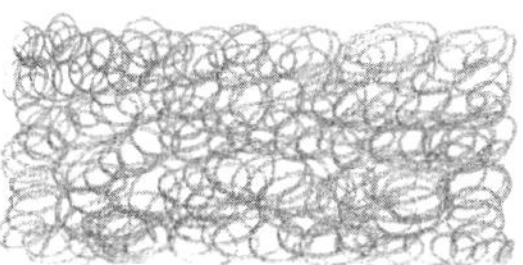

Jetzt bildet eine ununterbrochene Linie Runde um Runde sich dicht überlagernde, wolkenartige Gebilde.

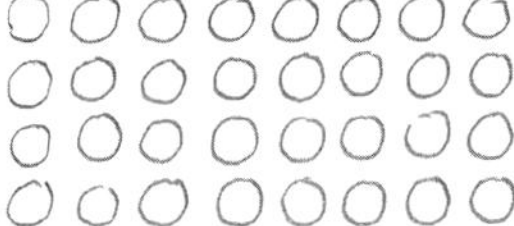

Nun setzen Sie viele, aber nur kleine Kreise aufs Blatt; sie sollen senkrechte und waagerechte Reihen bilden.

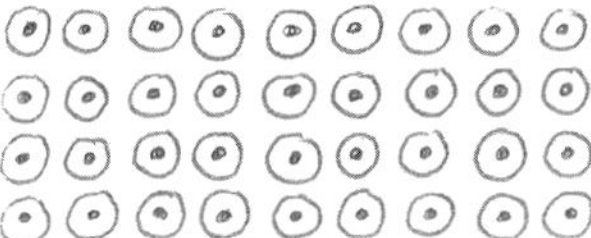

Zeichnen Sie sorgfältig einen Punkt in die Mitte all dieser Kreise.

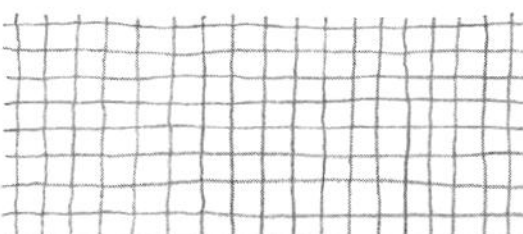

Als Nächstes zeichnen sie sehr sorgfältig ein Netz aus senkrechten und waagerechten Linien.

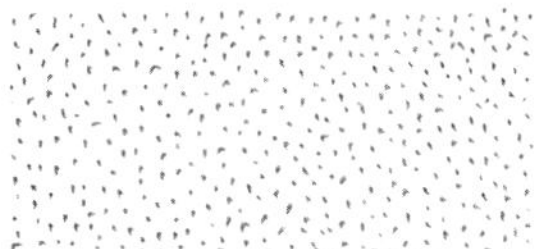

Verteilen Sie zahlreiche Punkte so gleichmäßig gestreut wie möglich im Rechteckfeld. Die Gleichmäßigkeit ist wichtig, da hierbei dabei Auge und Hand gleichermaßen trainiert werden.

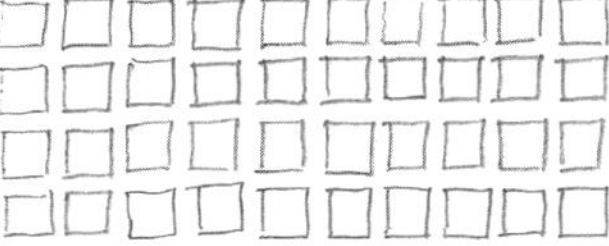

Zeichnen Sie mehrere Reihen kleiner Quadrate so gleichmäßig wie möglich nebeneinander, genau rechtwinklig sowie exakt über- und nebeneinander.

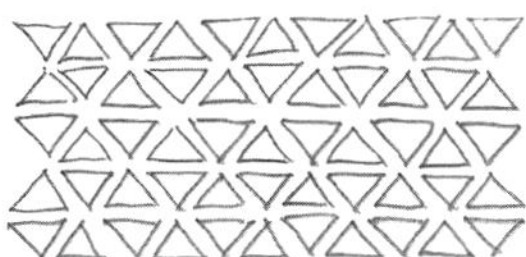

Dieses Muster ordentlich zu zeichnen ist etwas schwieriger, aber probieren Sie es trotzdem. Die Dreiecke fügen sich innerhalb der waagerechten und senkrechten Reihen ineinander, die Abstände sollen gleich breit sein.

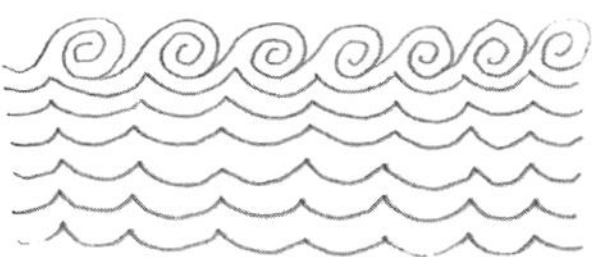

Zeichnen Sie eine Reihe Spiralen, die wie Meereswellen miteinander verbunden sind. Darunter zeichnen Sie mehrere einfache Meereswellenlinien erneut so gleichmäßig wie möglich.

Die letzten Übungen dieser Seite helfen Ihnen dabei, das Papier nur leicht zu berühren und Strichrichtungen zu kontrollieren.

Zuerst zeichnen Sie mit wenig Druck eine nahezu kreisförmige getönte Fläche, die Sie mit dichten schrägen Linien schraffieren.

Genauso schraffieren Sie mit waagerechten Linien …

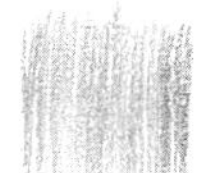

… und danach mit senkrechten Linien.

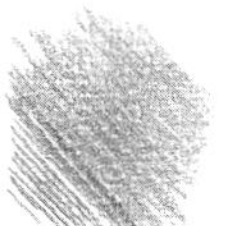

Schraffieren Sie schräg, die Linien kippen nach links.

Arbeiten Sie wieder schräg. Nun beginnen Sie mit stärkerem Druck und schwächen ihn allmählich ab, bis die Tönung sanft ausläuft.

Zeichnen Sie nun mehrere einheitlich getönte Formen, wobei Sie an einer gebogenen Linie beginnen, um eine Kante zu definieren.

Schraffieren Sie an einer Zackenkante.

Nun setzen Sie die Schraffur an eine s-förmige Kante.

Die Schraffur sitzt innen und außen an gegenüberliegenden Kreiskanten.

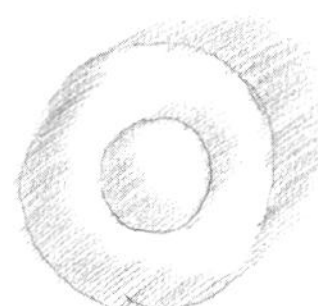

Schraffieren Sie nun genauso zwei Kreise, einer innerhalb des anderen.

GRUNDFORMEN

Die vorigen Übungen, die Sie mit Ihrem Bleistift nachvollzogen haben, erinnerten ein wenig an Kritzeleien. Die nächste Phase wird etwas anspruchsvoller, denn Sie müssen sich eine Form im Geist vorstellen, bevor Sie versuchen, diese zu zeichnen.

Übung I

Zeichnen Sie ohne großes Nachdenken einen möglichst exakten Kreis. Schließen Sie die Augen und stellen Sie sich einen perfekten Kreis vor Ihrem inneren Auge vor. Sonderbar – das gelingt, aber wir zeichnen nicht so perfekt.

Für den zweiten Versuch zeichnen Sie einen Kreis sehr dünn mit einem Zirkel vor und ziehen ihn freihändig nach. Dabei lernen Sie, wie die Form aussehen soll. Mit Übungen dieser Art wird es nicht lange dauern, bis sich Ihre Freihandkreise verbessert haben.

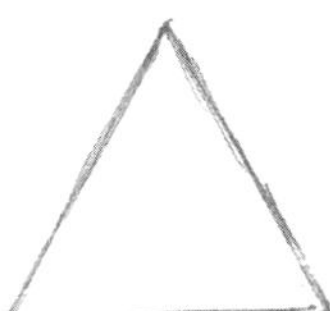

Zeichnen Sie nun ein gleichseitiges Dreieck – das ist eines, bei dem alle drei Seiten gleich lang sind. Das scheint zunächst ganz einfach zu sein – oder etwa doch nicht? Mit diesem Trick klappt es bestimmt: Zeichnen Sie zuerst mit einem Zirkel einen Kreis und dann das Dreieck hinein; alle Ecken berühren den Kreis.

Ein Quadrat: Wie wir wissen, sind alle Seiten gleich lang und die Ecken rechtwinklig. Doch es dauert eine Weile, bis man das richtig zeichnen kann. Ein Tipp dazu: Messen Sie die Seiten nach.

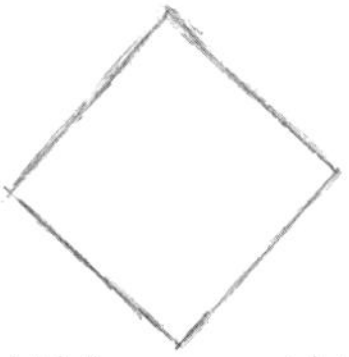

Weil man es nicht so häufig sieht, ist ein auf der Spitze stehendes, diamantförmiges Quadrat nicht so leicht zu zeichnen. Es fällt sicher schwerer, gleich lange Seiten hinzubekommen.

Kommen wir nun zu etwas komplexeren Formen. Schwerpunkt ist die Zusammenarbeit von Auge, Gehirn und Hand, um so nach und nach Ihre Zeichentechnik zu verbessern.

Zuerst zeichnen Sie einen fünfzackigen Stern, ohne den Stift vom Papier zu heben. Auch hier ist es leichter, innerhalb eines Kreises zu zeichnen, den alle Spitzen berühren. Versuchen Sie es dennoch auch ohne Kreis.

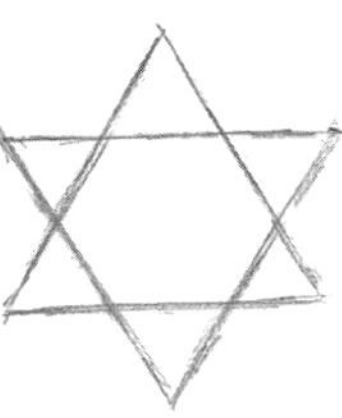

Als Zweites probieren Sie einen sechszackigen Stern, der einfach aus zwei versetzt liegenden Dreiecken besteht.

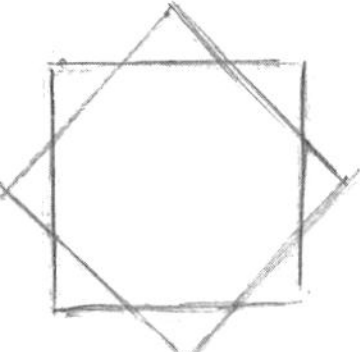

Im dritten Schritt zeichnen Sie einen achtzackigen Stern, bei dem sich zwei Quadrate versetzt überlagern.

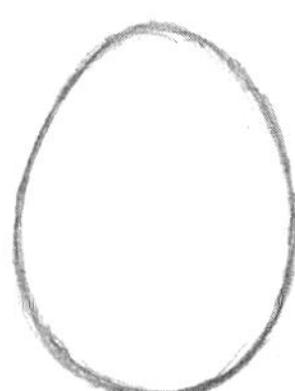

Zeichnen Sie nun eine Eiform, die an einem Ende schlanker ist als am anderen. Das breite Ende soll unten liegen.

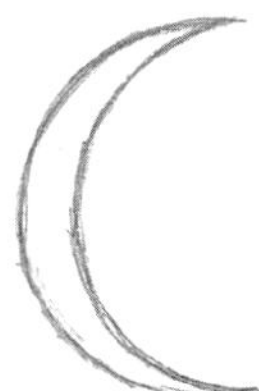

Auch die Mondsichel ist eine Form, die schwieriger zu zeichnen ist als zunächst gedacht. Doch auch hier gibt es einen Trick: Denken Sie beim Zeichnen daran, dass die Kurve Teil eines Kreises ist. Versuchen Sie es freihändig und dann mit Hilfe eines mit dem Zirkel gezeichneten Kreises.

Übung 2

In dieser Übung beginnen wir, die Dinge dreidimensional wirken zu lassen, und zwar auf traditionelle Art – das heißt, die Darstellung basiert auf einer Annäherung an Perspektive, also die Art, wie wir Formen im Raum wahrnehmen.

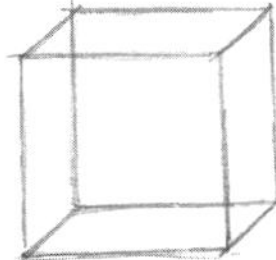

Zeichnen Sie ein Quadrat und ein zweites von gleicher Größe, das etwas darüber und seitlich verschoben sitzt. Verbinden Sie die Quadrate von Ecke zu Ecke mit geraden Linien, sodass ein transparenter Würfel entsteht.

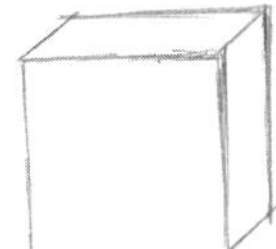

Die nächste Form ist ähnlich, doch nun zeichnen Sie nur zwei Linien des zweiten Quadrates und nur drei Eckverbindungen. So sieht der Würfel nicht transparent aus.

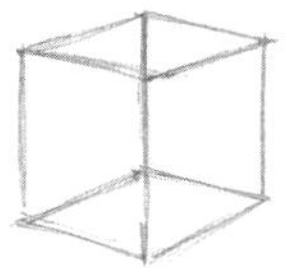

Hier ein weitere Möglichkeit, einen Würfel darzustellen: Zeichnen Sie eine flache Raute wie einen liegenden Diamanten. Projizieren Sie die Eckpunkte mit senkrechten Linien nach unten, wo eine zweite Raute entsteht.

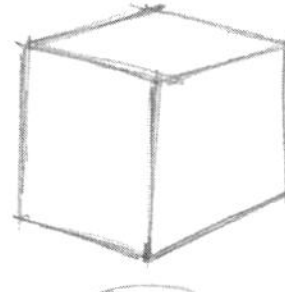

Dieses Mal zeichnen Sie nur drei Verbindungslinien und nur zwei Kanten der unteren Raute, damit der Würfel massiv aussieht.

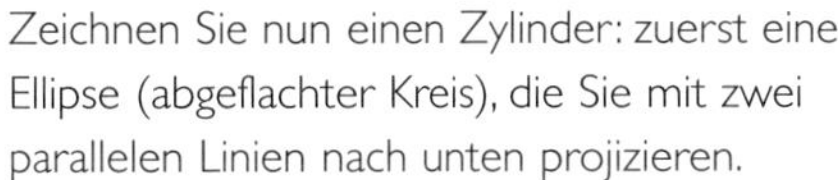

Zeichnen Sie nun einen Zylinder: zuerst eine Ellipse (abgeflachter Kreis), die Sie mit zwei parallelen Linien nach unten projizieren.

Beim nächsten Versuch lassen Sie an der unteren Ellipse die obere Kante weg, so sieht der Zylinder massiv aus.

Umgekehrt können Sie die obere Ellipse mit nur einer Kante zeichnen; nun sieht es so aus, als ob man den Zylinder von unten betrachtet.

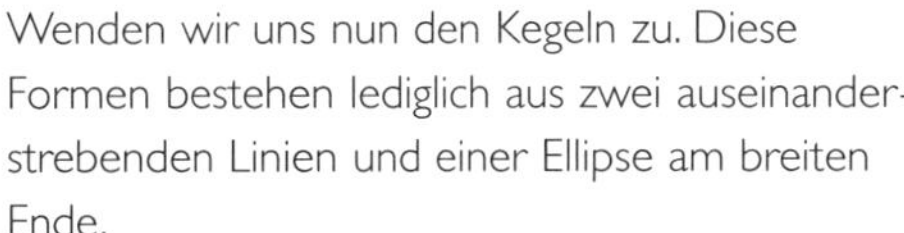

Wenden wir uns nun den Kegeln zu. Diese Formen bestehen lediglich aus zwei auseinanderstrebenden Linien und einer Ellipse am breiten Ende.

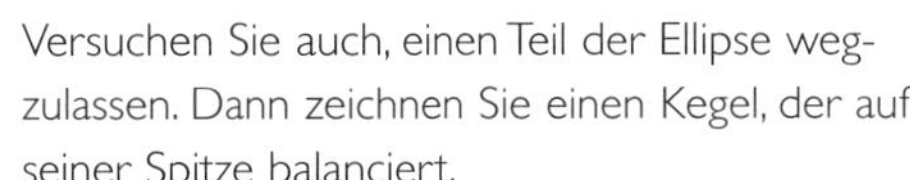

Versuchen Sie auch, einen Teil der Ellipse wegzulassen. Dann zeichnen Sie einen Kegel, der auf seiner Spitze balanciert.

Übung 3

Mit etwas Übung sind Ihnen die bisherigen Aufgaben sicher leicht gefallen. Und nun werden Bereiche von Kugel, Würfel, Zylinder und Kegel schattiert, also mit einem Tonwert versehen.

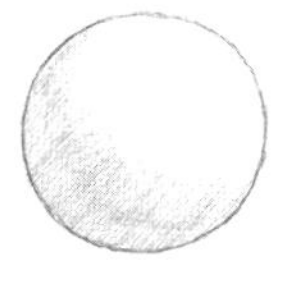

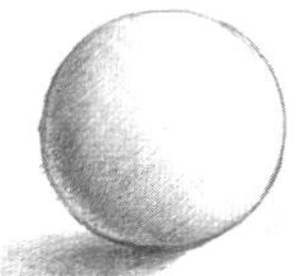

Zeichnen Sie zuerst einen exakten Kreis. Mit sehr leichten Strichen schattieren Sie einen Teil der linken Hälfte. Intensivieren Sie den Schatten sichelförmig unten links im Kreis, dabei soll ein feiner Streifen entlang des Umrisses hell bleiben – als reflektierendes Licht, das man meistens im dunkleren Kugelbereich wahrnimmt.

Fügen Sie den Schattenwurf hinzu, der sich auf dem Untergrund zeigt. Er breitet sich nach links aus und wird schwächer, je weiter er sich von der Kugel entfernt.

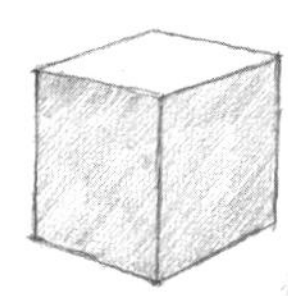

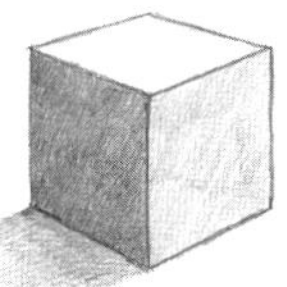

Kommen wir zum Würfel, dessen linke Fläche Sie schwärzlich schattieren. Ist sie dunkel genug, schattieren Sie die rechte Seite mit einem viel helleren Tonwert. Jetzt fehlt, wie zuvor, nur noch der Schlagschatten, den Sie natürlich an die Würfelform anpassen.

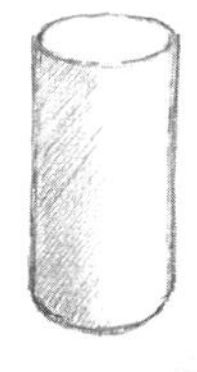

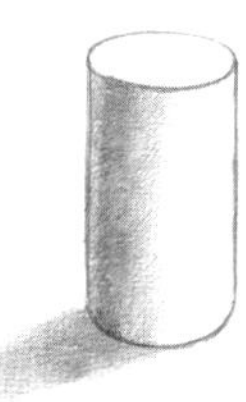

Ein Zylinder wird weich schattiert wie die Kugel, der Schatten liegt aber nur auf der senkrechten Fläche. Der dunkelste Streifen hat auch hier etwas Abstand zur linken Konturlinie.

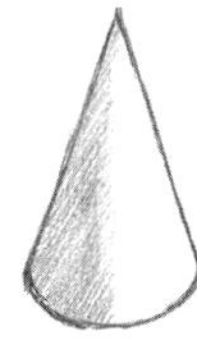

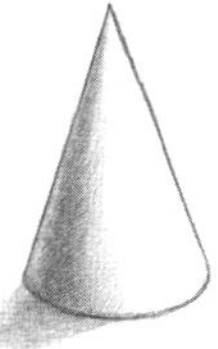

Beim Kegel passt sich der Körperschatten an die Form an, und auch der Schlagschatten verjüngt sich.

EINFACHE ZEICHNUNGEN

Widmen wir uns nun einigen Mustern, die von der Natur inspiriert sind. Wieder handelt es sich um Kritzeleien, nun aber um symmetrischere Formen – sie schulen das Gespür für das, was Sie häufig in der Landschaft oder im Garten wachsen sehen.

Übung 1

Zuerst zeichnen Sie einen kleinen Kreis, lassen fünf kleine Striche herauswachsen und zeichnen dann runde Blütenblätter um diese Linien herum – fertig ist eine einfache Blüte.

Die nächste Blüte ist ähnlich aufgebaut, doch die Blätter sind spitzer, und nun gibt es sechs Stück von ihnen.

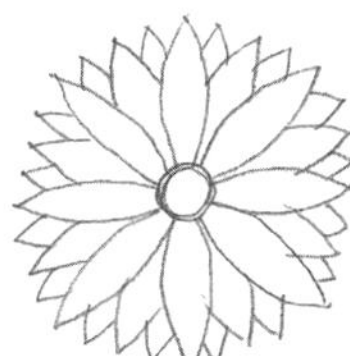

Zeichnen Sie längliche Blätter an einen kleinen Kreis: zuerst lediglich je eines oben und unten, eines rechts und links. Fügen Sie in der Diagonale vier neue hinzu. Die Zwischenräume füllen Sie mit den teils verdeckten Blättern aus. Eine letzte Runde sitzt außen.

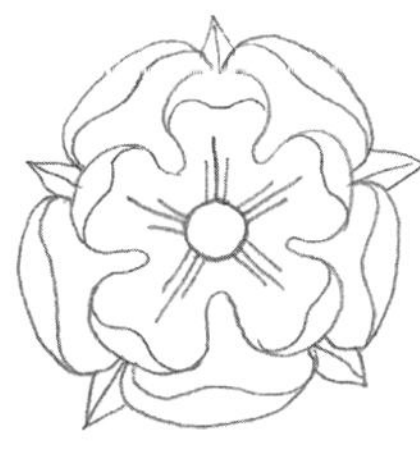

Für eine Tudor-Rose beginnen Sie wieder mit einem Kreis und setzen fünf Gruppen kleiner Striche wie Strahlen daran. Zeichnen Sie eine fünfblättrige Rose mit umklappenden Rändern um sie herum. Ein kleines Kelchblättchen entspringt außen in der Mitte eines jeden Rosenblattes. Die letzten Blätter zeichnen Sie genau dazwischen.

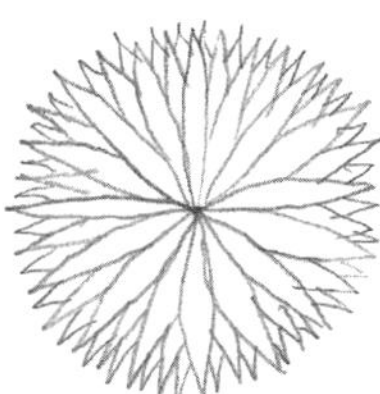

Die letzte Blüte erinnert an eine Chrysantheme mit ihren langen, dünnen, spitzen Blütenblättern, die aus dem Mittelpunkt herauswachsen.

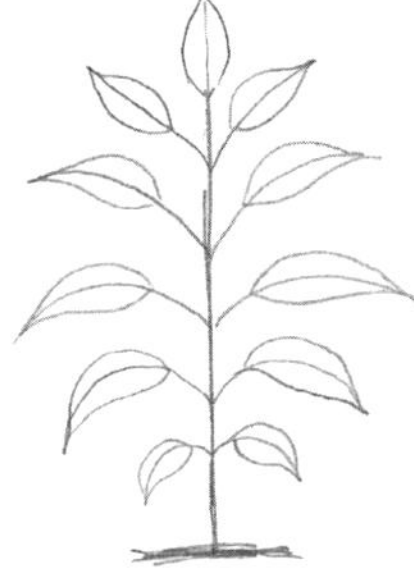

Kommen wir zu Pflanzenformen mit einer zentralen Achse. Mit diesen Zeichnungen entwickeln Sie ein Gefühl für natürliche Wachstumsprozesse. Zeichen Sie einfach einen geraden Stängel, der oben in einer Blattform endet. Zusätzlich wachsen aus ihm kleine Stiele mit jeweils einem Blatt heraus. Die mittleren Blätter sollen größer als die unteren sein.

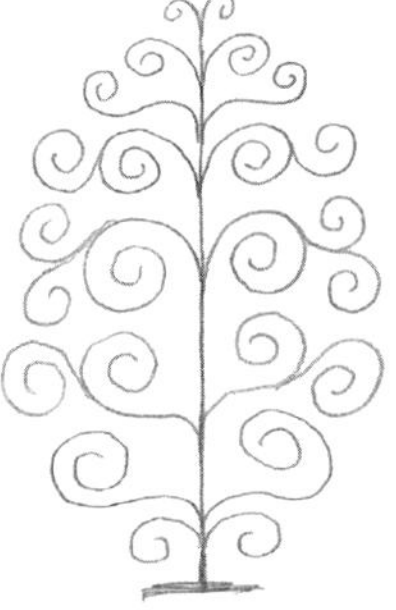

Auch die nächste Zeichnung hat wieder eine Mittelachse, aber alle Äste kringeln sich. Die oberen und unteren Zweige sind schlichter geformt, die mittleren Bereiche wirken komplexer. Achten Sie darauf, die Enden in verschiedene Richtungen zu drehen. Spielen und experimentieren Sie.

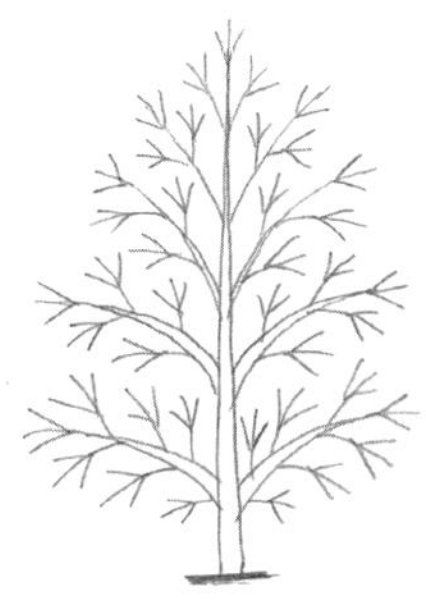

Hier wirkt die Mittelachse stämmiger, sie ist an der Basis dick und zur Spitze schmal auslaufend. Auch die unteren Äste sollten Sie etwas kompakter zeichnen und dann kleine gerade Zweige ansetzen, die in alle Richtungen gespreizt sind. Halten Sie dieses Wuchsmuster innerhalb der ganzen Pflanze durch.

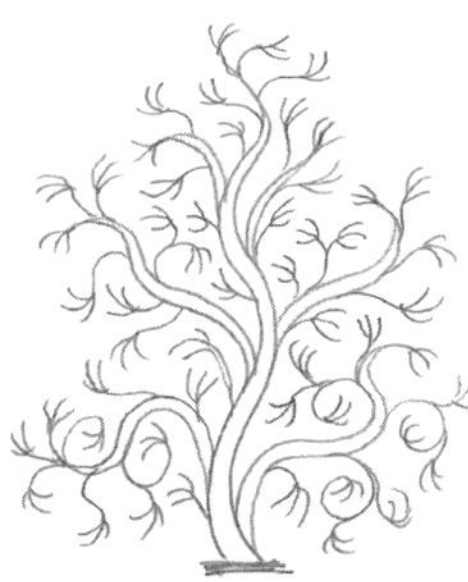

Diese Zeichnung zeigt ein ähnliches Wuchsmuster, doch nun sind alle Äste und Zweige geschwungen. Starten Sie mit dem Hauptstamm und setzen Sie zuerst die dicken Äste an, danach erst die dünneren. Haben Sie Freude daran und seien Sie erfinderisch.

Übung 2

Weiter geht es mit dem menschlichen Kopf, der Hand und dem Fuß. Solche Schemazeichnungen (wie bei den Pflanzen) geben Ihnen eine gute Vorstellung von Formen und Proportionen des Kopfes und der Gliedmaßen.

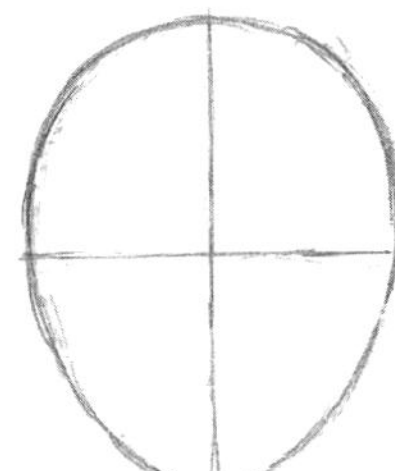

Zeichnen sie zunächst ein eiförmiges Oval, das auf seinem schmaleren Ende steht. Bringen Sie dann exakt in der Mitte jeweils eine waagerechte und senkrechte Teilungslinie an.

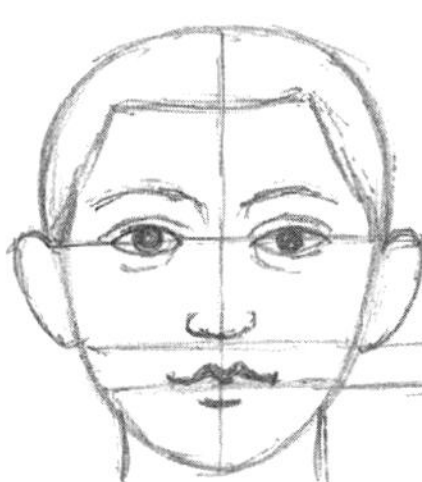

Bei aufrechter Kopfhaltung und wenn Ihnen das Gesicht direkt zugewandt ist, sitzen die Augen auf der Mittellinie. Beim Durchschnittsgesicht endet die Nase unten genau auf halber Höhe zwischen Augen und Kinnspitze. Der Mund sitzt zu einem Drittel näher an der Nase als an der Kinnkante. Der Abstand zwischen den Augen beträgt ungefähr eine Augenlänge, genauso der von den Augen zur seitlichen Kopflinie

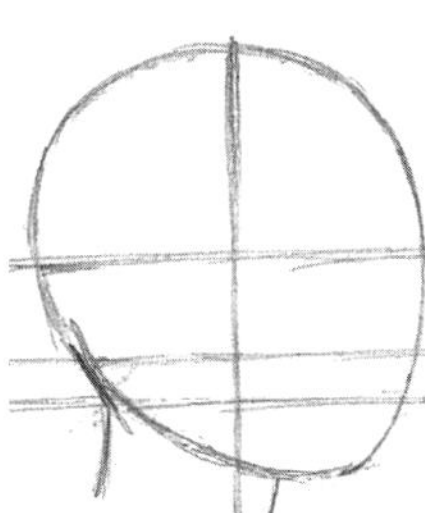

Seitlich betrachtet ist der Kopf ungefähr so breit wie lang. Unterteilen Sie ihn wie zuvor und setzen Sie das Ohr hinter die senkrechte Mittellinie.

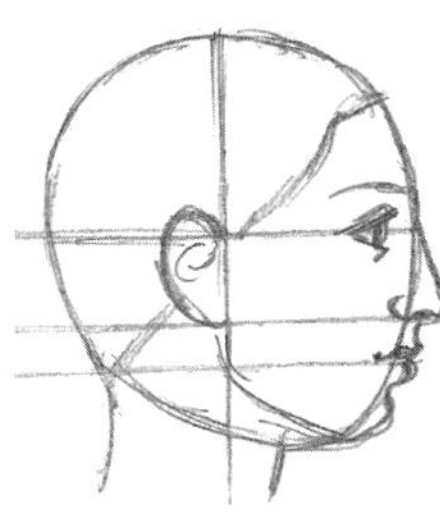

Nase, Mund und Kinn ragen über die Ovallinie hinaus. Die Ohrlänge reicht ungefähr von der Augenbrauenhöhe bis zur Höhe der Nasenspitze. Achten Sie darauf, wie das Auge von der Seite aussieht.

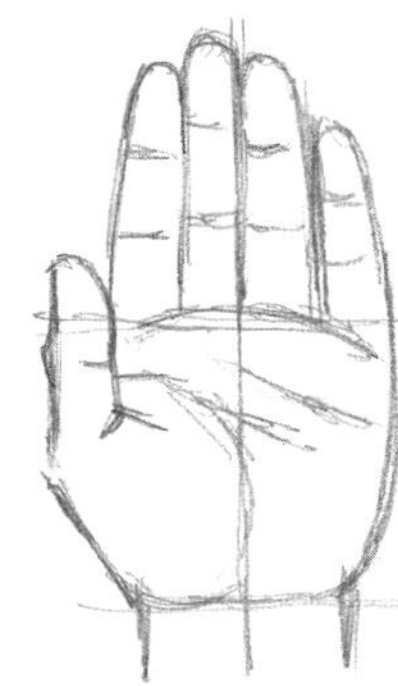

Die Hand zeigt sich als einfache Blockform mit einer fast quadratischen Handfläche und darüber den Fingern, die ähnlich lang sind wie die Handfläche. Zeichnen Sie eine senkrechte Mittellinie ein, sie unterteilt die Finger in zwei Zweiergruppen. Sie verjüngen sich etwas zur Spitze hin. Der Mittelfinger ist meistens der längste, gefolgt von Zeige- und Ringfinger, dann kommt der kleine Finger.

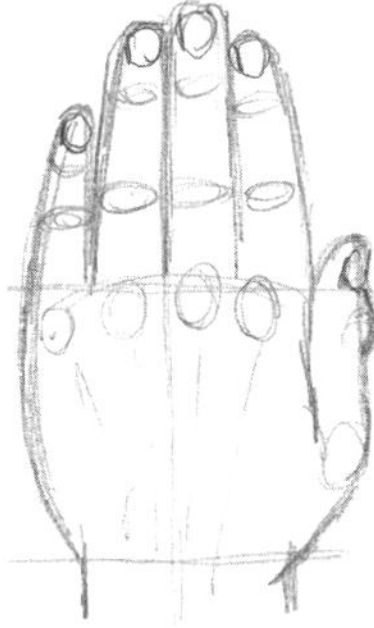

Der Daumen ist nur wenig kürzer als der kleine Finger, wirkt aber viel kürzer, weil er tiefer an der Hand angesetzt ist. Überprüfen Sie Ihre eigene Hand, studieren Sie die Knöchel auf der Rückseite und die weichen, fleischigen Bereiche auf der Handinnenfläche.

Der Fuß sieht einfacher aus, vor allem in Seitenansicht. Beachten Sie die gebogenen Linien der Zehen und wie diese vom großen bis zum kleinen Zeh allmählich kürzer werden. Bei manchen Menschen ist der zweite Zeh länger als der große, aber das ist verschieden.

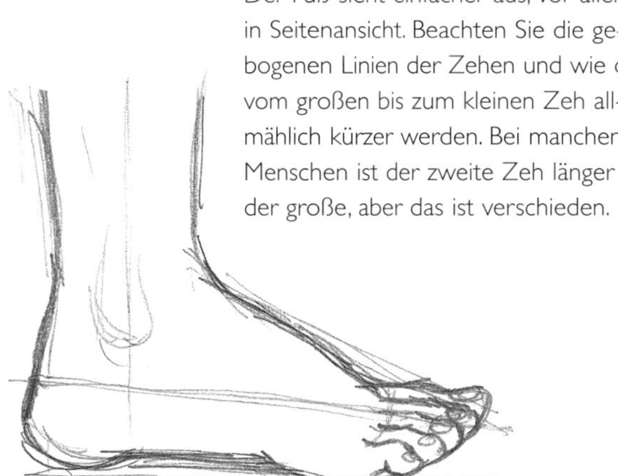

EINFACHE PERSPEKTIVE

Um so zeichnen zu können, dass sich eine dreidimensionale Wirkung ergibt, sollten Sie die Grundzüge der Perspektive kennen. Diese dient dazu, Tiefe und Raum überzeugend darzustellen. Im Alltag gibt uns das perspektivische Sehen die Möglichkeit, die Position von Dingen und Menschen zueinander in Beziehung zu setzen. Wenn Sie das in Ihren Zeichnungen widerspiegeln, wirken die Ergebnisse realistischer.

Übung 1

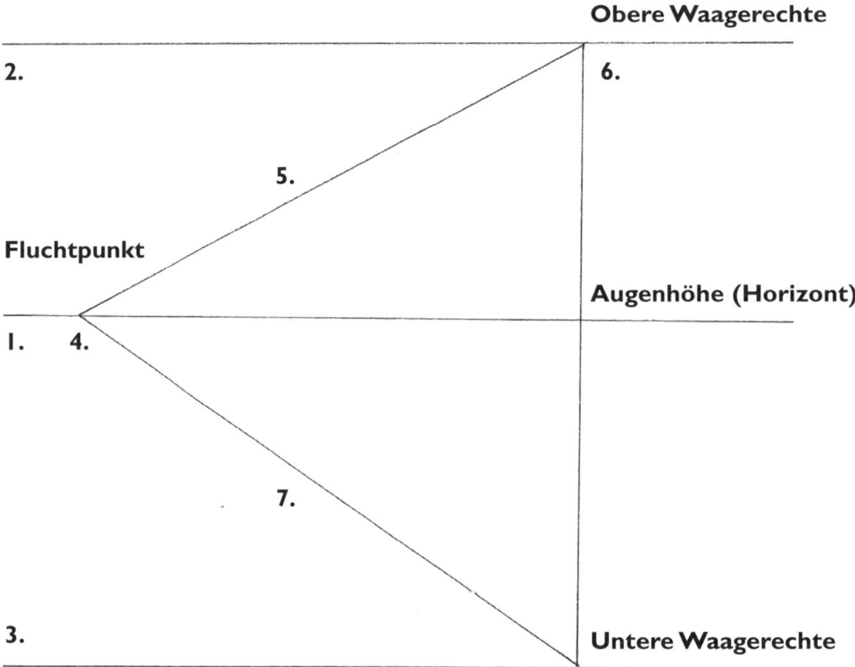

Konstruieren Sie zuerst drei Linien, die parallel zueinander waagerecht über das Blatt laufen. Die mittlere sollte etwas näher an der oberen als an der unteren liegen. Diese zentrale Linie **(1)** repräsentiert Ihre Augenhöhe, die immer auf Höhe des Horizonts liegt. Die anderen beiden sind eine obere **(2)** und untere Waagerechte **(3).**

Nun ziehen Sie im rechten Teil des Bildfeldes eine senkrechte Linie **(6),** die von der oberen zur unteren Waagerechten verläuft. Legen Sie auf der Horizontlinie (Augenhöhe) links einen Punkt fest. Verbinden Sie das obere und untere Ende der senkrechten Linie mit diesem Fluchtpunkt **(4).** Diese zwei schrägen Linien sind die obere Fluchtlinie **(5)** und die untere Fluchtlinie **(7).** Sie haben nun ein Dreieck, das die drei waagerechten Linien mit der senkrechten verbindet.

Zeichnen Sie danach zwei neue senkrechte Linien ein: eine rechts **(9)** neben die ursprüngliche Senkrechte und eine links davon **(8);** diese schneidet die beiden zum Fluchtpunkt laufen Fluchtlinien.

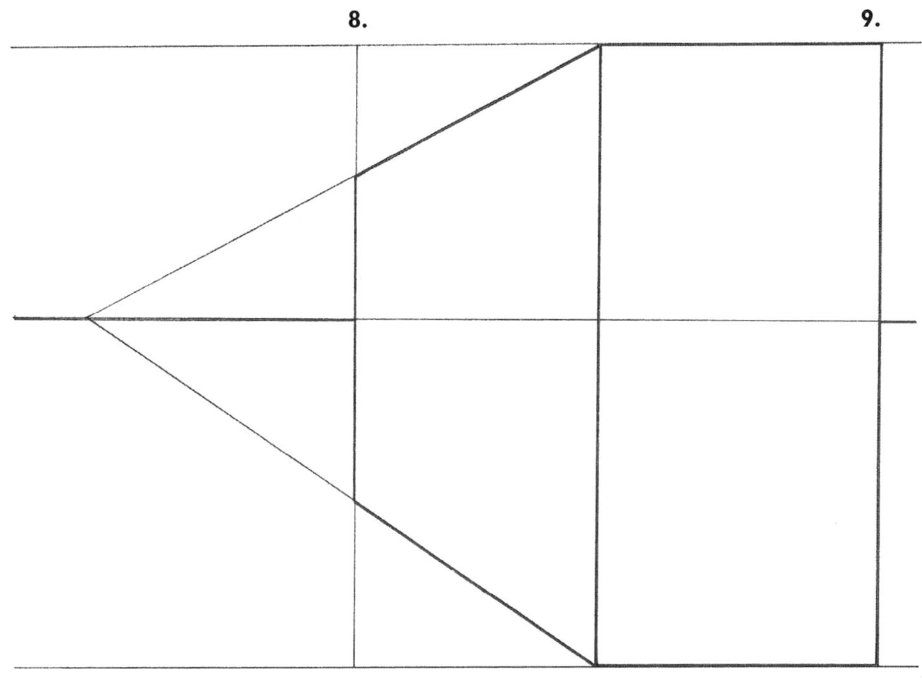

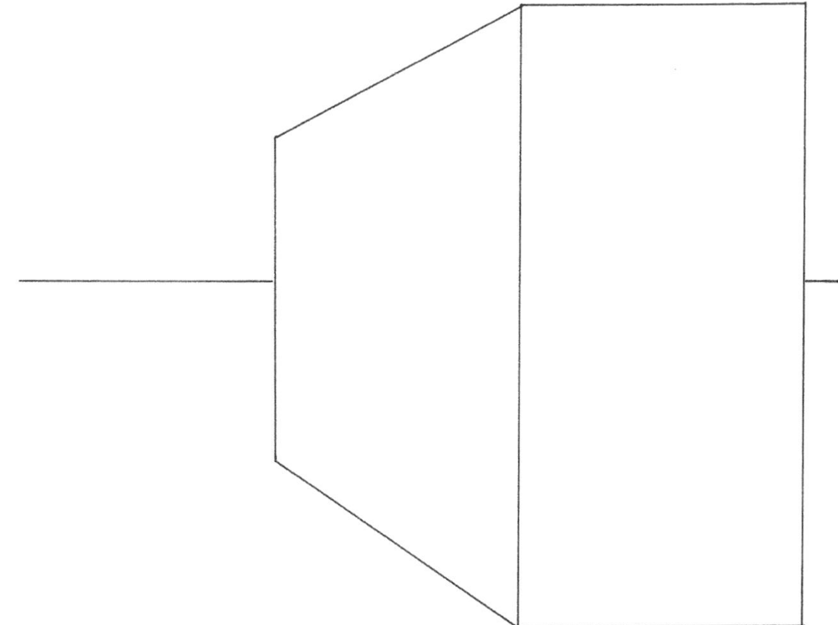

Radieren Sie jetzt die Konstruktionslinien aus, bleibt ein massiver Block wie ein Kasten oder ein Gebäude übrig, hinter dem die Horizontlinie verläuft. So erscheint vor unserem Auge ein plastisches, dreidimensional wirkendes Objekt im Raum.

Übung 2

Die nächste Zeichnung vermittelt den Eindruck eines Innenraums, ähnlich einem Zimmer mit Schrank oder Arbeitstisch darin. All das geschieht allein mit Lineal, Bleistift, Radiergummi und geringem Aufwand.

Zeichnen Sie über das Blatt eine waagerechte Linie, die Ihre Augenhöhe (Horizont) darstellt **(1).** Legen Sie auf dieser links von der Mitte einen Fluchtpunkt fest **(F).** Zeichnen Sie von hier aus zwei Fluchtlinien ein: eine obere **(2)** und eine untere **(3).** Am unteren Ende der unteren Fluchtlinie konstruieren Sie ein Rechteck **(4, 6, 8, 9),** dessen Ober- und Unterkante müssen parallel zum Horizont verlaufen. Verbinden Sie nun die zwei oberen Eckpunkte des Quadrates mit dem Fluchtpunkt **(5).** Diese neuen Fluchtlinien sind hier mit **5** und **7** gekennzeichnet.

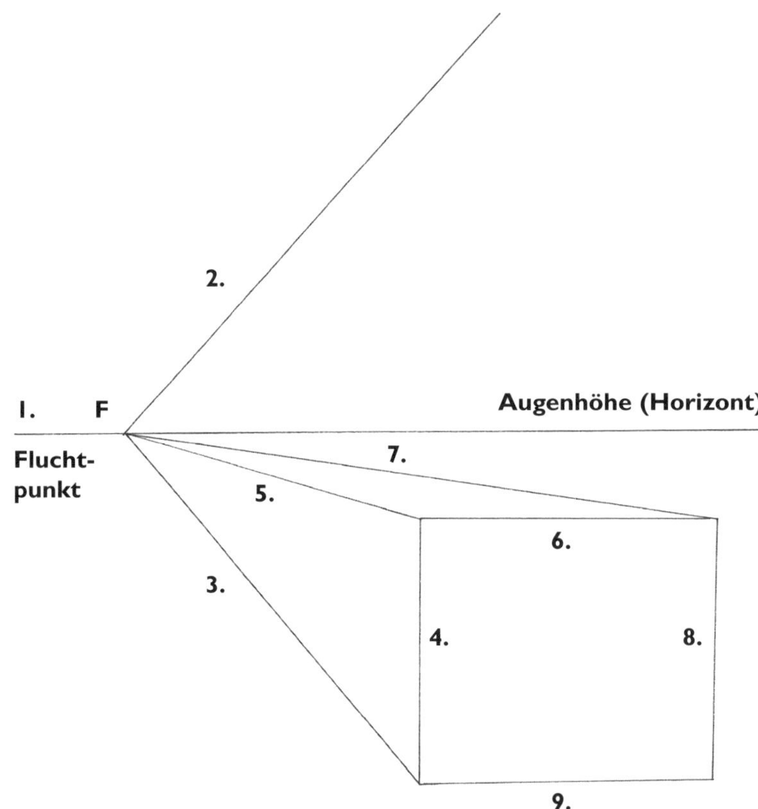

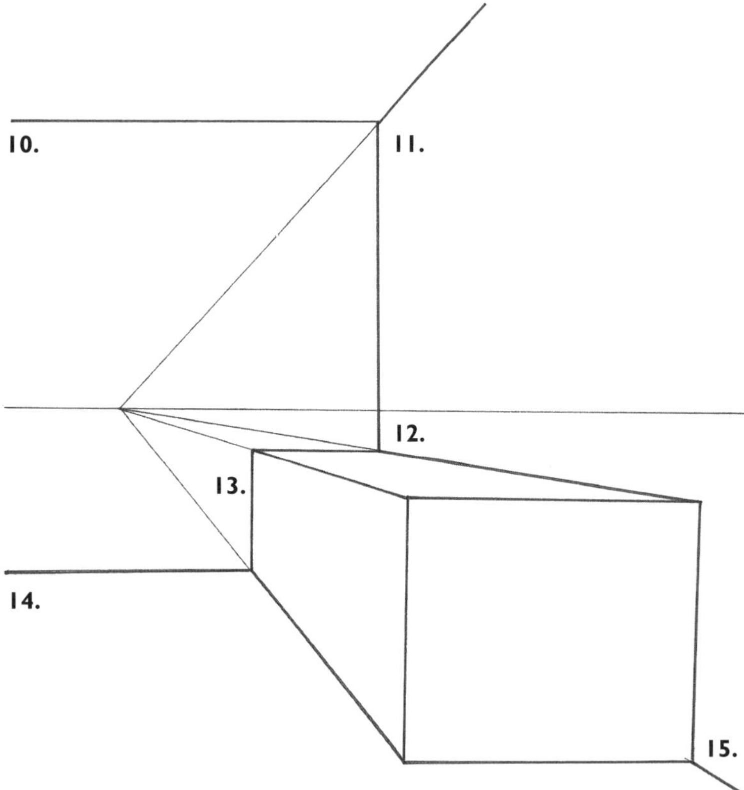

Im nächsten Schritt zeichnen Sie eine Senkrechte **(13)** und eine Waagerechte **(12)** zwischen den Fluchtlinien ein, um hinten die seitliche und obere Schrankkante anzudeuten. Damit die Raumillusion perfekt wird, zeichnen Sie nun eine waagerechte Linie **(14)** dort ein, wo Fußboden und Wand zusammentreffen, eine Senkrechte **(11)** für die Ecke des Zimmers und eine weitere Waagerechte **(10):** Sie beginnt dort, wo die Zimmerecke die obere Fluchtlinie trifft, hier beginnt die Decke.

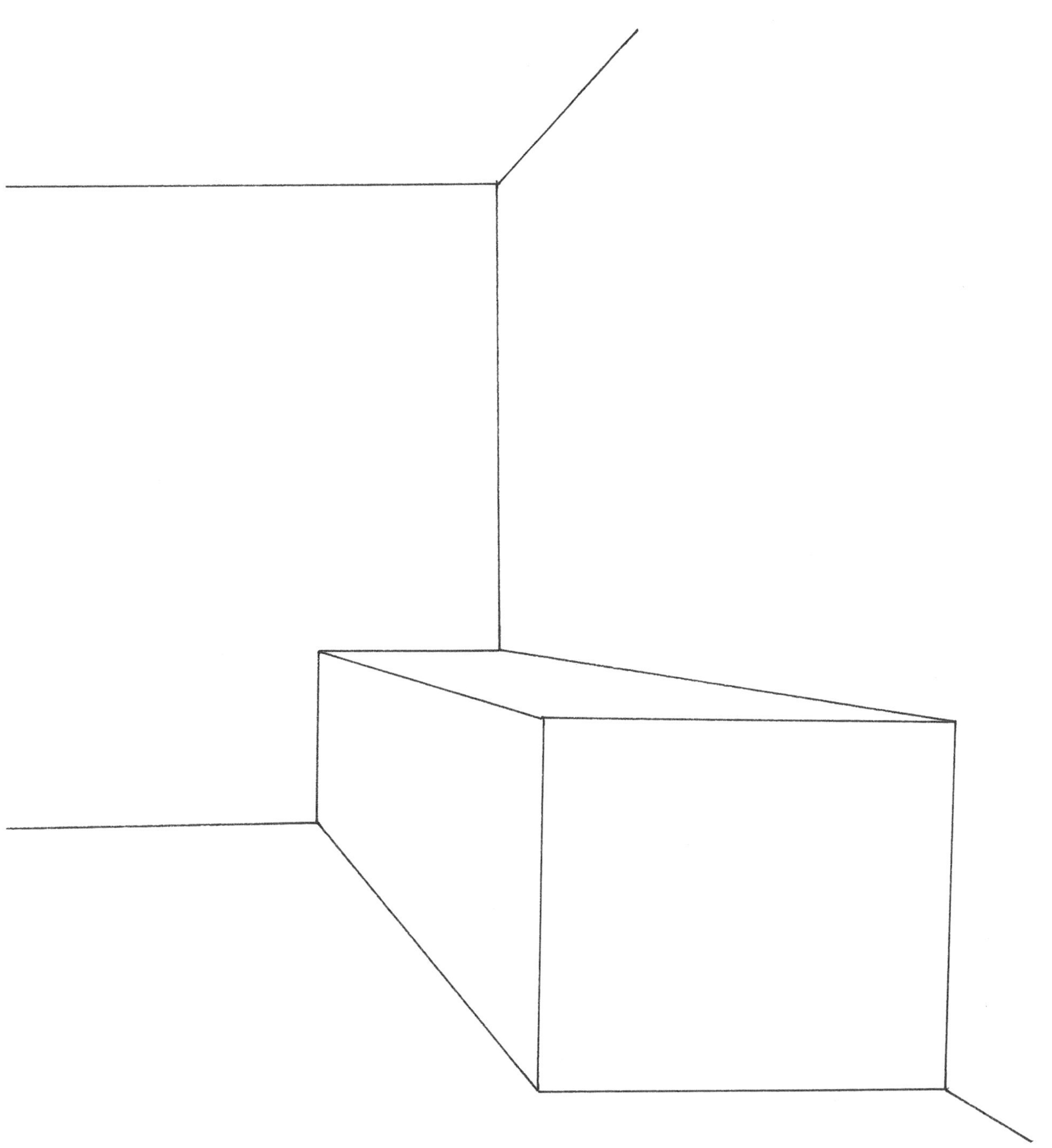

Zu guter Letzt radieren Sie die Konstruktionslinien aus: Es ergibt sich der Eindruck eines Zimmers, in dem ein großer Kasten steht.

OBJEKTE ZEICHNEN UND SCHATTIEREN

Die Übungen der nächsten Seiten sollen Ihnen Spaß machen, also halten Sie den Bleistift nicht verkrampft und lassen Sie Ihre Schultern locker hängen. Sitzen Sie nicht zu dicht über Ihrer Arbeit. Zeichnen Sie das, was Sie interessiert, und machen Sie sich wegen Fehlern keinerlei Sorgen – korrigieren Sie sie einfach, sobald Sie sie sehen. Stellen Sie einfache Haushaltsgegenstände vor sich auf den Tisch. Ihre Dinge brauchen nicht exakt so auszusehen wie meine, aber anhand von diesen können Sie meine Zeichnungen leichter nachvollziehen.

Betrachten Sie zuerst jedes Objekt sorgfältig, machen Sie sich mit der Form vertraut. Für den Anfang habe ich Dinge aus Glas gewählt: Beim Hindurchsehen wird die Form verständlicher.

Übung I

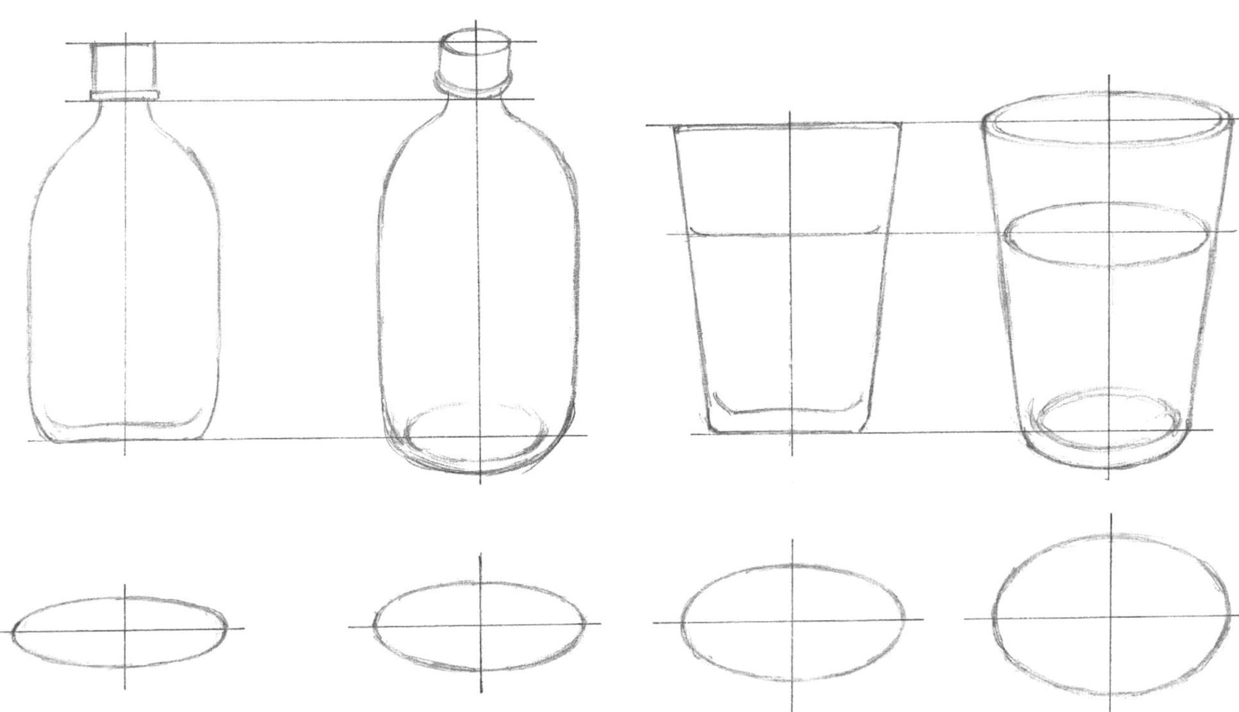

Mein erstes Objekt ist eine Flasche in direkter Seitenansicht. Weil sie symmetrisch war, zeichnete ich zuerst eine Mittelachse und dann den Umriss sowie den Schraubverschluss: beide Seiten exakt symmetrisch.

Aus einem höheren Blickwinkel konnte ich die Flaschenrundung deutlicher sehen. Um sie zu zeigen, musste ich Ellipsen zeichnen, die sich bilden, wenn man Kreise aus schräger Ansicht betrachtet. Auch diese Flaschenform konstruierte ich wieder symmetrisch.

Die Ellipsen unter den Gefäßen zeigen sich mehr oder weniger abgeflacht, je nachdem, aus welchem Blickwinkel man auf ein rundes Objekt schaut. Obwohl sie entlang der senkrechten Achse höher werden, je tiefer die Rundung unter unserer Augenhöhe liegt, bleibt die waagerechte Achse gleich lang. Lassen Sie sich nur nicht abschrecken, diese schwierigen Formen zu zeichnen; selbst Profikünstlern fällt das nicht leicht. Mit etwas Übung wird auch Ihnen das immer besser gelingen.

Nun ist ein wassergefülltes Trinkglas an der Reihe; wegen seiner geraden Wand ist es leichter zu zeichnen als die Flasche. Zeichnen Sie den Umriss zuerst aus direkter Seitenansicht und danach aus einem etwas höheren Blickwinkel. Hier sieht man drei Ellipsen: für den oberen Glasrand, die Wasseroberfläche und den Boden.

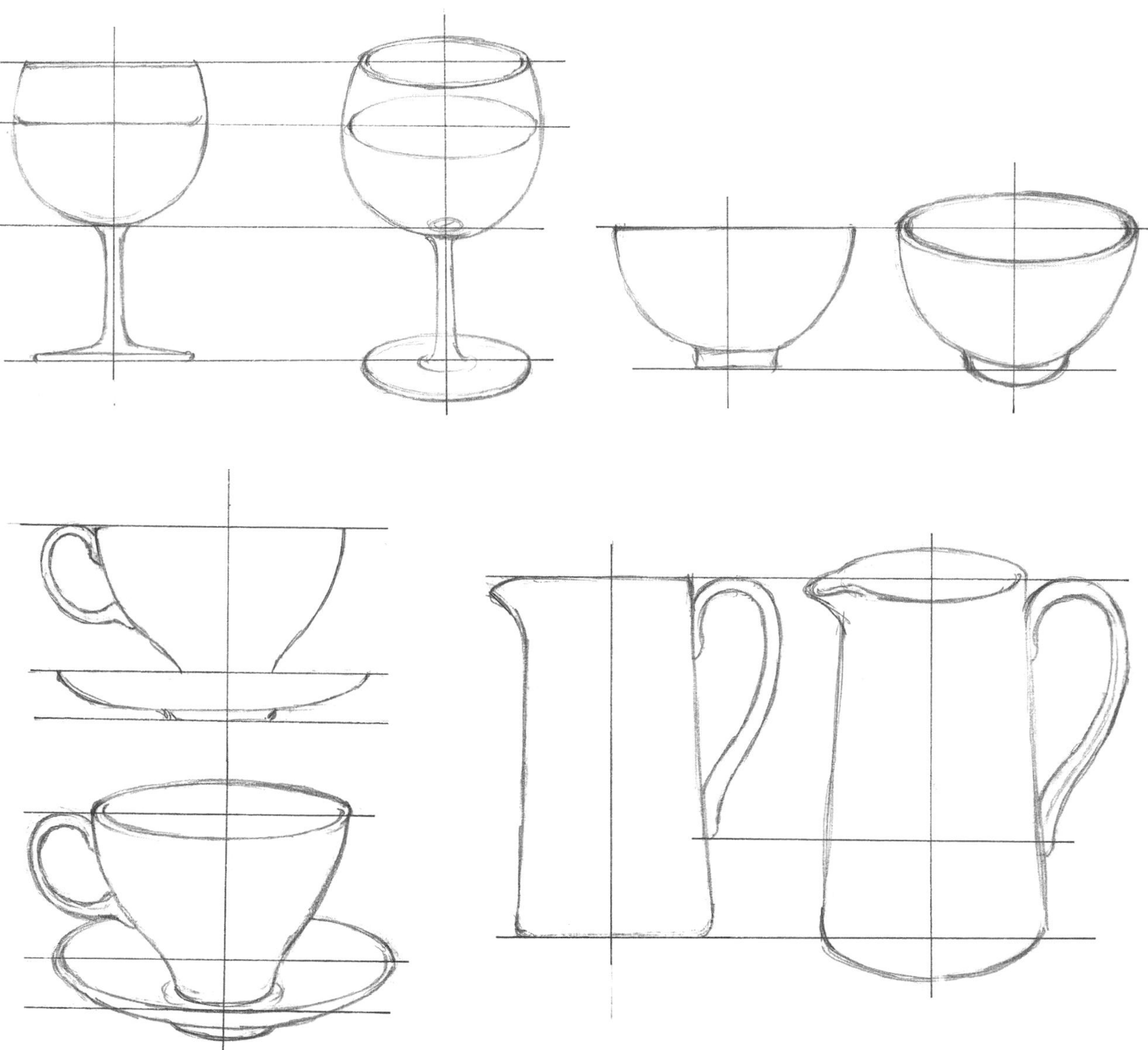

Das dritte Objekt, ein Weinglas mit Flüssigkeit, ist schon schwieriger. Man sieht drei unterschiedlich breite Ellipsen, aber auch hier sind beide Seiten des Gegenstandes symmetrisch aufgebaut. Gehen Sie sorgfältig vor und erkunden Sie die exakte Form.

Kommen wir nun zu undurchsichtigen Dingen und beginnen wir mit einer Schale. Die Seitenansicht ist wirklich sehr einfach. Zeichnen Sie die Rundung so akkurat wie möglich, dann lassen Sie Ihren Blick mehr von oben kommen. Nun können Sie nicht mehr durch die Gefäßwände schauen, deshalb brauchen Sie von der unteren Ellipse nur die Vorderkante zu zeichnen.

Tasse und Untertasse sind komplexer, aber mit stetiger Sorgfalt und Aufmerksamkeit wird Ihnen die Form gelingen. Der Blick von oben ist etwas schwieriger. Weil man nicht durchs Porzellan schauen kann, fällt es vermutlich schwerer, die unteren Ellipsen gleich auf Anhieb richtig zu zeichnen.

Der Krug dürfte Ihnen nun mühelos gelingen. Er folgt absichtlich zum Schluss, damit sich die Mühe, die bei den schwierigeren Dingen aufzubringen war, für Sie an dieser einfachen Form auszahlt. Wieder zeichnen Sie zuerst die direkte Seitenansicht, dann stellen Sie den Krug aus einem natürlicheren Blickwinkel leicht von oben dar.

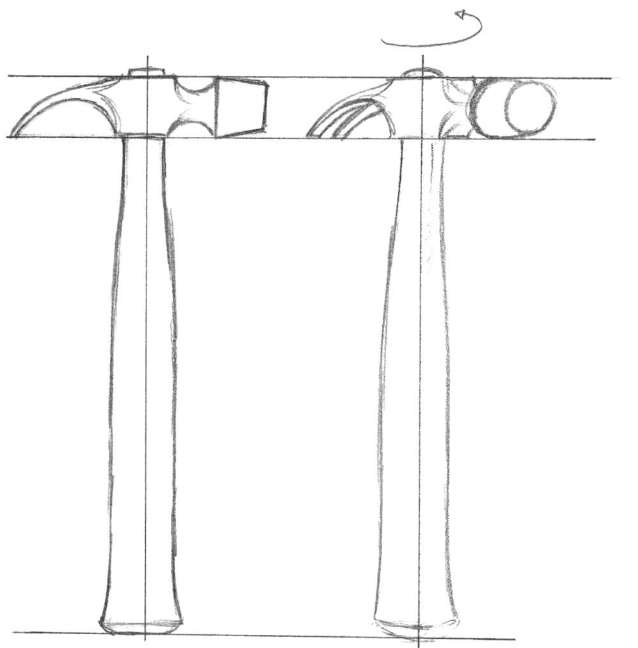

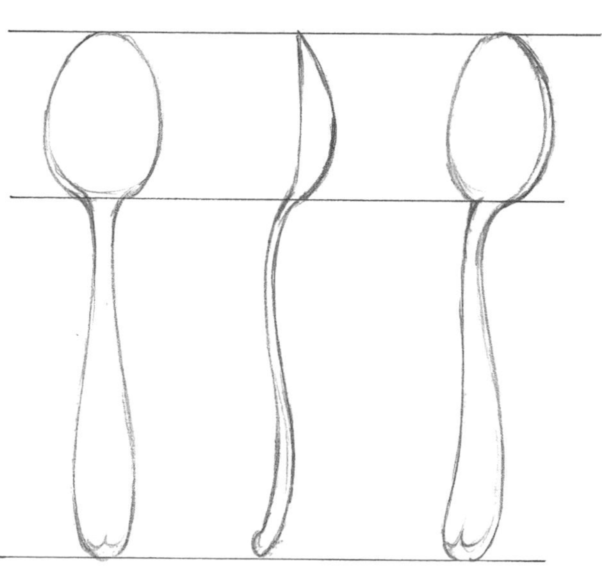

Übung 2

Nun sind Sie vorbereitet für eine Serie von Gegenständen in unterschiedlichen Schwierigkeitsgraden. Den Hammer exakt von der Seite zu zeichnen ist ziemlich einfach, doch dreht man ihn etwas, wird es schon kniffliger.

Auf zwei Arten kann man den Löffel zeichnen – direkt von vorn oder von der Seite –, bevor man sich an eine natürlichere Schrägansicht wagt.

Der Topf ist nicht zu schwierig, wenn Sie die vorigen Dinge geübt haben. Die Kiste gelingt Ihnen bestimmt ganz gut – doch geben Sie acht bei der dritten Version, einer etwas komplexeren Ansicht. Hier kann die Perspektive leicht missglücken.

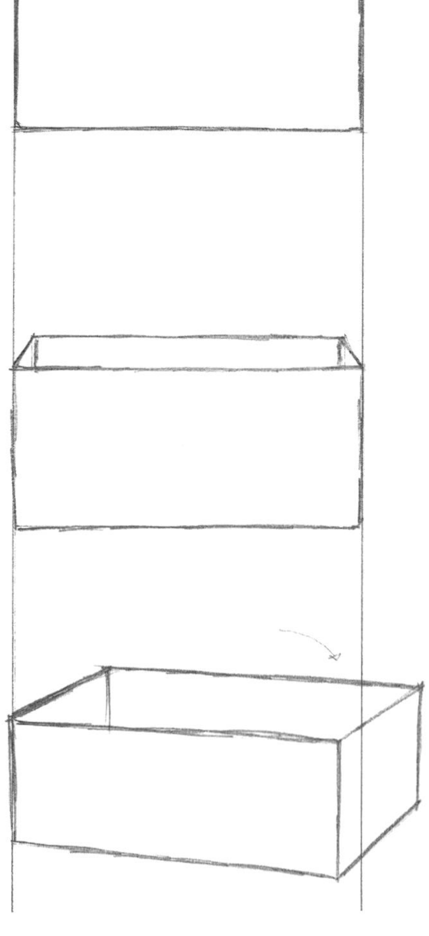

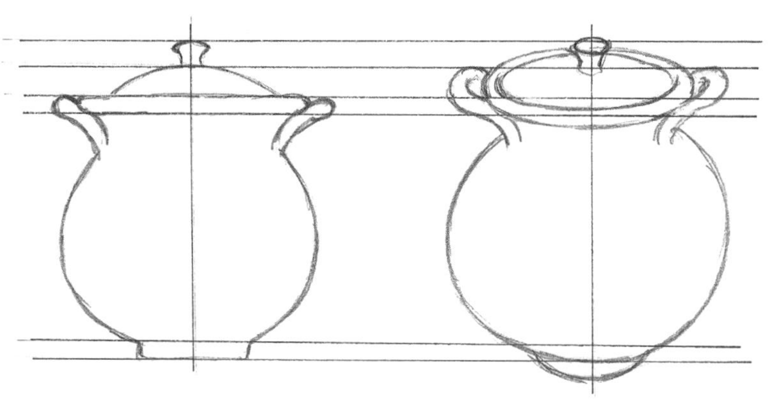

Die Kasserolle und die Teekanne sind unterschiedlich schwierig, aber inzwischen dürften Sie daran gewöhnt sein, die Probleme solcher Darstellungen zu lösen.

Die Abfolge der hier vorgeschlagenen Objekte soll Ihnen zunächst einmal Übung im Zeichnen verschaffen; wobei Sie regelmäßig Dinge zeichnen sollten, so oft es Ihre Zeit erlaubt.

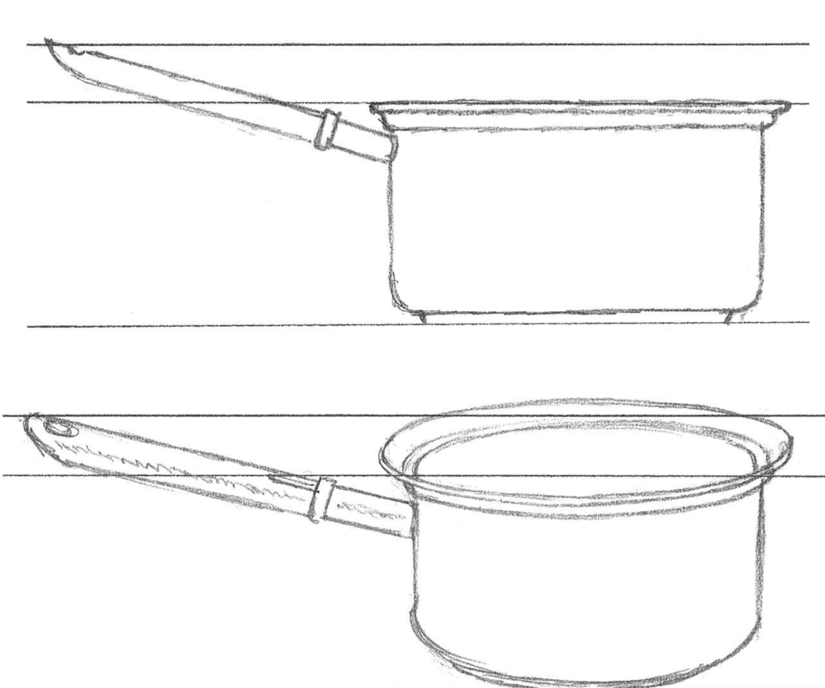

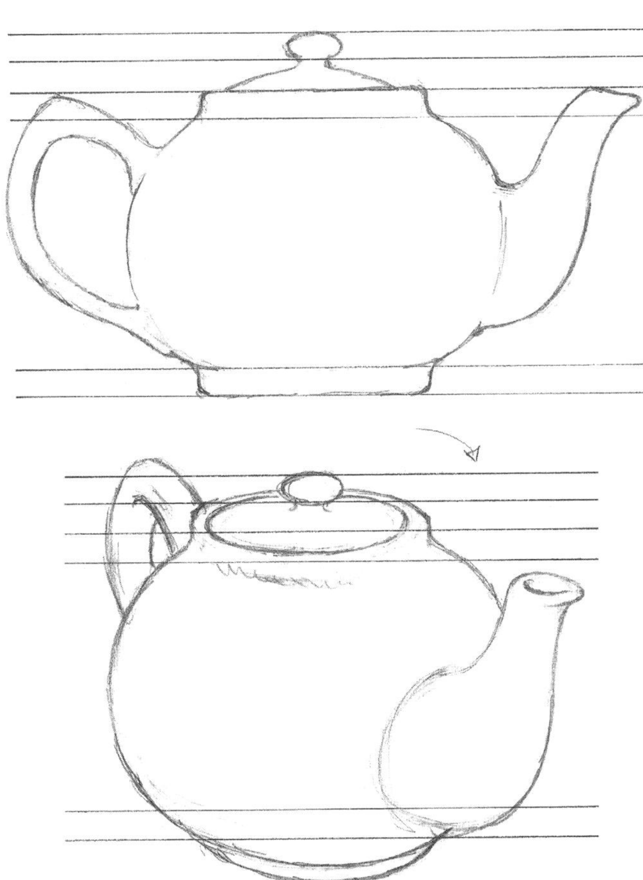

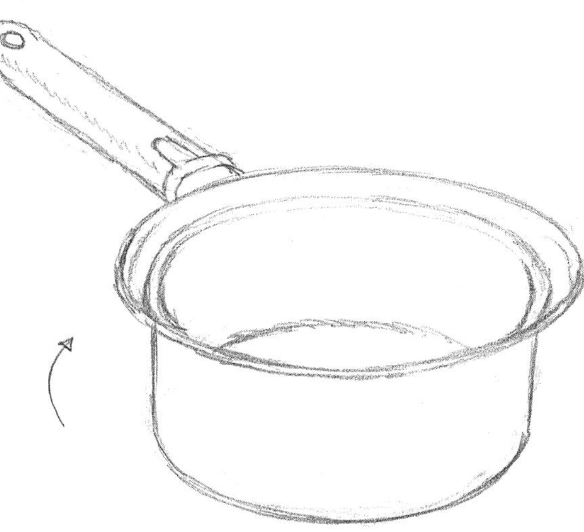

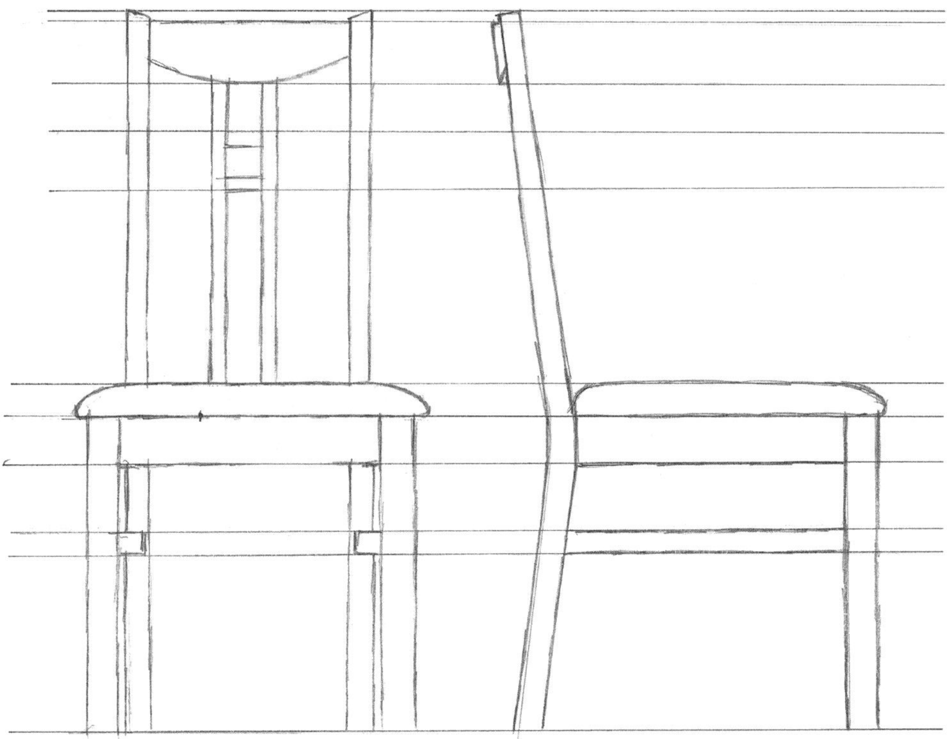

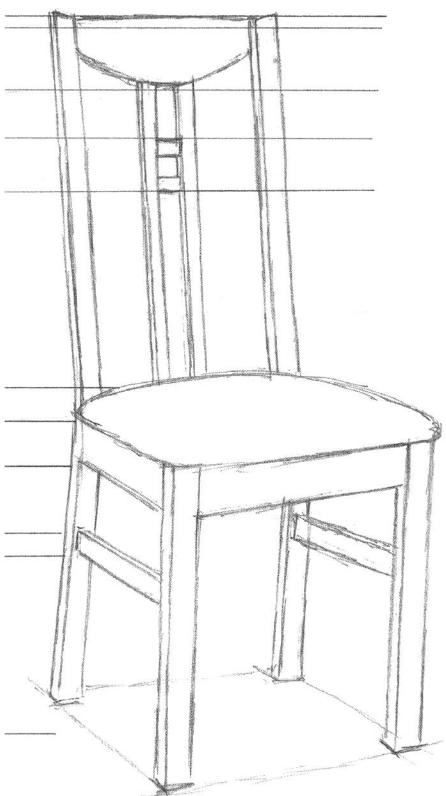

Der Stuhl ist komplexer, als es auf den ersten Blick scheint. Folgen Sie wieder dem gleichen Prinzip, indem Sie ihn zuerst exakt von vorn sowie von der Seite zeichnen und danach erst aus einer anderen Perspektive. Haben Sie die Konstruktion verstanden, gelingt es besser, den Stuhl zu Papier zu bringen.

Übung 3

Diese Objekte besitzen schlichtere Umrisse. Um sie dennoch dreidimensional und richtig plastisch wirken zu lassen, gilt es, gezielt Schattierungen einzusetzen.

Fertigen Sie zuerst möglichst exakte Strichzeichnungen von den Dingen an. Beim Buch reicht es, danach mit einer Schattierung die Rundung des Buchrückens zu zeigen und mit feinen Linien die dicht gepackten Buchseiten zu betonen. Ein kleiner Schlagschatten verankert das Buch am Untergrund.

Der Topf muss innen intensiv abgedunkelt werden, damit er tatsächlich hohl wirkt. Dann setzen Sie auf die Außenfläche rund um die Zylinderform abgestufte Schattierungen und vervollständigen die Zeichnung mit dem kleinen Schlagschatten auf dem Untergrund.

Der Apfel muss zwischen Ober- und Unterseite mit senkrechten Strichen schattiert werden: vorwiegend auf der linken Seite, weil das Licht hier von rechts kommt. Fügen Sie einen Schlagschatten hinzu sowie eine Abdunklung dort, wo der Stiel aus der Stielgrube ragt.

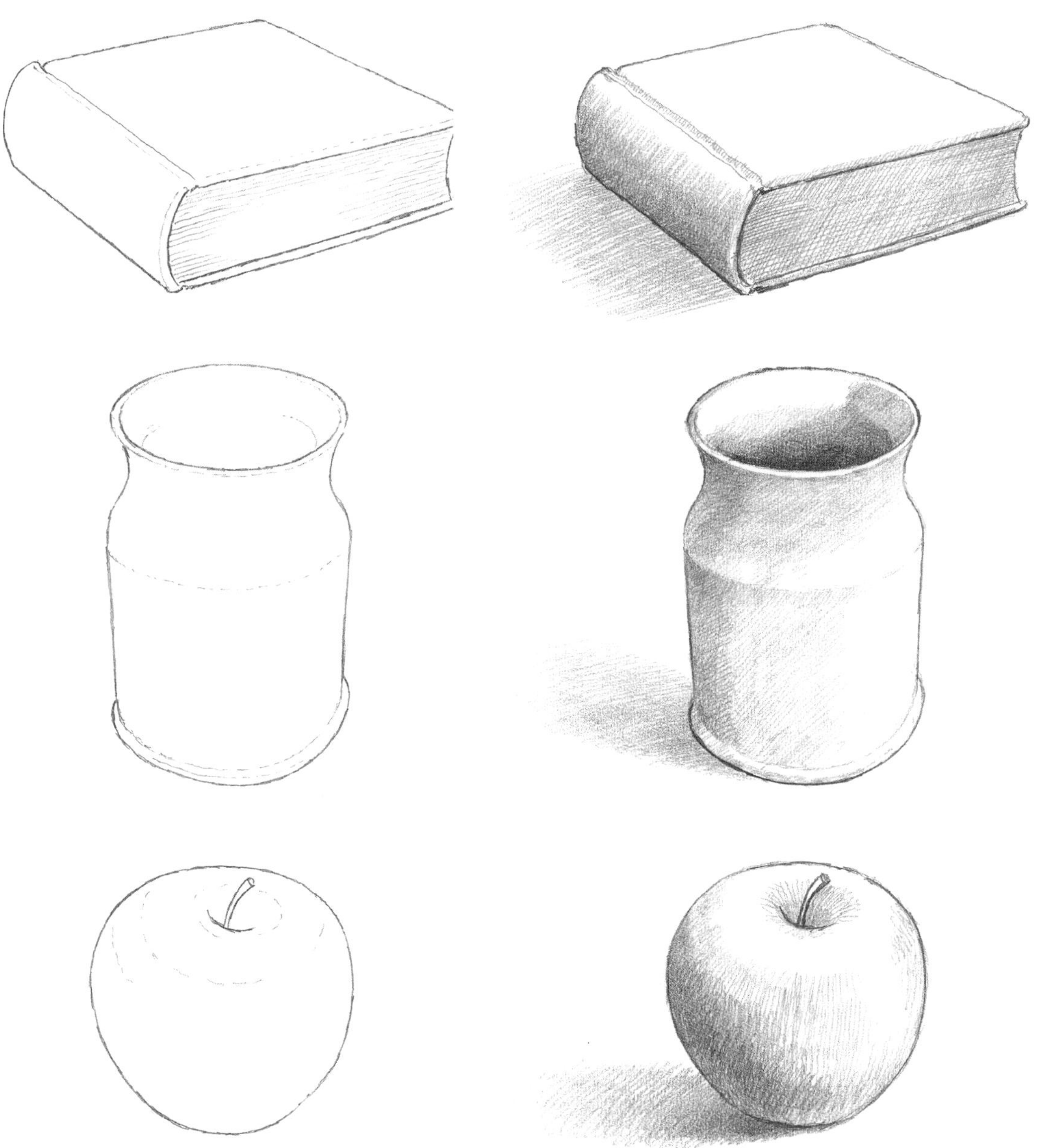

TEXTUREN UND MATERIALITÄT

Diese Übungen dienen dazu, beim naturalistischen Zeichnen ein Gespür für verschiedene Texturen und deren Übertragung auf Papier zu entwickeln. Achten Sie wie auch bei den ersten Übungen von Seite 12–13 darauf, die Zeichnungen einheitlich und gut anzulegen.

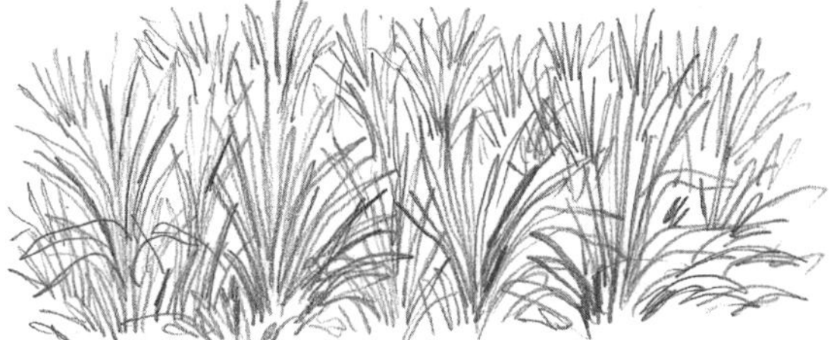

Gras

Die erste Texturzeichnung vermittelt den Eindruck einer Fläche mit grasartigen Büscheln, jedoch mit einem traditionellen Schema, das dem Gras ähnelt, aber nicht direkt nach der Natur gezeichnet ist. Wenn Sie diese stilisierte Version gezeichnet haben, könnten Sie sich eine Wiese in freier Natur ansehen und dann versuchen, diese abzuzeichnen.

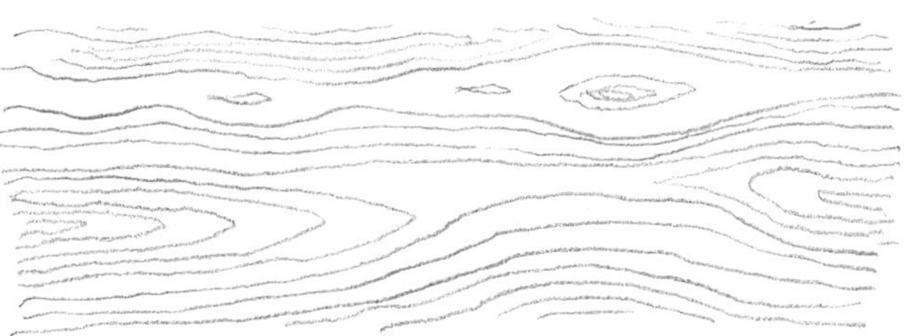

Holz

Nun versuchen Sie sich an einem Holzbrett mit seinen Astansätzen und Wellenlinien. Vielleicht liefern die Dielen in Ihrem Haus ein gutes Beispiel für diese Art von Holzmaserung.

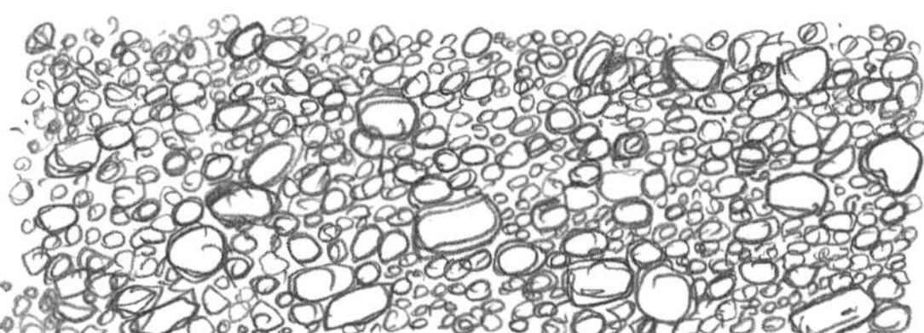

Ufer

Diese Zeichnung erinnert an ein Ufer, das mit verschieden großen Kieseln übersät ist. Haben Sie solch eine traditionelle Version ausprobiert, versuchen Sie, eine echte Kiesel- oder Steinansammlung zu zeichnen.

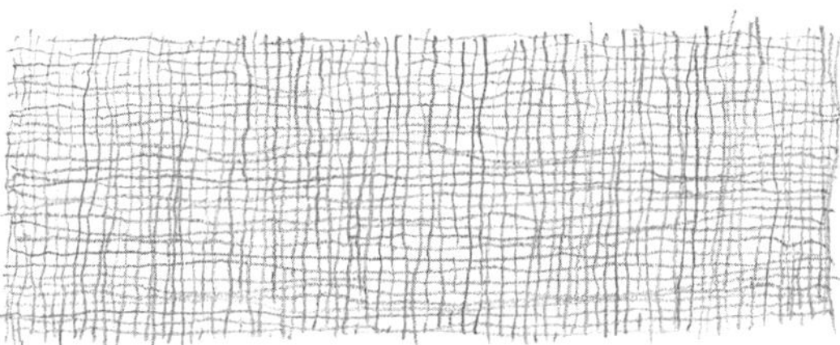

Gewebe

Dieses sorgsam gezeichnete Netz könnte von einem Jutesack oder einem anderen, locker gewebten Stoff stammen. Achten Sie darauf, dass die Linien nicht zu kräftig ausfallen, sonst geht der Textileffekt verloren.

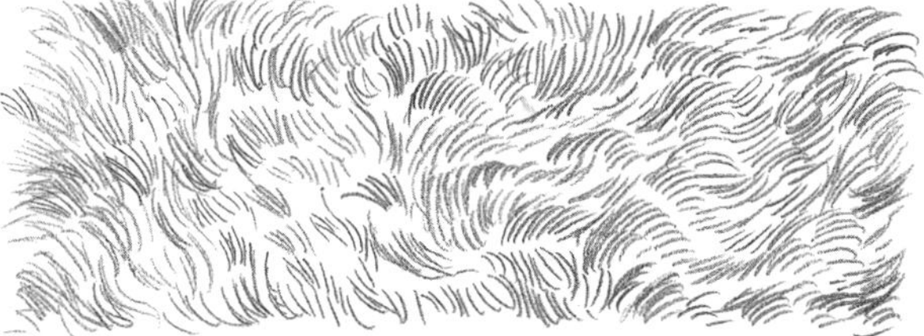

Fell

Die dritte Zeichnung erinnert an langen Teppichflor oder an das Rückenfell einer Katze. Die kurzen, wellig angeordneten Linien weisen in verschiedene Richtungen, folgen aber auch einem gewissen Muster.

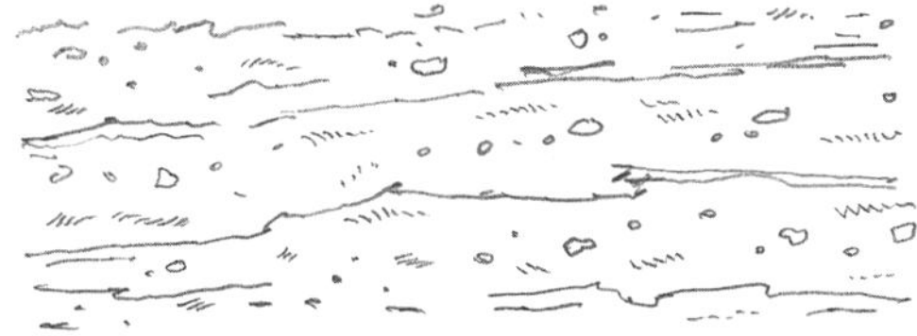

Felsen

Hier könnte es sich um die Oberfläche eines körnigen, rissigen Felsens handeln. Wieder gilt: Haben Sie dieses Beispiel gezeichnet, prüfen Sie am realen Objekt, wie stilisiert dieses Muster im Vergleich ist.

Wolken

Diese rauchige Textur entstand mit weichem Bleistift, die dunkelsten Partien wurden mit einem Papierwischer bearbeitet. Radiert man danach noch etwas von den dunklen Stellen weg, wird der Wolkeneffekt verstärkt.

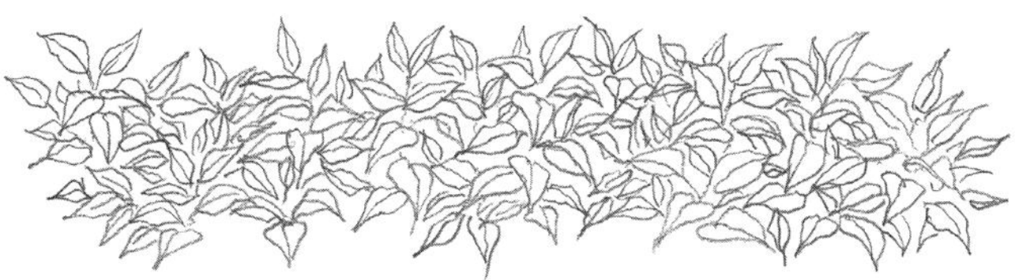

Blätter

Für den Eindruck des dicken, heckenartigen Laubes brauchen Sie nur viele kleine Blättchen zu zeichnen, die aneinanderstoßen und sich überlappen. Der Effekt fällt noch überzeugender aus, wenn die Blätter in unterschiedliche Richtungen weisen.

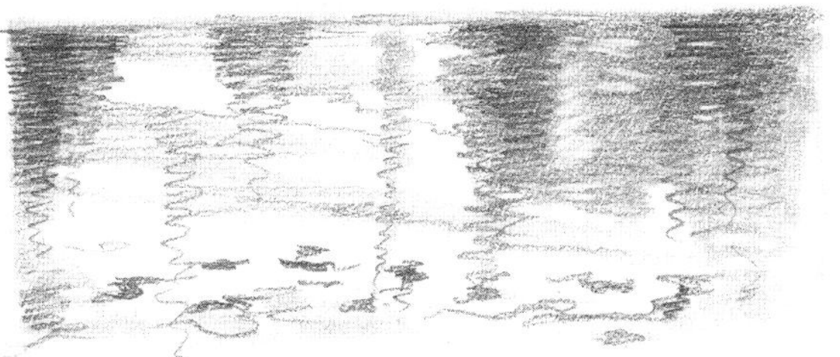

Wasser

Für eine leicht wellige Wassertextur legt man die Bleistiftspuren waagerecht und miteinander verbunden aufs Papier. Durch Verwischen werden einige Partien gräulicher, wobei andere Stellen ganz weiß bleiben müssen, um wie reflektierendes Licht zu wirken.

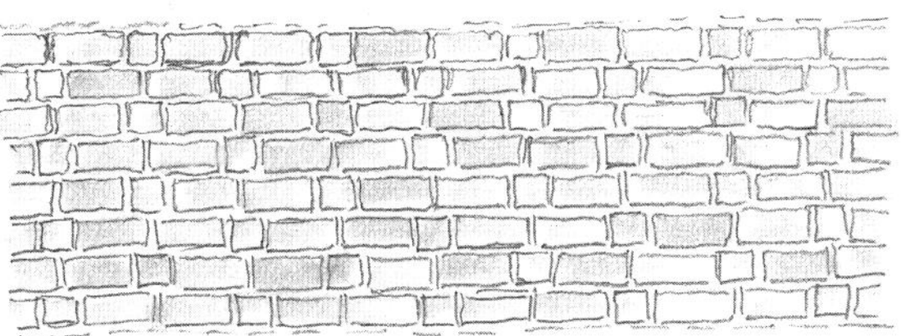

Ziegelmauer

Der Mauereffekt ist einfach zu erzeugen, erfordert aber etwas Sorgfalt. Der Trick besteht darin, die Waagerechten möglichst eben zu halten, die Ziegelkanten aber recht unruhig zu zeichnen. So wirken die Ziegel alt und gebraucht. Wischen Sie einigen Ziegeln eine leichte Tönung hinein, die aber besser unterschiedlich als zu gleichartig ausfallen sollte.

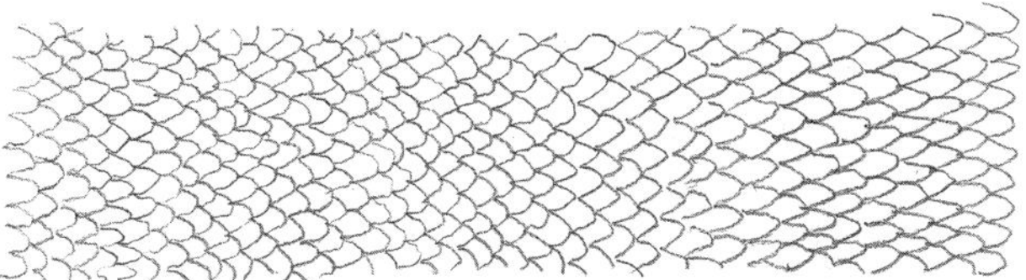

Schlangenhaut

Schuppige Schlangen- oder Fischhaut zeichnen Sie mit vielen sich überlappenden Schuppenformen. Arbeiten Sie aber nicht zu präzise, sonst verliert sich der Eindruck beweglicher echter Schuppen. Hier braucht man Geduld, die Technik jedoch ist einfach.

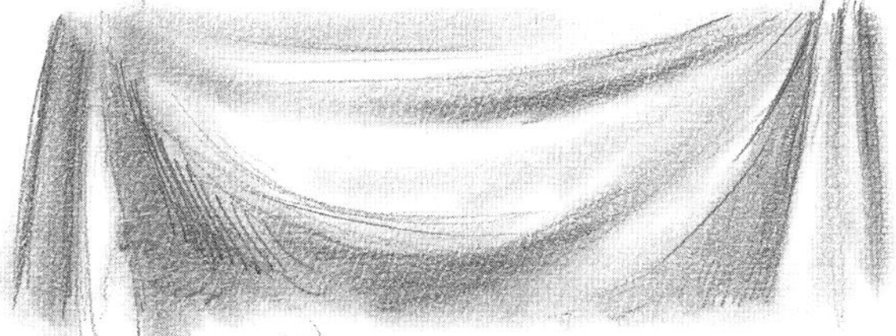

Stoff

Für diese Drapierung zeichnen Sie nach unten schwingende, an Stoff erinnernde Bögen. Die Kanten der Schattierungen gestalten Sie mit einem Papierwischer etwas weicher. Die einzigen scharfen Linien sitzen an der Seite, dort, wo der Stoff gerafft ist.

TEXTUREN ANWENDEN

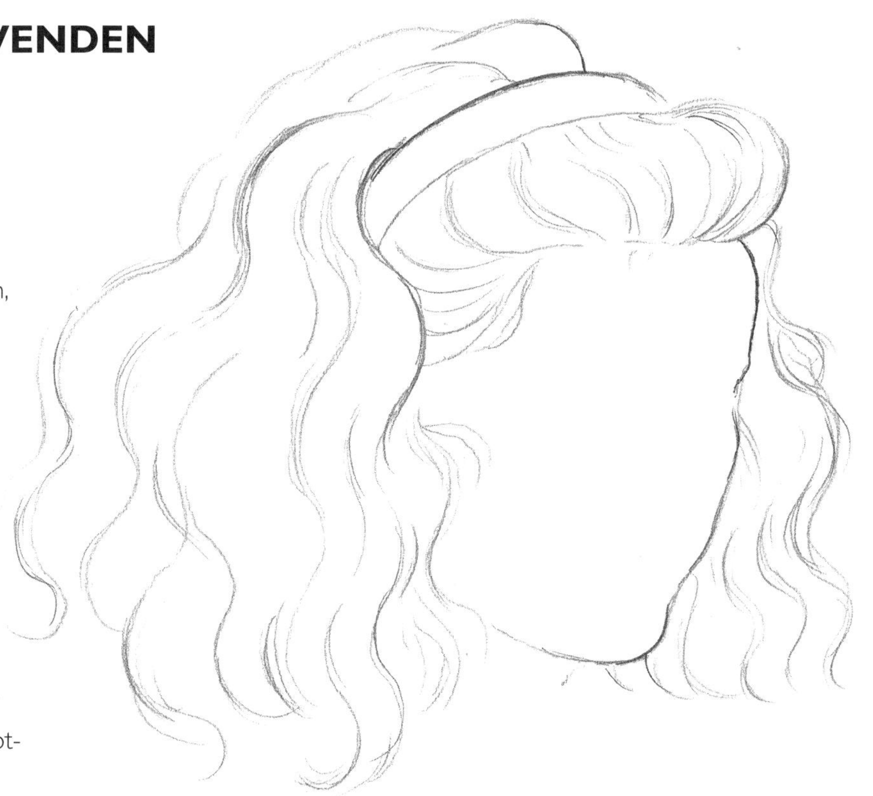

Übung 1

In den beiden folgenden Übungen schaffen wir kompliziertere Texturen, indem wir uns mit dem lockigen Haar eines Mädchens und einem Stoff auseinandersetzen. Zu Beginn zeichnen Sie das herabfallende Haar sehr behutsam und in einfachen Konturen. Dabei bekommen Sie ein Gefühl für die Art, wie es sich beim Herauswachsen aus dem Kopf dreht und wellt. Nach dem gleichen Prinzip arbeiten Sie bei Übung 2. Es macht nichts, wenn Ihnen nicht jede Stofffalte auf Anhieb gelingt, solange Sie die Hauptformen richtig erfasst haben.

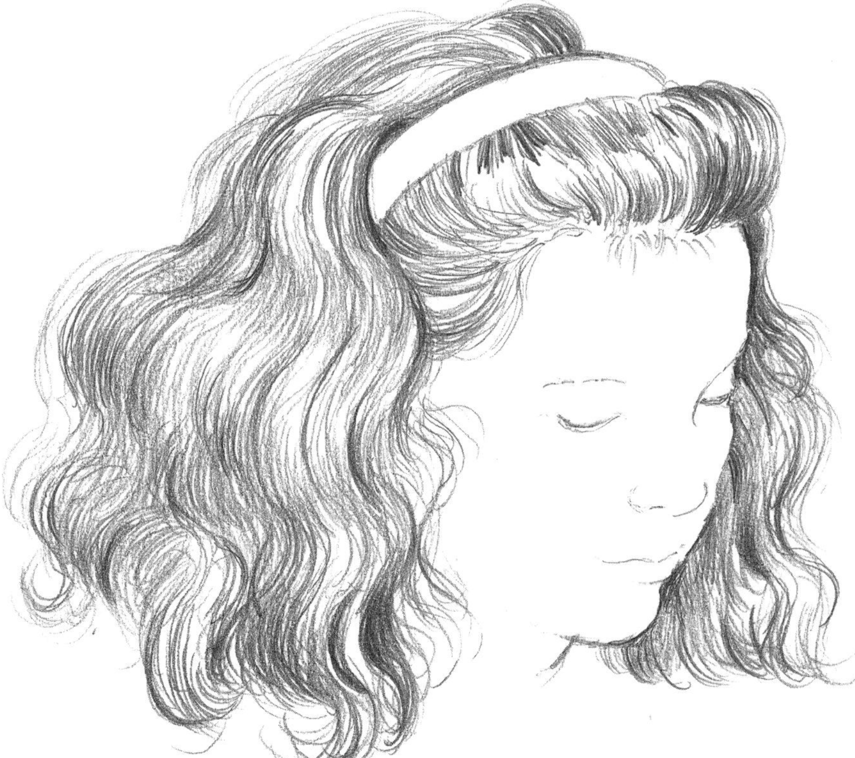

Haben Sie die Hauptformen des Haares und des Stoffes herausgearbeitet, dann bauen Sie eine Textur aus Linien und Schattierungen auf, um dem Ganzen einen naturalistischen Ausdruck zu verleihen. Die Frisur kann mit Strichen eingezeichnet werden, die den Hauptformen der Haarstruktur folgen: an manchen Stellen kräftiger und dunkler, an anderen leichter und schwächer. Diese Abstufungen erzeugen den Eindruck von Wellen im Haar. Achten Sie darauf, wie oft die Strähnen an den Seiten dunkler sind und wie sich bei den größeren Locken der Gegensatz zwischen der dunklen Unterseite und der hellen Oberseite auswirkt.

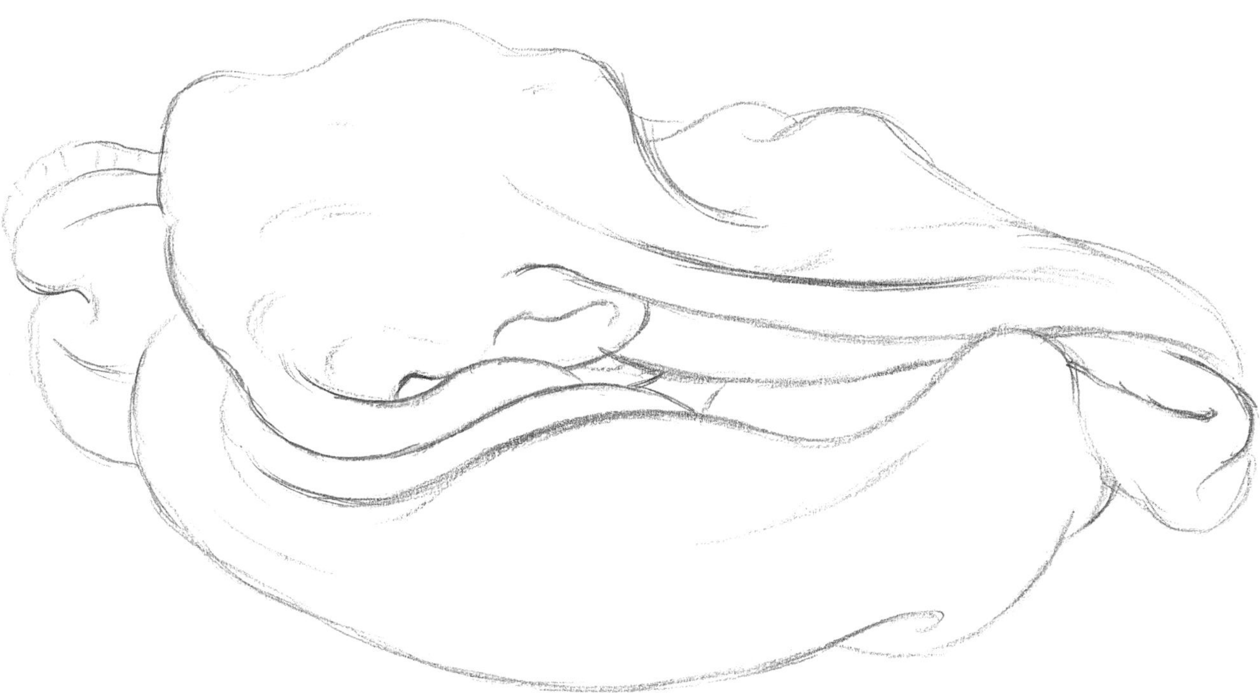

Übung 2

Beim Stoff beachten Sie zuerst die Hauptformen, die Sie dann möglichst sorgfältig auf dem Papier festhalten. Diese Textur ist viel einfacher zu zeichnen als das Haar, denn es genügt, die Falten mit dunklen und helleren Tönungen anzudeuten. Da es sich hier um einen alten Pullover handelt, zeichnen Sie weiche Linien und eine leicht raue Schraffur, um den Eindruck von Wolle auf Papier nachzuempfinden.

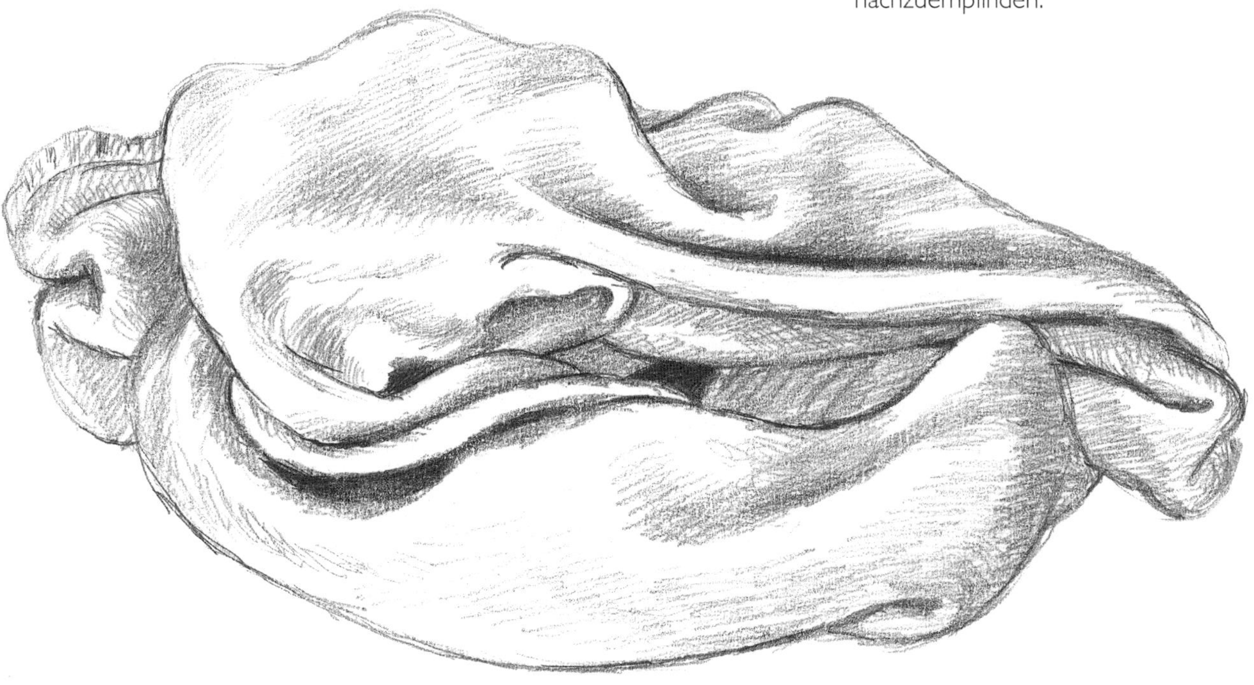

Zwei weitere Arten von Textur und Materialität – ein Korbgeflecht und eine Pflanze. Wie zuvor zeichnen Sie zunächst die Hauptformen der Objekte. Versuchen Sie, dabei das Hin und Her der geflochtenen Stränge sowie die Feinheit der Blattumrisse möglichst genau nachzuvollziehen.

Übung 3

Beim Korb liegt die Schwierigkeit darin, den Effekt geflochtener Stränge zu erzeugen, jedoch ohne jeden einzelnen Weidenstrang exakt abzuzeichnen. Versuchen Sie eher, mit dem rhythmischen Muster einen allgemeinen Eindruck zu erzeugen – das Geflecht soll regelmäßig, aber nicht zu scharf umrissen wirken. Die nicht sehr präzise Korbtextur hilft Ihnen, eine natürlich wirkende Darstellung zu finden, ohne jeden einzelnen Flechtstrang penibel abzubilden. Dunkeln Sie die Schattenpartien deutlich genug ab, um unsere Augen von der räumlichen Tiefe und der Plastizität im Korbinneren und -äußeren zu überzeugen. Übertreiben Sie das aber nicht an den hellen Stellen, damit Sie den wichtigen Hell-Dunkel-Kontrast nicht zerstören.

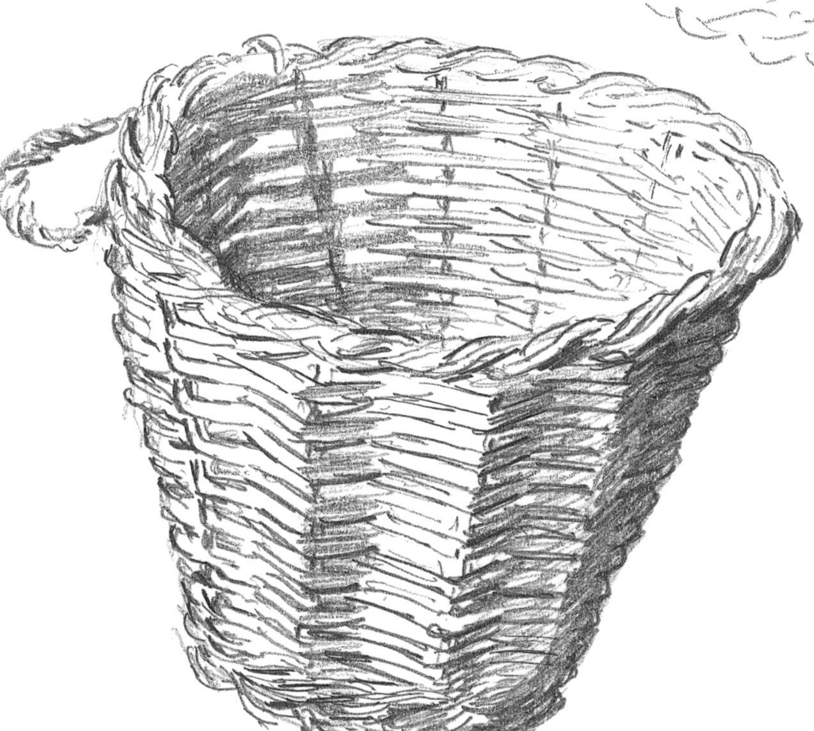

Übung 4

Auch bei der Pflanze gilt es, nicht zu übertreiben, hier jedoch mit den dunklen Partien. Es sollten nur ein oder zwei Blätter im hinteren und unteren Bereich sehr dunkel getönt werden, die meisten anderen zeigen sich in einem recht hellen Ton. Zeichnen Sie nicht mit zu kräftigen Strichen, denn dieses Pflanzenmaterial ist doch recht filigran. Auch hier ist es unwesentlich, wenn einige Blätter nicht exakt an ihrem Platz sitzen – es reicht, wenn sie im Zusammenklang mit den anderen einigermaßen natürlich wirken.

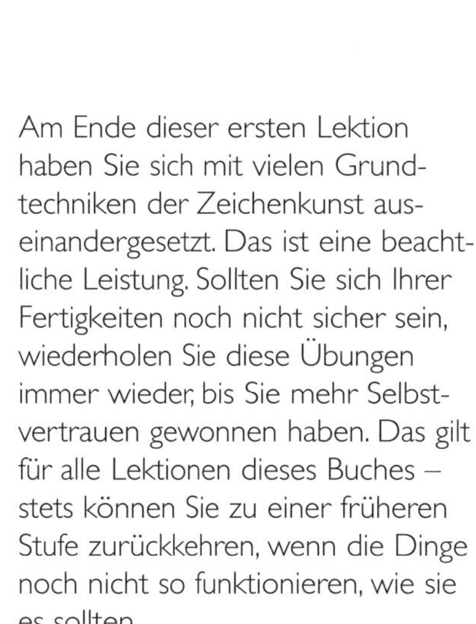

Am Ende dieser ersten Lektion haben Sie sich mit vielen Grundtechniken der Zeichenkunst auseinandergesetzt. Das ist eine beachtliche Leistung. Sollten Sie sich Ihrer Fertigkeiten noch nicht sicher sein, wiederholen Sie diese Übungen immer wieder, bis Sie mehr Selbstvertrauen gewonnen haben. Das gilt für alle Lektionen dieses Buches – stets können Sie zu einer früheren Stufe zurückkehren, wenn die Dinge noch nicht so funktionieren, wie sie es sollten.

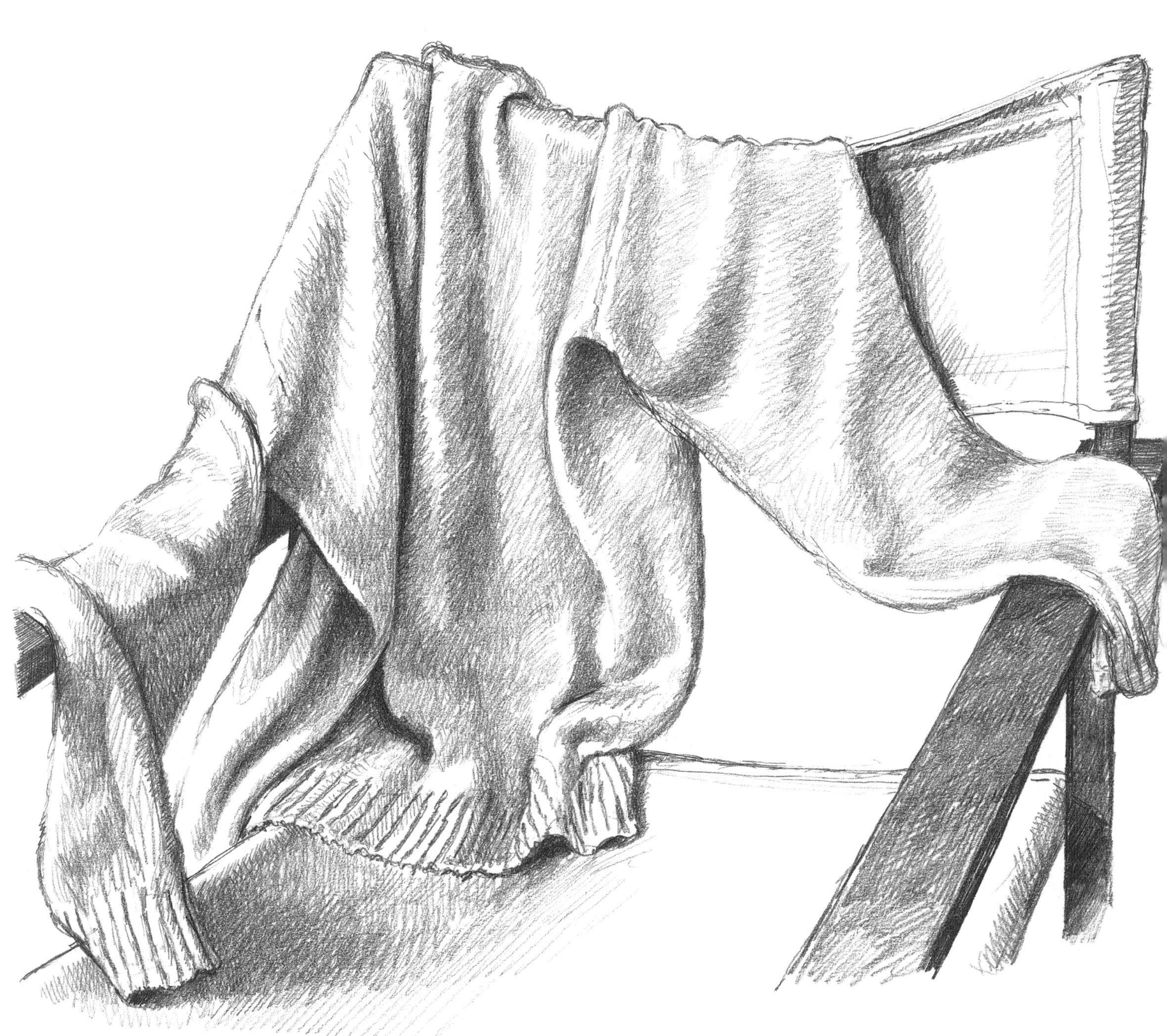

LEKTION 2

FORM UND TONWERT

Alles naturalistische Zeichnen setzt Übung voraus, um vor allem die Details der Objekte zu erfassen. In dieser Lektion arbeiten Sie daher beim Zeichnen weiter an den Konturen und bauen auf Ihrem Wissen über Tonwerte auf.

Sie beginnt mit sorgfältig gezeichneten Formen und ergänzenden Tonwerten und Schattierungen, die den Formen mehr Dichte geben. Das erfordert viel Übung. Mehrere Objekte liegen Ihnen hier vor. Beim Zeichnen werden Sie rasch feststellen, dass Sie komplizierte Objekte oft in derselben Weise angehen können wie einfache, obgleich das auf den ersten Blick unmöglich schien. Und je häufiger Sie diese Methoden anwenden, desto rascher entwickelt sich Ihre Zeichenkunst.

Außerdem werden Sie feststellen: Schwierige oder einfache Zeichnungen gibt es nicht; sie alle haben den gleichen Schwierigkeitsgrad, auch wenn einige wegen ihrer komplexeren Formen mehr Zeit beanspruchen. Je stärker Sie Ihre Fertigkeiten verbessern, umso leichter fällt Ihnen das Zeichnen. Dann stellen Sie natürlich höhere Ansprüche an sich und machen daher weiter Fortschritte. Das Großartige an der Kunst ist, dass Sie niemals den Punkt erreichen, wo Sie alles können – es kann immer noch besser werden.

FORMEN UND TONWERTE AUSARBEITEN

Um Grundformen plastisch auszugestalten, widmen wir uns zwei Objekten – einer Thermosflasche und einem Trinkglas, hergestellt aus Metall beziehungsweise aus Glas. Während die Flasche mit Tonwerten gestaltet werden muss, damit man ihre runde Form und die dunkleren Metallbereiche wahrnehmen kann, benötigt das Glas viel weniger Schattierungen, da es transparent ist.

Zeichnen Sie zuerst die Umrisse der Objekte und markieren Sie bei der Thermosflasche die hellsten und dunkelsten Tonwertbereiche in der Kontur. Beim Glas kennzeichnen Sie lediglich die Kanten der gepressten Glasform sowie die Wasseroberfläche an der Glaswand.

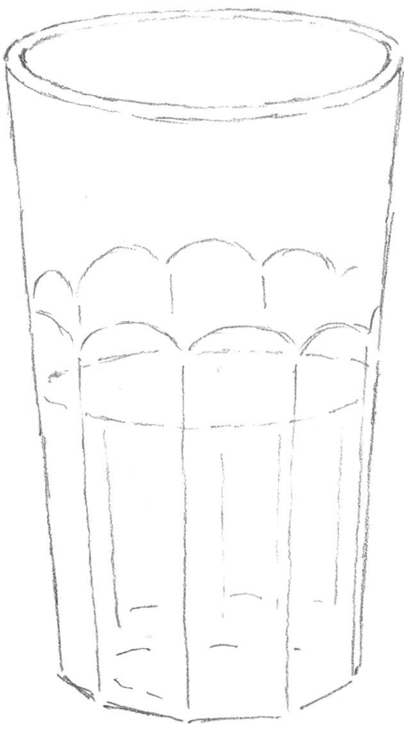

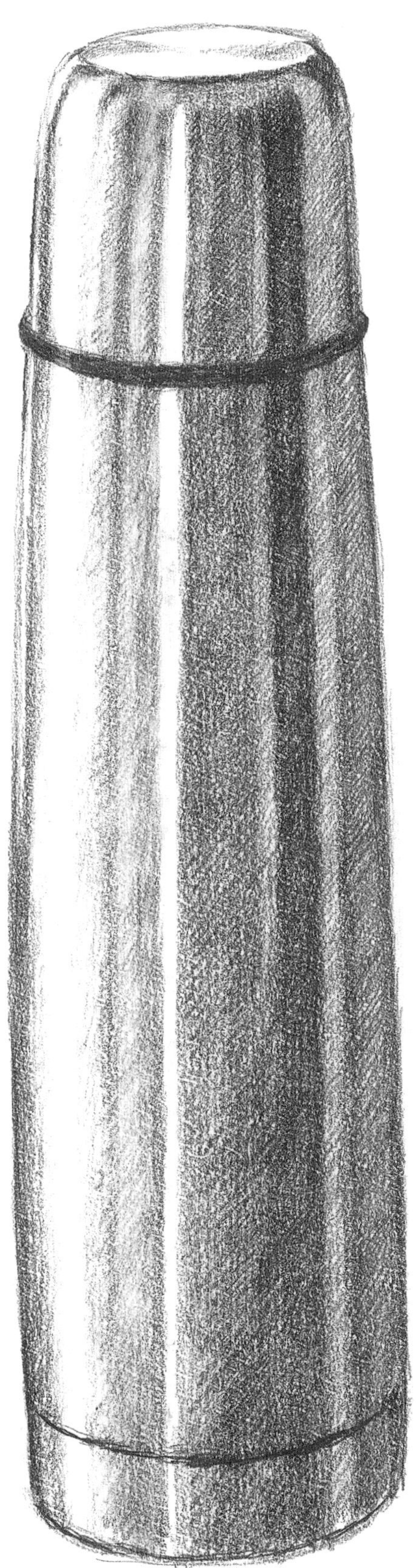

Zeichnen Sie nun – so weich wie möglich – zuerst die dunkelsten Partien der Thermosflasche. Schattieren Sie die nächsten, weniger intensiven Bereiche allmählich von dunkel nach hell. Zum Schluss lassen Sie bei den hellsten kleinen Stellen das Papier wirklich weiß. Sind Sie mit dem ersten Schattierungsdurchgang fertig, prüfen Sie mit kritischem Blick, ob Sie in den dunkelsten Partien den Ton an der einen oder anderen Stelle noch vertiefen sollten.

Der Trick beim Glas hingegen ist, auf keinen Fall übermäßig zu schattieren. Zeichnen Sie zuerst die dunkelsten Töne ein – das sind nur wenige Stellen. Es folgen die mittleren und hellen Schattierungen, wobei Sie eher unter- als übertreiben sollten. Zum Schluss prüfen Sie sorgfältig, ob einige Stellen noch intensiviert werden müssen; doch tun Sie nicht zu viel des Guten.

Vielleicht stellt sich nicht gleich zu Beginn der gewünschte Erfolg ein, aber wenn Sie im Üben fortfahren, werden Sie schon bald über das nötige Geschick verfügen, um Ihre Zeichnungen immer überzeugender wirken zu lassen.

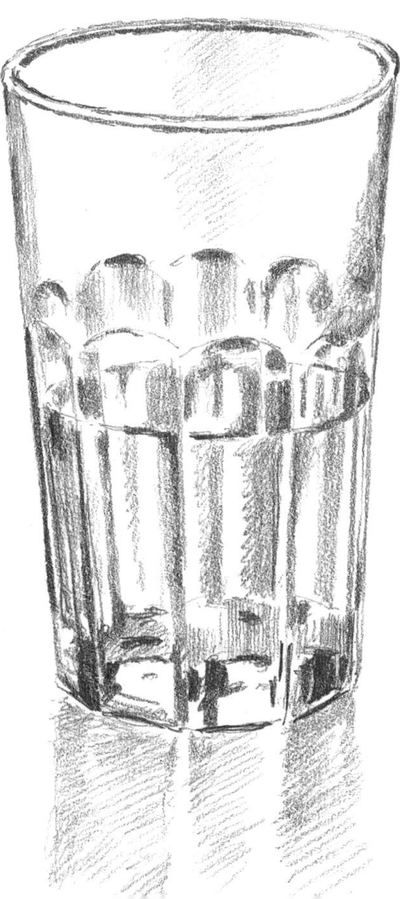

EIN STILLLEBEN MIT LINIEN UND TONWERTEN

Stellen Sie einige gewöhnliche Alltagsgegenstände für ein einfaches Stillleben zusammen, die eher einfache Formen haben. Meine Wahl fiel auf ein Tablett mit Teekanne, Milchkännchen, Zuckertopf, Tasse, Untertasse und Löffel. Solche Haushaltsgegenstände haben den Vorteil, dass man alles schnell zur Hand hat und mit den Dingen vertraut ist. Ich habe alles auf ein kleines Tablett gestellt, damit der zu zeichnende Bereich überschaubar ist. Das bedeutet auch: Aus meinem Blickwinkel überschneiden sich alle Formen, was eine Bildkomposition erzwingt, die ich nicht erst überlegen und auswählen muss.

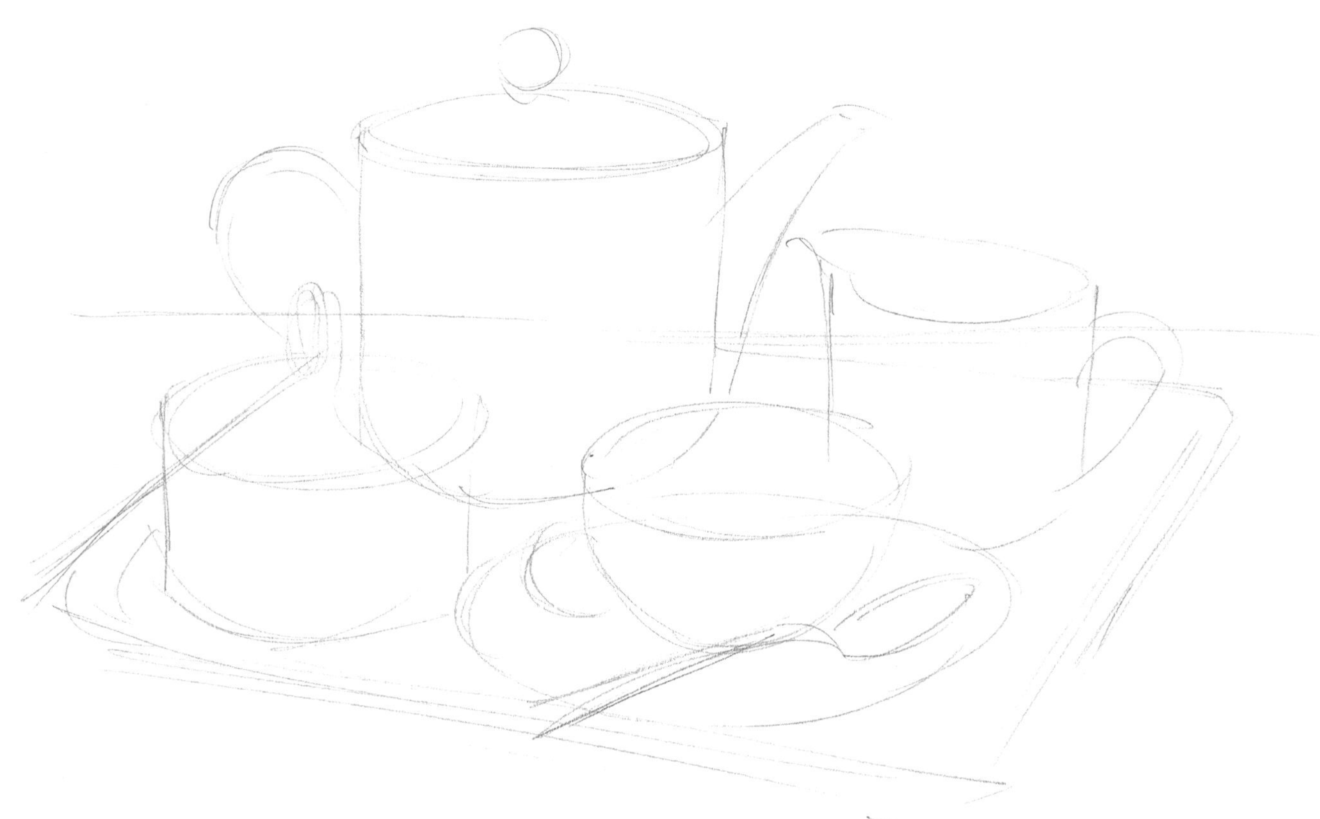

Schritt 1

Nun steht mein Stillleben vor mir, und ich muss das ganze Bild zunächst auf eine einfache Art erfassen. Das hilft mir, mit dem Zeichnen zu beginnen. Mit zarten Strichen und lockerer Hand halte ich die Hauptformen der Objektgruppe fest. Dabei verbessere ich gleich alles und radiere das aus, was nicht den Dingen gleicht, die ich vor mir sehe. In diesem Stadium üben Sie vor allem, eine sehr einfache Vorstellung von der Gesamtanordnung, den Größenverhältnissen und Formen zu entwickeln.

Schritt 2

Gefällt mir die Komposition, lege ich sie nun genauer fest. Das heißt: Ich zeichne den Umriss eines jeden Objekts so sorgfältig, dass die Überschneidungen der Formen wie auch die Form eines jeden Teils exakt erkennbar sind. Das Ergebnis ist eine komplette Strichzeichnung des gesamten Stilllebens. Nun sichtbare Fehler können sorgfältig durch korrekte Linien behoben werden, denn es ist leichter, zuerst den Fehler zu korrigieren und dann erst den Linienabschnitt wegzuradieren, der korrekt war.

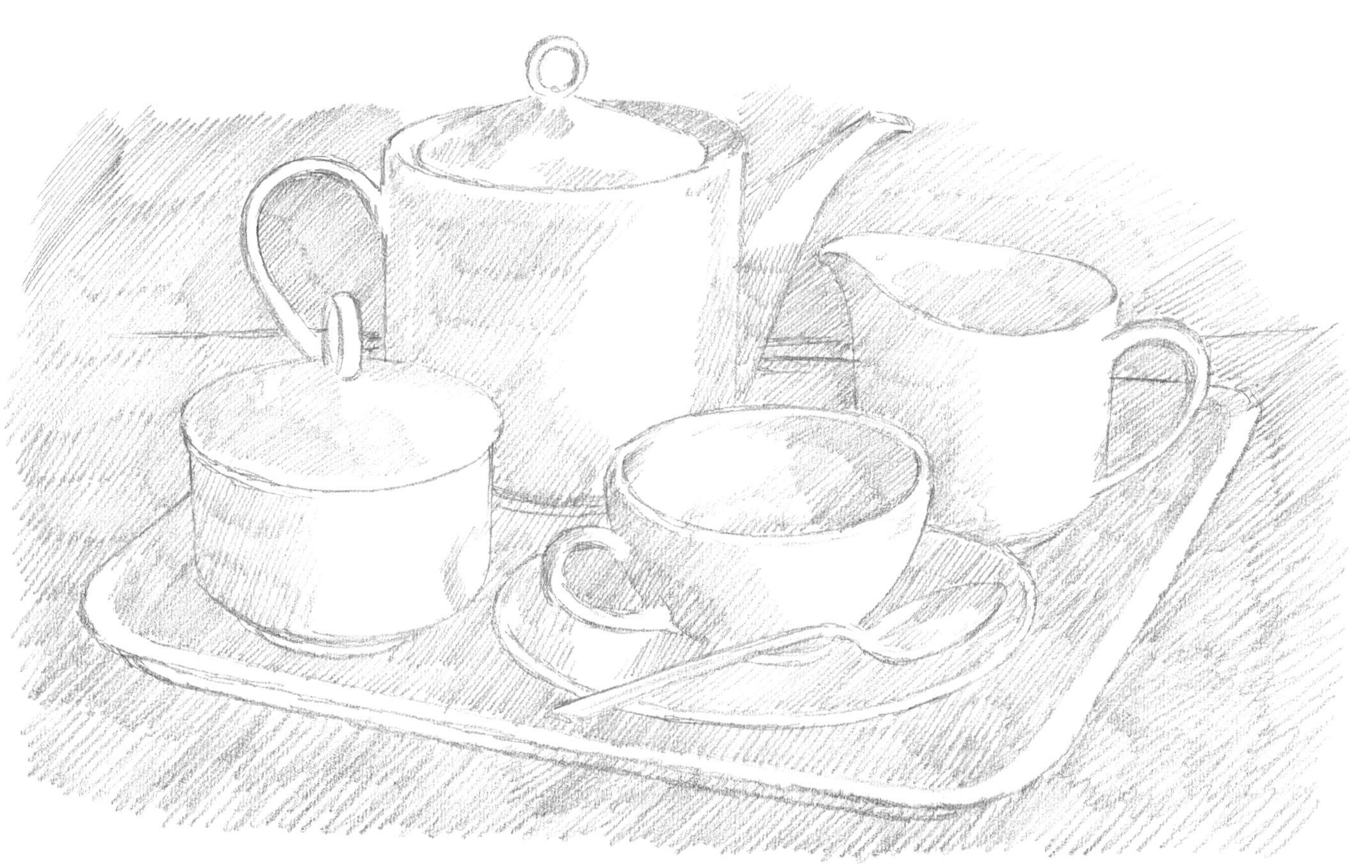

Schritt 3

Das Wesentliche ist erfasst, nun kann ich mich den Tonwerten des Bildes widmen. Diese helfen mir, die dreidimensionalen, plastischen Formeigenschaften darzustellen. In diesem Stadium wähle ich für alle Schattenpartien nur einen einzigen Tonwert; weiß bleiben nur die Papierbereiche, die später im Bild als helle Lichtreflexe erscheinen sollen. Bin ich damit fertig, hat das ganze Bild bereits ein kompakteres Aussehen.

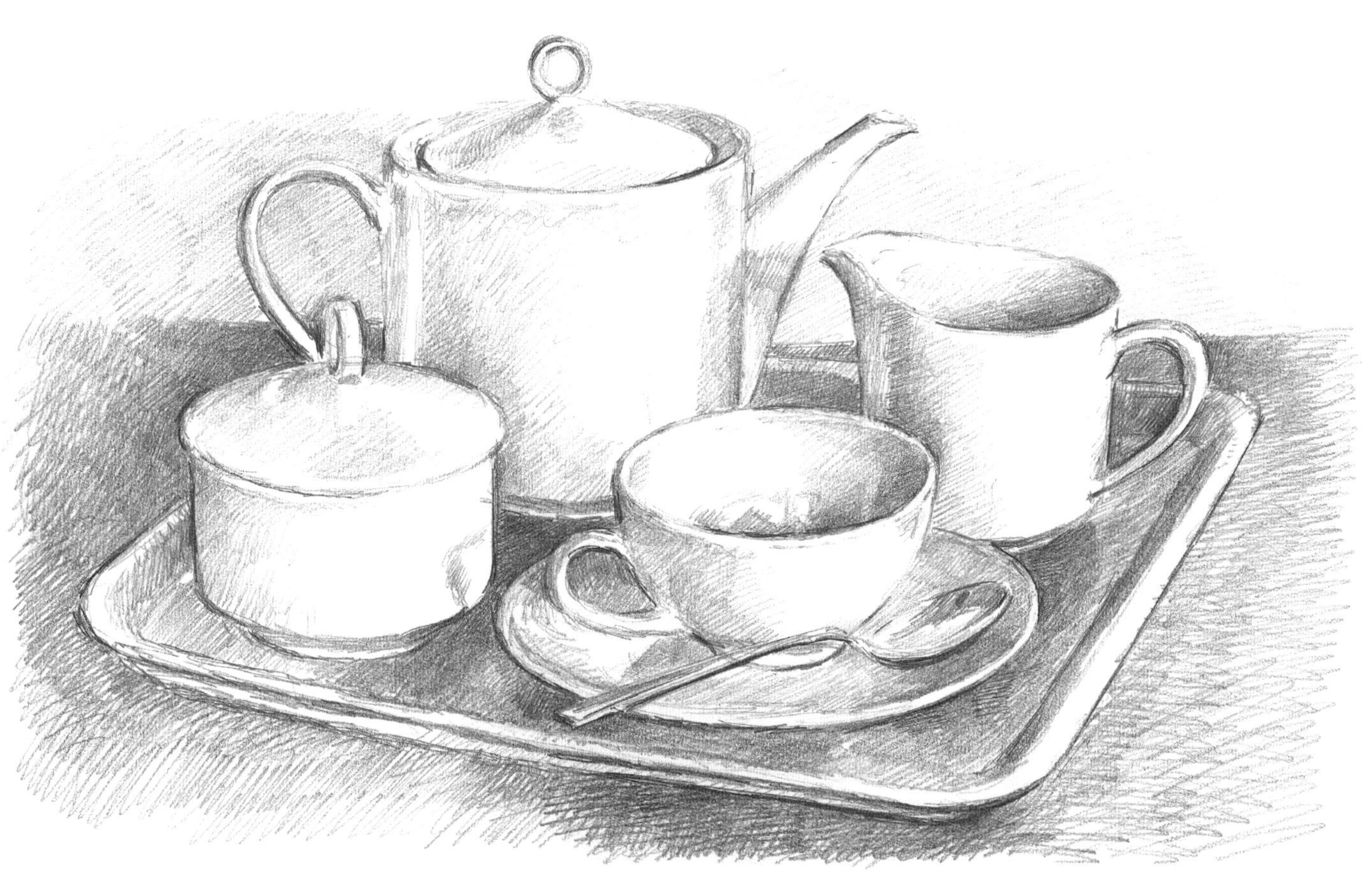

Schritt 4

Die letzte Zeichenphase dient der Übung im Erkennen von weniger dunklen Stellen und solchen, die intensiver getönt sind als alle anderen. Mir gelingt das am besten, wenn ich zuerst die extrem dunklen Stellen schraffiere und erst dann, allmählich heller werdend, die mittleren Tonwerte einfüge. Wie Sie sehen: Der tiefste Tonwert bedeckt recht große Flächen auf der Tischplatte und dem Tablett. Wenn ich überzeugt bin, dass meine Hell-Dunkel-Verteilung so wie die an den realen Gegenständen aussieht, ist meine Schattier-Übung beendet. Übertrieben dunkle Bereiche kann ich vorsichtig mit einem Radiergummi aufhellen.

Solch eine Zeichnung erfordert natürlich eine gewisse Zeit. Empfinden Sie die Arbeit plötzlich als stumpfsinnig, sollten Sie sie unterbrechen und später fortsetzen – sie darf ruhig mehr als eine Sitzung beanspruchen.

DIE EIGENE HAND ZEICHNEN

Diese Übung beginnt mit der einfachen Aufgabe, den Umriss der eigenen Hand nachzuzeichnen. Dazu legen Sie Ihre Hand flach aufs Papier und ziehen den Stift sorgfältig um die Kontur herum. Die Bleistiftspitze soll aber weder zu weit abstehen noch zu schräg unter die Handkanten oder Finger geraten.

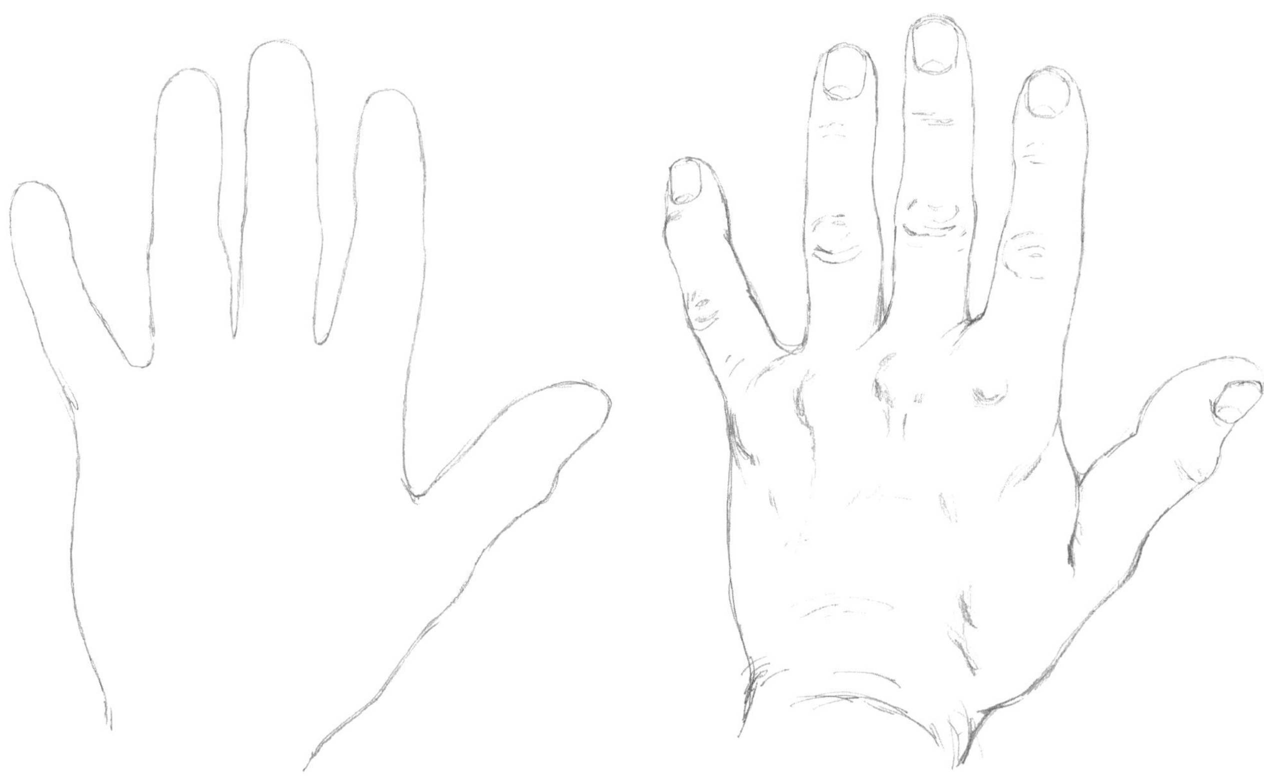

Heben Sie die Hand sachte vom Papier ab und platzieren Sie sie neben der Umrisszeichnung – genauso flach und in der gleichen Haltung wie zuvor. In den Umriss zeichnen Sie nun auf einfache Weise alle Falten, die Knöchel, Vertiefungen und natürlich die Fingernägel ein. So erhalten Sie eine ziemlich gute Darstellung Ihrer eigenen Hand; Form und Größe stimmen überein. Zeichnen Sie nun die Hand nochmals in dieser Position, nun aber, ohne zuerst den Umriss mit dem Stift nachzufahren. Sieht Ihre zweite Zeichnung so gut aus wie die erste?

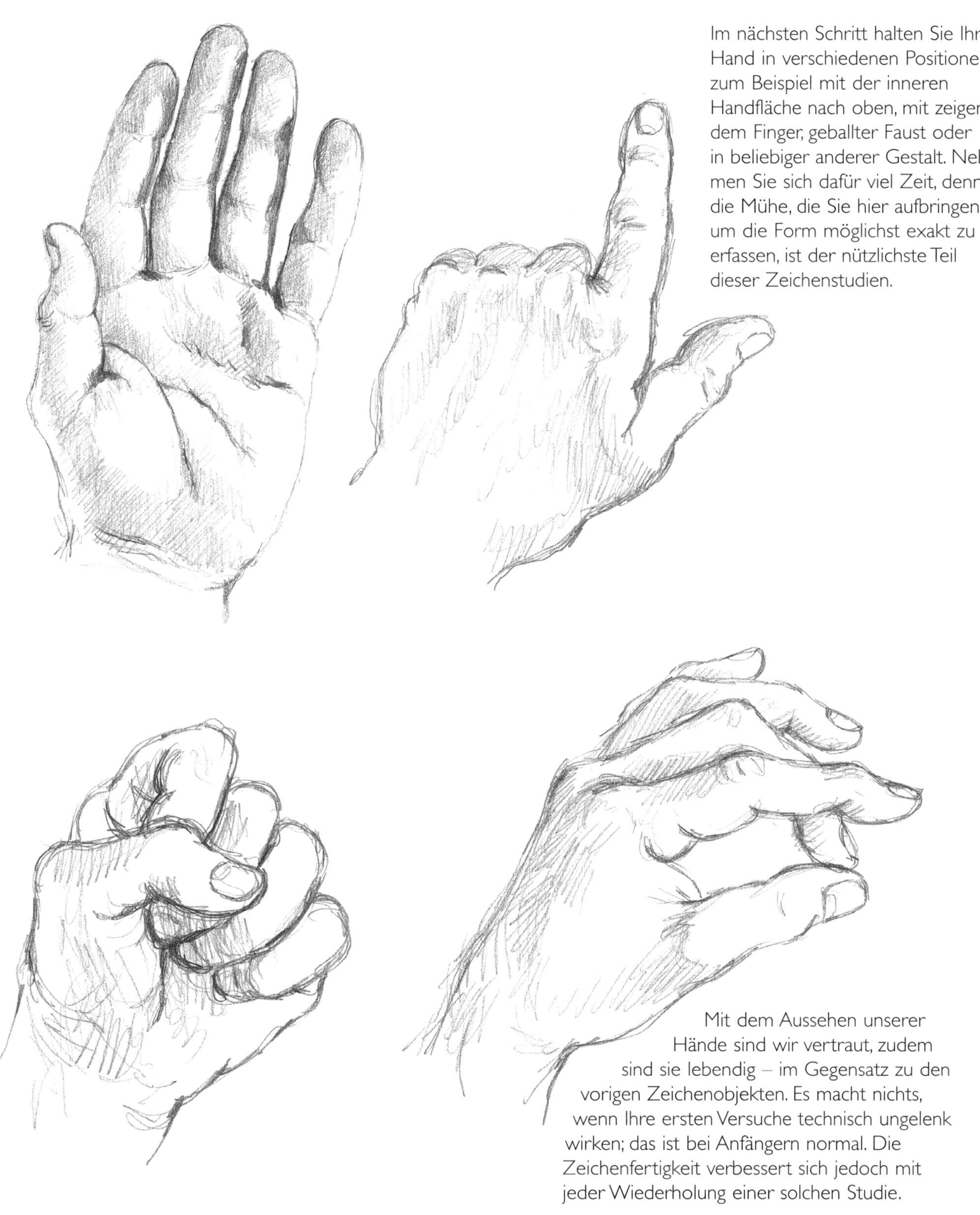

Im nächsten Schritt halten Sie Ihre Hand in verschiedenen Positionen, zum Beispiel mit der inneren Handfläche nach oben, mit zeigendem Finger, geballter Faust oder in beliebiger anderer Gestalt. Nehmen Sie sich dafür viel Zeit, denn die Mühe, die Sie hier aufbringen, um die Form möglichst exakt zu erfassen, ist der nützlichste Teil dieser Zeichenstudien.

Mit dem Aussehen unserer Hände sind wir vertraut, zudem sind sie lebendig – im Gegensatz zu den vorigen Zeichenobjekten. Es macht nichts, wenn Ihre ersten Versuche technisch ungelenk wirken; das ist bei Anfängern normal. Die Zeichenfertigkeit verbessert sich jedoch mit jeder Wiederholung einer solchen Studie.

KOPF UND GESICHT

Für diese Übung brauchen Sie ein Modell. Ideal wäre, wenn ein Mensch, den Sie kennen, Ihnen eine Stunde Modell sitzen würde. Ansonsten setzen Sie sich frontal vor einen großen Spiegel und zeichnen Ihr eigenes Gesicht.

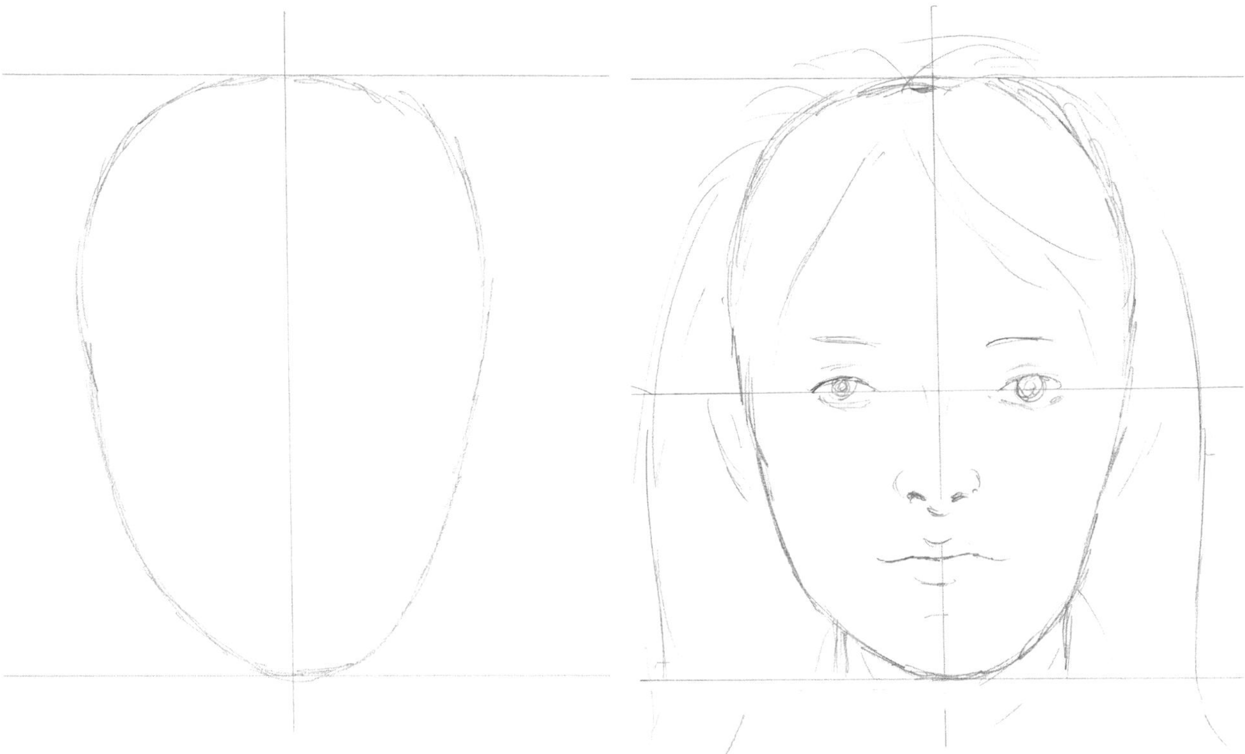

Schritt 1

Beginnen Sie mit der frontalen Gesamtansicht, damit die Proportionen des menschlichen Kopfes verständlich werden. Mit jeweils einem Strich oben und unten auf Ihrem Blatt kennzeichnen Sie, wo der Scheitelpunkt des Kopfes und die untere Kinnspitze sitzen sollen. Der Abstand zwischen beiden Punkten sollte aber nicht größer, sondern höchstens kleiner sein als die tatsächliche Kopflänge. Verbinden Sie diese Markierungen mit einer senkrechten Hilfslinie. Diese Mittelachse hilft Ihnen, alle Details des Gesichts auf beiden Seiten ausgewogen darzustellen.

Betrachten Sie den Kopf Ihres Modells (oder den eigenen) exakt von vorn, um dann die ovale Außenform des Kopfes zu Papier zu bringen – und ich meine wirklich den ganzen Kopf, nicht nur das Gesicht. Sie wären sicher überrascht zu sehen, wie viele Anfänger den Kopf so zeichnen, als würde am Haaransatz der Kopf enden.

Schritt 2

Zeichnen Sie auf halber Höhe die waagerechte Augenlinie ein und auf ihr Lage und Form der Augen; der Abstand zwischen ihnen ist etwa so groß wie der zwischen innerem und äußerem Augenwinkel.

Markieren Sie das untere Nasenende genau auf halber Höhe zwischen Augen und Kinnspitze. Deuten Sie die Nasenlöcher und den unteren Nasenansatz an. Der Mund soll etwas näher an der Nase als am Kinn sitzen: Der Abstand zur Kinnspitze beträgt etwa ein Fünftel der Kopflänge. Zeichnen Sie die Linie zwischen den Lippen und deuten dann unter der Nase dezent die Oberlippenform an sowie die Falte unter der Unterlippe – aber keinesfalls die Konturen der andersfarbigen Lippen.

Skizzieren Sie das Haar, den Sitz der Ohren und die Augenbrauen. Der obere Ohrmuschelrand und die Brauen sitzen etwa auf gleicher Höhe. Und fertig ist die Grundform des Kopfes mit den wichtigsten Details.

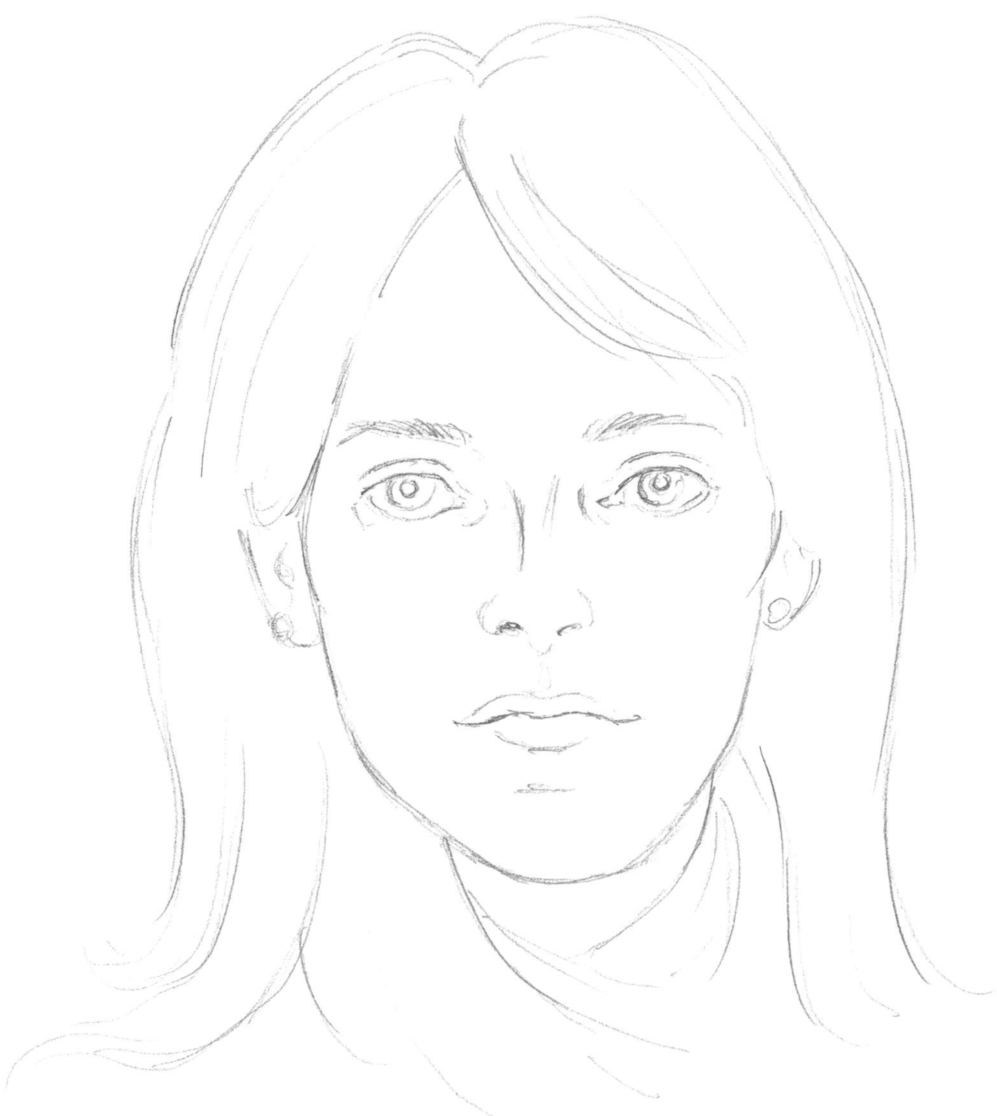

Schritt 3

Formen Sie nun die Details des Gesichts und das Haar aus, wobei Sie Fehler gleich korrigieren. Beachten Sie die Stärke der Augenbrauen und die Unterschiede zwischen innerem und äußerem Augenwinkel. Blicken Sie direkt in die Augen, ist die Iris leicht vom Oberlid verdeckt, während sie das Unterlid meist knapp berührt. Auch wenn die Ohren hier kaum sichtbar sind: Zeichnen Sie die Form möglichst genau.

Die wichtigsten Partien der Nase sind der untere Teil und die Gestalt der Nasenlöcher. Skizzieren Sie die schmale Stelle zwischen den Augen nur leicht; mit deutlichem Strich für den Schatten können Sie den knochigeren Bereich andeuten – aber alles nur sehr zurückhaltend, sonst entsteht auf Ihrem Blatt ein unschöner »Zinken«.

Der Mund ist etwas leichter zu zeichnen, doch beachten Sie, dass der kräftigste Strich für die Linie reserviert sein muss, an der sich die Lippen berühren. Fallen die äußeren Ränder zu kräftig aus, wirken die Lippen flach. Darunter befindet sich meist eine starke Falte, die deutlicher hervortreten kann als der untere Lippenrand.

Der Umriss von Kiefer und Wangenknochen charakterisiert Ihr Gegenüber. Ein zu ausladender Kiefer wirkt plump, ein zu schmaler hingegen kränklich. Also nehmen Sie sich Zeit, die richtige Kontur zu finden.

Auch das Haar ist wichtig, denn seine Fülle bestimmt die Kopfform darunter. Gerät die Frisur zu üppig, sieht Ihr Modell wie ein Außerirdischer aus. Gerät sie zu dürftig, könnte man denken, dem Kopf fehle es an genügend Raum für das Gehirn.

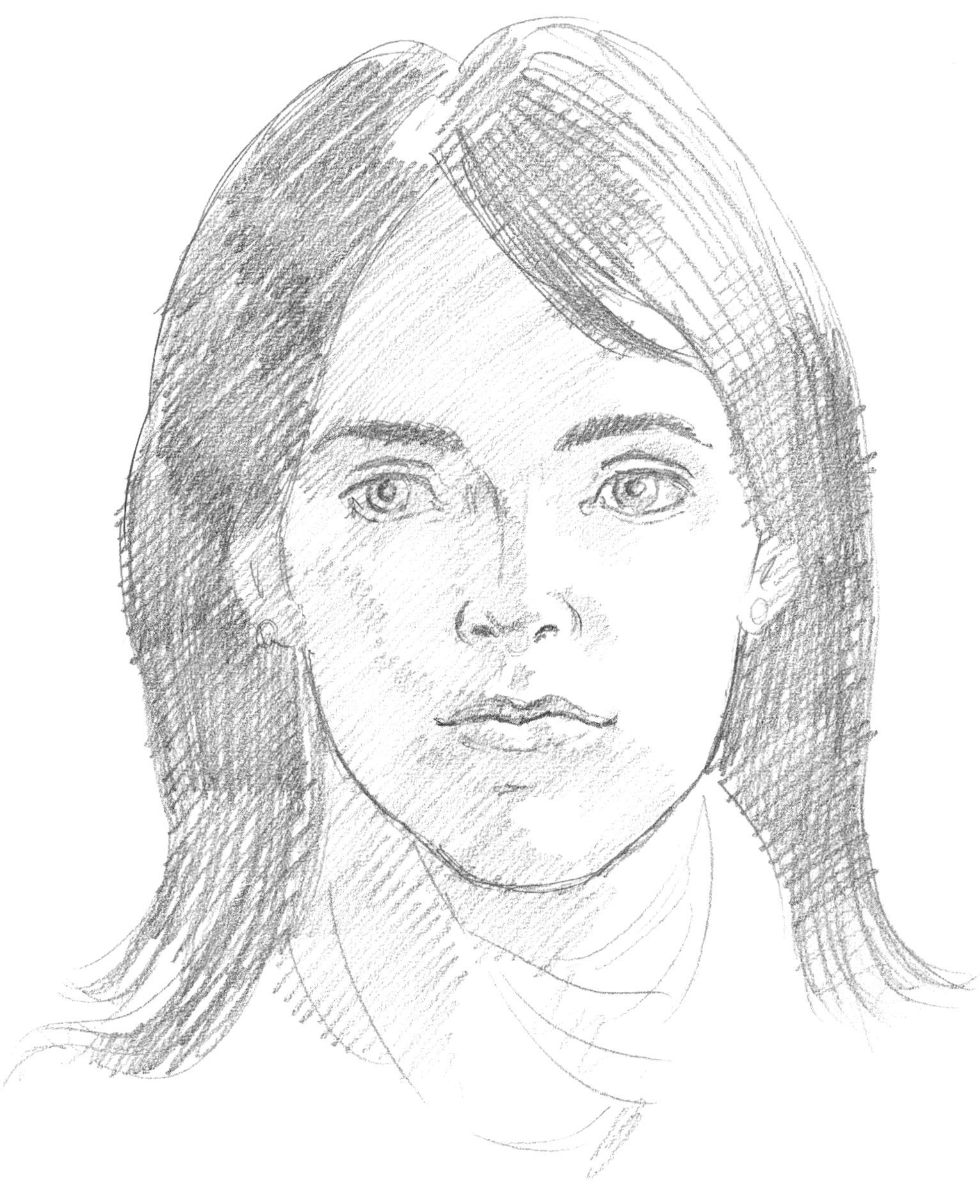

Schritt 4

Nun können Sie damit beginnen, das Gesicht und die Haare leicht zu tönen, indem Sie zunächst alles mit gleicher Intensität schraffieren. Normalerweise kommt das Licht von einer Seite – in meinem Beispiel fällt es auf die rechte Gesichtshälfte, die linke liegt mehr im Schatten. In diesem Stadium nehmen die zuvor skizzierten Elemente wie Nase, Augenbrauen und Mund allmählich ihre Form an.

Schattieren Sie auch die Frisur, dabei passen Sie den Linienverlauf an die Richtung des natürlichen Haarwuchses an. Ist das Haar dunkel, zeichnen Sie eine weitere Schattierungslage darüber – nur nicht dort, wo es kräftig vom Licht beschienen wird.

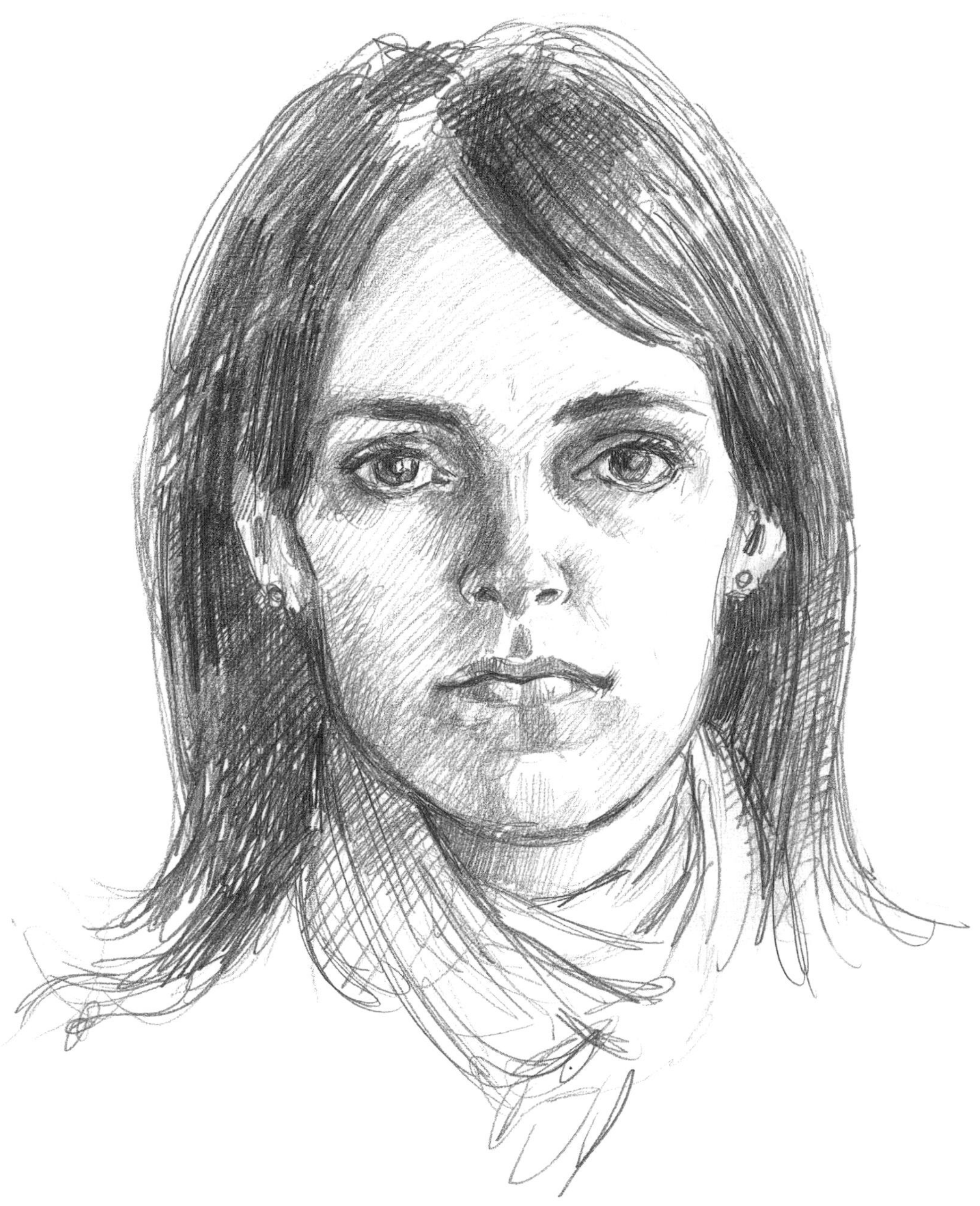

Schritt 5

Zuletzt überarbeiten Sie den ganzen Kopf mit den dunkelsten Tönen und einer Vielfalt an Schattierungen. Auch das Haar dürfen Sie »nachtönen«, aber es sollten nur die tiefsten Schatten wirklich schwarz wirken.

Intensivieren Sie die Konturen der Augenlider. Das obere ist viel dunkler als das untere, weil es einerseits nach unten weist und andererseits längere schattenwerfende Wimpern besitzt. Die dunkle Pupille im Auge zeigt meist einen hellen Fleck, der das Raumlicht reflektiert und dem Auge Glanz verleiht. Beachten Sie den Schatten rund um die Augen in der Nähe der Nase.

Rund um Nase und Mund sollte nur sehr vorsichtig schraffiert werden – eine zu dunkle Schattierung wirkt karikaturhaft. Verschmelzen Sie die Tonwerte miteinander, ohne plötzliche Wechsel dazwischen. Die Schatten an den Seiten der Kieferpartie sind oft dunkler als unterm Kinn, weil dort Licht nach oben reflektiert wird. Unterbrechen Sie die Arbeit regelmäßig, um am Gesamtbild zu prüfen, ob die Tonwerte richtig ausbalanciert sind. Haben Sie keine Angst davor, häufig in der Zeichnung zu radieren, bis Sie zufrieden sind – das Ergebnis mag unordentlich aussehen, aber Sie haben eine wichtige Lektion über die zeichnerische Formgebung gelernt.

STILLLEBEN MIT FRÜCHTEN

Stellen Sie für ein Stillleben einige Früchte zusammen, die Ihnen gut gefallen. Arrangieren Sie diese so auf dem Tisch, dass einige von anderen verdeckt sind. Ich wählte Trauben, die ich etwas weiter hinten platzierte, drei Tomaten, einen Apfel und eine Nektarine.

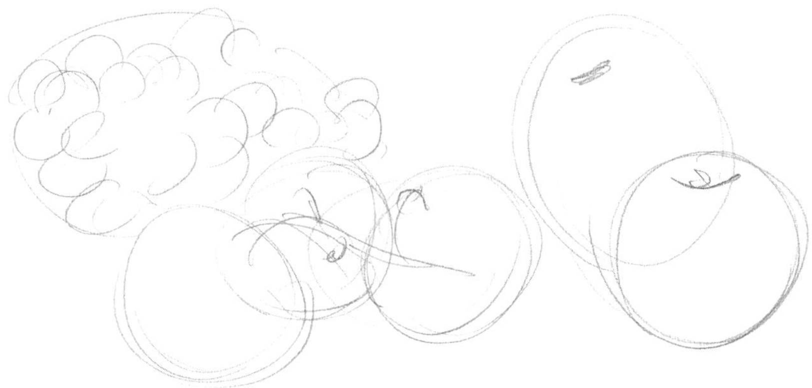

Beginnen Sie mit einer sehr lockeren Skizze, um die Wirkung dieser Komposition zu testen. Diese Zeichnung ist nicht präzise, sondern nur eine Grundlage, nach der Sie eine genauere Fassung anfertigen können.

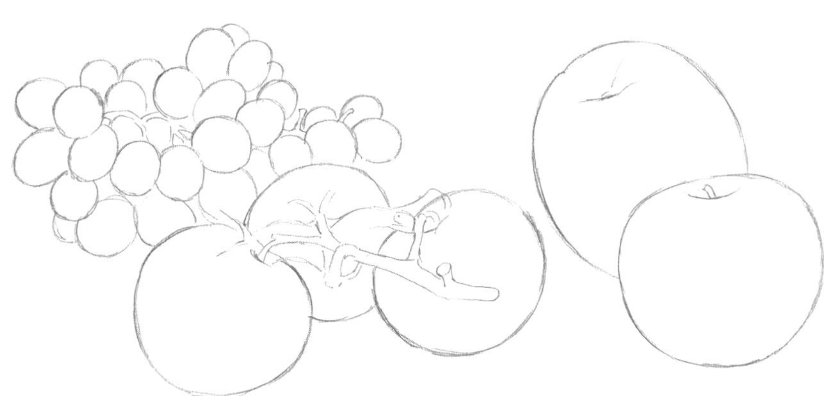

Im nächsten Schritt zeichnen Sie sehr präzise die Umrisse jeder einzelnen Frucht, und zwar so genau wie möglich. In diesem Stadium können Sie noch alles korrigieren und wegradieren – in der Hoffnung, dass das später nicht mehr nötig sein wird.

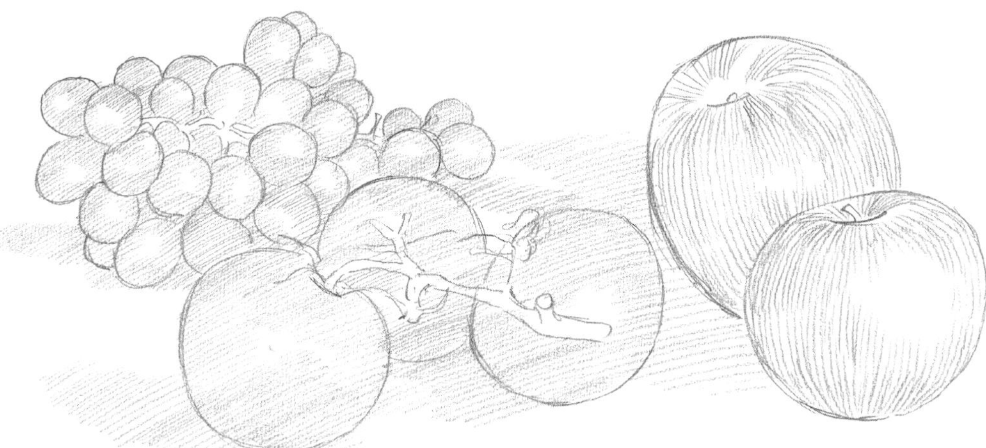

Deuten Sie nun alle schattierten Bereiche mit einer gleichmäßig hellen Schraffur an. Folgen Sie bei den größeren Früchten mit Ihren Bleistiftlinien der natürlichen Form.

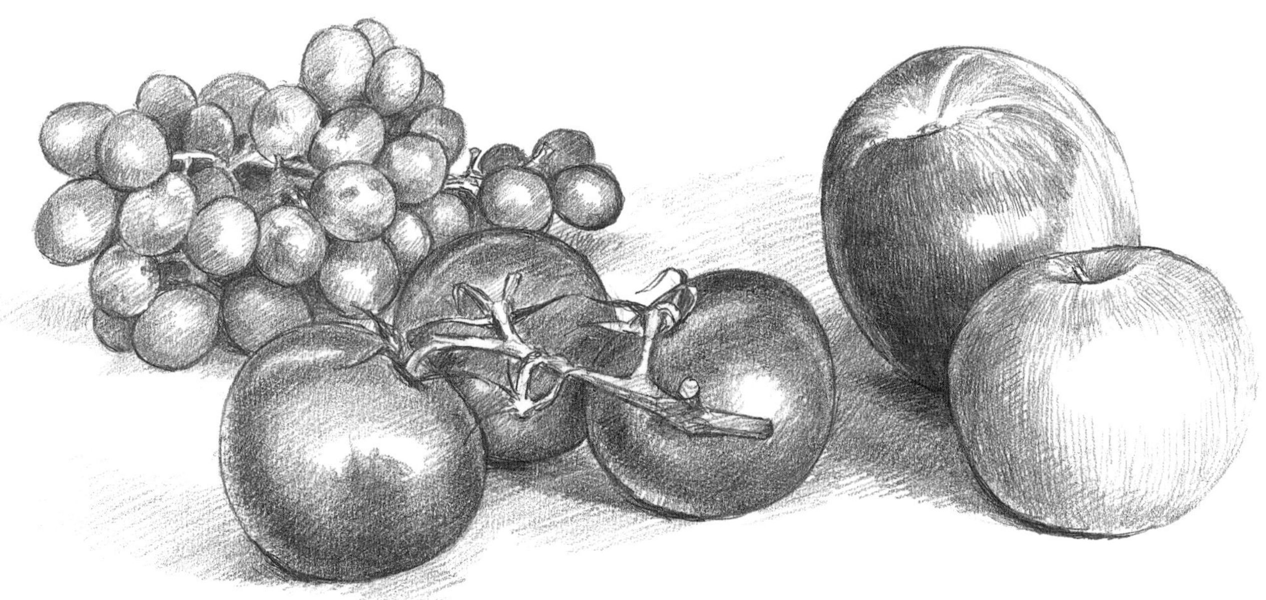

Nun brauchen Sie nur noch die richtigen Tonwerte anzulegen, damit vom dunkelsten bis zum hellsten Bereich alles stimmig ist. Am besten prüfen Sie die Tonwerte Ihres Arrangements, indem Sie die Augen halb schließen: So nimmt man statt der Farben die Hell-Dunkel-Abstufungen besser wahr. Haben Sie versehentlich in eine Partie, die als Lichtreflex weiß bleiben soll, hineingezeichnet, legen Sie die Stelle mit dem Radiergummi wieder frei.

STILLLEBEN MIT PFLANZEN

Ein Pflanzenstillleben kann steif oder natürlich wirken – so sehen beispielsweise Blumen in einer Vase weitaus stilisierter aus als Pflanzen, die in einem Beet oder Balkonkasten wachsen. Dieses Stillleben zeigt eine große Kiste mit verschiedenen Kräutern.

Zuerst skizzieren Sie wieder sehr locker die Hauptformen der Pflanzen, um ein Gespür für ihren Wuchs und die Blattstellung zu erhalten.

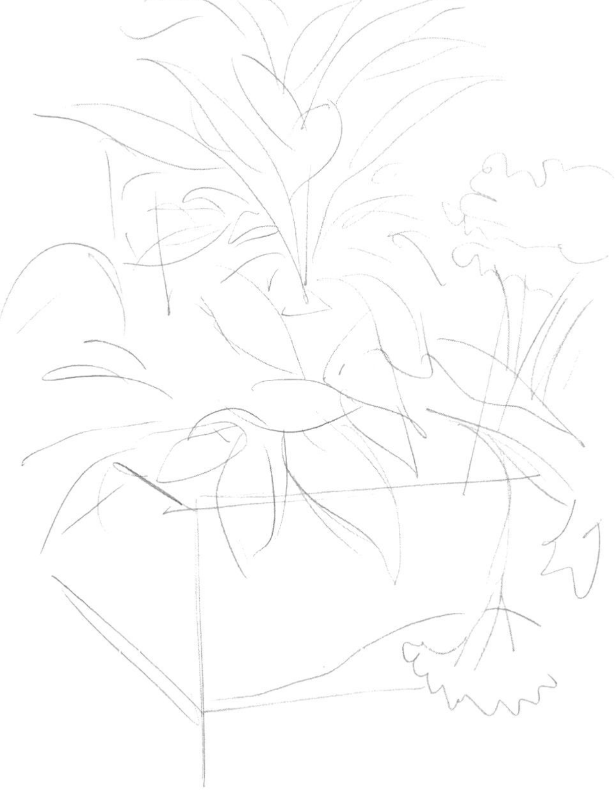

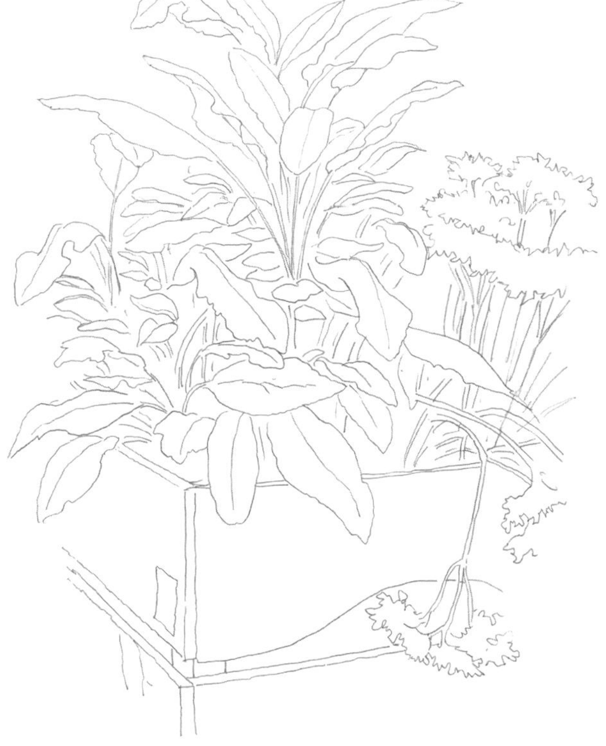

Nun folgt die Strichzeichnung der verschiedenen Blätter und Stängel, in der Sie das Typische der Pflanzen herausstellen. In diesem Stadium sollten Sie alle nötigen Korrekturen durchführen, auch wenn sich – sollten Sie draußen zeichnen – die Formen bei der leichtesten Brise ständig ändern.

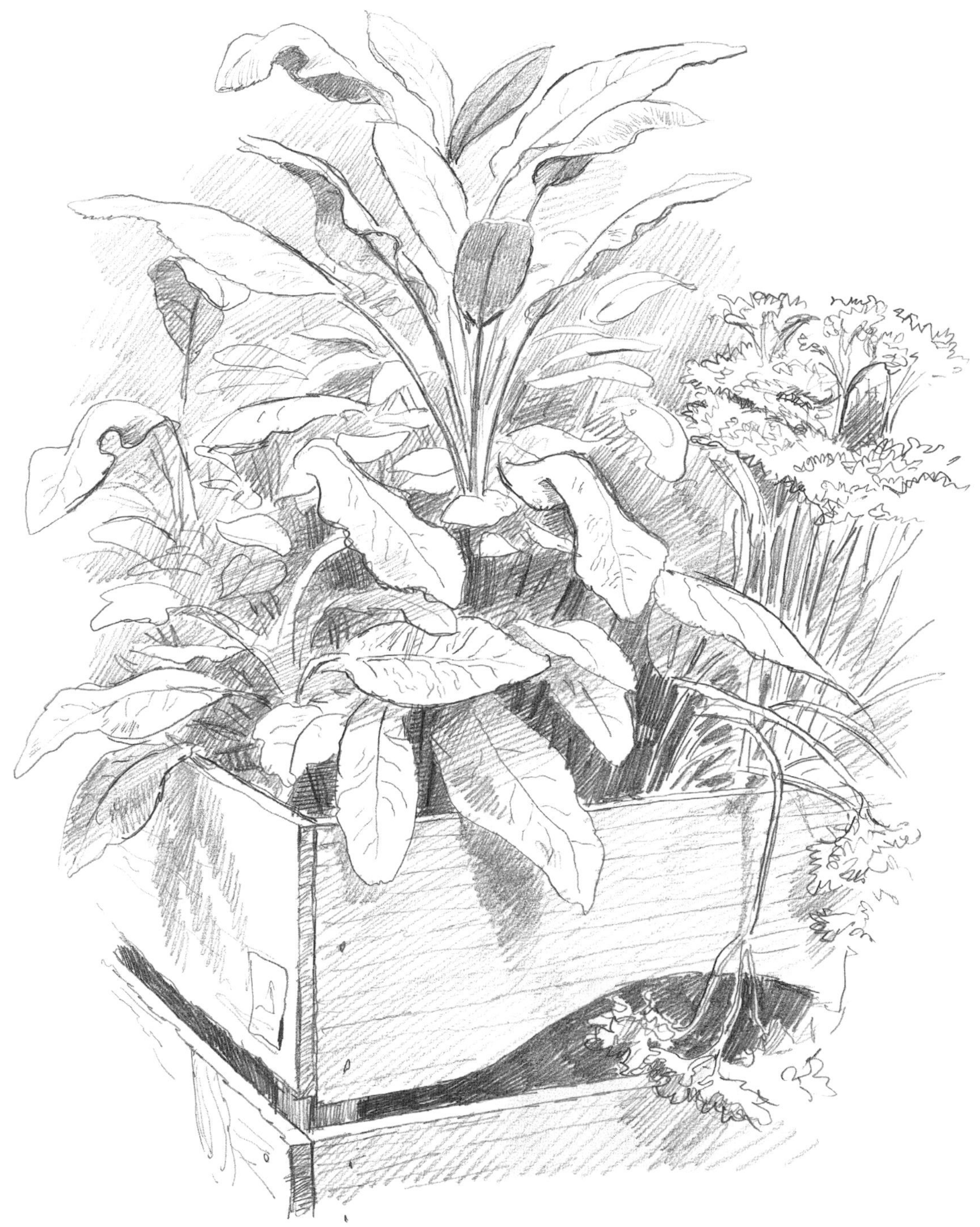

Das Schattieren gibt den Pflanzen Tiefe. Beginnen Sie mit den dunkelsten Partien, dann bauen Sie die Tonwerte von dunkel nach hell weiter auf, bis das Stillleben recht natürlich aussieht. Die kleinen Blättchen müssen nicht exakt ausgearbeitet werden – skizzieren Sie sie einfach mit ausdrucksvollem Strich. Durch den Kontrast zwischen der Kiste und dem Blattwerk erscheinen die Blätter weicher und zerbrechlicher.

MATERIALITÄT DARSTELLEN

Umso geübter Sie sind, desto mehr werden Sie mit Strichen die Beschaffenheit der Dinge in Ihrer Zeichnung charakterisieren können. Die folgenden zwei Beispiele dienen dazu, dies zu verdeutlichen. Beginnen wir mit einer Aufgabe, die Kunststudenten oft gestellt wird, um zu testen, wie genau sie Form und Textur erfassen: Knüllen Sie ein Blatt Papier zusammen, legen es vor sich hin und zeichnen es so exakt wie möglich ab. Bei der nächsten Übung arbeiten Sie die Beschaffenheit eines Kleidungsstücks aus Wolle, Baumwolle oder Seide deutlich heraus. Danach haben Sie das Ende der zweiten Lektion erreicht und können verschiedenste Objekte zeichnen, da Sie nun wissen, wie man das bewerkstelligt.

Übung 1

Halten Sie in einer Strichzeichnung zunächst die Konturen des Papierknäuels fest – mit einer möglichst hellen, glatten Linie. Sobald Sie den Eindruck haben, dass Ihre Zeichnung dem Original gleicht, korrigieren Sie die letzten Fehler.

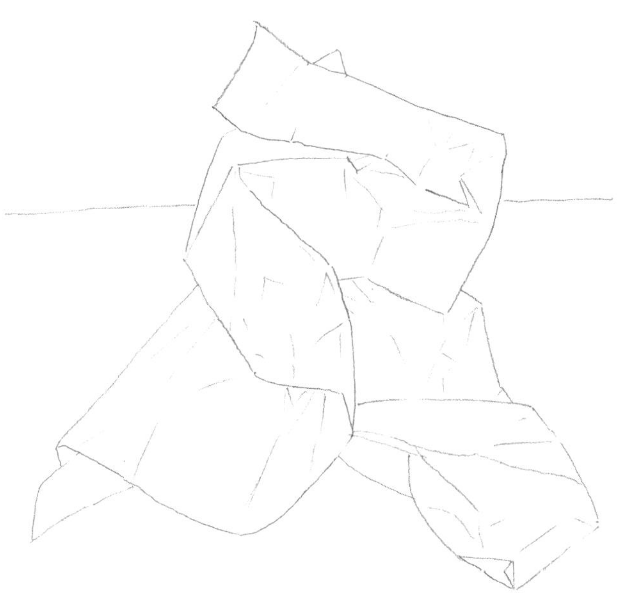

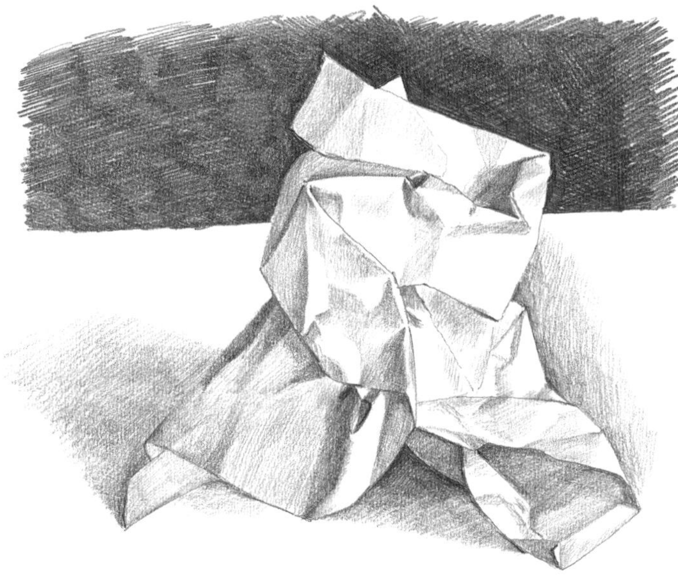

Nun tönen Sie behutsam möglichst alle schattierten Bereiche, was schwierig ist, da sich auf dem weißen Papierobjekt viele Töne ähneln. Sind Sie mit dem Schraffieren des Papiers fertig, geht es mit dem Hintergrund weiter. In meinem Beispiel ist die Wand recht dunkel, das Papier hingegen liegt auf weißem Grund. Das Papiergebilde hebt sich von der dunklen Wand räumlich gut ab, auch sorgt diese für einen starken Kontrast zu den hellen Bildpartien.

Übung 2

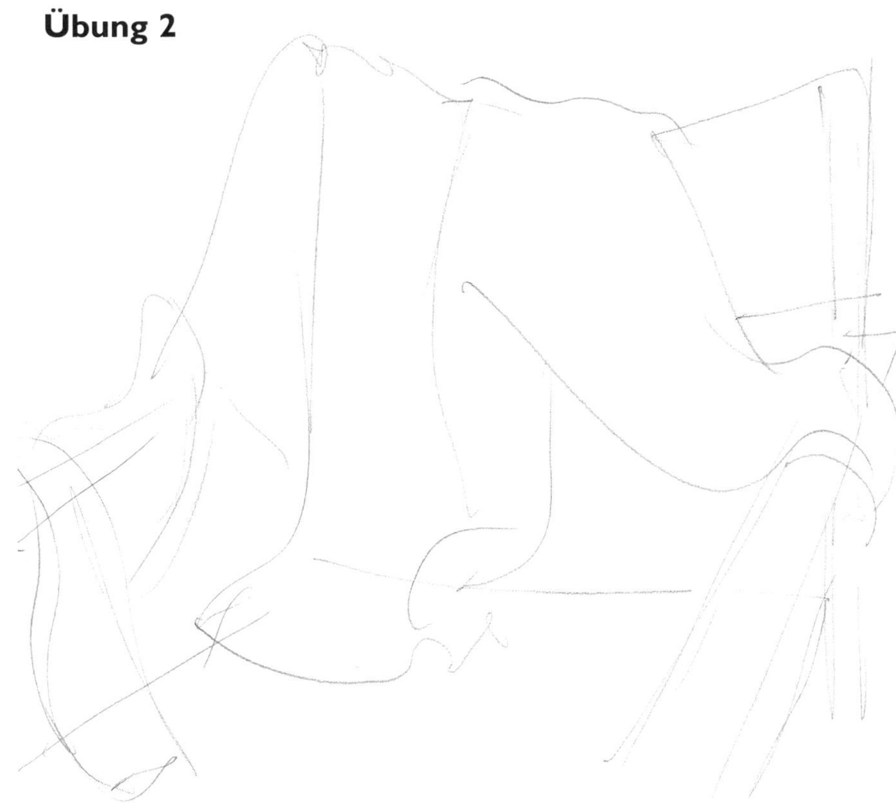

Schritt 1

Üben Sie nun mit einem Kleidungsstück – hier hängt ein gestrickter Baumwollpullover über der Lehne eines stoffbespannten Holzstuhls. Legen Sie zunächst eine grobe Skizze an, um zu sehen, ob Sie Stoffmenge und Volumen auf Ihrem Zeichenpapier richtig erfasst haben.

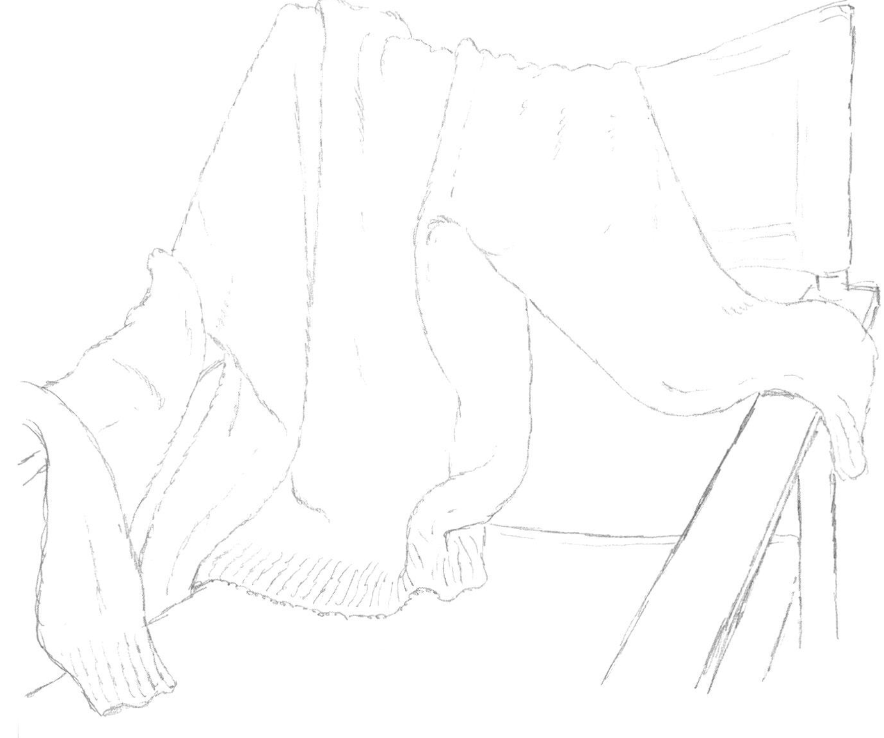

Schritt 2

Fertigen Sie dann eine sorgfältige Konturzeichnung an, in der die Linien sowohl die Weichheit des Materials andeuten wie auch die Form zeigen. Achten Sie darauf, dass die harten, glatten Linien des Holzstuhls einen Kontrast zur Struktur des Pulloverumrisses bilden.

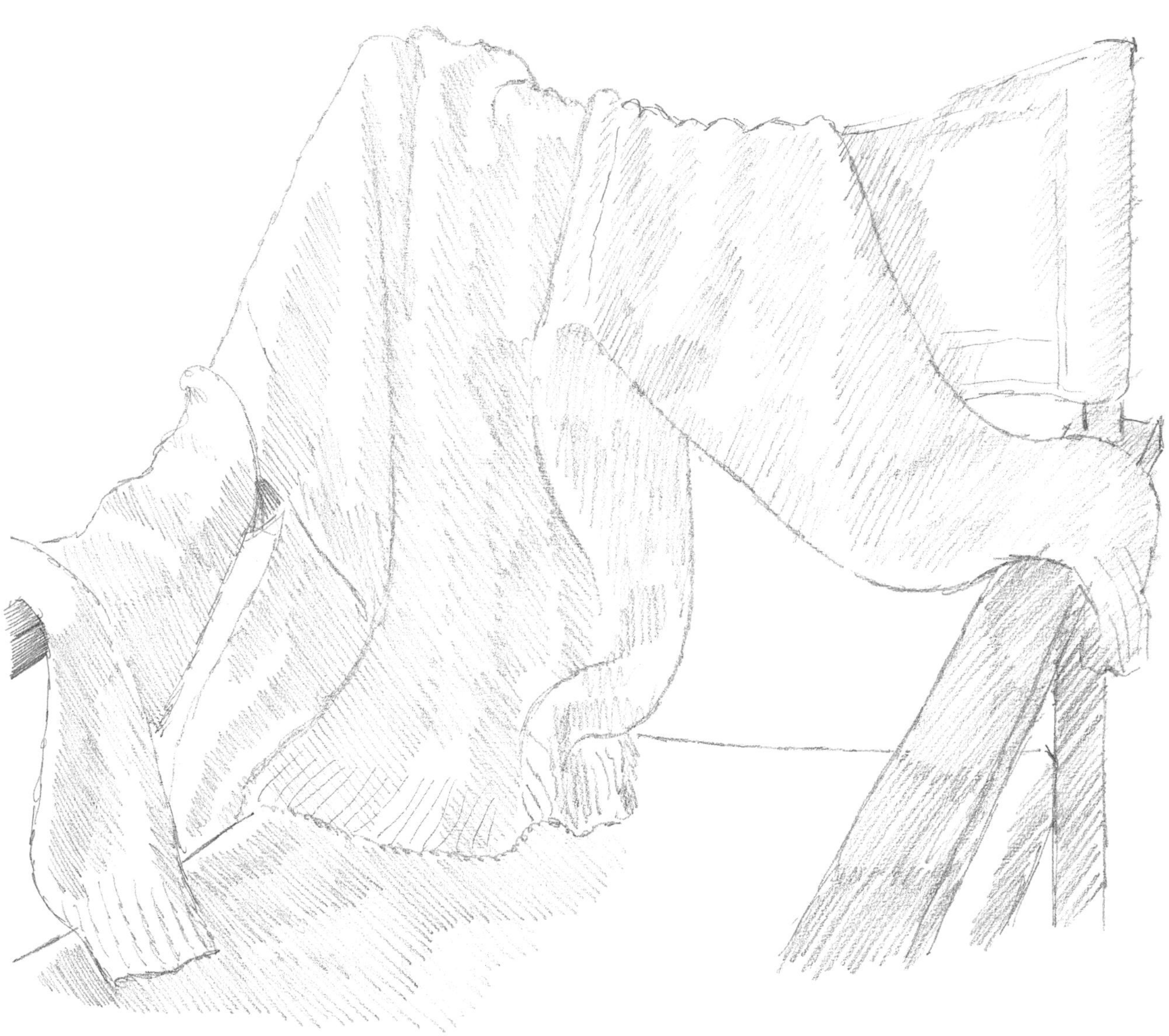

Schritt 3

Überziehen Sie nun alle zu schattierenden Flächen mit einer einheitlichen Schraffur, ohne in dieser Phase zwischen dunklen und hellen Tönen zu unterscheiden.

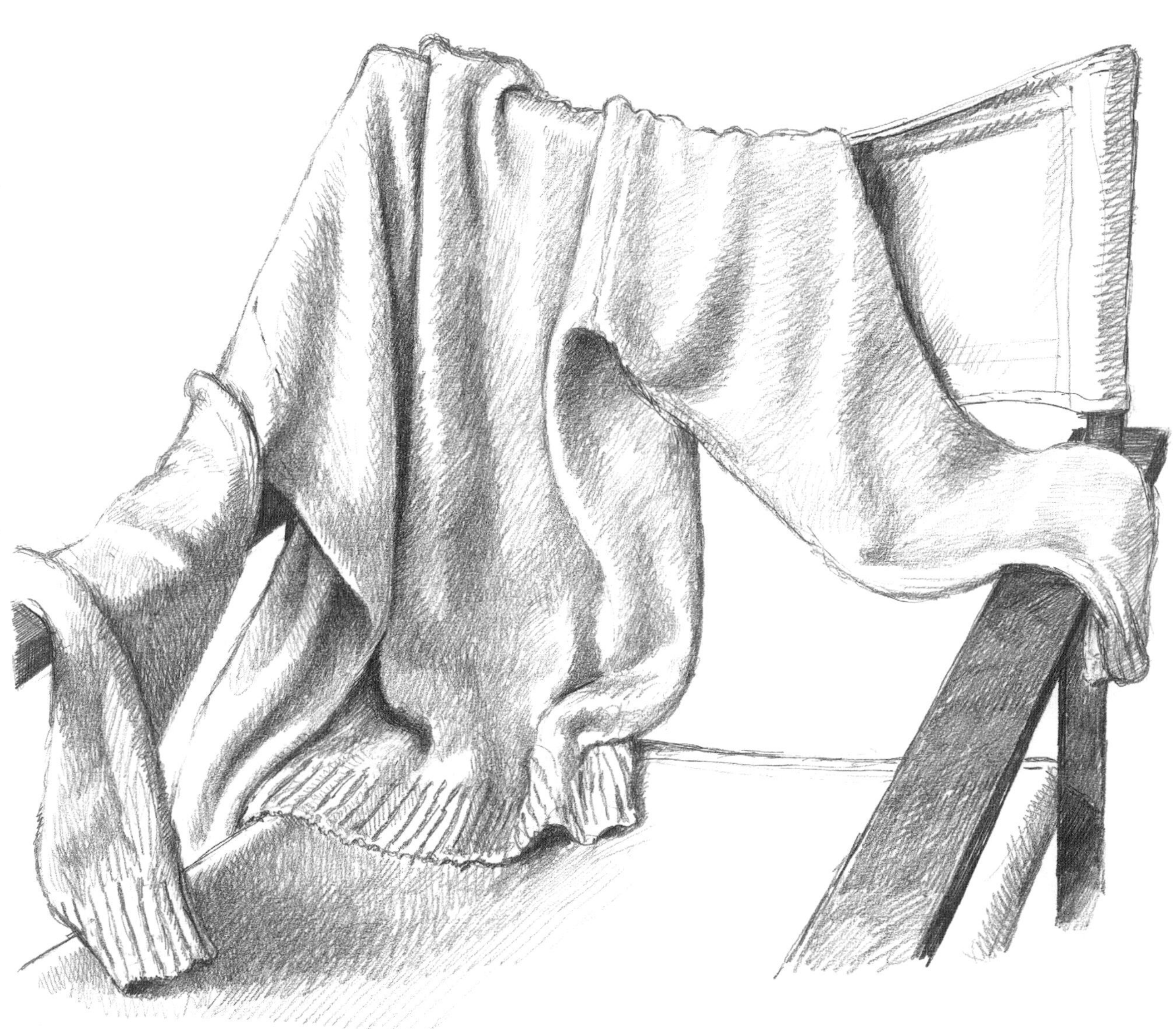

Schritt 4
Arbeiten Sie zuletzt die unterschiedlichen Tonwerte heraus, bis die Textur und der weiche Fall des Kleidungsstückes erkennbar sind. Lassen Sie den Stuhl unbedingt härter und kantiger als den Pullover erscheinen.

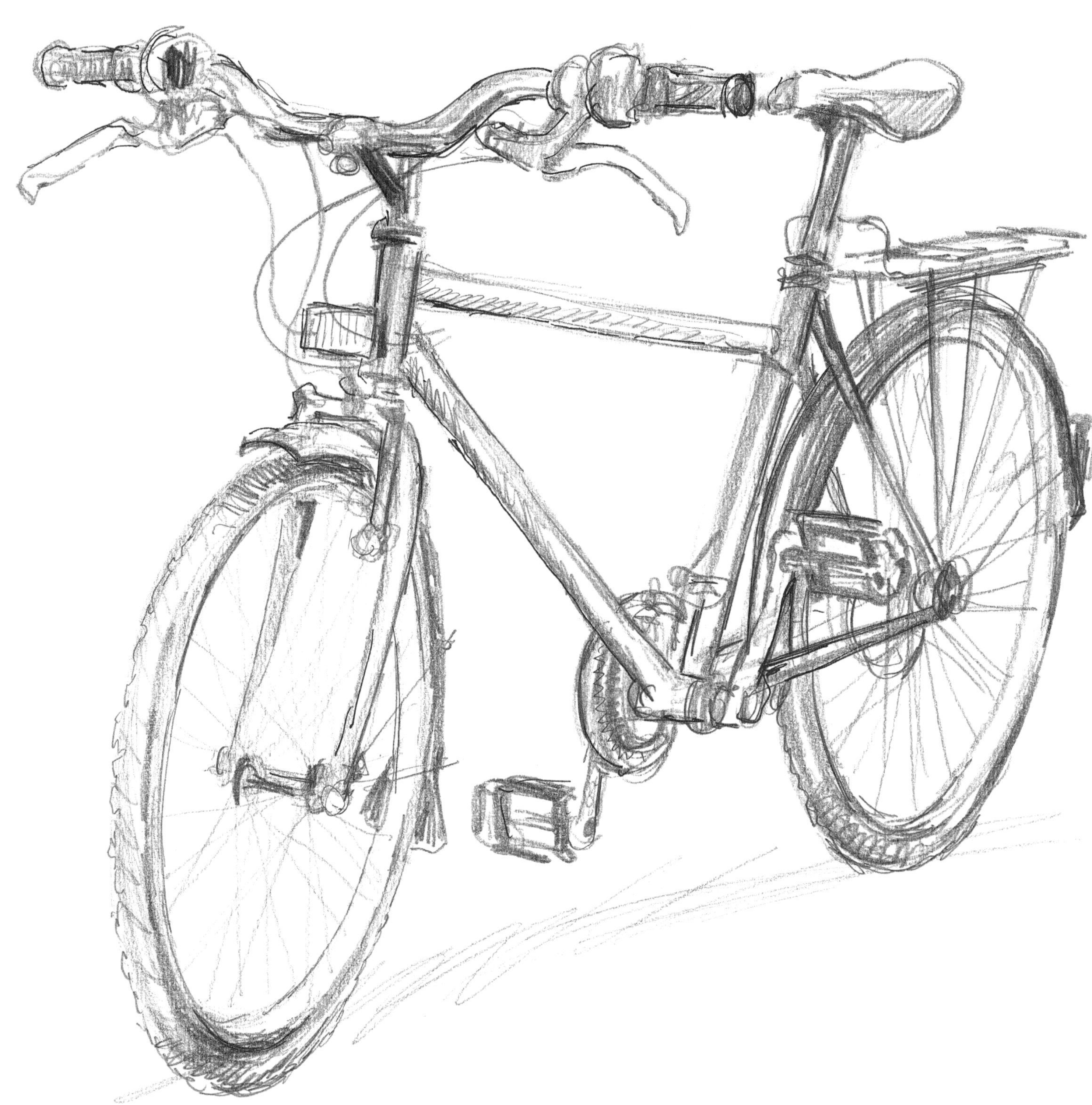

LEKTION 3

MOTIVE AUSWÄHLEN

In dieser Lektion betrachten Sie die Objekte und die Fortschritte in Ihren Zeichnungen mit mehr Aufmerksamkeit fürs Detail. Die Welt um uns, der Mensch und die von ihm geschaffenen Dinge bieten eine unendliche Auswahl an Motiven. Wir brauchen also nicht lange zu suchen, um Vorlagen zum Zeichnen zu finden.

Zuerst widmen wir uns der Welt der Pflanzen, und Sie üben den genauen Blick auf die feinen, fragilen Formen von Blättern und Blüten. Das Beobachten ist die Hauptsache, sonst zeichnen Sie nur Bilder, die vorgefertigt bereits in Ihrem Kopf liegen. Es ist keineswegs falsch, aus der Imagination heraus zu zeichnen, doch für Ihr Zeichentalent ist es nicht förderlich. Das entwickelt sich nur, wenn Sie beginnen, die Dinge neu zu sehen und ihre Gestalt intensiv zu studieren.

Später zeichnen Sie Menschen – zunächst auf einfache Weise, dann detailgetreuer. Und zu guter Letzt lernen Sie, von Menschen gefertigte Dinge ganz unterschiedlich zu betrachten und dadurch Ihre Zeichenkünste weiter zu vervollkommnen. Als Künstler nehmen Sie die Welt in einer Art und Weise wahr, die Menschen mit weniger ausgeprägtem visuellen Interesse verschlossen ist.

Alle Aufgaben basieren auf bewährten Übungen für Kunststudenten. Mit ihnen werden auch Sie Ihre Zeichenfertigkeiten verbessern. Trotzdem gilt: Je öfter Sie üben, desto besser werden Sie. Fast jeder Berufskünstler ist täglich zumindest eine Zeit lang aktiv.

BLÄTTER UND BLÜTEN ZEICHNEN

Mit dieser Übung lernen Sie, Blätter und Blüten aus der Nähe zu zeichnen. Beginnen Sie mit den einfachsten Formen, die Ihnen geläufig erscheinen. Doch zögern Sie nicht, sich auch an Komplexeres heranzuwagen, sollte Sie das interessieren, denn Ihr persönliches Interesse ist wichtiger als alles andere.

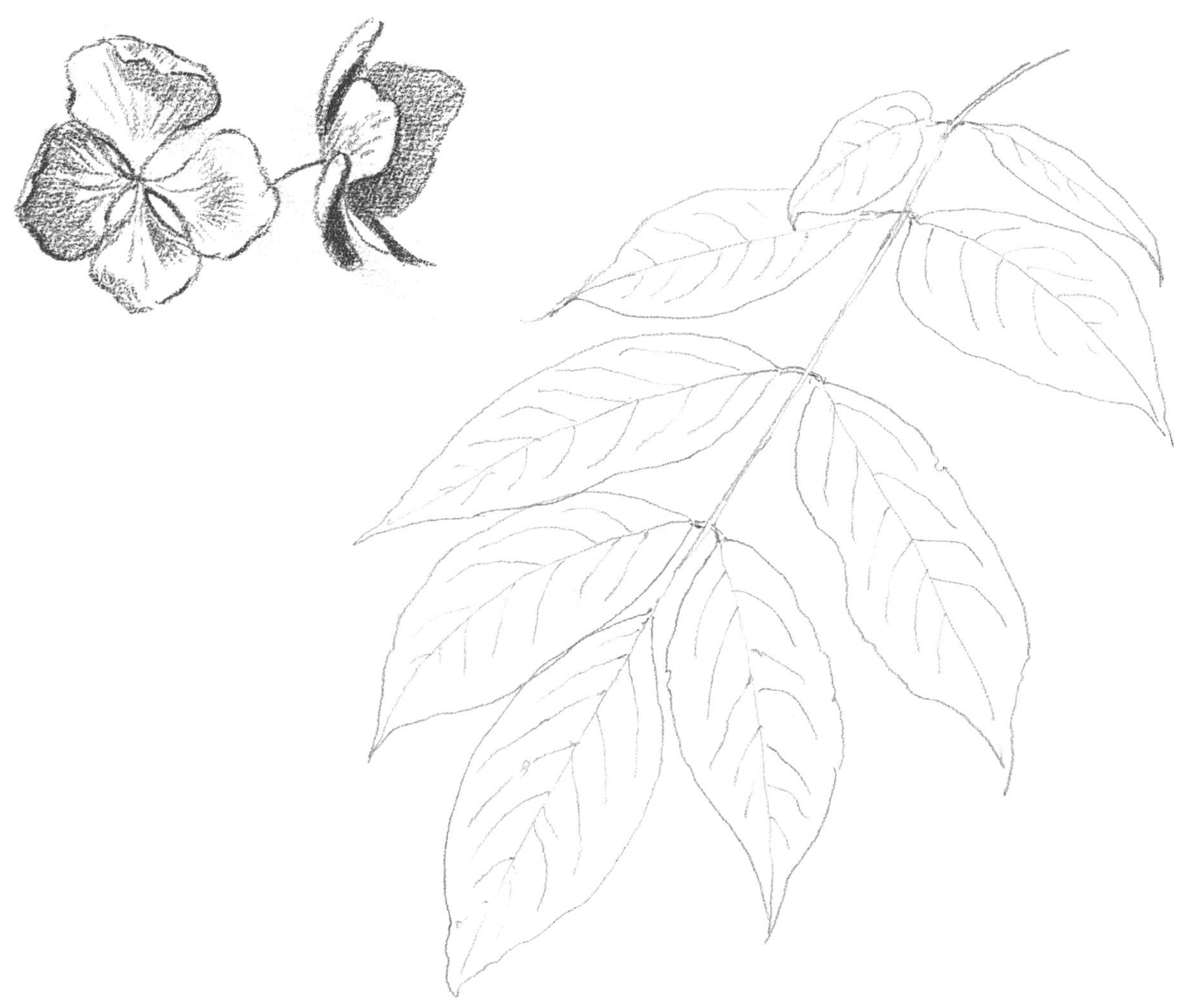

Ich begann damit, eine kleine, vierblättrige Blüte mit einem weichen Conté-Stift zu zeichnen, der eine etwas kreidigere Spur erzeugt als ein Bleistift. Die eingezeichneten Schattenpartien hielt ich recht einfach.

Dann widmete ich mich einem Zweig mit Blättern. Deren Textur wollte ich nicht zeigen, sondern ich begnügte mich mit ihren Formen und ihrer Anordnung am Zweig; nur die Mittel- und Seitenrippen der Blätter fügte ich hinzu. Konzentrieren Sie sich ebenfalls nur auf die Konturen, aber beachten Sie dennoch jedes Detail.

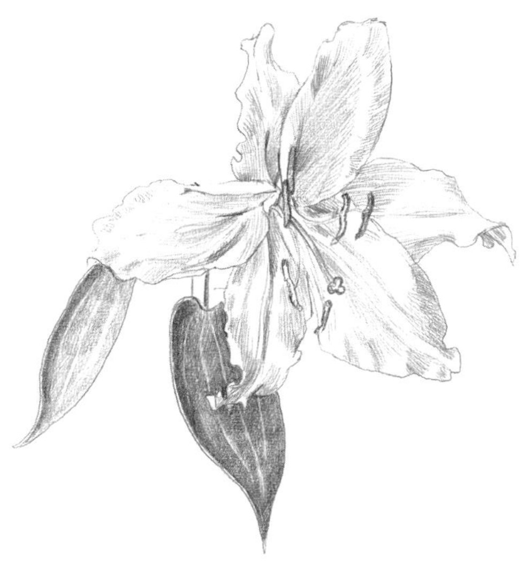

Meine nächsten Zeichnungen sind komplexer. Zunächst skizzierte ich die strengen, klar definierten Formen einiger geschlossener Lilienblüten. Der Conté-Stift macht die ohne Texturdetails gezeichneten Ränder weicher.

Dann wandte ich mich einer offenen Blüte mit ihrer komplexen Textur und ihrem komplizierten Aufbau zu. Um deren Formen konturiert herauszustellen, ist weitaus mehr Aufmerksamkeit für Details, Ton- und Texturwerte, erforderlich. Nehmen Sie sich bei Ihrer Zeichnung viel Zeit, um jedes Detail in Ruhe betrachten zu können.

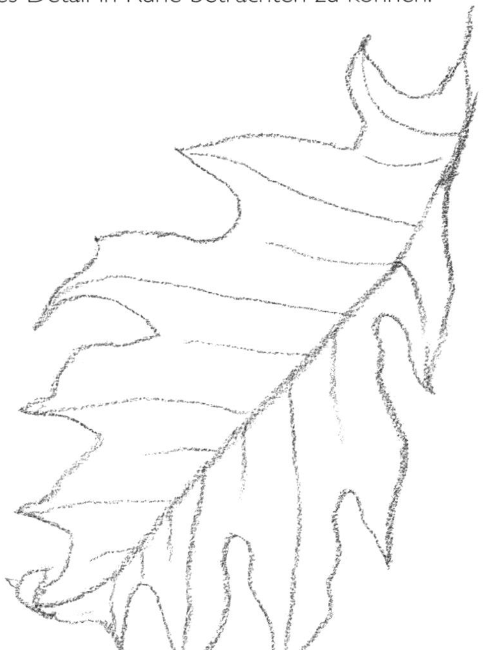

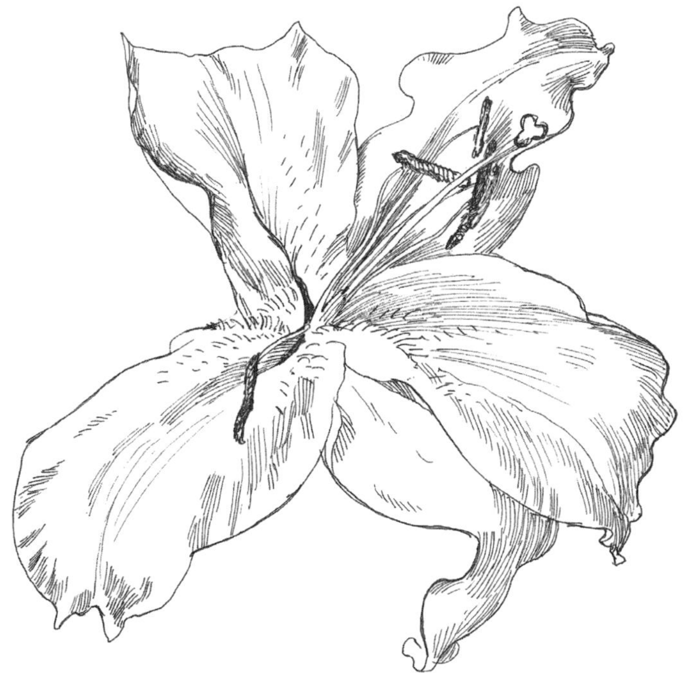

Fertigen Sie nun eine einfache Strichzeichnung von einem komplizierten Blatt an. Anschließend stellen Sie nochmals eine geöffnete Lilienblüte dar, dieses Mal jedoch mit Zeichentusche, denn Erfahrungen mit anderen Materialien verbessern Ihre Technik.

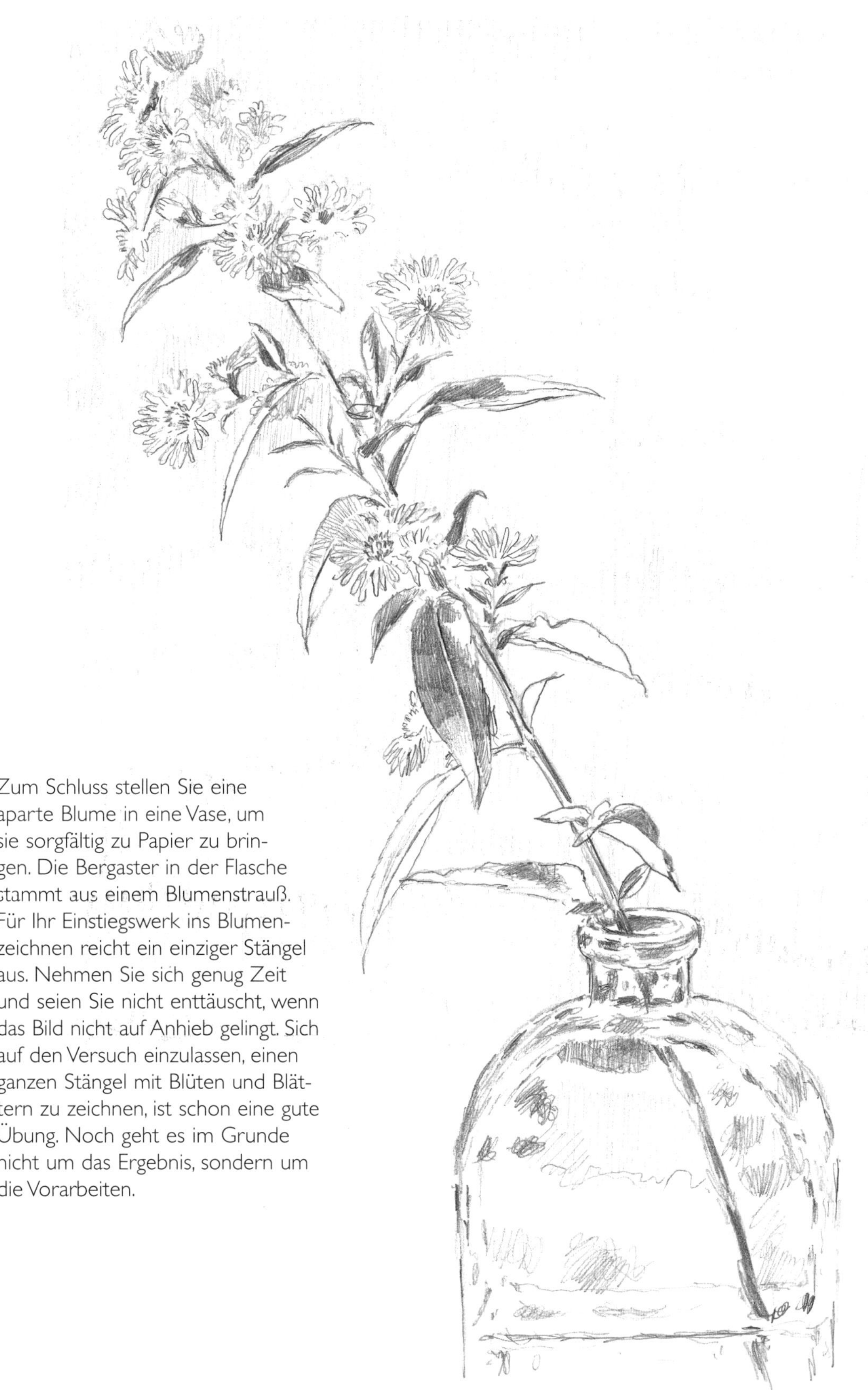

Zum Schluss stellen Sie eine aparte Blume in eine Vase, um sie sorgfältig zu Papier zu bringen. Die Bergaster in der Flasche stammt aus einem Blumenstrauß. Für Ihr Einstiegswerk ins Blumenzeichnen reicht ein einziger Stängel aus. Nehmen Sie sich genug Zeit und seien Sie nicht enttäuscht, wenn das Bild nicht auf Anhieb gelingt. Sich auf den Versuch einzulassen, einen ganzen Stängel mit Blüten und Blättern zu zeichnen, ist schon eine gute Übung. Noch geht es im Grunde nicht um das Ergebnis, sondern um die Vorarbeiten.

BÄUME ZEICHNEN

Ausgehend von den vorigen Übungen bleiben wir in der Natur, nehmen uns aber als größeres Objekt einen Baum vor. Dafür müssen Sie ins Freie gehen, es sei denn, sie haben durch ein Fenster einen guten Blick auf Bäume in ihrer vollen Größe. Nehmen Sie sich aber nicht zu viel vor, sondern wählen Sie nur solche Bäume, die Sie leicht mit einem Blick erfassen können.

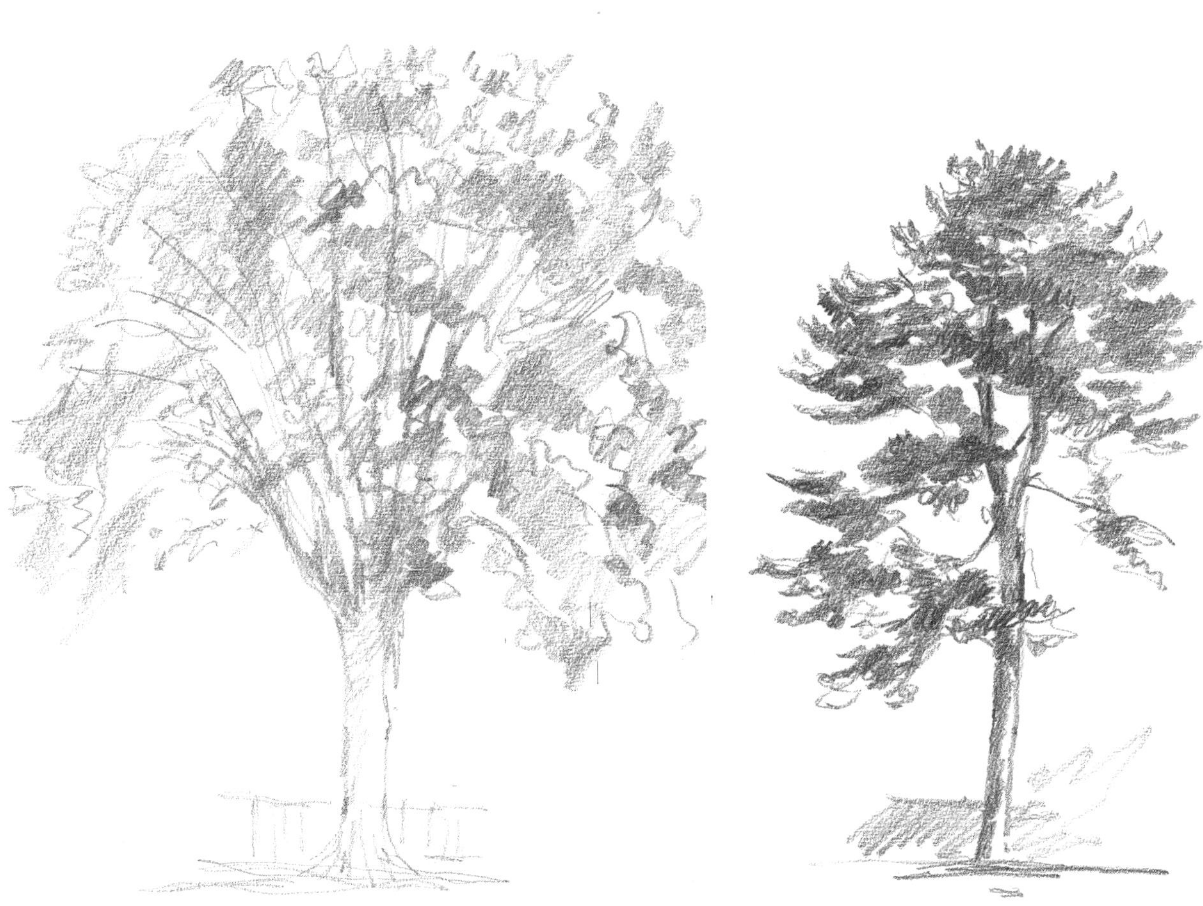

Hier sehen Sie eine recht lockere Baumdarstellung. Stamm und Äste habe ich zuerst gezeichnet, dann deutete ich mit einem sehr weichen Bleistift (6B) die wesentlichen Blattgruppen mit breiten, skizzenhaften Strichen an. Weitere Details gibt es hier nicht – ich wollte lediglich die Gesamtform darstellen.

Die nächste Zeichnung ist etwas kräftiger ausgefallen, denn diese Pinie stand im Gegenlicht und wirkte somit fast wie eine Silhouette. Ihre Gestalt war sehr ausgeprägt und recht einfach, was nicht allzu viel Konzentration erforderte. Wichtig erschien mir, die typischen, nach oben schwingenden Äste und ihre recht spitzen Außenkonturen wiederzugeben.

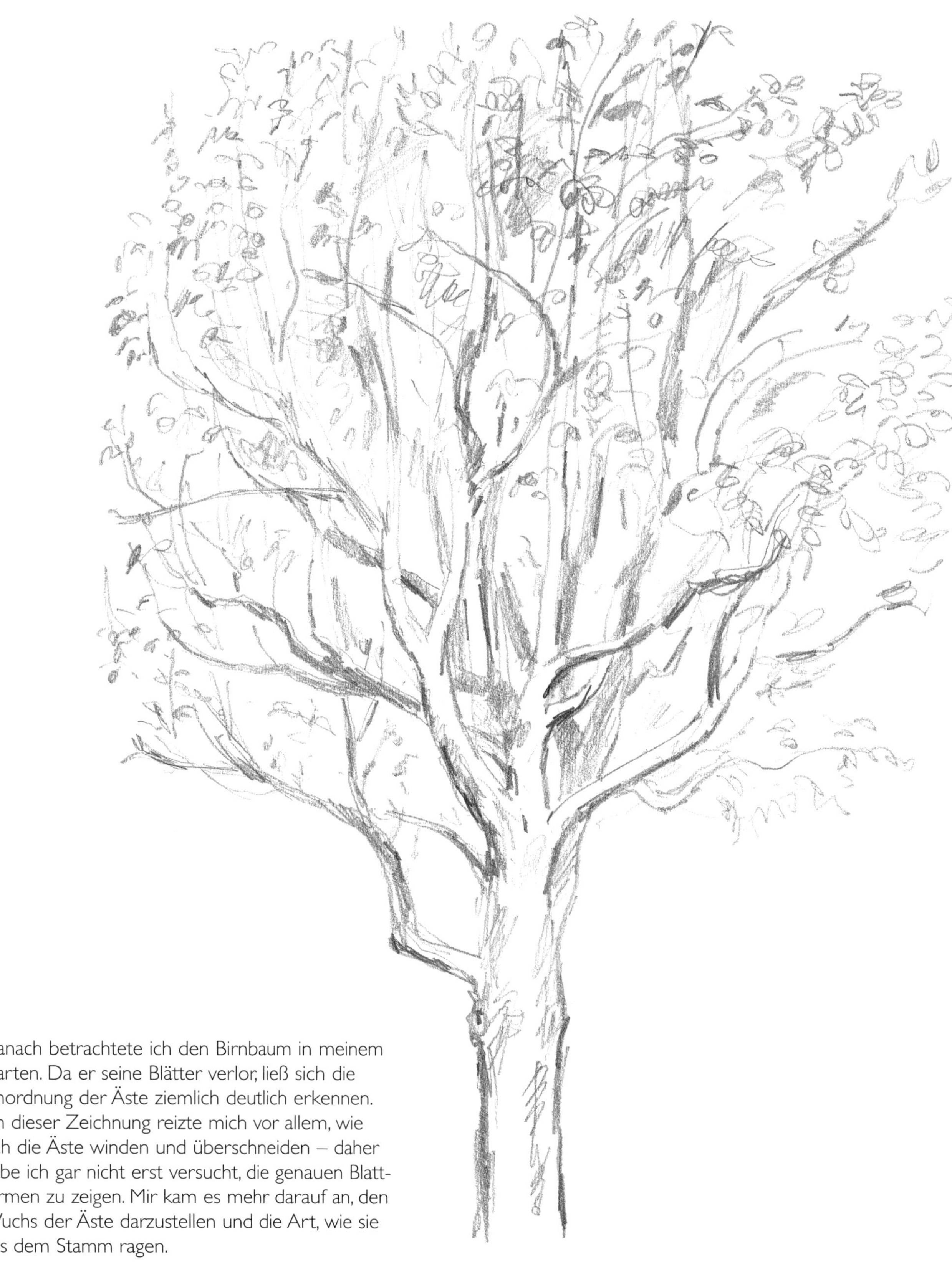

Danach betrachtete ich den Birnbaum in meinem Garten. Da er seine Blätter verlor, ließ sich die Anordnung der Äste ziemlich deutlich erkennen. An dieser Zeichnung reizte mich vor allem, wie sich die Äste winden und überschneiden – daher habe ich gar nicht erst versucht, die genauen Blattformen zu zeigen. Mir kam es mehr darauf an, den Wuchs der Äste darzustellen und die Art, wie sie aus dem Stamm ragen.

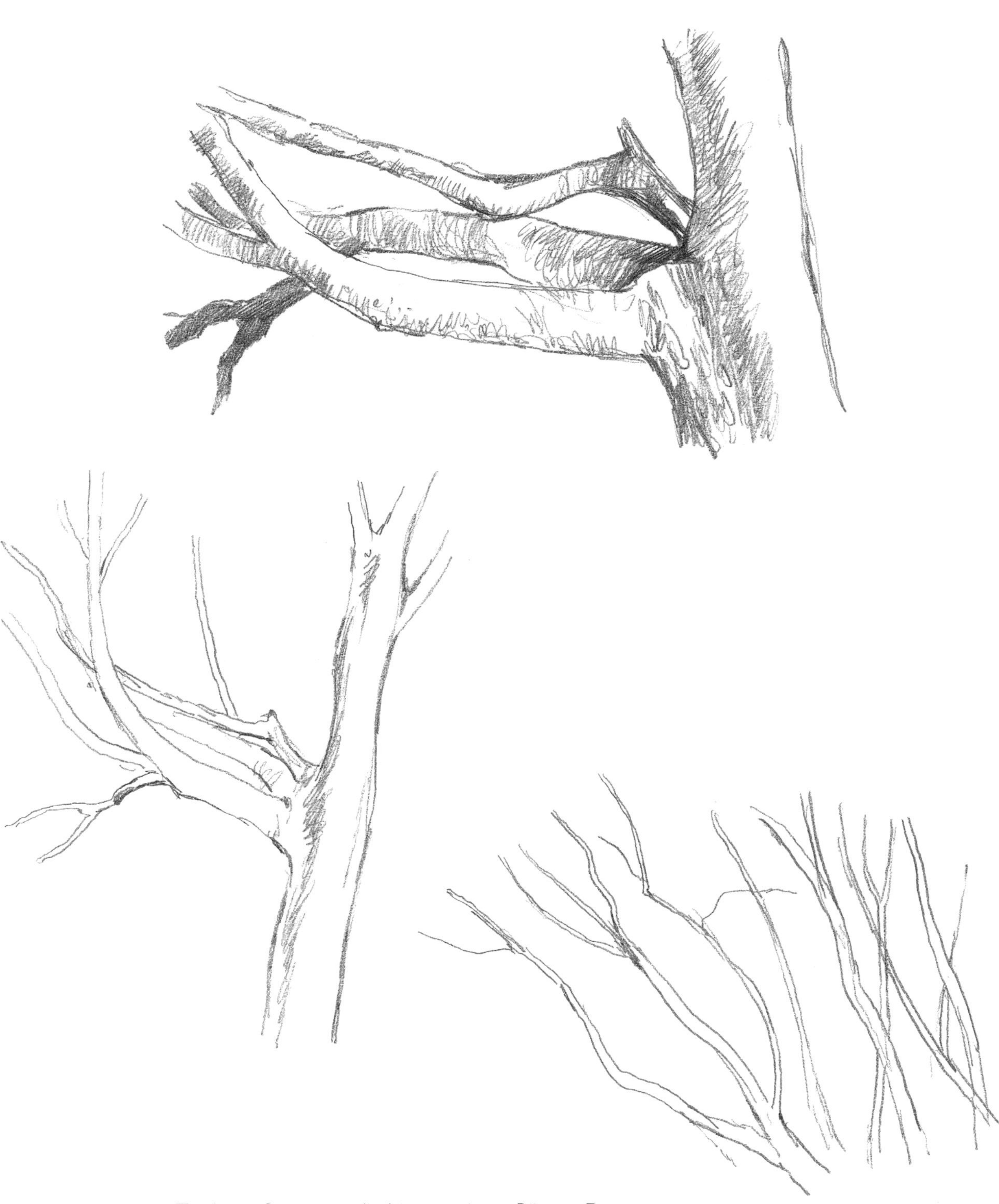

Zeichnen Sie zuerst die hier gezeigten Bäume. Dann übertragen Sie das Gelernte auf Ihre Wahl der Motive. Versuchen Sie auch, mit Detailstudien von Ästen unterschiedlicher Bäume darzustellen, wie sie aus dem Stamm wachsen und sich vom Himmel abheben.

EINE MENSCHLICHE FIGUR ZEICHNEN

Menschen zu zeichnen ist nicht so einfach wie Pflanzen, auch weil die Mitarbeit von Freunden oder Verwandten notwendig ist. Länger still sitzen fällt nur wenigen Menschen wirklich leicht. Deshalb werden Sie das Zeichnen vermutlich früher unterbrechen, als Ihnen lieb ist, weil Ihr Modell ermüdet. Nun wollen wir eine ganze Figur zeichnen, mit Gesicht und Kleidung. Also achten Sie darauf, dass sich Ihr Modell von Beginn an wohl fühlt. Erlauben Sie kleine Pausen, damit es herumgehen und verspannte Muskeln strecken kann.

Schritt 1

Fertigen zuerst eine einfache Skizze von der Position des Modells auf einem Stuhl an. Ich saß ihr recht nah gegenüber, sodass die Beine am unteren Bildrand angeschnitten sind. Sie sehen, wie sich schon in dieser Ausgangsskizze die wesentliche Bewegung zeigt, die sich durch den Rumpf und die Anordnung von Armen und Kopf ergibt, wenn auch nur leicht.

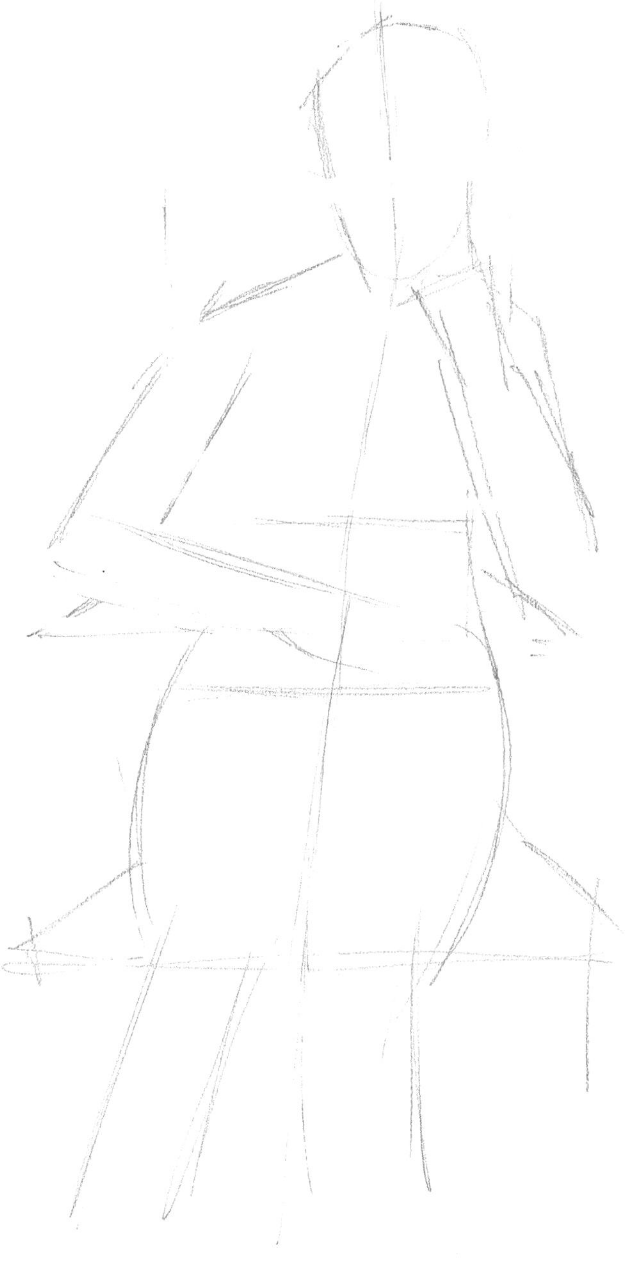

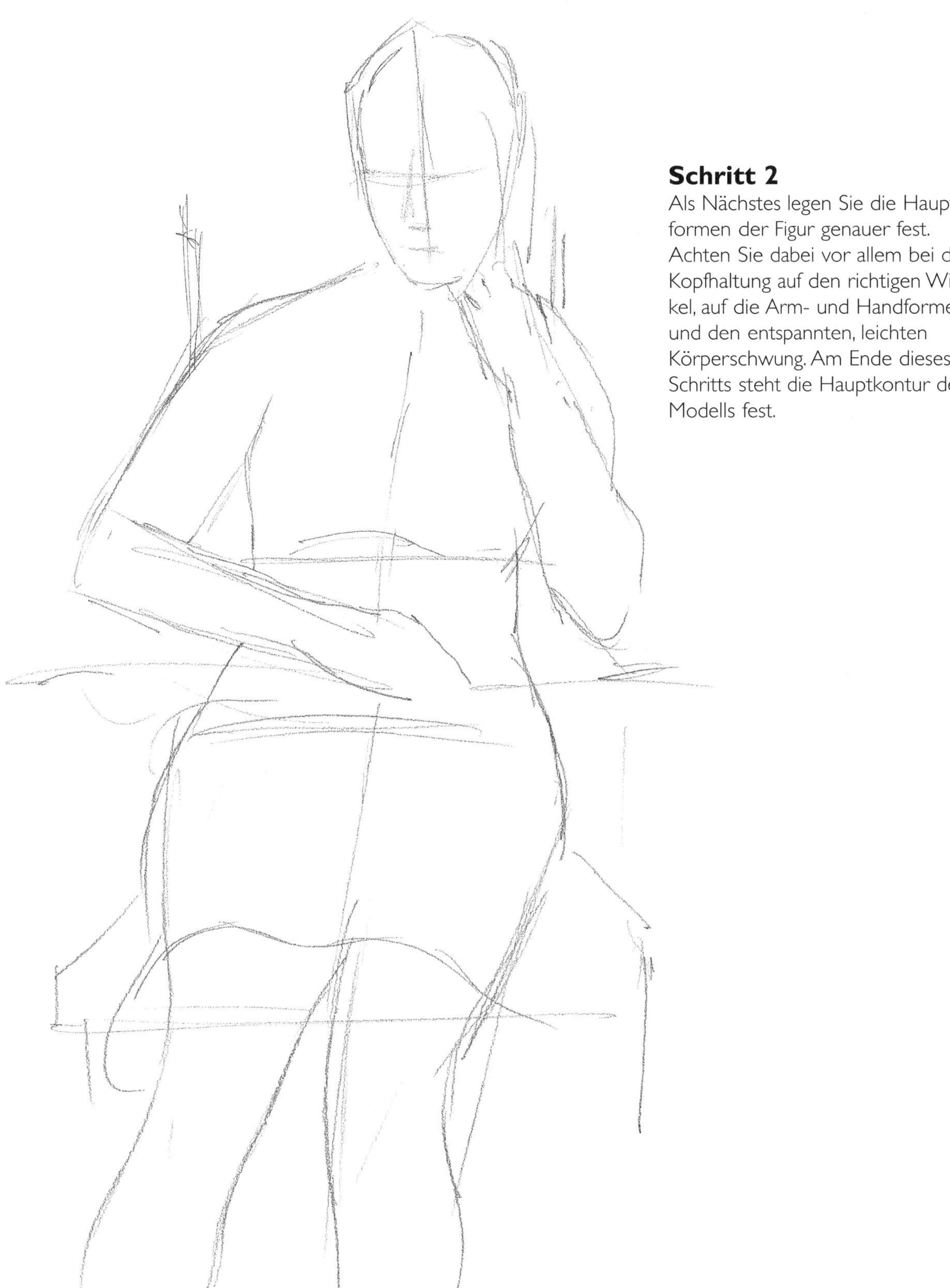

Schritt 2

Als Nächstes legen Sie die Hauptformen der Figur genauer fest. Achten Sie dabei vor allem bei der Kopfhaltung auf den richtigen Winkel, auf die Arm- und Handformen und den entspannten, leichten Körperschwung. Am Ende dieses Schritts steht die Hauptkontur des Modells fest.

Schritt 3

Nun gilt es, die Details jedes einzelnen Bereichs der Figur zu betrachten. Halten Sie exakt die Form von Kopf und Haar fest, auch das Charakteristische des Gesichts. Beachten Sie genau, wie die Kleidung am Körper anliegt, ohne in diesem Stadium jede Einzelheit einzuzeichnen – es reichen die wesentlichen Falten, die die darunter liegende Form abzeichnen. Fügen Sie die Hände und die sichtbaren Stuhlteile hinzu; in diesem Beispiel konnte ich auch die Beine des Modells sehen, weshalb ich selbst diese genauer umriss.

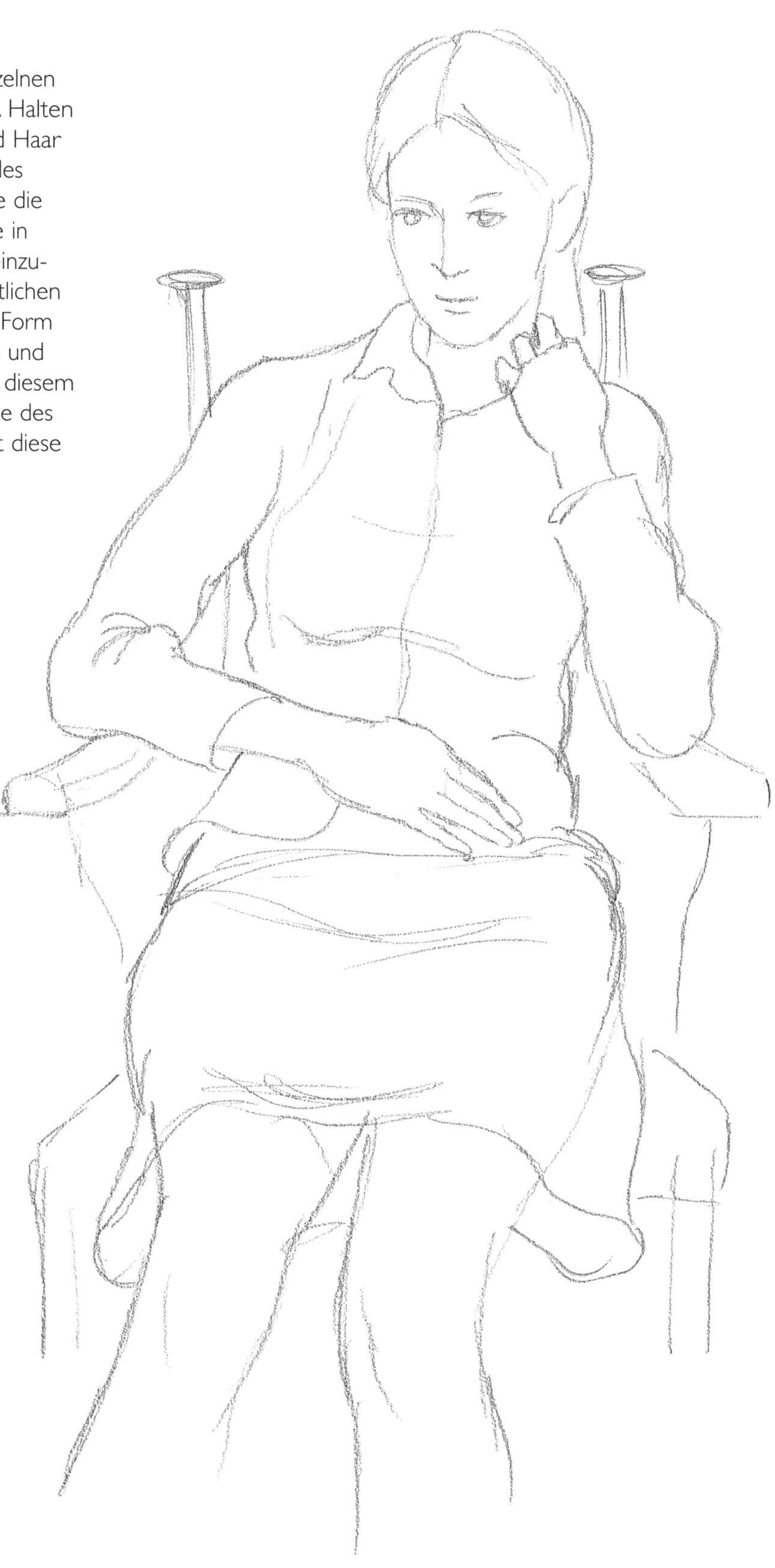

Schritt 4

Arbeiten Sie nun die Körper- und Kopfform weiter aus, damit man Ihr Modell allmählich wiedererkennt. Bedenken Sie, dass Sie noch lernen, streben Sie daher kein perfekt durchgestaltetes Kunstwerk an. Ändern und radieren Sie immer dann, wenn Sie etwas sehen, was der Realität aus Ihrer Sicht noch nicht ausreichend entspricht. Ärgern Sie sich nicht, wenn Ihre Zeichnung dabei schmuddeliger wird; das bedeutet lediglich, dass Sie beginnen, schärfer zu beobachten. Und die Mühe, etwas zu korrigieren, ist niemals umsonst.

Wie Sie an meiner fertigen Zeichnung sehen, habe ich mit meinen Linien das Gesehene »erkundet«: Die Körperformen sind mit mehreren Linien umrissen und nicht genau festgelegt. Dies ist der Tatsache geschuldet, dass sich außen um dreidimensionale Formen herumschauen lässt und daher eine exakte Begrenzung nicht wirklich wahrgenommen werden kann. Textur oder Schatten habe ich nur sparsam eingesetzt, um die Form auf möglichst einfache Weise wiederzugeben. Es handelt sich immer noch um eine unfertige Arbeit, und wenn ich mein Modell nochmals dazu bewegen könnte, in genau der gleichen Position und mit derselben Kleidung für mich Modell zu sitzen, könnte ich die Zeichnung zu einem späteren Zeitpunkt weiter ausarbeiten.

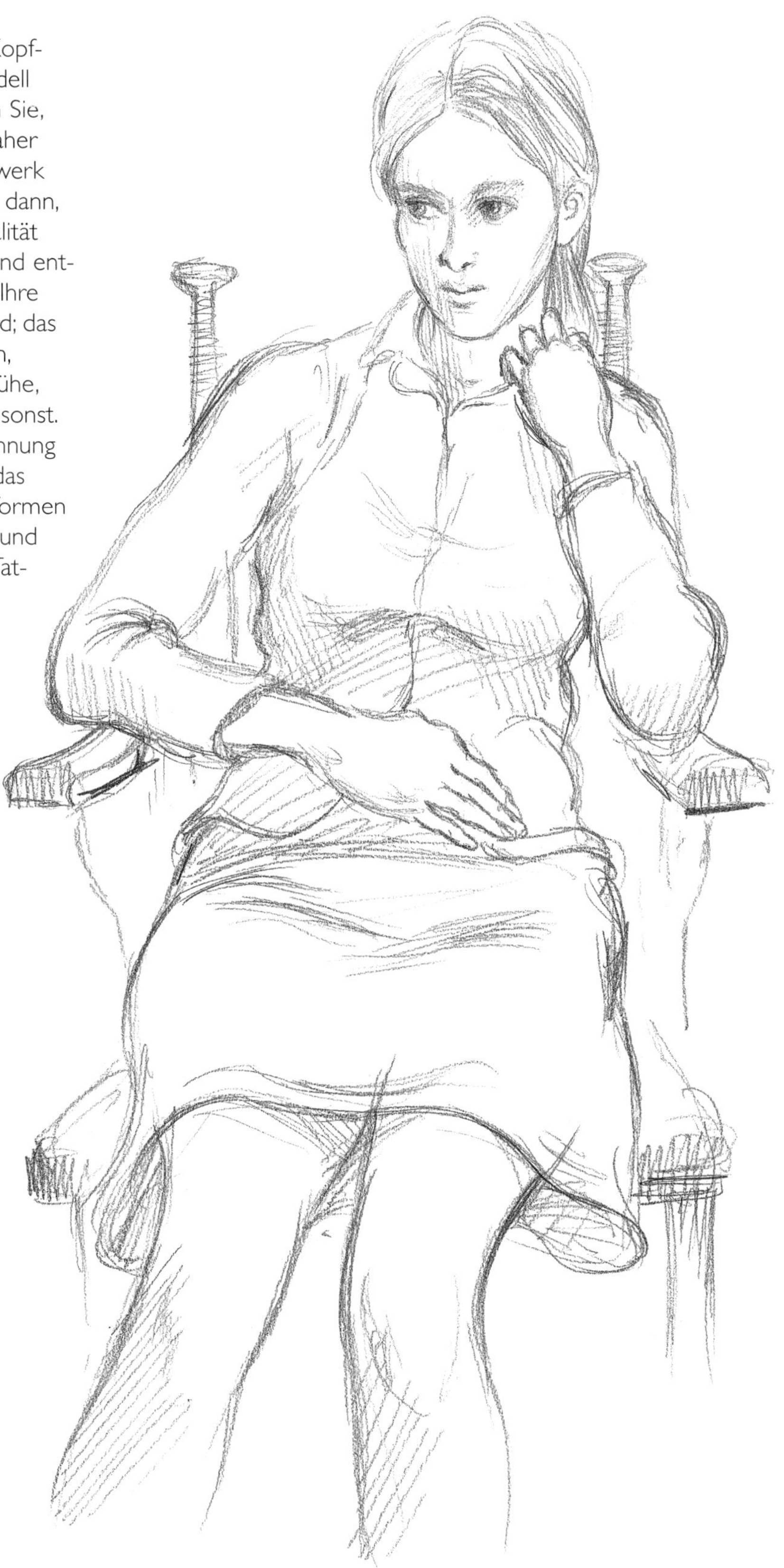

GESICHTSZÜGE ZEICHNEN

Nachdem wir uns zunächst an der menschlichen Figur versucht haben, widmen wir uns nun den Details, um mit allen Körperpartien vertraut zu werden. In dieser Phase beschäftigen wir uns Schritt für Schritt mit dem Gesicht, das uns einen Menschen erkennen lässt, sobald wir ihn erblicken.

Augen

Das markanteste Merkmal eines Gesichts sind für uns die Augen; deshalb beginnen wir mit ihnen. Sie können zwar zunächst nur ein Auge zeichnen, doch ich empfehle Ihnen, gleich beide darzustellen. So lässt sich das Verhältnis der beiden Augen zueinander am besten wahrnehmen.

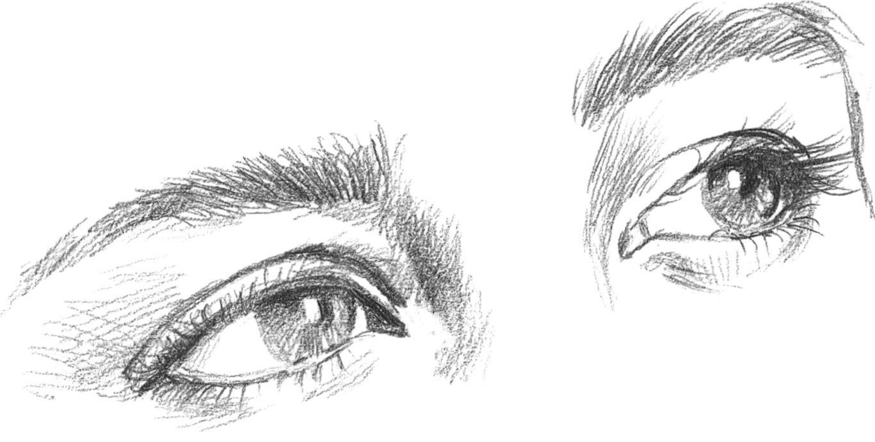

In meiner ersten Zeichnung blicken die Augen einer jungen Frau zu einer Seite. Beachten Sie, wie verschieden innerer und äußerer Augenwinkel geformt sind und wie der Sitz der Augen etwas an die Kopfrundung angepasst ist. Zeichnen Sie gleich die Brauen, dann lässt sich der Abstand zwischen den Augen leichter beurteilen. Diese Mädchenaugen blicken nach oben zum Licht, deshalb sind sie nicht weit geöffnet – die Iris (der farbige Bereich im Augapfel) wird ein wenig vom Oberlid verdeckt. Unten berührt die Iris das Unterlid nur leicht oder wird nur ein wenig von ihm verdeckt; Anfänger nehmen das oft nicht wahr.

Zeichnen Sie nun ein einzelnes Auge, wobei Sie Form und Aufbau ganz genau studieren. Beachten Sie das Schema zur Verdeutlichung der Augenform. Im Innenwinkel sitzt der Tränenkanal in einer Mulde, der äußere Augenwinkel sieht einfacher aus. Sowohl am oberen als auch am unteren Augenlid ist seine Dicke erkennbar. Die Lider wölben sich über den Augapfel, genauso wie Iris und Pupille. Diese kann sich vergrößern und verkleinern, je nachdem, wie viel Licht in das Auge fällt.

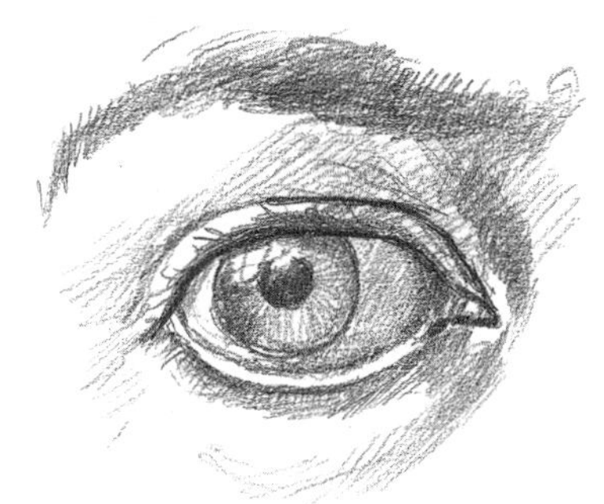

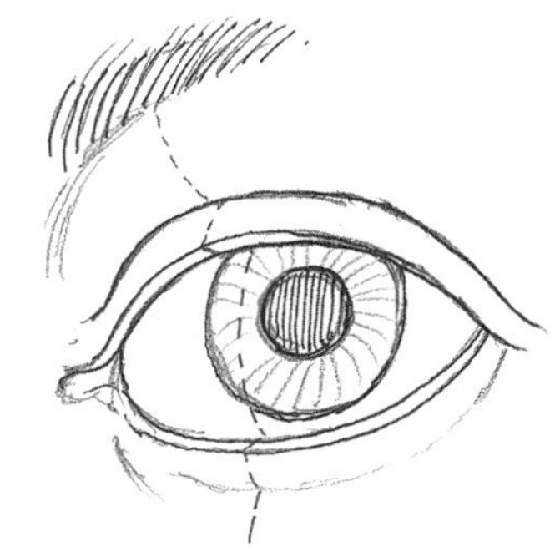

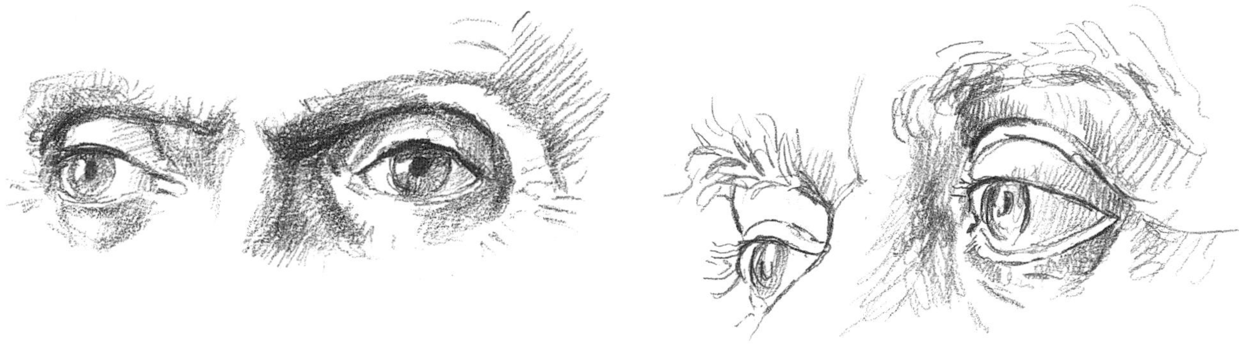

Zeichnen Sie nun ein weiteres Augenpaar, jedoch von einem Menschen in einem anderen Alter. Hier sehen Sie die Augen von zwei älteren Männern, weshalb sich Form und Textur der umgebenden Haut leicht voneinander unterscheiden. Achten Sie auf Runzeln, Tränensäcke und die Unterschiede in den Augenbrauen. Obwohl alle Augen etwas anders aussehen, bleibt die wesentliche Gestalt doch gleich; junge Augen sind nur etwas einfacher geformt, ohne die Spuren der Zeit.

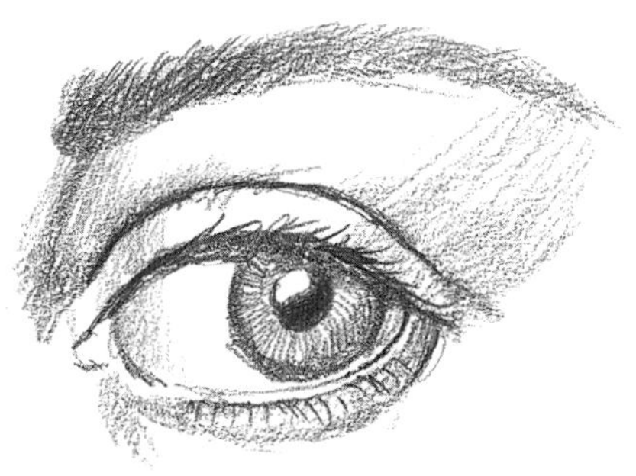

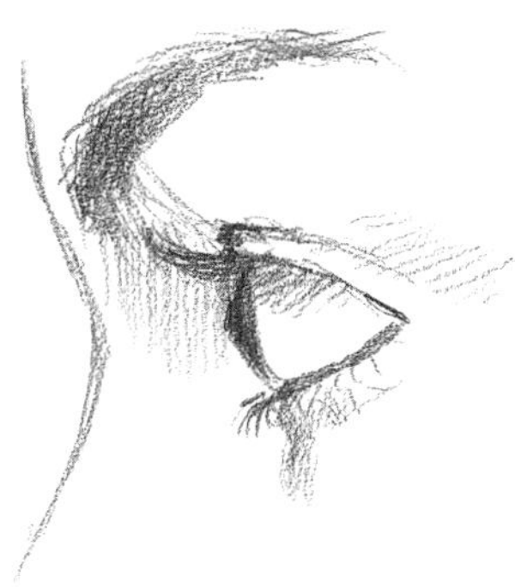

Zu guter Letzt wieder einzelne Augen, das rechte in der Seitenansicht – hier lässt sich gut die Form des Augapfels erkennen.

Mund

Neben den Augen ist der Mund ein weiteres eindrückliches Gesichtsmerkmal – es sei denn, jemand hat eine wirklich Aufsehen erregende Nase. Zeichnen Sie einen Mund geschlossen und auch leicht geöffnet, das macht die Gestalt der Lippen verständlicher. Die Unterlippe ist oft dicker als die obere, aber nicht in jedem Fall.

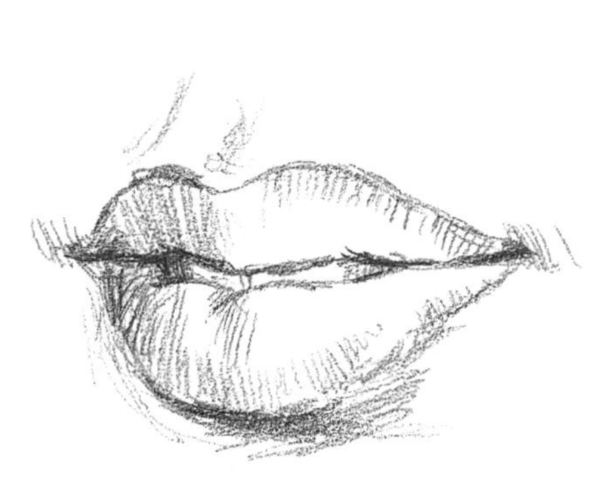

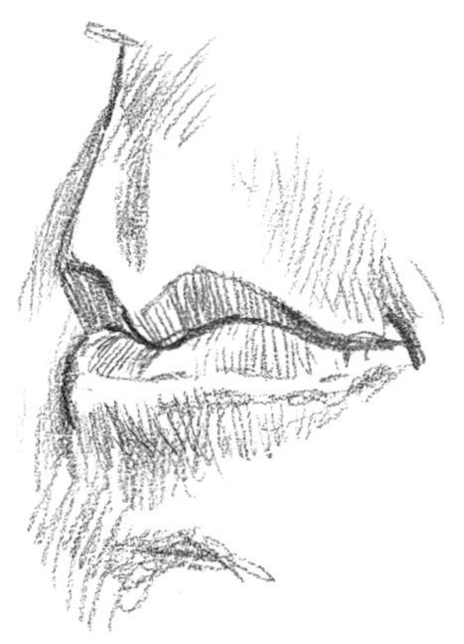

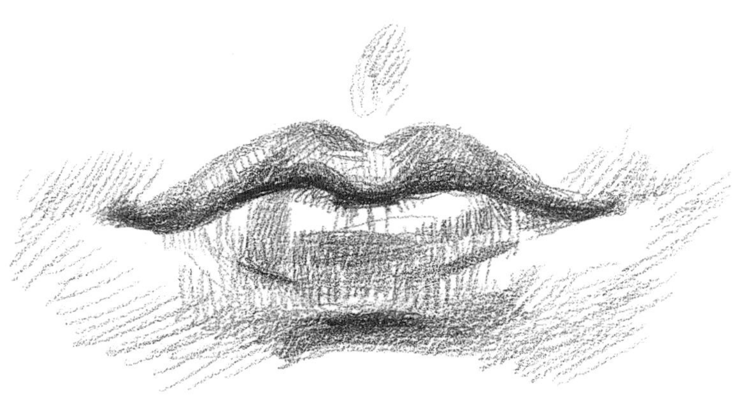

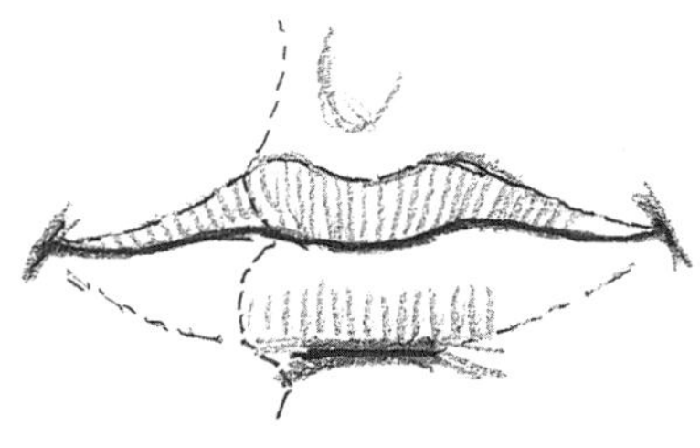

Die typische, wie ein Amorbogen geformte Oberlippe ist oft viel deutlicher ausgeprägt als die Unterlippe. Beim Zeichnen eines Mundes sollten Sie keinesfalls seine Farbe, sondern lediglich die Form darstellen. Sonst sieht es so aus, als hätten alle Leute kräftig Lippenstift aufgetragen. Das Schema links zeigt ganz allgemein, wie Lippen geformt sind.

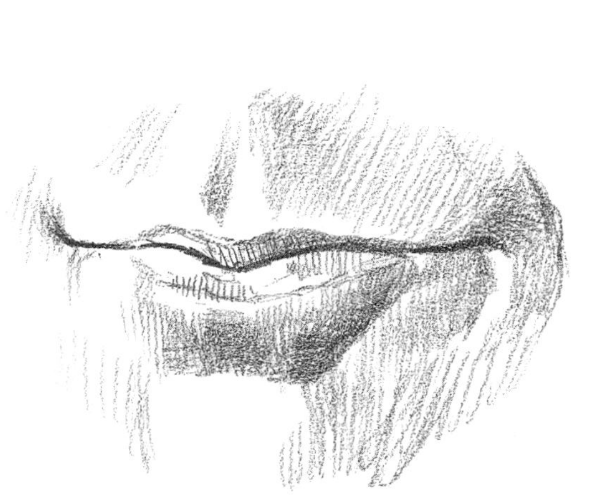

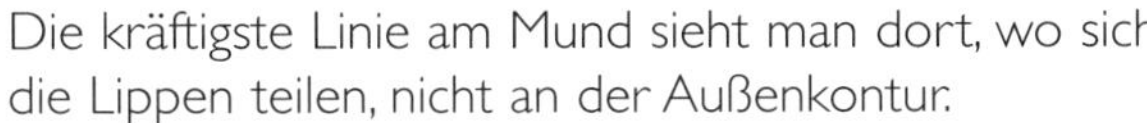

Die kräftigste Linie am Mund sieht man dort, wo sich die Lippen teilen, nicht an der Außenkontur.

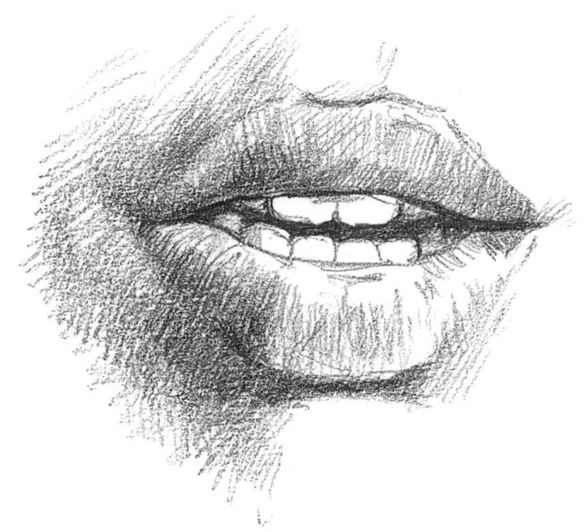

Das wird noch deutlicher, wenn Sie einen geöffneten Mund zeichnen.

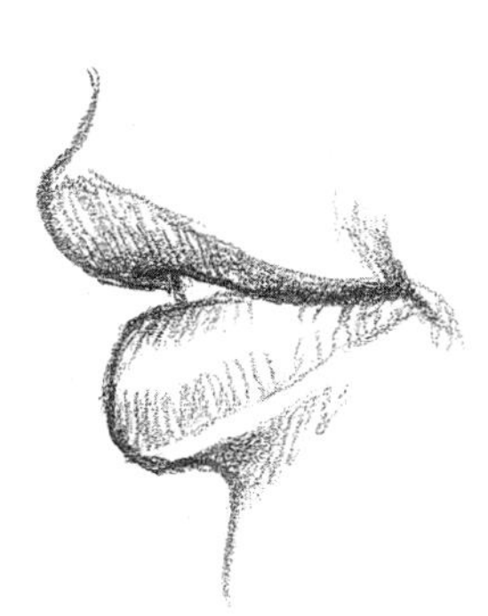

Vergessen Sie nicht, den Mund auch von der Seite zu zeichnen. Achten Sie dabei darauf, ob die Oberlippe oder die Unterlippe stärker hervortritt.

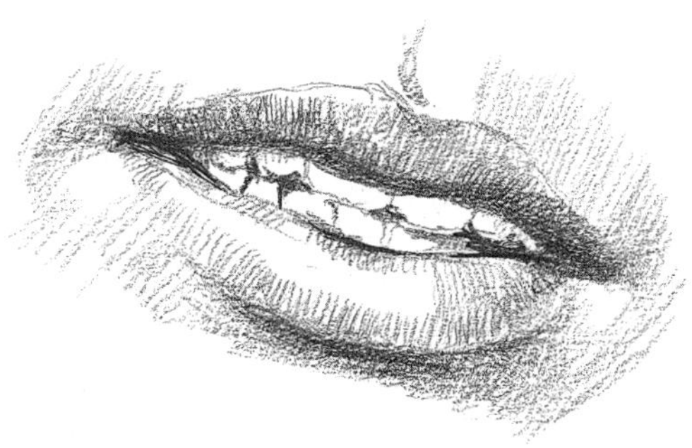

Beim leicht geöffneten Mund sind die Zähne teilweise zu sehen. Lassen Sie dafür genügend Papierweiß stehen, sonst wirken sie sehr ungepflegt.

Nase

Nasen gibt es in vielen Variationen, und oft prägen sie ein Gesicht ganz entscheidend. In der Profilansicht sind sie überhaupt nicht schwierig zu zeichnen, aber von vorn ist das recht knifflig.

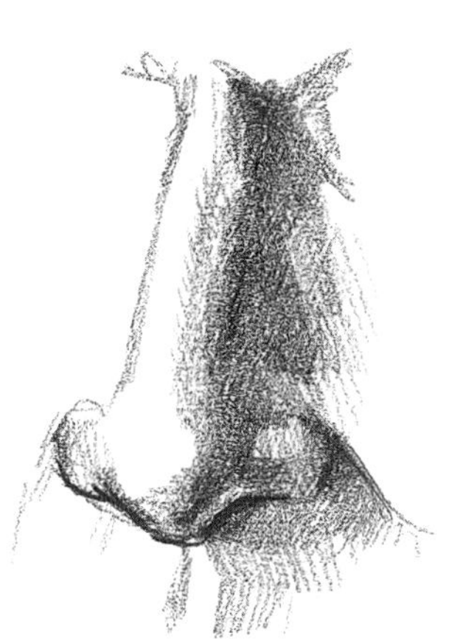

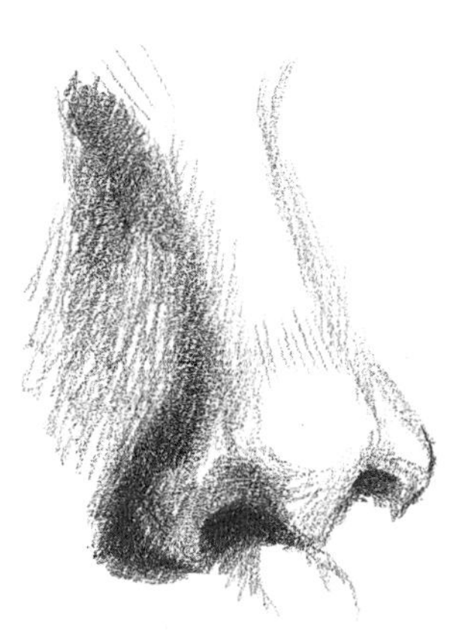

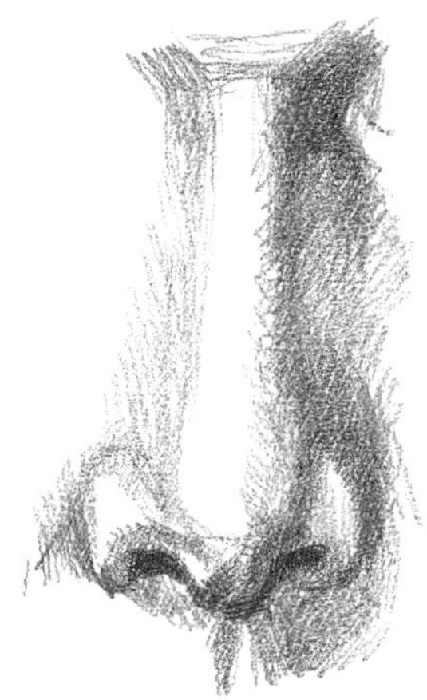

Am leichtesten ist die Nasenform abzubilden, wenn kräftiges Seitenlicht einen Schlagschatten wirft.

Seien Sie achtsam bei gleichmäßigerem, weichem Licht, denn wenn Sie es mit dem Schattieren an der Nase übertreiben, wirkt die Nase zu streng.

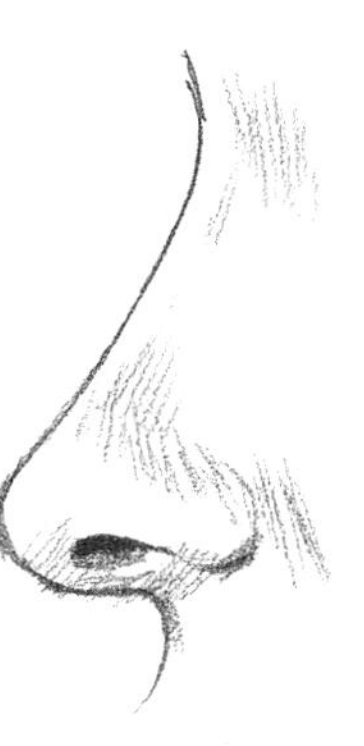

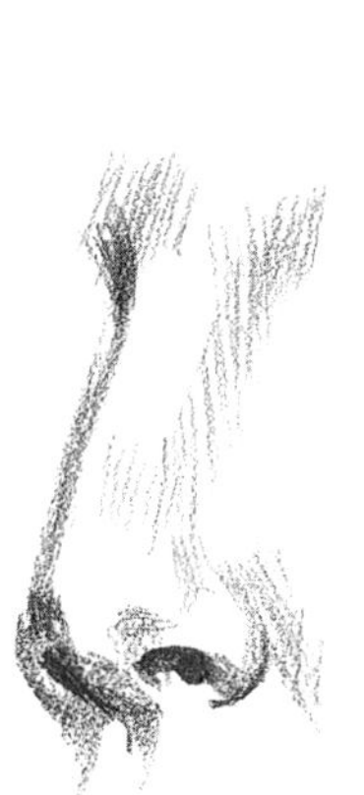

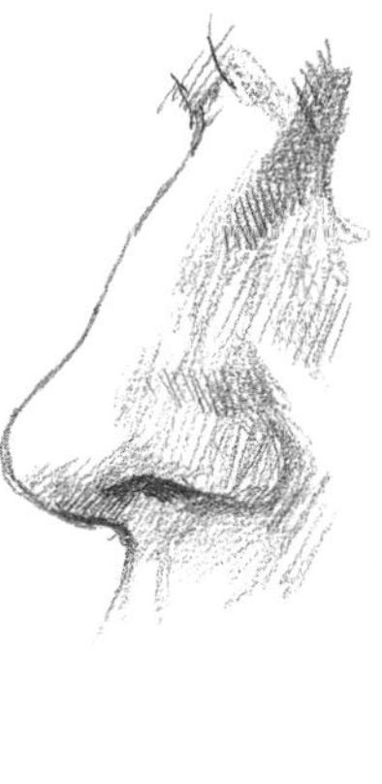

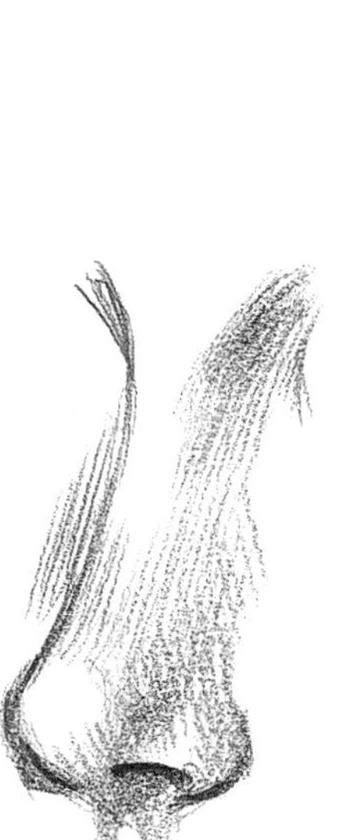

Nasen lassen sich grob in folgende Typen einteilen: die nach oben gebogene Stupsnase, die gerade Nase, die Hakennase und die so genannte Boxernase. Die gerade Nase ist am schwersten darzustellen, da Höcker oder Einbuchtungen fehlen. Anfänger neigen meistens dazu, die Nase ihres Modells zu lang oder zu kurz zu zeichnen. Schätzen Sie ihre Länge im Verhältnis zum übrigen Gesicht also möglichst richtig ein.

Ohren

Ohren werden in Porträts oft vernachlässigt, weil sie von langem Haar verdeckt sind oder selten von uns betrachtet werden. In der Tat würden sich die meisten schwer tun, selbst die Ohren ihrer Liebsten zu erkennen.

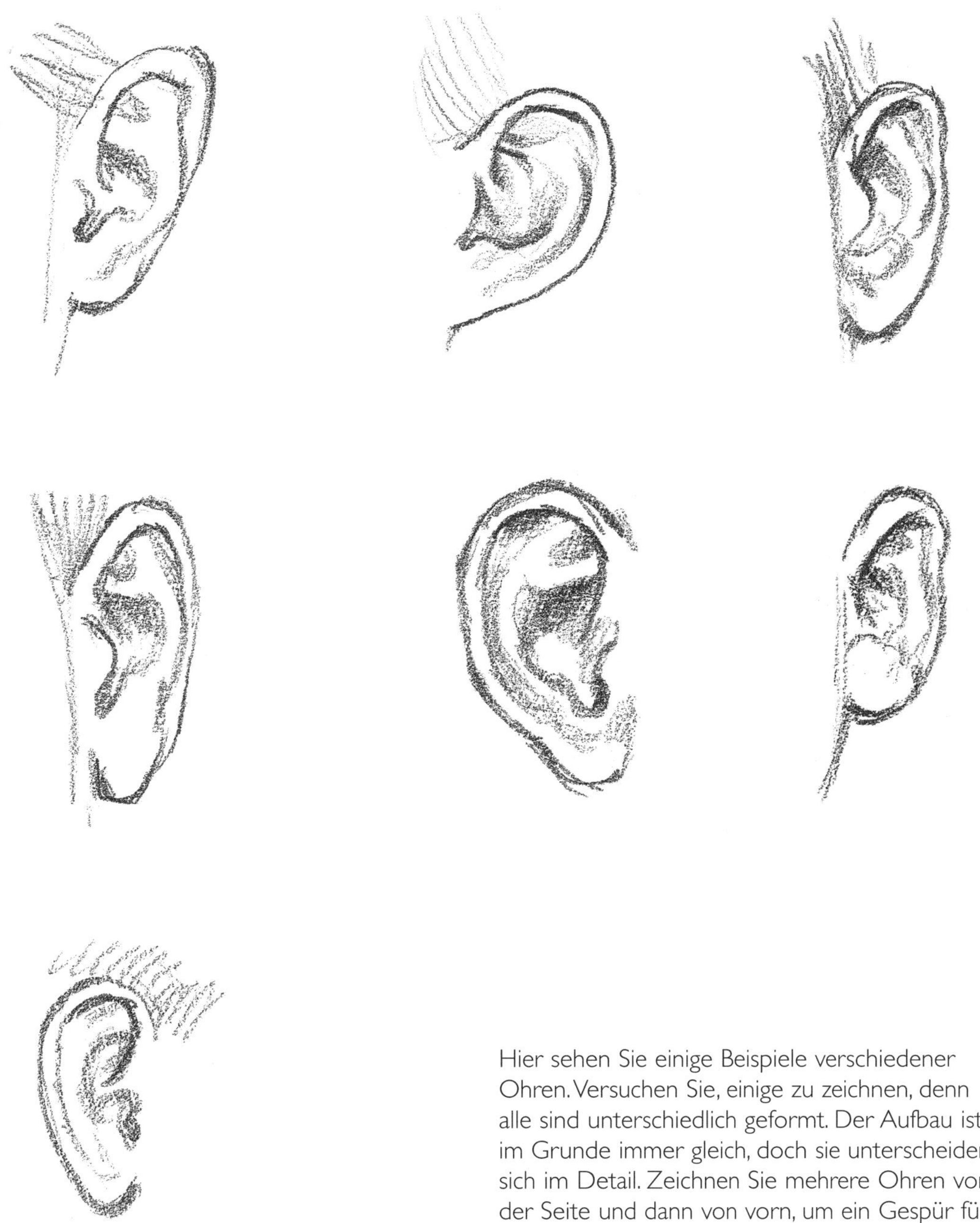

Hier sehen Sie einige Beispiele verschiedener Ohren. Versuchen Sie, einige zu zeichnen, denn alle sind unterschiedlich geformt. Der Aufbau ist im Grunde immer gleich, doch sie unterscheiden sich im Detail. Zeichnen Sie mehrere Ohren von der Seite und dann von vorn, um ein Gespür für ihr Aussehen zu erhalten.

Haare

Frisur ist nicht gleich Frisur, und daher gibt es viele Variationen, besonders bei langem Haar. Glatt oder gelockt – darin liegt der Hauptunterschied. Gelocktes Haar korrekt darzustellen ist am schwierigsten. Achten Sie darauf, wie es in fülligen Partien oder Strähnen fällt. Keinesfalls brauchen Sie Haar um Haar einzeln zu zeichnen.

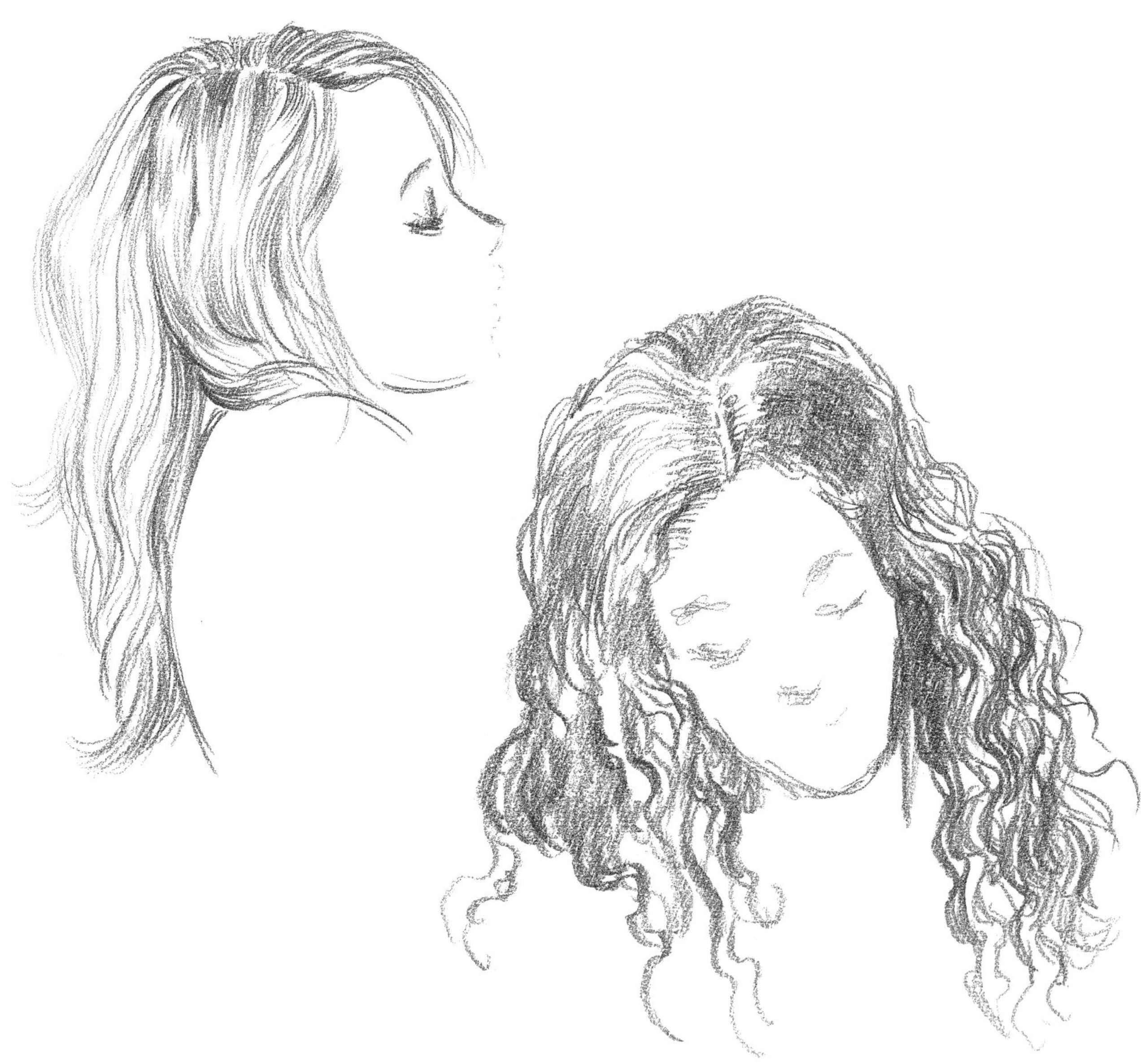

Natürlich hat Haar, von der Seite oder von hinten betrachtet, mehr Volumen als von vorn. Auch wenn es schwerfällt, beim Zeichnen nicht sofort auf die Haarfarbe einzugehen – das Ergebnis überzeugt mehr, wenn Sie sich vor allem so gut wie möglich auf die Form konzentrieren.

Profil

Sie haben nun mit den Augen eines Künstlers verschiedene menschliche Gesichter kennengelernt. Beenden Sie daher diese Übungsreihe mit einem einfachen Profil. Dabei zeichnen Sie nur die Umrisslinie von Oberkopf, Stirn, Nase, Lippen und Kinn sowie die Hauptform der Augen, der Brauen und der Haare.

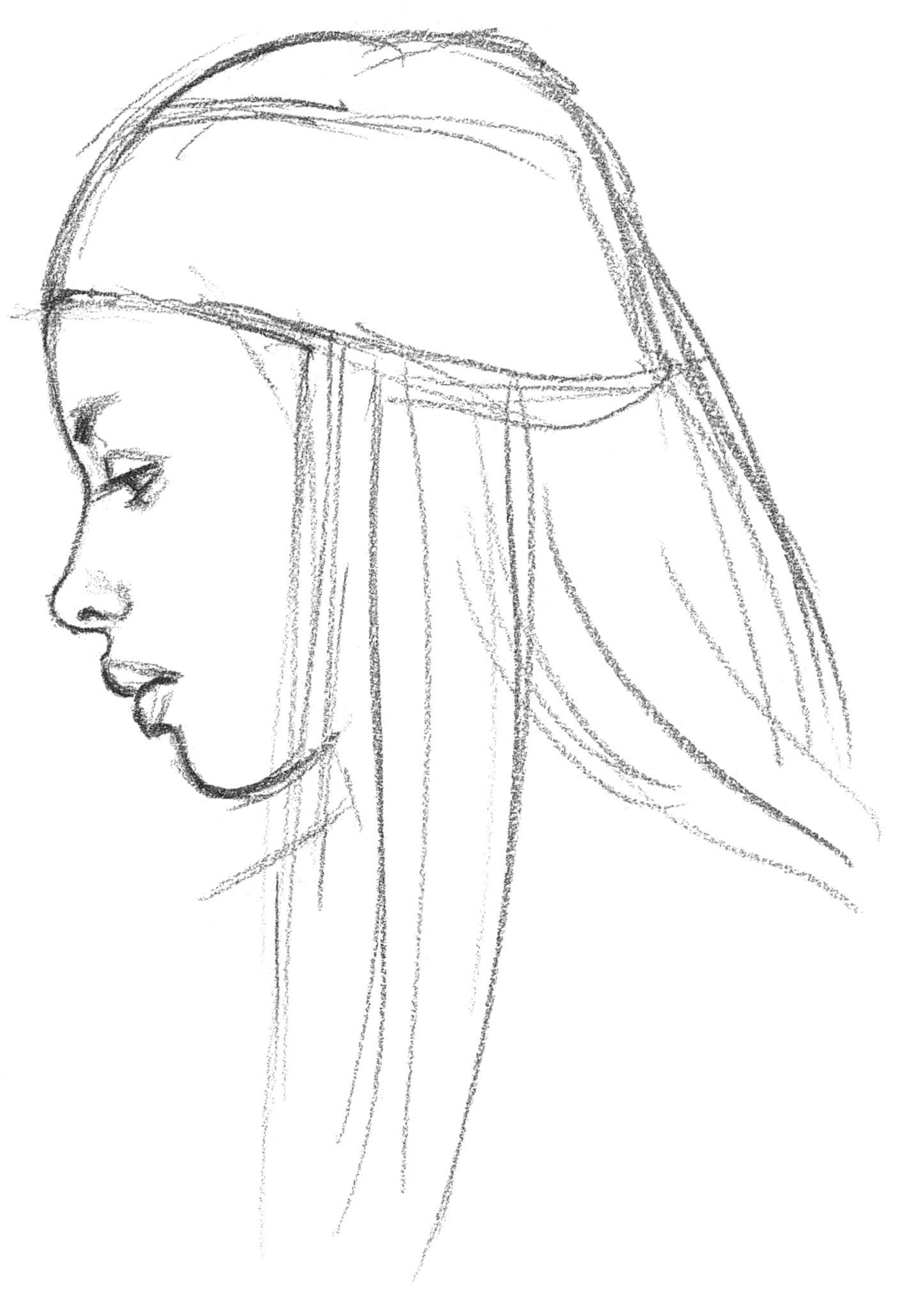

GRÖSSERE OBJEKTE ZEICHNEN

Da Sie kleinere Dinge wie Tassen und Besteck bereits gezeichnet haben, haben Sie bereits eine Vorstellung davon, wie sich von Menschen gefertigte Objekte darstellen lassen. Nun wollen wir größere, funktionale und komplexe Gegenstände in Angriff nehmen. Zu den größten zählen Objekte der Bau- und bedeutende Werke der Ingenieurskunst. Doch wenden wir uns zunächst Fahrzeugen und Möbeln zu.

Übung 1

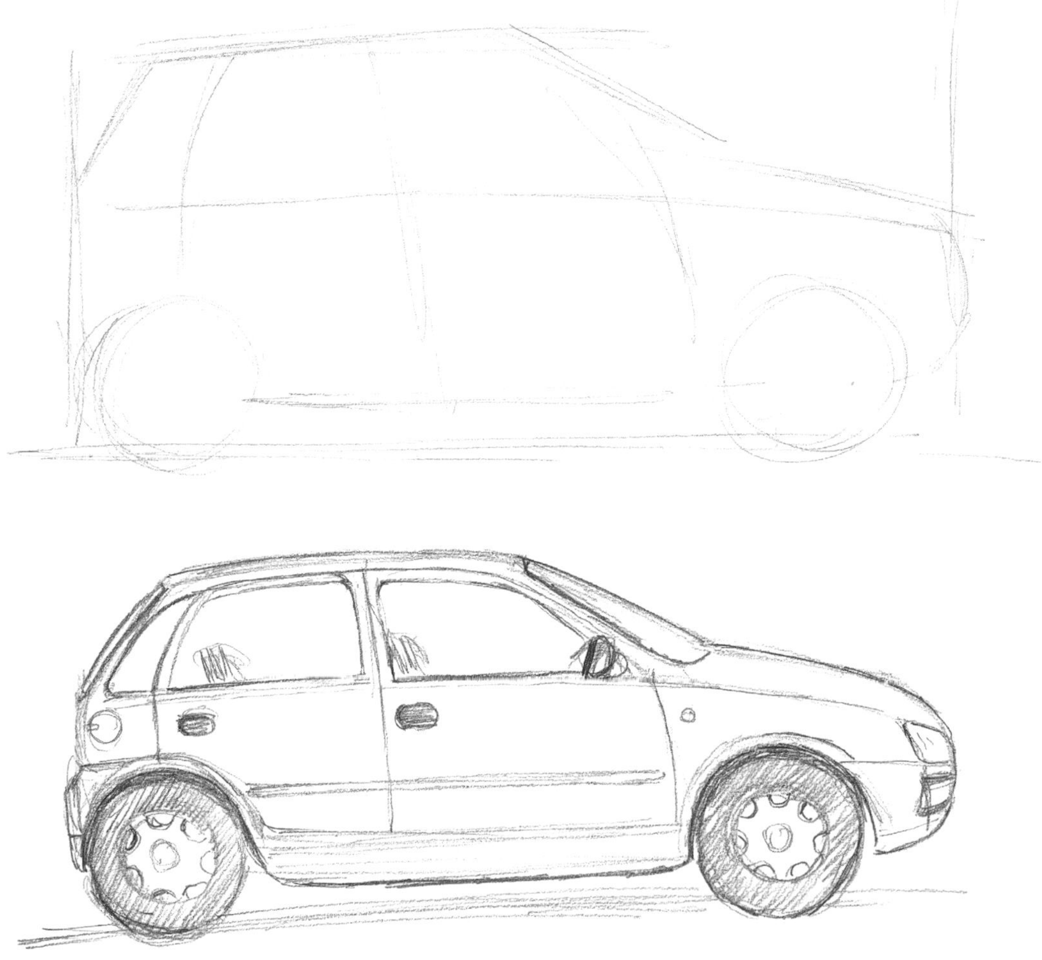

Beginnen Sie mit einem Auto – sei es Ihr eigenes oder ein anderes, das so in der Nähe steht, dass Sie es problemlos zeichnen können. Die erste Darstellung befasst sich mit der typischen Seitenansicht.

Mit einer groben Rechteckform umreißen Sie zunächst Länge und Höhe des Autos. Darin markieren Sie mit leichter Hand die Lage der Räder, die Fensterlinien, die Schrägen von Motorhaube, Dach und Heck. Dann ergänzen Sie alle wichtigen Fahrzeugdetails wie Türgriffe, Außenspiegel, Radkappen, Scheinwerfer und die angedeuteten Kopfstützen an den Sitzen, soweit sie durch die Fenster zu sehen sind. Ihr Augenmerk soll hier nicht auf kunstvoller Schönheit liegen, sondern darauf, alle Fahrzeugdetails möglichst exakt wiederzugeben: richtig platziert und in den richtigen Proportionen, eher so wie bei einer technischen Zeichnung.

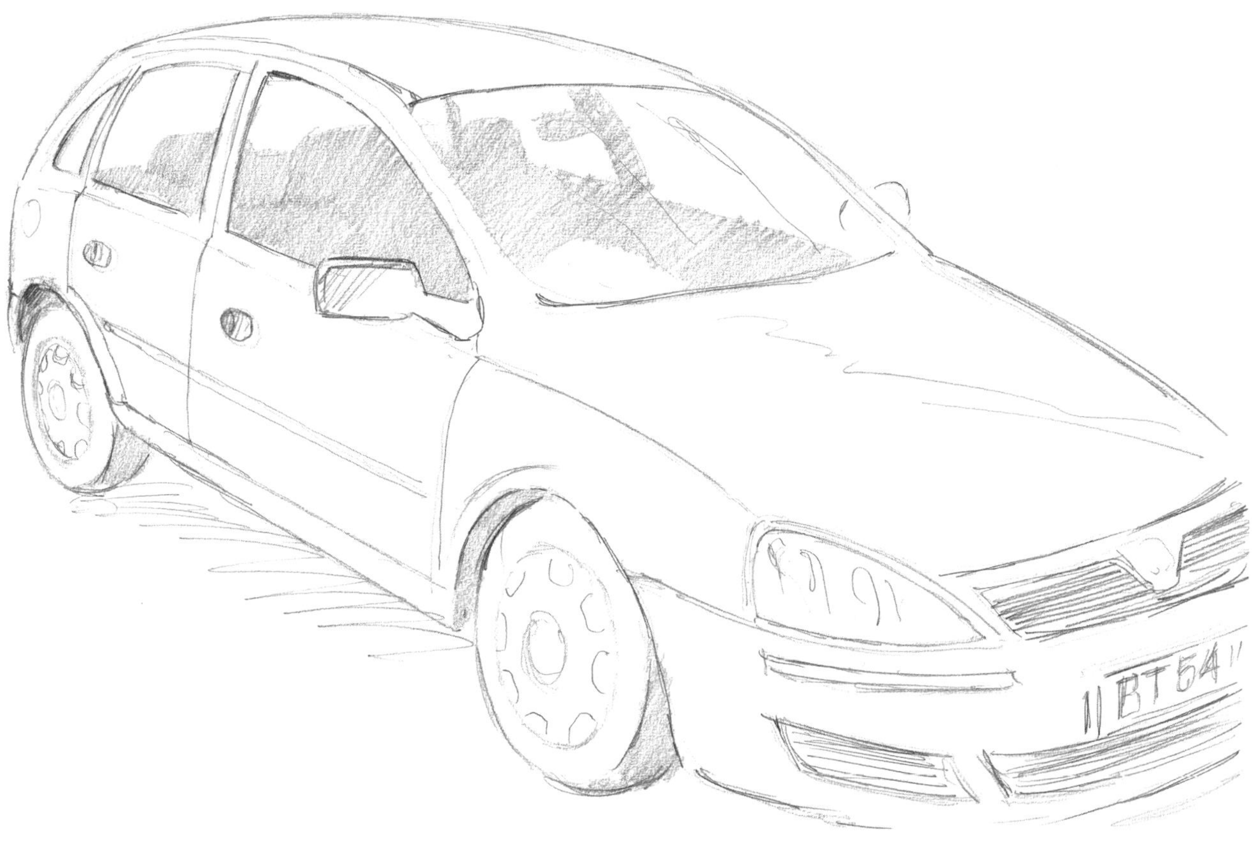

Wählen Sie nun eine neue Position, um den Wagen sozusagen im Halbprofil zu betrachten. Diese Ansicht ist viel schwieriger zu zeichnen. Vielleicht werfen Sie nochmals einen Blick auf Ihre Zeichnung mit der Seitenansicht, um zu prüfen, ob Sie alles richtig anordnen. Am schwierigsten dürfte es sein, die Proportionen richtig zu treffen. Denn der nahe bei Ihnen liegende Teil erscheint viel größer als die weiter entfernten Partien.

Übung 2

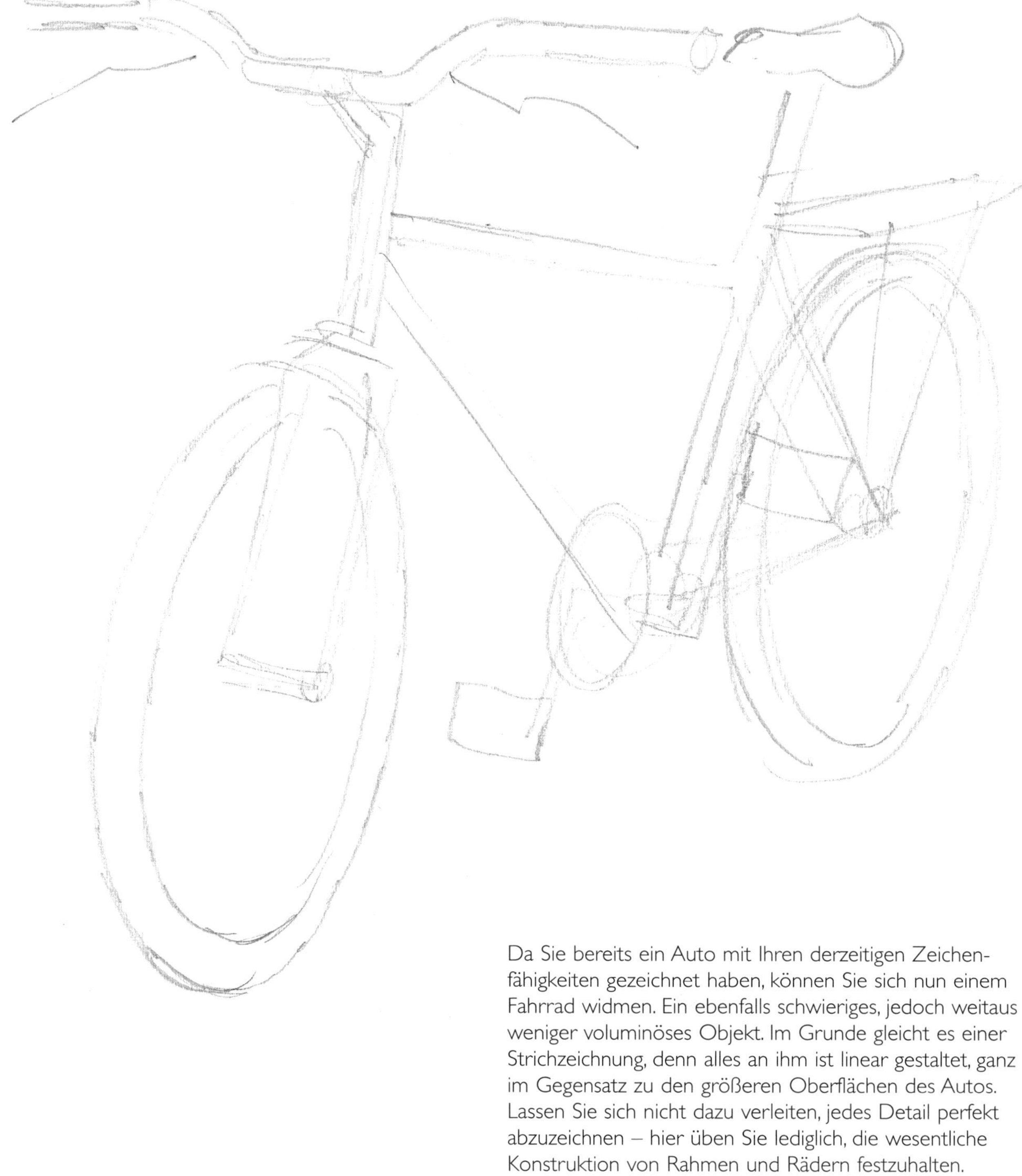

Da Sie bereits ein Auto mit Ihren derzeitigen Zeichenfähigkeiten gezeichnet haben, können Sie sich nun einem Fahrrad widmen. Ein ebenfalls schwieriges, jedoch weitaus weniger voluminöses Objekt. Im Grunde gleicht es einer Strichzeichnung, denn alles an ihm ist linear gestaltet, ganz im Gegensatz zu den größeren Oberflächen des Autos. Lassen Sie sich nicht dazu verleiten, jedes Detail perfekt abzuzeichnen – hier üben Sie lediglich, die wesentliche Konstruktion von Rahmen und Rädern festzuhalten.

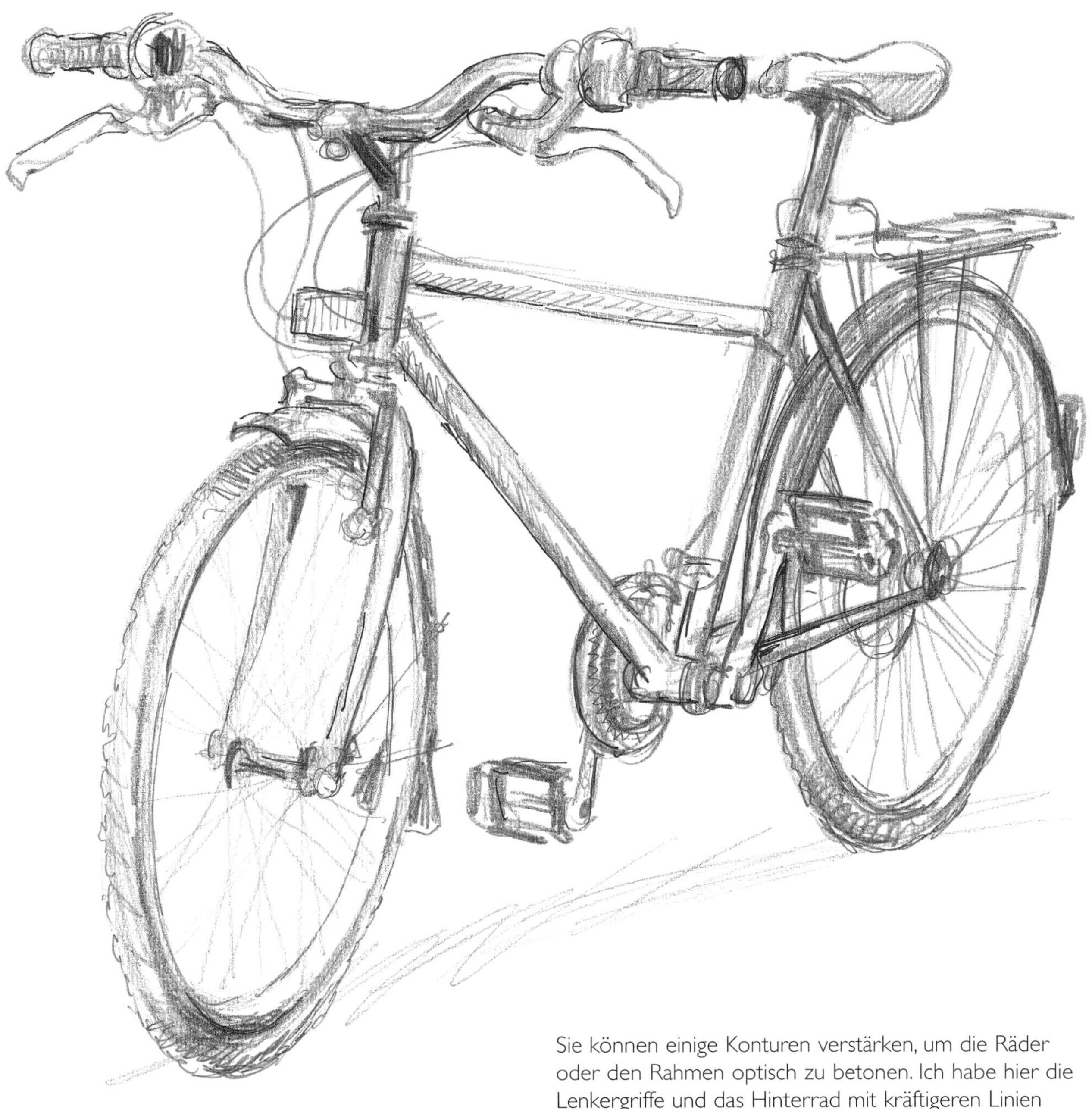

Sie können einige Konturen verstärken, um die Räder oder den Rahmen optisch zu betonen. Ich habe hier die Lenkergriffe und das Hinterrad mit kräftigeren Linien hervorgehoben.

NEGATIVE FORMEN ZEICHNEN

Bislang haben Sie sich beim Zeichnen von Gegenständen ausschließlich darauf konzentriert, deren Formen wiederzugeben, ohne sich darüber Gedanken zu machen, wie diese miteinander in Beziehung stehen. Mit anderen Worten: Sie haben nur die positiven Formen dargestellt. Doch auch die Gebilde dazwischen, die negativen Formen, sind ebenso wichtig für Ihre Arbeit.

Um auch diese Formen kennenzulernen, zeichnen Sie zunächst einen Stuhl – so wie ich das hier getan habe. Konstruieren Sie ihn so, dass sich zwischen der Rückenlehne und den Enden von Armlehnen und Beinen eindeutig eine quadratische Form abzeichnet. Die Beine stehen korrekt auf dem Boden; beide Armlehnen befinden sich auf gleicher Höhe. Wie beim Auto auf Seite 76 ist das Ziel eher eine technische Zeichnung.

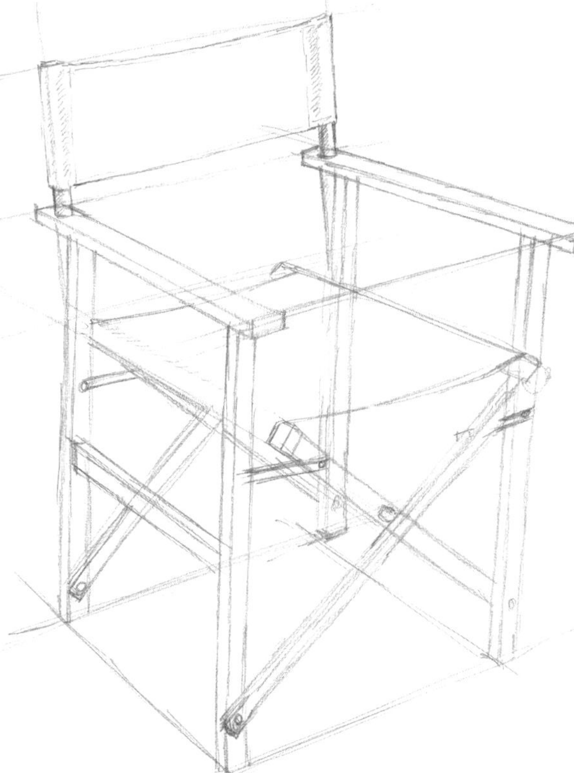

Ändern Sie nun Ihre Sehweise, obgleich Sie aus derselben Blickrichtung auf den Stuhl blicken. Füllen Sie nur die Zwischenräume zwischen Beinen, Bespannung, Rücken- und Armlehnen aus, bis sich ein Stuhlgebilde ähnlich einem Fotonegativ abzeichnet. Anfangs ist das schwierig, doch wenn Sie diese Formen exakt erfassen, wird Ihre Zeichnung einem Stuhl immer ähnlicher. Diese Übung ist für Sie als Künstler sehr wichtig. Sie lernen, beim Zeichnen eines Gegenstandes wirklich alles zu beachten, auch den Raum rundherum, der ebenso bedeutsam wie das eigentliche Objekt ist. Selbst Größe und Proportionen lassen sich leichter messen, wenn Sie die Flächen einbeziehen, die sonst nicht gezeichnet werden. Diese Übung hilft Ihnen, wie ein Künstler zu sehen – also weitaus mehr wahrzunehmen als jemand, der nur sein Material beherrscht.

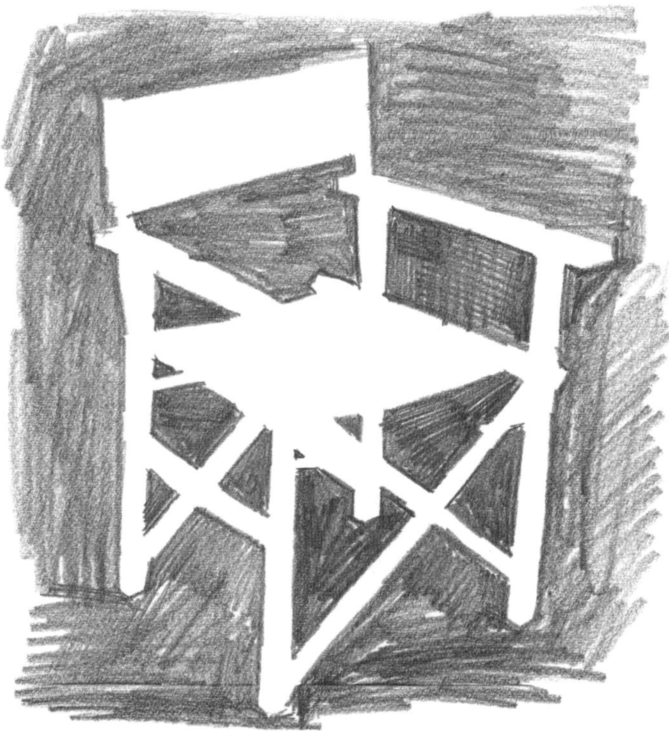

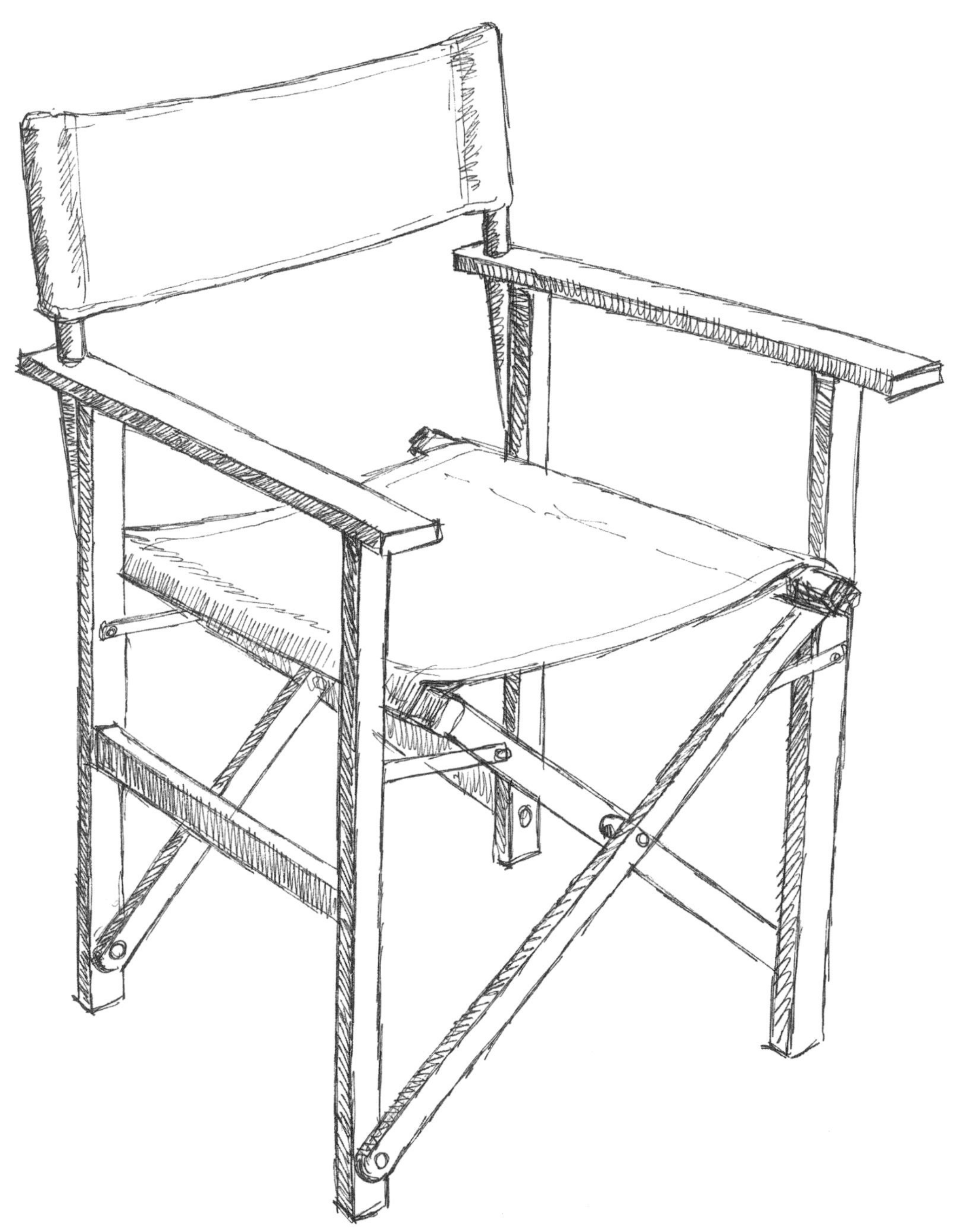

Zu guter Letzt zeichnen Sie diesen Stuhl nach genauer Beobachtung noch einmal mit Bleistift oder Feder. Achten Sie auf die richtigen Proportionen und darauf, dass alles am richtigen Platz sitzt. Gehen Sie dabei möglichst genau vor, ohne wirklich nachzumessen.

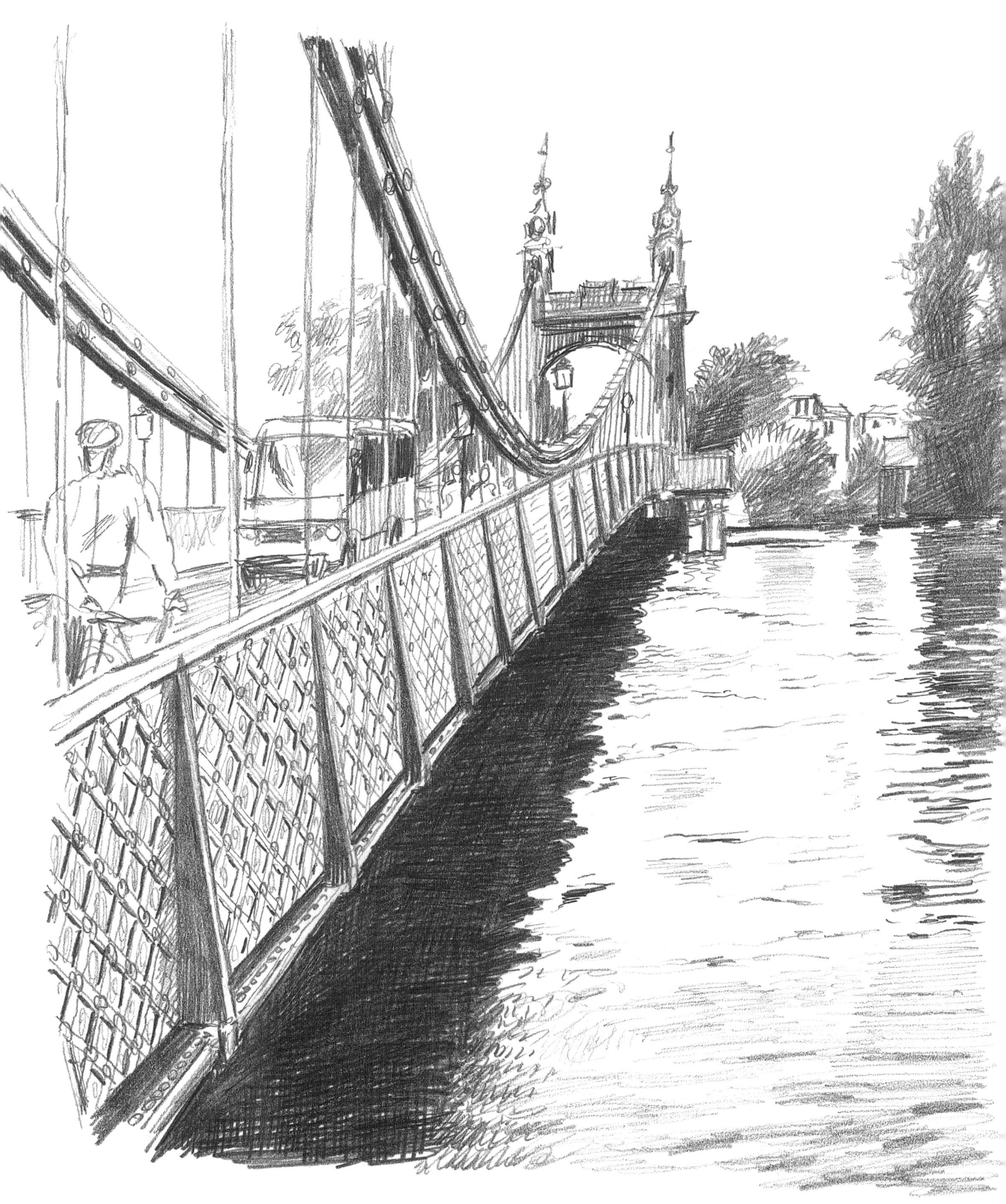

LEKTION 4

IM FREIEN ZEICHNEN

Gehen Sie ins Freie und erkunden Sie Ihre Umgebung als Motiv – das ist das Ziel dieser Lektion. Im Grunde macht es zwar keinen Unterschied, ob Sie eine Landschaft oder andere Dinge zeichnen. Aber im Freien kann die bloße Fülle der Eindrücke schnell entmutigend wirken. Doch auch dagegen gibt es ein Mittel. Diese Lektion ist im Vergleich zu anderen zwar recht kurz. Trotzdem brauchen Sie länger, um sie durchzuarbeiten. Das liegt in der Natur dieses Themas.

Auf das Zeichnen von Landschaft kommen wir später zurück. In dieser Lektion beginnen Sie mit der Betrachtung einzelner Dinge im Zusammenspiel mit sehr vielen Objekten. So lernen Sie, wie man eine komplexe Szene bewältigt.

Wer im Freien künstlerisch arbeitet, empfindet oft störend, dass damit auch sein Tun in die Öffentlichkeit gelangt. Meiner Erfahrung nach sind die Zuschauer meist höflich. Wenn Ihnen die unerwünschte Aufmerksamkeit trotzdem lästig wird, denken Sie einfach daran, wie unwichtig das Urteil anderer Menschen ist – wer zählt, ist allein Ihr Lehrer. Eigentlich sind Sie mit Hilfe dieses Buches Ihr eigener Lehrer geworden. Also wappnen Sie sich und überhören Sie weniger schmeichelhafte Bemerkungen einfach – wichtig ist allein, dass Sie weiter zeichnen

WASSER UND PFLANZEN: VORÜBUNGEN

Der Zugang zum Zeichnen einer Landschaft fällt leichter, wenn wir einen Blick auf ihre Bestandteile werfen. Von Nahem werden Sie erkennen, dass ein Stein und ein Berg tatsächlich von ähnlicher Gestalt sind, nur in einem anderen Maßstab. Auch wirken Blätter und Stängel einer Zimmerpflanze wie Miniaturausgaben eines Baumes und eine Wasserlache wie ein winziger See.

Für den einfachen Einstieg tröpfeln Sie etwas Wasser auf eine ebene, nicht saugende Fläche, wie eine Küchenarbeitsplatte, bis eine kleine, das Licht reflektierende Wasserlache entsteht. Zeichnen Sie zunächst sorgfältig die Kontur, dann fügen Sie mit Bleistiftschraffuren alle erkennbaren Tonwerte hinzu. Dies ist meist sehr einfach, wie Sie an meiner sehen können. Auch die kleinen Spritzer daneben habe ich dargestellt – durch solche Extradetails verbessern Sie Ihr Gespür für Wasser und seine Eigenschaften.

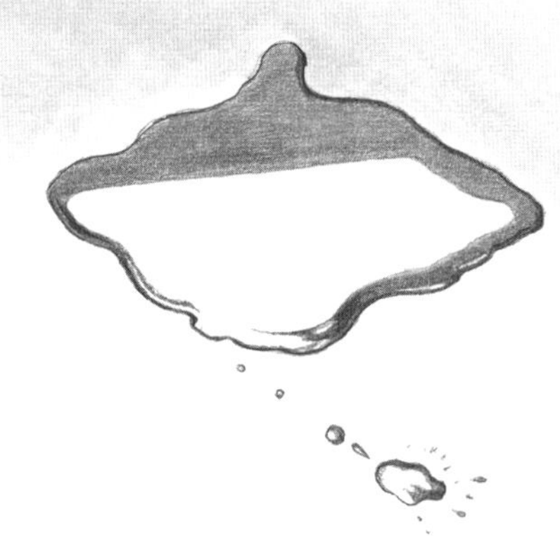

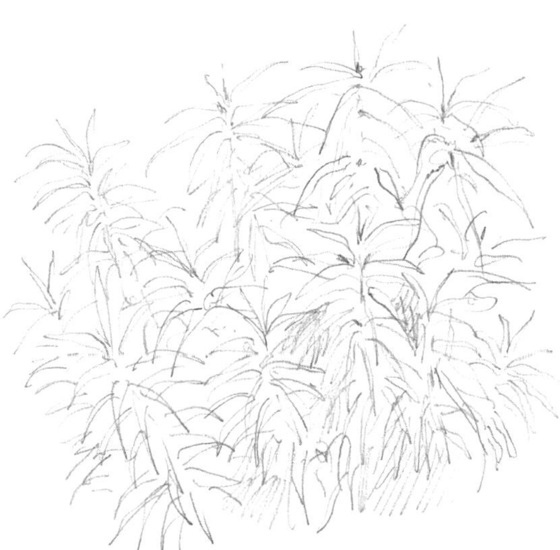

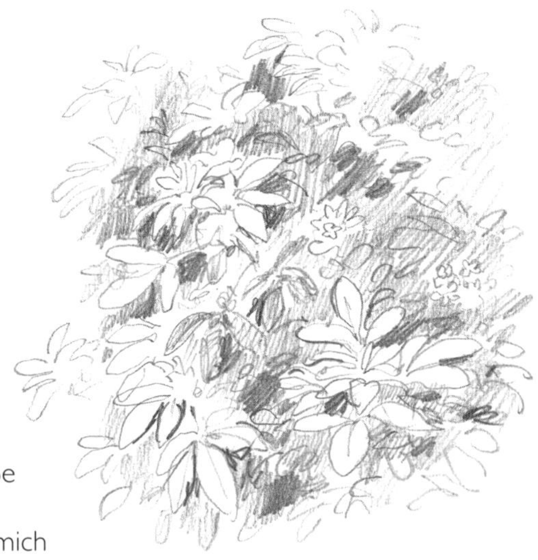

Widmen Sie sich nun erneut den Pflanzen, um sich deren optische Wirkung besser vorstellen zu können. Ich habe hier einfach zwei in meiner Straße wachsende Pflanzengruppen gezeichnet. Ich hätte noch viel mehr davon abbilden können, doch um mich in dieses Thema einzuarbeiten, reichte diese Menge aus. Entscheiden Sie selbst, wie viel Sie jeweils zeichnen müssen, bis Sie sich sicher fühlen.

Anschließend fiel mein Blick auf einen großen Topf mit Hortensien, und ich studierte ihre großen, ausdrucksstark geformten Blätter. Hier interessierte mich die Grundform der Blätter – wie sie übereinander liegen und wo sie dunkle Schatten werfen.

Der Feigenbaum mit seinem üppigen Laub vermittelt einen ersten Eindruck, wie Vegetation als Teil einer größeren Landschaftsszene wirkt.

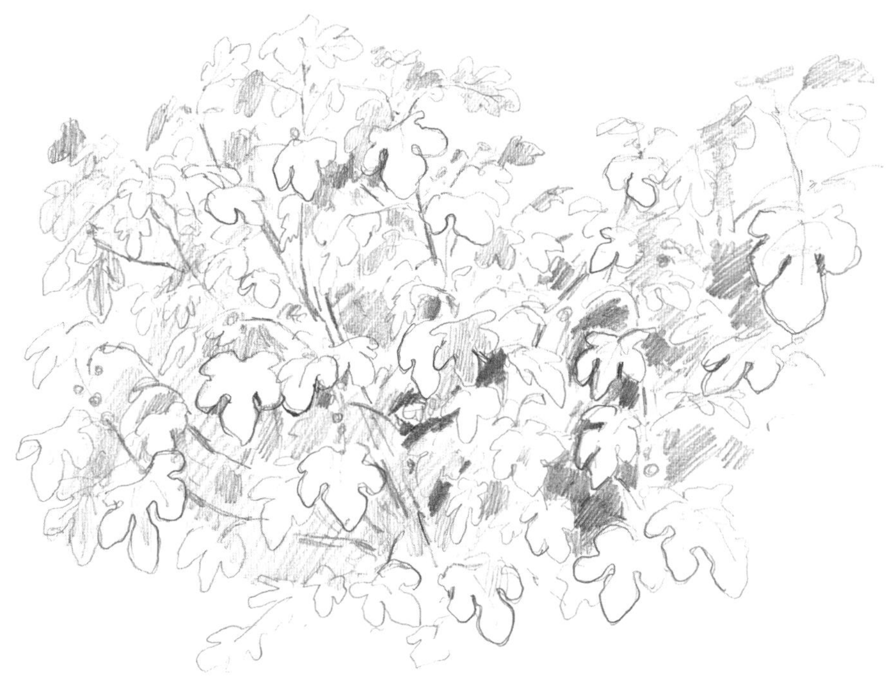

EINE AUSGEDEHNTE WASSERFLÄCHE

Diese Übung beansprucht Ihre gesamte Konzentration und all Ihre bisher erworbenen Zeichenkünste. Mein Bild entstand an einem kleinen Fluss in der englischen Grafschaft Sussex. Da der Ausschnitt nur wenig von der umgebenden Landschaft zeigt, liegt die Herausforderung darin, das Wasser zu charakterisieren. Und das ist wahrlich eine Herausforderung, auch weil es ständig in Bewegung ist (im Gegensatz zur glatten Oberfläche eines Sees an einem windstillen Tag). Ich habe daher ruhiges Wetter abgewartet, damit das Wellenspiel möglichst schwach ist, und dennoch ist die Aufgabe nicht gerade einfach.

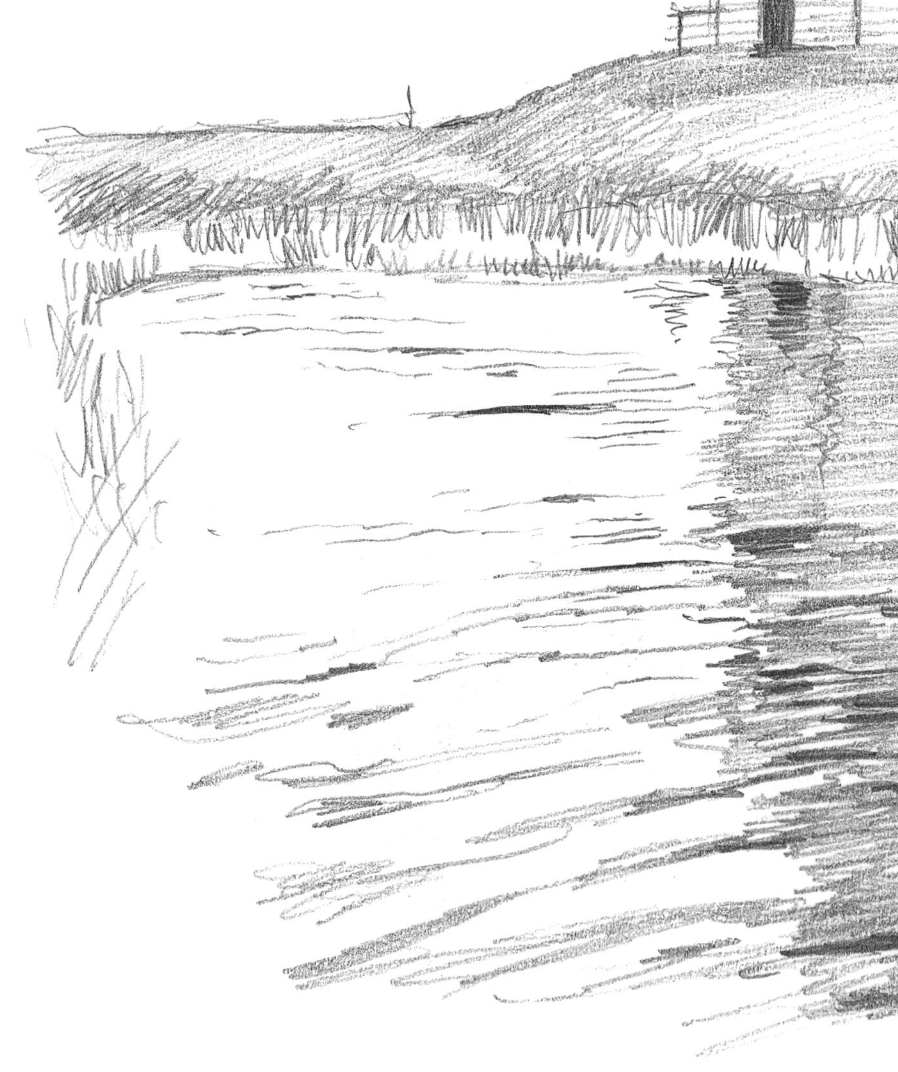

Beachten Sie, wie sich die Wasseroberfläche durch die Spiegelungen des Ufers und des Gebäudes dunkler färbt und alle Formen sich auflösen, bedingt durch die sanften Wellen, die Licht und Schatten vielfältig widerspiegeln. Die dunkleren Töne auf den größeren Wellen charakterisieren die Oberfläche am besten; zögern Sie also nicht, davon möglichst alle erkennbaren Flächen einzuzeichnen. Arbeiten Sie dabei den Unterschied zwischen hellen und dunklen Partien heraus.

Scheuen Sie sich nicht, sehr dunkle Schattierungen zu setzen, denn Wasser hat die besondere Eigenschaft, Helles und Dunkles in extremen Kontrast zu reflektieren. Hier ist Ihre Urteilskraft gefragt, bis die Tonwerte ausbalanciert und damit die feinen Abstufungen zwischen den hellsten und dunkelsten Tönen richtig im Bild verteilt sind. Es dauert eine Weile, dies herauszuarbeiten – doch diese Zeit ist keinesfalls verschwendet.

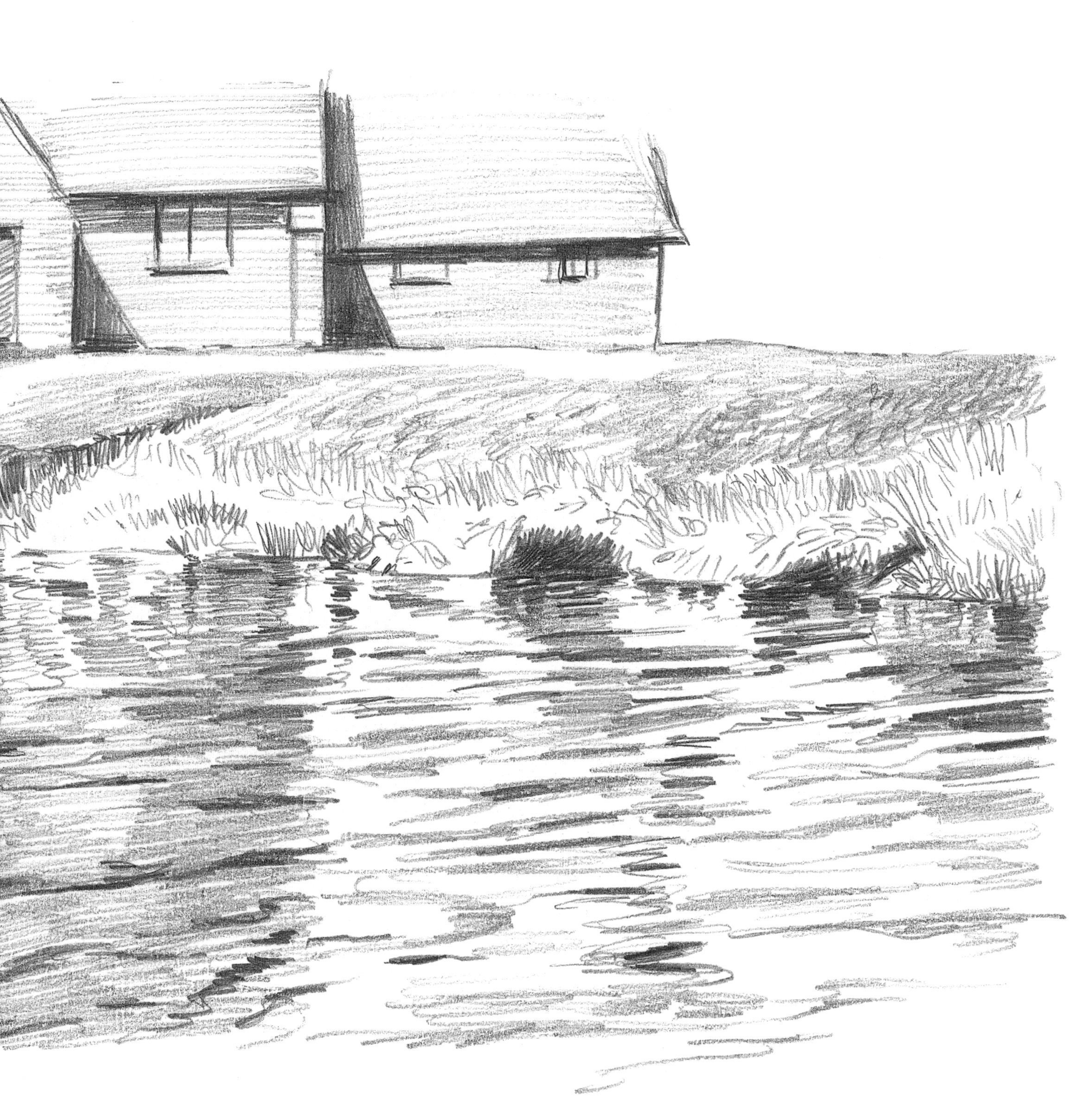

EIN LANDSCHAFTSBILD IN DER NAHEN UMGEBUNG

Jetzt möchte ich, dass Sie sich an eine Landschaftszeichnung wagen, die Sie in der Nähe Ihres Zuhauses anfertigen. Wählen Sie einen schönen Tag, an dem Sie nicht gegen den Wind ankämpfen oder Regen von der Zeichnung fernhalten müssen – Sie sollen es schließlich so leicht wie möglich haben, wenn Sie zum ersten Mal eine reale Landschaft zu Papier bringen.

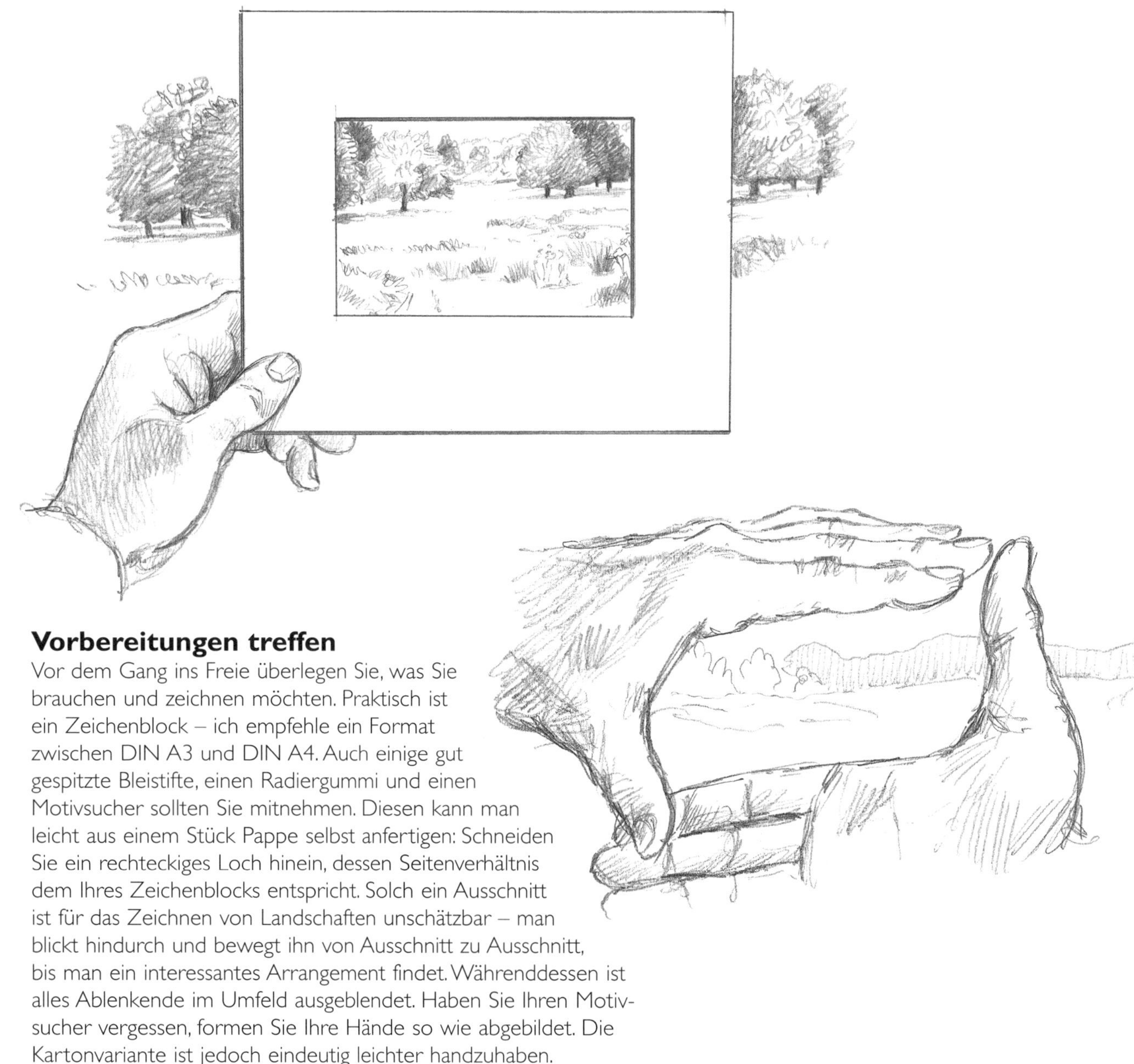

Vorbereitungen treffen

Vor dem Gang ins Freie überlegen Sie, was Sie brauchen und zeichnen möchten. Praktisch ist ein Zeichenblock – ich empfehle ein Format zwischen DIN A3 und DIN A4. Auch einige gut gespitzte Bleistifte, einen Radiergummi und einen Motivsucher sollten Sie mitnehmen. Diesen kann man leicht aus einem Stück Pappe selbst anfertigen: Schneiden Sie ein rechteckiges Loch hinein, dessen Seitenverhältnis dem Ihres Zeichenblocks entspricht. Solch ein Ausschnitt ist für das Zeichnen von Landschaften unschätzbar – man blickt hindurch und bewegt ihn von Ausschnitt zu Ausschnitt, bis man ein interessantes Arrangement findet. Währenddessen ist alles Ablenkende im Umfeld ausgeblendet. Haben Sie Ihren Motivsucher vergessen, formen Sie Ihre Hände so wie abgebildet. Die Kartonvariante ist jedoch eindeutig leichter handzuhaben.

Schritt 1

Entscheiden Sie zunächst, was Sie zeichnen möchten. Mir bot sich ein hervorragender Ausblick auf eine perfekte Landschaft direkt vor meinem Schlafzimmer; Sie hingegen müssen wahrscheinlich etwas entdeckungsfreudiger sein! Es gefiel mir, dass ein großer Baum das Motiv zu einem Drittel abteilte. Die Sonne beschien die Szene im rechten Bereich viel intensiver als im linken. Dadurch konnten die Tonwerte fast im gesamten linken Drittel recht dunkel gehalten werden, während sich im rechten Teil alle Details scharf im Licht abzeichneten.

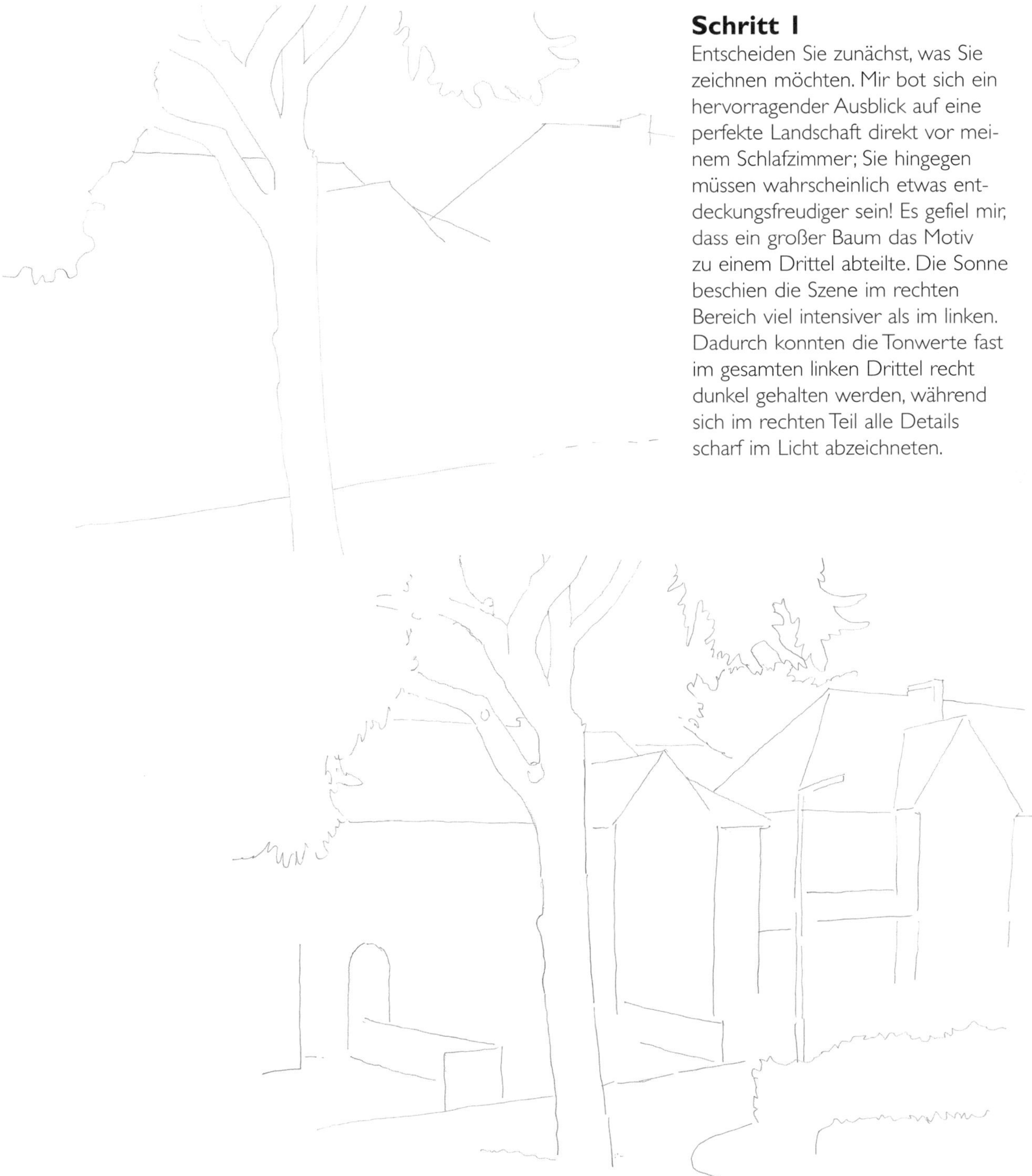

Schritt 2

Zuerst legte ich die Baumkontur fest, danach die Dachfirstlinie. Erst nach der Gestaltung des linken Bildteils konzentrierte ich mich auf die Details im rechten Teil. So konnte ich am besten entscheiden, wie dunkel die tiefsten Schattierungen werden müssen, um eine spannende, ausbalancierte Hell-Dunkel-Abstufung zu erzeugen. Nehmen Sie sich viel Zeit für Ihre Zeichnung, denn Sorgfalt und Aufmerksamkeit ebnen Ihnen den Weg zum perfekten Zeichner.

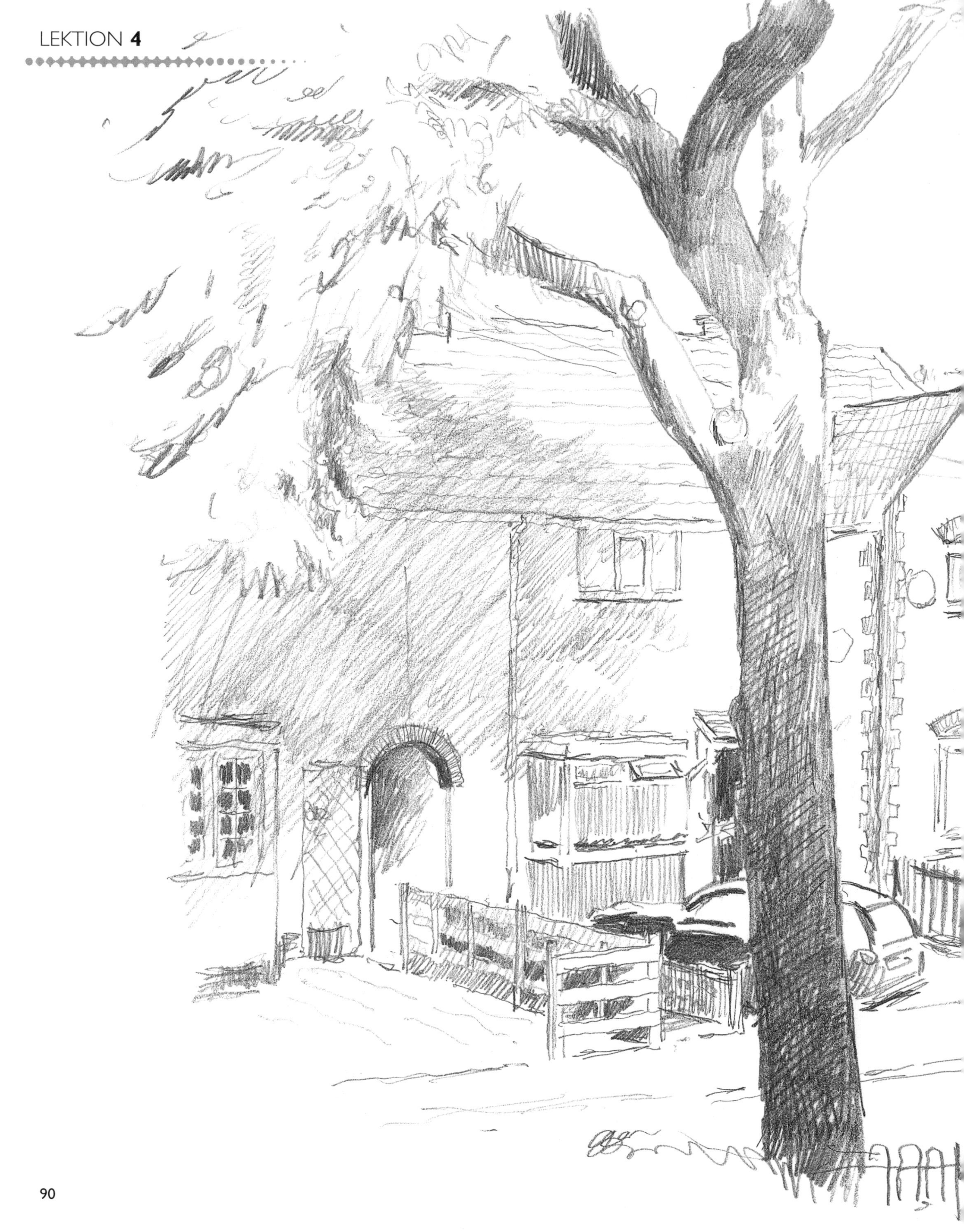

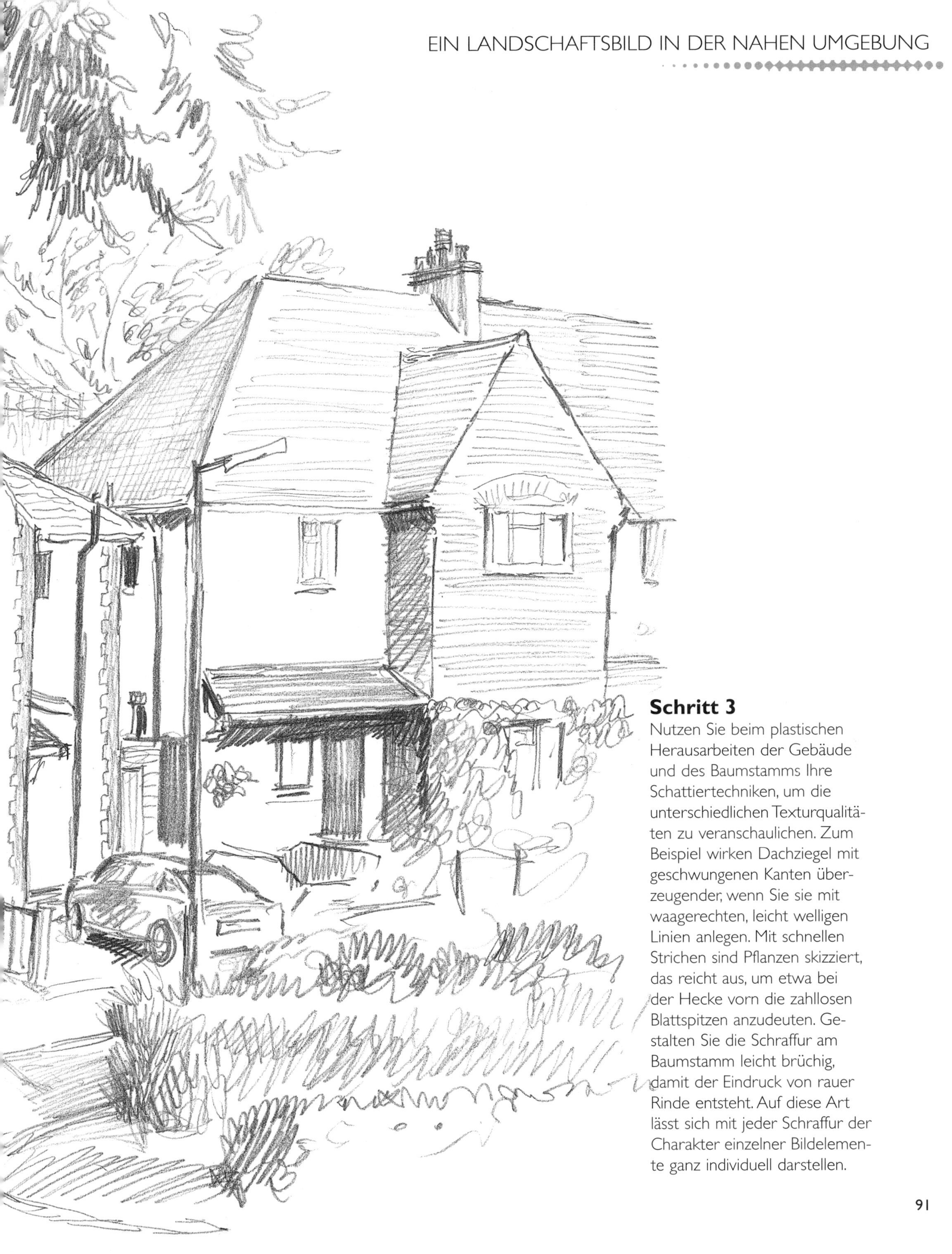

Schritt 3

Nutzen Sie beim plastischen Herausarbeiten der Gebäude und des Baumstamms Ihre Schattiertechniken, um die unterschiedlichen Texturqualitäten zu veranschaulichen. Zum Beispiel wirken Dachziegel mit geschwungenen Kanten überzeugender, wenn Sie sie mit waagerechten, leicht welligen Linien anlegen. Mit schnellen Strichen sind Pflanzen skizziert, das reicht aus, um etwa bei der Hecke vorn die zahllosen Blattspitzen anzudeuten. Gestalten Sie die Schraffur am Baumstamm leicht brüchig, damit der Eindruck von rauer Rinde entsteht. Auf diese Art lässt sich mit jeder Schraffur der Charakter einzelner Bildelemente ganz individuell darstellen.

EINE STÄDTISCHE SZENERIE

Städtische Szenerien können ebenso malerisch und interessant wirken wie Landschaften. Zeichnen Sie zu Beginn perspektivisch leicht umzusetzende urbane Details – genauso wie Sie zuvor Wasser und Pflanzen mit kleinen Studien geübt und sich dann erst ein Landschaftsbild vorgenommen haben.

Vorbereitende Zeichnungen

Ich habe den oberen Teil einer Haustür mit seinem dekorativen und schützenden Metallgitter gewählt, außerdem eine Gruppe Schornsteinaufsätze und schließlich eine Dachtraufe mit Regenrinne und einem Fenster darunter. Sie brauchen sich jedoch keineswegs auf Gebäude festzulegen, denn alles, was Ihr Interesse weckt, kann zum Motiv werden – sei es der Abfalleimer an einem Tor oder ein Gartenzaun. Überall lässt sich Inspirierendes und Spannendes entdecken, sofern Sie mit offenen Augen durch die Welt gehen.

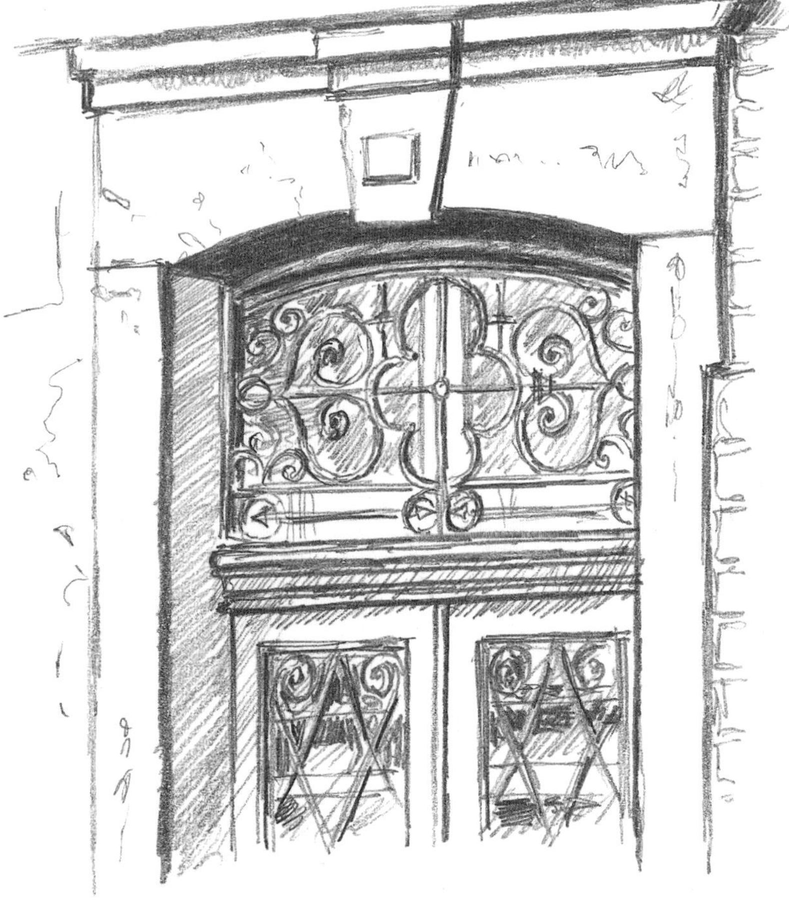

Die Details eines Dachs zu erblicken ist nicht einfach, und schwierig ist es auch, die Perspektive richtig zu treffen. Doch nach ein bis zwei Versuchen werden Sie bereits sicherer.

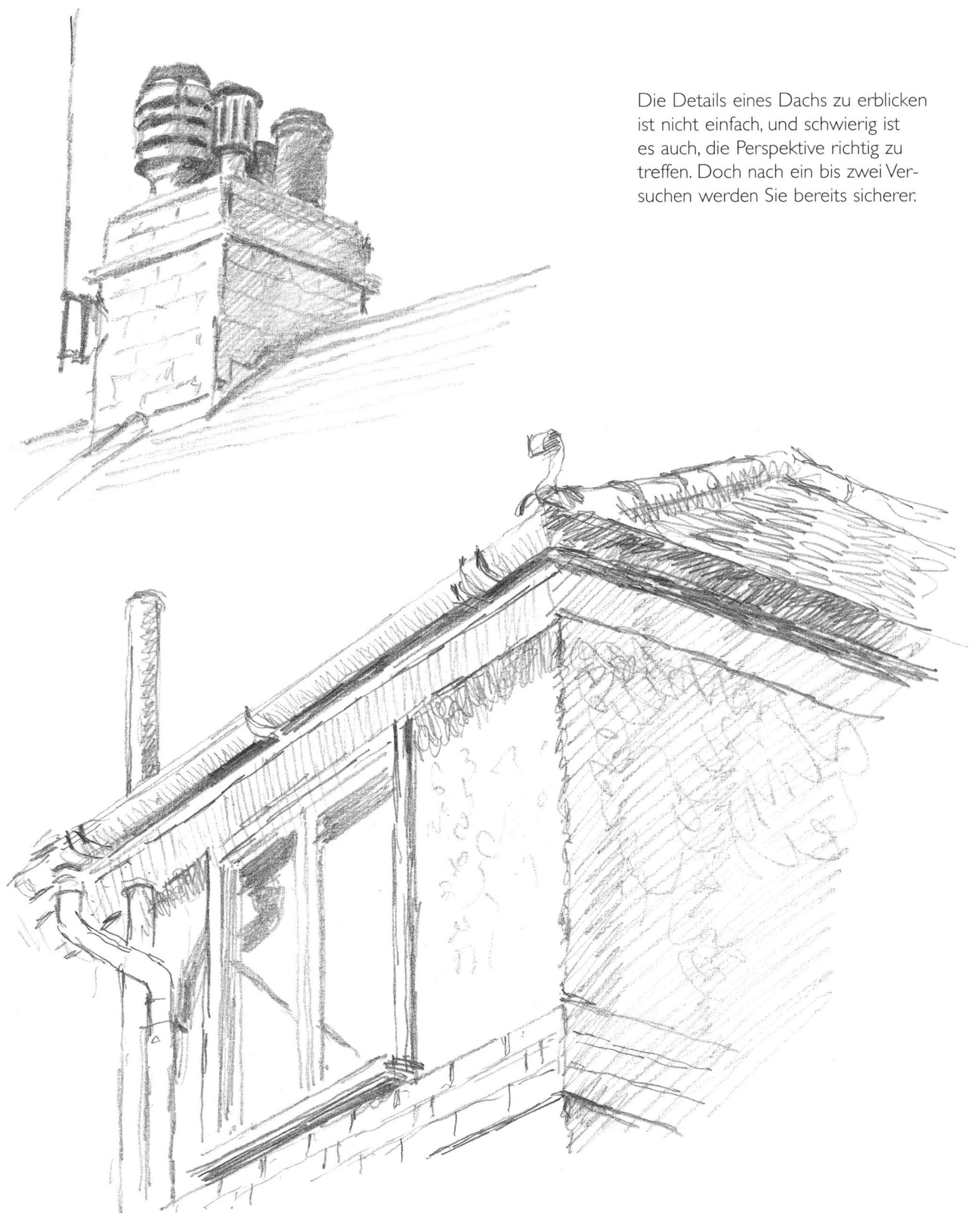

Nachdem Sie nun mit städtischen Details vertraut sind, werden Sie sich an eine komplexere urbane Szene wagen wollen. Ich begab mich hierfür an einem Herbsttag in die Mitte Londons und wählte in Soho einen Standpunkt am Ende einer kurzen Straße, die mit Läden und Restaurants gesäumt war.

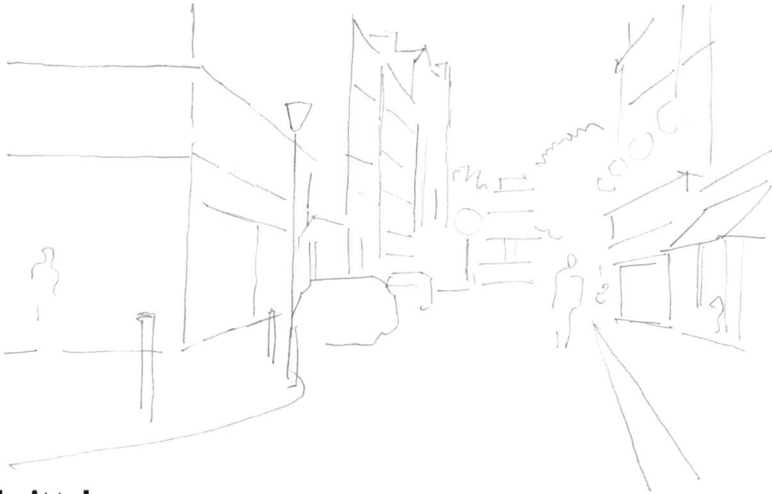

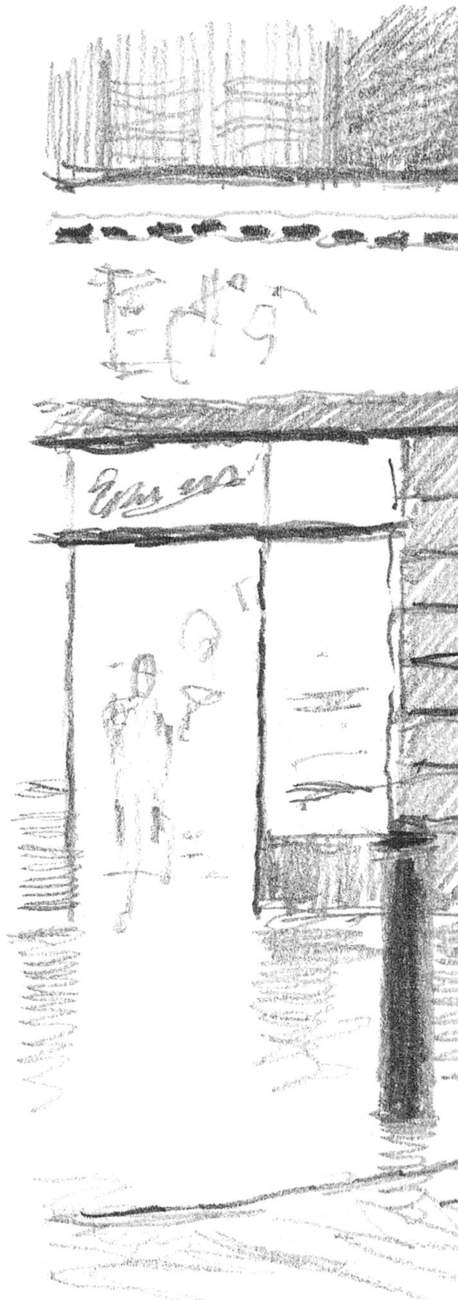

Schritt 1

Zuerst skizzierte ich die Hauptformen der Straße, dann deutete ich parkende Autos und ein bis zwei Menschen an. Diese Menschen waren am Ende zwar nicht mehr da, doch dafür andere, die ich einfach ersatzweise an deren Stellen zeichnete.

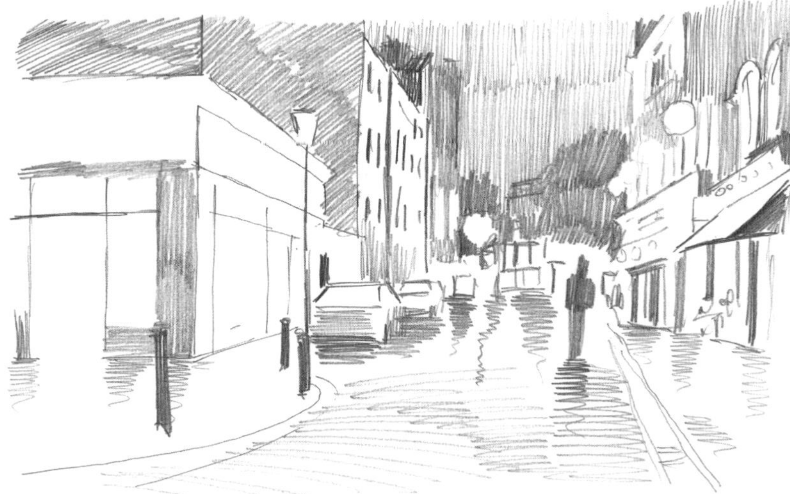

Schritt 2

Allmählich verschwand das Tageslicht, und die Straßenlaternen gingen an. Daher arbeitete ich die Unterschiede zwischen den erleuchteten Schaufenstern und Laternen im Kontrast zu den dunklen Partien der Häuser und Bäume im Hintergrund heraus. Vor dem dunkler schraffierten Himmel traten die Lichter umso deutlicher hervor. Die Hell-Dunkel-Abstufungen, die sich auf der regennassen Straße spiegelten, integrierte ich in meine Zeichnung.

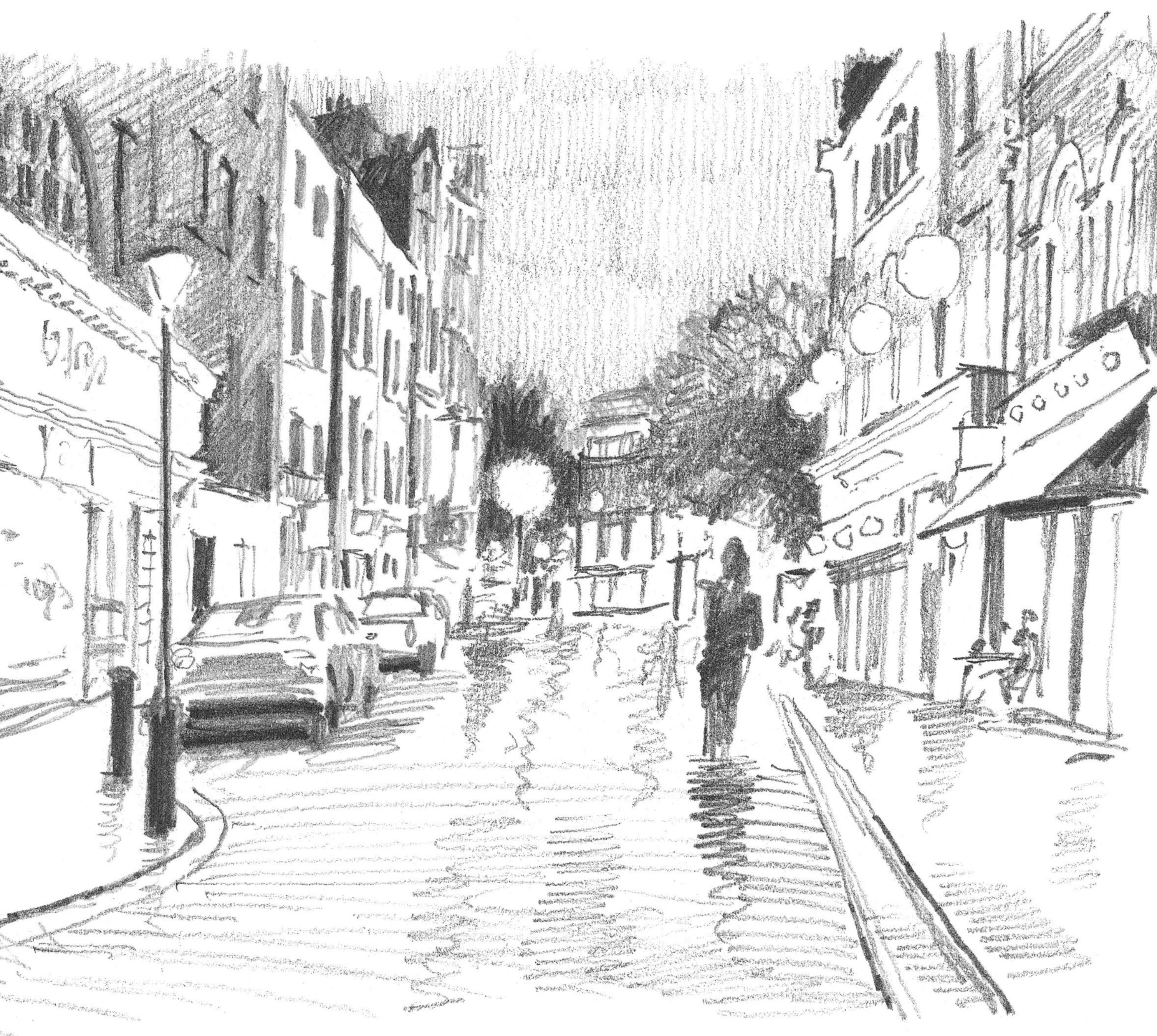

Schritt 3

Nachdem ich die Hauptformen angelegt hatte, konnte ich etwas subtiler ans Werk gehen, um die Atmosphäre der nächtlichen Straße darzustellen. Beachten Sie, wie die Fenster in den Häuserfassaden im Hintergrund nur noch aus dunklen Strichen bestehen. Erst zum Schluss setzte ich die dunkelsten Akzente, um somit die Kontraste der Straßenszene besser herauszustellen.

WASSER UND BAUWERKE KOMBINIEREN

Die Herausforderung dieser Übung liegt darin, all Ihre Erfahrungen im Zeichnen von Wasser und Bauwerken in einem Bild zu vereinen. Etwas Planung ist nötig, bis der richtige Standort gefunden ist. Zum Glück lebe ich in der Nähe der Themse, was mir eine große Bandbreite an Motiven bietet. Mir gefiel dieser Blick auf die Hammersmith Bridge, die zum Stadtbild gehört, denn hier gibt es wirklich viel zu zeichnen.

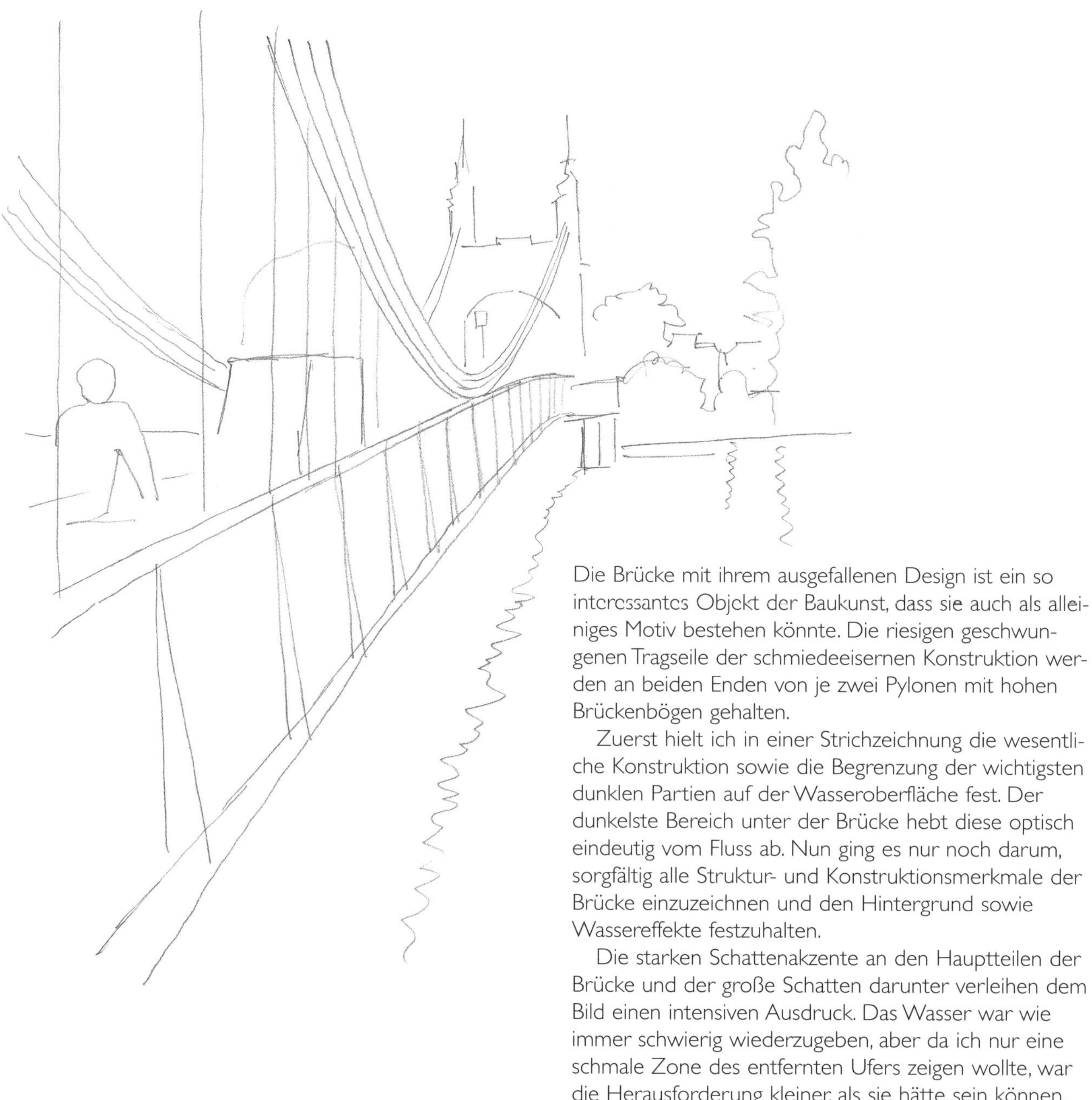

Die Brücke mit ihrem ausgefallenen Design ist ein so interessantes Objekt der Baukunst, dass sie auch als alleiniges Motiv bestehen könnte. Die riesigen geschwungenen Tragseile der schmiedeeisernen Konstruktion werden an beiden Enden von je zwei Pylonen mit hohen Brückenbögen gehalten.

Zuerst hielt ich in einer Strichzeichnung die wesentliche Konstruktion sowie die Begrenzung der wichtigsten dunklen Partien auf der Wasseroberfläche fest. Der dunkelste Bereich unter der Brücke hebt diese optisch eindeutig vom Fluss ab. Nun ging es nur noch darum, sorgfältig alle Struktur- und Konstruktionsmerkmale der Brücke einzuzeichnen und den Hintergrund sowie Wassereffekte festzuhalten.

Die starken Schattenakzente an den Hauptteilen der Brücke und der große Schatten darunter verleihen dem Bild einen intensiven Ausdruck. Das Wasser war wie immer schwierig wiederzugeben, aber da ich nur eine schmale Zone des entfernten Ufers zeigen wollte, war die Herausforderung kleiner, als sie hätte sein können.

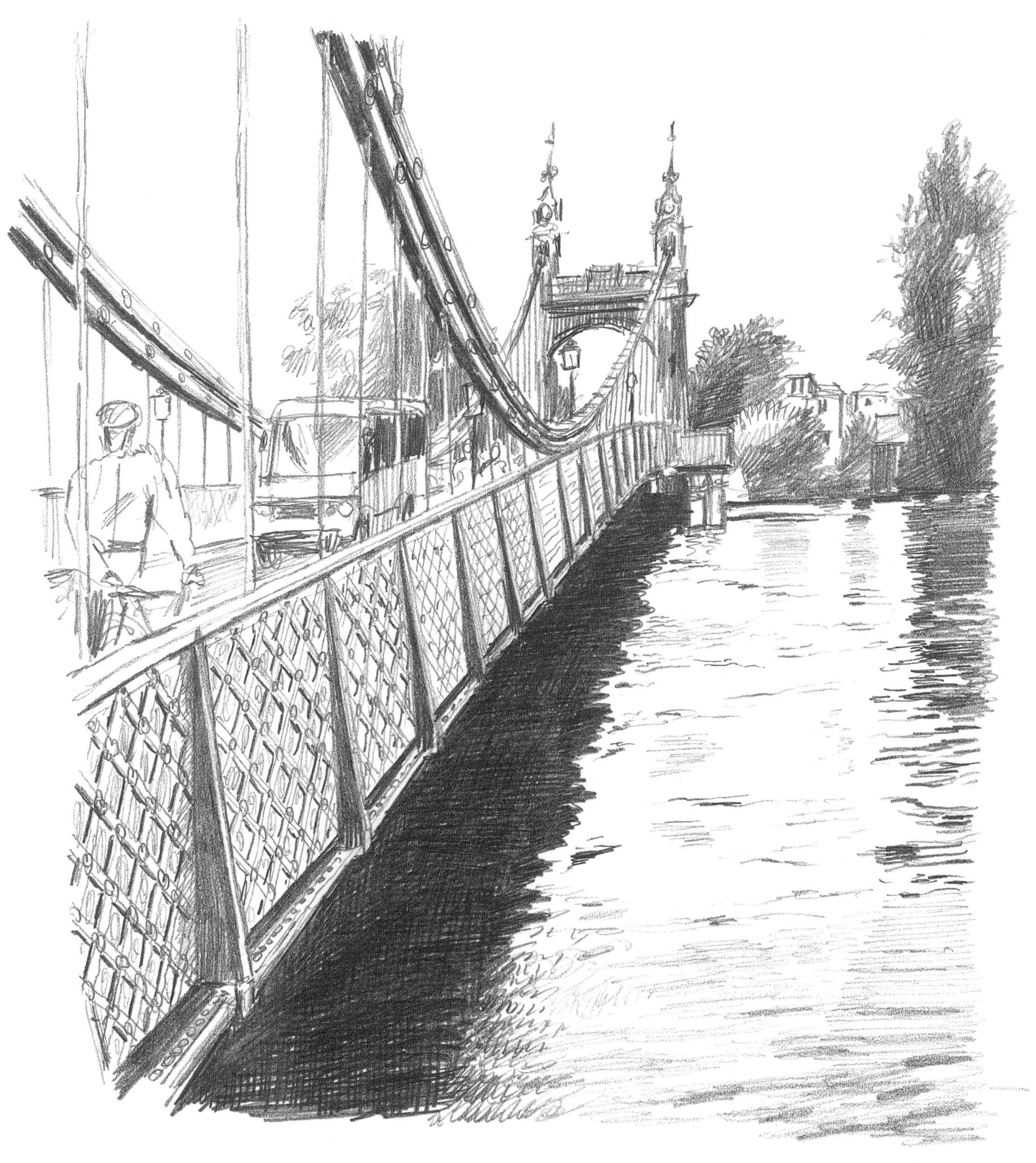

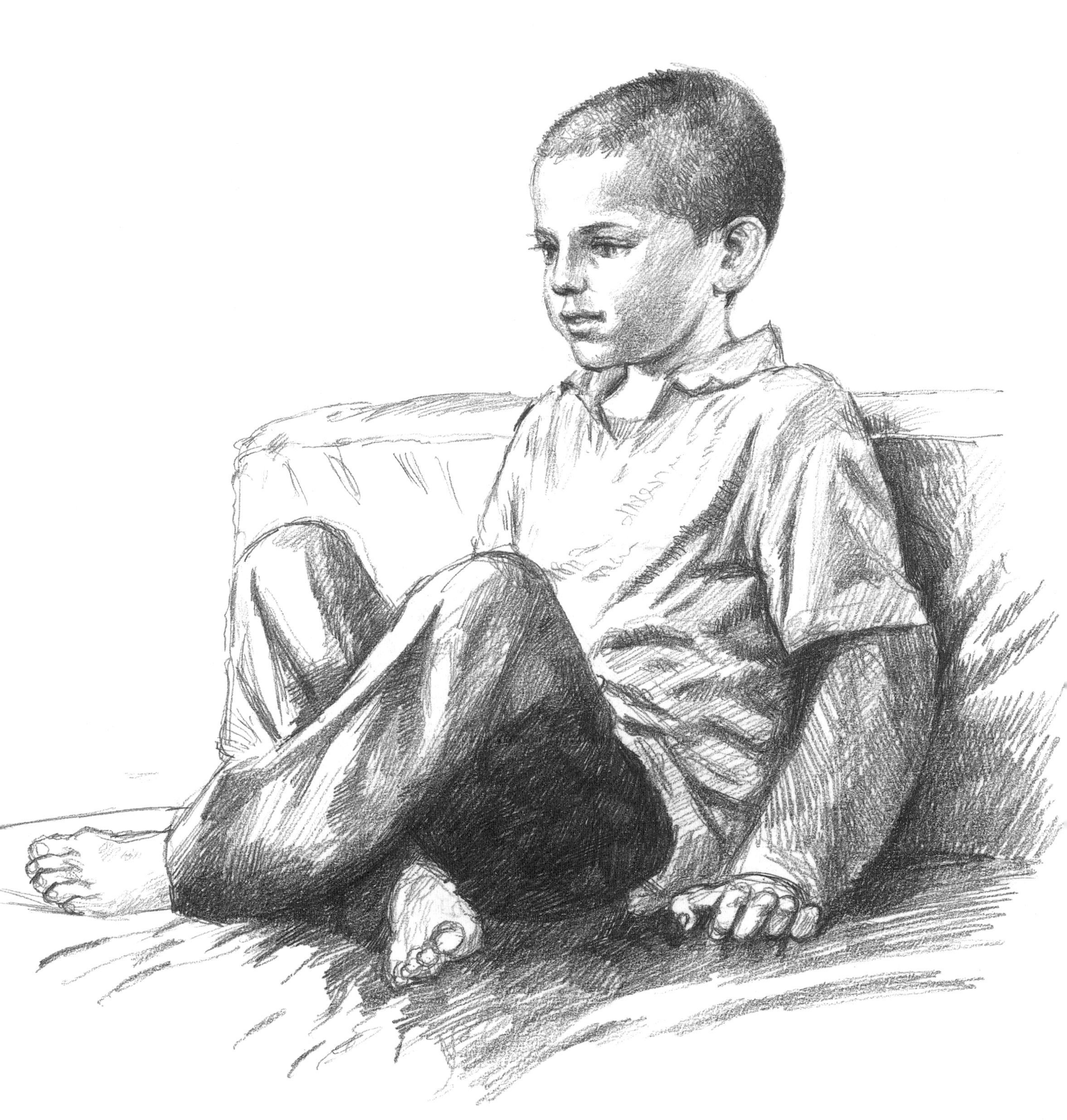

LEKTION 5

DIE MENSCHLICHE FIGUR

Diese Lektion befasst sich mit der interessantesten, subtilsten und zugleich schwierigsten zeichnerischen Herausforderung – der menschlichen Gestalt. Jeder meint, diese zu kennen, schließlich sind wir selber Menschen. Doch genau da liegt das Problem: Da wir so gut mit dem Thema vertraut sind, verlassen wir uns häufig auf unsere vorgefasste Meinung, statt genau zu beobachten, und müssen dann erkennen, dass in unseren Zeichnungen etwas nicht stimmt. So wird es natürlich schwieriger, unseren eigenen zeichnerischen Ansprüchen zu genügen. Aber das ist wiederum gut, denn nur dann strengen wir uns wirklich an.

Da es bei diesem Gestaltungsthema viele Herangehensweisen gibt, stelle ich Ihnen die gängigsten vor. Bevor Sie sich spezielle Techniken des Figurenzeichnens aneignen, können Sie hier die menschliche Gestalt mit einer leicht nachvollziehbaren Methode erfassen. Ich zeige Ihnen daher zuerst, was Ihnen das Zeichnen erleichtert. Dazu gehören das Erfassen der wichtigsten Körperbewegungen, die Umsetzung von Details und die Analyse der Formen– auch aus perspektivischer Betrachtung.

Ebenso wie bei den anderen Themen ist letztlich Ihre Beobachtungsgabe für Ihre künstlerischen Fortschritte ausschlaggebend. Bei dieser Übungsserie ist die Mitarbeit Ihrer Freunde und Familienmitglieder gefragt. Doch Sie werden feststellen, dass sie Ihnen gern einen Gefallen tun, vor allem wenn sie eine wirklich gute Zeichnung von sich erwarten können.

DIE PROPORTIONEN DER MENSCHLICHEN FIGUR

Der menschliche Köper hat natürlich viele verschiedene Proportionen, denen allen die Proportionen einer idealen Figur zugrunde liegen. Nimmt man daher die Kopflänge als Maßstab, beträgt die Körperlänge eines erwachsenen Mannes ungefähr das 7½- bis 7¾-Fache seiner Kopflänge. Dennoch reicht es, für die meisten Darstellungen von Menschen mit einer Achteleinteilung zu arbeiten. Diese gilt erfahrungsgemäß für hoch gewachsene Personen, die Abweichung bleibt also im Rahmen. Tatsächlich nutzte man in der Kunstgeschichte dieses Verhältnis gewöhnlich für schöne und heroische Menschen – Ihre Modelle werden sich demzufolge wohl kaum beschweren! Sicher lässt sich diese Proportion einfacher zeichnen als die mit 7½ Teilen.

Die männlichen und weiblichen Proportionen sind in der Länge kaum verschieden, aber es gibt Unterschiede in der Breite: der Mann hat breitere Schultern, die Frau breitere Hüften.

Männliche Figur: Frontalansicht

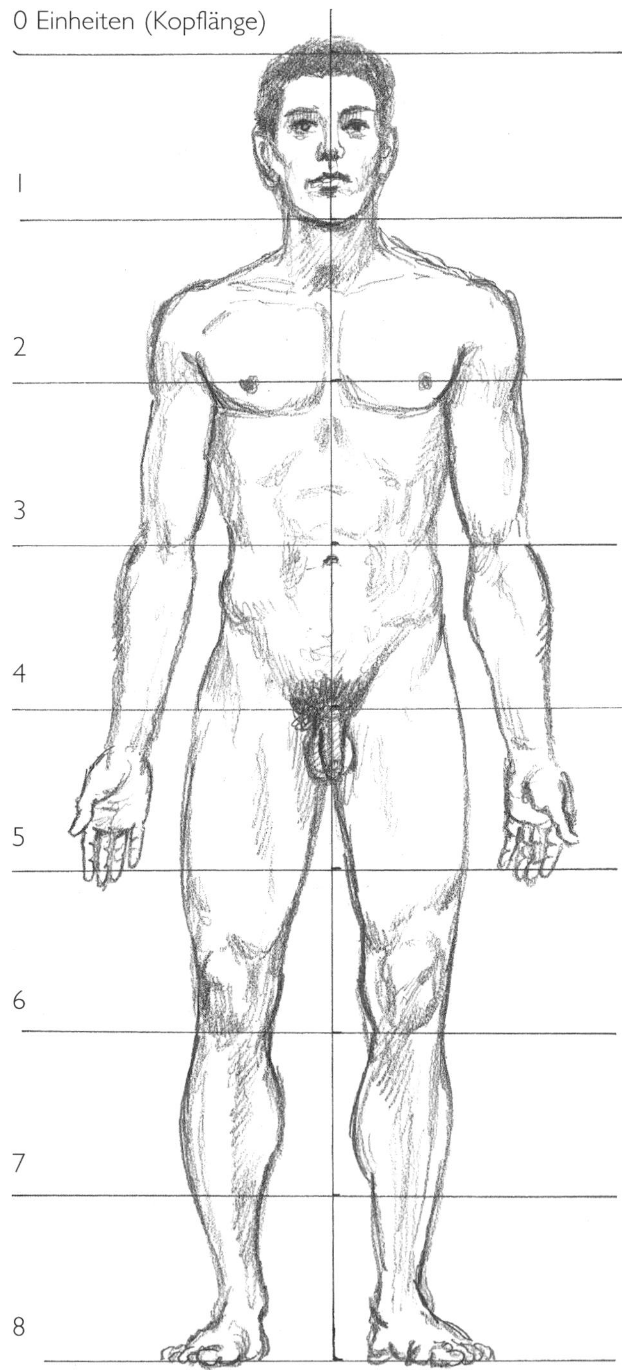

Weibliche Figur: Seitenansicht

0 Einheiten (Kopflänge)
1
2
3
4
5
6
7
8

Kind (9 bis 10 Jahre alt): Frontalansicht

Der Kopf eines Kindes ist viel größer im Vergleich zum Körper als bei einem Erwachsenen. Beim einjährigen Baby beträgt das Verhältnis ungefähr 1:3. Im Laufe des Wachstums gleichen sich die Proportionen allmählich an die eines Erwachsenen an. Beim Kind von neun oder zehn Jahren beträgt die Köpergröße etwa das 6-Fache der Kopflänge.

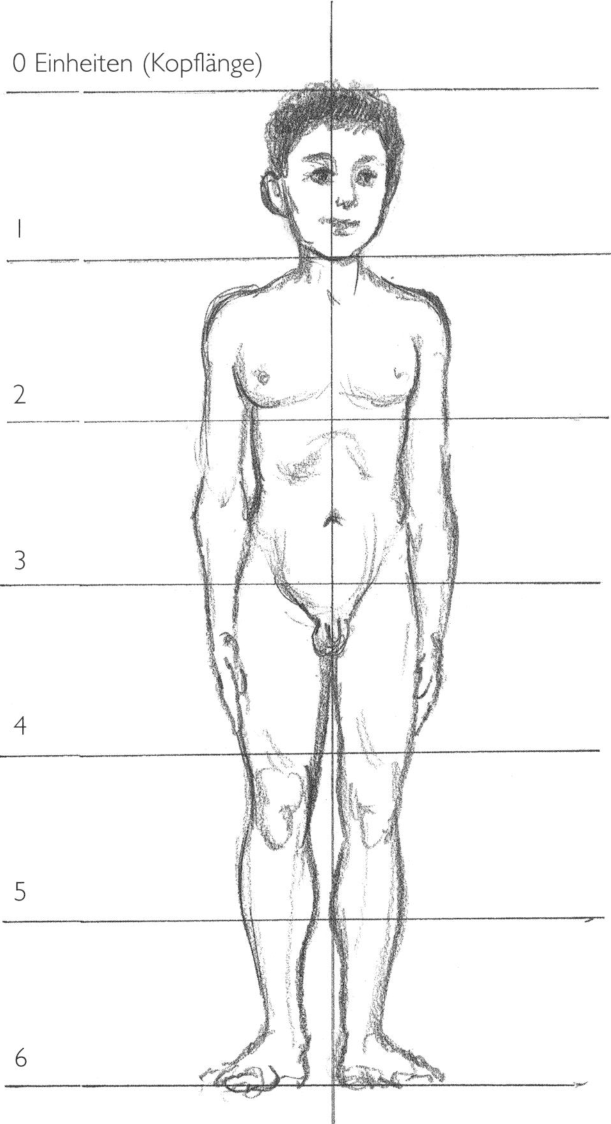

EINFACHE FIGUREN

Sobald Sie sich der menschlichen Figur ausgiebiger widmen, merken Sie rasch, wie nützlich eine Fotosammlung von Menschen in Bewegung ist. Obwohl die besten Zeichnungen aus einer realen Situation entstehen, können Fotos auch sehr nützlich sein, vor allem, wenn Sie diese selbst aufgenommen haben.

Beschränken Sie sich als Erstes ausschließlich darauf, die Person schnellstmöglich zu Papier zu bringen, also fast kastenförmig mit senkrechter Mittellinie. Die Beispielfiguren zeigen keine großen Bewegungen, was sich für die ersten Versuche empfiehlt; zwei entstanden nach Fotos. Vereinfachen Sie beim Figurenzeichnen immer zuerst, denn Bewegung ist nur sehr schwer einzufangen – da bleibt keine Zeit für unwichtige Details. Üben Sie mehrere solcher Skizzen, wobei Sie für jede nur drei bis vier Minuten aufwenden. Lassen Sie die Linien sofort fließen, selbst wenn das Ergebnis zuerst schrecklich aussieht. Alle Künstler beginnen so, und nur die Zeit und beständiges Üben führen zu einer Veränderung.

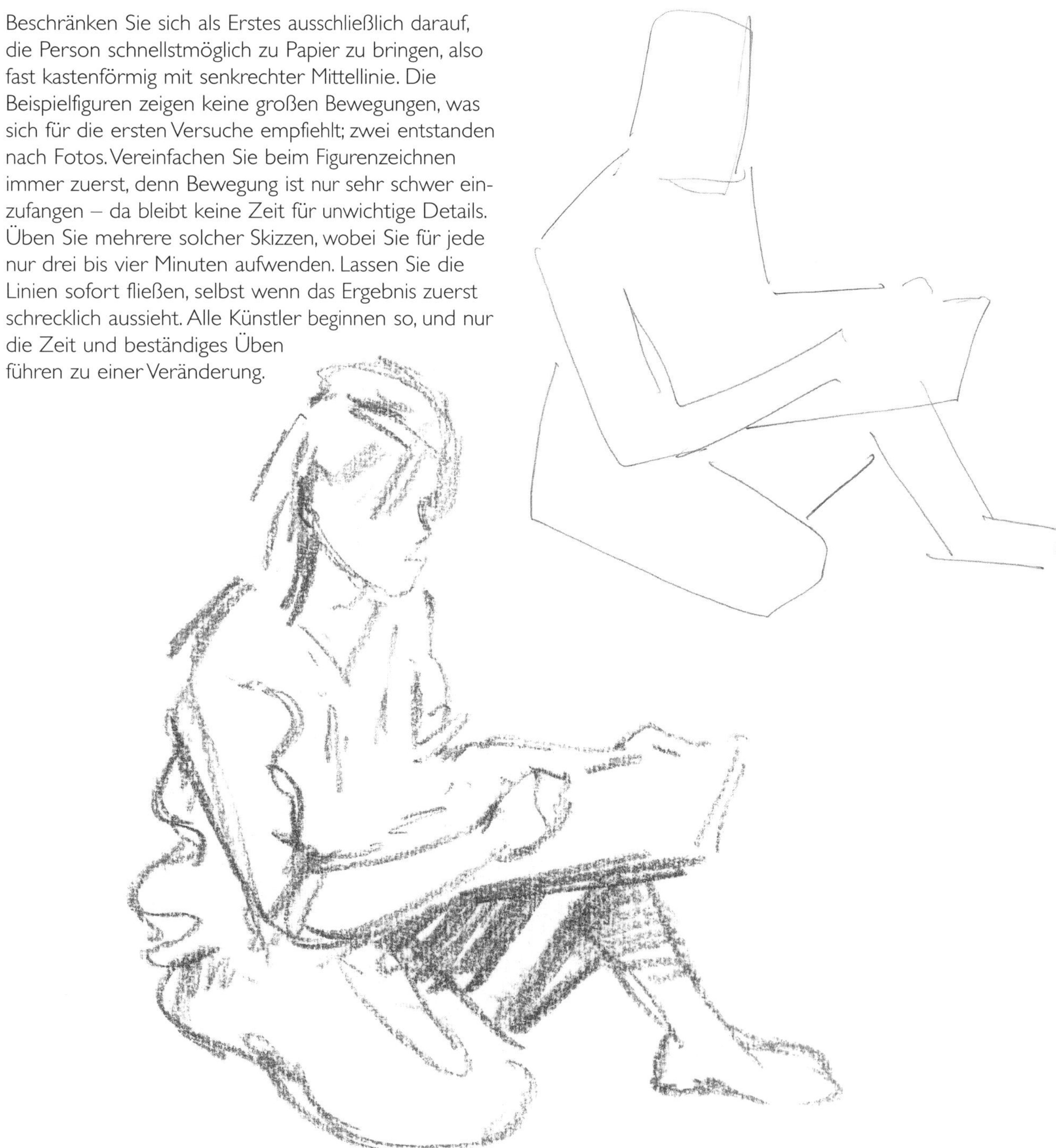

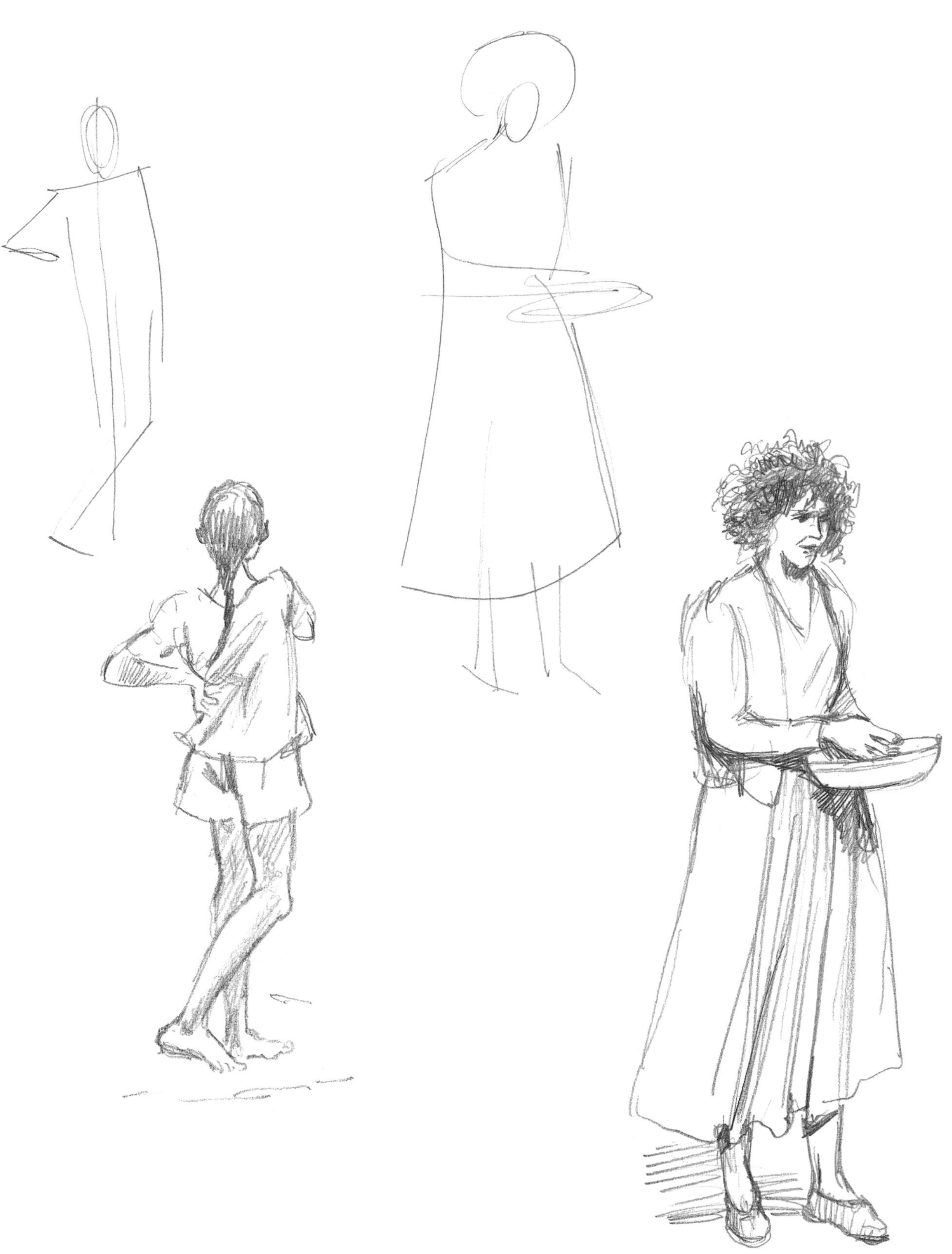

Bewegungslinie

Bei den Zeichnungen dieser Doppelseite wandte ich die Strichmännchen-Methode an. Dazu skizzierte ich nur die Bewegungslinie innerhalb der Form, um ein Gefühl für die Biegsamkeit der menschlichen Gestalt zu bekommen. Versuchen Sie das zuerst, bevor Sie die Person etwas plastischer darstellen. Hierbei lassen Sie das Strichmännchen als Orientierungshilfe neben der stärker durchdachten Zeichnung liegen. Halten Sie die Figur aber so einfach wie möglich, indem Sie alle Details weglassen und sich nur ungefähr zehn Minuten Zeit pro Skizze zugestehen.

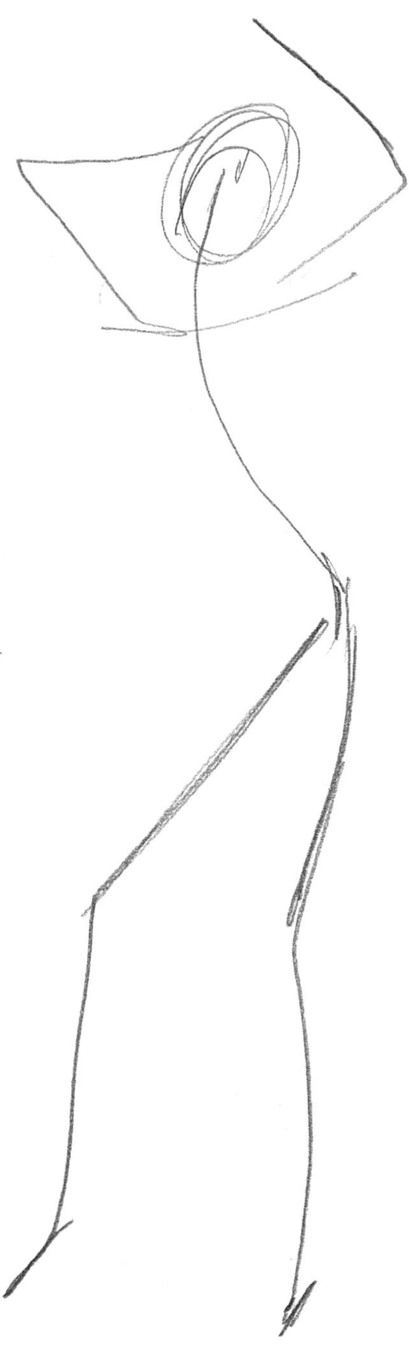

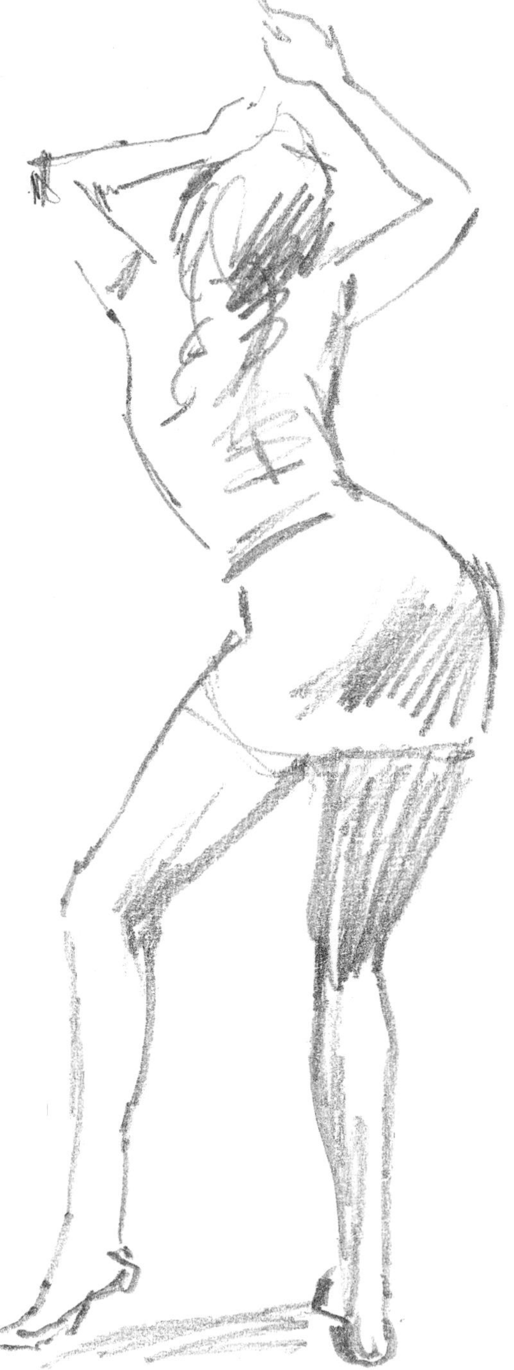

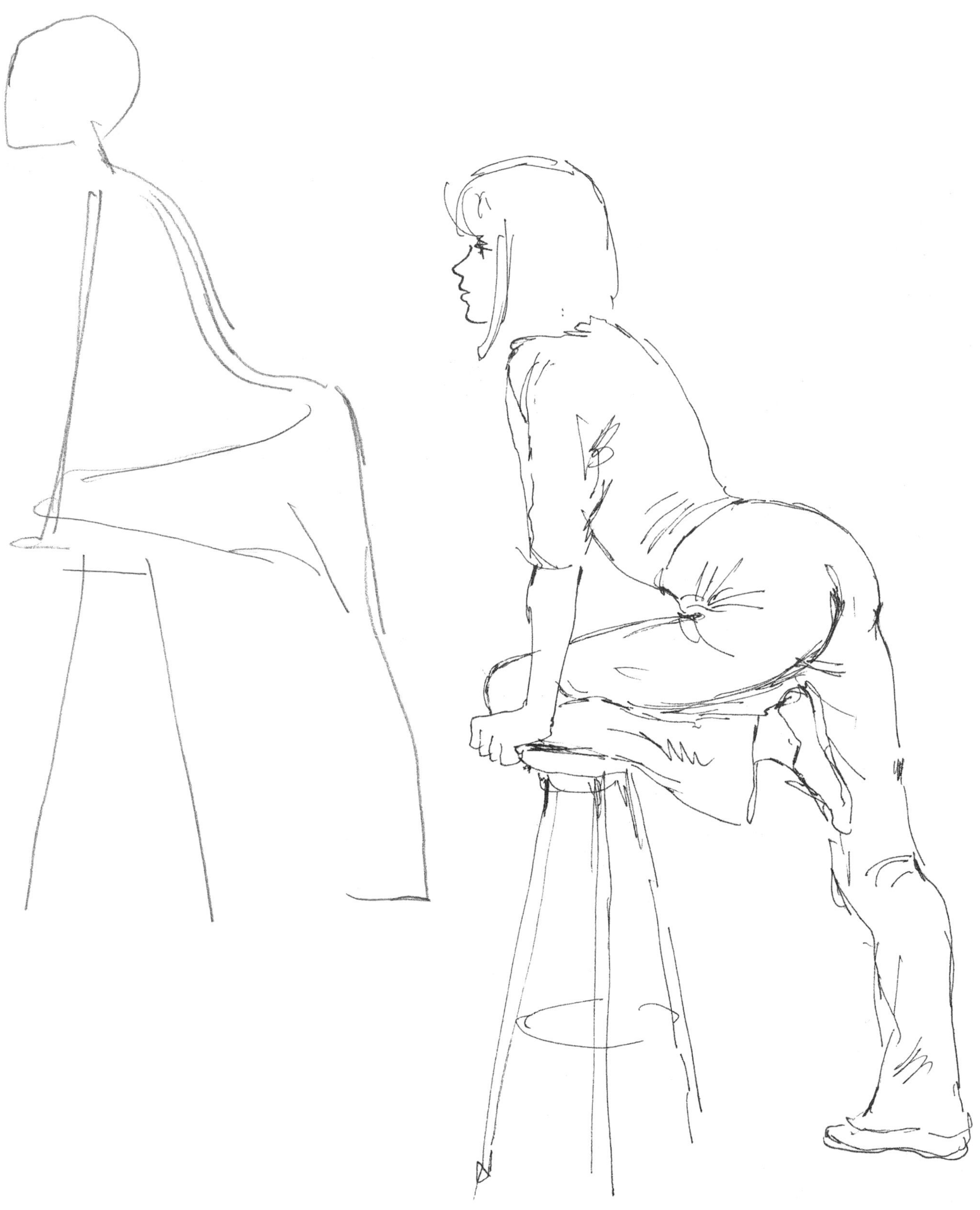

Figuren grob umreißen

Die folgenden vier Skizzen entstanden auf eine etwas andere Weise als die der vorigen Seiten. Statt eine Bewegungslinie in die Figur hineinzuzeichnen, habe ich nun die Hauptformen mit dem Stift außen grob umrissen. Sogleich betrachte ich die Person anders, denn jetzt konzentriere ich mich stärker auf die Plastizität ihrer Formen. Die ruhenden Posen dieser Modelle halfen mir natürlich, denn so hatte ich mehr Zeit für die Skizzen. Auch in solchen Zeichnungen kann man die Details weglassen – selbst die Gesichtszüge habe ich nur mit kurzen Bleistiftstrichen angedeutet, eher um ihre Positionen zu kennzeichnen als ihre Form zu beschreiben. Bilden Sie nun selbst einige Menschen ab, deren Haltungen ruhiger sind als bei den zuvor skizzierten Personen.

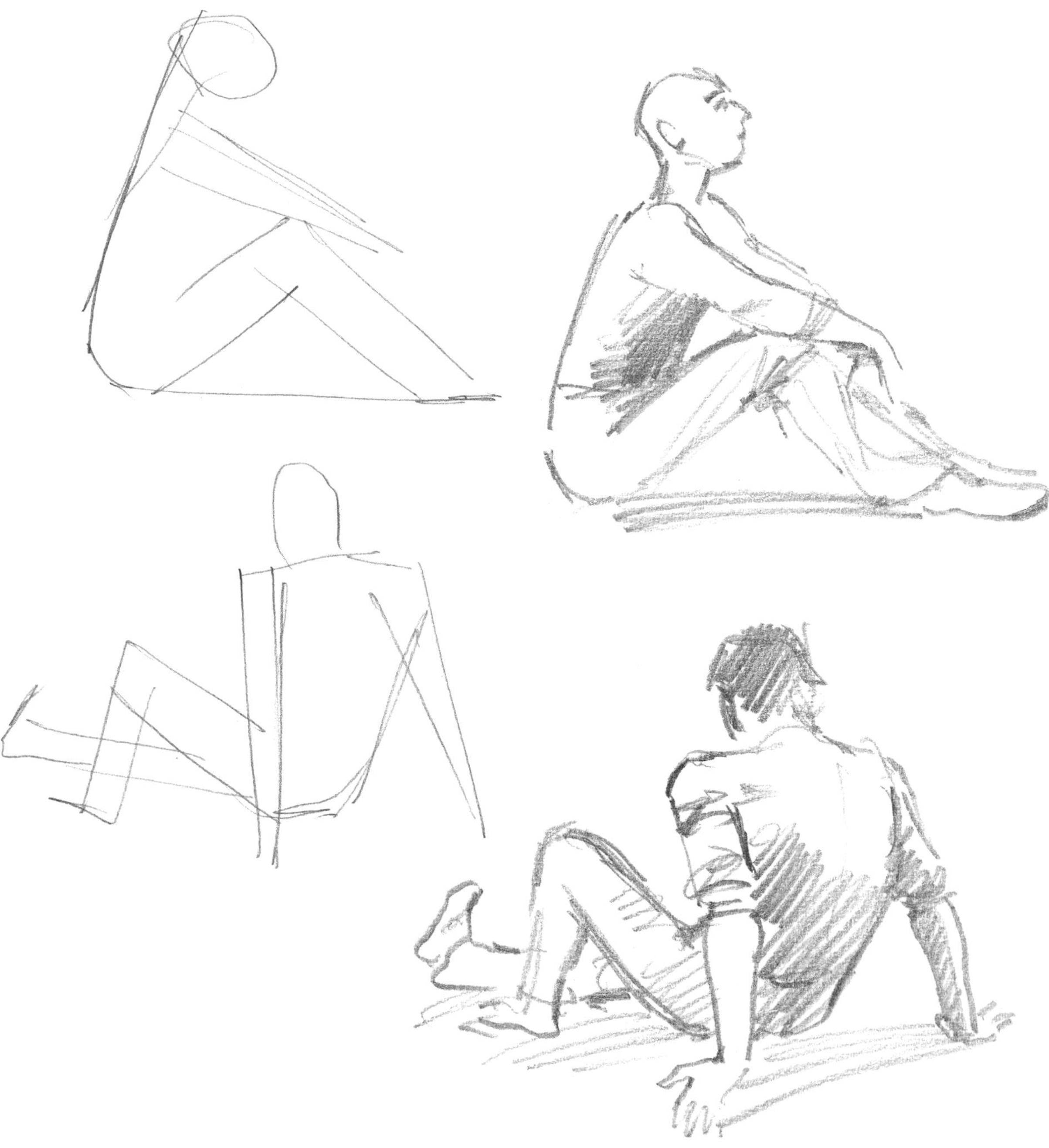

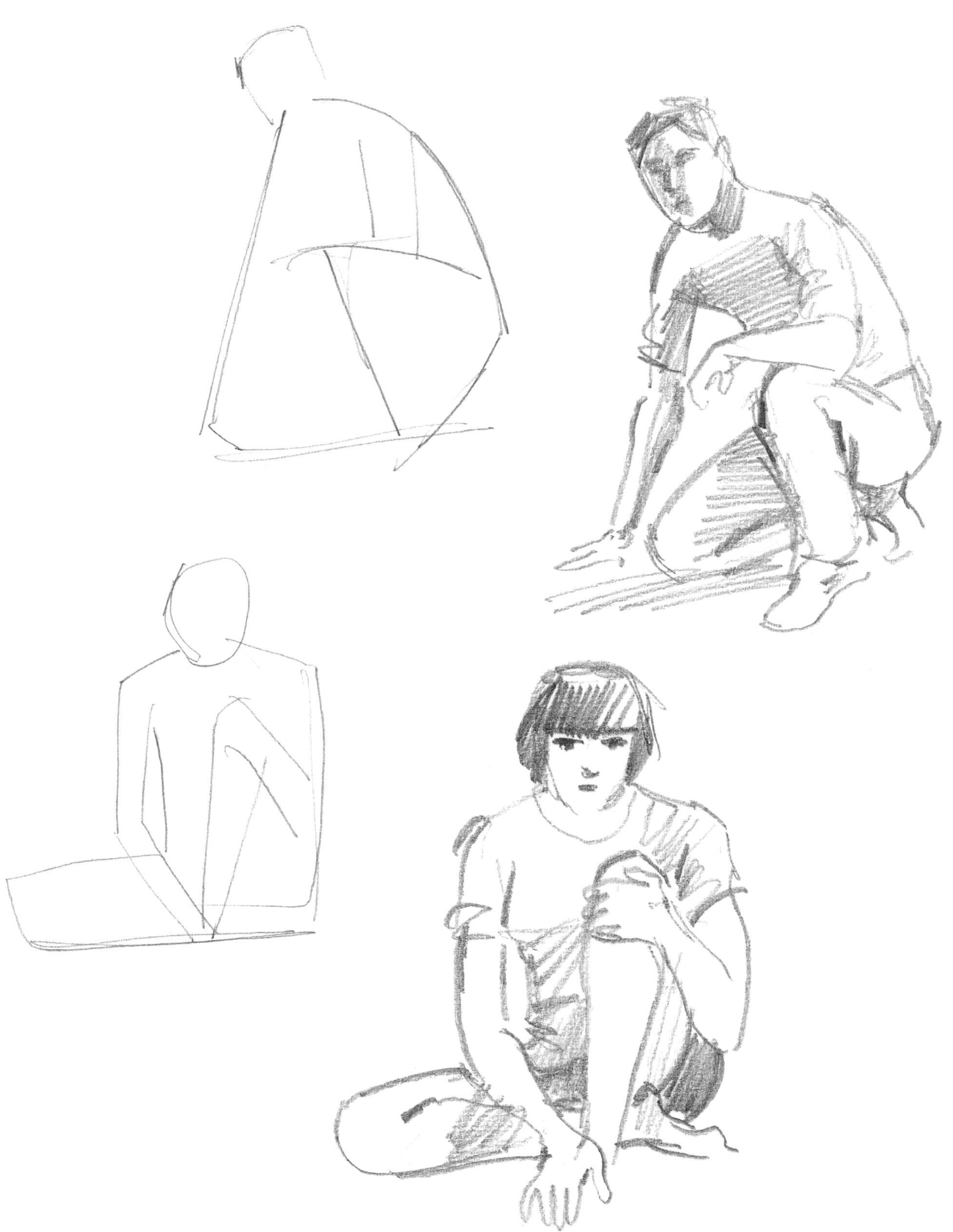

AUSDRUCKSVOLLE FIGUREN

Und weiter geht es mit den menschlichen Figuren und Formen, doch nun in Haltungen, die ausdrucksvoller und weniger unpersönlich sind. Die vier Personen auf dieser Doppelseite habe ich nicht komplett abgebildet, da mich vor allem ihre gestikulierenden Hände interessierten. Auch hierfür können Fotos eine Erleichterung beim Zeichnen sein, da diese einen bestimmten Moment festhalten.

Umreißen Sie die Figuren wieder, wie zuvor, mit einfacher Außenkontur, doch achten Sie nun besonders auf die Position der Hände. Ein Mädchen scheint etwas an den Fingern abzuzählen, ein Mann gestikuliert so, als wolle er die Aufmerksamkeit auf irgendetwas lenken. Die junge Frau ist gerade dabei, ihre Haare zu kämmen, und der Mann ganz rechts sitzt dort, um etwas abzuzeichnen … vielleicht sind Sie das!

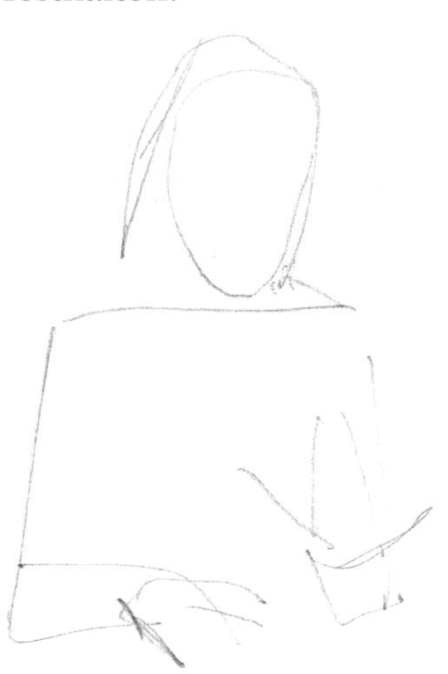

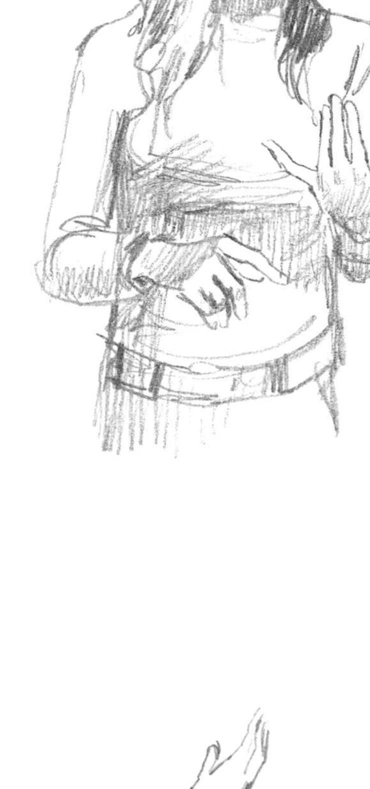

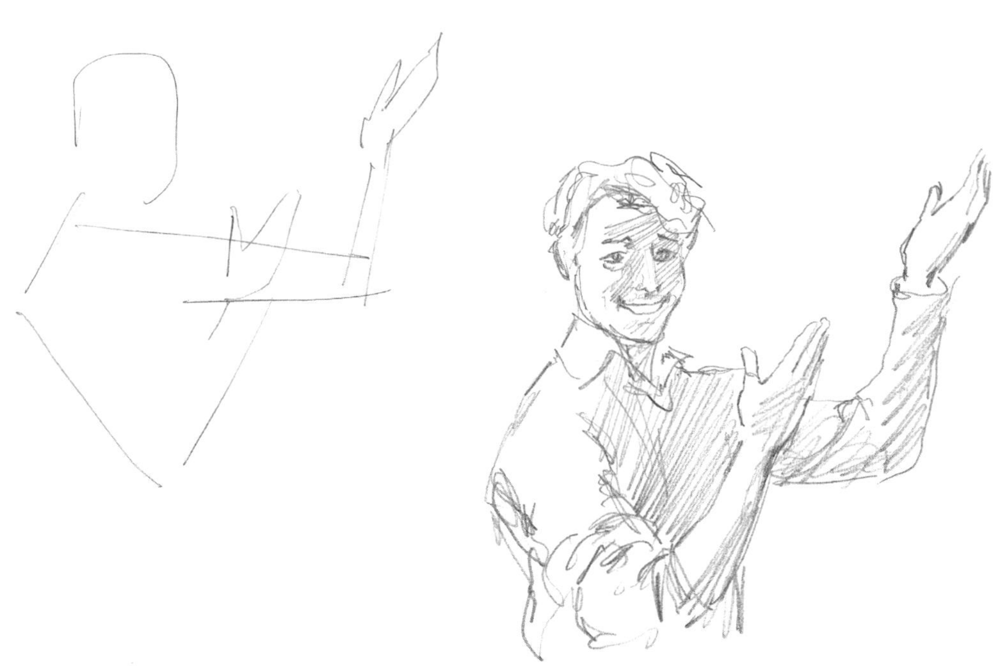

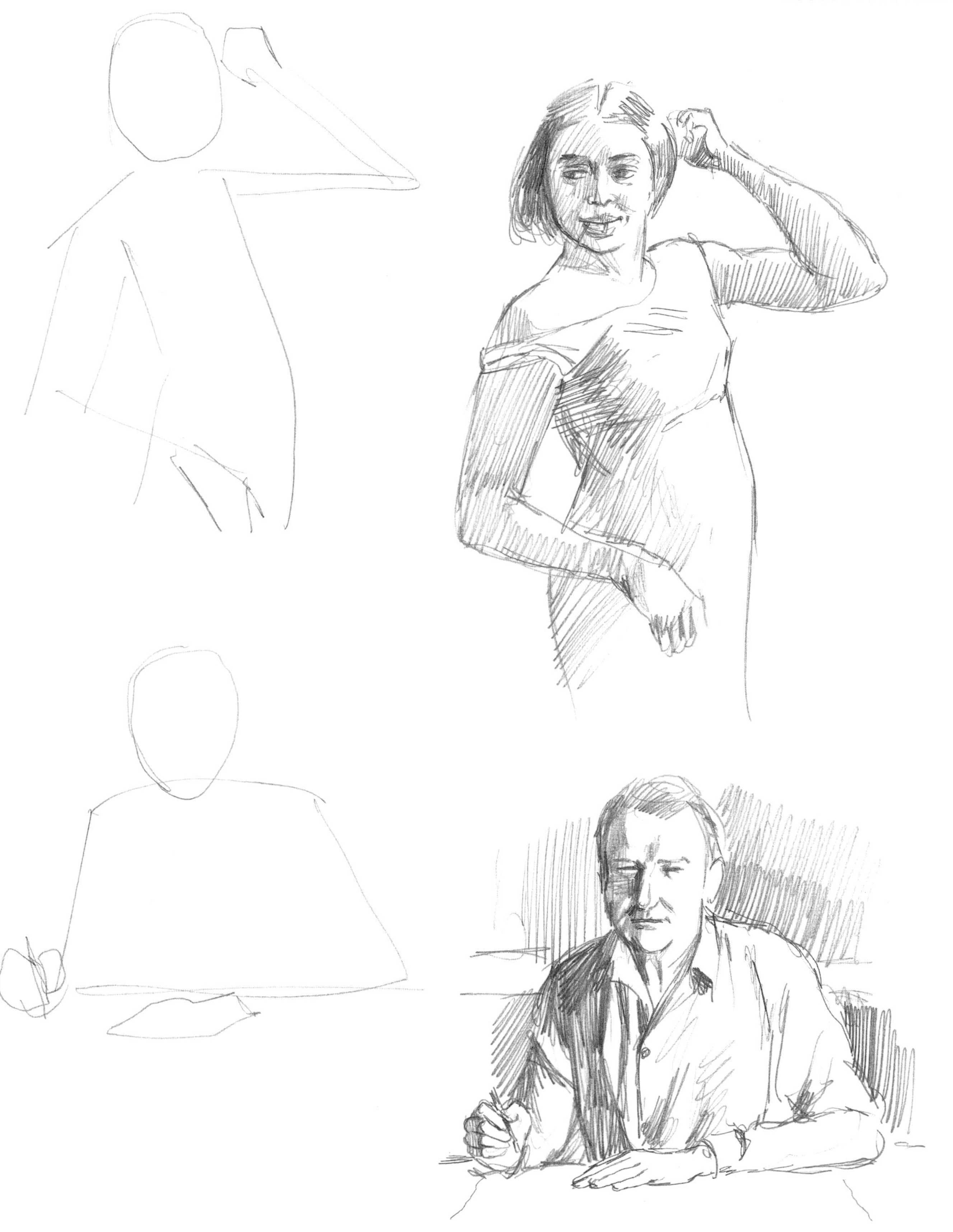

PERSPEKTIVISCHE VERKÜRZUNG VON FIGUREN

Befassen wir uns nun mit Menschen, die auf eine Weise liegen oder sitzen, dass einige ihrer Gliedmaßen verkürzt wirken, was das Zeichnen erschwert. Beobachten Sie genau, wie sich in dieser Position die Proportionen der Körperteile von denen eines aufrecht stehenden Menschens unterscheiden.

Das erste Mädchen sitzt mit untergeschlagenen Beinen auf dem Boden und stützt sich mit einer Hand ab. Ihre Füße und Knie ragen vom Rumpf aus nach vorn und wirken entsprechend größer.

Das auf dem Boden liegende und die Knie umfassende Mädchen macht es erforderlich, die aus diesem Blickwinkel veränderten Proportionen der Beine und Arme herauszuarbeiten.

Beim zweiten liegenden Mädchen, dessen Kopf zu uns zeigt, erscheinen die Beine viel kürzer und der Kopf hingegen größer als erwartet. Erwartungen bedingen in der Kunst jedoch meist Verwirrung, und daher ist es besser, sich von falschen Vorstellungen rasch zu verabschieden. Achten Sie immer darauf, genau zu beobachten, und zeichnen Sie das, was Sie sehen, und nicht das, was Sie vermuten.

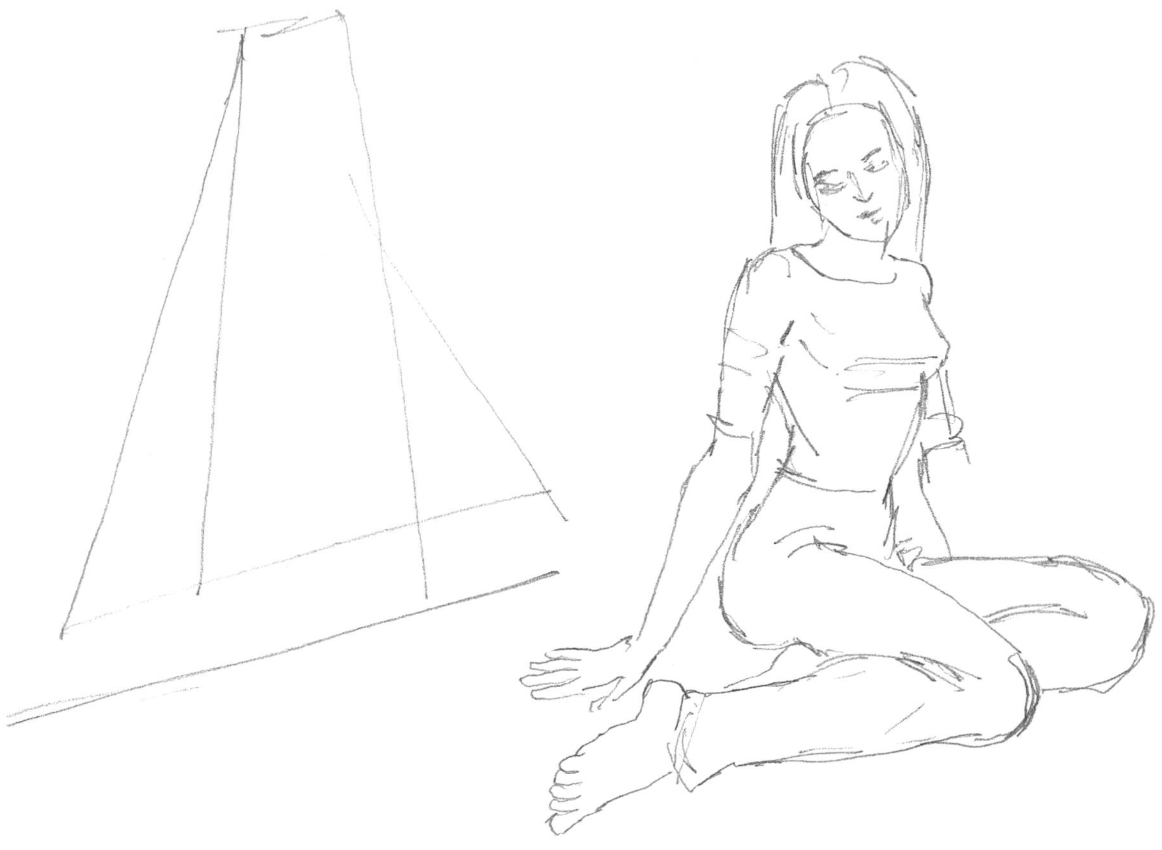

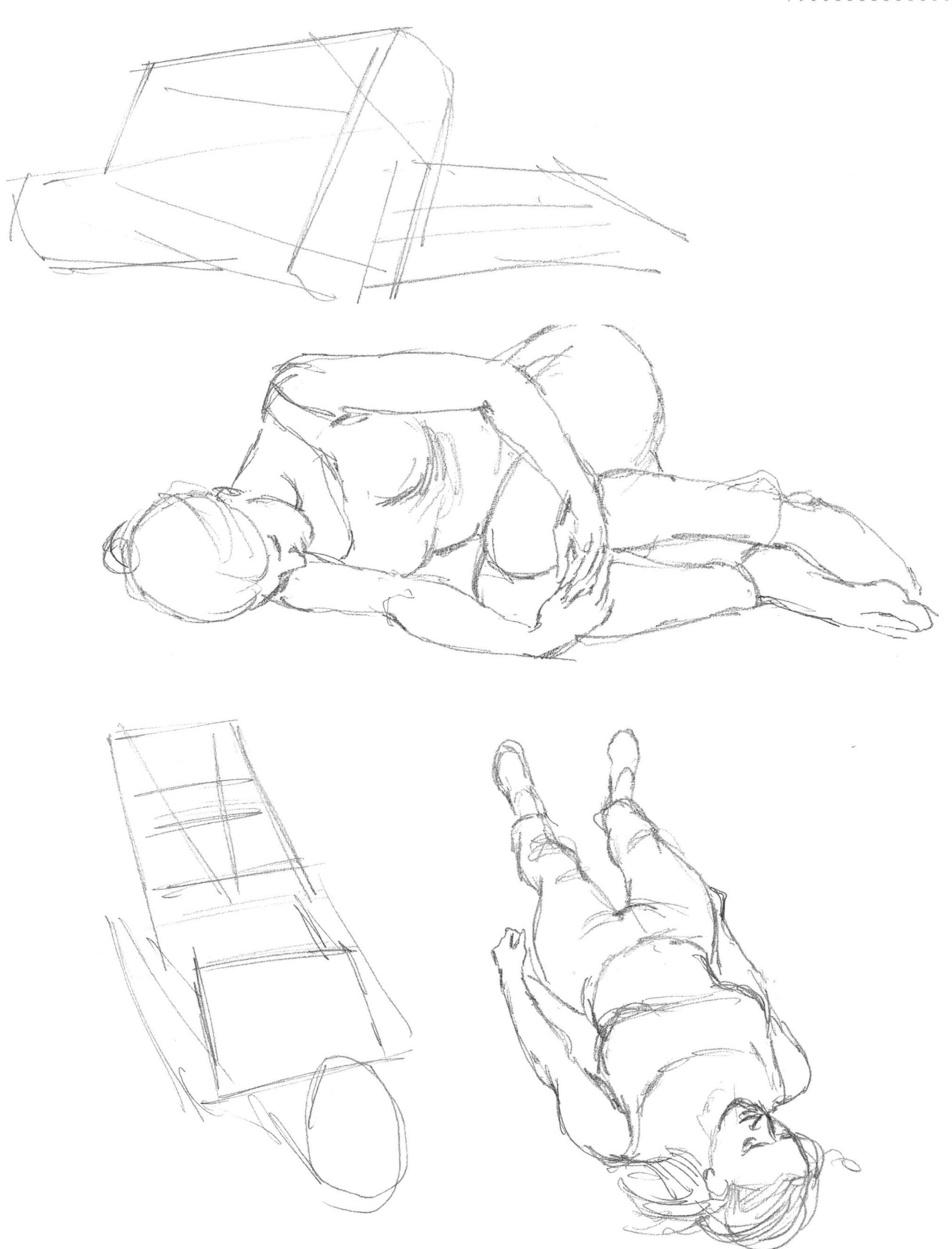

Weitere Beispiele für Verkürzungen

Zu guter Letzt drei männliche Figuren, deren Haltung eine Verkürzung der Arme und Beine beim Zeichnen notwendig macht. Sitzen Freunde oder Familienmitglieder für Sie Modell, achten Sie darauf, dass diese sich auch mit nach vorn und hinten gestellten Gliedmaßen in Pose setzen. So haben Sie die Gelegenheit, verschiedene Perspektiven zu skizzieren.

Die Person auf dem Hocker wirkt recht unkompliziert, was die Beinhaltung betrifft, doch die Arme müssen perspektivisch verkürzt dargestellt werden.

Den liegenden Mann betrachten wir beinahe von oben. Deshalb ist der Arm, auf den er sich stützt, halb verdeckt. Auch der abgewinkelte Unterschenkel ist aus diesem Blickwinkel nicht ganz zu sehen.

Bei knienden Figuren wirken Arme und Beine verkürzt. Schauen Sie also beim Skizzieren eines Knienden genau hin. Am meisten profitieren Sie von realen Personen in verschiedenen Haltungen. Sollten Ihnen die geduldigen Modelle ausgehen, nehmen Sie Fotos, aber selbst gemachte. Umreißen Sie jedoch wie gehabt die Pose zuerst grob, bevor Sie Details hinzufügen.

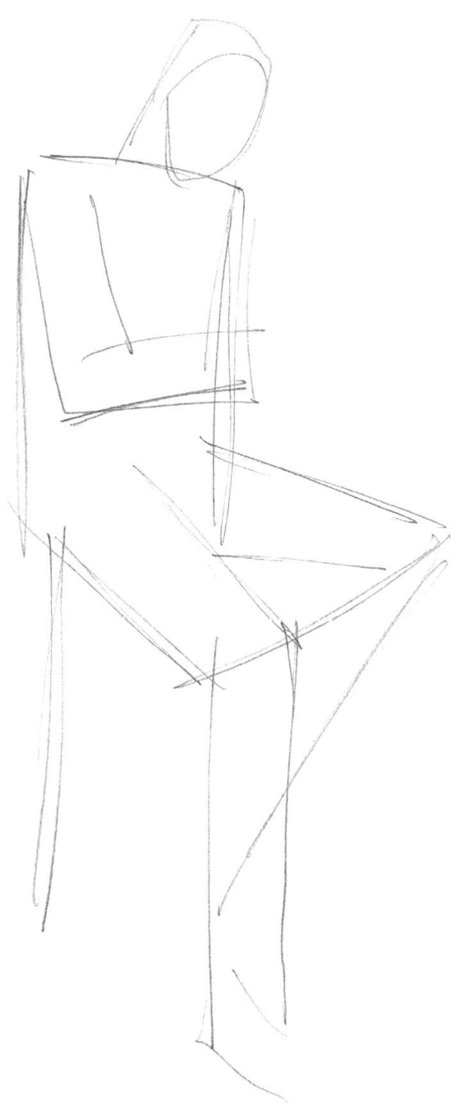

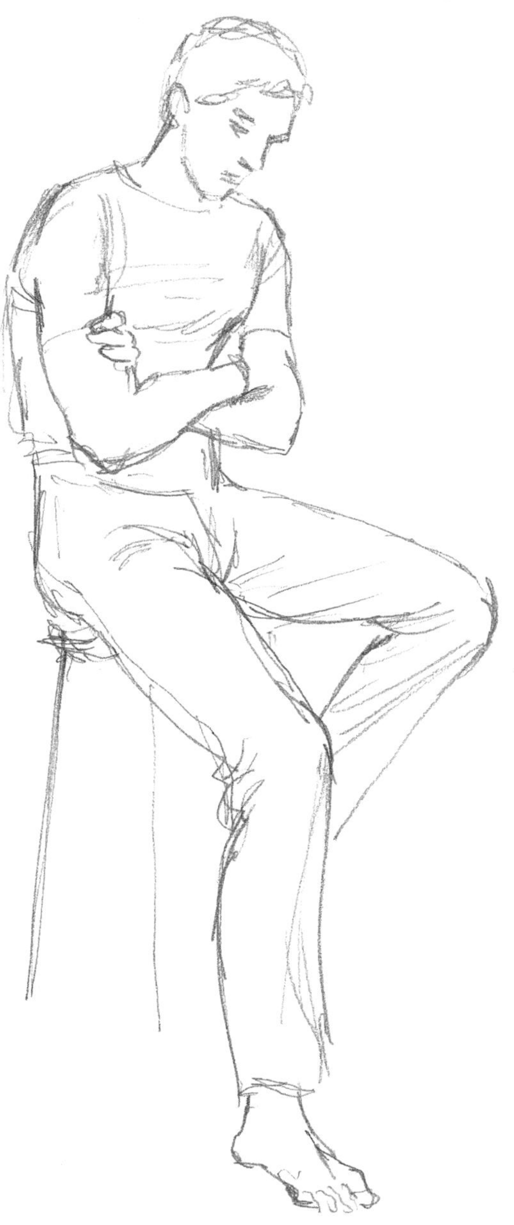

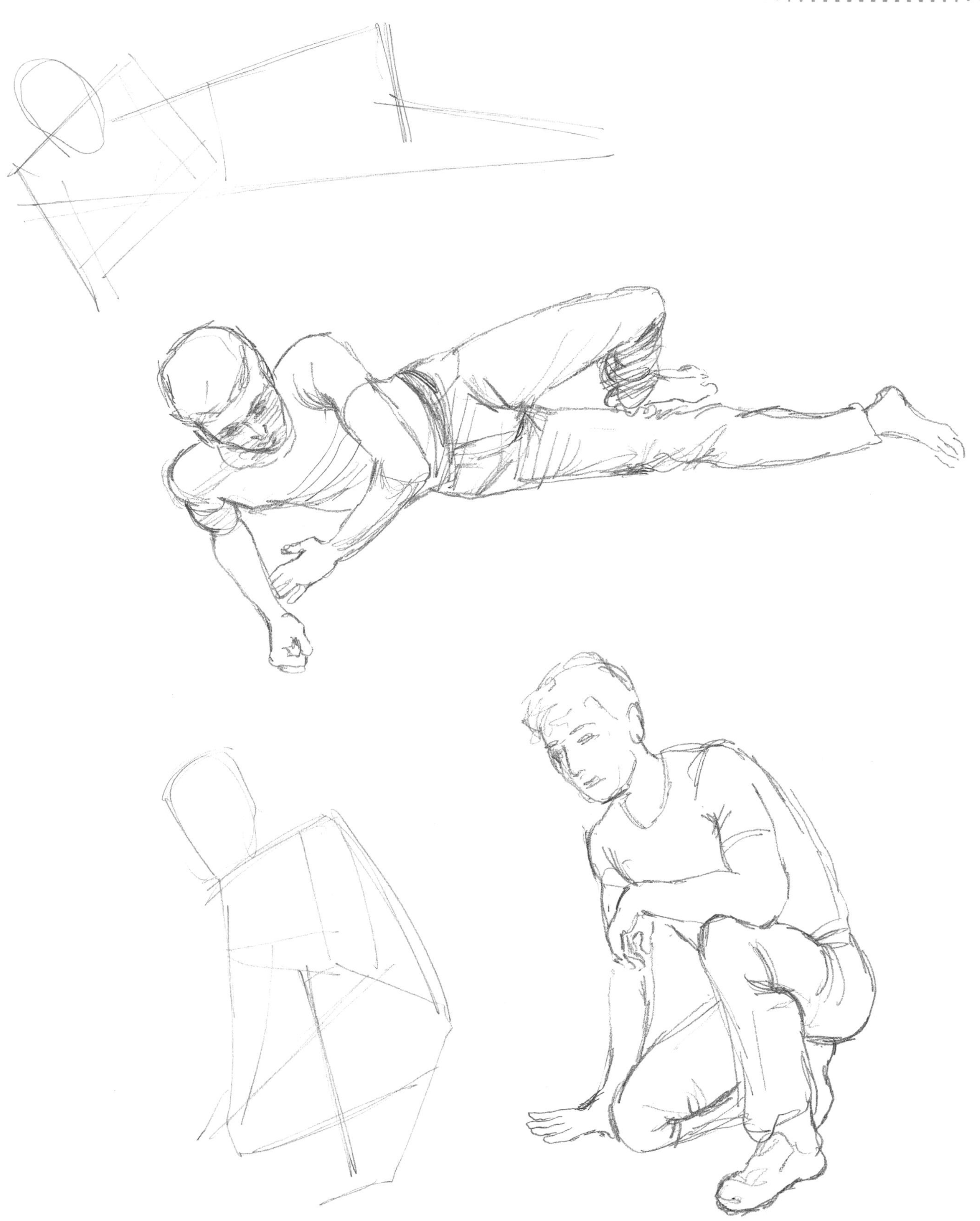

GLIEDMASSEN, HÄNDE UND FÜSSE

Betrachten wir nun die Gliedmaßen, die Hände und Füße im Detail. Es ist nicht notwendig, jede einzelne Arm- und Beinstellung nachzuzeichnen, aber versuchen Sie möglichst viele darzustellen, bevor Sie die nächste Stufe bearbeiten. Auch hier profitieren Sie weitaus mehr vom Üben, wenn Sie nach dem echten Leben zeichnen. In den meisten Fällen können Sie Ihr eigenes Modell sein, sofern Sie einen großen Spiegel besitzen.

Arme und Hände

Skizzieren Sie Arme zunächst aus verschiedenen Blickwinkeln. Hier sind es sowohl weibliche als auch männliche, doch Sie können in dieser Phase auch nur Ihre eigenen Arme abbilden. Obwohl männliche und weibliche verschieden aussehen, ist die Grundanatomie dieselbe.

Diese Beispiele zeigen, wie sich sowohl mit Linien als auch mit Schattierungen Formen definieren lassen. Wie viele Arme Sie auch zeichnen, am meisten finden Sie über deren Gestalt heraus, wenn Sie diese in verschiedenen Haltungen anlegen. Sollten Sie sich für den Aufbau des menschlichen Körpers interessieren, dann legen Sie sich am besten ein gutes Buch zur menschlichen Anatomie für Künstler zu.

Ein ganz eigenes Studienobjekt ist unsere Hand. Wiederholen Sie die Übung mit ihrer eigenen Handkontur (siehe Seite 42), um sich die Grundform wieder in Erinnerung zu rufen.

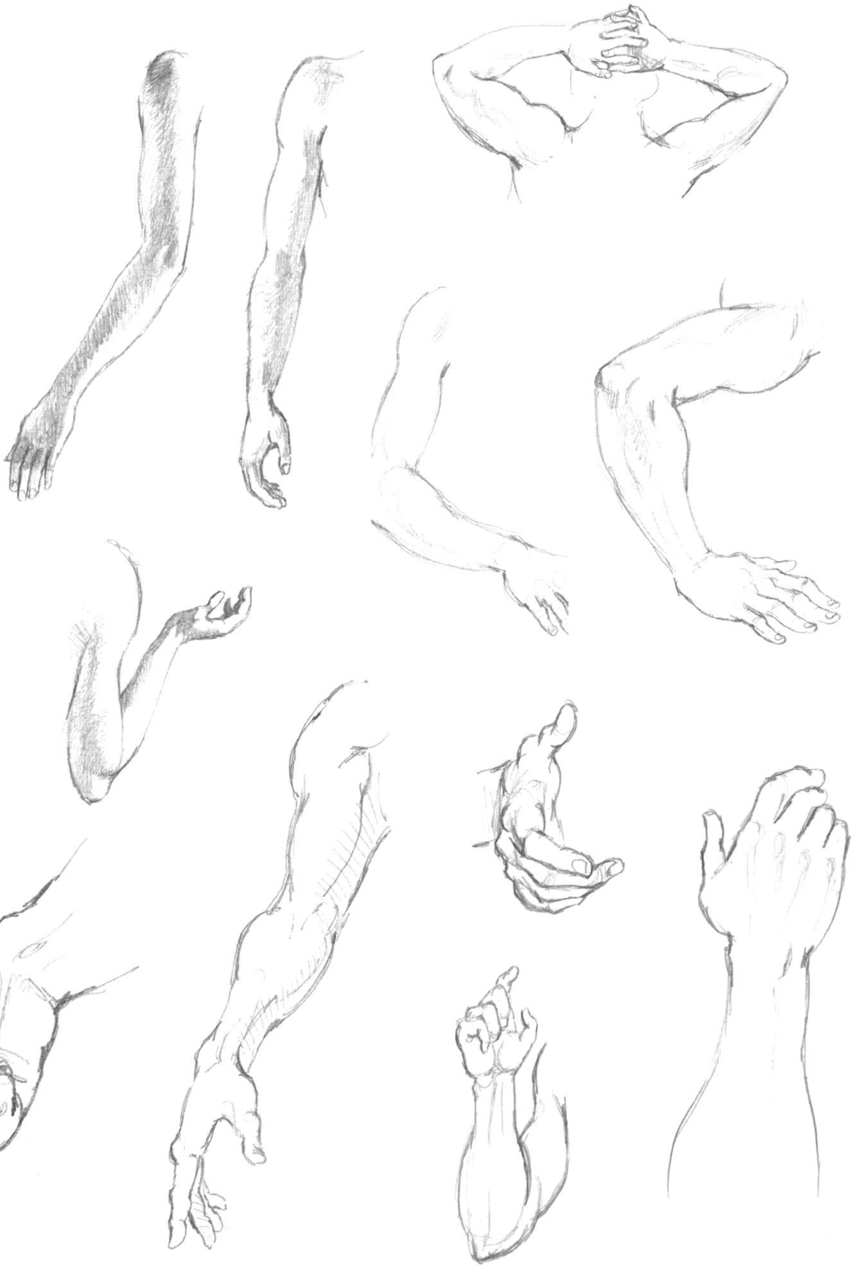

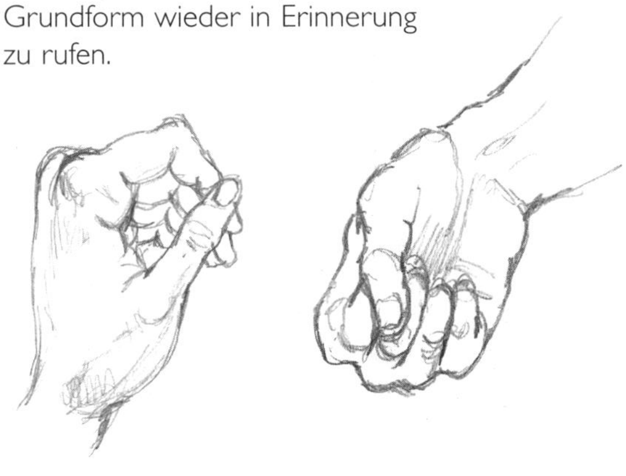

Beine und Füße

Nutzen Sie zum Zeichnen von Beinen und Füßen wieder das eigene Spiegelbild oder bitten Sie einen Freund oder eine Freundin, Modell zu stehen. Beachten Sie dabei die wesentlichen Unterschiede zwischen weiblichen und männlichen Beinen: die weicheren, runderen Formen im Gegensatz zu den härteren Linien. Der Unterschied ist aber nicht immer offensichtlich, vergleicht man etwa die Beine einer athletischen Frau mit denen eines bewegungsarmen Mannes. Am schwierigsten ist es, das Größenverhältnis zwischen Ober- und Unterschenkel richtig zu treffen sowie Knie und Fußgelenke abzubilden.

Zeichnen Sie die Beine aus verschiedenen Blickwinkeln: von vorn, von hinten, von der Seite und wenn sie miteinander verkreuzt sind. Dadurch lernen Sie, die verschiedenen Muskelgruppen in Aktion zu sehen. Angespannte Muskeln wirken natürlich prägnanter. Es ist knifflig, die Knie- und Knöchelpartie richtig darzustellen. Deshalb lohnt es sich, davon mehrere Skizzen anzufertigen.

Füße haben im Grunde keine komplizierte Form, auch weil sie weniger beweglich sind als Hände. Dennoch kann es schwierig sein, die Ansicht direkt von vorn und von hinten umzusetzen.

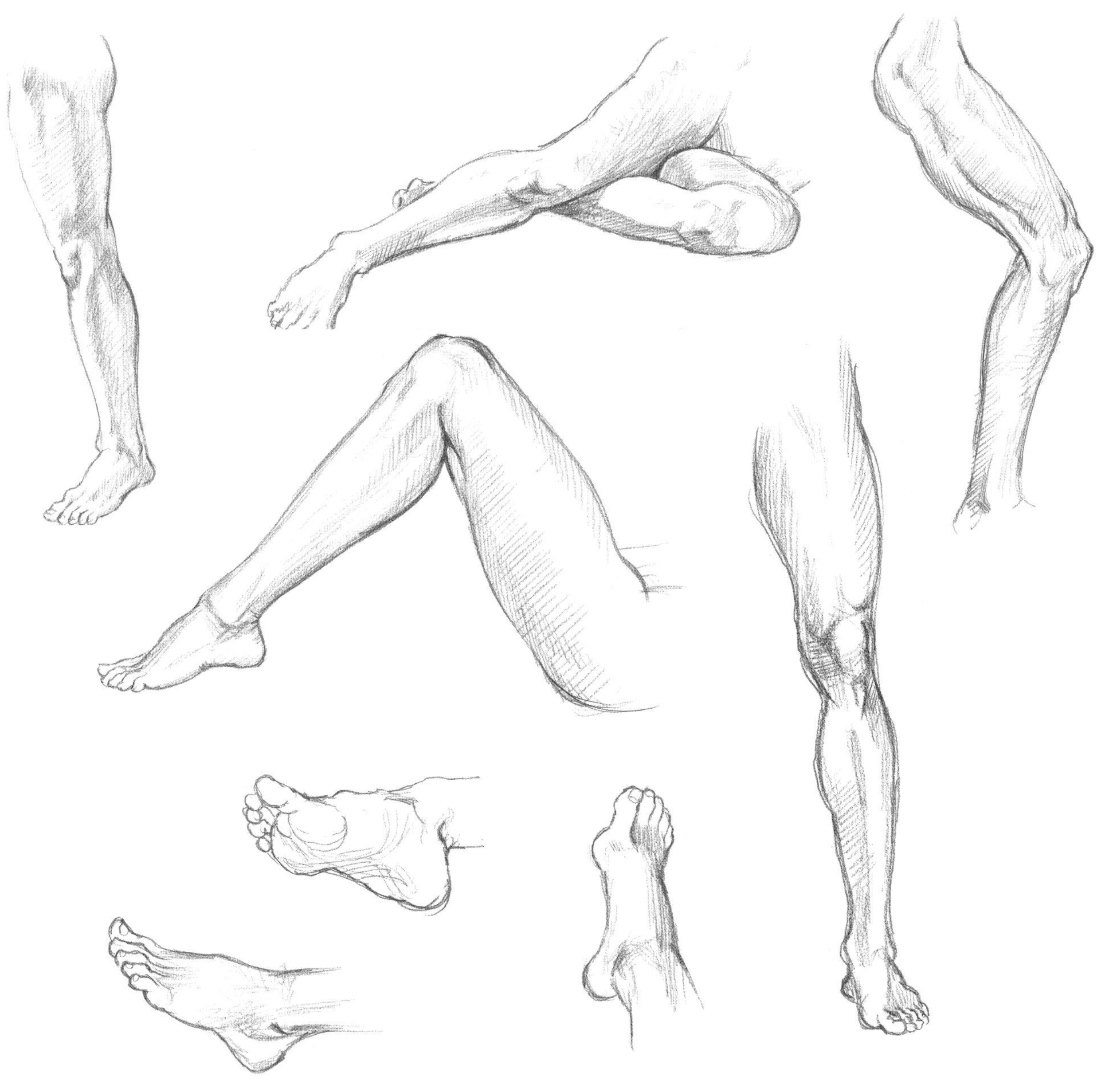

GANZE FIGUREN ZEICHNEN

Den menschlichen Körper komplett darzustellen, lernen Sie am besten in einem Aktkurs mit wechselnden Modellen, denn zu mehr als Posen in Badebekleidung lassen sich Freunde und Familienmitglieder gewöhnlich nicht bewegen. Die meisten Menschen, außer den Jungen und Schönen, möchten sich derart prüfenden Blicken nicht aussetzen. Für eine generelle Betrachtung des Körpers mag das genügen, reicht jedoch für ein Verständnis, wie sich Knochen und Muskeln am Körper abzeichnen, nicht aus. Daher ist ein angeleiteter Kurs zum Aktzeichnen sinnvoll. Sichten Sie die verschiedenen Angebote mit gutem Unterricht, der meist von erfahrenen Kunstdozenten durchgeführt wird. Der komplette Körper gehört tatsächlich zum Schwierigsten, was Sie jemals zeichnen werden, und Sie werden dabei feststellen: Haben Sie die menschliche Figur eine Zeit lang ausgiebig studiert, können Sie auch andere Motive viel besser darstellen. Beginnen Sie zunächst mit Details, bevor Sie sich einem kompletten Akt widmen.

Am einfachsten darzustellen ist eine stehende Figur ohne perspektivische Verkürzungen, doch Sie sollten auch Modelle zeichnen, die sitzen, liegen und andere Haltungen einnehmen, bei denen Gliedmaßen und Rumpf gedreht, gebeugt und gekrümmt sind. Nur so lässt sich das Zusammenspiel unterschiedlicher Körperstrukturen studieren, am besten an Modellen in unterschiedlichem Alter und von verschiedener Gestalt. Der Körperaufbau lässt sich mithilfe eines Drehstuhls hervorragend veranschaulichen: Das sitzende Modell wird in konstanter Körperhaltung immer ein Stück weitergedreht, damit diese Pose aus verschiedenen Blickwinkeln skizziert werden kann.

Studieren Sie den Rumpf sowohl von vorn als auch von hinten, denn die Muskulatur ist aus beiden Perspektiven unterschiedlich. Eine liegende Person zeichnen Sie von der Kopf- und von der Fußseite aus, um zu sehen, wie sich dieselben Formen durch die perspektivische Verkürzung optisch verändern. Als Bild speichern wir eine stehende Person im Kopf ab, verändert sie diese Position, sieht sie auch gleich völlig anders aus. Das Studium der menschlichen Anatomie schult nicht nur Ihre Beobachtungsgabe, sondern fördert auch Ihre Konzentration, was sich positiv auf Ihre Fertigkeit, andere Dinge zu zeichnen, auswirkt.

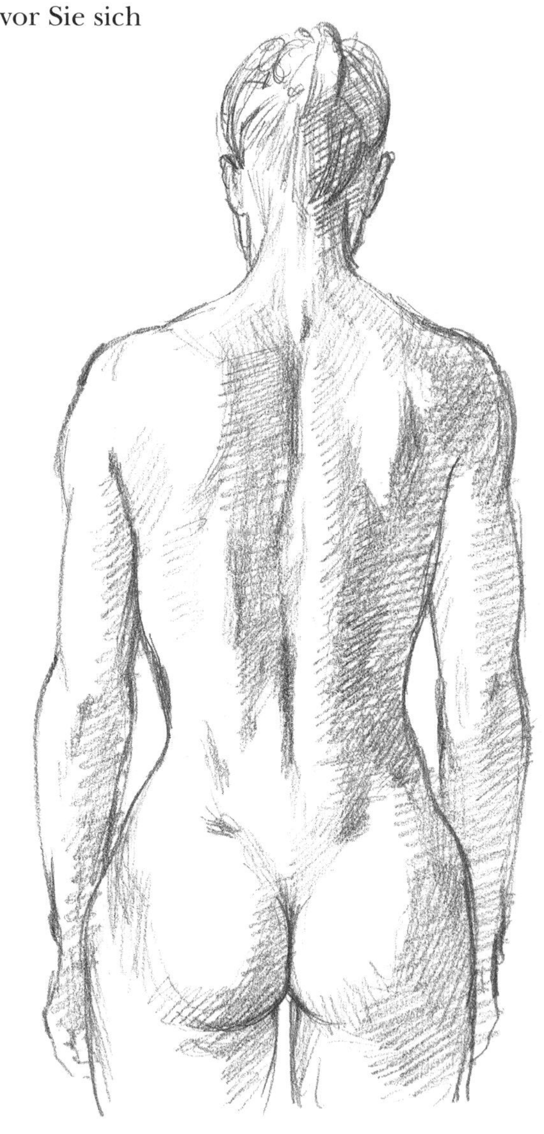

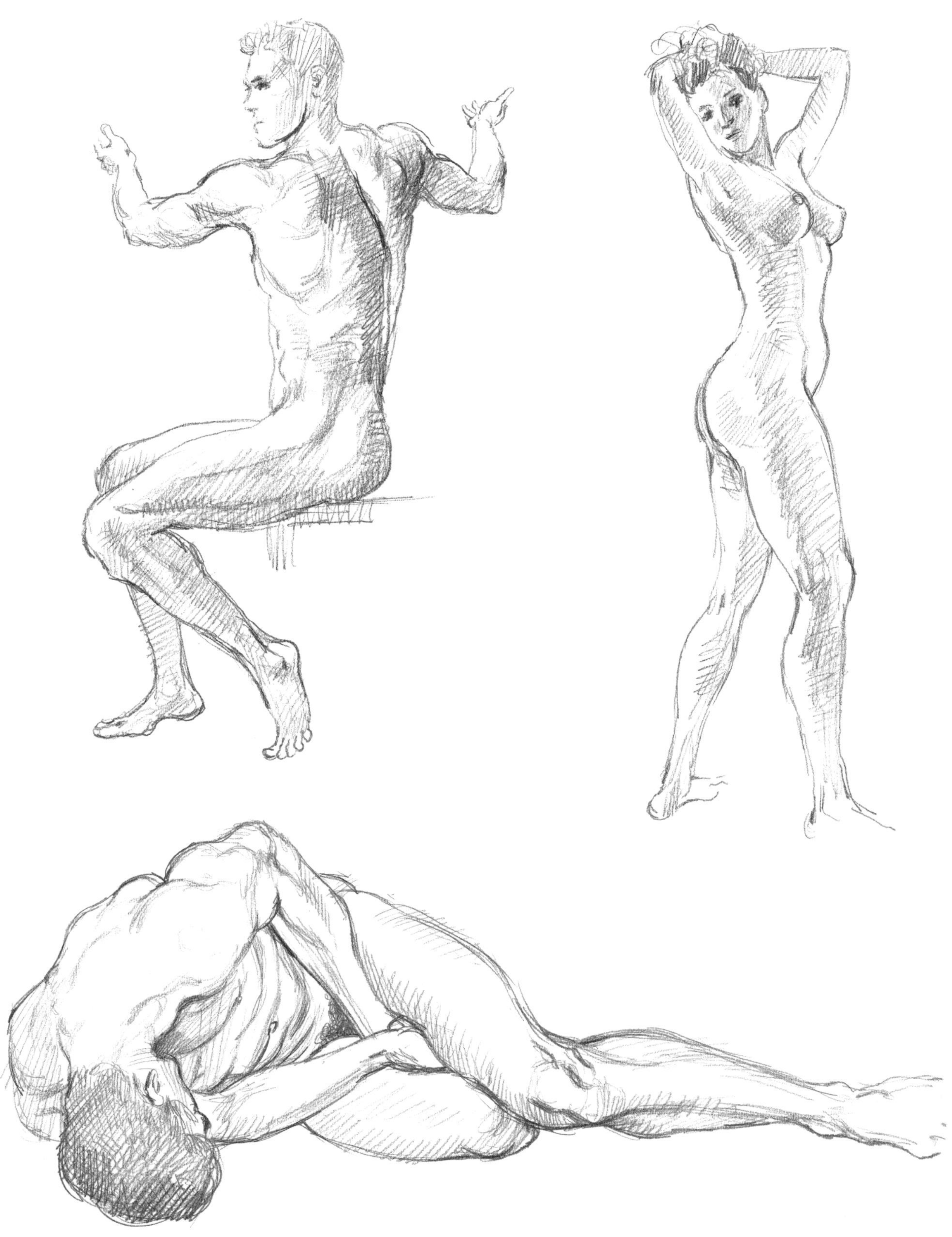

DER KOPF: ÜBUNG

Um ein gutes Porträt eines Menschen zu zeichnen, bedarf es zunächst einiger Übung, damit es auch wirklich gelingt. Die abgebildeten Zeichnungen zeigen einen Kopf in der Frontal- und Profilansicht. Die Hilfslinien und Hinweise zu den Maßen machen Sie mit den grundsätzlichen Proportionen vertraut. Obwohl ich hier ein Frauenporträt gewählt habe, gelten diese Maßverhältnisse auch für Männerköpfe.

Natürlich handelt es sich hierbei nur um Durchschnittsangaben, doch die individuellen Unterschiede fallen so gering aus, dass diese Größenangaben ein brauchbares Grundgerüst liefern.

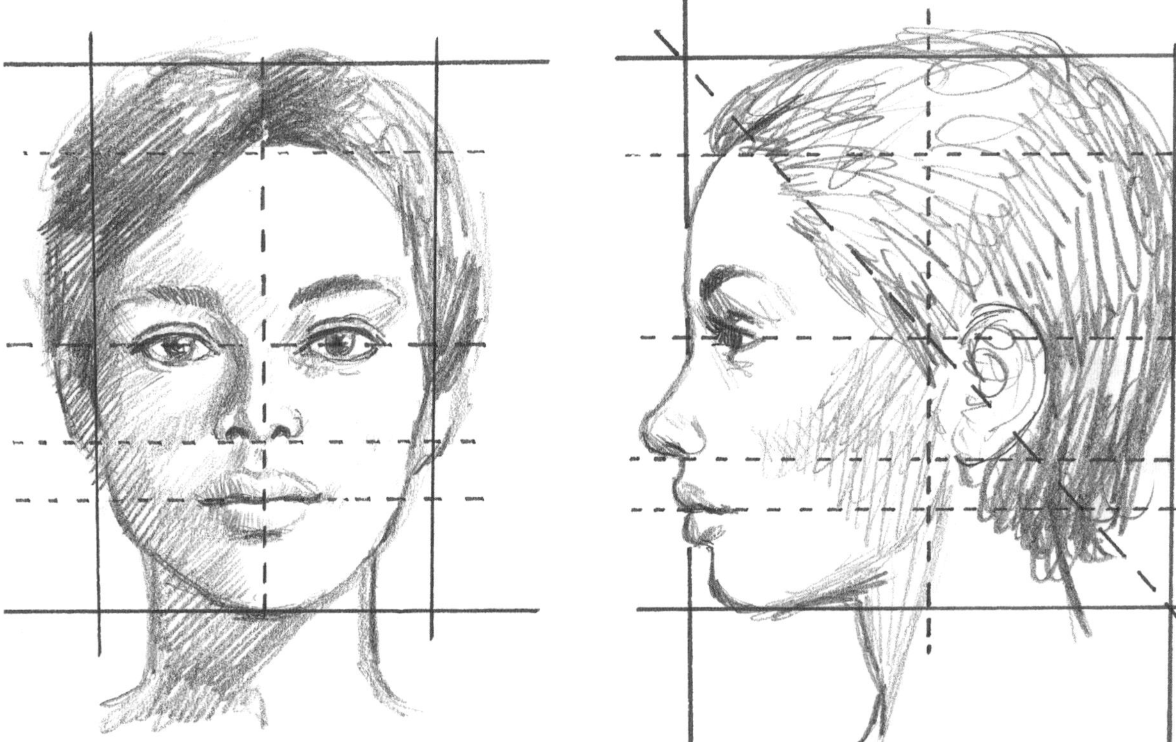

In der Frontalansicht ist der Kopf in der Höhe länger als in der Breite. Die Augen liegen auf der waagerechten Mittellinie. Darunter sitzt die Nase, deren Länge ein Viertel der Kopflänge beträgt. Der Mund befindet sich näher an der Nase als an der unteren Kinnkante. Am breitesten ist der Kopf direkt über den Ohren, und der Abstand zwischen den Augen und zur Kopfseite beträgt jeweils eine Augenlänge.

Unterteilt man die Kopffläche in der Profilansicht diagonal, ergibt sich die Haaransatzlinie. Im Profil ist der Kopf etwa genauso breit wie lang, wobei man die herausragende Nase nicht mitmisst. Das Ohr sitzt knapp hinter der senkrechten Mittellinie. Wie bei der Frontalansicht beträgt auch hier der Abstand zwischen Kinn und Mund sowie der zwischen Scheitel und oberem Haaransatz jeweils ungefähr ein Fünftel der Kopflänge.

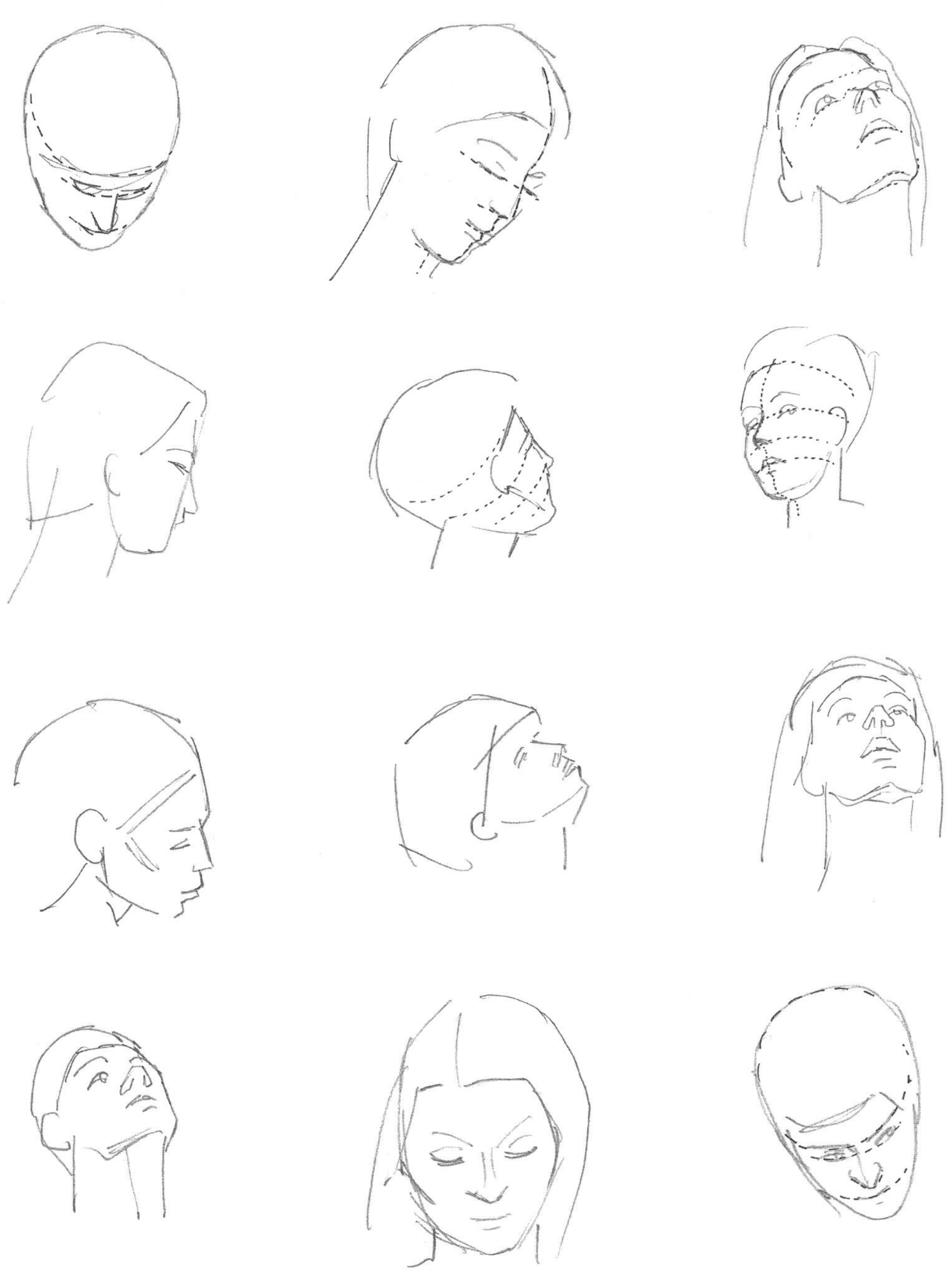

Studieren Sie nun diese Köpfe in verschiedenen Haltungen, da sich die Köpfe nicht immer exakt in der Frontalansicht oder im Profil befinden. Einige Beispiele zeigen Köpfe leicht von unten, andere leicht von oben. Von unten gesehen wirken Kiefer und Nase verkürzt, außerdem werden dadurch teilweise die Augen verdeckt. Von oben gesehen sieht man mehr vom Oberkopf, und der Mund scheint unter der Nase zu verschwinden.

Diese groben Umrissformen verbessern die Vorstellung von der Dreidimensionalität des Kopfes und fördern das Bewusstsein dafür, dass die gesamte Kopfform und nicht nur das Gesicht wesentlich ist.

Gerade für Anfänger ist diese Skizziermethode wichtig, um sich über das ganze Kopfvolumen und die Regeln der Perspektive klar zu werden, über das die wenigsten Laien letztlich nachdenken.

Diese Zeichnungen zeigen weitere Köpfe in verschiedenen Haltungen, jetzt aber mit Frisur und etwas realistischeren Gesichtszügen. Skizzieren Sie so viele verschiedene Köpfe wie möglich. Das wird Ihre Fertigkeiten verbessern, ein Porträt mit mehr Tiefe zu zeichnen.

Darüber hinaus sollten Sie möglichst oft reale Köpfe darstellen und nur bei Bedarf auf Fotos zurückgreifen. Beachten Sie bei diesen Köpfen, wie die Schatten die Gesichter abrunden, und das nicht nur in der Form, sondern auch im Ausdruck.

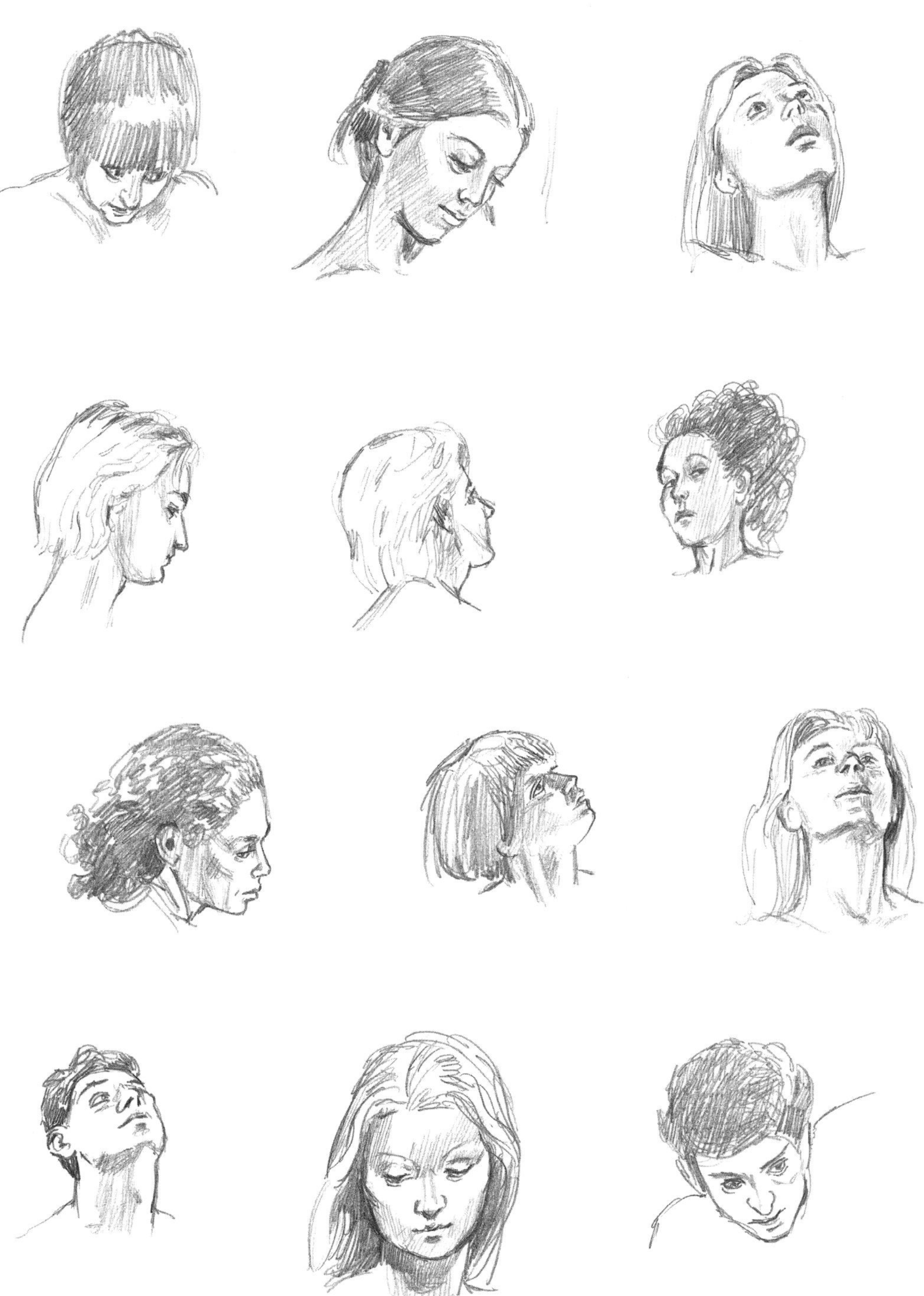

EIN GANZKÖRPER-PORTRÄT

Diese Übung wird Ihnen wie eine Belohnung für all die harte Arbeit erscheinen, die Sie bislang in die Darstellung menschlicher Figuren investiert haben: Zeichnen Sie ein Ganzkörper-Porträt von jemanden, der gern etwas länger für Sie Modell sitzt. Ich konnte dafür meinen sechsjährigen Enkel gewinnen, der nur schwer dazu zu bringen ist, in einer Position zu verharren. Aber er durfte im Fernsehen einen Film anschauen, von dem ich wusste, dass er ihn wirklich interessiert, und so blieb er etwas länger als üblich sitzen. Schon das ist eine Übung für sich, dafür zu sorgen, dass Ihre Modelle sich behaglich fühlen und zufrieden sind. Doch dadurch gewinnen Sie mehr Zeit, sie zu zeichnen!

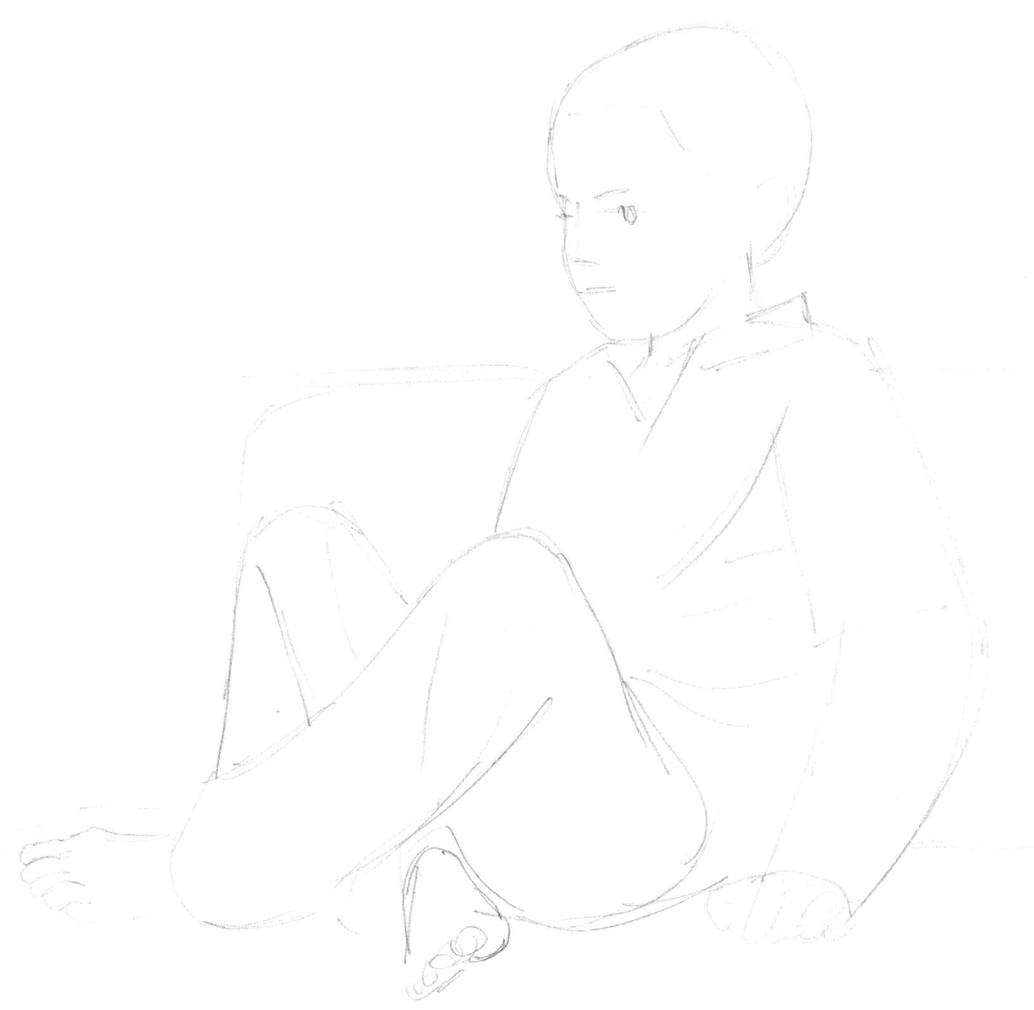

Schritt 1

Umreißen Sie zunächst die Hauptform der Figur. Halten Sie diese Skizze sehr einfach und nutzen Sie den Radiergummi, um so viel wie möglich in dieser Phase zu korrigieren – das spart später viel Zeit.

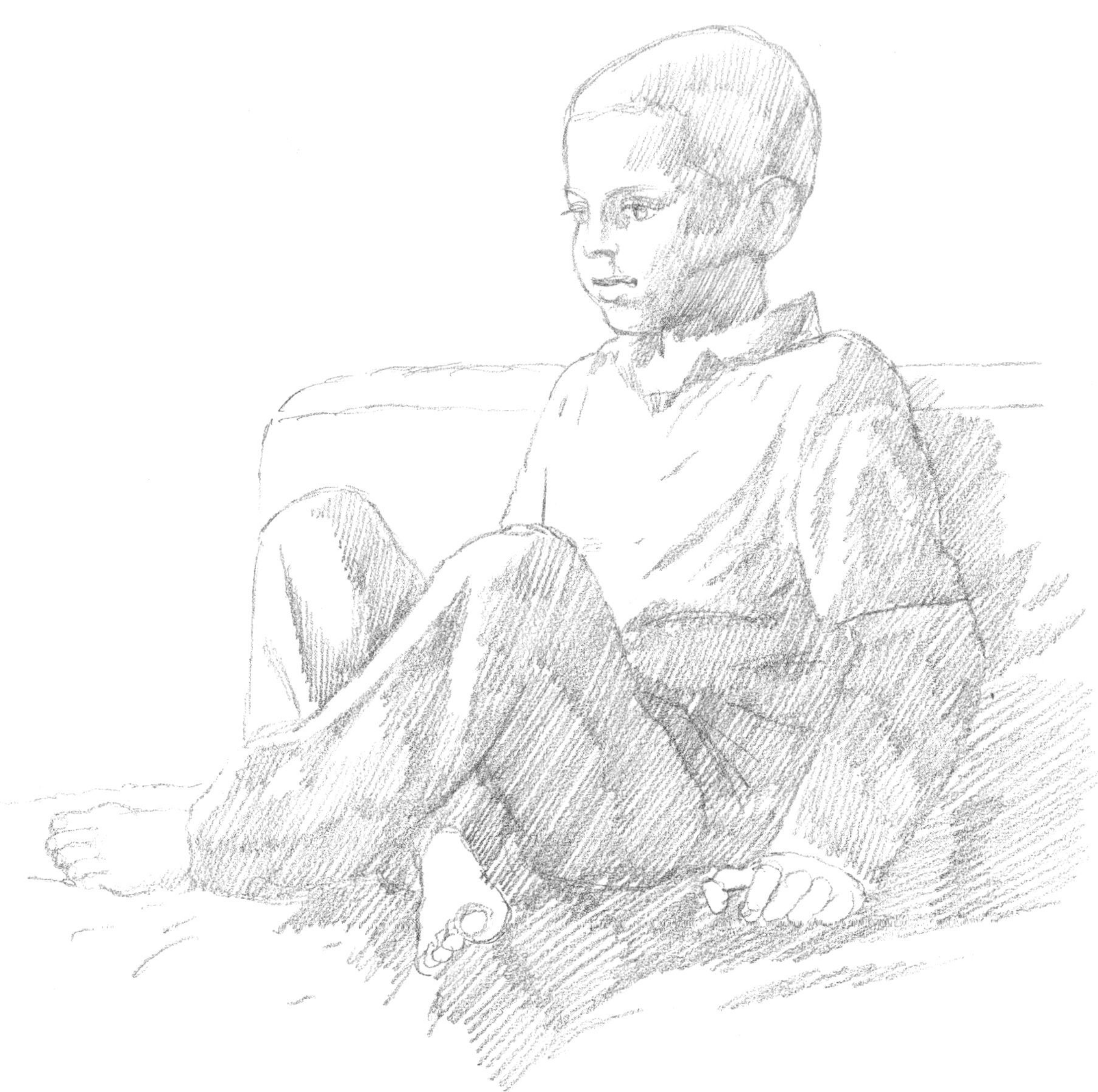

Schritt 2

In dieser Phase legen Sie alle Schatten an, die wichtig zu sein scheinen, jedoch alles ebenfalls noch recht einfach und in nur einer Helligkeitsstufe. Dennoch sollte in diesem Stadium das Gesicht bereits erkennbar sein.

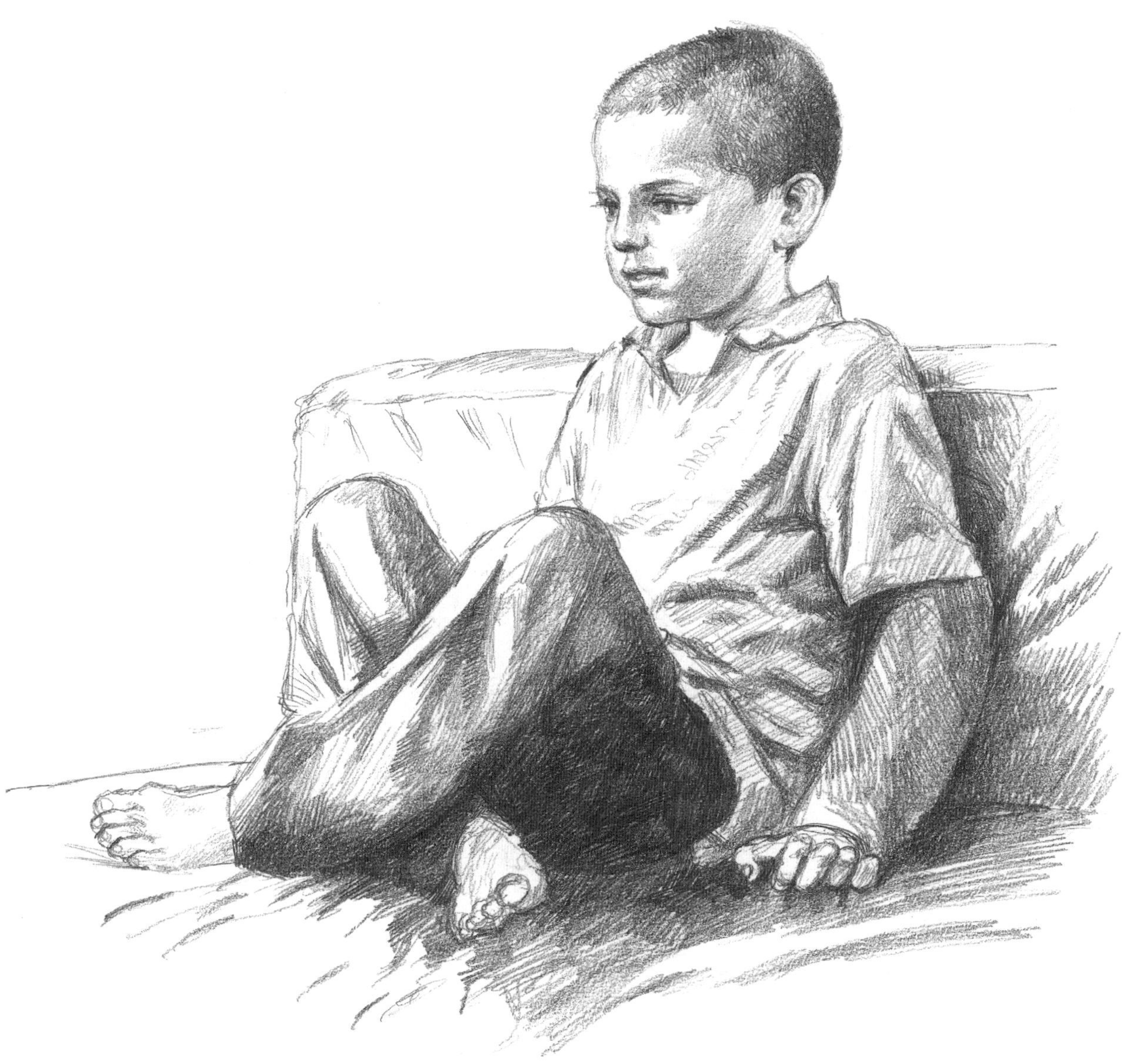

Schritt 3

Sind Formen und Proportionen Ihrer Meinung nach gut getroffen, arbeiten Sie das Bild weiter aus, um es lebendiger zu gestalten. Geben Sie sich beim Kopf besonders viel Mühe, denn dieser, insbesondere der Gesichtsausdruck, lässt uns ein Individuum als solches unverwechselbar wahrnehmen. Das klingt schwieriger, als es letztlich ist, denn wir besitzen alle die großartige Fähigkeit, menschliche Gesichter zu erkennen, was dazu führt, die Gesichtszüge unwillkürlich auch richtig anzulegen, wenn wir uns darauf konzentrieren. Bauen Sie beim Schattieren der Flächen die Tonwerte so auf, als ob Sie jeweils die Weichheit oder Härte der Form hervorheben wollen.

Viel Glück bei Ihren Bemühungen. Und sollten Sie dieses Mal nicht gleich erfolgreich sein – die Übung dient auch dazu, es bei nächster Gelegenheit besser zu machen, und diese kommt, denn wir widmen uns dem Porträtzeichnen noch detaillierter auf den Seiten 248 bis 273.

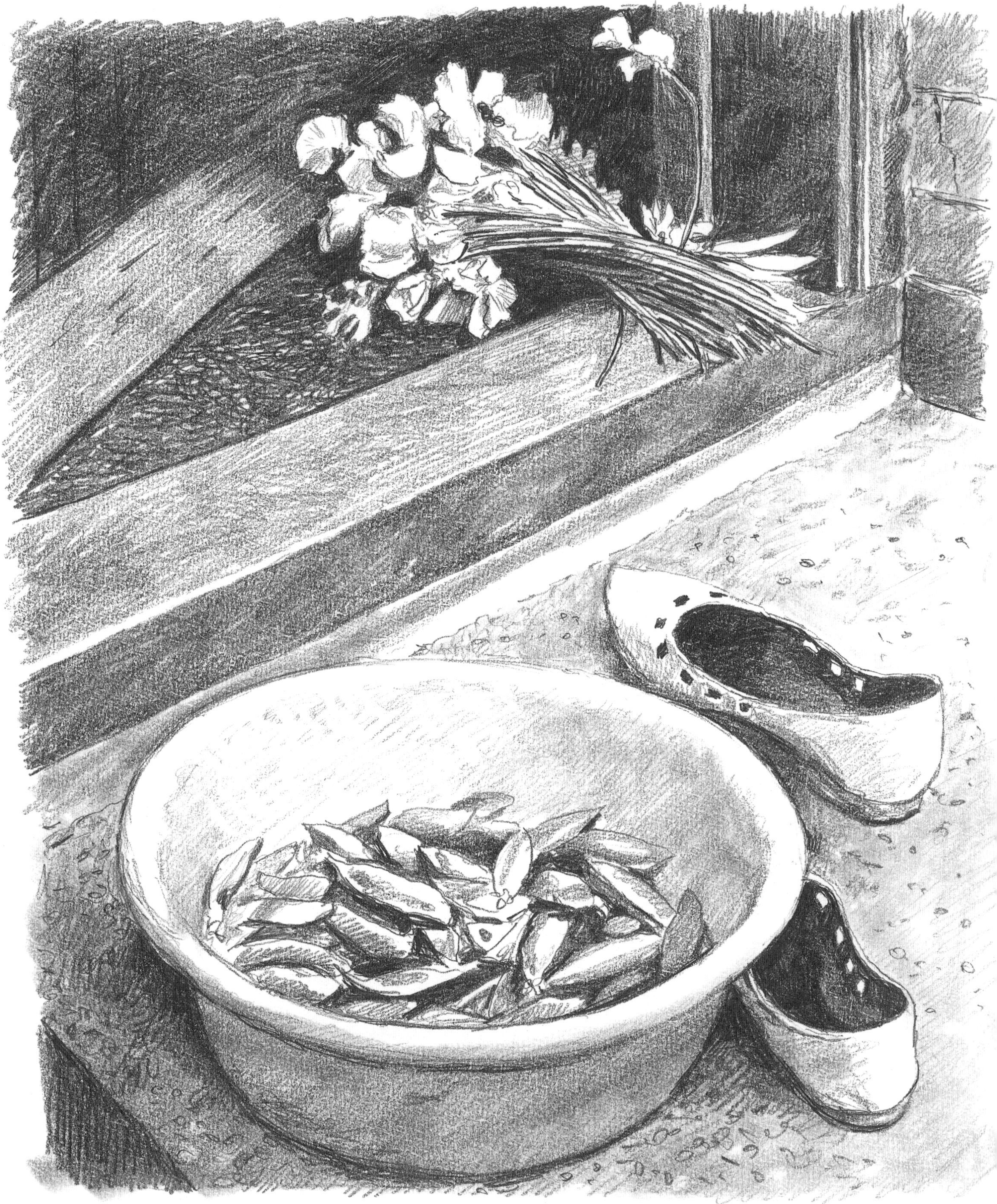

LEKTION 6

MATERIALIEN UND TECHNIKEN

In dieser Übungsreihe probieren Sie einige traditionelle Zeichenmaterialien aus. Auch wenn Sie viele kennenlernen, lassen sich die Möglichkeiten hier keinesfalls erschöpfend darstellen. Material und Zeichenmethode bedingen einander immer, aber im Lauf der Zeit und mit zunehmender Erfahrung werden Sie Techniken und Werkzeuge auch miteinander kombinieren und so Ihre Lust am Ausprobieren entdecken.

Letztlich hängt die Wahl des Materials für ein bestimmtes Bild davon ab, wie gut es zum Thema des Bildes passt und wie gut Sie damit zurechtkommen. Doch selbst wenn Sie Ihr ideales Zeichenmaterial gefunden haben – experimentieren Sie weiter! Testen Sie die verschiedensten Methoden und Materialien, nicht allein, um Ihr Repertoire zu erweitern, sondern auch, um Ihren Lieblingsthemen in jeder Hinsicht gerecht zu werden. Das alles gehört zum künstlerischen Handwerkszeug. Auch wenn es etwas nüchtern klingen mag: Hier vereinen sich harte Arbeit und Vergnügen.

BLEISTIFTE

In den ersten beiden Übungen erkunden Sie verschiedene Bleistiftarten und das passende Zubehör. Sie brauchen: Bleistifte in den Härtegraden B, 2B, 4B und 6B; einen Druckbleistift oder Fallminenstift, der eine Bleistiftmine mit 0,5 mm Durchmesser fasst und für eine konstante Strichbreite sorgt; einen Vollminen-Grafitstift mit Härtegrad 2B oder 4B, mit dem sich kräftige Striche und feine Tonabstufungen zeichnen lassen.

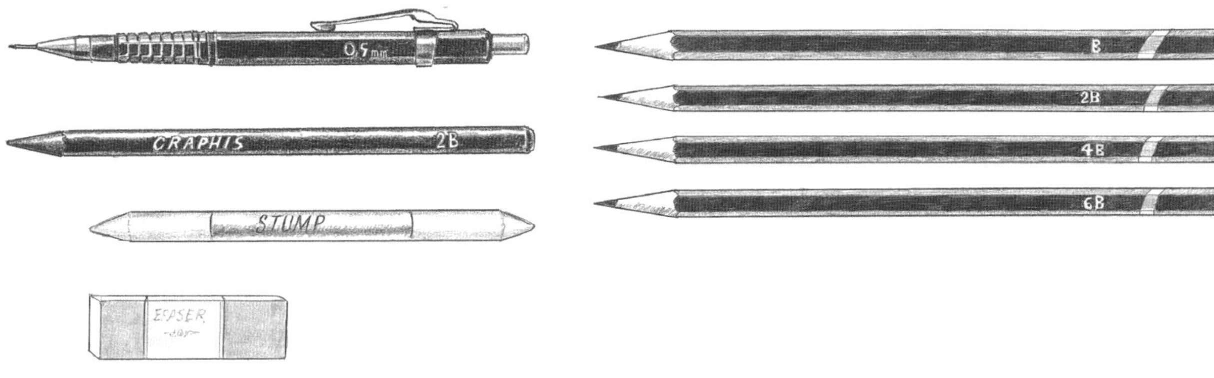

Mit einem Radiergummi entfernen Sie unerwünschte Linien – doch nutzen Sie ihn möglichst sparsam, außer wenn Sie absichtlich Lichter in eine Schattierung radieren. Ein Knetgummiradierer ist gut, aber ein normaler Radierer tut es auch; ich verwende beide Arten. Greifen Sie nicht zu sehr harten Radierern, da diese leicht das Papier beschädigen.

Ein Papierwischer (Estompe) aus gerolltem Papier dient dazu, Bleistiftstriche weich schattierend zu verwischen. Am besten besorgen Sie sich einen dünnen und einen dicken (Fachhandel für Künstlerbedarf).

Mit einer (Digital-)Kamera machen Sie einige Fotos von Ihrem Motiv. Dieser objektive, zweidimensionale Blick unterstützt einerseits den Zeichenprozess zu Beginn und hilft andererseits beim Fehlerkorrigieren. Das ist keine Mogelei, denn Künstler haben immer Hilfsmittel beim Gestalten verwendet. Schließlich ist das Zeichnen selbst eine Illusion. Methoden, die das Ergebnis überzeugender wirken lassen, sind eine gute Sache. Kunst schummelt immer.

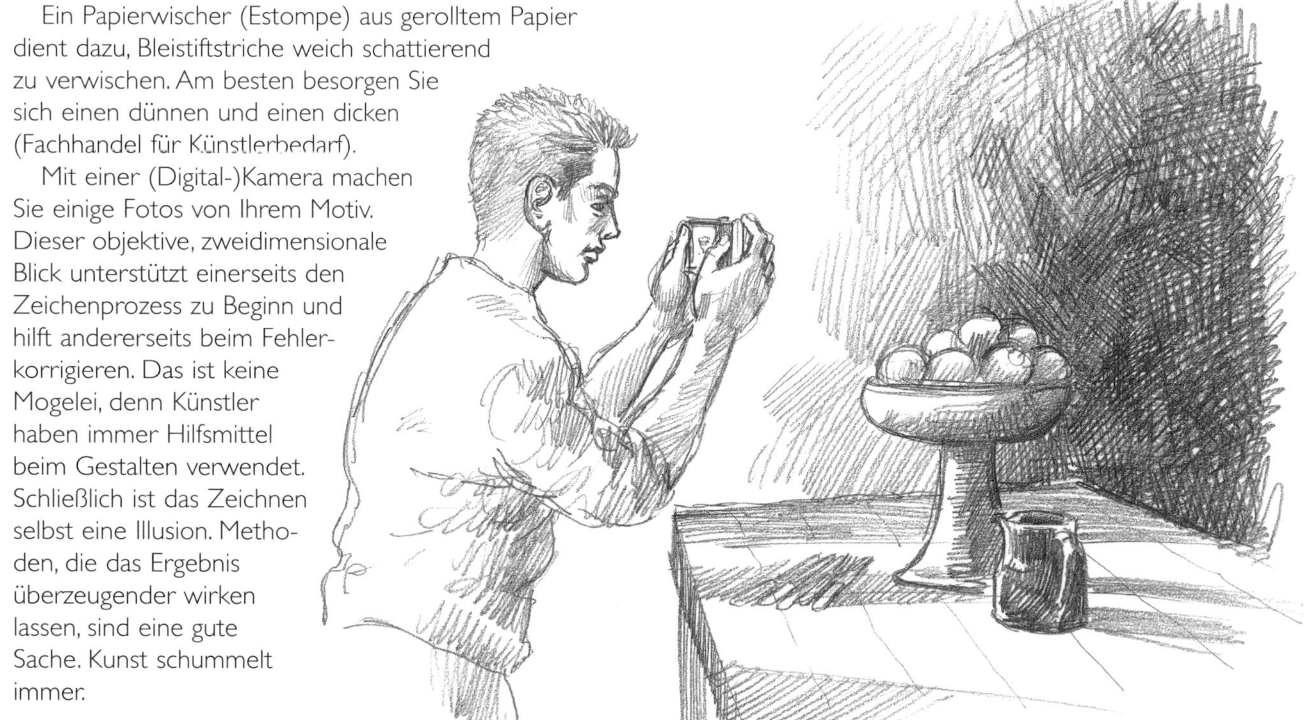

Übung 1

Zeichnen Sie zu Beginn ein schlichtes Stillleben mit einem oder zwei Objekten. Ich stellte einfach eine Flasche und ein Weinglas so dicht zusammen, dass sich die Formen überschnitten. Skizzieren Sie Ihr Stillleben möglichst grob, so wie rechts zu sehen. Mit vielen bewegten, weich angesetzten Linien bringen Sie die Form der Dinge allmählich zum Vorschein. Dieses Skizzieren ist wirklich einfach und vergnüglich. Sie können ungenaue Linien ziehen und sich an die Darstellung herantasten, ohne die Form sofort exakt zu definieren. Legen Sie sich also nicht zu früh auf eine Idee fest.

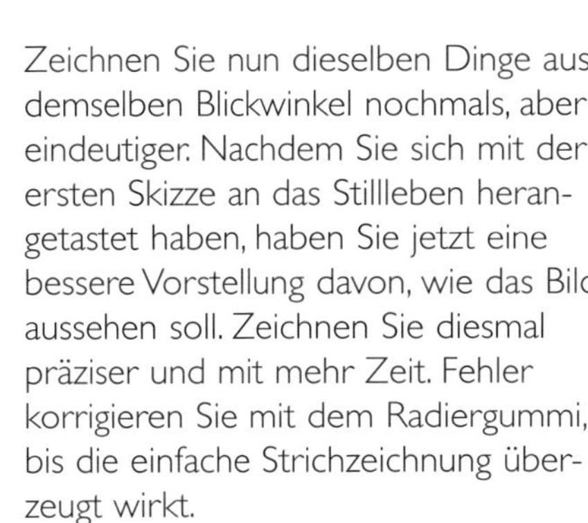

Zeichnen Sie nun dieselben Dinge aus demselben Blickwinkel nochmals, aber eindeutiger. Nachdem Sie sich mit der ersten Skizze an das Stillleben herangetastet haben, haben Sie jetzt eine bessere Vorstellung davon, wie das Bild aussehen soll. Zeichnen Sie diesmal präziser und mit mehr Zeit. Fehler korrigieren Sie mit dem Radiergummi, bis die einfache Strichzeichnung überzeugt wirkt.

Übung 2

Wagen Sie sich nun an eine üppigere Komposition, die Ihre Zeichenkünste mehr herausfordert. Das Stillleben soll aber nicht so schwierig sein, dass das Ergebnis womöglich enttäuschend ausfällt – man fühlt sich leicht entmutigt, wenn man als Anfänger über das Ziel hinausschießt, was dem Selbstbewusstsein abträglich ist. Ich wählte einen Korb mit Äpfeln, Birnen und Mandarinen, der in seiner Komplexität zwar eine Herausforderung, aber nicht extrem schwierig zu zeichnen war. Entwerfen Sie zuerst die Hauptformen, so ähnlich wie bei der ersten Strichzeichnung dieser Übungsreihe. Radieren Sie alle offensichtlichen Fehler weg, bevor Sie weiterarbeiten.

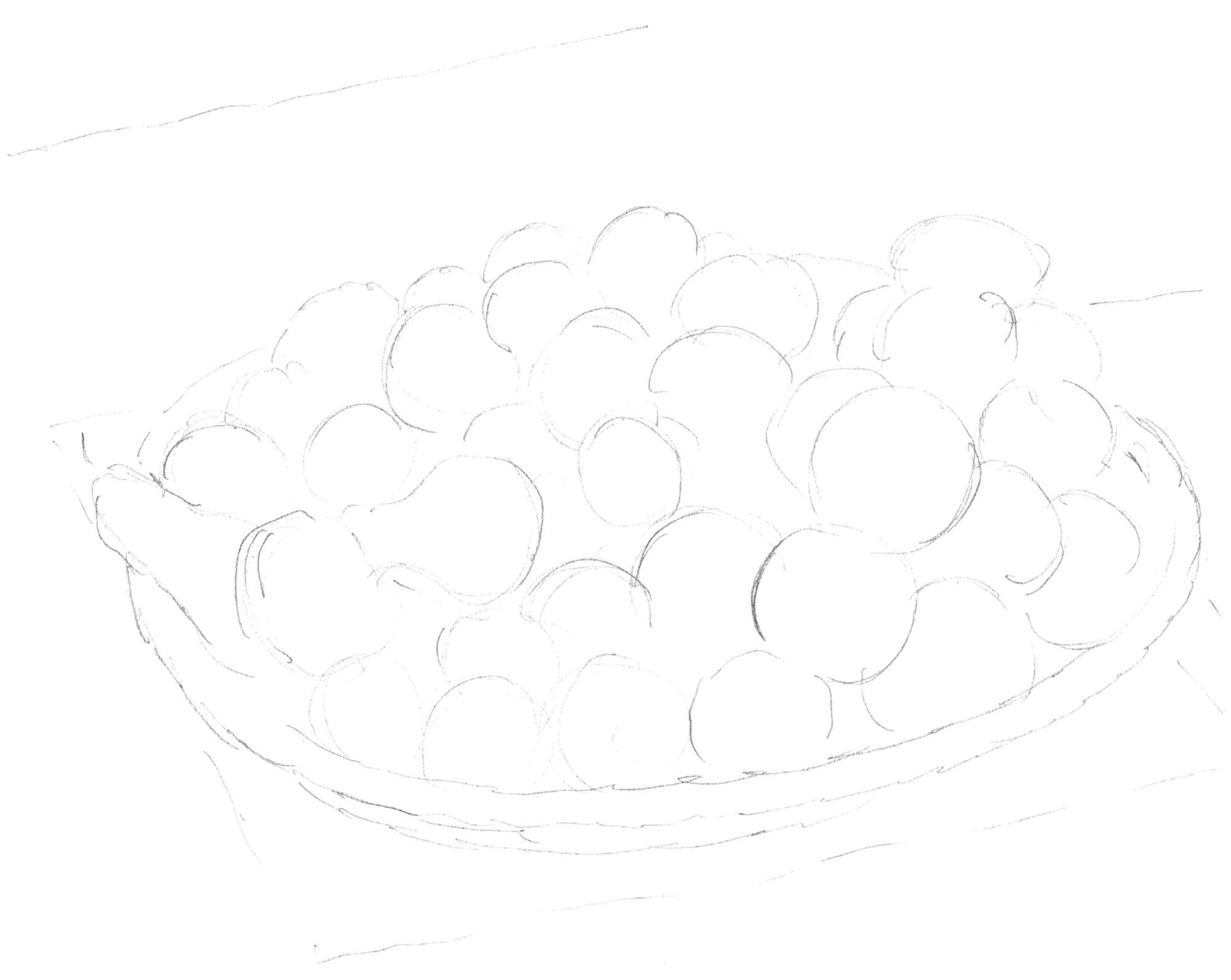

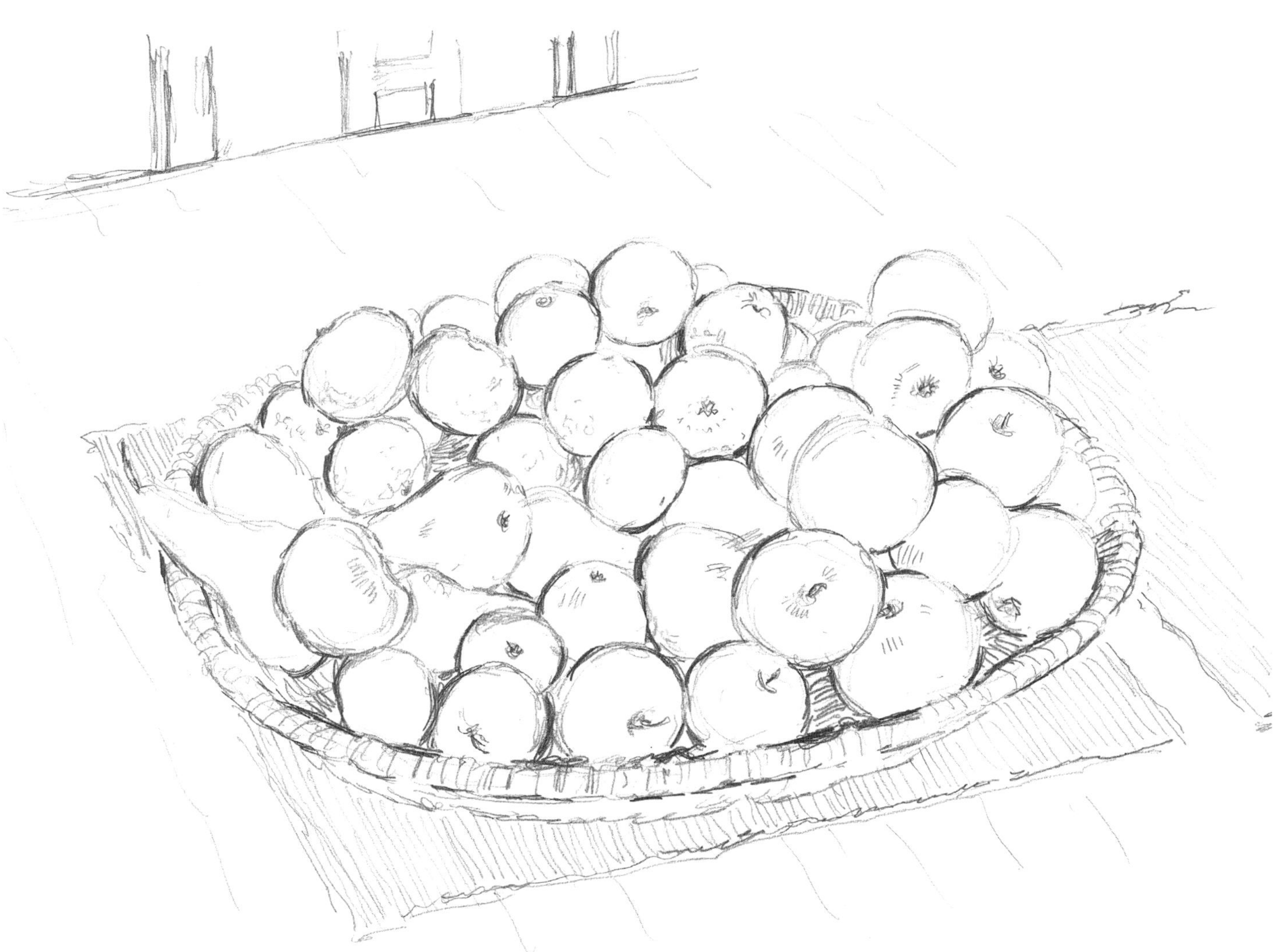

Wenn Sie mit den Konturen zufrieden sind, überarbeiten Sie diese nochmals vorsichtig: Dabei verdichten Sie stellenweise die Umrissformen der Früchte und des Korbes – sogleich wird der Eindruck vom Volumen der Dinge etwas intensiver. Setzen Sie dennoch keine übertriebenen Schattierungen in die Zeichnung, sondern nur so viel, wie es für den plastischen Effekt nötig ist. Auf ähnliche Weise hat übrigens Cézanne die Bildgegenstände in seinen Zeichnungen aufgebaut.

BLEISTIFT: FLÄCHEN SCHATTIEREN

Übung 1

Kommen wir zu den Tonwerten einer Zeichnung, das bedeutet konkret: Sie beginnen die nächste Zeichnung wieder mit dem Umreißen der Formen. Danach bauen Sie jedoch die Zeichnung stufenweise mit Schattierungen und Texturen auf. Es geht also nicht darum, die Konturen zu betonen oder eine lineare Strichzeichnung anzulegen, sondern Licht und Schatten zu verstärken – auf Kosten der Linie. Ihre fertige Zeichnung sollte dann so aussehen, als gäbe es keine augenfälligen Linien, sondern nur Zonen in unterschiedlich tiefen Tonwerten.

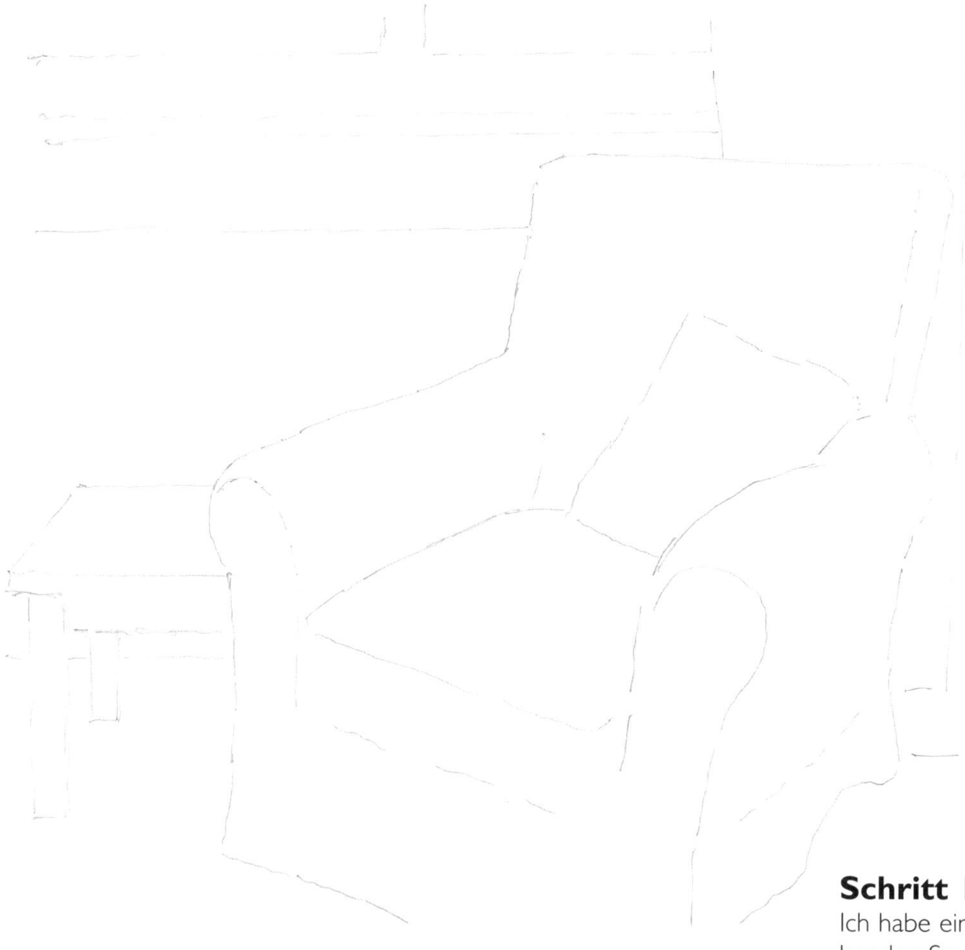

Schritt 1

Ich habe einen im Fensterlicht stehenden Sessel ausgesucht, weil er große und recht einfache Flächen hat. Mit dieser Motivwahl vermeide ich es, mich in den Details der Konturlinien zu verzetteln, denn alle Formen sind leicht zu zeichnen. Halten Sie die Umrisslinien Ihrer eigenen Arbeit so schlicht wie möglich, knifflige Einzelheiten lassen Sie weg.

Schritt 2

Nun wählen Sie einen Ton aus, der den hellsten Bildbereichen entspricht (mit Ausnahme der »Highlights«). Schraffieren Sie diesen Tonwert einheitlich über alle Schattenpartien und lassen Sie dort das Papierweiß stehen, wo die Lichter sitzen sollen.

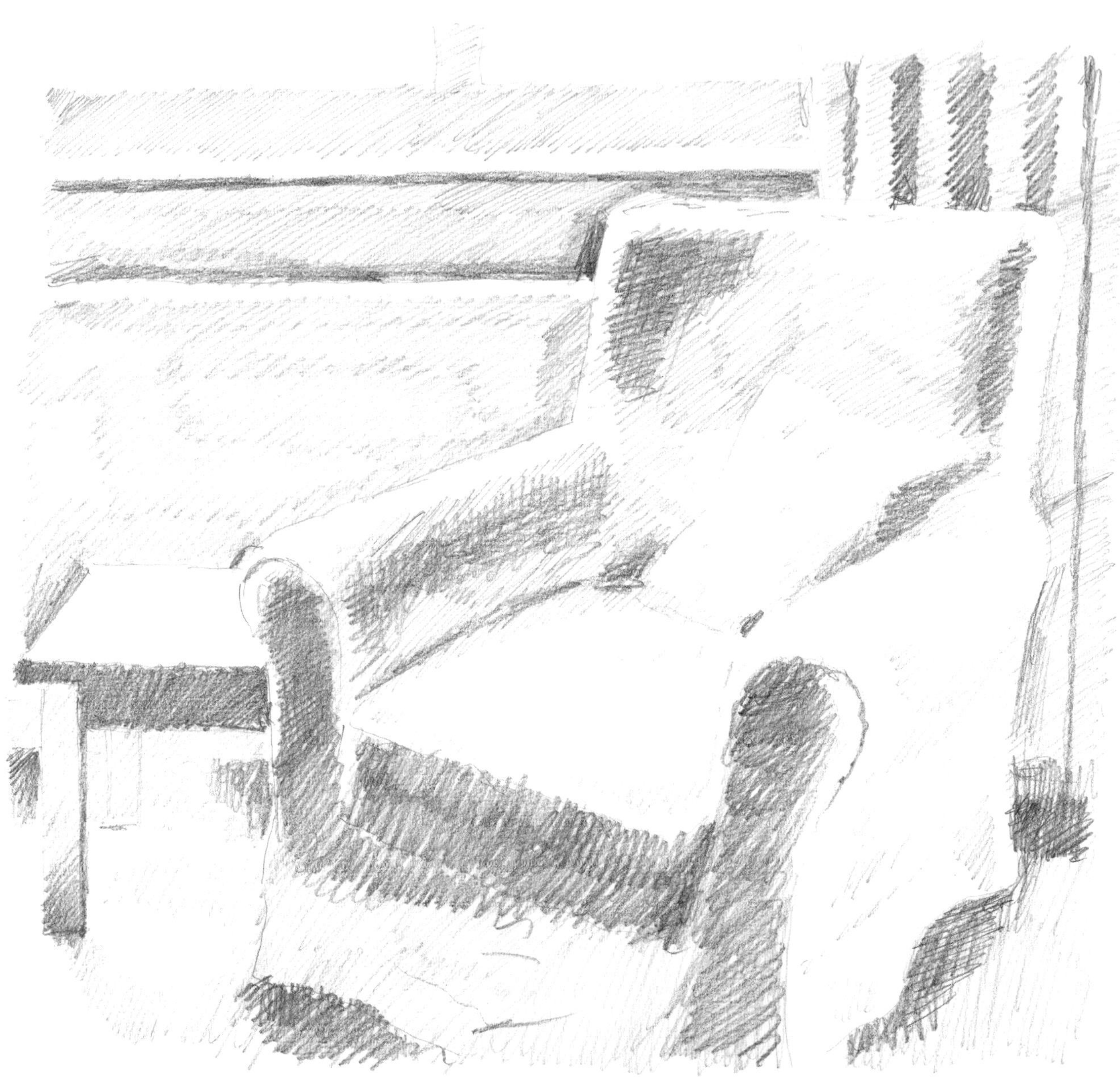

Schritt 3

Ist das erledigt, sind nicht mehr die Umrisse das bestimmende Element, sondern die großen, hell schraffierten Flächen. Als Nächstes tönen Sie die dunkleren Bereiche behutsam weiter ab, bis Sie viele klar definierte Hell-Dunkel-Abstufungen aufgebaut und so die wesentlichen Formen herausgearbeitet haben.

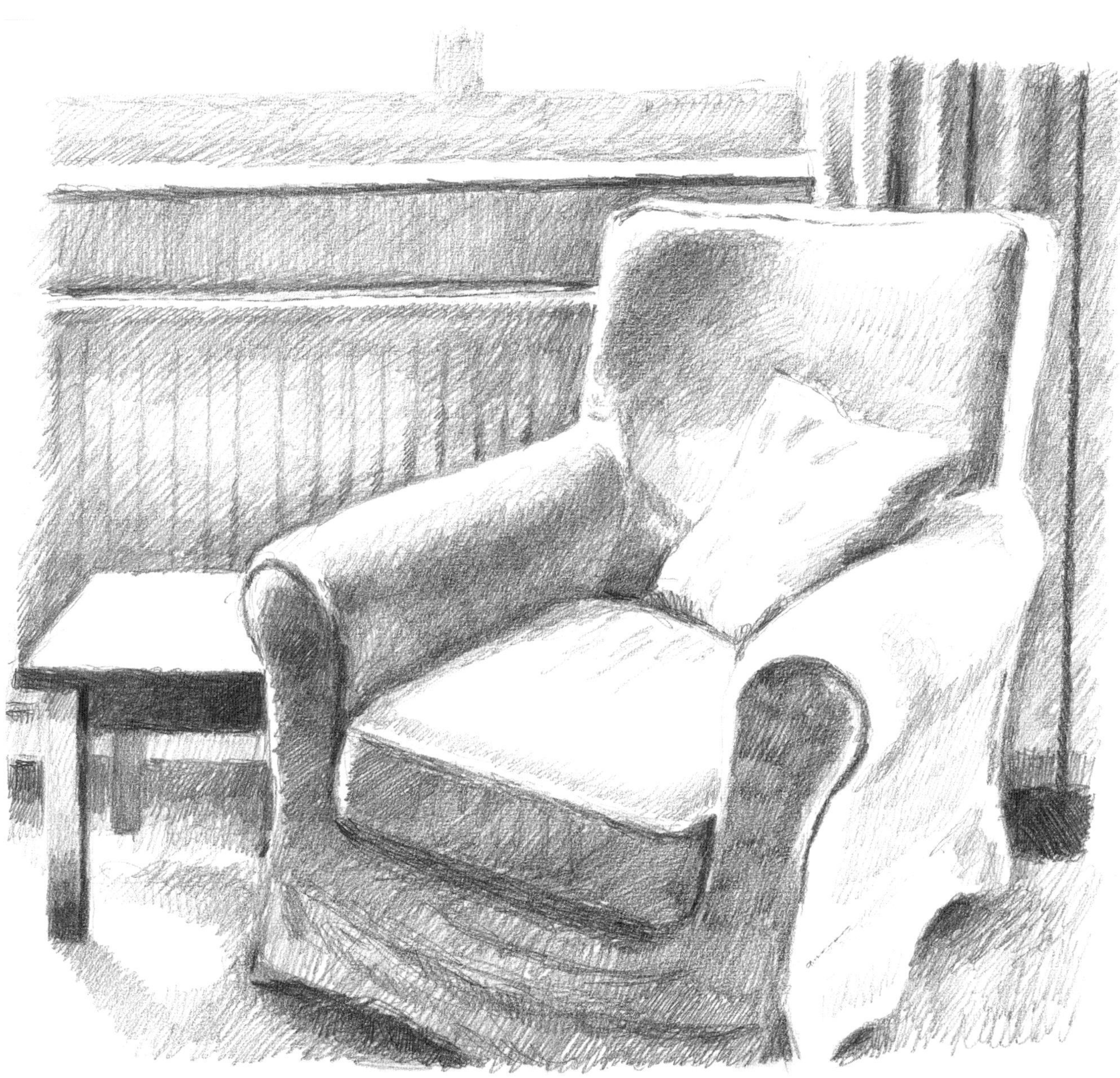

Schritt 4

Zu guter Letzt bauen Sie alle schattierten Bereiche schrittweise weiter auf, bis sich allmählich die besonderen Feinheiten der Form zeigen. Hören Sie auf, wenn Sie zufrieden sind und in Ihrem Bild das zu sehen ist, was vor Ihnen steht. Das kann zwei oder drei Stunden dauern, macht aber viel Spaß und ist eine wertvolle praktische Erfahrung.

Übung 2

Als Abschlussaufgabe in diesem Übungsteil habe ich eine ganze Komposition, ein Zufallsstillleben, gestaltet, bestehend aus einer Schale mit Erbsenhülsen, einem Paar Schuhen und einem Blumenstrauß auf der Türschwelle. Bei diesem Bild ist die Herangehensweise so ähnlich wie bei den vorigen Übungen. Hier jedoch ist weder die Linie allein noch der Tonwert Bild bestimmend – alle Methoden wurden so eingesetzt, dass das Motiv so überzeugend wie möglich wirkt.

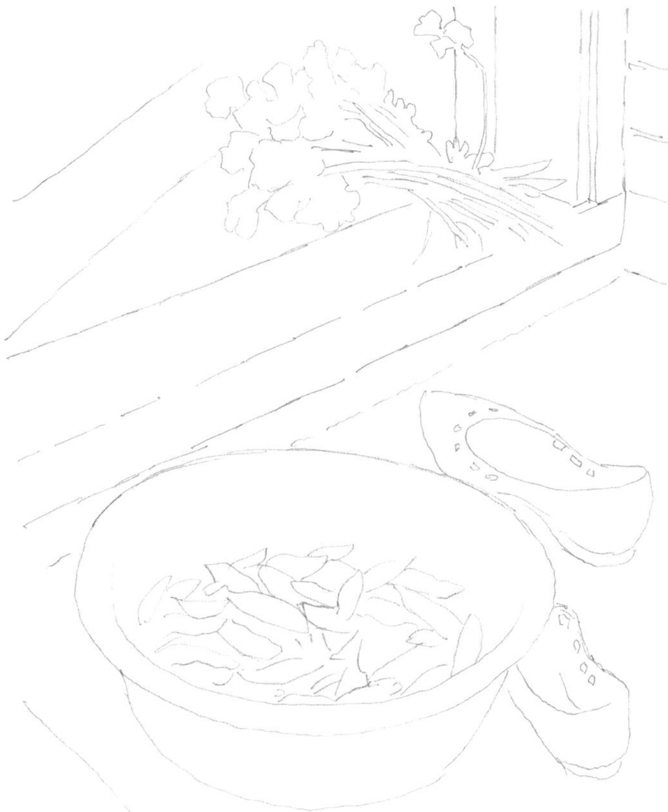

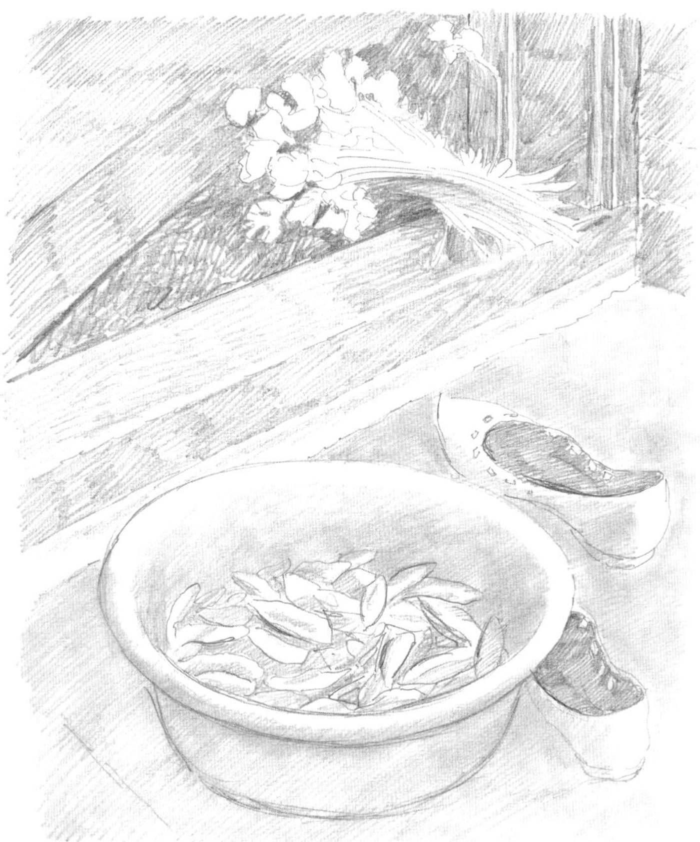

Fertigen Sie zuerst eine Umrisszeichnung an, um die Hauptformen festzulegen. Danach arbeiten Sie sowohl mit Konturen als auch mit Schattierungen, bis sich ein glaubwürdiges Abbild dieser Szene ergibt. Alle Gestaltungstricks sind erlaubt – auch der Einsatz eines Radiergummis, mit dem man einige der hellsten Stellen, die zuvor von der Schraffur überdeckt waren, wieder hervorhebt.

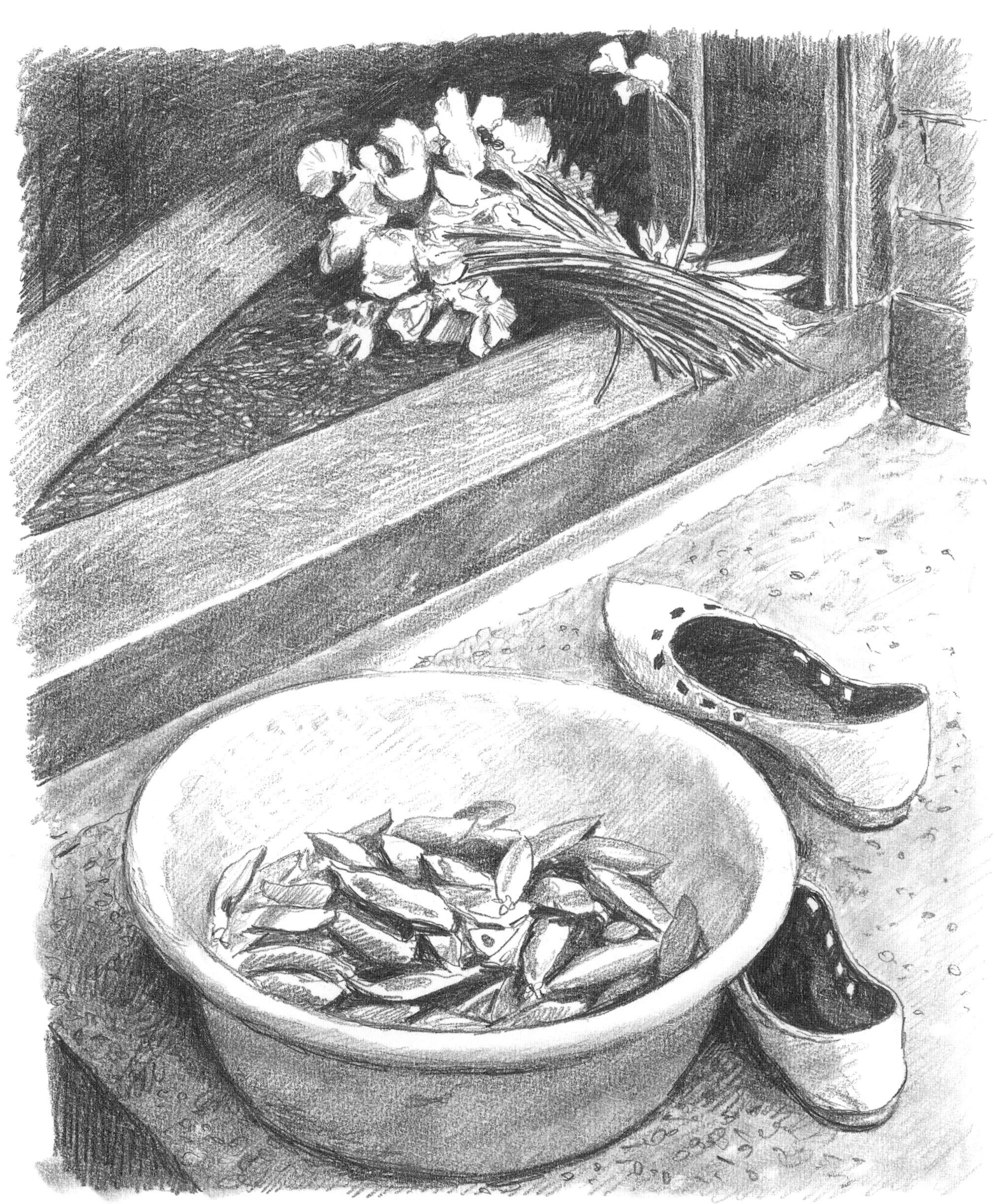

PASTELLE, KOHLE UND KÜNSTLERKREIDEN

Klassische Pastellfarben, Zeichenkohle und andere Künstlerkreiden gehören zu den altbewährten Materialien, die in unterschiedlicher Aufmachung erhältlich sind. Die weichsten Pastellkreiden (Softpastell) mit ihrem runden Querschnitt werden von vielen Künstlern bevorzugt, sind aber teuer und schnell aufgebraucht. Es gibt jedoch auch härtere, ebenfalls sehr gute Pastellkreiden, die meisten einen eckigen Querschnitt haben.

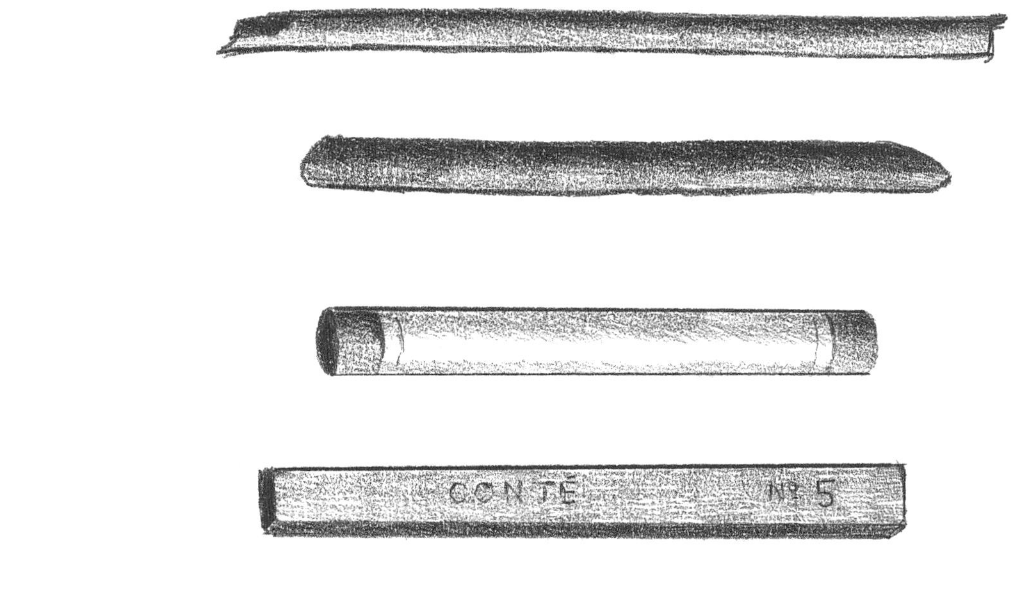

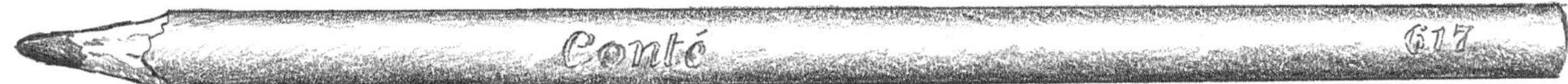

Die beliebteste Naturzeichenkohle besteht meistens aus Weide und hat einen sehr weichen Strich. Sie eignet sich für viele Techniken, vor allem aber für große Formate. Weich verwischen lässt sie sich mit den Fingern, einem Tuch oder, wie bei der Bleistiftzeichnung, mit Papierwischern (Estompen).

Besorgen Sie sich Zeichenkohle in verschiedenen Breiten und testen Sie sie auf einem Papierrest – Naturkohle ist recht brüchig, wenn man zu kräftig aufdrückt. Denn es zählt zu ihren größten Vorteilen, dass man mit ihr leichthändig gestalten, das Papier rasch tönen und die Kohle auch wieder leicht wegradieren kann.

Eckige Pastell- und Zeichenkreiden (zum Beispiel von Conté) sowie gepresste Zeichenkohle sind einfach anzuwenden. Sie zerbröseln weniger schnell und werden gern für allerlei Zeichenaufgaben eingesetzt. Auch in Stiftform, ummantelt mit Holz oder Papier, werden Pastelle, Kohle und Kreiden angeboten. Zwar sind sie nicht so vielseitig einsetzbar, aber dafür sind sie sauberer handzuhaben. Man kann sie einzeln in verschieden umfangreichen sortierten Packungen kaufen.

Fertige Kohle-, Pastell und Kreidearbeiten verwischen sehr leicht und müssen deshalb mit einem guten Fixativ (Künstlerbedarfshandel) übersprüht werden.

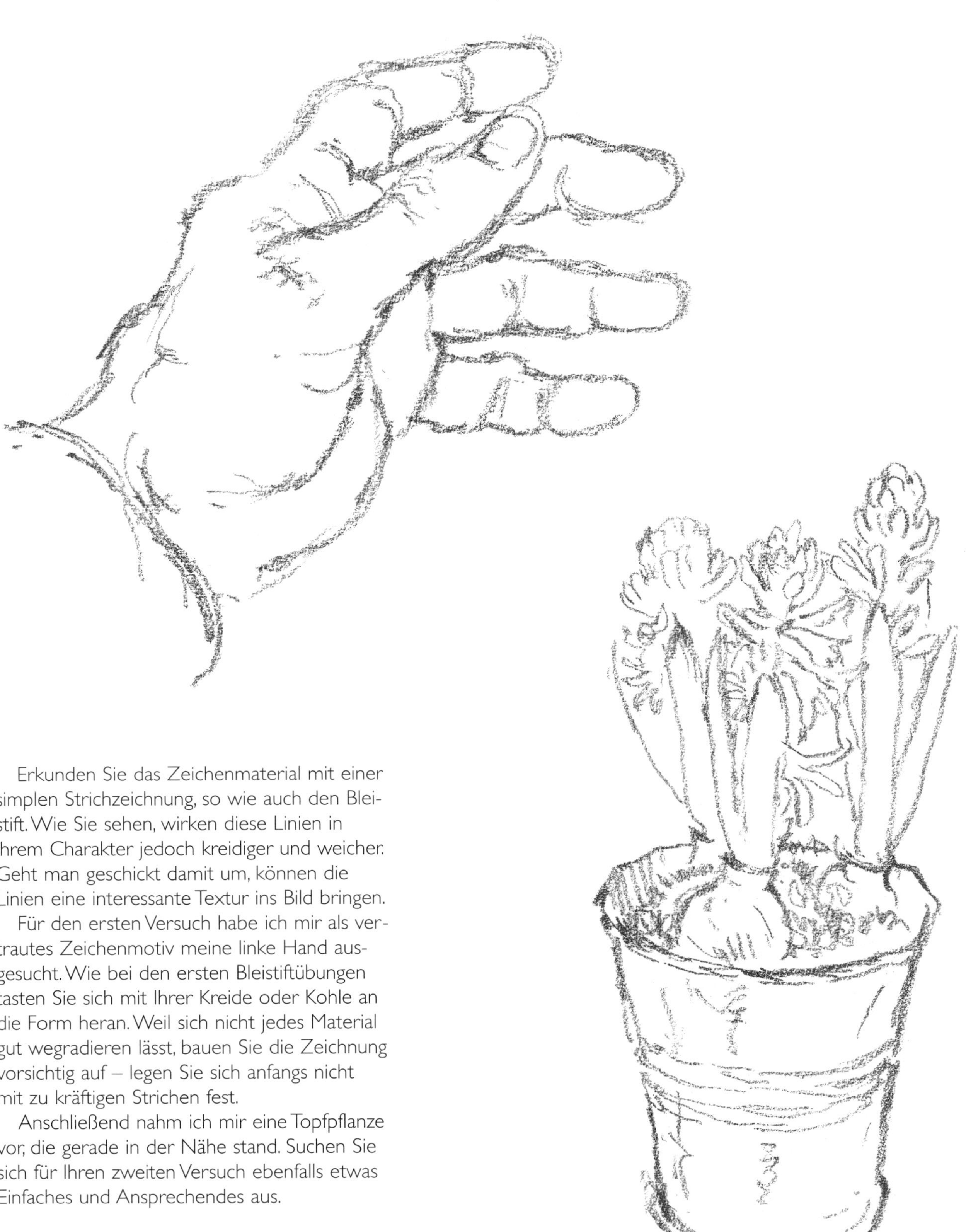

Erkunden Sie das Zeichenmaterial mit einer simplen Strichzeichnung, so wie auch den Bleistift. Wie Sie sehen, wirken diese Linien in ihrem Charakter jedoch kreidiger und weicher. Geht man geschickt damit um, können die Linien eine interessante Textur ins Bild bringen.

Für den ersten Versuch habe ich mir als vertrautes Zeichenmotiv meine linke Hand ausgesucht. Wie bei den ersten Bleistiftübungen tasten Sie sich mit Ihrer Kreide oder Kohle an die Form heran. Weil sich nicht jedes Material gut wegradieren lässt, bauen Sie die Zeichnung vorsichtig auf – legen Sie sich anfangs nicht mit zu kräftigen Strichen fest.

Anschließend nahm ich mir eine Topfpflanze vor, die gerade in der Nähe stand. Suchen Sie sich für Ihren zweiten Versuch ebenfalls etwas Einfaches und Ansprechendes aus.

TONWERTE MIT PASTELL, KOHLE UND KREIDEN

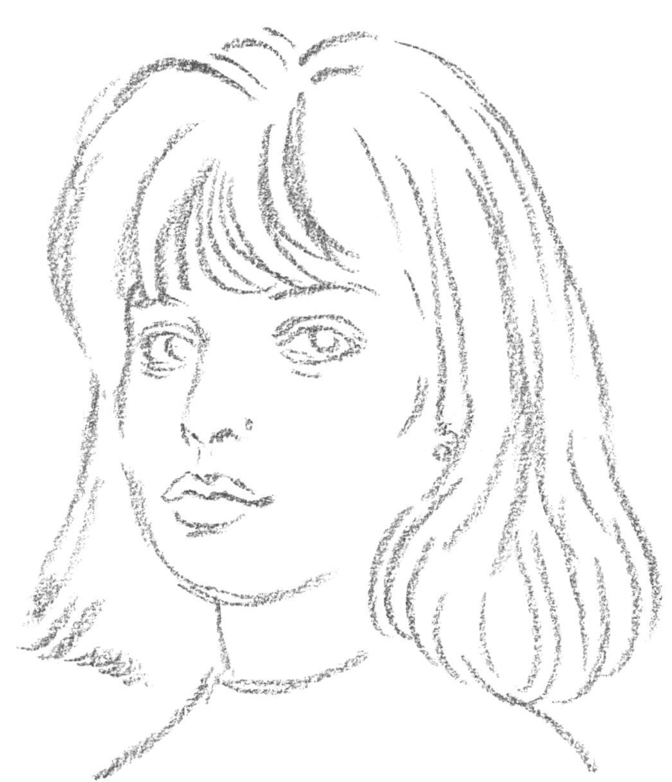

Übung 1

Um das Zeichnen zunächst etwas zu erleichtern, arbeiten Sie nun mit einem sehr guten Foto – es sollte eine weite Tonwerteskala aufweisen – anstatt mit einer realen Person. Gewöhnlich erhalten wir beim Zeichnen nach Fotos nicht so viele Informationen, wie unser Auge vom realen Objekt aufnehmen kann. Bei dieser Übung ist diese Reduktion jedoch von Vorteil, weil so die Tonwertstufen viel klarer wahrgenommen werden können.

Mit dem Wissen, dass sich Pastelle, Kohle und Kreiden nicht immer sauber wegradieren lassen, zeichnen Sie zu Beginn sorgfältig die wichtigsten Konturen des Gesichts und des Kopfes.

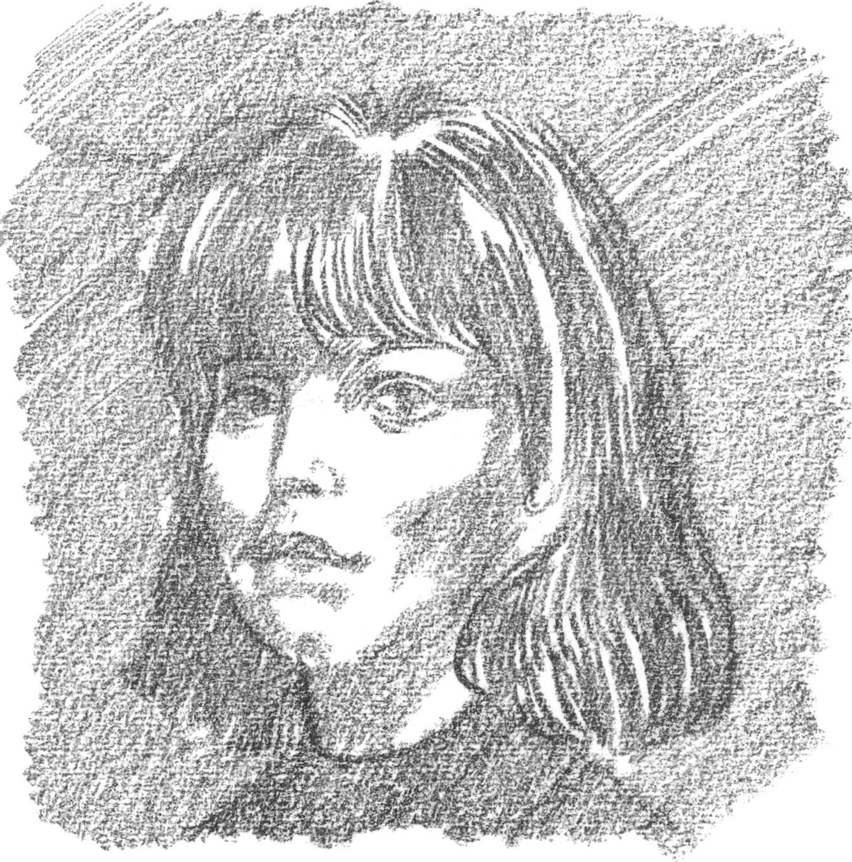

Danach zeichnen Sie, so wie beim Sesselbild zuvor (Seite 131), zunächst nur einen einzigen, möglichst hellen Tonwert überall dort ein, wo im Foto irgendeine Schattierung sichtbar ist.

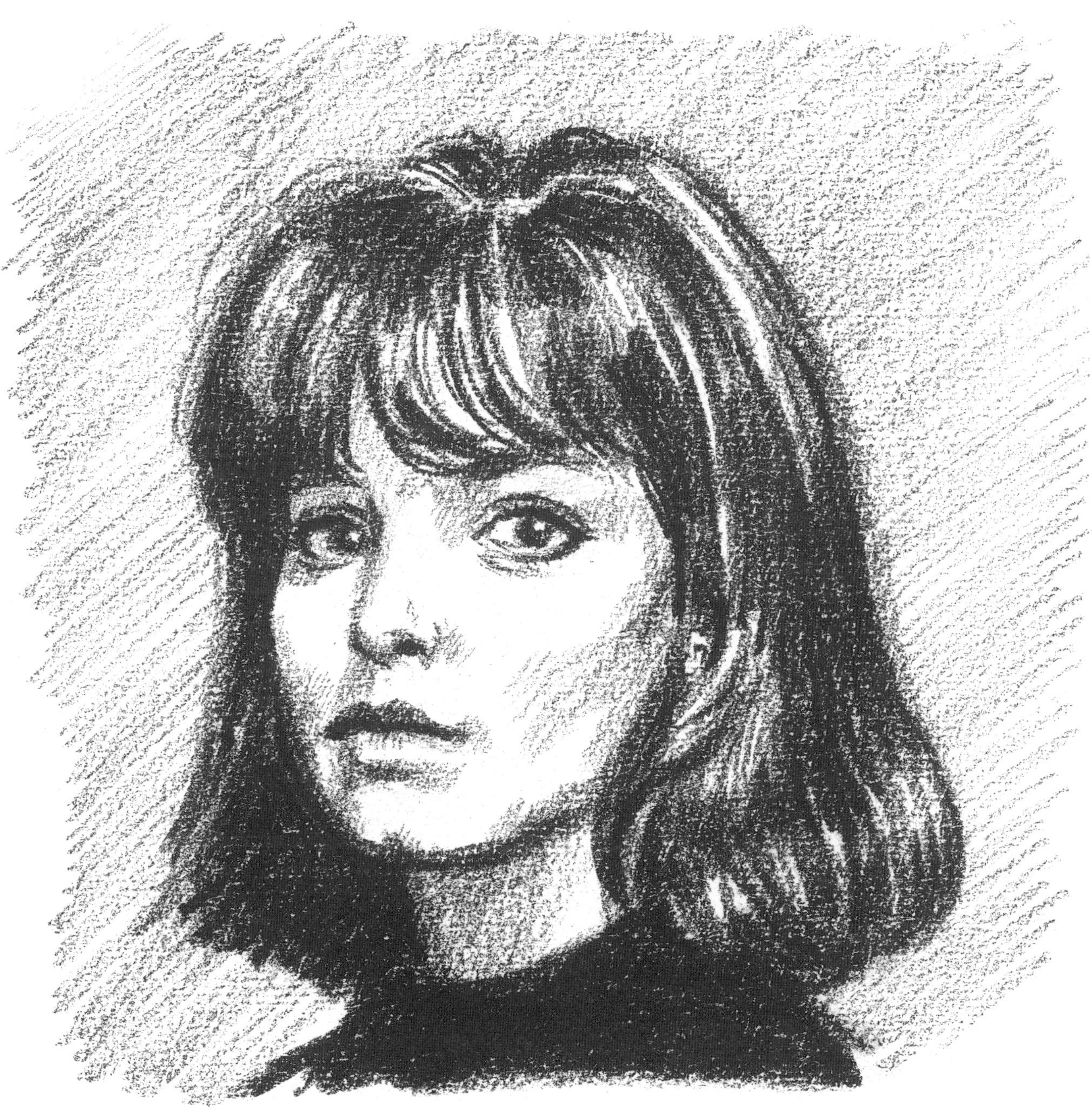

Schließlich bauen Sie die dunkleren Tönungen allmählich weiter auf, bis das Bild der Fotovorlage immer ähnlicher wird.

Übung 2

Nun folgt ein schlichtes Stillleben, um Ihre Fertigkeiten zu testen, die Sie bislang mit diesem Material erworben haben. Ich stellte eine Gruppe aus drei Krügen auf die Anrichte, der Hintergrund war dunkel.

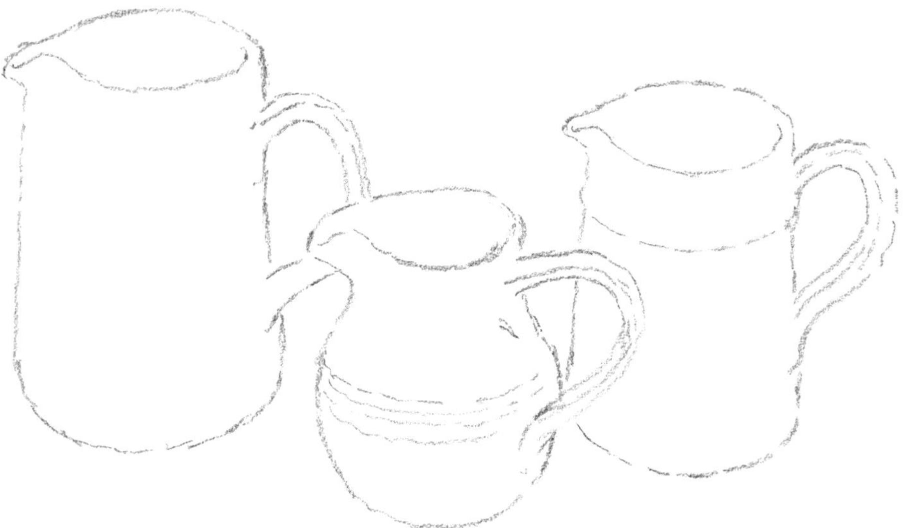

Wie üblich, zeichnete ich zunächst die Konturen. Gehen Sie mit dem Material behutsam um, damit die Formen richtig sitzen.

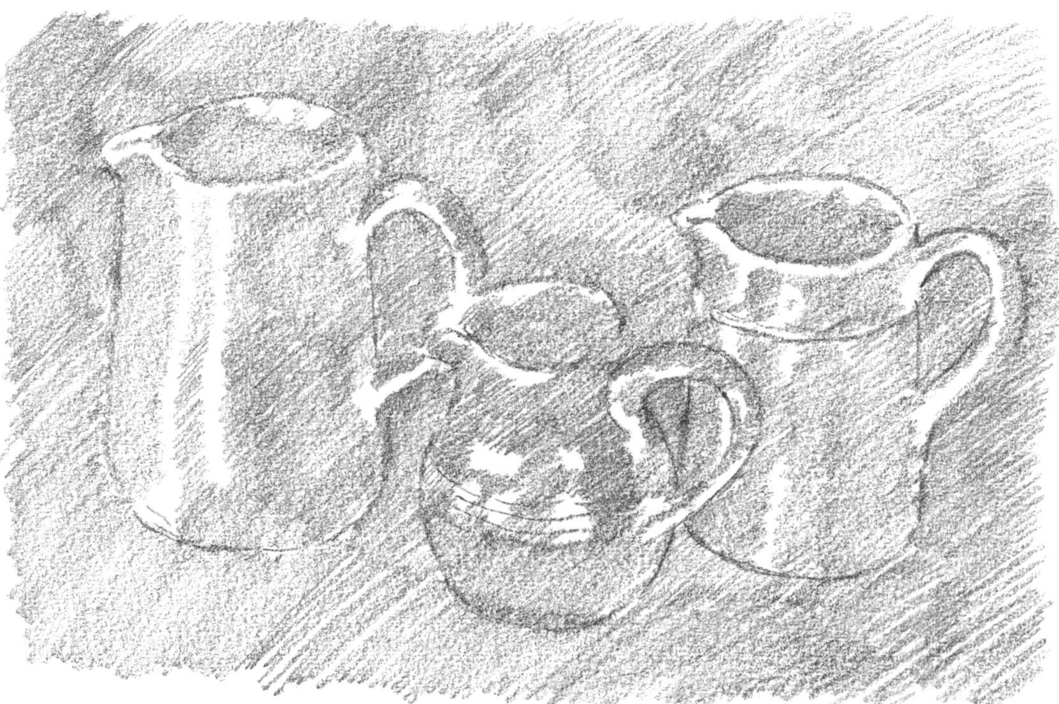

Auch hier schattieren Sie alle getönten Bereiche zuerst mit einem einheitlichen Ton, wobei nur die hellsten Lichtreflexe ausgespart bleiben. In meinem Beispiel waren die Krüge recht dunkel, doch ihre glänzende Oberfläche ließ die »Highlights« umso deutlicher hervortreten.

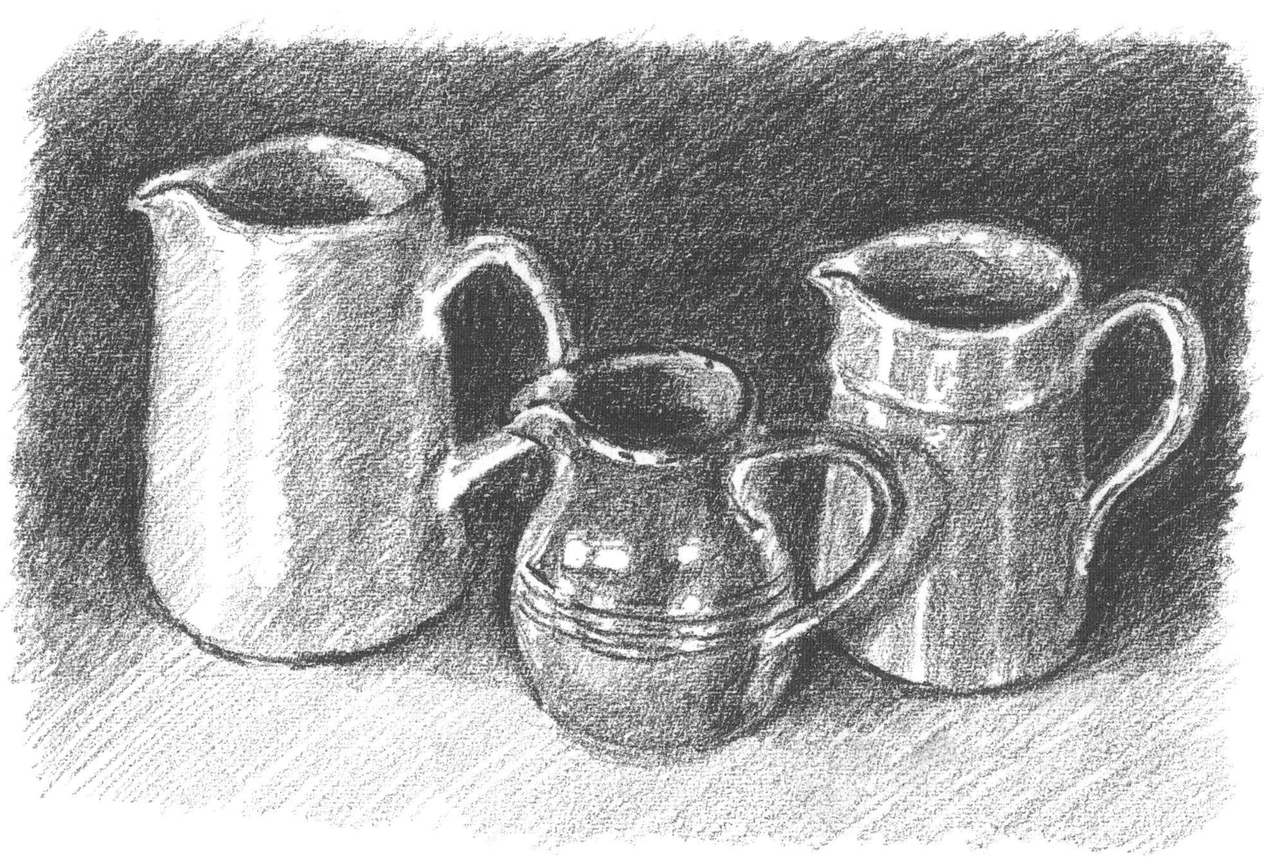

Sobald die Basis aus Linien und Schattierungsbereich geschaffen ist, überarbeiten und intensivieren Sie die Tonwerte, bis die Bildwirkung dem realen Stillleben möglichst nahe kommt. Sie sehen, wie dieses Zeichenmaterial dem Werk ein körperhaftes, texturiertes Aussehen verleiht. Nun können Sie sicher verstehen, warum Pastelle, Kohle und Kreiden zum Lieblingsmaterial vieler Zeichner gehören. Vergessen Sie nicht, Ihr Bild zu fixieren, damit es nicht verwischt.

TUSCHE UND ZEICHENFEDER

Die Linie ist bei diesem Material Bild bestimmend, sogar die Schattierungen werden mit unzähligen Strichen oder anderen Elementen aufgebaut. Deshalb ist Tusche ein langsames Medium bei großen Papierformaten, aber ideal für kleine Zeichnungen, die von feinsten Strukturen leben.

Es gibt unterschiedlichste Tuschesorten, Zeichenfedern und Tuschestifte. Im Gegensatz zur Tinte sind traditionelle Künstlertuschen intensiver, lichtechter und nach dem Trocknen meist wasserfest (bis auf wenige wasserlösliche Sorten). Diejenigen, die Acryl enthalten, finde ich weniger gut, da die Zeichenfeder sehr rasch verklebt. Hochwertige Tuschesorten (wie Indian Ink, Chinesische Tusche und andere) sind tiefschwarz und ergeben einen scharfen Strich; meist lassen sie sich mit Wasser zu fast jedem Grauton verdünnen (Herstellerangaben beachten).

Sie brauchen zudem einen Federhalter und eine sehr spitz zulaufende Metallzeichenfeder (im Gegensatz zu breiteren Kalligrafiefedern), beides im Fachhandel erhältlich. Diese Federn zum Eintunken gibt es in verschiedenen Größen und Feinheiten. Am besten probieren Sie mehrere aus, bis Sie eine finden, die Ihnen am meisten liegt. Meine persönliche Vorliebe ist die feinste Spitze, die ich erhalten kann. Auch die Elastizität der Federn ist unterschiedlich – hier werden ebenfalls einige Versuche nötig sein.

Es sind auch diverse, mit lichtbeständiger Zeichentusche gefüllte Stifte in verschiedenen Strichbreiten erhältlich. Meistens nutze ich den feinsten Stift (Nr. 0.1), manchmal auch die Nummern 0.3, 0.5 oder 0.8. Hier hilft nur, durch Ausprobieren die ideale Strichbreite für sich selbst herauszufinden. Ein Nachteil einiger Zeichentuschestifte ist, dass man sie wegwerfen muss, wenn sie leer sind – eine Flasche mit Tusche, Federhalter und Feder hält wesentlich länger, und man bekommt hierfür die spitzeren Federn. Im Fachhandel sind nun auch Tuschestifte und Fineliner mit austauschbaren Tuschepatronen in sehr feinen Strichbreiten erhältlich.

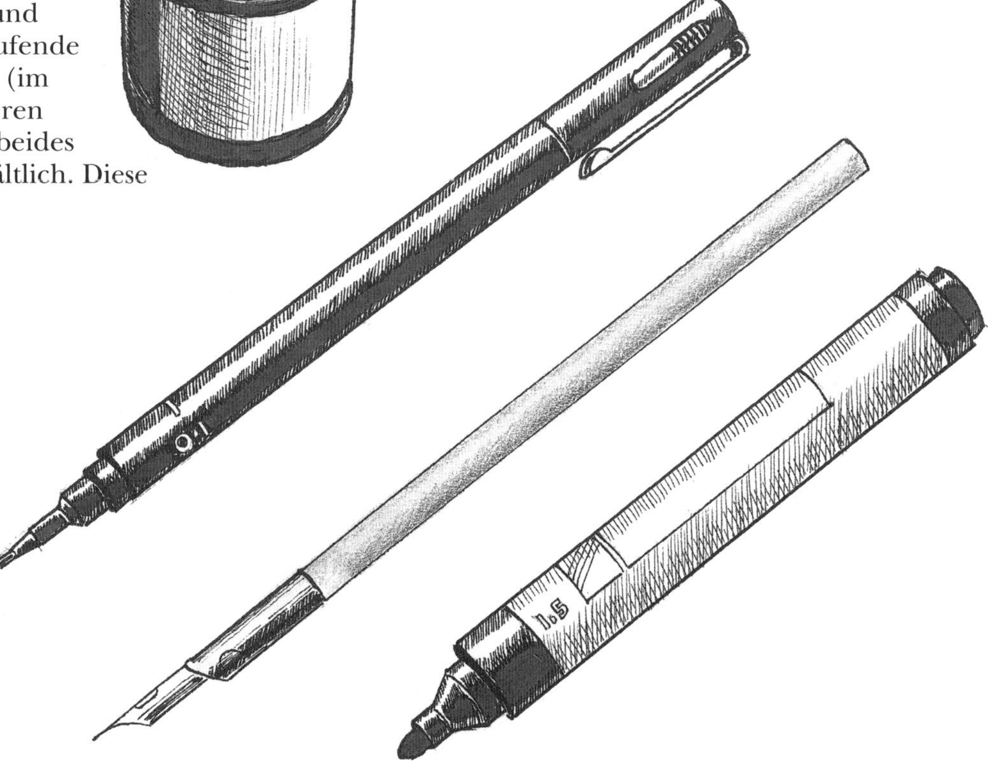

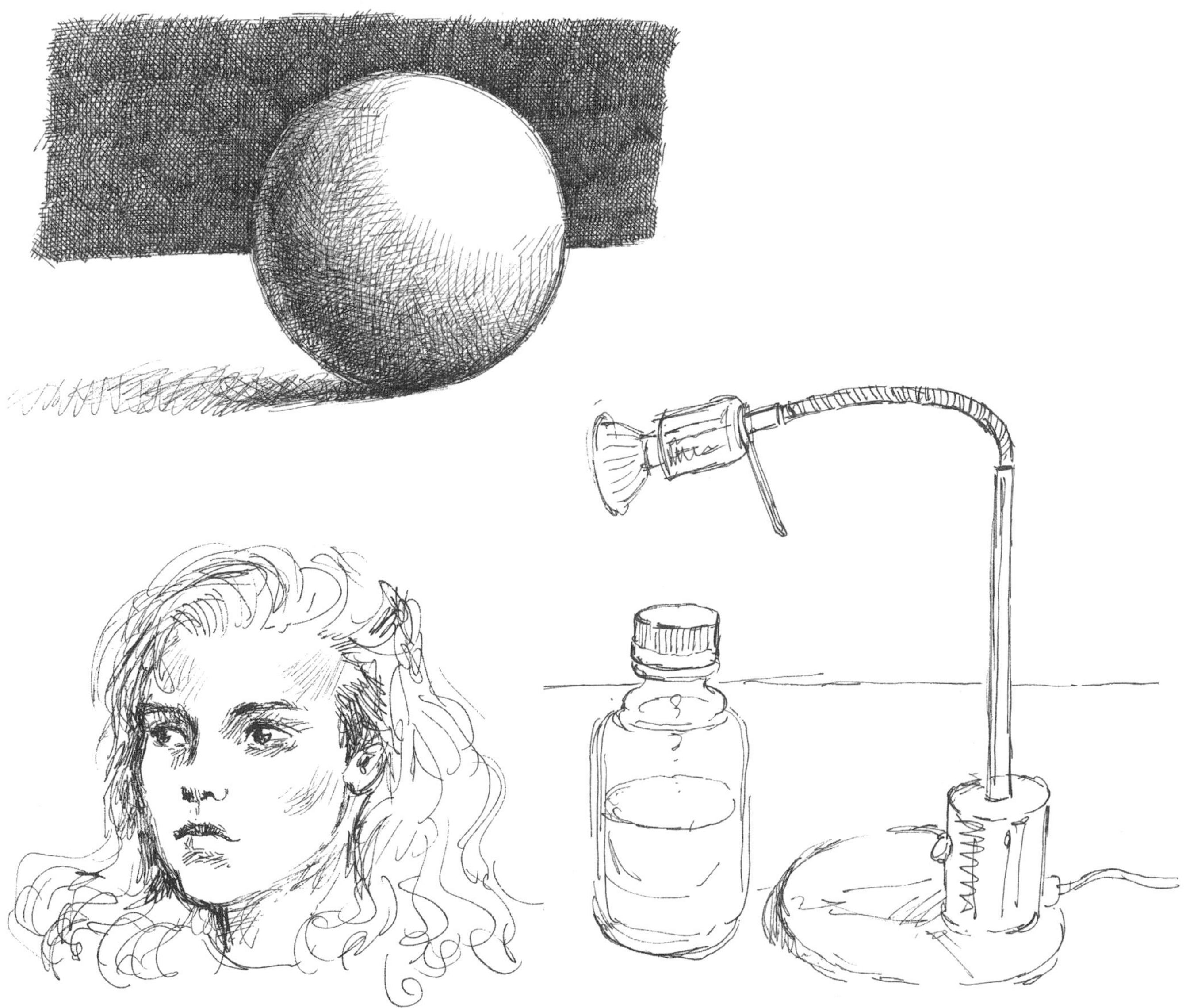

Versuchen Sie nun, mit Tusche eine Kugel zu zeichnen, die auf einer Fläche vor dunklem Hintergrund liegt. Ich habe sie nicht abgezeichnet, sondern konstruiert, auf der Basis von Beobachtungen, wie Licht solch ein rundes Gebilde formt. Sie sehen, wie sich der Schatten aus vielen sich kreuzenden Linien zusammensetzt. Mit dieser Technik, Kreuzschraffur genannt, können ganz gezielt Licht- und Schattenpartien dargestellt werden. Mit Geduld lässt sich sogar eine tiefschwarze Fläche erzeugen.

Der Trick bei dieser Art von Illusion besteht darin, die Linien sorgsam und möglichst so zu verteilen, dass der Übergang zwischen dunkelsten und hellsten Stellen fast unmerklich fein abgestuft ist. Sie sehen, wie sich die Kugel vor dem dunklen Hintergrund offenbar in den Vordergrund schiebt. Der am dichtesten schraffierte Schatten sitzt nicht direkt am äußeren Kreisrand, sondern ein wenig davon entfernt – hier scheint Licht vom hellen Untergrund unter die Kugel.

Danach fertigen Sie eine reine Strichzeichnung von einem Menschen an, so wie zuvor mit dem Bleistift. Doch nun können Sie die Fehler nicht mit dem Radiergummi ausmerzen. Arbeiten Sie die Kopfform also behutsam und mit sehr zarten Linien ganz allmählich heraus.

Abschließend zeichnen Sie einige Dinge aus Ihrem Haushalt, auch wieder beschränkt auf die Umrisslinien.

STILLLEBEN MIT TUSCHE UND ZEICHENFEDER

Diese Übung fordert Sie jetzt dazu heraus, eine umfangreiche Komposition mit Tusche und Feder zu gestalten. Planen Sie noch kein zu großformatiges Werk. Sind Sie mit diesem Material geübter, können Sie immer noch ausladender werden – doch das kann noch eine Zeit dauern.

Ich entschied mich für eine recht einfache Stillleben-Komposition, allerdings mit viel dunkler Fläche. Das bedeutete, dass ich zügig arbeiten musste, bis ich mit all meinen Tonwert-Schraffuren zufrieden war. Möchten Sie ein Übermaß an Zeichenarbeit vermeiden, wählen Sie lieber ein heller beleuchtetes Motiv.

Etwas heikel bei Tusche ist ihre Endgültigkeit. Deuten Sie daher am besten zuerst die Umrisse mit Bleistift an, um so sicherzugehen, dass bereits alle Formen richtig platziert sind. Auch kommerzielle Tuschebilder werden meist so angefertigt. Bevor man das Bild vollendet, werden alle Bleistiftlinien wegradiert. Es macht wirklich Spaß, völlig ohne Vorzeichnung mit Tusche zu gestalten, aber probieren Sie das möglichst dann aus, wenn das Ergebnis nicht so anspruchsvoll sein soll.

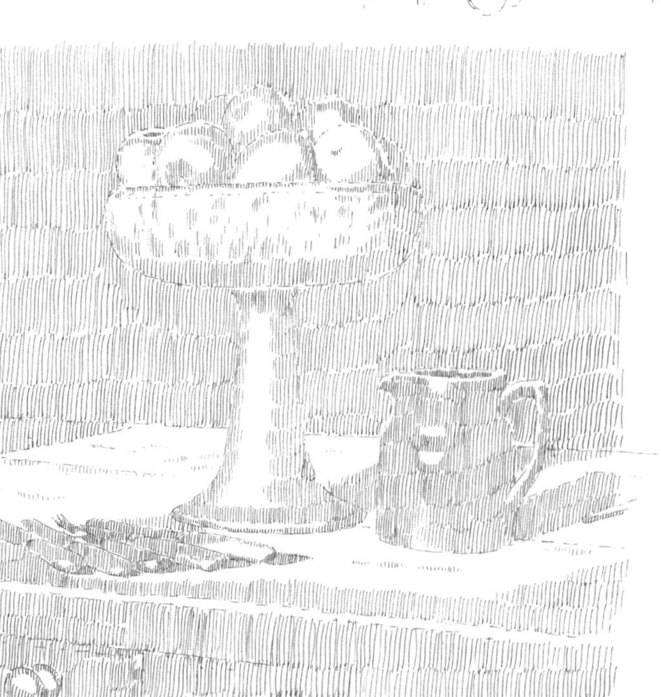

Haben Sie die Umrisszeichnung mit Bleistift fertiggestellt, ziehen Sie die Linien, so wie hier gezeigt, ganz leicht mit Tusche nach.

Wie bei den vorigen Übungen legen Sie nun eine einheitlich helle Schattierung über alle Partien, die getönt und nicht hell beleuchtet sein sollen – hier mit senkrechten Linien. Wie Sie sehen, verschwinden dabei fast alle Umrisslinien. Schraffieren Sie also nicht zu kräftig, sonst finden Sie Ihr Arrangement inmitten der getönten Flächen kaum noch wieder.

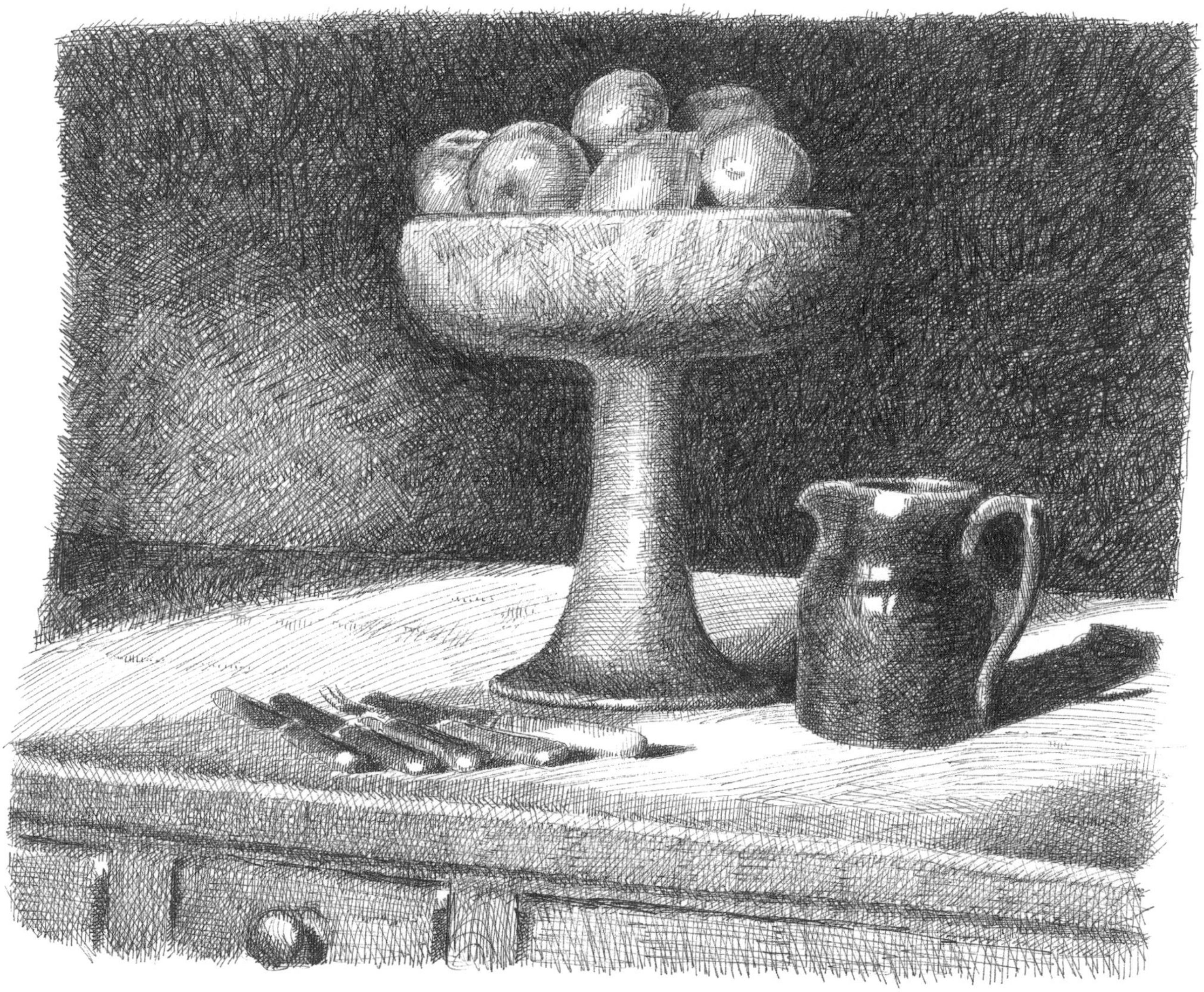

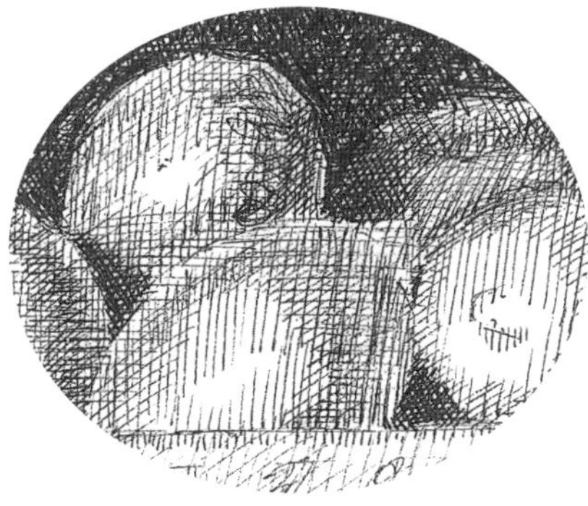

Um den Formen Kontur zu verleihen, schraffieren Sie nun den nächst dunkleren Bereich mit schrägen Linien in nur einer Richtung, die noch etwas dunkleren Partien zusätzlich mit waagerechten und die nächste Tonstufe mit schrägen Linien in entgegengesetzter Richtung – die Schattierung wird immer dichter. Wo Sie schon waagerecht, senkrecht und zweimal schräg schraffiert haben, machen Sie lagenweise in vielen weiteren Richtungen weiter, wenn der Ton extrem dunkel sein soll. Füllen Sie auch mit kurvigen, gekritzelten Strichen Stellen aus, die noch zu hell sind. Das dauert natürlich eine ganze Weile. Planen Sie also von vornherein genügend Zeit für dieses Material ein.

MIT DEM PINSEL ZEICHNEN

Die Pinselzeichnung ähnelt der klassischen Aquarellmalerei. Man verwendet selten bunte Farben, sondern beschränkt sich auf Schwarz und Grautöne. Ich empfehle schwarze, wasserfarbengeeignete Pigmente (etwa flüssige Tuben-Aquarellfarbe), doch auch verdünnte Tusche ist möglich.

Für diese Technik brauchen Sie: schwarze flüssige Aquarellfarbe oder wasserlösliche Tusche; Porzellanfarbschalen oder eine Kunststoff-Mischpalette zum Verdünnen der Farbe oder Tusche; ein möglichst gläsernes Wassergefäß, damit Sie leicht sehen, wann ein Wasserwechsel fällig ist (für lange Sitzungen verwende ich gleich zwei Gläser); und schließlich zwei Pinsel, für den Anfang in Größe 2 und 10 (später, mit mehr Erfahrung, nehmen Sie vielleicht noch einen in Größe 6 und einen sehr dicken Rundpinsel hinzu). Ideal wären Pinsel aus Kolinsky-Rotmarder-Haar; sie halten die Flüssigkeit am besten, haben die feinste Spitze, sind aber entsprechend teuer. Wenn Sie weniger Geld ausgeben und zunächst ausprobieren wollen, ob Sie Spaß an dieser Technik haben, besorgen Sie sich Fehhaar-, Misch- oder Synthetikpinsel. Diese Pinsel sind für kurze Zeit geeignet, doch leider verlieren die Spitzen dann ihre Form.

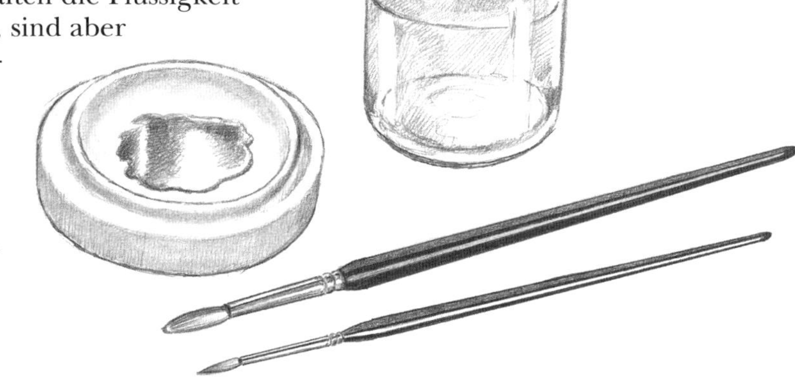

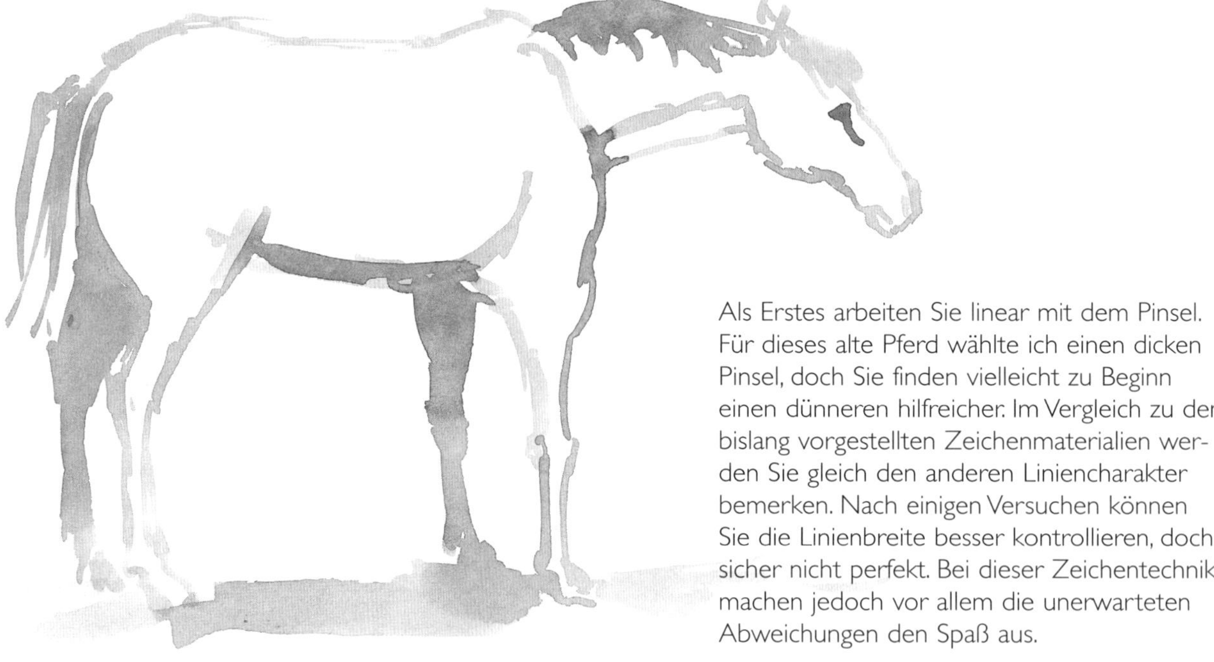

Als Erstes arbeiten Sie linear mit dem Pinsel. Für dieses alte Pferd wählte ich einen dicken Pinsel, doch Sie finden vielleicht zu Beginn einen dünneren hilfreicher. Im Vergleich zu den bislang vorgestellten Zeichenmaterialien werden Sie gleich den anderen Liniencharakter bemerken. Nach einigen Versuchen können Sie die Linienbreite besser kontrollieren, doch sicher nicht perfekt. Bei dieser Zeichentechnik machen jedoch vor allem die unerwarteten Abweichungen den Spaß aus.

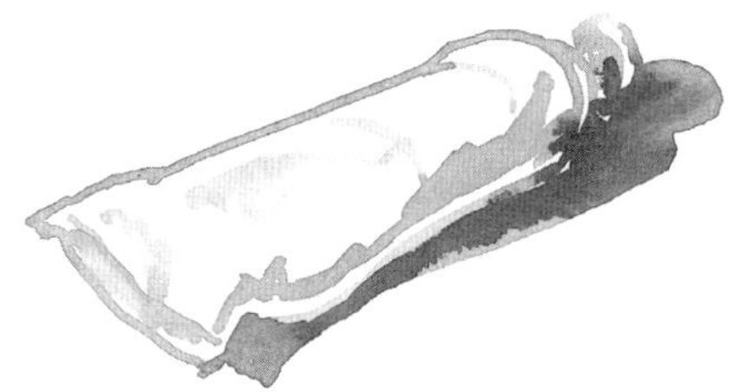

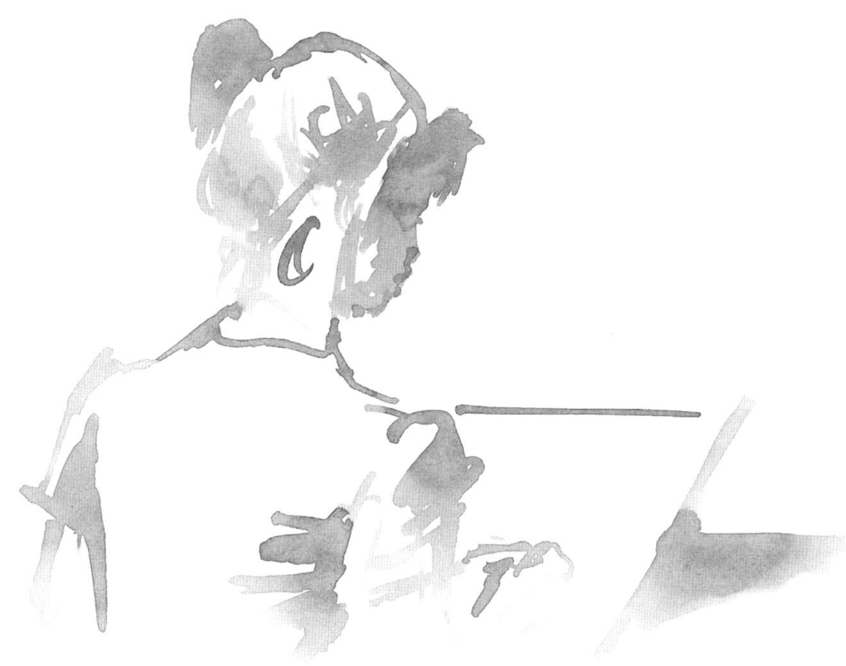

Danach gestaltete ich ein zeichnendes Mädchen, dabei nutzte ich wieder den Vorteil der verschieden breiten Strichführung aus. Mit der Licht- und Schattenverteilung meiner ersten Versuche war ich noch unzufrieden. Aber wenn ich eine wirklich dunkle Partie sah, übertrug ich sie gleich mit einem schnellen Pinselwischer ins Bild. Die Farbtube zeichnete ich genauso.

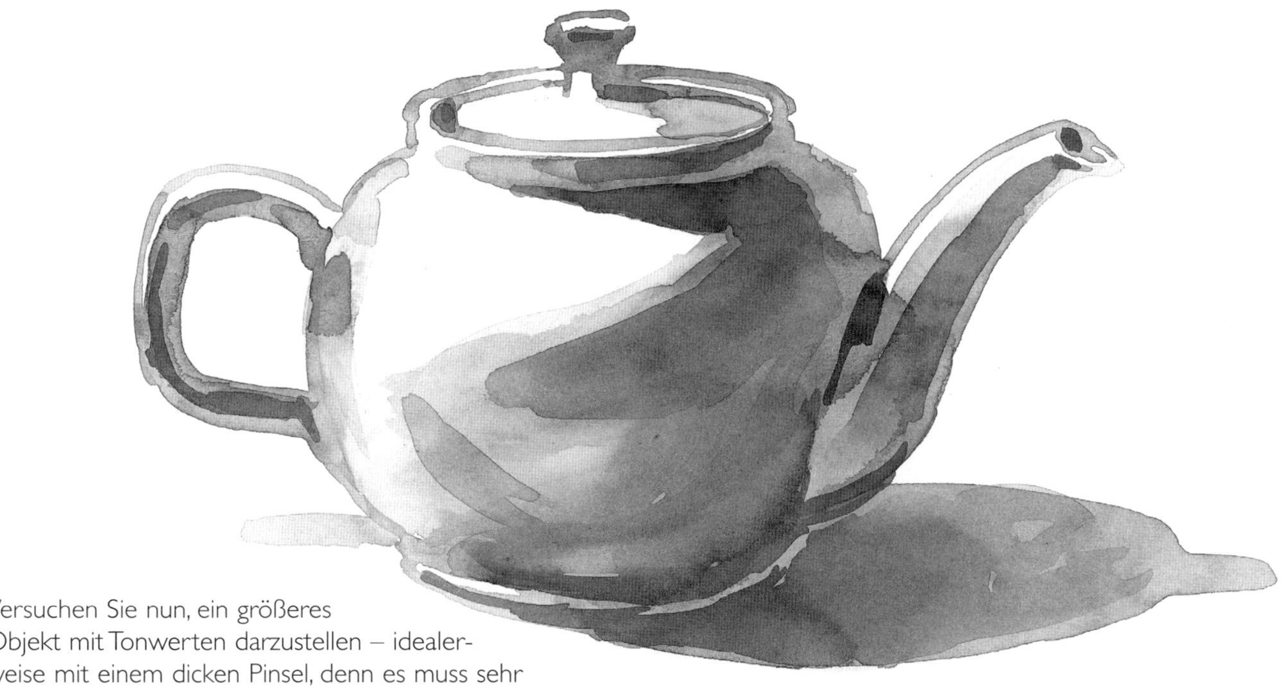

Versuchen Sie nun, ein größeres Objekt mit Tonwerten darzustellen – idealerweise mit einem dicken Pinsel, denn es muss sehr rasch ausreichend Farbe aufs Papier gebracht werden, bevor alles trocknet. Das Verschmelzen der Schattierungen gelingt am besten, wenn die Farbe noch feucht ist. Doch vor dem Setzen der dunkelsten, deutlicher konturierten Striche habe ich gewartet, bis das Bild trocken war. Schnelligkeit und Geduld – beides ist bei dieser Technik wichtig.

EIN STILLLEBEN

Nachdem Sie nun mit dem Pinsel geübt haben, sollten Sie mit der Handhabung ausreichend vertraut sein, um sich an etwas Anspruchsvolleres heranzuwagen. Ich wählte dafür dasselbe Arrangement wie für das Stillleben mit Tusche und Zeichenfeder (siehe Seite 146). Auf diese Weise können Sie die großen Unterschiede in den Techniken und die gleichermaßen interessanten Ergebnisse sehen.

Zuerst deuten Sie alle notwendigen Konturen mit dem dünnsten Pinsel zart auf dem Papier an. Falls Sie sich aber noch zu unsicher fühlen, zeichnen Sie zunächst die Umrisse mit dem Bleistift vor und ziehen dann diese Linien mit dem Pinsel nach. Vor dem nächsten Schritt radieren Sie überflüssige Bleistiftlinien aus der trockenen Zeichnung weg.

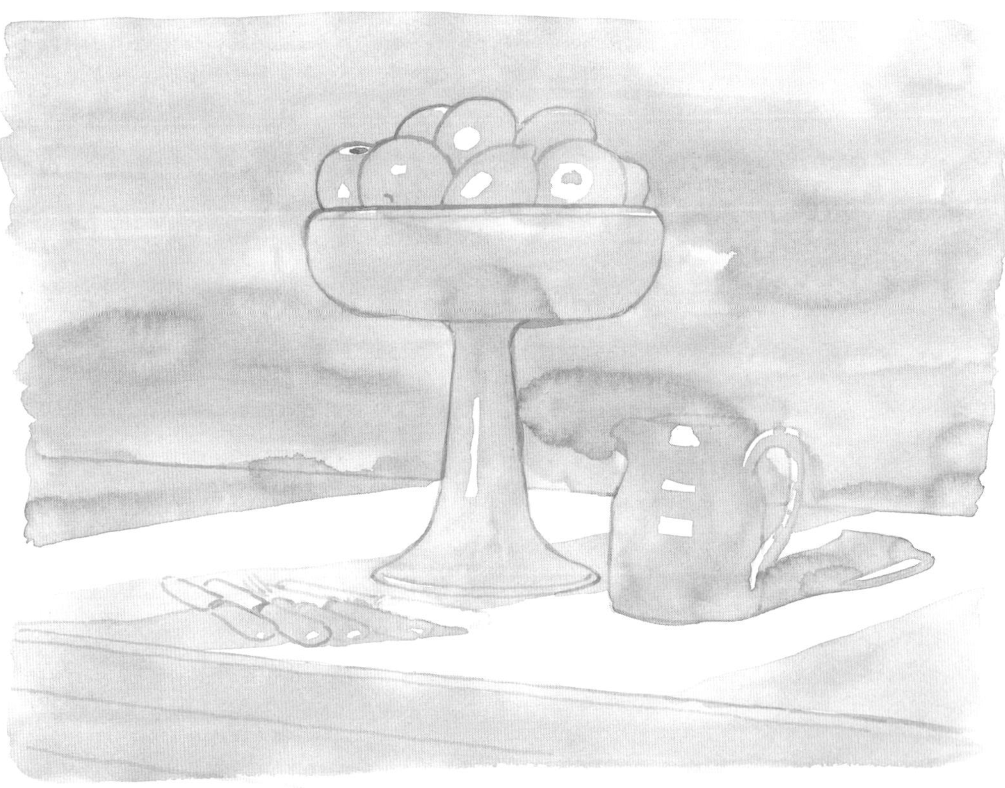

Nun legen Sie auch hier den hellsten Schattierungston über sämtliche Bereiche, die abgetönt werden müssen. Nur die hellsten Partien bleiben als weißer Papierton frei. Achten Sie darauf, diese Lichter später nicht aus Versehen zu übermalen.

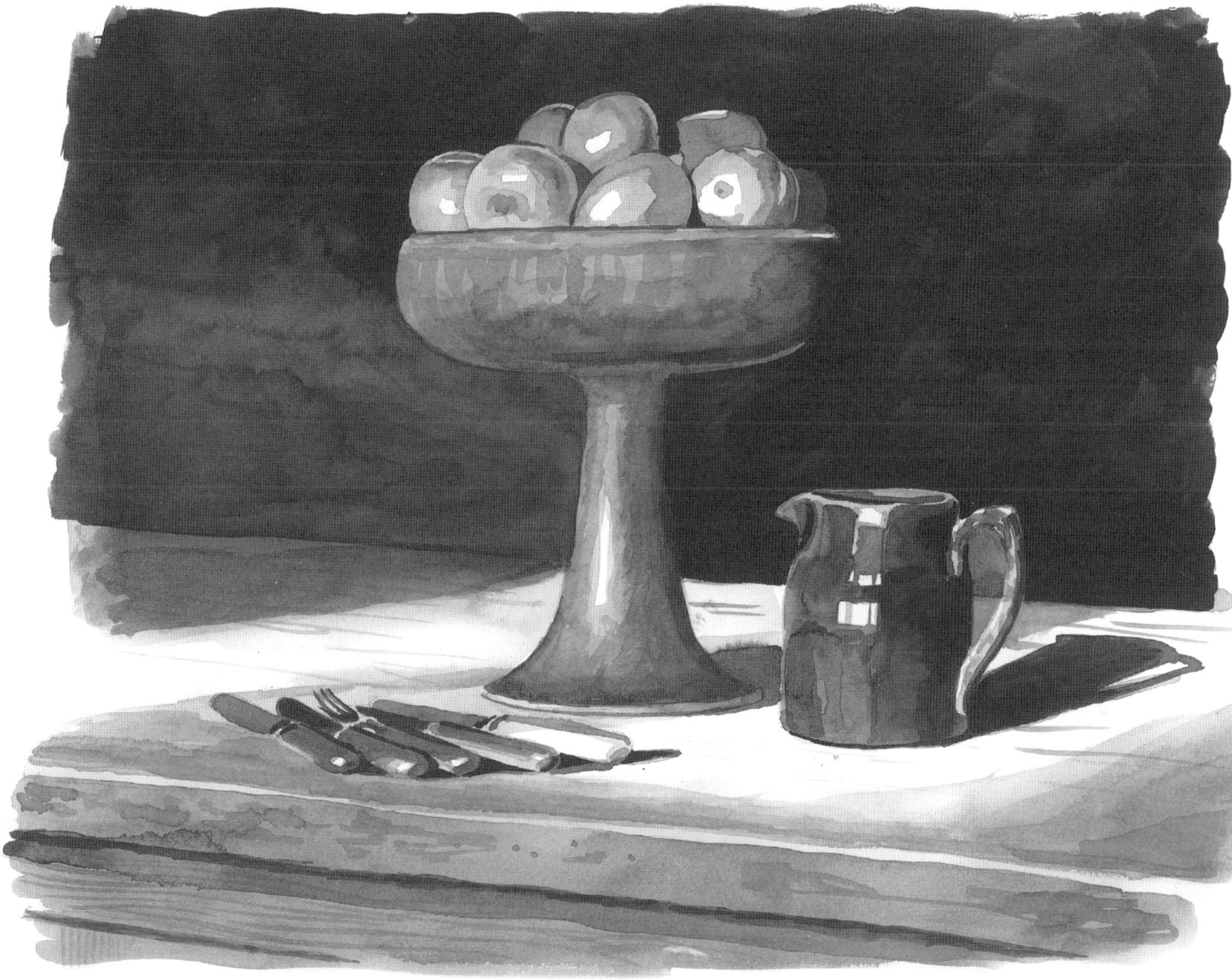

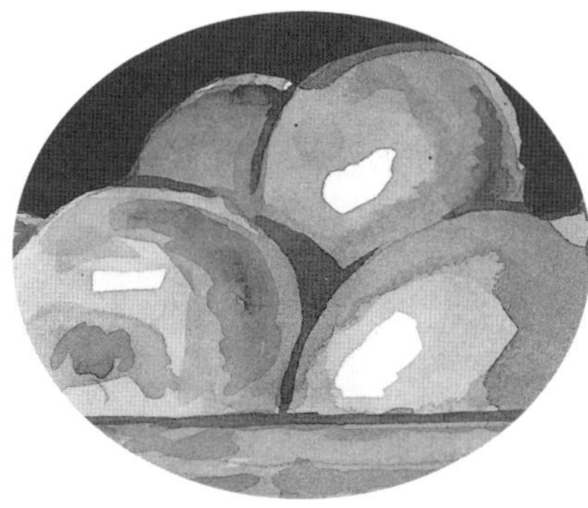

Bauen Sie nun die Schattierungen schrittweise von hell nach dunkel auf, bis Sie zum Schluss den tiefsten Ton ins Bild setzen. Aber seien Sie vorsichtig, denn man hat leicht zu kräftig abgedunkelt und stellt fest, dass die Wirkung nun übertrieben ist. Schließlich haben Sie das fertige Stillleben vor sich, das eigentlich ein Gemälde geworden ist. Vergleichen Sie es mit den anderen Bleistift-, Kreide- oder Tuschewerken.

MISCHTECHNIKEN

Die letzte Technik, die wir in diesem Kapitel erkunden, ist die Mischtechnik. Dabei werden einige oder alle Techniken miteinander kombiniert, die wir bislang kennengelernt haben – ergänzt um die Papiercollage.

Das erste, recht einfache Motiv habe ich deshalb gewählt, weil es sich mit verschiedenen Materialien gestalten lässt. Für diese flächige, grafische Zeichnung umriss ich zunächst die Formen mit einer dünnen Bleistiftlinie. Danach entstanden die Gesichtszüge und die Haarstruktur mit einem Tuschestift Nr. 0.1 und wasserfester Tusche.

Die Textur des Pullis und der Rockfalten habe ich mit einem Bleistift charakterisiert. Wichtig war mir, die verschiedenen Materialien für sich stehen zu lassen, ohne Überlappung – nur im Gesicht kam eine leichte Schattierung dazu.

Danach habe ich den Hintergrund sowie Arm, Gesicht und Hals ausgemalt und nach dem Trocknen die Hautpartien nochmals überarbeitet, da dieser Ton dunkler wirken sollte als der Hintergrund. Zum Schluss fügte ich den dunklen, rauen Türrahmen an der rechten Seite hinzu – die dafür verwendete Pastellkreide habe ich fixiert, damit sie nicht verschmiert und den Rest des Bildes verschmutzt.

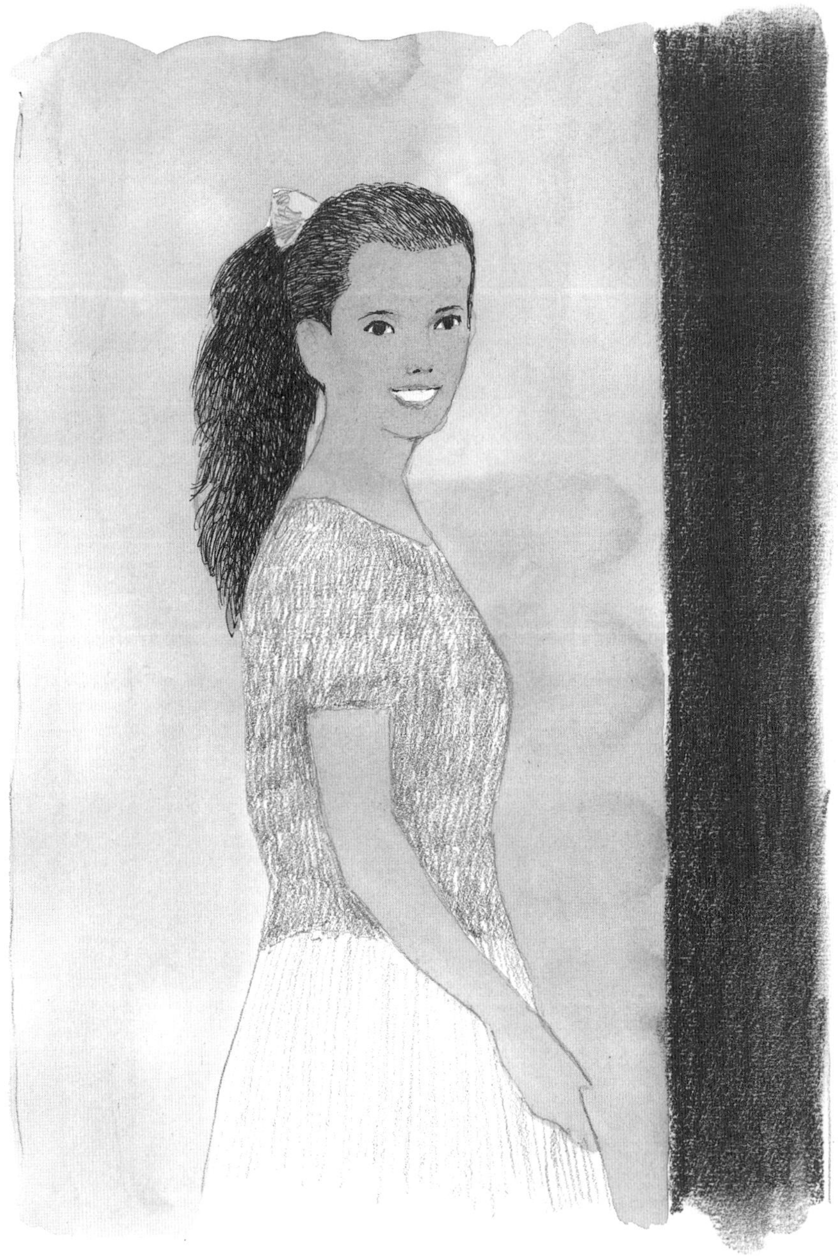

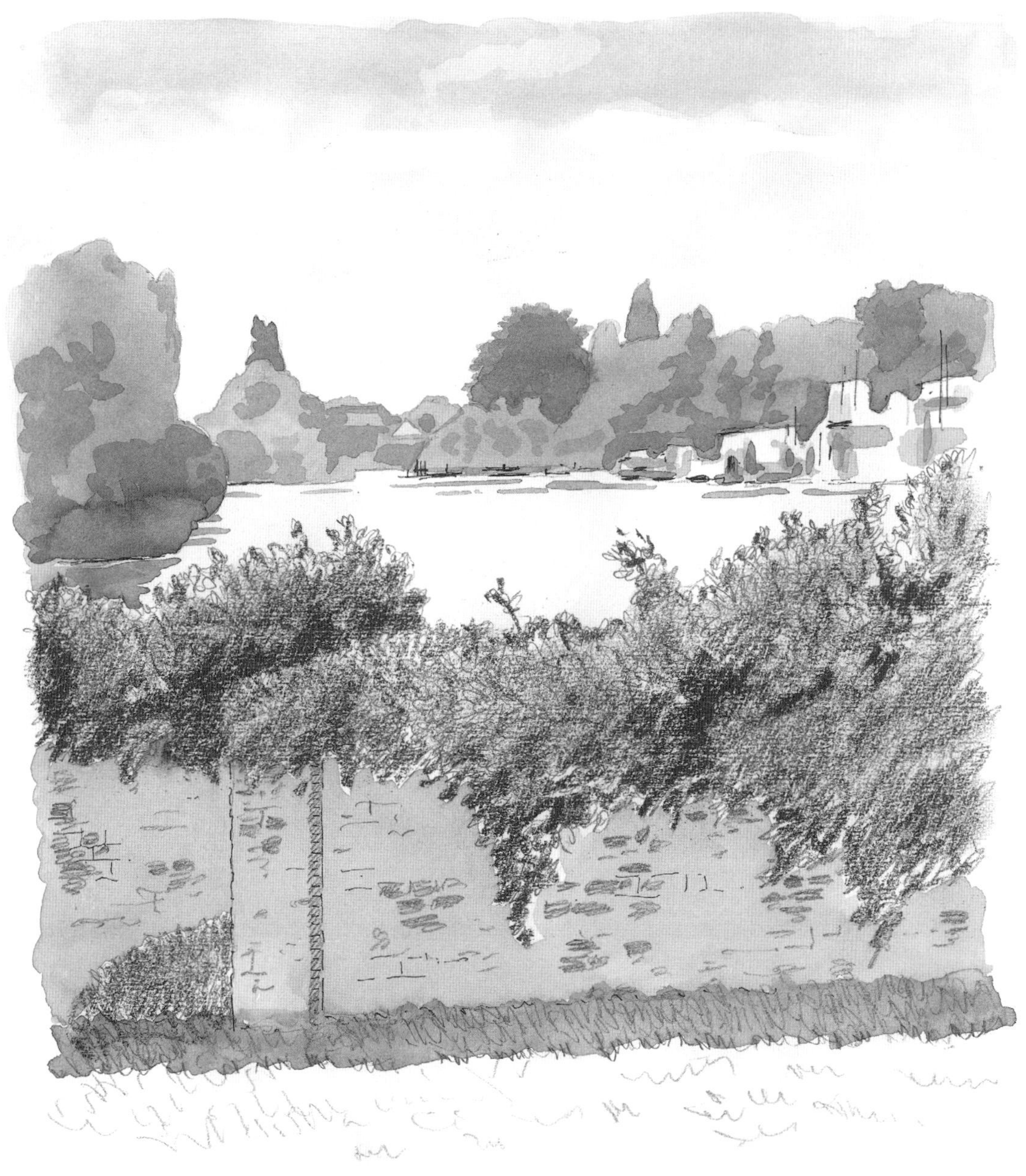

Kommen wir zu einer ähnlichen Übung, einem kleinen Landschaftsbild, das Sie im Freien gestalten können. Dieser Ausblick über die Themse bei Twickenham entstand im Sommer – für mich in England die beste Jahreszeit zum Zeichnen von Landschaften.

Zunächst brachte ich mit Bleistift ganz dünn die Hauptkonturen zu Papier, um das Bild danach von oben nach unten auszugestalten.

Den gesamten Bereich oberhalb des Vordergrundes habe ich mit dem Pinsel gemalt und möglichst viele Landschaftsdetails eingezeichnet. Mit Tusche und Zeichenfeder deutete ich die rechts am Ufer liegenden Boote an. Die Textur der über die Mauer wuchernden Pflanzen baute ich zunächst mit dem Bleistift auf; mit ihm deutete ich auch ganz ähnlich die Mauerstruktur und das Gras in der Wiese an.

Mit Aquarellfarbe und Pinsel schattierte ich dann die Mauer und ihren Schatten auf der Wiese, wobei ich den Schatten etwas dunkler tönte als die Mauer.

Zum Schluss verlieh ich mit Kohlestift und Kritzelstrichen den über die Mauer wachsenden Pflanzen eine quirlig-lebendige, dichte Struktur – ganz im Gegensatz zur übrigen Vegetation in diesem Bild. Teilweise verwischte ich diese Striche mit dem Daumen.

Diese größere Komposition zeigt Bauwerke und Bäume am Eccleston Square in London. Suchen Sie sich in Ihrer Nähe eine Stadtlandschaft mit ähnlichen Elementen. Achten Sie darauf, dass Sie weit genug zurücktreten können, um einen vernünftigen Betrachtungsabstand zu gewinnen.

Hier habe ich auf die linke Bildseite zuerst ein getöntes Papierstück gelegt, das ich oben und rechts zurechtschnitt; die anderen Kanten sind gerissen. Fixiert man es mit Papierkleber, kann man darauf ganz normal weiterzeichnen.

Mit Bleistift legte ich zu Beginn die Hauptlinien für Fenster, Bäume und Gitter fest. Danach überarbeitete ich die Einzelheiten der Gebäude mit Tusche und Feder: einige recht skizzenhaft, andere detaillierter.

Für die Bäume und die Pflanzen verwendete ich einen Kreidestift, ebenso für die Schattierungen auf der Papiercollage. Mit dem Pinsel setzte ich dunklere Schattenakzente an die Häuser und übermalte stellenweise die Kreidestrukturen der Bäume und der übrigen Vegetation. Die zwei Helligkeitsstufen der Aquarellfarbe erzeugen einen räumlichen Tiefeneffekt.

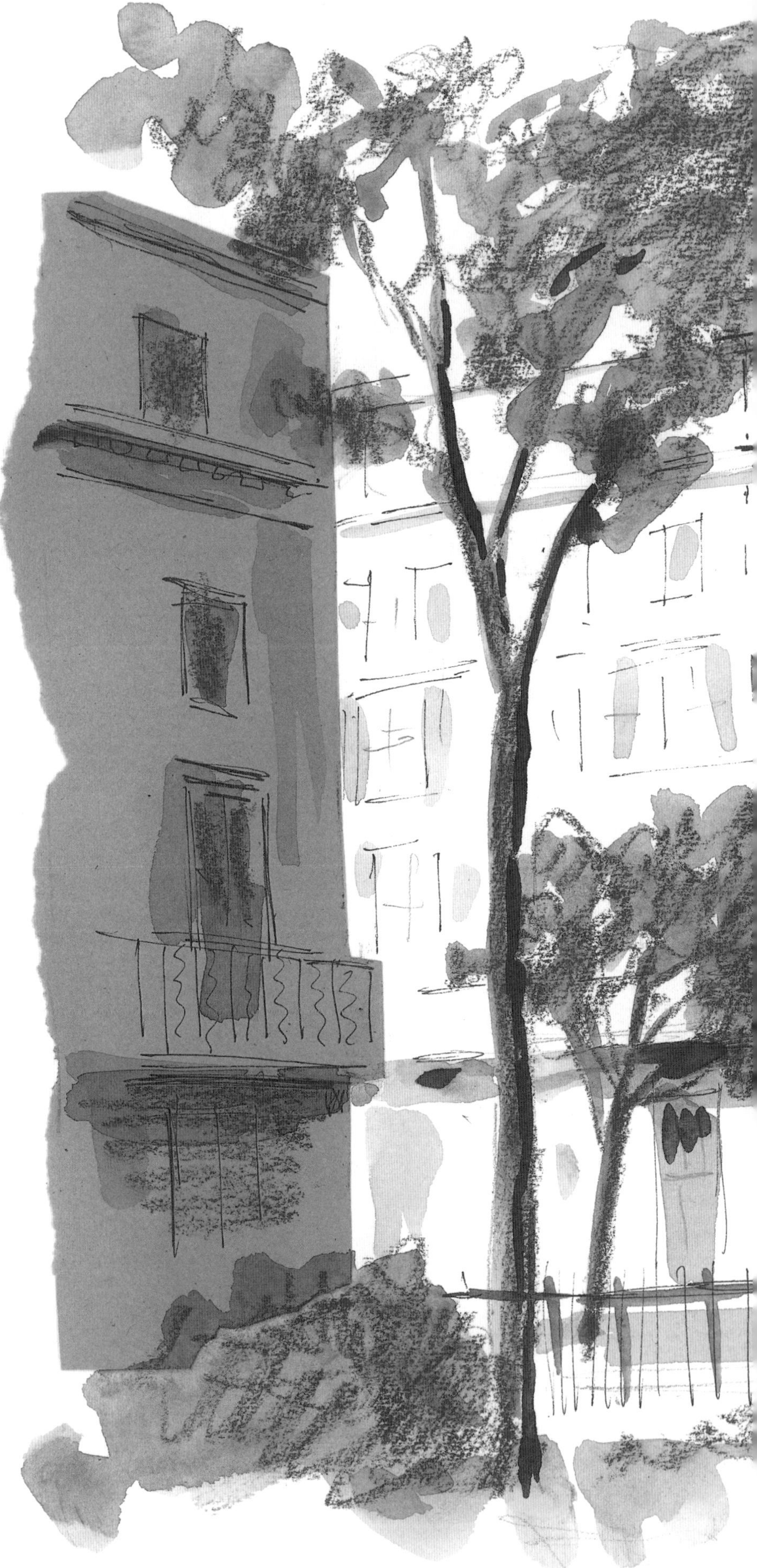

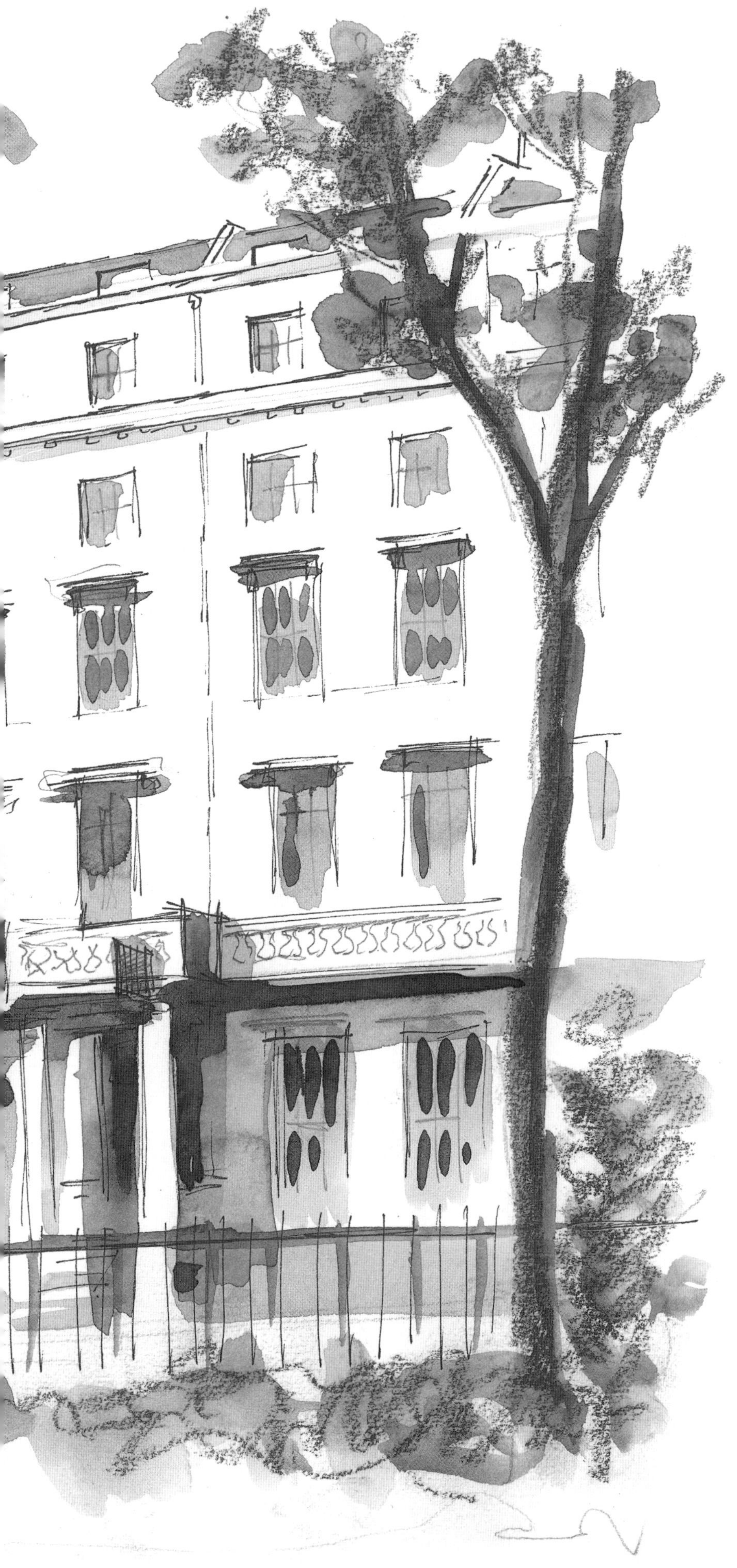

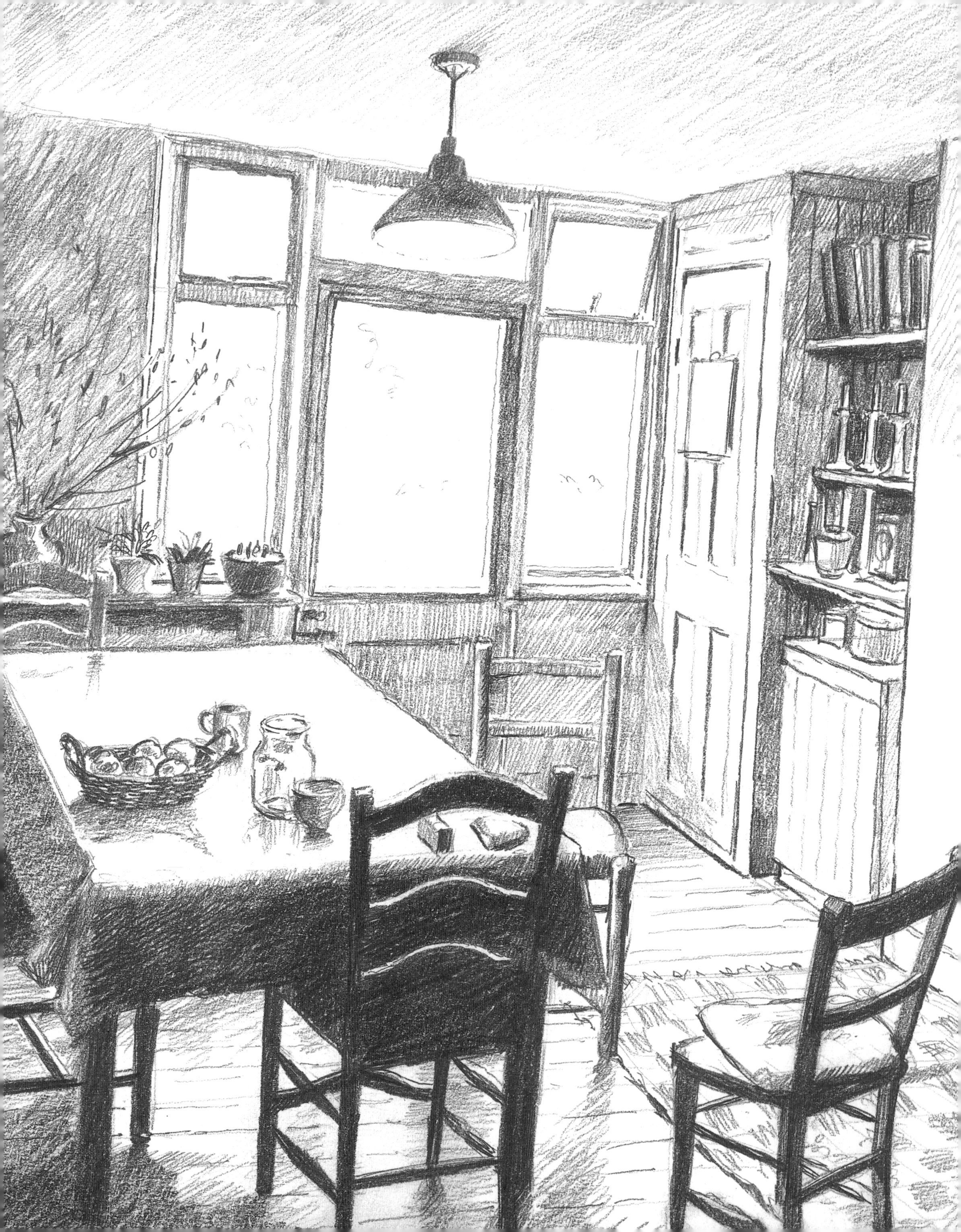

LEKTION 7

PERSPEKTIVE UND VERKÜRZUNG

Mit der Perspektive haben wir uns bislang nur wenig beschäftigt. In diesem Kapitel betrachten wir sie genauer, denn zum Zeichnen optisch glaubwürdiger Bilder ist die Perspektive unumgänglich. Ihre Grundlagen sind leicht verständlich und umsetzbar. Aber sie wird nur für den zur zweiten Natur, der sie nach viel Übung einsetzt, ohne darüber nachzudenken.

Die ersten Lernstufen auf dem Weg dorthin sind sehr theoretisch und bis zur praktischen Umsetzung womöglich gar irritierend oder wenig überzeugend, vor allem da bis dahin keine direkte Beobachtung möglich ist. Hier liegt auch der Grund dafür, dass wir computergenerierte, dreidimensional wirkende Bilder meistens als irreal empfinden. Auf den ersten Blick effektvoll, fehlen ihnen bei genauerem Hinsehen die Feinheiten, die sich in der Welt beobachten lassen.

Mit etwas Übung in der Umsetzung der Perspektive verstehen Sie die Zusammenhänge in der realen Welt rasch und können Ihre Zeichnungen geschickt anpassen. Anfangs mag das Thema trocken wirken, doch es lohnt sich unbedingt, diese recht systematische Wiedergabe der visuellen Welt zu beherrschen. Sonst gewöhnen Sie sich das Zeichnen von Objekten an, die dem Betrachter irgendwie falsch vorkommen.

PERSPEKTIVE MIT FLUCHTPUNKTEN

Die Kunst der Perspektive besteht darin, dem Auge die Illusion von Räumlichkeit zu suggerieren – also Tiefe und Raumwirkung. Mit Hilfe der von mir entwickelten Übungsserie lernen Sie nun, perspektivische Zeichnungen anzulegen.

PERSPEKTIVE MIT EINEM FLUCHTPUNKT

Die erste Übung behandelt die Zentralperspektive mit nur einem Fluchtpunkt. Das bedeutet, dass sich in diesem Punkt all die Hauptlinien treffen, die in der Realität parallel vom Betrachter zum Horizont streben. Alle anderen Linien verlaufen in unserem Beispiel entweder waagerecht oder senkrecht auf dem Papier.

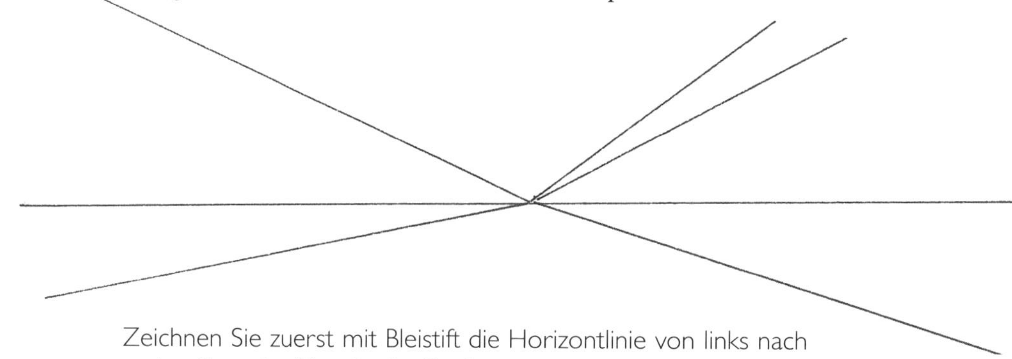

Zeichnen Sie zuerst mit Bleistift die Horizontlinie von links nach rechts über das Blatt; in der Realität entspricht sie Ihrer Augenhöhe. Achten Sie darauf, dass diese Linie parallel zur oberen und unteren Papierkante verläuft. Jetzt setzen Sie auf die Horizontmitte Ihren einzigen Fluchtpunkt und ziehen von hier aus fünf Linien in unterschiedlichen Winkeln: Zwei streben nach links und drei nach rechts.

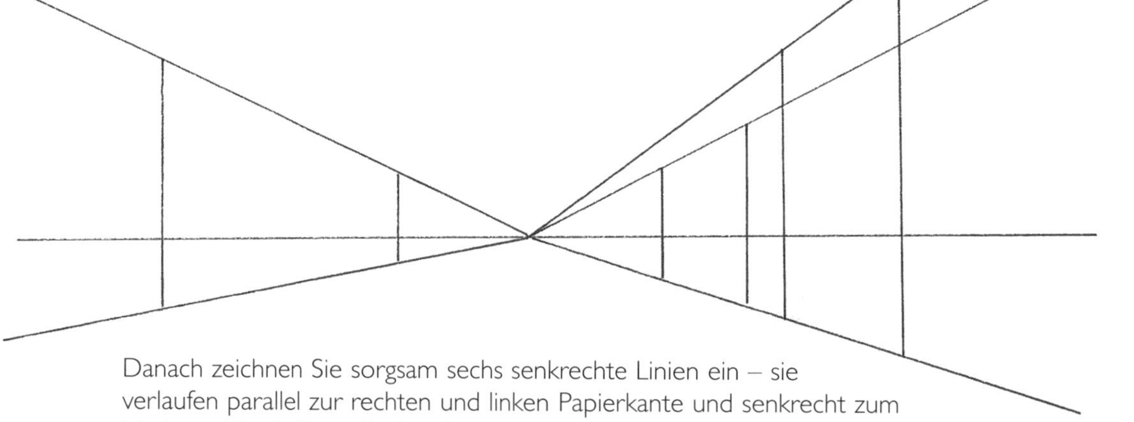

Danach zeichnen Sie sorgsam sechs senkrechte Linien ein – sie verlaufen parallel zur rechten und linken Papierkante und senkrecht zum Horizont: Zwei dieser Senkrechten verbinden die Fluchtlinien auf der linken Seite, vier Senkrechte befinden sich rechts vom Fluchtpunkt. Sie deuten die Fassaden von drei (Häuser-)Blöcken an, die zwischen Vordergrund und Horizont im Raum platziert sind.

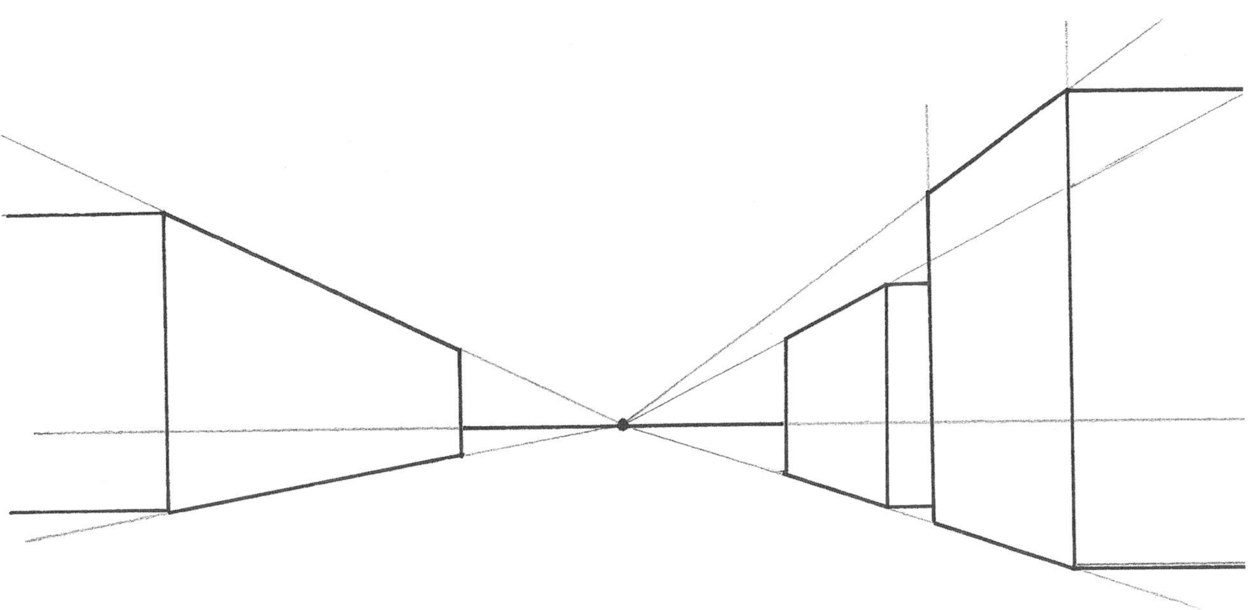

Zeichnen Sie die Fassadenflächen jetzt mit einem kräftigeren Stift nach (wie einem Fineliner) und ebenso die Horizontlinie in der Bildmitte. Anschließend fügen Sie sechs waagerechte Linien hinzu, die oben und unten an den jeweils längeren Senkrechten beginnen; links weisen sie zur linken Seite, rechts zur rechten Seite. Wenn Sie nun die Bleistift-Hilfslinien wegradieren, wirken die drei großen Blöcke so, als ob sie in dem perspektivisch beschriebenen Raum stünden.

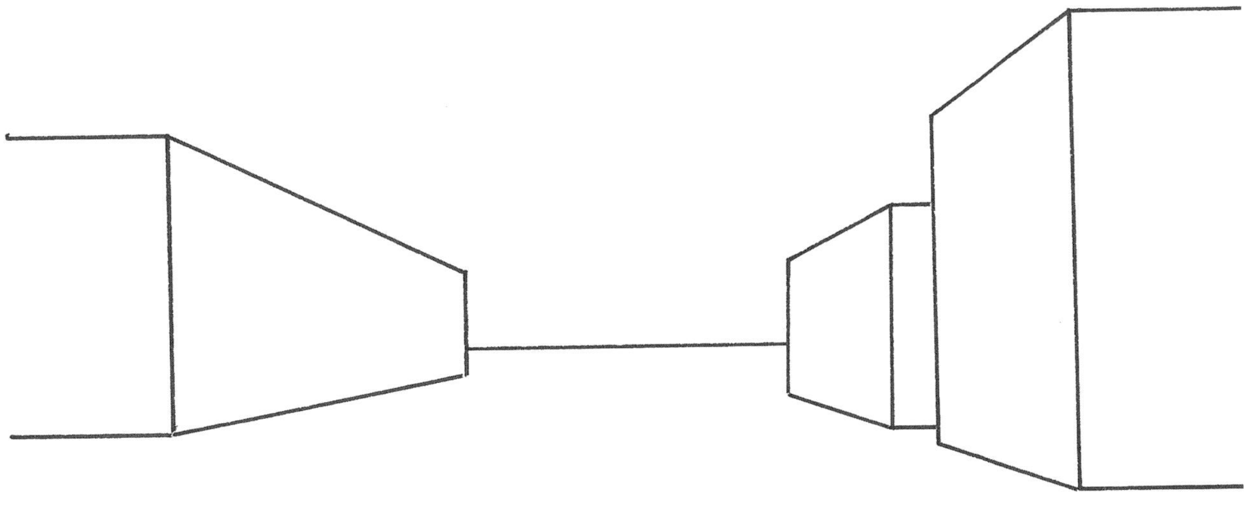

PERSPEKTIVE MIT ZWEI FLUCHTPUNKTEN

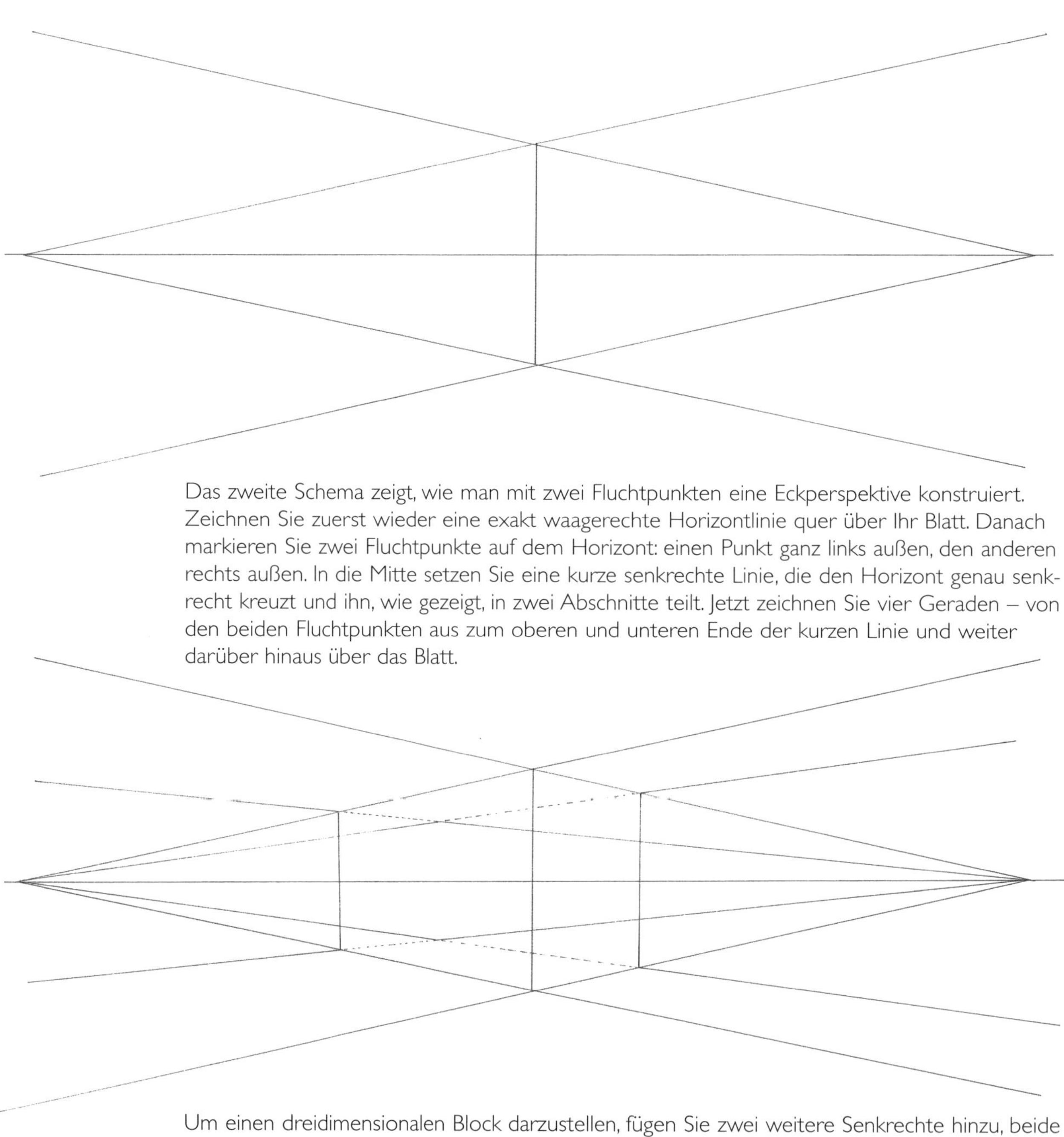

Das zweite Schema zeigt, wie man mit zwei Fluchtpunkten eine Eckperspektive konstruiert. Zeichnen Sie zuerst wieder eine exakt waagerechte Horizontlinie quer über Ihr Blatt. Danach markieren Sie zwei Fluchtpunkte auf dem Horizont: einen Punkt ganz links außen, den anderen rechts außen. In die Mitte setzen Sie eine kurze senkrechte Linie, die den Horizont genau senkrecht kreuzt und ihn, wie gezeigt, in zwei Abschnitte teilt. Jetzt zeichnen Sie vier Geraden – von den beiden Fluchtpunkten aus zum oberen und unteren Ende der kurzen Linie und weiter darüber hinaus über das Blatt.

Um einen dreidimensionalen Block darzustellen, fügen Sie zwei weitere Senkrechte hinzu, beide parallel zur ersten Linie in der Mitte: Die linke Linie soll weiter von der Mittellinie entfernt sein als die rechte Linie. Das obere und untere Ende beider Linien trifft jeweils genau auf die schon vorhandenen Fluchtlinien. Ziehen Sie nun vom linken Fluchtpunkt aus zwei Linien, die genau durchs obere und untere Ende der rechten Senkrechten laufen, danach umgekehrt zwei Fluchtlinien, die von rechts kommend die zwei Enden der linken Senkrechten schneiden. So entsteht das Gerüst für den räumlich erscheinenden Block.

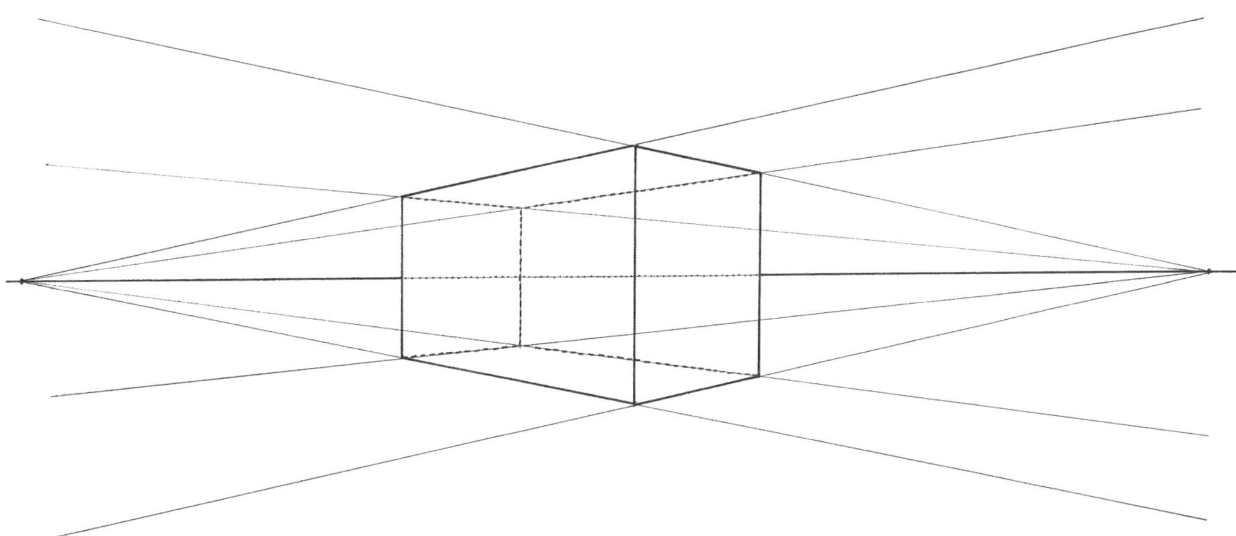

Um die Illusion eines durchsichtigen Blocks perfekt zu machen, zeichnen Sie die letzte, hintere Senkrechte ein, die bei einem kompakten Block natürlich nicht zu sehen wäre. Diese verbindet die beiden Kreuzungspunkte von unseren zuletzt hinzugefügten vier Fluchtlinien. Nach dem Wegradieren der Hilfslinien sehen Sie wieder einen räumlich wirkenden Block, der nun aber transparent ist. Bei dieser Eckperspektive zeigt eine Kante – wie eine »Hausecke« – näher zum Betrachter als die anderen.

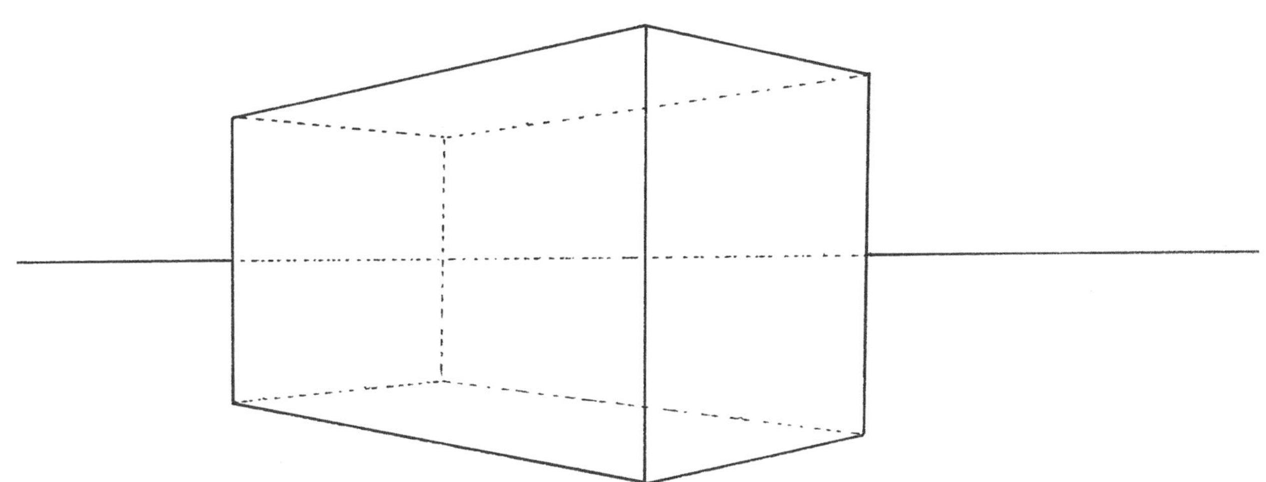

PERSPEKTIVE MIT DREI FLUCHTPUNKTEN

Seltener wird die Perspektive mit drei Fluchtpunkten gebraucht, und dennoch zeige ich diese hier, um ein besseres Verständnis für Perspektive zu erreichen. Drei Fluchtpunkte sind zum Beispiel zum Abbilden von sehr hohen Gebäuden notwendig. Am Fuße eines Hochhauses emporblickend oder von einem hohen Gebäude herabblickend – dies sind Perspektiven mit drei Fluchpunkten im realen Leben.

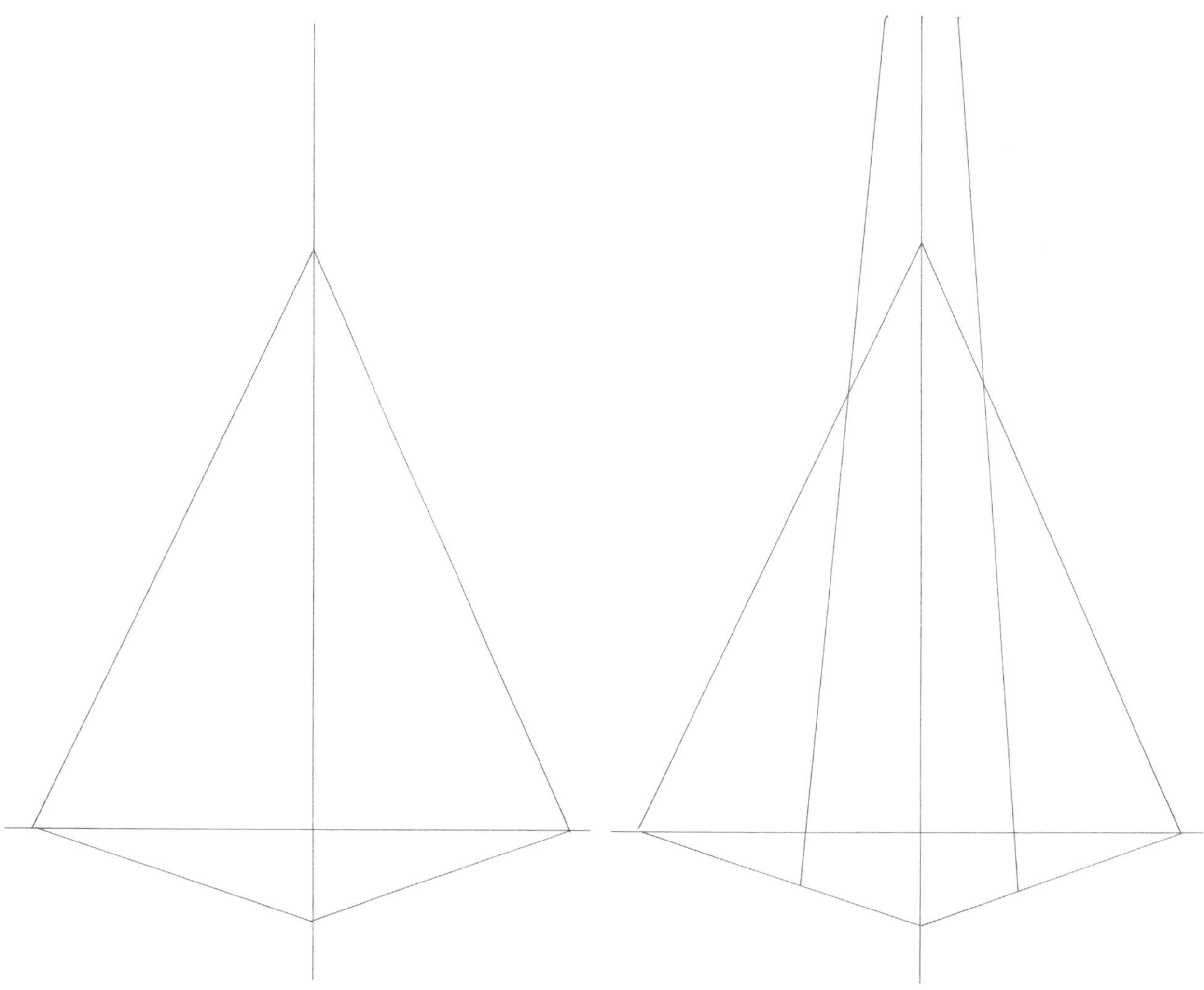

Zeichnen Sie zuerst eine Horizontlinie, auf der Sie rechts und links zwei Fluchtpunkte markieren. Eine lange Senkrechte soll nun den Horizont rechtwinklig schneiden. Danach verbinden Sie die zwei Fluchtpunkte, so wie abgebildet, oben und unten mit dieser Senkrechten, wobei der obere Treffpunkt so weit wie möglich am oberen Blattrand sitzen soll, der untere Punkt hingegen näher an der Horizontlinie (Augenhöhe). So entsteht ein extrem gestrecktes Viereck.

Zeichnen Sie nun rechts und links neben die Mittellinie zwei weitere Linien; sie sollen beide auf gleiche Weise zur Mitte hin geneigt sein, so als ob diese drei Linien zusammen in einem dritten Fluchtpunkt enden würden, aber so weit oben, dass man ein riesiges Blatt Papier benötigen würde, um darauf diesen Punkt zu markieren.

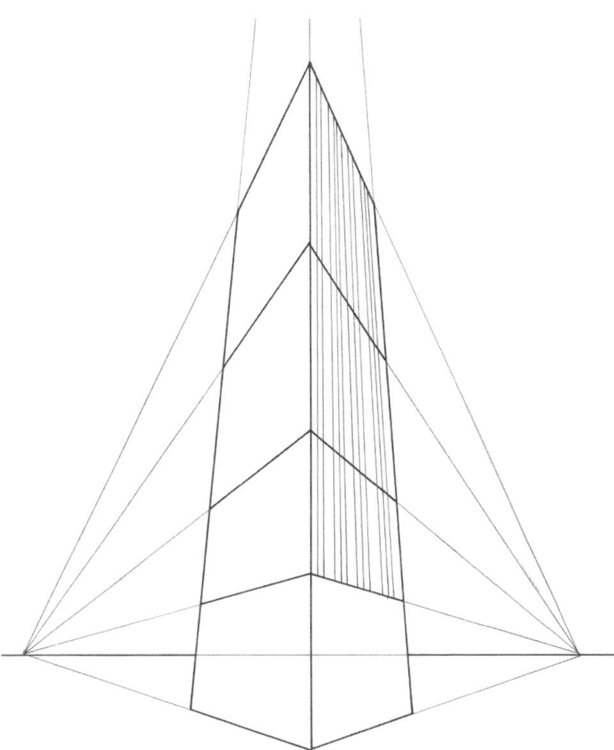

Zeichnen Sie von den beiden sichtbaren Fluchtpunkten am Horizont aus weitere Linien ins Viereck, sie sollen den Block in verschiedener Höhe unterteilen und den Eindruck eines Wolkenkratzers erzeugen.

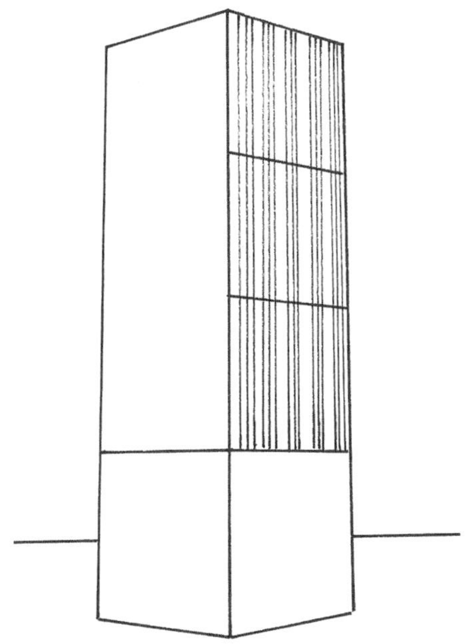

Vermutlich sehen Sie Hochhäuser oft so wie hier. Die Fluchtpunkte liegen hier jedoch so weit auseinander, dass ich zur Veranschaulichung ein riesiges Blatt benötigt hätte.

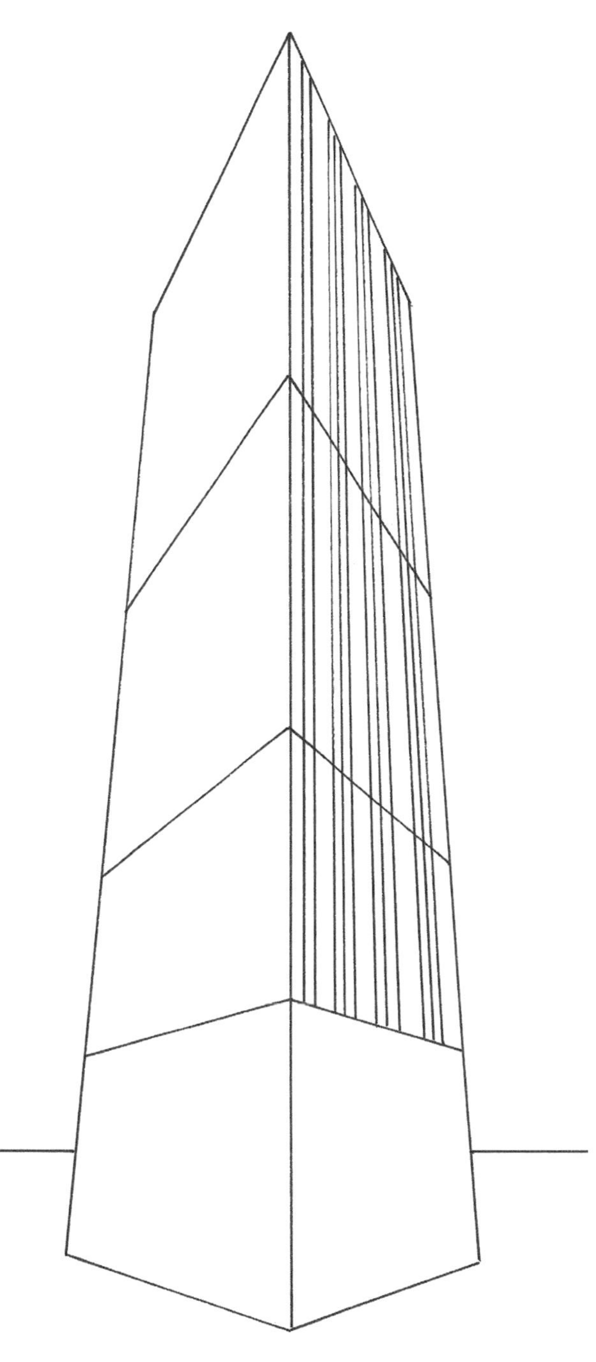

Einige fast senkrechte, sich perspektivisch einfügende Zusatzlinien lassen den Hochhauseffekt noch dramatischer wirken. Natürlich sind hier die Winkelverzerrungen übertrieben, doch so kann man sich das Prinzip der Fluchtpunktperspektive gut vorstellen. Dies ist eine Möglichkeit, um dem Auge die Plastizität von Gebäuden oder Raumtiefe vorzutäuschen, kann aber versagen, wenn sie übertrieben exakt befolgt wird.

EIN PERSPEKTIVISCHES SCHAUBILD

Mit dieser rein schematischen Übung sollen Sie weitere praktische Erfahrungen im perspektivischen Zeichnen machen, um so möglichst rasch ohne Konstruktionslinien auszukommen, da Sie die Prinzipien verinnerlicht haben. Die Koordination zwischen Auge und Gehirn gelingt am besten nach vielen Wiederholungen und reichlich Praxis.

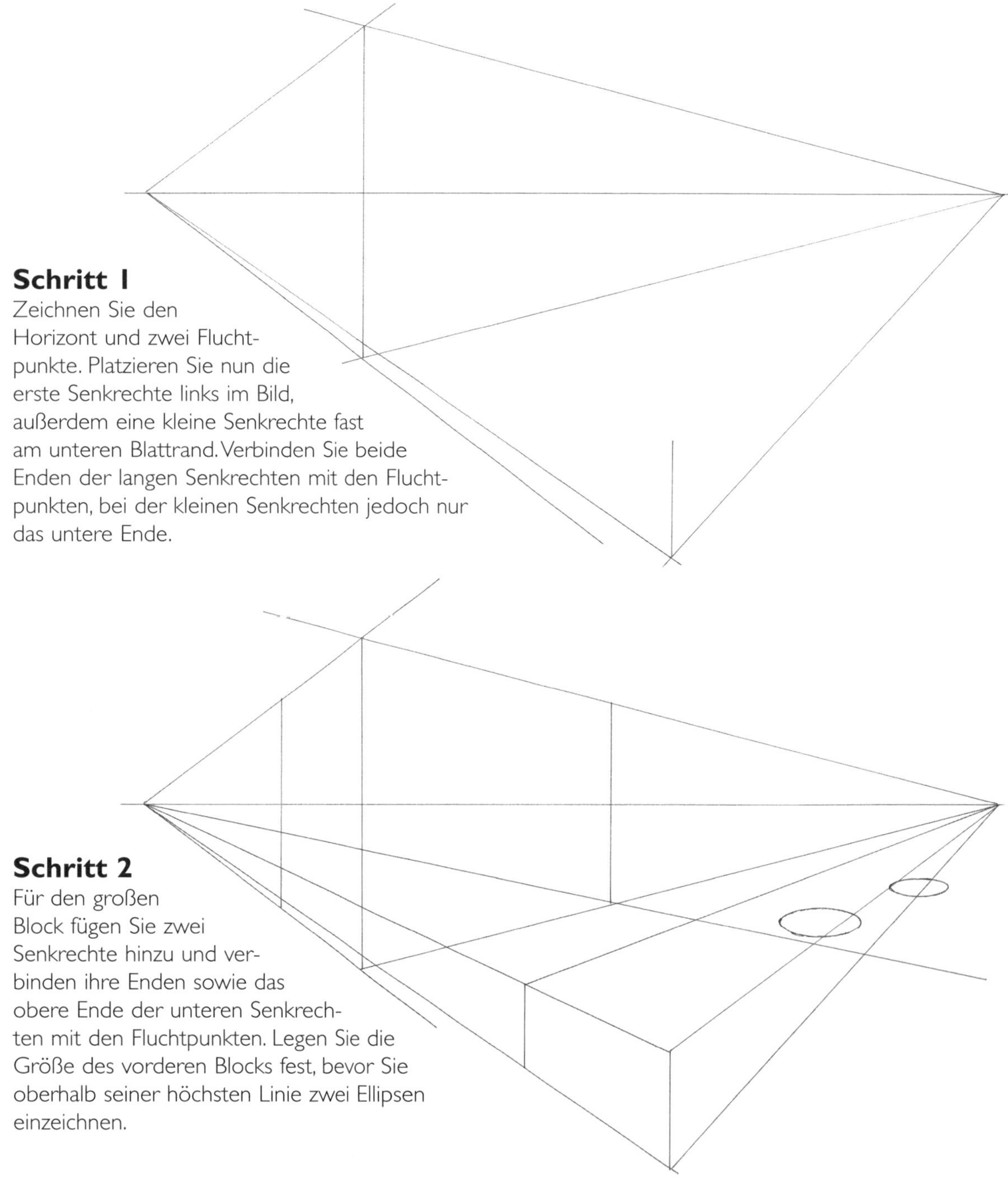

Schritt 1
Zeichnen Sie den Horizont und zwei Fluchtpunkte. Platzieren Sie nun die erste Senkrechte links im Bild, außerdem eine kleine Senkrechte fast am unteren Blattrand. Verbinden Sie beide Enden der langen Senkrechten mit den Fluchtpunkten, bei der kleinen Senkrechten jedoch nur das untere Ende.

Schritt 2
Für den großen Block fügen Sie zwei Senkrechte hinzu und verbinden ihre Enden sowie das obere Ende der unteren Senkrechten mit den Fluchtpunkten. Legen Sie die Größe des vorderen Blocks fest, bevor Sie oberhalb seiner höchsten Linie zwei Ellipsen einzeichnen.

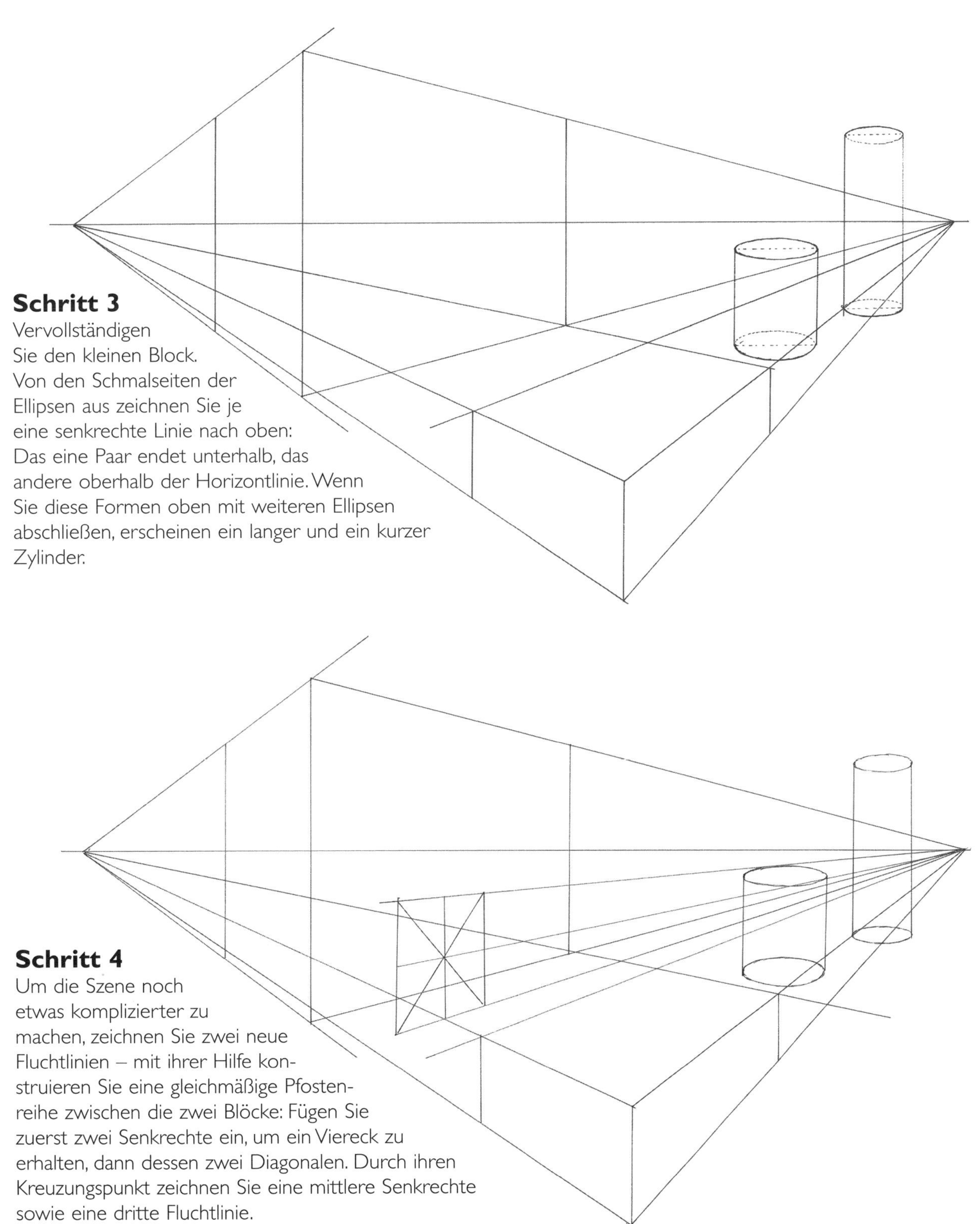

Schritt 3

Vervollständigen Sie den kleinen Block. Von den Schmalseiten der Ellipsen aus zeichnen Sie je eine senkrechte Linie nach oben: Das eine Paar endet unterhalb, das andere oberhalb der Horizontlinie. Wenn Sie diese Formen oben mit weiteren Ellipsen abschließen, erscheinen ein langer und ein kurzer Zylinder.

Schritt 4

Um die Szene noch etwas komplizierter zu machen, zeichnen Sie zwei neue Fluchtlinien – mit ihrer Hilfe konstruieren Sie eine gleichmäßige Pfostenreihe zwischen die zwei Blöcke: Fügen Sie zuerst zwei Senkrechte ein, um ein Viereck zu erhalten, dann dessen zwei Diagonalen. Durch ihren Kreuzungspunkt zeichnen Sie eine mittlere Senkrechte sowie eine dritte Fluchtlinie.

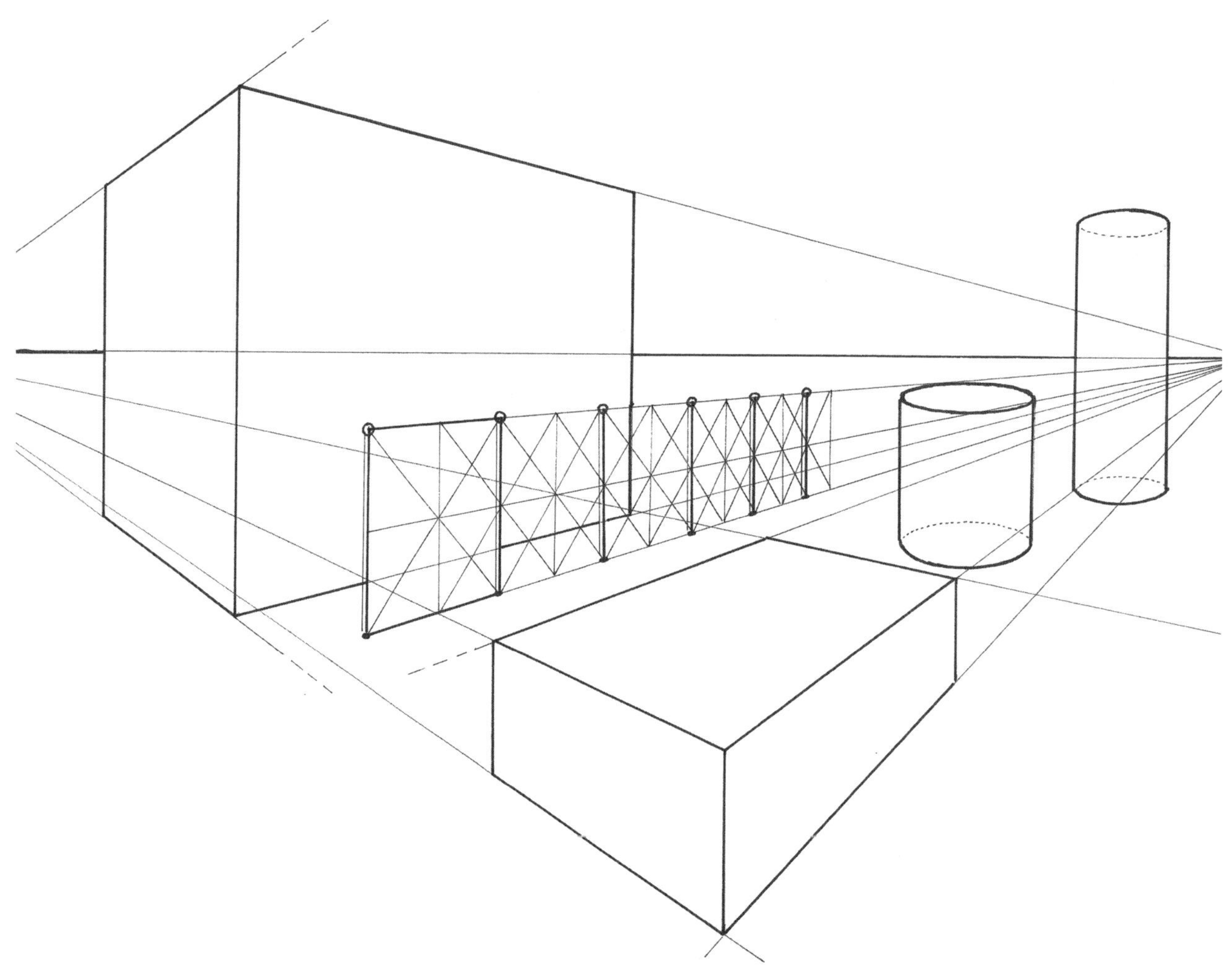

Schritt 5

Nach der Methode von Seite 163 unten lassen Sie die Pfostenreihe weiter wachsen, zugleich verjüngt sie sich dabei perspektivisch nach hinten. Zeichnen Sie dazu fortwährend Diagonale durch die entstehenden kleinen Vierecke sowie außerdem neue senkrechte Linien durch die Kreuzungspunkte – so können Sie die Position der Pfosten ganz einfach ermitteln.

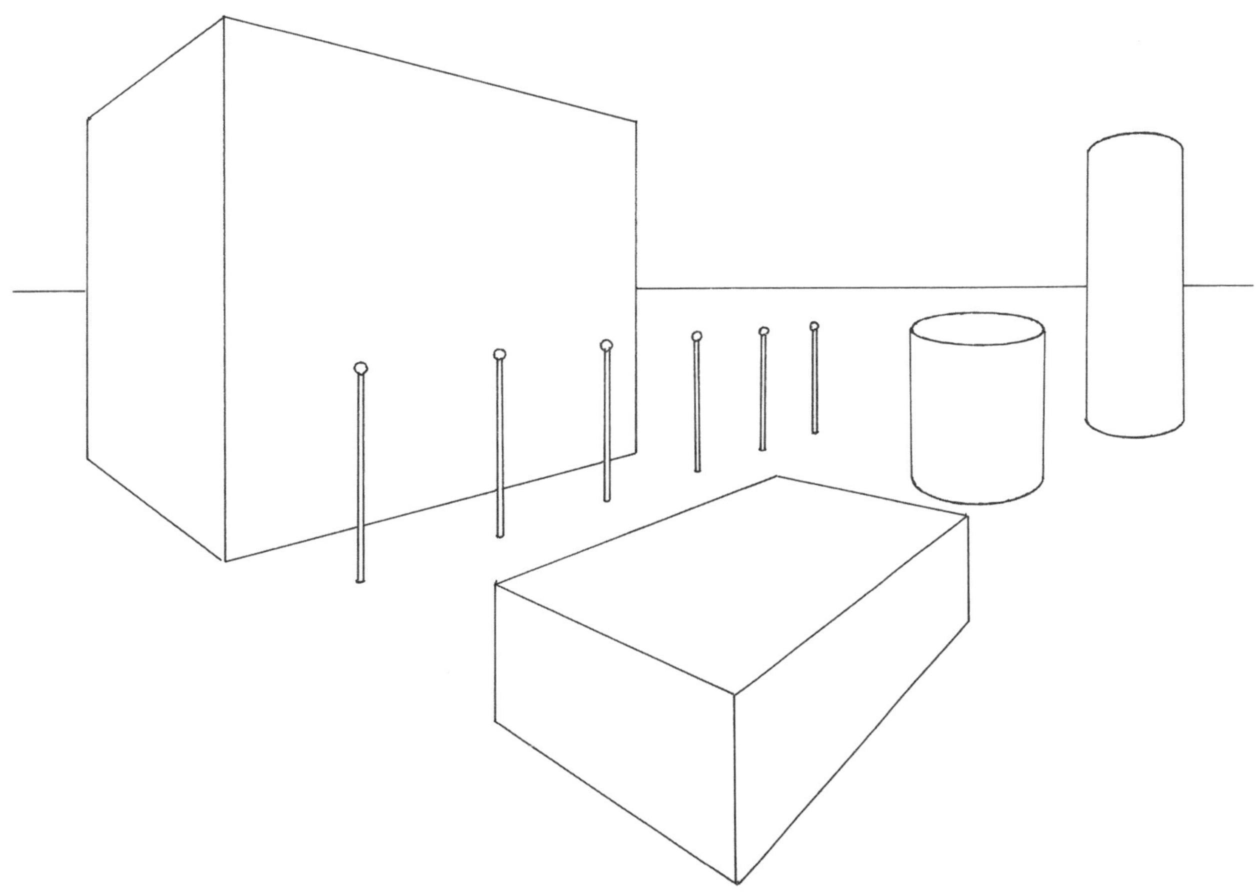

Schritt 6

Haben Sie die Konstruktionslinien ausradiert, müsste Ihr perspektivisches Schaubild so ähnlich wie dieses hier aussehen. Diese Übung mag einige Zeit in Anspruch nehmen, aber sie ist es einfach wert und wird Ihre Fertigkeiten im perspektivischen Zeichnen festigen. Das Ergebnis sollte räumlich überzeugend wirken.

EINE PERSPEKTIVISCHE STADTLANDSCHAFT

Mit den bislang gelernten Techniken des perspektivischen Zeichnens können Sie nun eine Stadtlandschaft anlegen. Sie sollten jedoch bereits mit den Möglichkeiten vertraut sein, architektonische Formen zu konstruiert und ansprechenden Bilder aufzubauen. Wie dem auch sein mag: Lassen Sie sich nicht entmutigen, wenn das Ergebnis noch nicht Ihren Erwartungen entspricht – es wird sich alles fügen, wenn Sie die Grundlagen wiederholen.

Im Wesentlichen ist dies eine Übung für Perspektive, der wir uns hier jedoch eher auf künstlerische als auf wissenschaftliche Weise nähern.

Ihre Augen vermitteln Ihnen alle Informationen, die für eine exakte Abbildung nötig sind, aber erst Ihre Studien zur Perspektive helfen Ihrem Gehirn, diese entsprechend umzusetzen und so den Vorgang des Zeichnens zu erleichtern. Suchen Sie sich einen Platz im Freien, wo Sie bequem zeichnen können. Achten Sie auf das Wetter, bevor Sie beginnen, denn Wind und Regen können Ihnen die Arbeit erschweren.

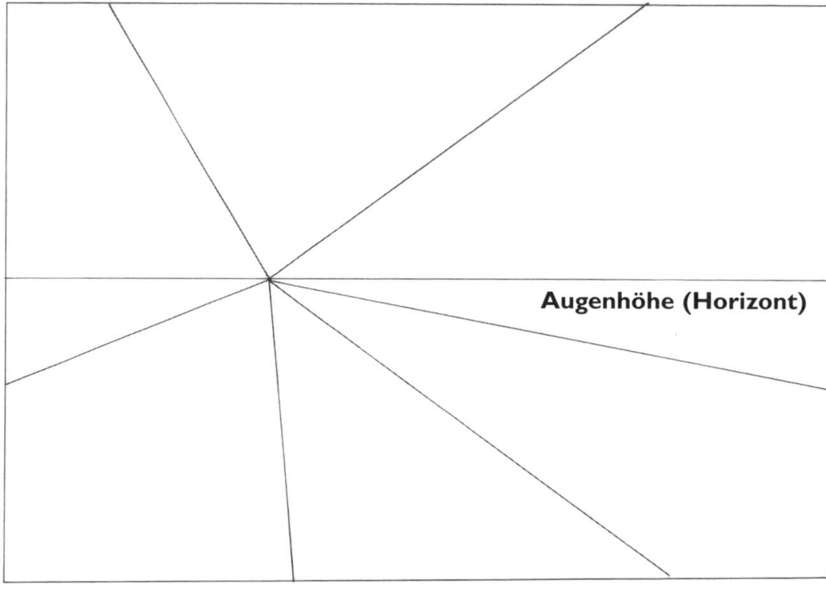

Unten sehen Sie die Konturzeichnung von einer Straße am Arno in Florenz, Italien. Ich habe sie ohne Menschen und Autos angelegt, damit die Perspektive leichter zu erkennen ist.

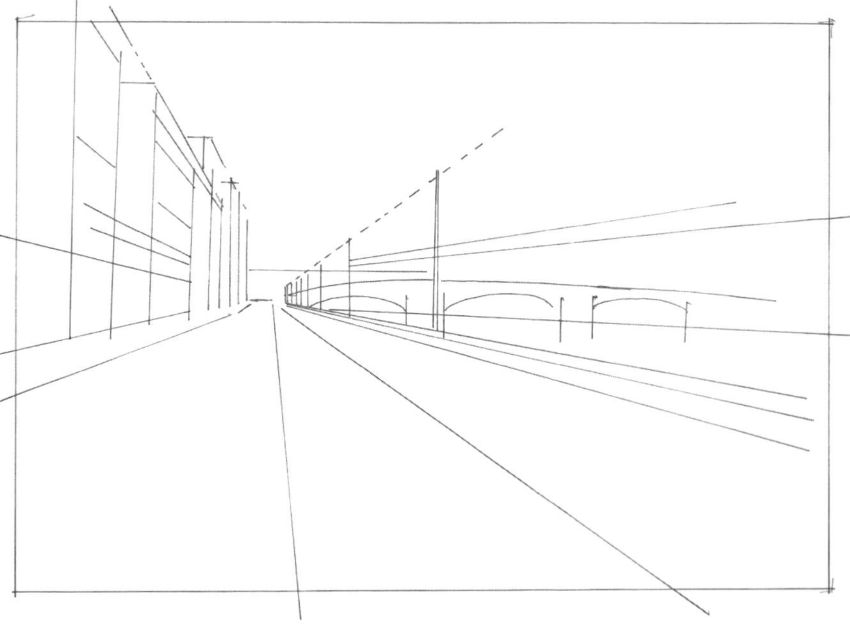

Betrachten Sie nun das Fluchtlinienschema, das der Zeichnung zugrunde liegt. Es zeigt nur die Horizontlinie sowie die zum Fluchtpunkt strebenden Hauptlinien. Sie helfen Ihnen beim Zeichnen und müssen nicht zwangsläufig mit dem Lineal angelegt sein. Ihre Aufgabe ist, solch eine Straßenansicht zu finden. Ein zu komplex wirkendes Motiv vereinfachen Sie, indem Sie Elemente der Straßenmöblierung oder verwirrende Gebäude weglassen. Zeichnen Sie die Szenerie direkt vor Ort und beachten Sie dabei, was Sie über das Anlegen der Perspektive bereits wissen.

Arbeiten Sie zunächst die Hauptformen heraus und die Details erst dann, wenn Sie sicher sind, dass die wesentlichen Bausteine der Szenerie einigermaßen überzeugen.

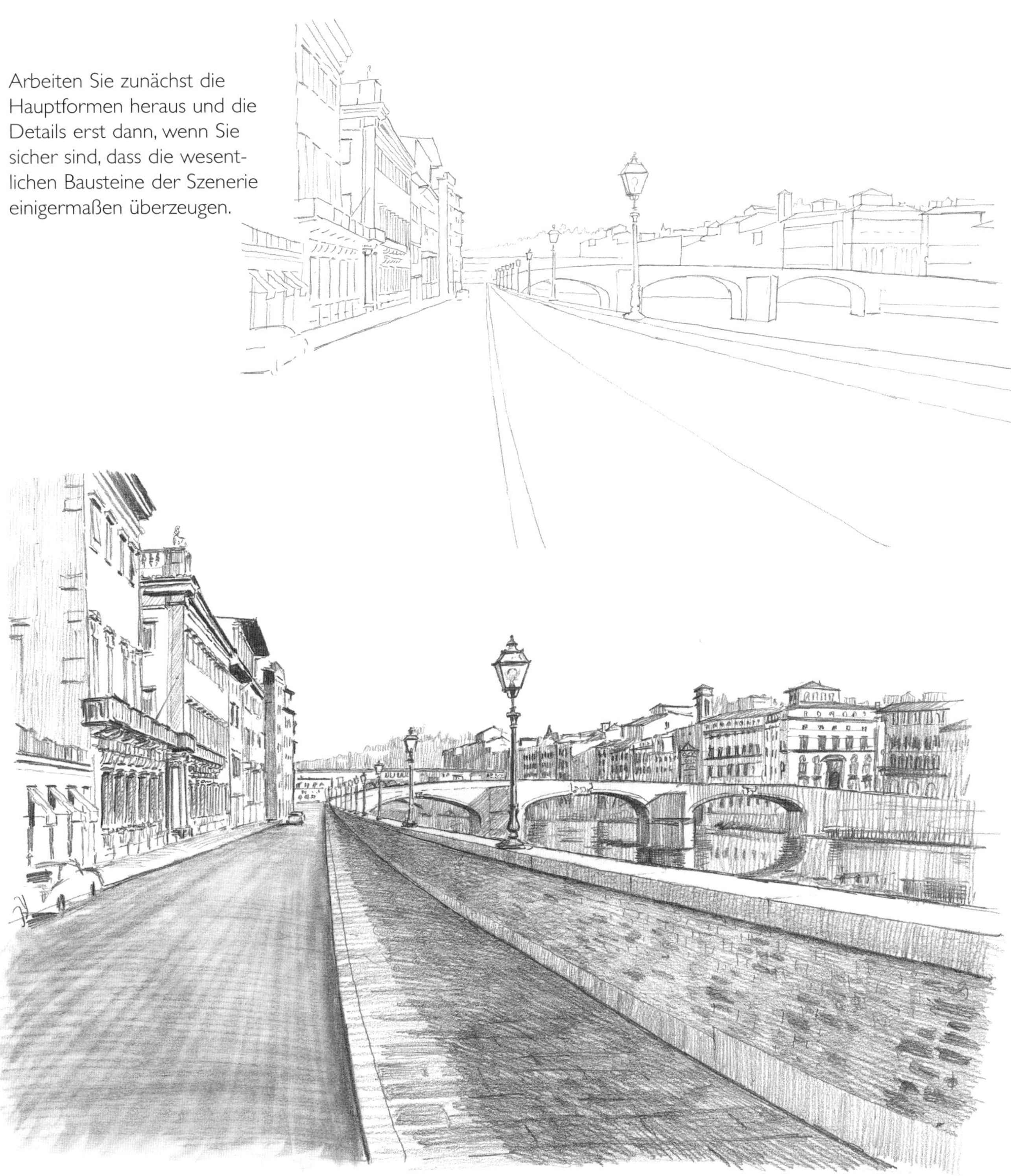

Haben Sie alle notwendigen Details ergänzt, fügen Sie die Schattierungen hinzu. Mit Texturen unterscheiden Sie die verschiedenen Oberflächen dieser Szene. Am weichsten ist hier die Fahrbahn gestaltet, dazu verrieb ich die Bleistiftstriche mit dem Papierwischer. Umso weiter die Objekte entfernt sind, desto weniger kenntlich sind die Strukturen, was dazu dient, die Illusion von Räumlichkeit zu erwecken

PERSPEKTIVISCHE VERKÜRZUNGEN DER MENSCHLICHEN FIGUR

Wir beschäftigen uns nun mit der perspektivischen Darstellung des menschlichen Körpers aus einem extremen Blickwinkel. Sicher beabsichtigen Sie nicht, einen flach auf dem Boden liegenden Menschen zu zeichnen, doch bei manchen Posen sind einige Körperteile Ihnen näher als andere, wofür dieselben Regeln der Perspektive gelten. Daher bitten Sie ein Modell, sich flach auf den Boden oder die Couch zu legen, am besten auf den Rücken. Sie selbst sollten so sitzen, dass Sie das Modell von den Füßen und danach vom Kopf aus betrachten können; Ihre Augenhöhe liegt nicht sehr hoch darüber.

Sollten Sie diese Übung zum ersten Mal machen, werden Sie kaum glauben, wie stark Beine und Kopf dem Blick entzogen sind, sodass man ihre Länge kaum zu zeichnen braucht. Das mag unnatürlich verzerrt wirken, sofern Sie über Perspektive bisher wenig nachgedacht haben. Dennoch: Ihre Augen sehen sehr genau, wie etwas ist, nur Ihre Vorstellungen erschweren Ihnen das anzunehmen. Beachten Sie bei der männlichen Figur, wie der von Beinen und Füßen eingenommene Teil größer ist als der Oberkörper, obwohl wir wissen, dass Ober- und Unterkörper – am stehenden Menschen betrachtet – gleich groß sind.

Auch bei der weiblichen Figur wirken Kopf und Schultern übergroß im Vergleich zum übrigen, vom Betrachter weg zeigenden Teil: Das ist der Tatsache geschuldet, dass die Dinge umso kleiner wirken, je weiter sie entfernt sind. Um das zu veranschaulichen, winkeln Sie Ihren Arm etwas an, blicken Sie in die offene Handfläche und sehen Sie, wie sie zu wachsen scheint, während Sie die Hand zur Nase führen.

Bevor Sie also einen ruhenden Menschen darstellen, zeichnen Sie am besten zunächst zwei seitliche Hilfslinien; sie veranschaulichen, wie sich die Figur mit zunehmendem Abstand vom Betrachtungspunkt verjüngt. Meine beiden ersten Skizzen zeigen, wie das aussehen könnte.

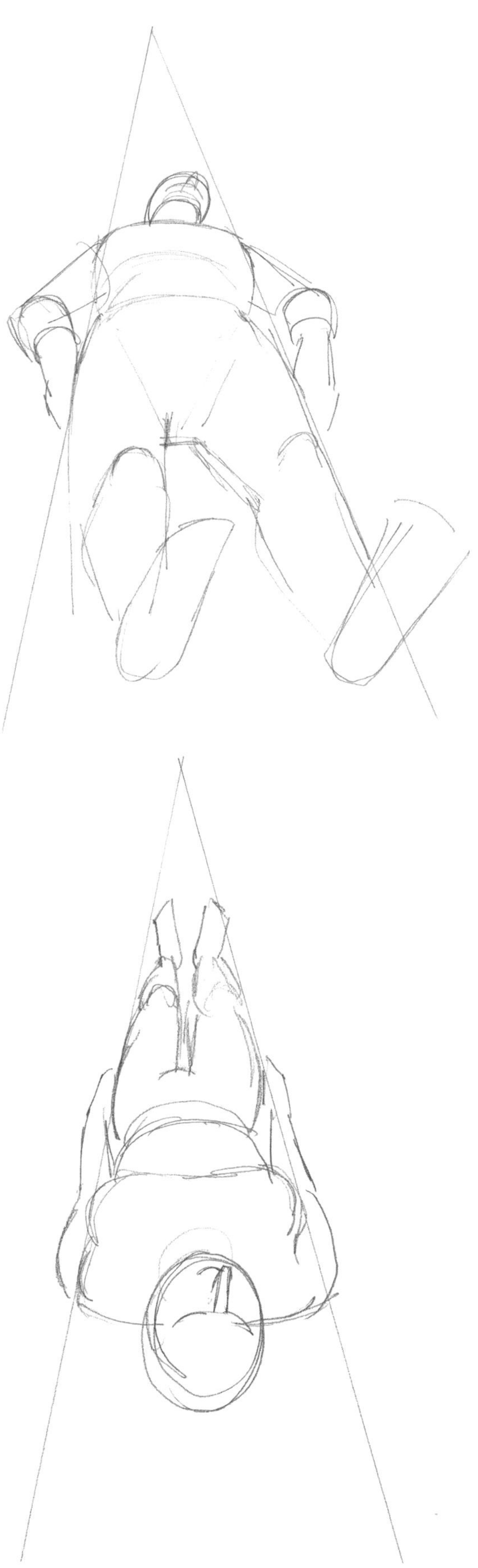

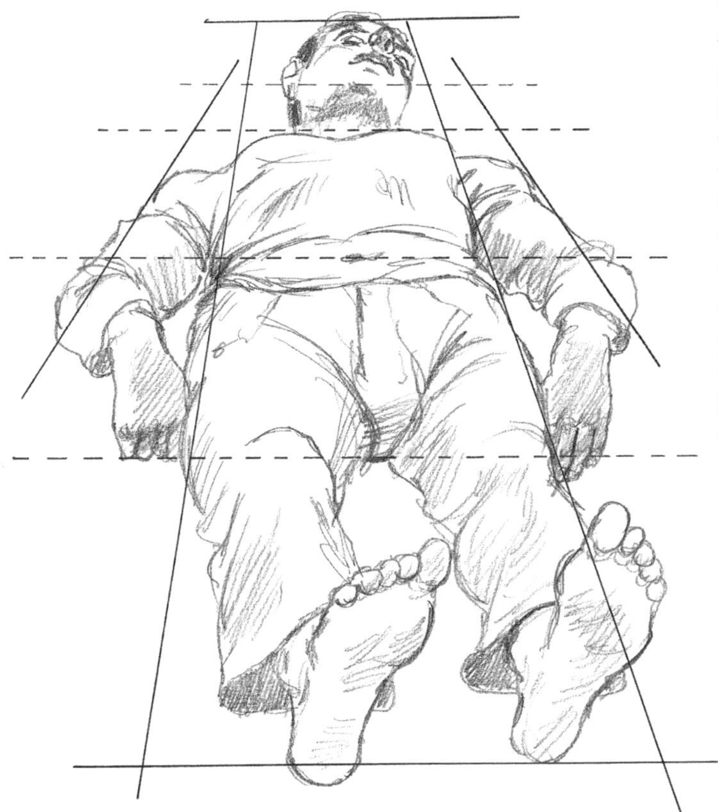

Nachdem Sie die wesentlichen Körperpartien recht einfach umrissen haben, zeichnen Sie die größeren Teilbereiche ein. Dabei orientieren Sie sich an den genau beobachteten Formen und nicht daran, wie Sie sich das vorstellen. Lassen Sie sich in dieser Phase nicht dazu verleiten, zu viele Details einzufügen – streben Sie eher Einfachheit und Richtigkeit an. Messen Sie noch einmal, wie die entfernten Körperbereiche im Vergleich zu den nahen wirken. So lässt sich verhindern, dass Sie die weit entfernten Teile vergrößern und die nahen verkleinern, um das Gesehene an das anzupassen, was Sie über die Proportionen des Körpers wissen. Es ist jedoch ein gewisses Maß an Übung notwendig, bis unser Gehirn das verinnerlicht hat.

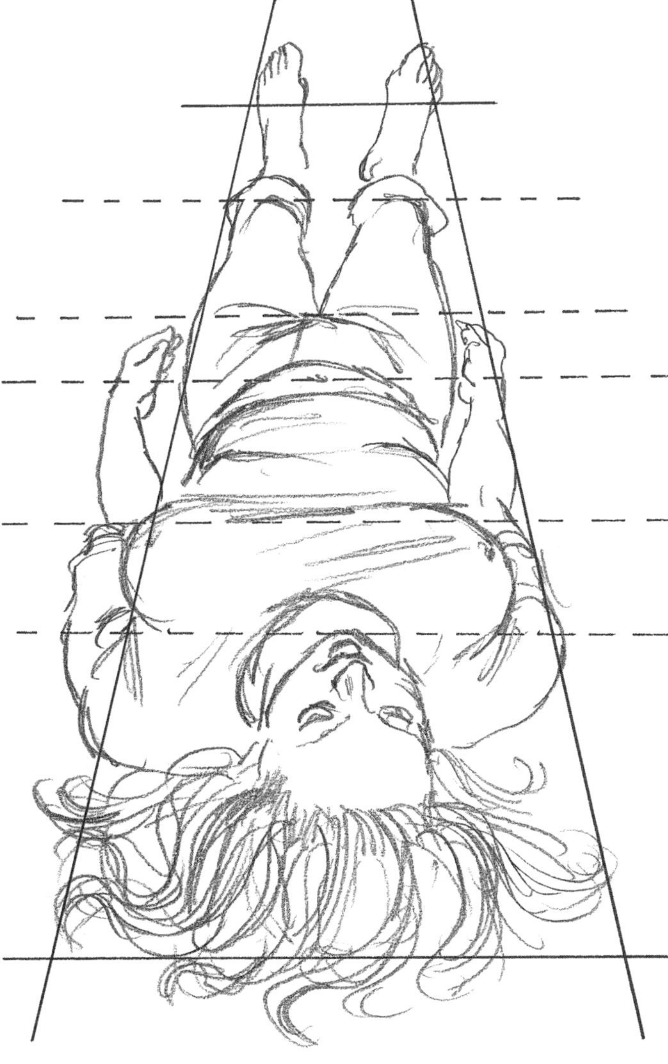

Sind Sie mit dem Grad an Übereinstimmung von Zeichnung und Realität zufrieden, fügen Sie so viele Details hinzu, wie Sie möchten, solange Ihr Modell bereit ist, in dieser Position auszuharren. Vielleicht müssen Sie Ihr Modell zu einer weiteren Sitzung überreden; denn Sie sollten einen Körper sowohl vom Fußende als auch vom Kopfende her aufs Papier bringen. Das ist eine gleichermaßen interessante wie schwierige Übung. Doch wenn es nicht schwierig wäre, würden Sie vermutlich auch nichts lernen. Der Lohn für all die investierte Mühe ist, dass die Dinge allmählich einfacher werden.

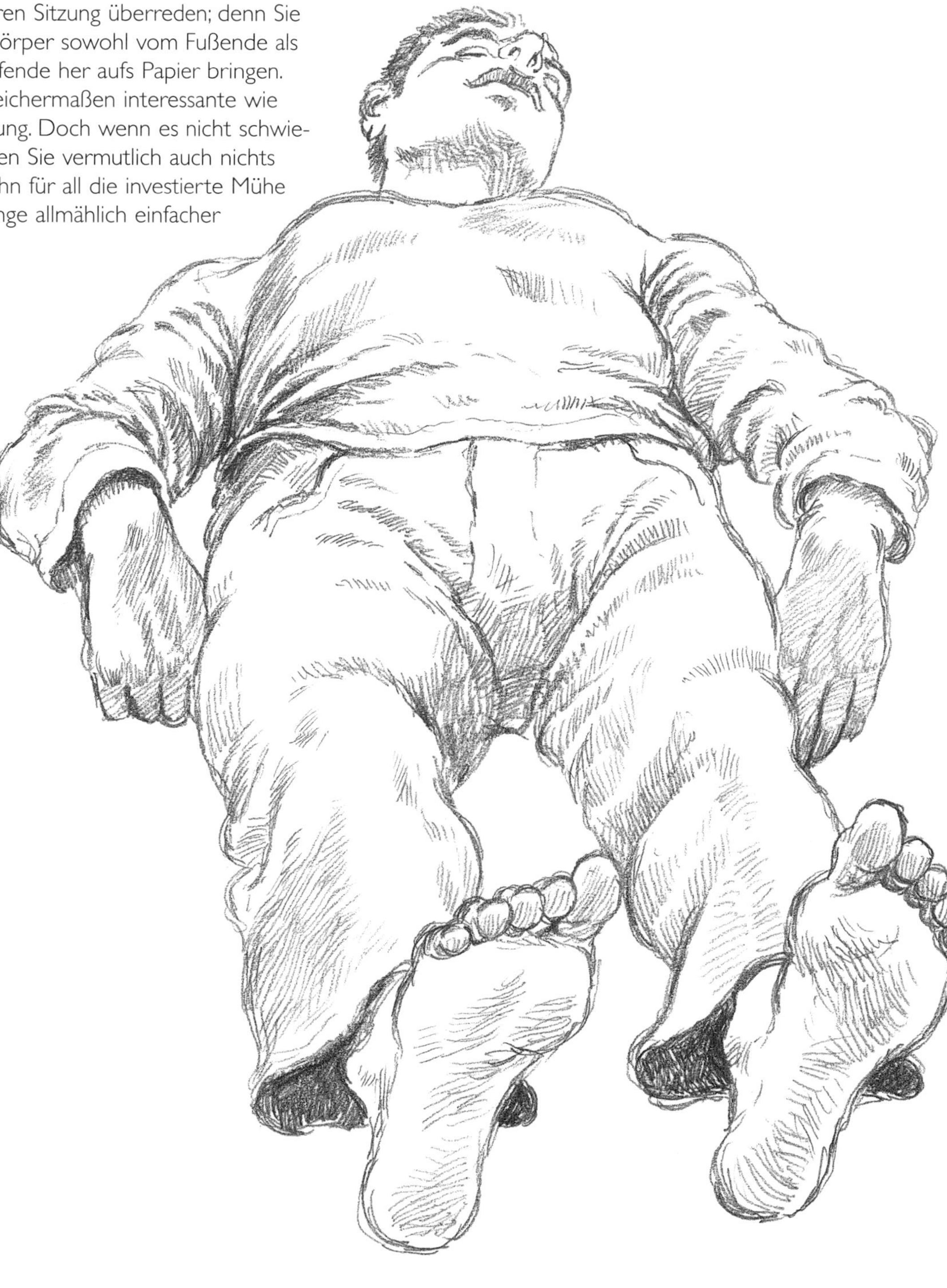

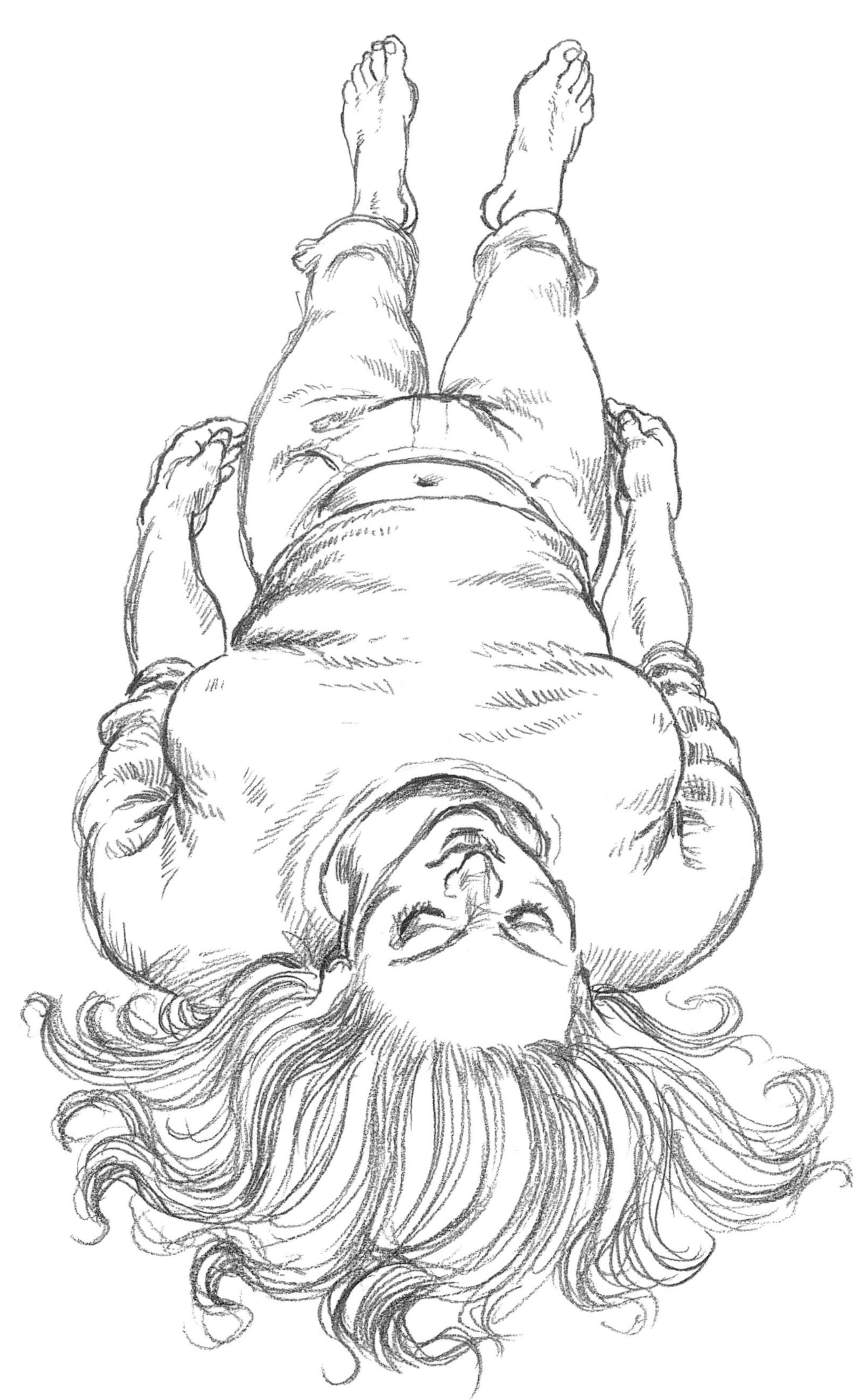

EIN PERSPEKTIVISCH GEZEICHNETER INNENRAUM

Die abschließende Übung zum Thema Perspektive ist leichter zu bewältigen als die vorigen beiden, denn um das nächste Motiv zu finden, braucht Sie sich nur in dem Raum umzusehen, in dem Sie sich gerade aufhalten. Das Zeichnen selbst ist zwar nicht unbedingt einfacher, aber da Sie bereits einige Erfahrungen mit perspektivischer Darstellung gesammelt haben, können Sie die Probleme mit größerem Selbstvertrauen angehen.

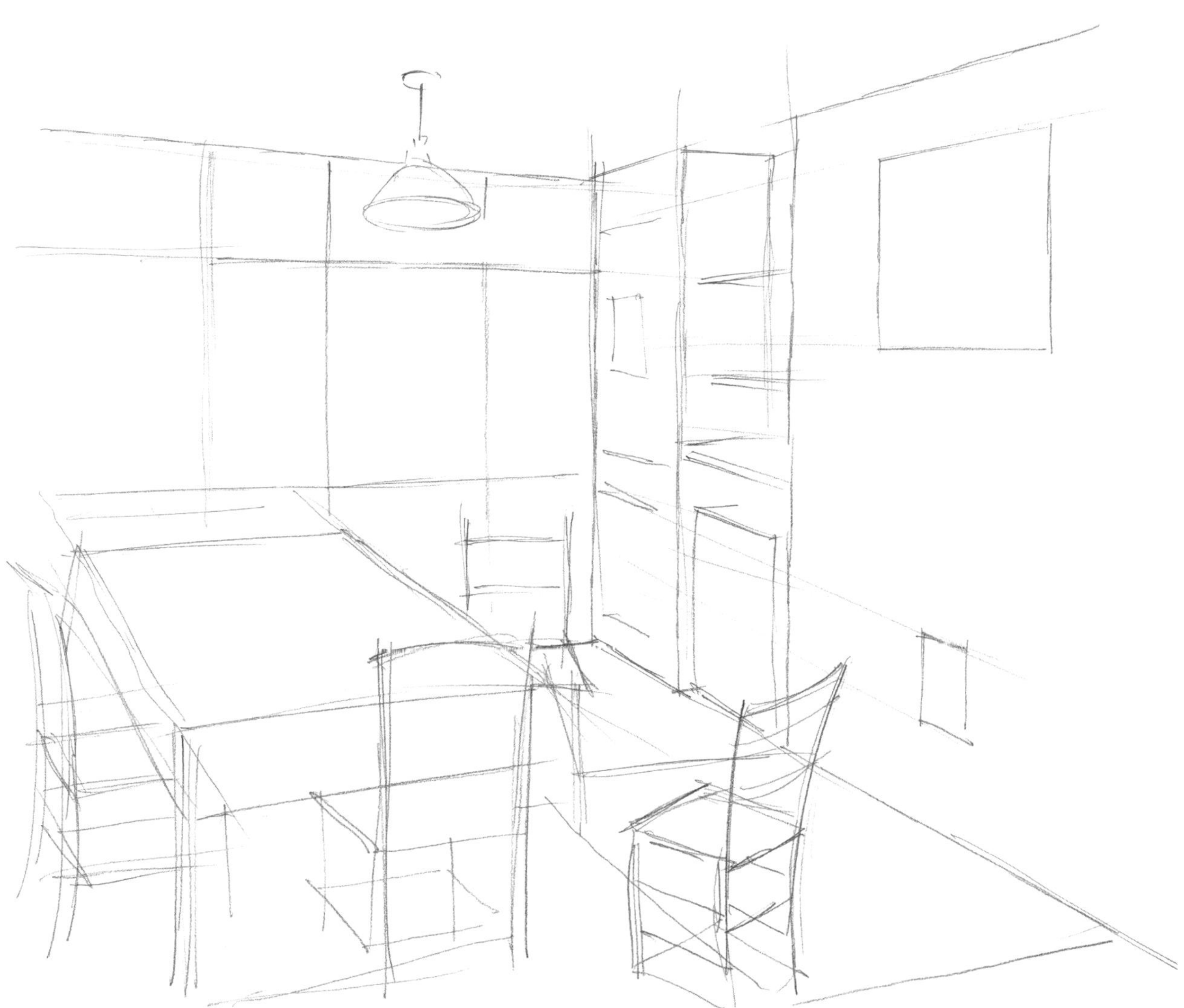

Schritt 1

Werfen Sie zuerst einen Blick auf diese erste Skizze einer Raumsituation. Sie nehmen aufgrund der bisherigen Übungen sofort wahr, dass diese Zeichnung mit Hilfe perspektivischer Fluchtlinien entstanden ist.

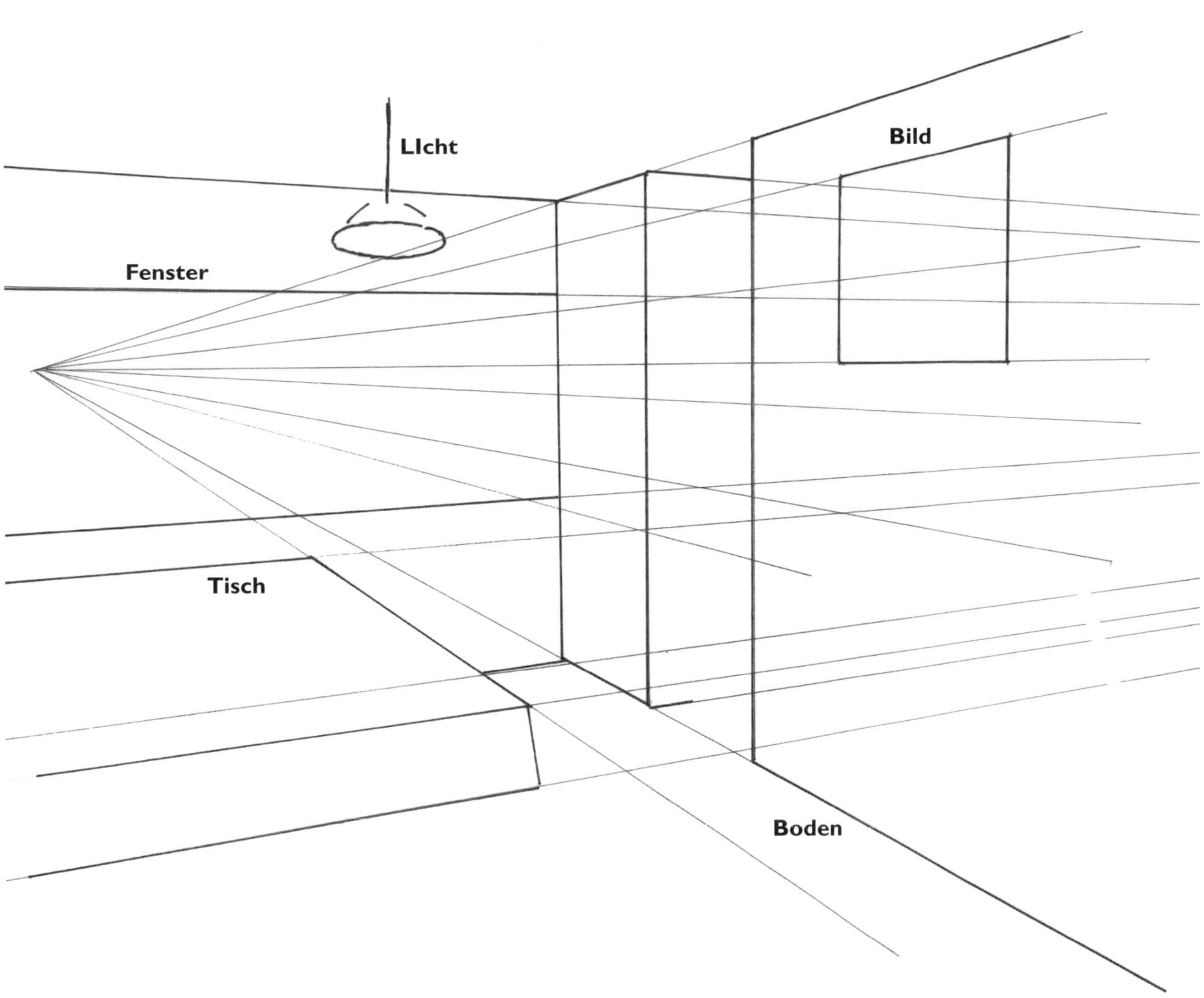

Schritt 2

Dieses Schema zeigt das Netz von Fluchtlinien und wichtigen Konturen, das ich über mein Blatt gelegt habe, um die skizzierte Raumansicht zu überprüfen. Am schwierigsten ist es vermutlich, diejenigen Dinge im Raum richtig darzustellen, die sich am Rand Ihres Blickfeldes befinden, denn diese wirken häufig leicht verzerrt und sehen in der Zeichnung seltsam aus. Korrigieren oder ignorieren Sie das, was Sie am Rande Ihrer Szenerie wahrnehmen.

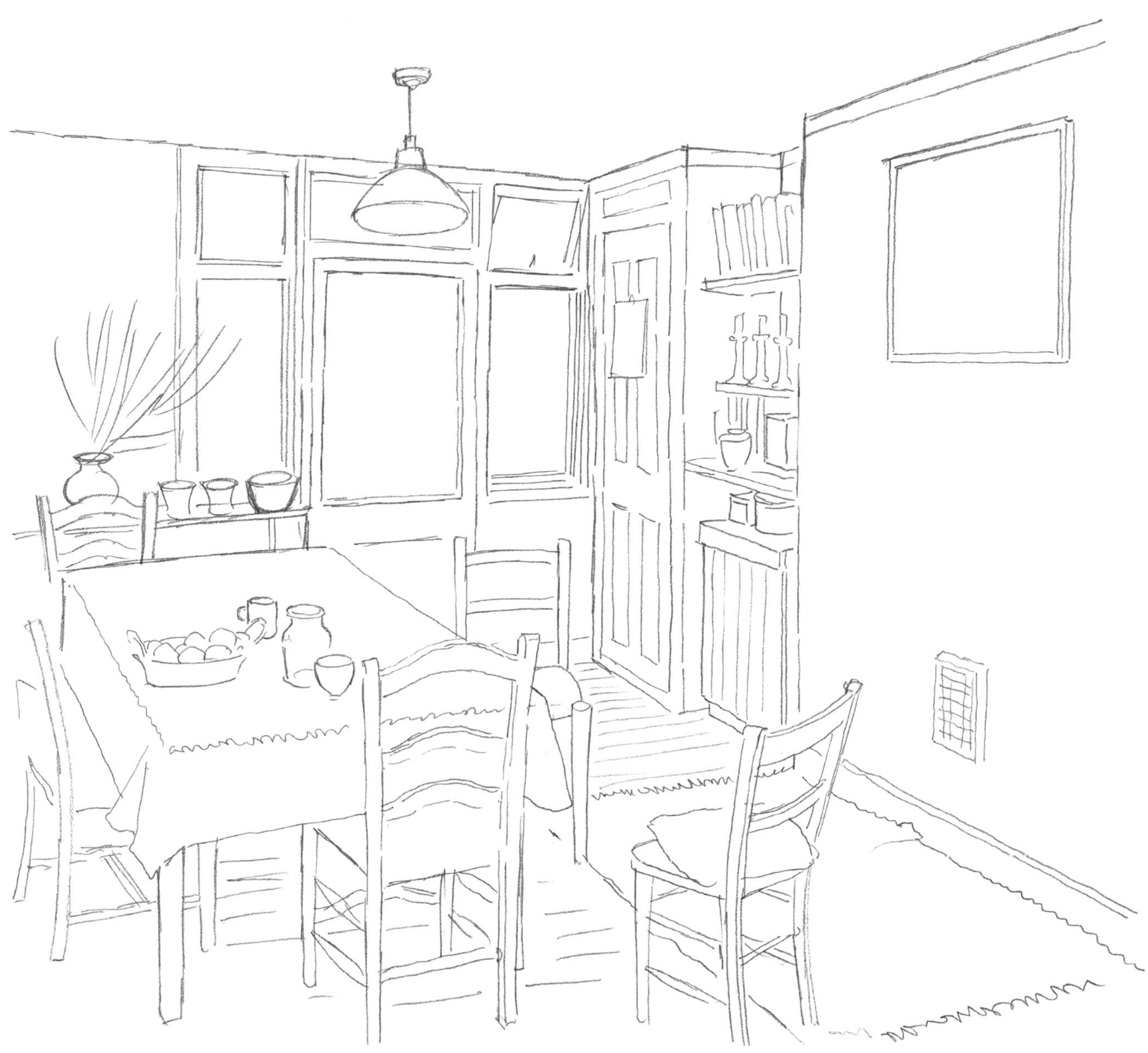

Schritt 3

Nachdem Sie eine Skizze konstruiert haben, die das Interieur korrekt wiedergibt, zeichnen Sie die Umrisse der wesentlichen Raumformen und der Einrichtungsgegenstände, die in Ihrem Blickfeld liegen. Sollten sich komplizierte Möbel oder andere Objekte im Raum befinden, die das Zeichnen erschweren, entfernen Sie diese Dinge aus dem Raum oder beachten Sie sie in Ihrer Zeichnung nicht. Alle Künstler lernen, das tatsächlich Gesehene anzupassen, um es zu vereinfachen, interessanter zu machen oder um es kompositorisch ansprechender zu gestalten. Das lässt sich auch in den Landschaftsbildern von William Turner, Canaletto oder Francesco Guardi beobachten. Mit Hilfe der Fluchtlinien können Sie die Größenverhältnisse der Gegenstände genau abschätzen.

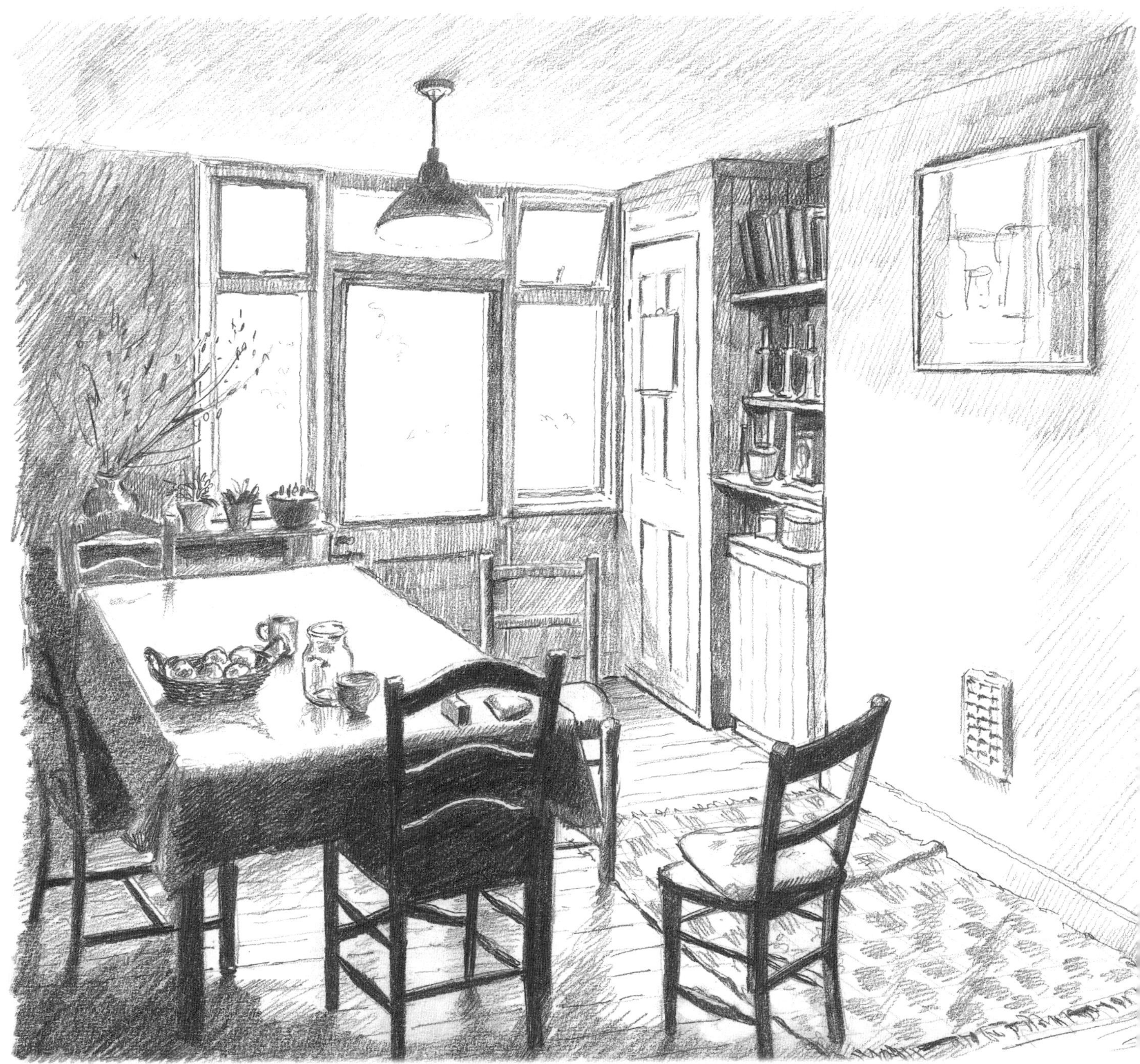

Schritt 4

Gestalten Sie nun die Tonwerte der Szene, um Ihrem Bild nicht nur Atmosphäre, sondern auch Tiefe zu verleihen. Wenn Sie die Arbeit unterbrechen müssen, sollten Sie nach Ihrer Rückkehr zunächst überprüfen, ob die Möbel oder andere Gegenstände nicht verschoben wurden und ob der Lichteinfall noch so ist wie zu Beginn. Sollten Sie bei sonnigem Wetter ein Bild zeichnen, werden Sie feststellen, dass Licht und Schatten zu verschiedenen Tageszeiten unterschiedlich im Zimmer verteilt sind.

Das Licht in meinem Interieur kommt teilweise durchs Fenster und teilweise von der elektrischen Deckenleuchte. Sie sehen, dass ich beim Aufbau der Hell-Dunkel-Abstufungen das tiefste Schwarz auf die Stühle gelegt habe, die ganz in meiner Nähe standen.

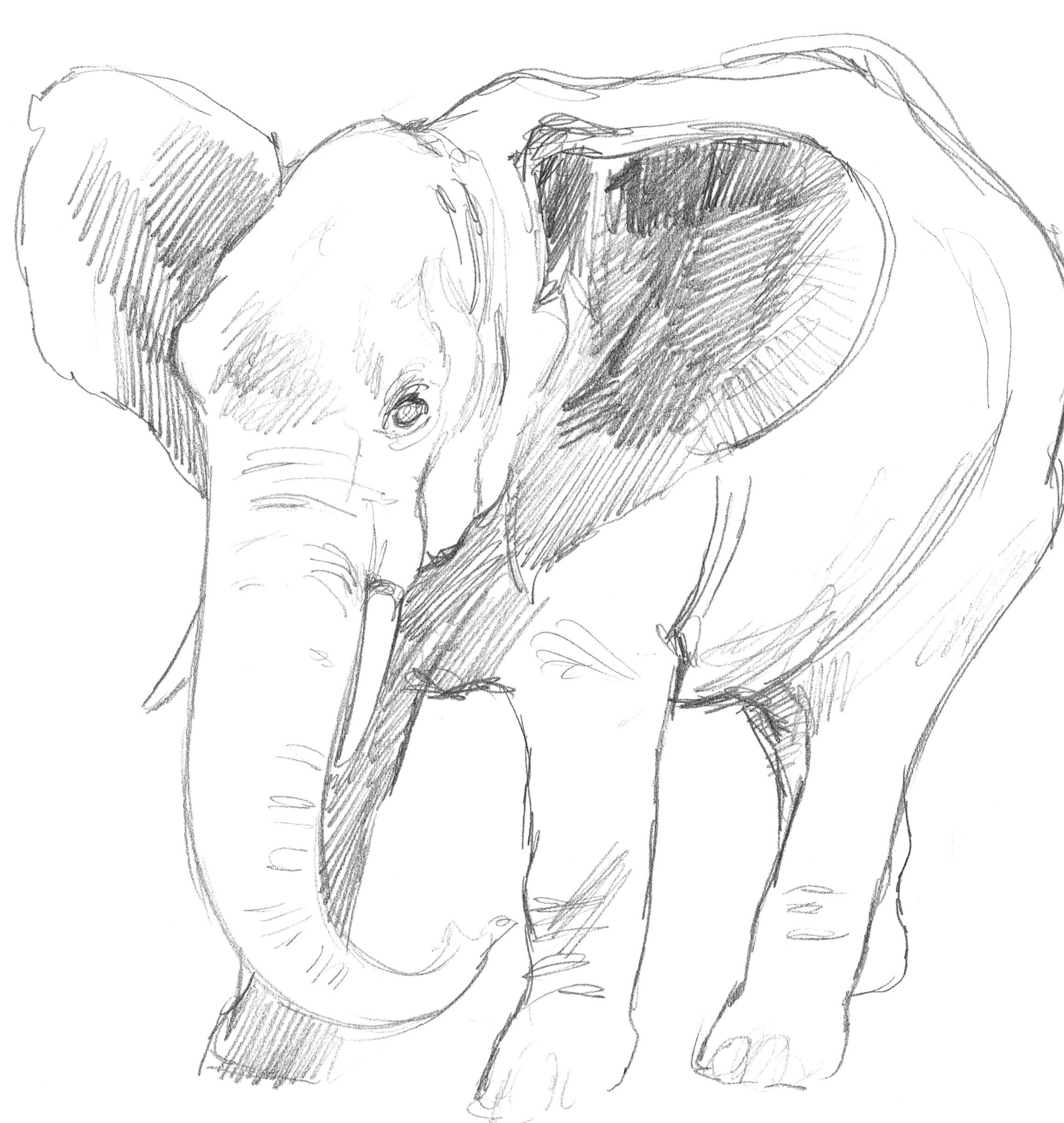

LEKTION 8

DIE WELT DER TIERE

Das Zeichnen von Tieren ähnelt der Abbildung menschlicher Figuren, denn es handelt sich auch hier um Themen wie richtige Proportionen oder Verkürzungen, die Ihr Blickwinkel vielleicht erfordert. Das größte Problem liegt darin, dass Tiere sich kaum überreden lassen, geduldig in der gewünschten Pose zu verharren. Meistens halten sie allenfalls für eine rasche Skizze still. Beginnen Sie daher sehr schnell zu zeichnen, und legen Sie als Erstes die Grundzüge fest – auch bei schlafenden Tieren, die sich nach dem Erwachen oft genug rasch entfernen.

Fotos sind bei dieser Motivgruppe besonders nützlich und können vor allem die zeitgleich angelegten, flüchtigen Skizzen unterstützen. Daher: Wenn Sie ein Tier zeichnen, fotografieren Sie es zusätzlich in ähnlicher Pose, um alle Informationen zu sichern, die für das Ausarbeiten der Zeichnung notwendig sind. Dennoch werden Sie sicher oft auf Bücher und Zeitschriften zurückgreifen, um Tierzeichnungen anzufertigen. Dort gibt es detaillierte Tierfotos oder Zeichnungen, oft von Künstlern, die auf dieses Thema spezialisiert sind.

Es ist immer hilfreich, die Werke versierter Künstler zu kopieren, schließlich ist das eine bewährte künstlerische Lehrmethode. In den Malerwerkstätten der Renaissance hielten die Meister Skizzenbücher bereit, die ihren Assistenten als Informationsquellen für eigene Zeichnungen und Gemälde dienten. Arbeiten Sie also mit verschiedenen Vorlagen ebenso wie mit der lebendigen Anschauung – Ihre Tierdarstellungen werden davon profitieren.

NACH FOTOS ZEICHNEN

Gemeinhin gilt, dass Künstler nach dem Vorbild der Natur statt nach Fotovorlagen zeichnen sollen, denn sich auf Fotos als Vorlage zu verlassen ist für das künstlerische Vorankommen wenig hilfreich. Und dennoch: Fotos klug eingesetzt, sind eher eine Hilfe statt ein Hindernis, vor allem wenn es gilt, ein sich ständig bewegendes Objekt abzubilden. Werden Fotos jedoch sklavisch kopiert, fertigt man Zeichnungen ohne Lebendigkeit und Frische, die das Gestalten nach dem Leben auszeichnet, und womöglich kommt man dann gar zu dem Schluss, dass allein die Genauigkeit zählt.

Sollten Sie Bücher mit großformatigen Fotos in guter Qualität besitzen, können Sie gleich loslegen. Falls nicht, werden Sie in der Bibliothek fündig, im Buchhandel oder durchaus auch beim Zeitschriftenhändler, der meist einige Magazine über Haustiere, Pferde und Wildtiere vorrätig hat. Auch in Naturkundemuseen, Naturpark-Infostellen, Zoologischen Gärten und Zoogeschäften können Sie Bücher und Hefte mit Tierabbildungen erwerben.

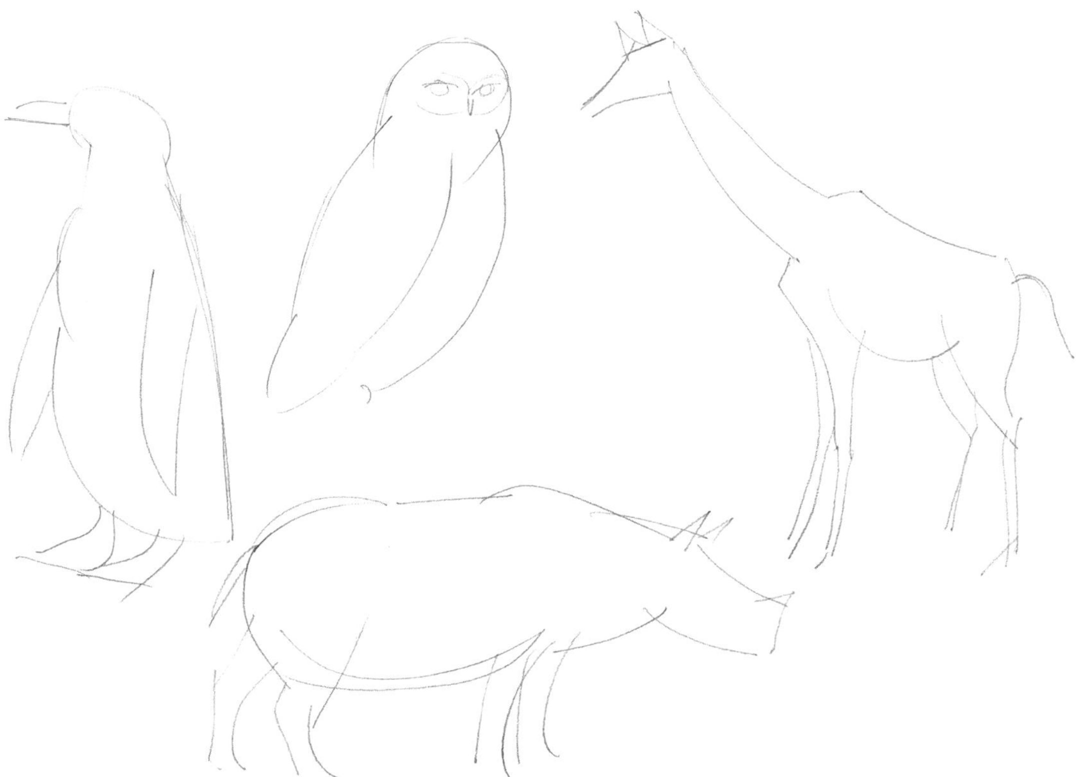

Wählen Sie einige Tierfotos mit einem eher einfachen Blickwinkel auf die Tiere und skizzieren Sie zunächst ganz einfach deren Hauptformen. Die Beispiele hier sollen Ihnen einen Anhaltspunkt für Ihre eigenen Zeichnungen geben. Sie sehen, dass der Pinguin einem schlichten länglichen Kissen ähnelt, mit Schnabel und Füßen an den Enden. Die Eule mit den typischen großen Augen ist sogar noch einfacher. Bei der Giraffe mit ihrer lang gestreckten eckigen Form sind – im Vergleich zur Rumpfgröße – Hals und Beine sehr lang. Im Gegensatz dazu wirkt das Nashorn sehr kompakt, hier sind lediglich der vorspringende viereckige Kopf und die Beine zu ergänzen.

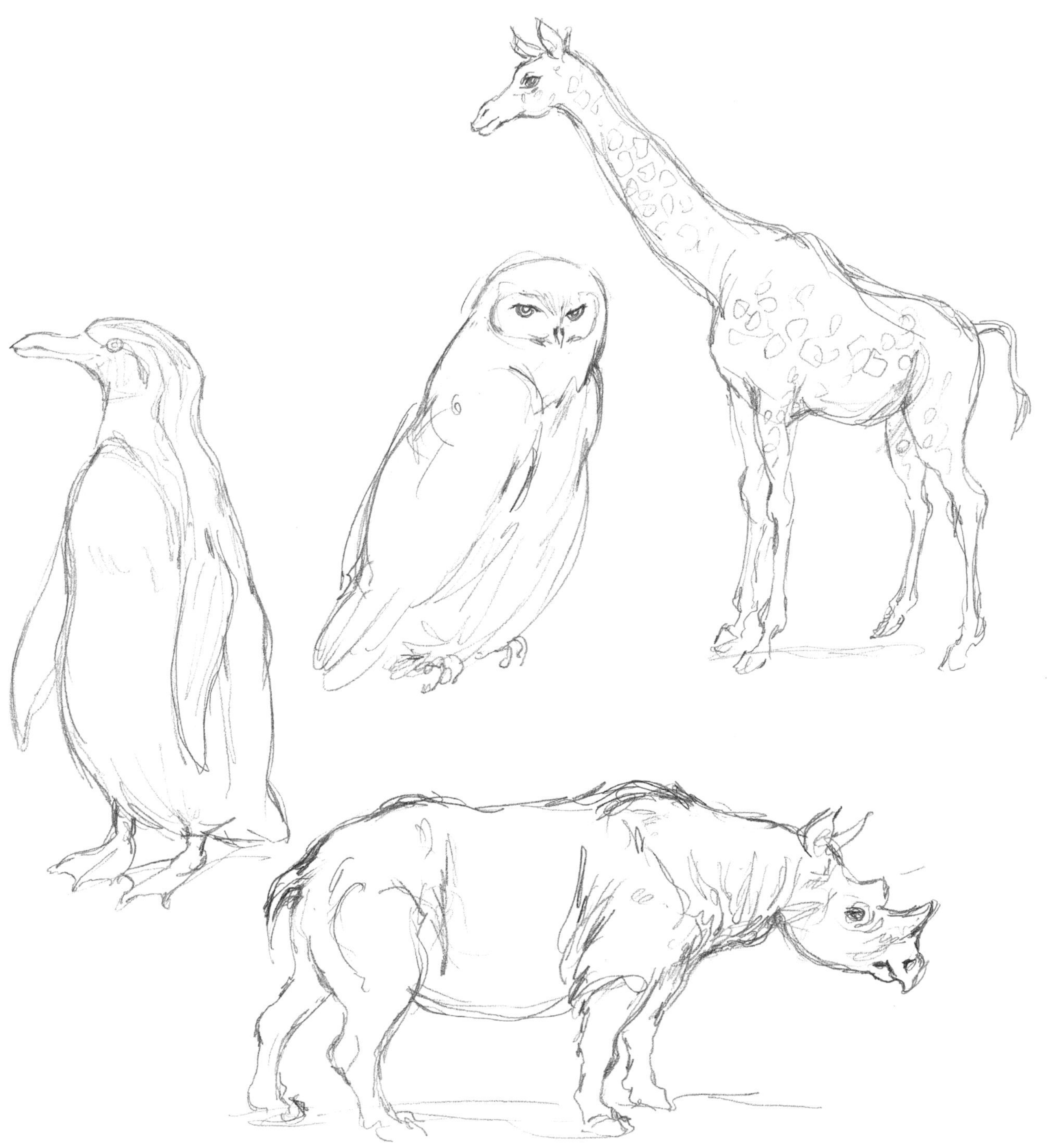

Nun gilt es, das Tier mit mehr Details zu erfassen, indem Sie mit Ihren Bleistiftlinien genauer den erkennbaren Umrissen und Mustern nachspüren. In dieser Phase sollte Ihre Aufmerksamkeit nicht einer äußerst naturalistischen Darstellung gelten – konzentrieren Sie sich eher darauf, sich in die Form der Tiere hineinzudenken und einzufühlen. Deuten Sie ganz grob die Textur von Haut, Fell oder Federn an, während Sie den Umriss festhalten.

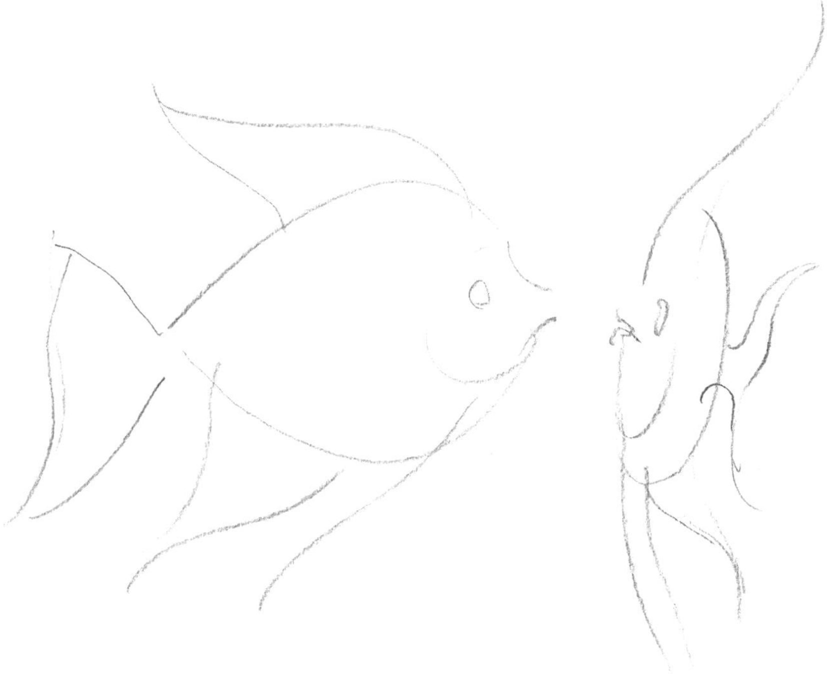

Nehmen Sie sich nun einige Fische und eine Schlange vor, denn sie sind recht einfach zu zeichnen. Meine Beispiele können als Anhaltspunkt dienen, wenn Ihnen geeignete Fotos fehlen. Auch jetzt sollen Sie keine exakten Details, sondern nur die Hauptformen erfassen, indem Sie die Linien mit dem richtigen Gefühl aufs Blatt fließen lassen. Gleichzeitig bringt diese Übung einen gewissen Ausdruck in Ihre Arbeit. Die Schlange ist schwieriger darzustellen, als man denkt. Aber wenn Sie ihre Kurven und Windungen sorgfältig betrachten, werden Sie diese schon bald treffend darstellen können.

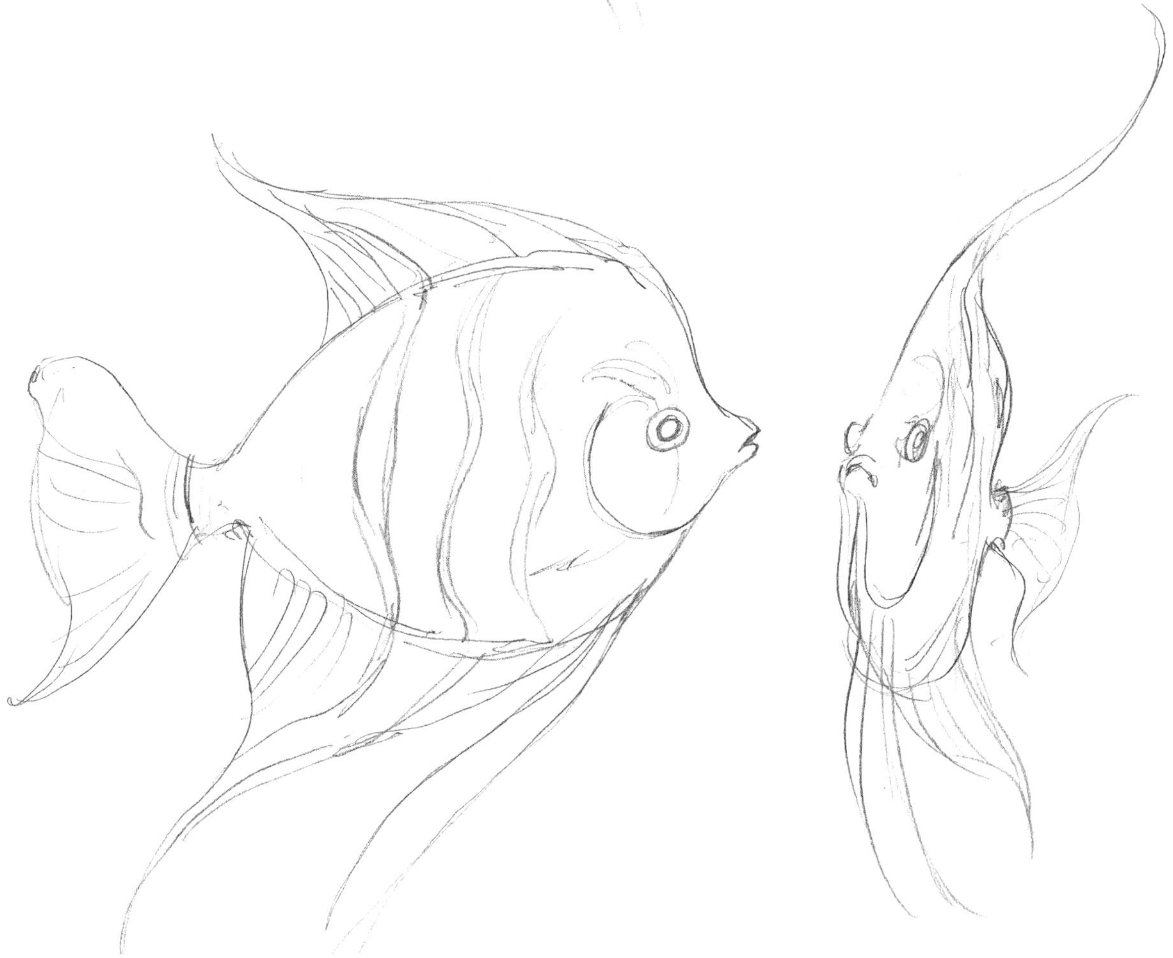

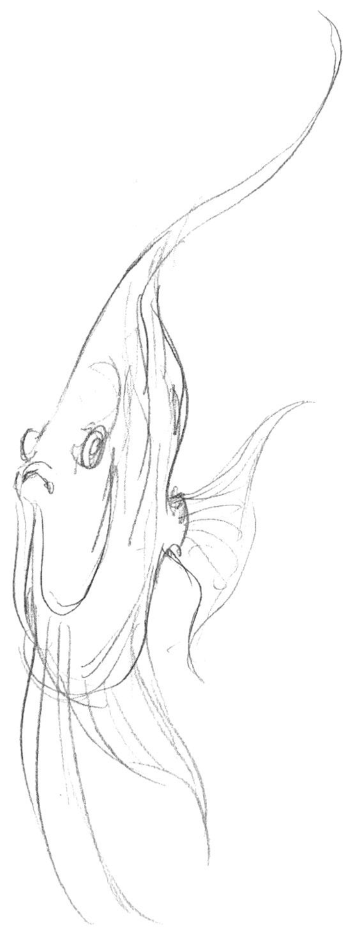

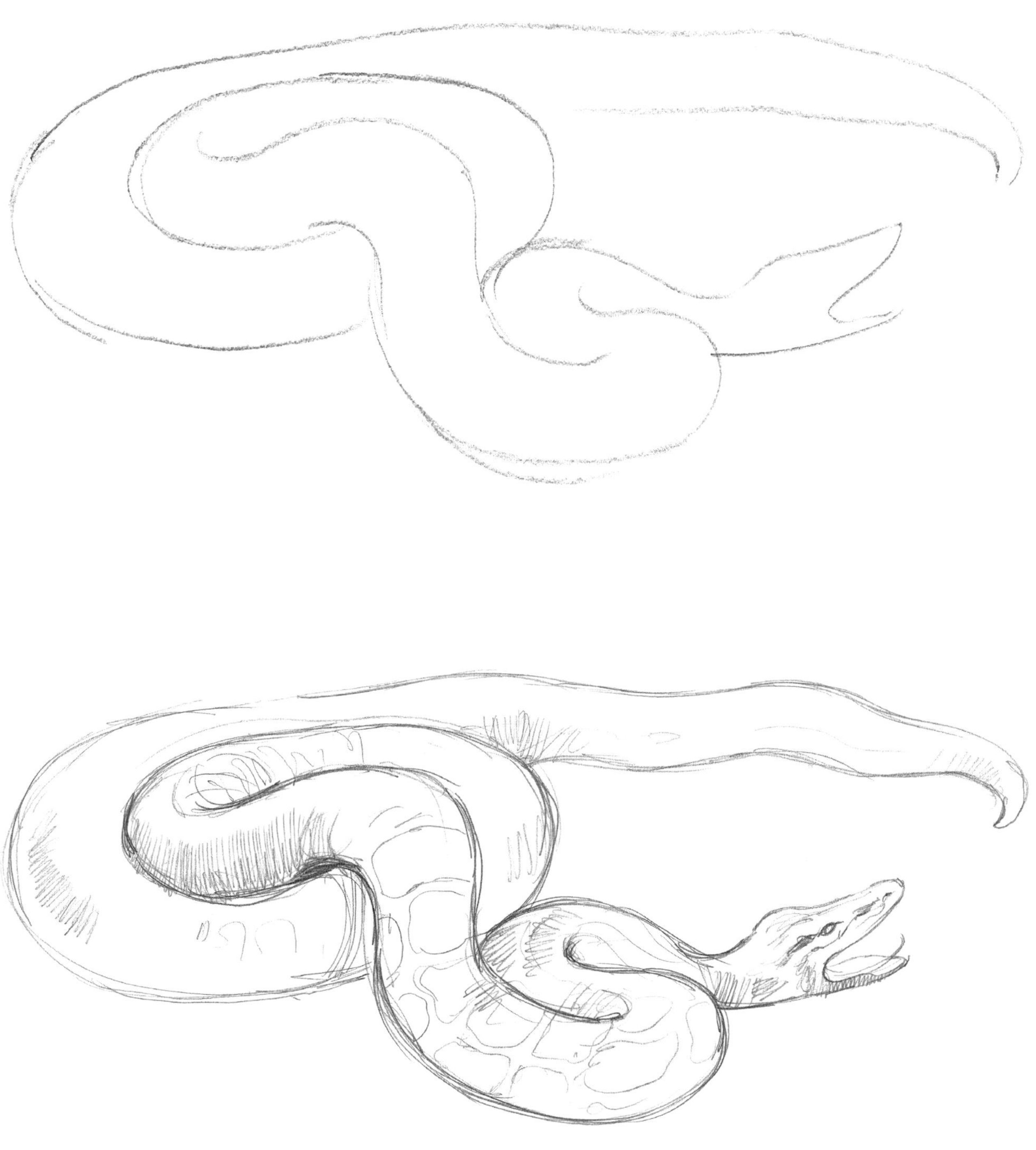

NACH DER NATUR ZEICHNEN

Im nächsten Schritt zeichnen Sie Tiere nach der Natur, ermutigt durch das Selbstvertrauen, das Sie bereits durch Ihre Arbeit mit Fotos gewonnen haben. In vielen Fällen werden Sie die Zeichnungen nicht beenden können, auch deshalb, weil die meisten Tiere sich bei zu viel Interesse unwohl fühlen und sich entfernen. Domestizierte Tiere lassen sich aber gut beobachten, wenn sie schlafen oder sich einfach entspannen – eine gute Gelegenheit für Sie. Sie sollten dann auch gleich ein Foto machen; so haben Sie etwas in der Hand, wenn sich das Tier doch noch davonmacht.

Vögel

Ich stelle hier zuerst Vögel vor, denn sie stehen oft still, haben unkomplizierte Formen und sind schnell gezeichnet. Beginnen Sie auch diesmal mit einer vereinfachenden Skizze, so wie die Beispiele zeigen. Auf diese Weise haben Sie auch dann etwas zu Papier gebracht, wenn das Tier davonfliegt oder -läuft. Zudem ist es eine gute Schulung, schnell hinzuschauen und sich zu merken, was man gesehen hat.

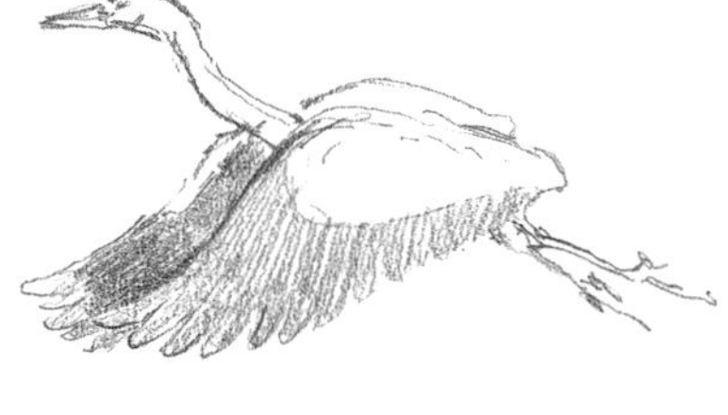

Wenn sich die Gelegenheit bietet, fügen Sie nun möglichst viele Details hinzu; als Gedächtnisstütze ziehen Sie Ihre eigenen Fotos zu Rate. Das Schattieren ist meist eine gute Hilfe, um die Beschaffenheit des Tieres zum Ausdruck zu bringen.

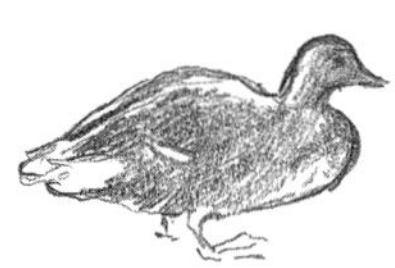

Katzen

Hauskatzen eignen sich wunderbar als Modell, denn sie sind sehr schlafbedürftig – die meisten ruhen rund 16 Stunden am Tag. Deshalb dürften Sie genügend Zeit für recht detaillierte Studien finden. Das weiche Fell und die entspannten, eleganten Formen tragen dazu bei, dass wir die beobachteten Umrisse leicht und flüssig skizzieren. Halten Sie zunächst recht einfach die wesentliche Kontur des Katzenrumpfes fest, so wie in den Beispielen gezeigt, und ergänzen dann Kopf, Beine und Schwanz.

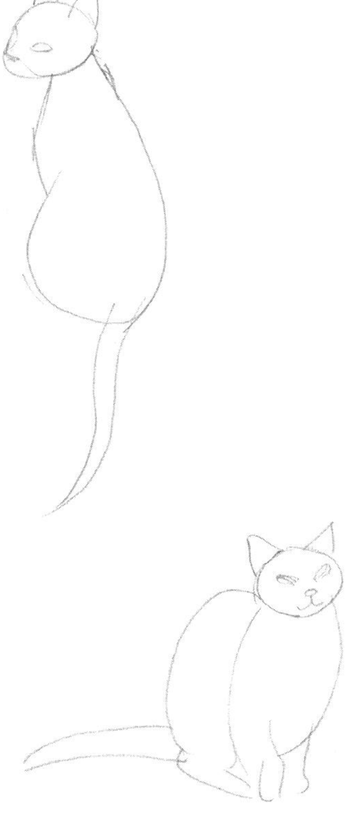

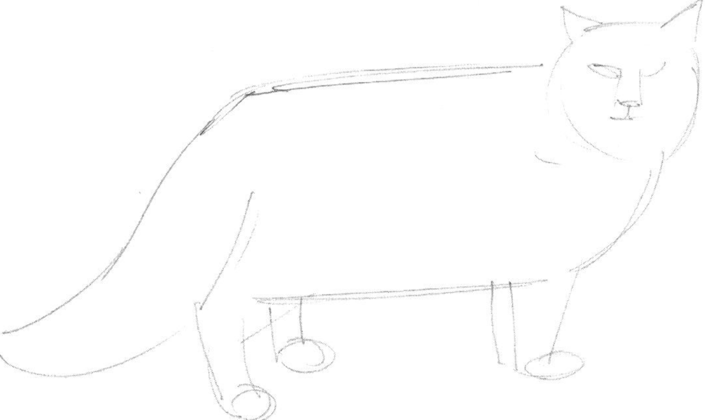

Geben Sie nun die Textur des Fells mit einer Vielzahl kleiner Bleistiftstriche wieder. Sobald Sie das Muster des Fells darstellen, wird die Zeichnung gleich zum Porträt eines ganz bestimmten Tieres. Augen und Nase sind sehr wichtig, doch weil sie nah beieinanderliegen, werden Sie keine große Mühe haben, die Proportionen richtig zu treffen.

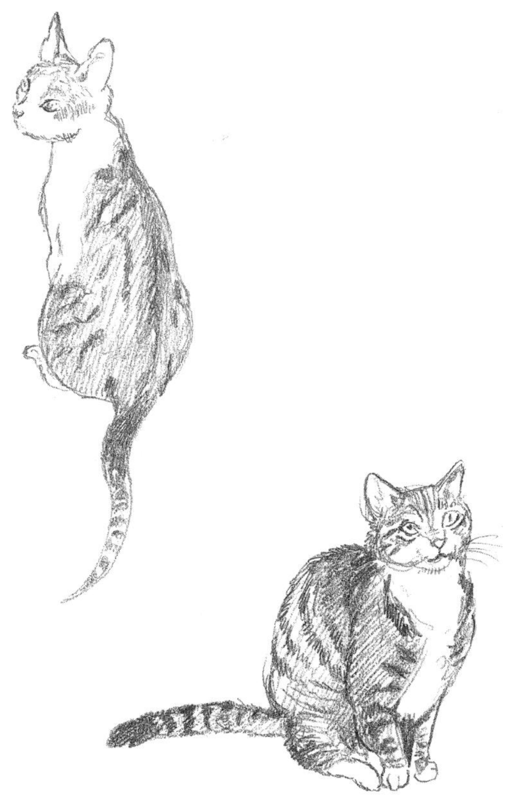

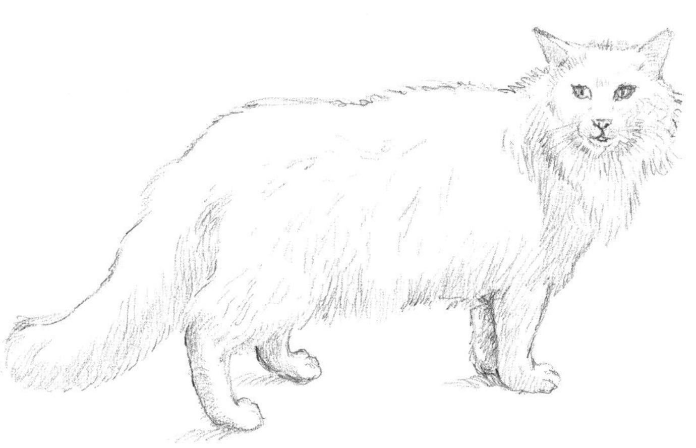

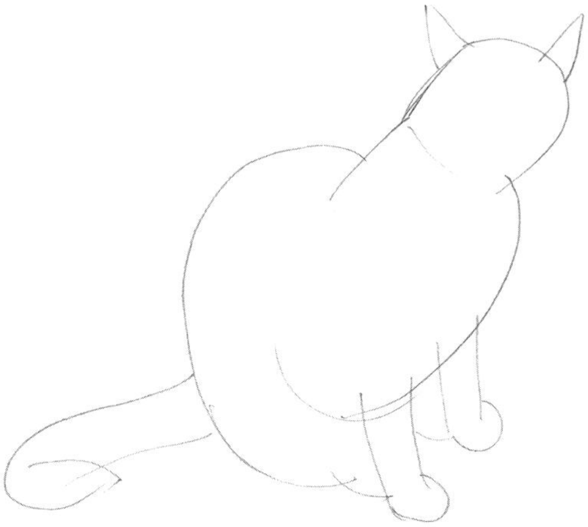

Wenn Sie sich im Zeichnen von Tieren sicher fühlen, probieren Sie, auch aktivere Tiere darzustellen, um zu sehen, wie Ihnen das gelingt. Ausgehend von einfachen Umrissformen runden Sie die Arbeit dann so weit ab, wie Ihnen die Zeit es erlaubt.

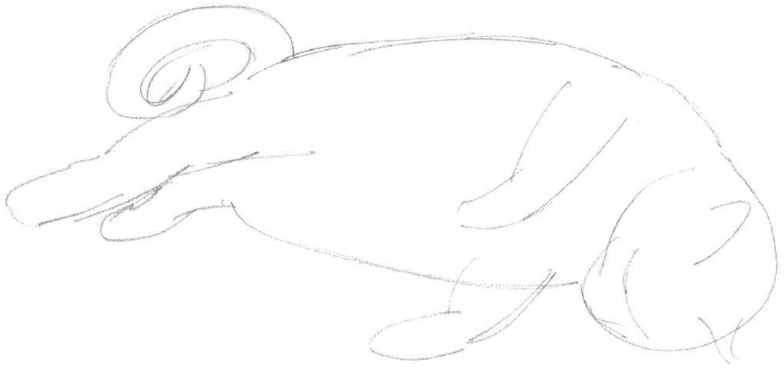

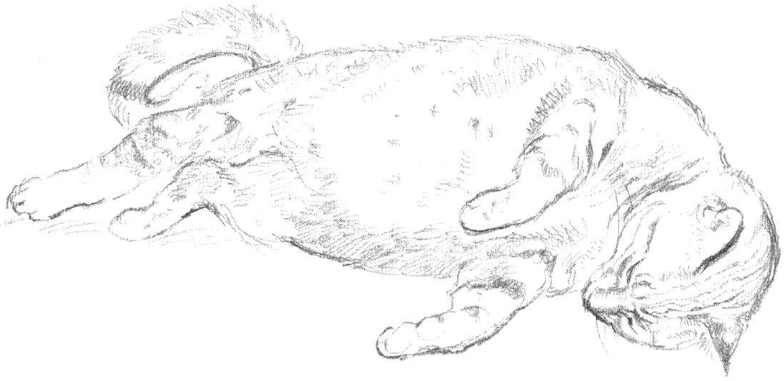

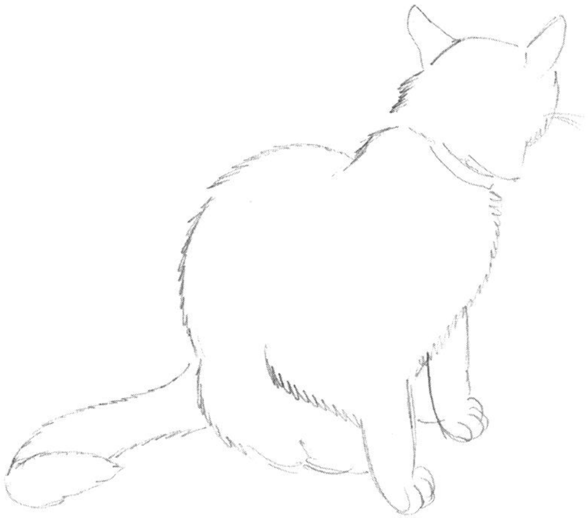

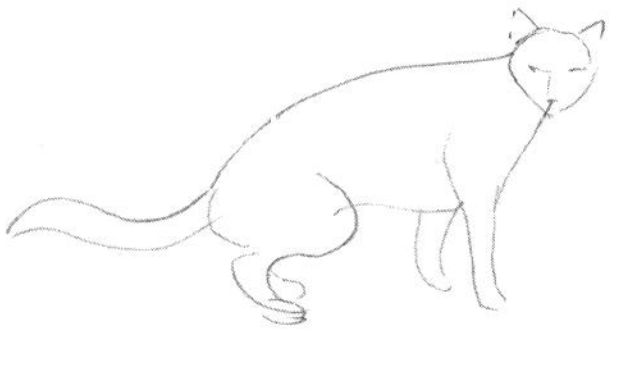

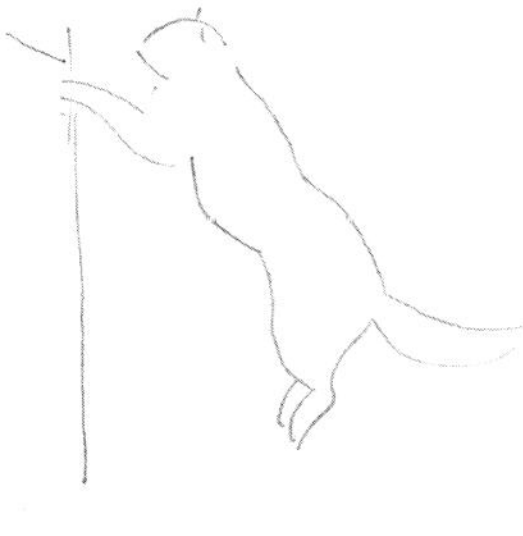

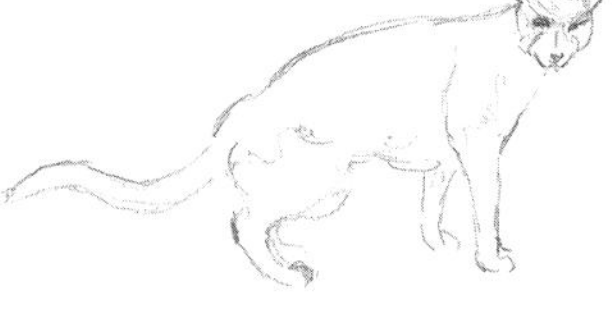

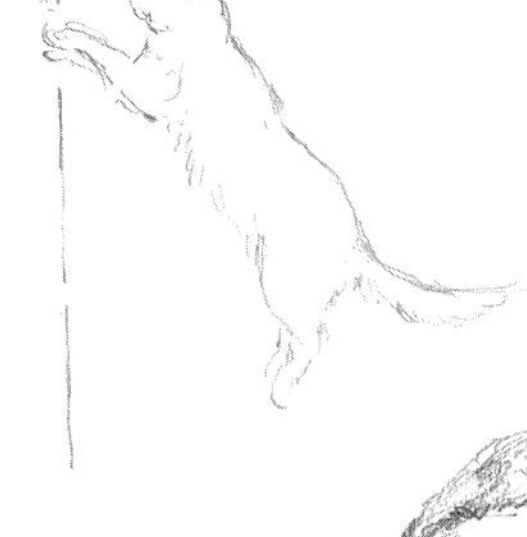

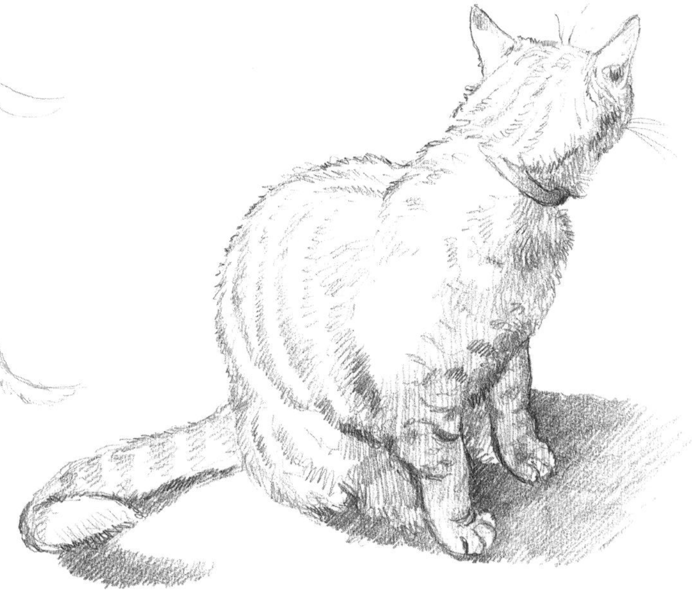

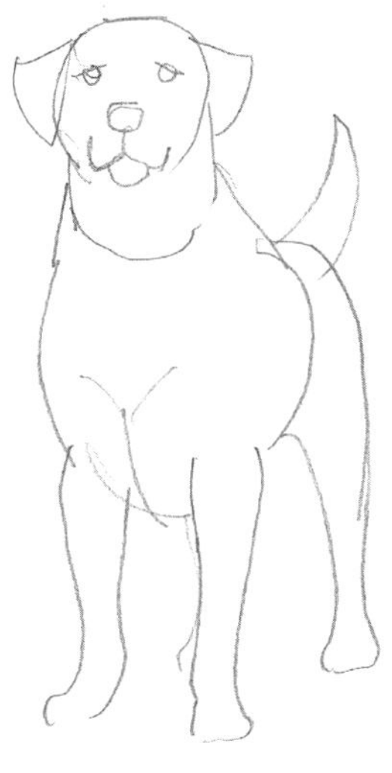

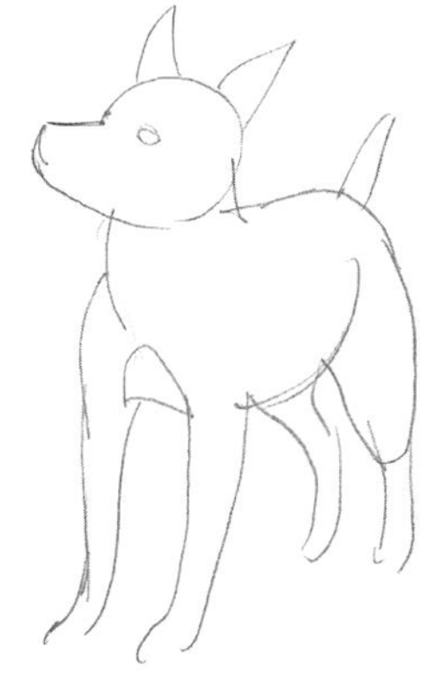

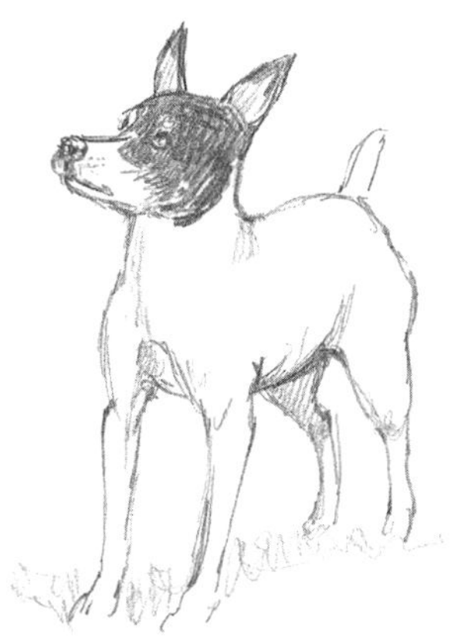

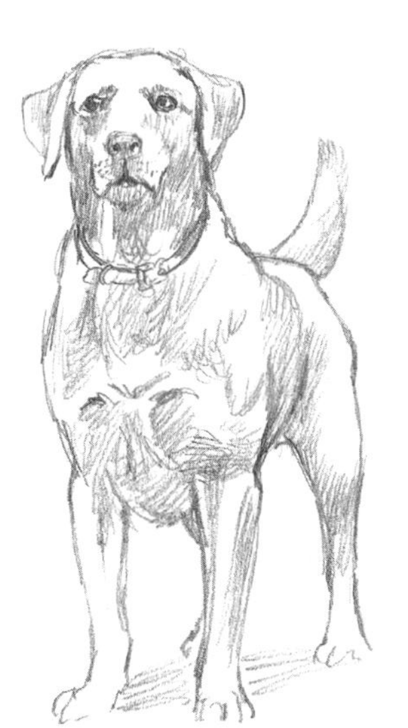

Hunde

Im Gegensatz zu Katzen schlafen Hunde nicht so ausgiebig und sind nach dem Erwachen viel kooperativer. Auch das Erscheinungsbild der Hunde ist viel variantenreicher. Deshalb überprüfen Sie, wenn Sie Hunde verschiedener Rassen zeichnen, immer genau deren Proportionen, damit auch die Rasse des porträtierten Tieres wiedererkennbar ist. Skizzieren Sie zunächst wieder grob den Umriss. Je nach verfügbarer Zeit arbeiten Sie die Details weiter aus.

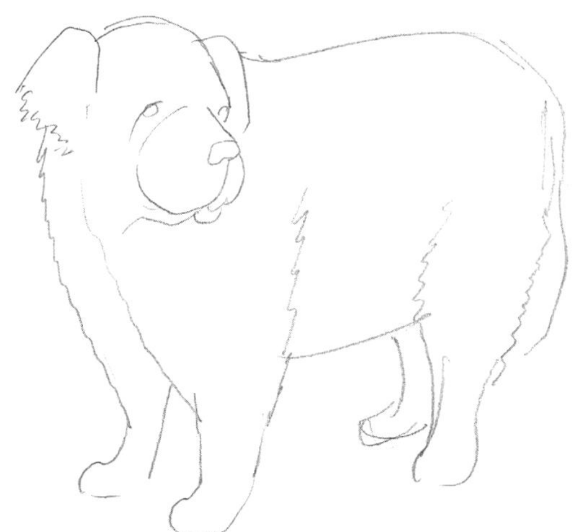

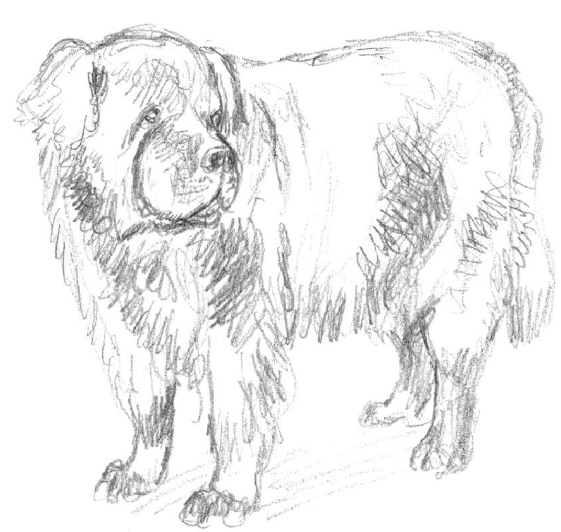

Tiere auf dem Bauernhof

Versuchen Sie nun, einige Bauernhoftiere zu zeichnen, sollten Sie auf dem Land wohnen oder einen Stadtbauernhof in ihrer Umgebung haben. Zum Glück bewegen sich Schafe und Rinder nicht zu schnell und verharren oft lange in einer Position. Achten Sie auch hier wieder auf verschiedene Rassemerkmale und reproduzieren Sie nicht bloß ihre Vorstellung davon, wie Rinder oder Schafen aussehen sollten. Übung macht den Meister, also nehmen Sie, wann immer möglich, ein Skizzenbuch mit, wenn Sie das Haus verlassen. Selbst wenn Sie nur zwei oder drei Minuten Zeit für eine »Daumennagelskizze« haben – selbst das ist eine hervorragende Zeichenübung.

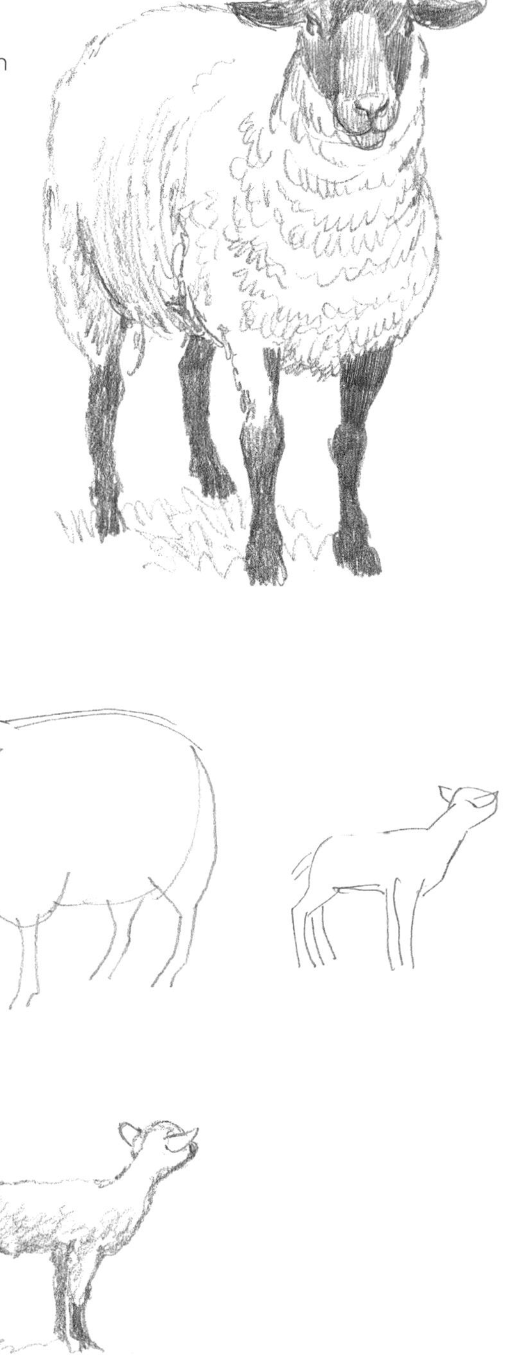

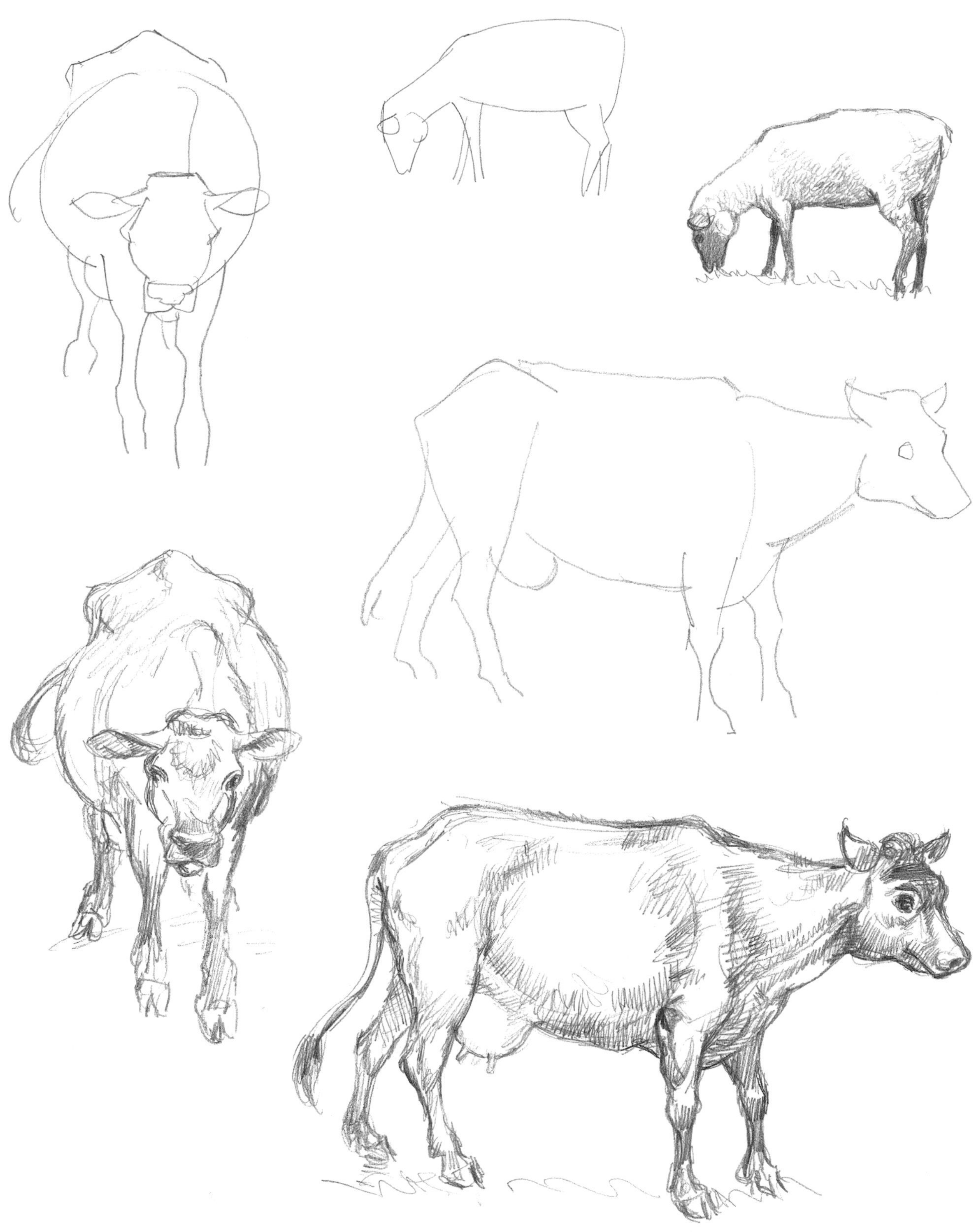

Pferde

Wie Rinder und andere große Bauernhoftiere gehören Pferde zu denjenigen Großtieren, die sich am leichtesten nach der Natur zeichnen lassen. Eventuell greifen Sie vor dieser Übung auf Fotovorlagen zurück. Wenn Sie in der Nähe von einem Pferdestall wohnen, sollten Sie die Gelegenheit nutzen, die Tiere möglichst oft nach dem Leben zu Papier zu bringen. Das ist gar nicht so schwierig, jedoch bewegen sich Pferde meist ein wenig hin und her. Deshalb werden Ihre Skizzen zunächst so wie die zwei Beispiele unten aussehen. Sind Ihnen aber erst einmal mehrere Versuche gelungen, werden im Laufe der Zeit weitere Details hinzukommen, da Pferde oftmals ähnliche Positionen einnehmen.

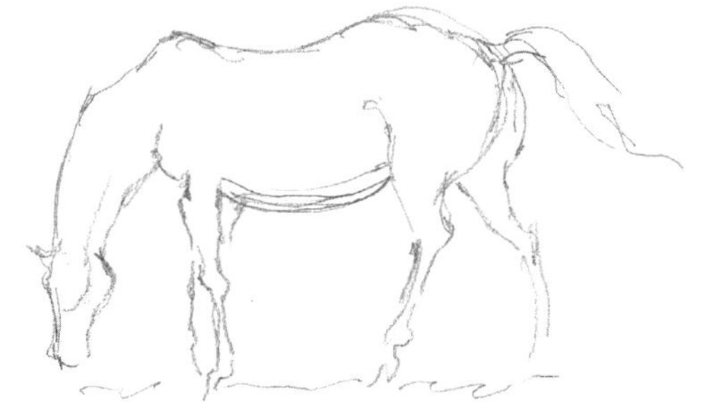

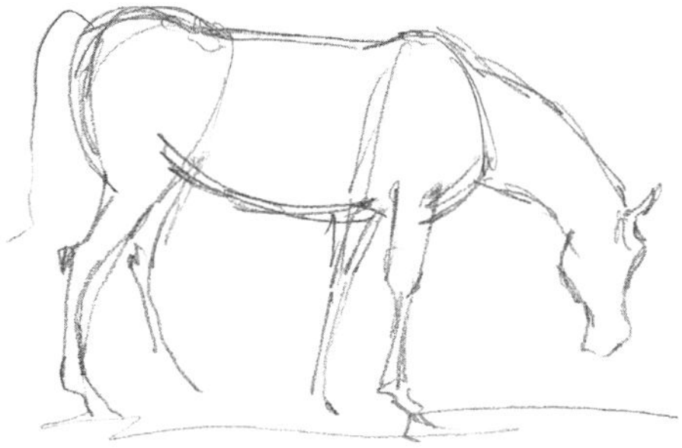

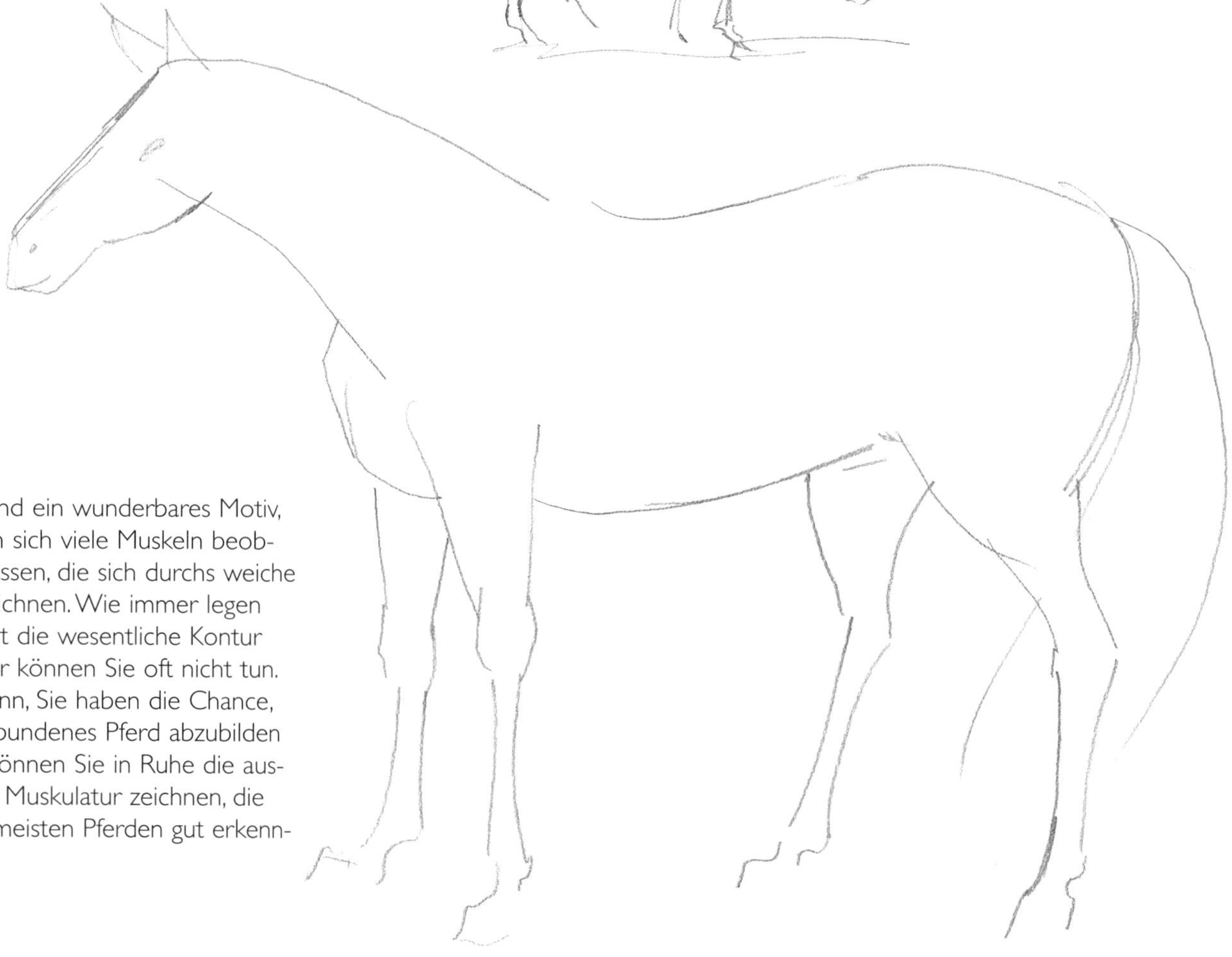

Pferde sind ein wunderbares Motiv, an denen sich viele Muskeln beobachten lassen, die sich durchs weiche Fell abzeichnen. Wie immer legen Sie zuerst die wesentliche Kontur fest. Mehr können Sie oft nicht tun. Es sei denn, Sie haben die Chance, ein angebundenes Pferd abzubilden – dann können Sie in Ruhe die ausgeprägte Muskulatur zeichnen, die bei den meisten Pferden gut erkennbar ist.

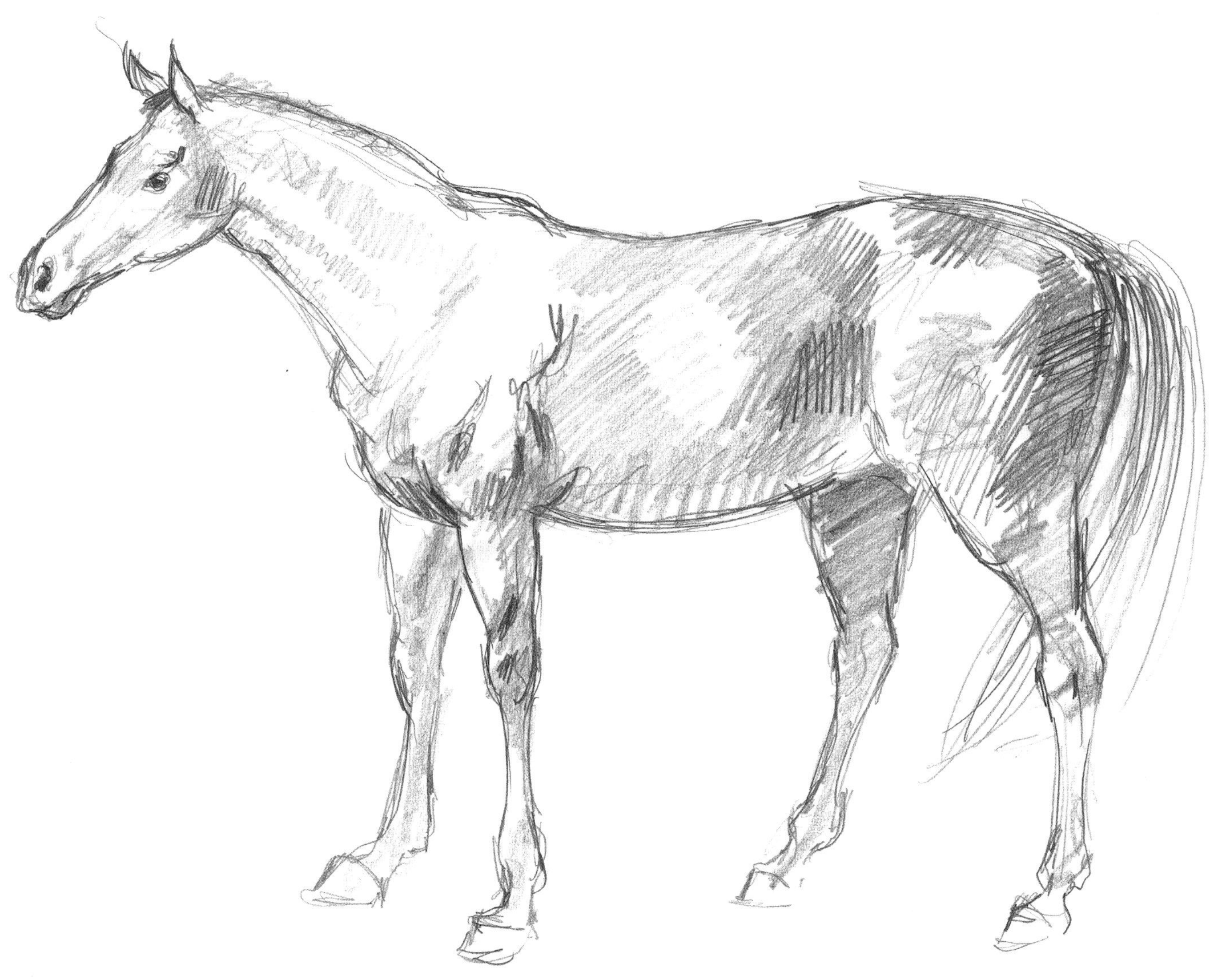

Während Sie Ihre Zeichnung mit Details abrunden, sollten Sie keine Angst davor haben, die Muskeln mit kräftigen schnellen Strichen anzudeuten – sind Sie bereits geübter, können Sie diese natürlich feiner ausarbeiten.

Die liebste Beschäftigung der Pferde ist das Grasen. Deshalb sollte es nicht schwierig für Sie sein, ausdauernde Studien von einem grasenden Pferd anzufertigen – erfassen Sie rasch die Position, wenn das Tier den Kopf aufmerksam nach oben hält. Machen Sie zugleich Fotos davon; diese zusätzlichen Informationen können Sie später beim Zeichnen berücksichtigen.

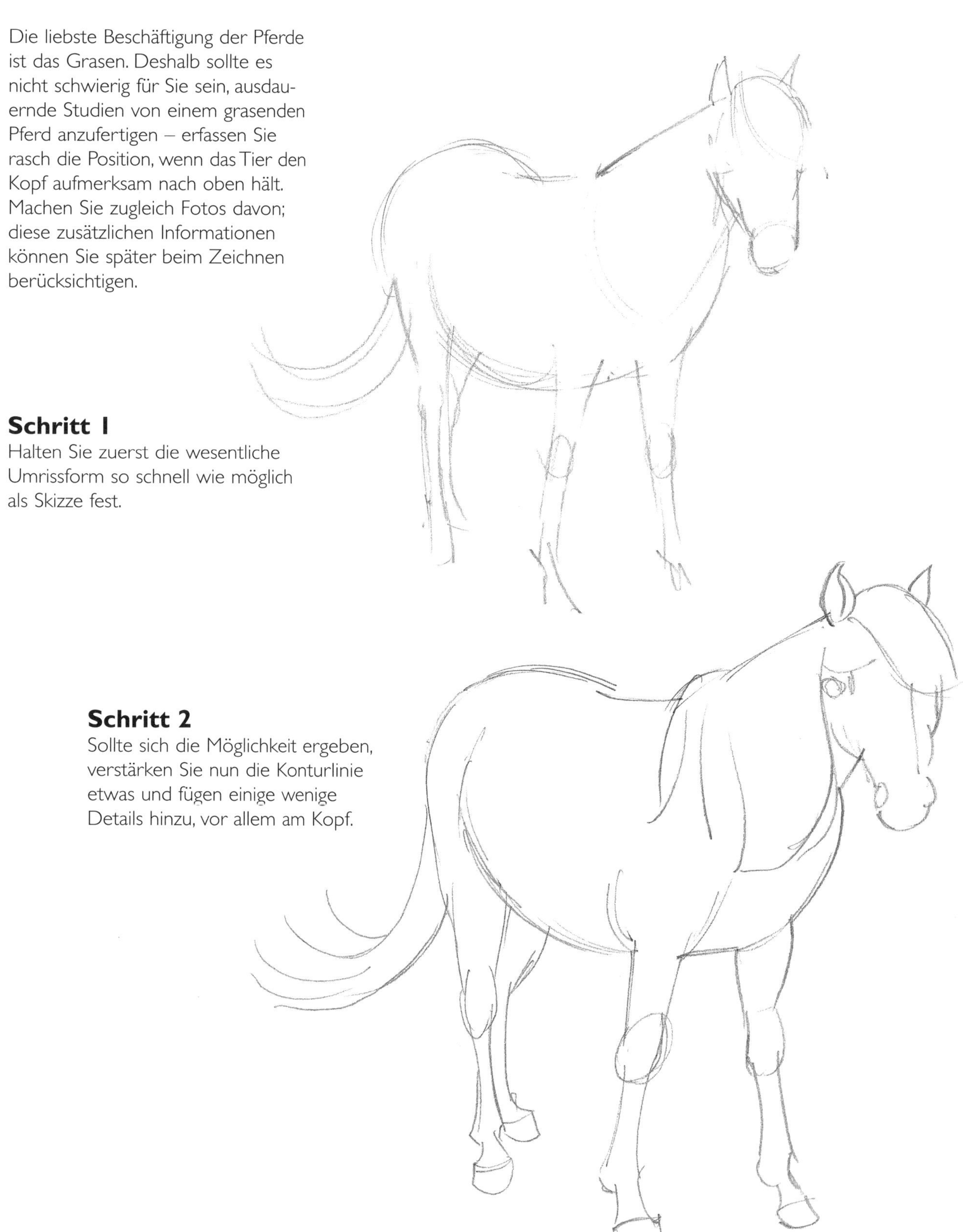

Schritt 1
Halten Sie zuerst die wesentliche Umrissform so schnell wie möglich als Skizze fest.

Schritt 2
Sollte sich die Möglichkeit ergeben, verstärken Sie nun die Konturlinie etwas und fügen einige wenige Details hinzu, vor allem am Kopf.

Schritt 3

Zu guter Letzt arbeiten Sie mit Schattierungen und Texturen einige Details heraus, was die Form sogleich plastischer macht. In einigen Bereichen, etwa zwischen den Beinen in Brustnähe, an Ohren und Nase, intensivieren Sie den Ton, wodurch sich der Kontrast zu den weißen Partien der Pferdeflanke erhöht.

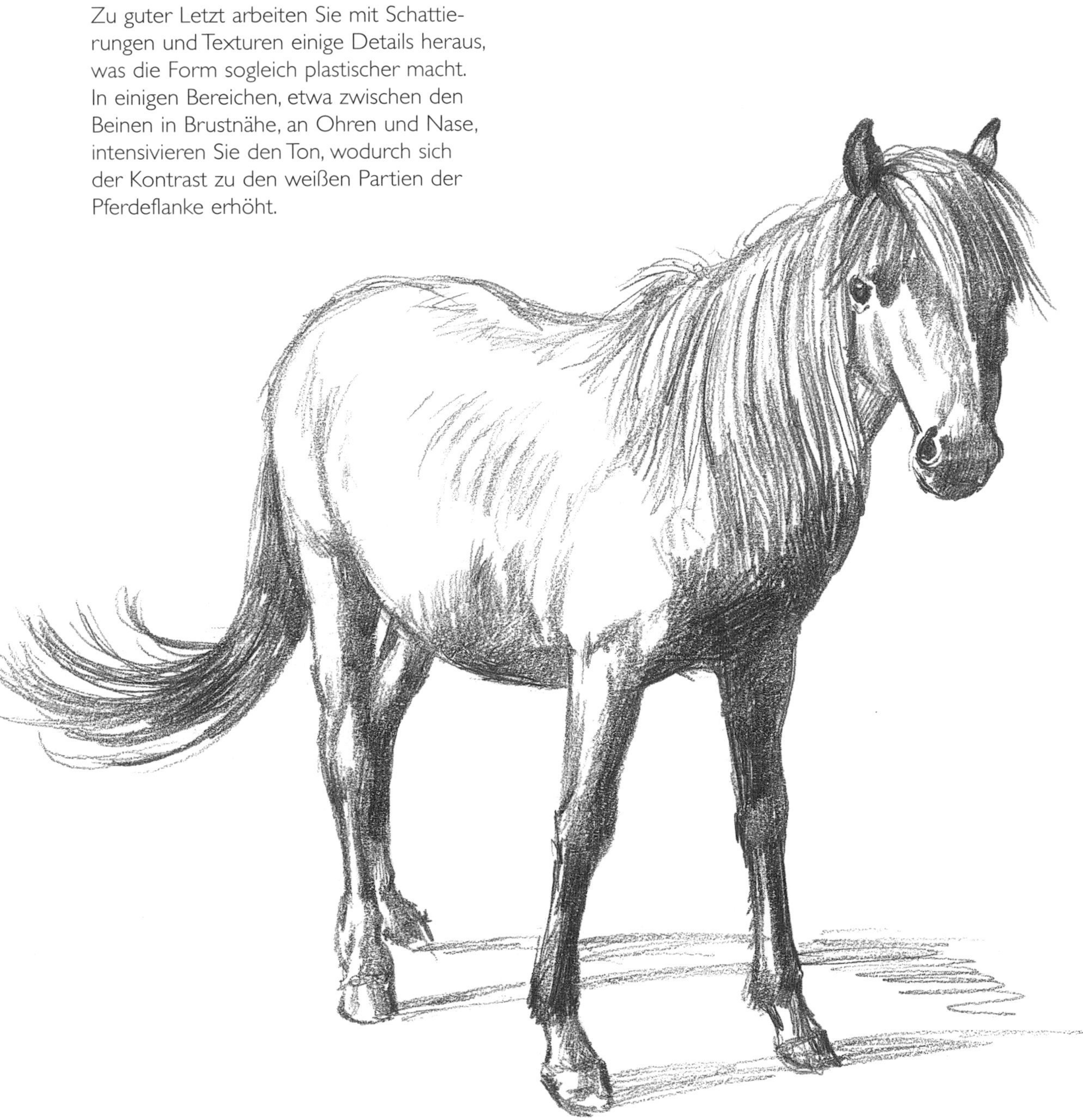

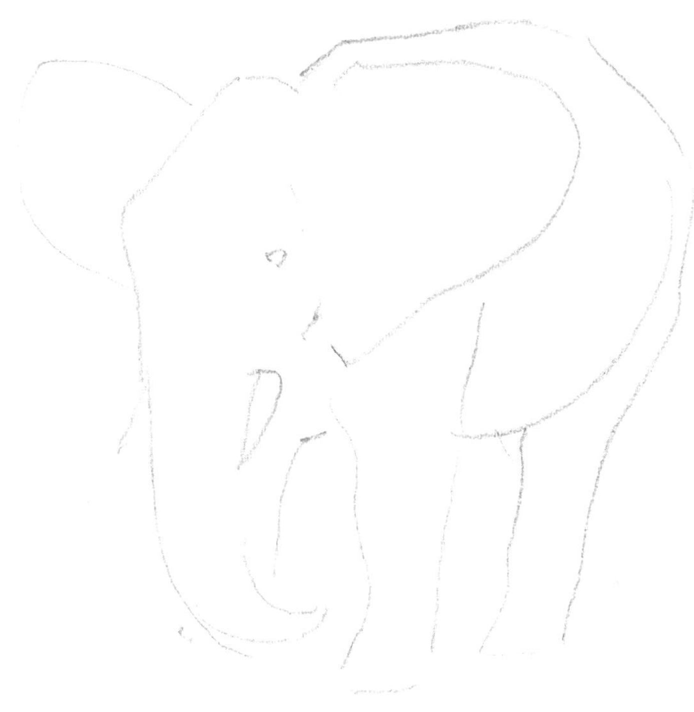

Einige ungewöhnliche Tiere

Außer in einem Safaripark haben Wildtiere wie Löwen und Elefanten hierzulande kaum Möglichkeit, viel herumzulaufen. Bezogen auf den Standpunkt für Ihre Zeichnung haben Sie daher nur wenig Auswahl. Dennoch sollten Sie verschiedene Tierpositionen beim Zeichnen ausprobieren. Da Sie diese Tiere eh nur mit Abstand betrachten können, sind deren Details nicht so wichtig wie die von Haustieren. Um Ihre Zeichnungen gestalterisch abzurunden und die Genauigkeit zu erhöhen, können Sie auf Fotos zurückgreifen.

Der Elefant ist ein so riesiges Tier, dass es gut mit weichen, flüssigen Linien skizziert werden kann. Schattieren Sie die am dunkelsten wirkenden Stellen, so wie hier die Innenfläche der ausladenden Ohren und die Partie hinterm Rüssel.

Zeichnen Sie auch hier zunächst die wesentlichen Umrisslinien, bevor sich der Löwe wieder stark bewegt. Selbst wenn Sie nach einem Foto arbeiten, sollten Sie nach dieser Methode vorgehen.

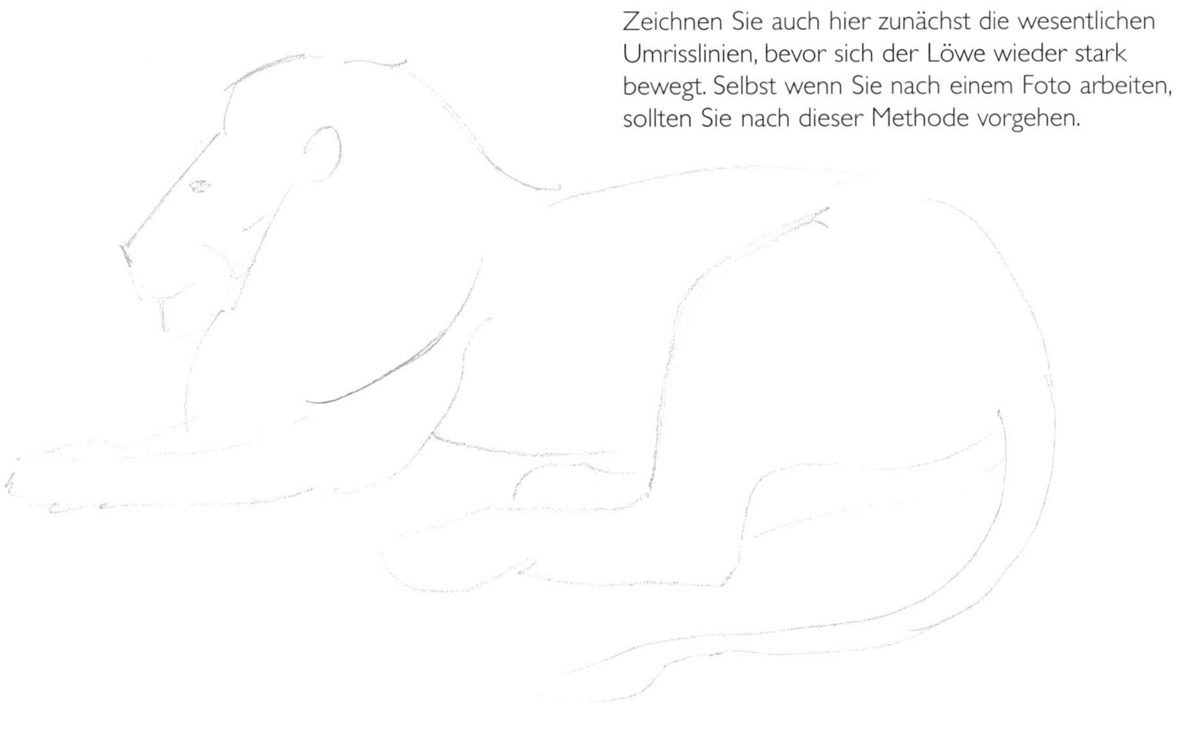

Präzisieren Sie dann den Körperbau des Tieres, indem Sie mehr Details am Kopf und die großen Muskeln hinzufügen. Hier sehen Sie, wie der ausgeprägte Wangenknochen viel zum majestätischen Erscheinungsbild des Löwen beiträgt.

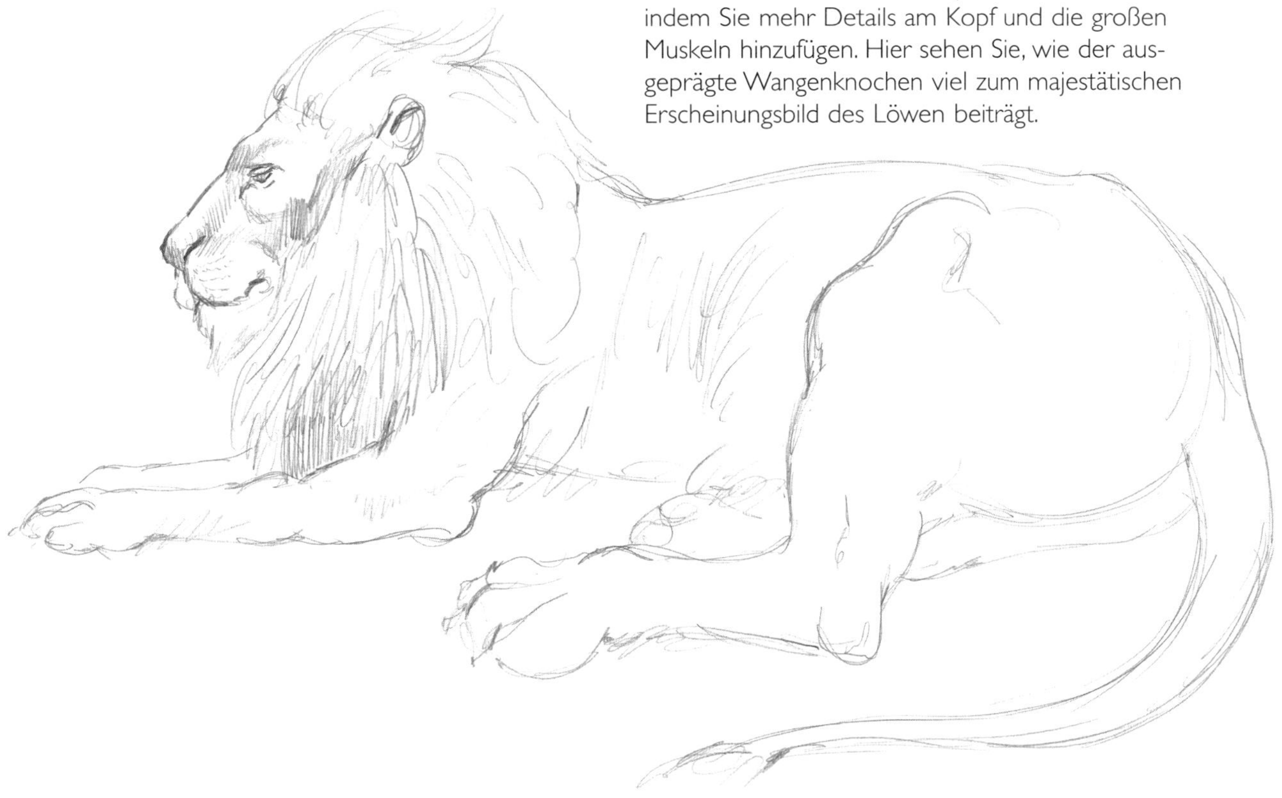

HERDEN

Eine größere Anzahl von Tieren zu zeichnen mag Ihnen zunächst viel schwieriger vorkommen, als es tatsächlich ist. Am augenfälligsten bei Herden und Schwärmen ist, dass sich alle Tiere ähnlich verhalten. Wenn ein Tier, das Sie gerade skizzieren, seine Haltung ändert, so sehen Sie bestimmt ein anderes in ganz ähnlicher Pose – und schon können Sie Ihre Arbeit vollenden.

Als Beispiele zeige ich hier eine Schafherde, ein Hirschrudel und, um die Aufgabe zu variieren, einen Möwenschwarm. Diese Gruppe darzustellen ist in einem Punkt schwieriger, da die Vögel ständig in Bewegung sind. Aber weil ihre Umrisse recht schlicht sind und sie alle in ähnlicher Weise umherschwirren, erkennen Sie bald, wie man sie unkomplizierter darstellt.

Schafe gehören mit ihren langsamen Bewegungen sicher zu den gutwilligsten Modellen. Hirsche hingegen werden ziemlich nervös, wenn Menschen ihnen zu nahe kommen. Aber weil Sie die Herde ja aus gewissem Abstand darstellen wollen, reicht es, die Umrisse der Tiere auf ein schlichtes Schema zu reduzieren.

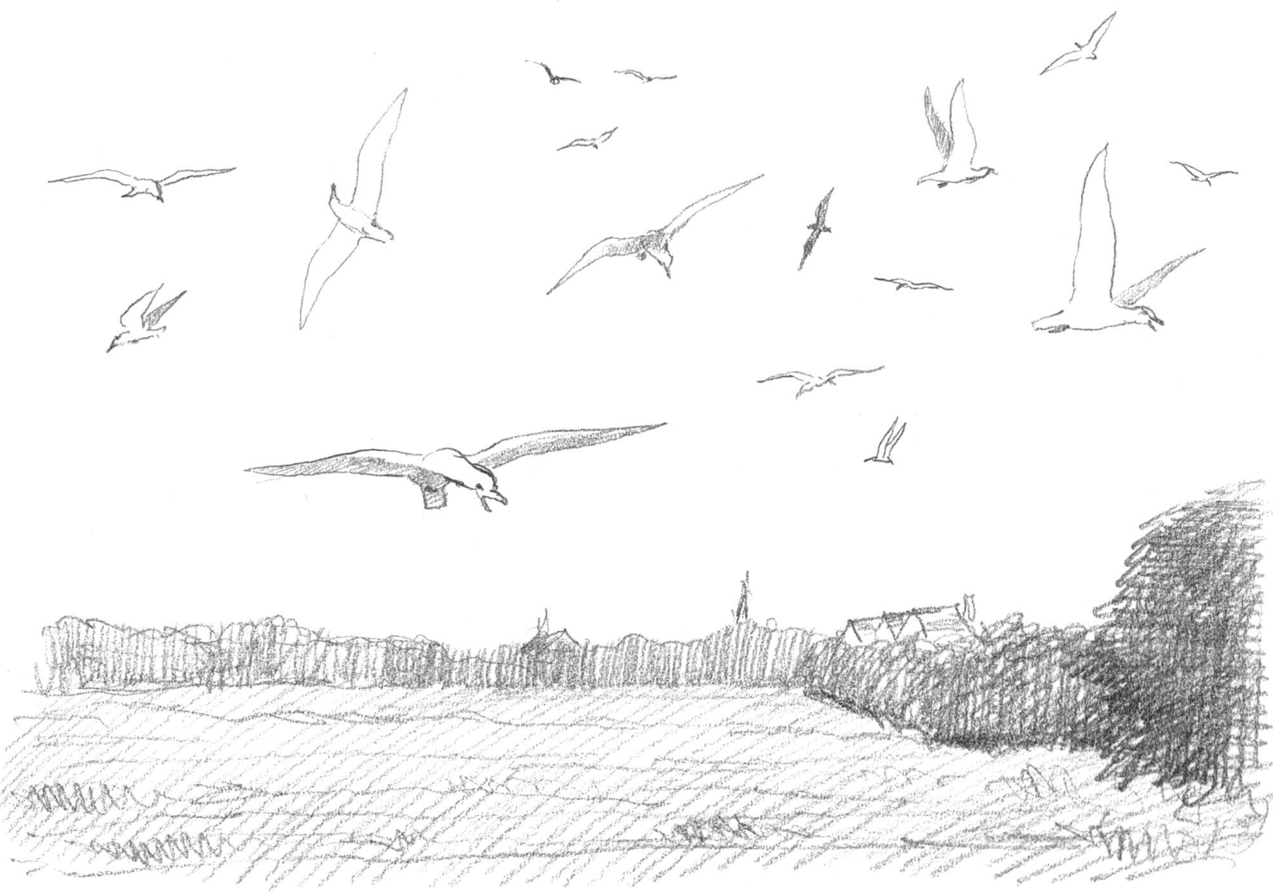

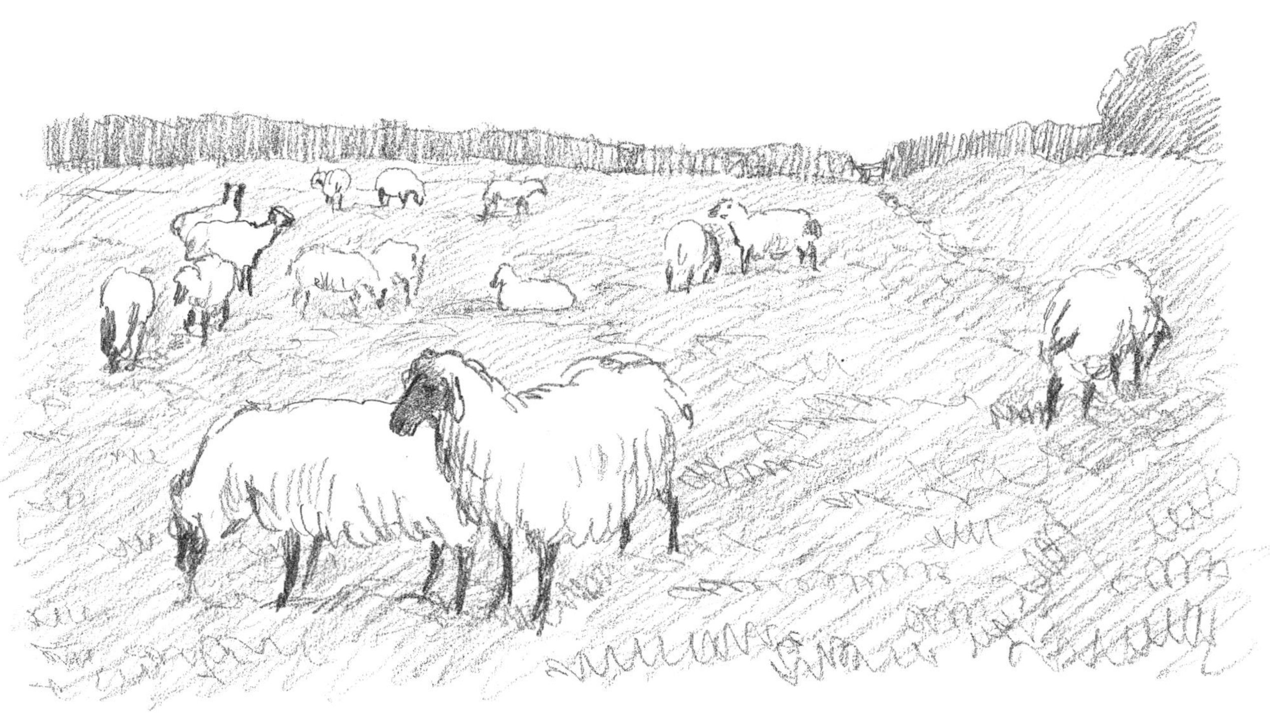

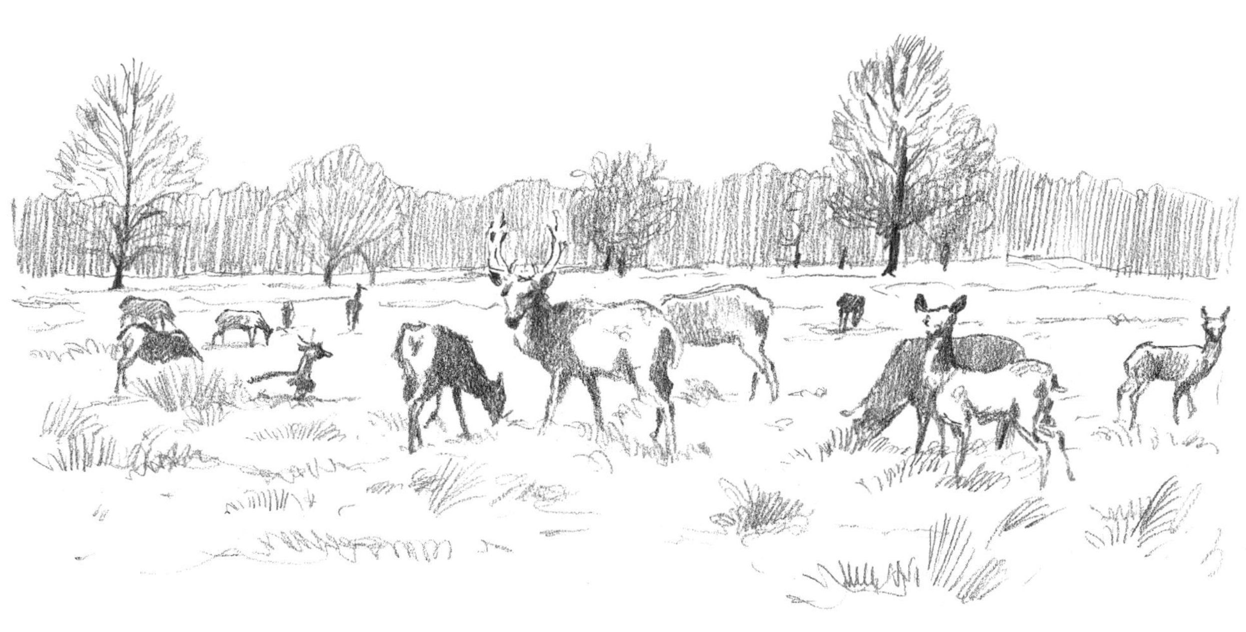

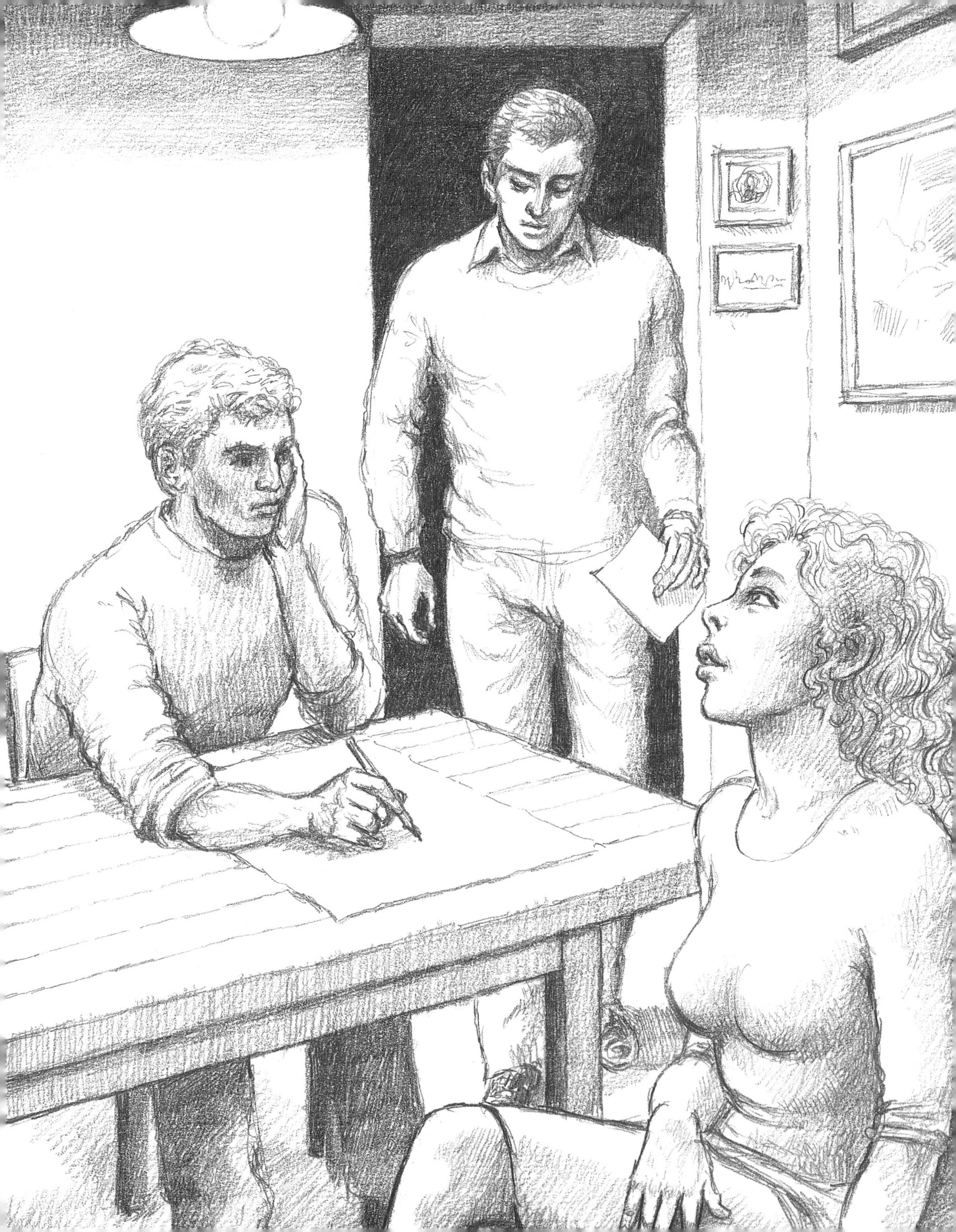

LEKTION 9

KOMPOSITIONEN AUFBAUEN

Die Komposition ist die wichtigste Gestaltungsmöglichkeit des Künstlers. Wie perfekt auch immer Sie Gegenstände, Tiere Menschen oder Landschaften zeichnen: Solange Sie nicht über den Bildaufbau nachdenken, sind auch Ihre gelungenen Bilder eher ein Zufallsprodukt. Die bewusste Entscheidung über die Zusammenstellung der einzelnen Bildelemente unterscheidet den versierten Künstler vom Anfänger.

Es gibt viele Wege zu einer eindrucksvollen Komposition, und diese Lektion wird keinesfalls alle Möglichkeiten erschöpfend behandeln. Aber ich stelle Ihnen zum Einstieg einige bewährte Methoden vor. Natürlich entwickelt jeder Künstler bald ein Auge für ein Arrangement von Bildelementen, das das Ergebnis interessant macht. Doch es gibt einige Techniken, die dabei als Orientierungshilfe dienen können.

Oft ist es eine Frage der Ausgewogenheit oder auch Unausgewogenheit, die einer Komposition Kraft gibt. Diese Lektion zielt darauf ab, die Bildfläche so zu gliedern, dass sich eine interessante Balance einstellt. Zum Schluss folgt eine spezielle praktische Kompositionsübung. Sie wird Ihnen helfen, die Grundlagen in den Griff zu bekommen.

KOMPOSITIONEN GROSSER MEISTER

Die Werke großer Meister zu betrachten ist für das Verständnis von Bildkompositionen äußerst hilfreich. Daher betrachten wir nun an verschiedenen Bildern einige Kompositionsmethoden, wobei geometrische Gerüste die Gestaltung verdeutlichen. Haben Sie die Grundprinzipien verinnerlicht, schulen Sie Ihre kompositorischen Fertigkeiten am besten beim Kopieren guter Kunstwerke aus Büchern, Zeitschriften oder öffentlichen Museen. Man wird es Ihnen meist erlauben, die Werke an der Wand abzuzeichnen, solange Sie niemanden belästigen.

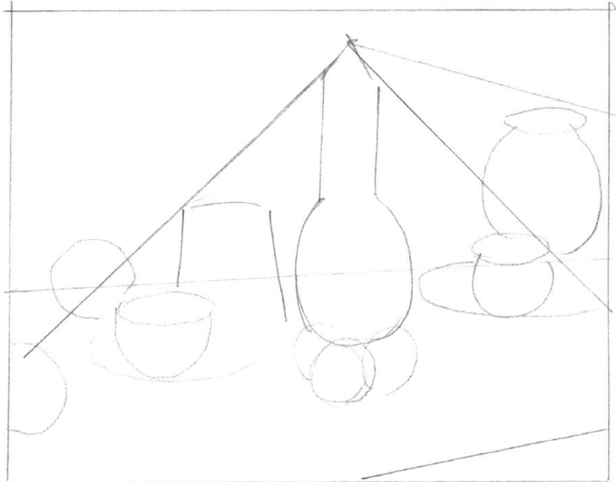

Das erste Beispiel, gezeichnet nach einem Stillleben von Vincent van Gogh, zeigt Tassen, Obst, Krüge und eine Kaffeekanne. Die Komposition ähnelt einer Pyramide oder einem Dreieck, einem beliebten Schema.

Durchstöbern Sie Kunstbücher und -magazine nach einem ähnlich komponierten Bild und fertigen Sie eine Umrissskizze davon an. Schließlich ist meine Auswahl nur ein Beispiel. Sie lernen mehr, wenn Sie selbst solch ein Schema entdecken, und es dürfte leicht sein, ein passendes Bild zu finden.

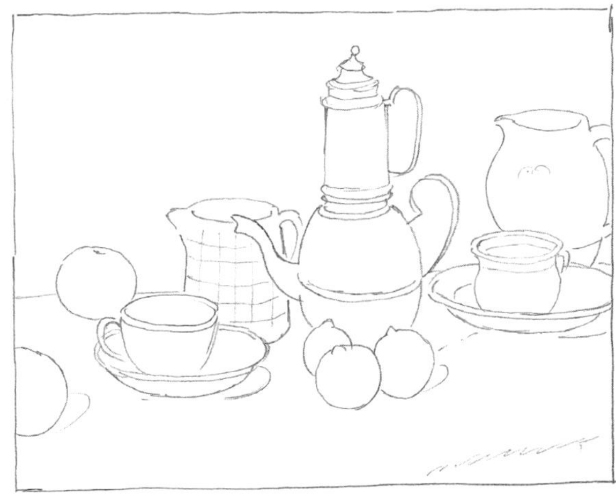

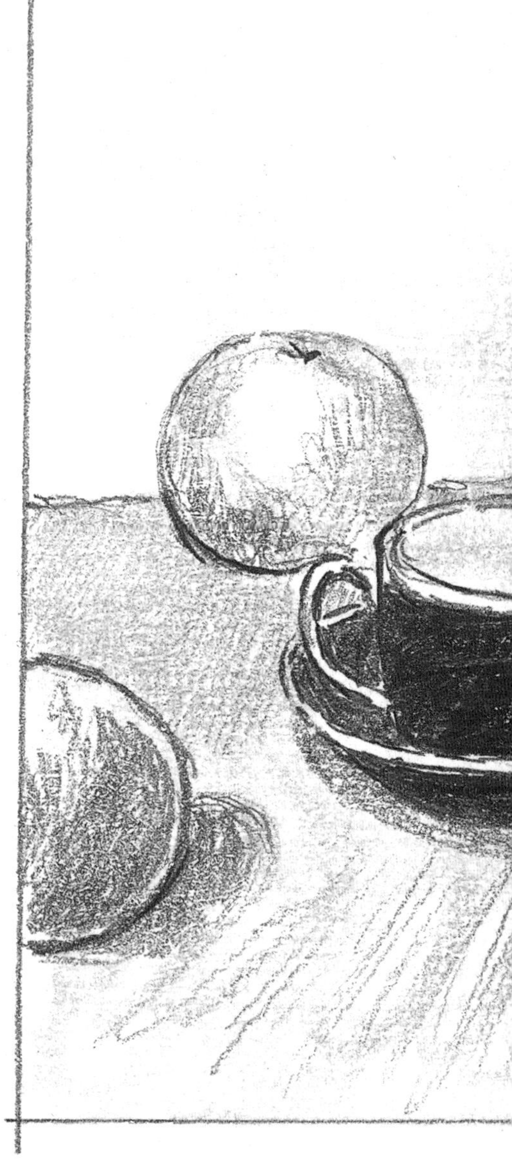

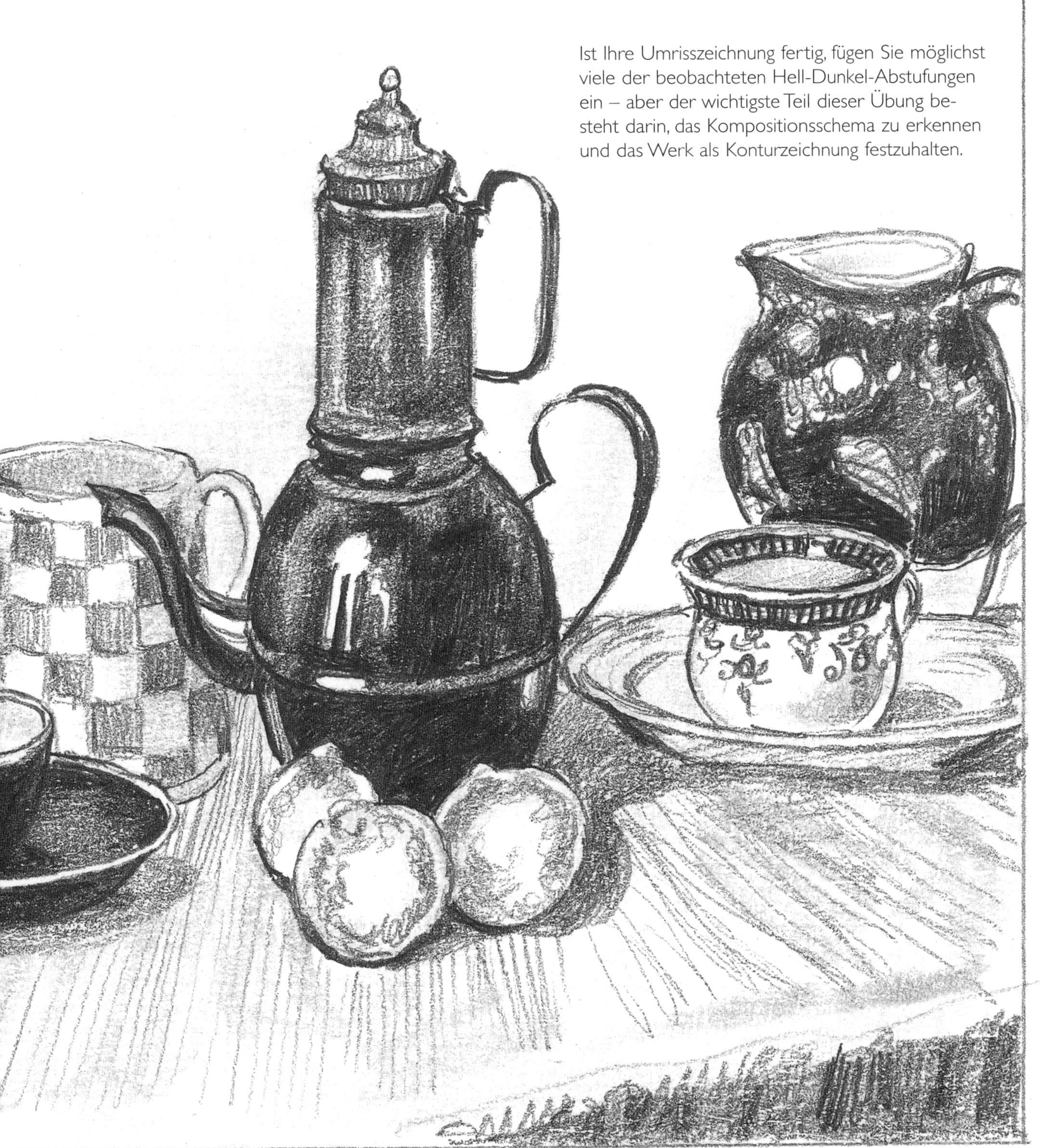

Ist Ihre Umrisszeichnung fertig, fügen Sie möglichst viele der beobachteten Hell-Dunkel-Abstufungen ein – aber der wichtigste Teil dieser Übung besteht darin, das Kompositionsschema zu erkennen und das Werk als Konturzeichnung festzuhalten.

Im nächsten Beispiel, ein Werk von John Piper, habe ich die Bild bestimmenden Fluchtlinien als Schema dargestellt. Die großen Blöcke – einer an der linken Seite, einer rechts aus der Mitte gerückt – sind durch ein zurückspringendes Gebäude verbunden; im Zentrum liegt ein Leerraum.

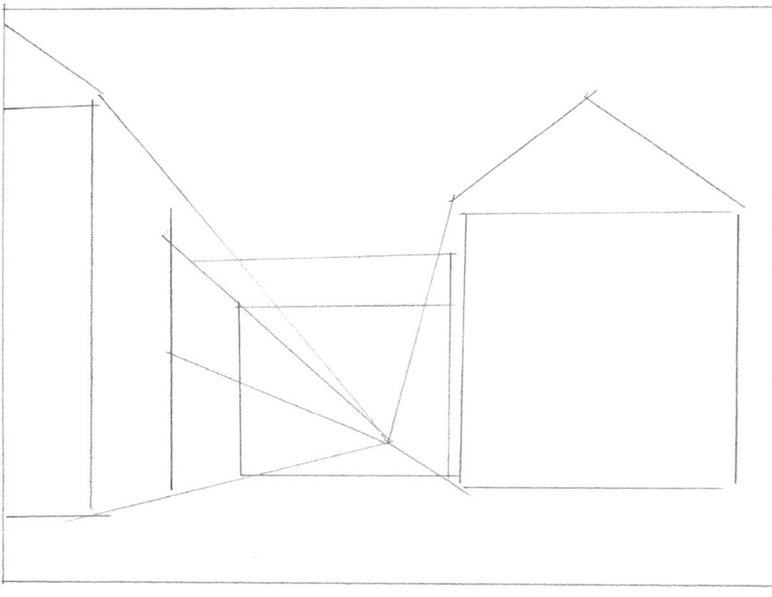

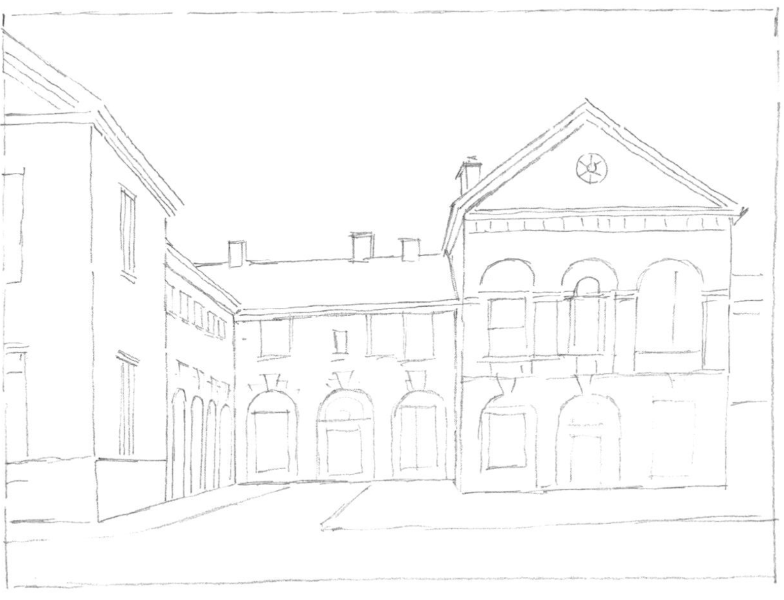

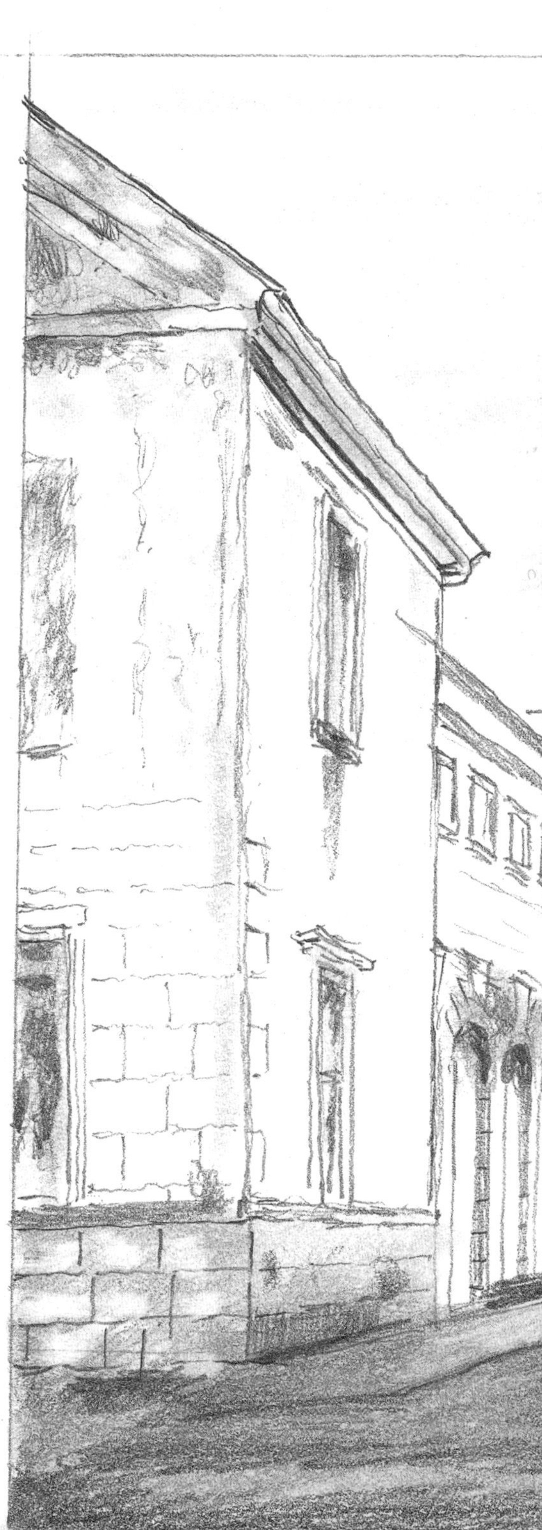

Sobald Sie das Wesentliche der Komposition erkannt haben, fertigen Sie eine Strichzeichnung von dem Bild an. Anschließend arbeiten Sie es mit seinen Tonwerten weiter aus.

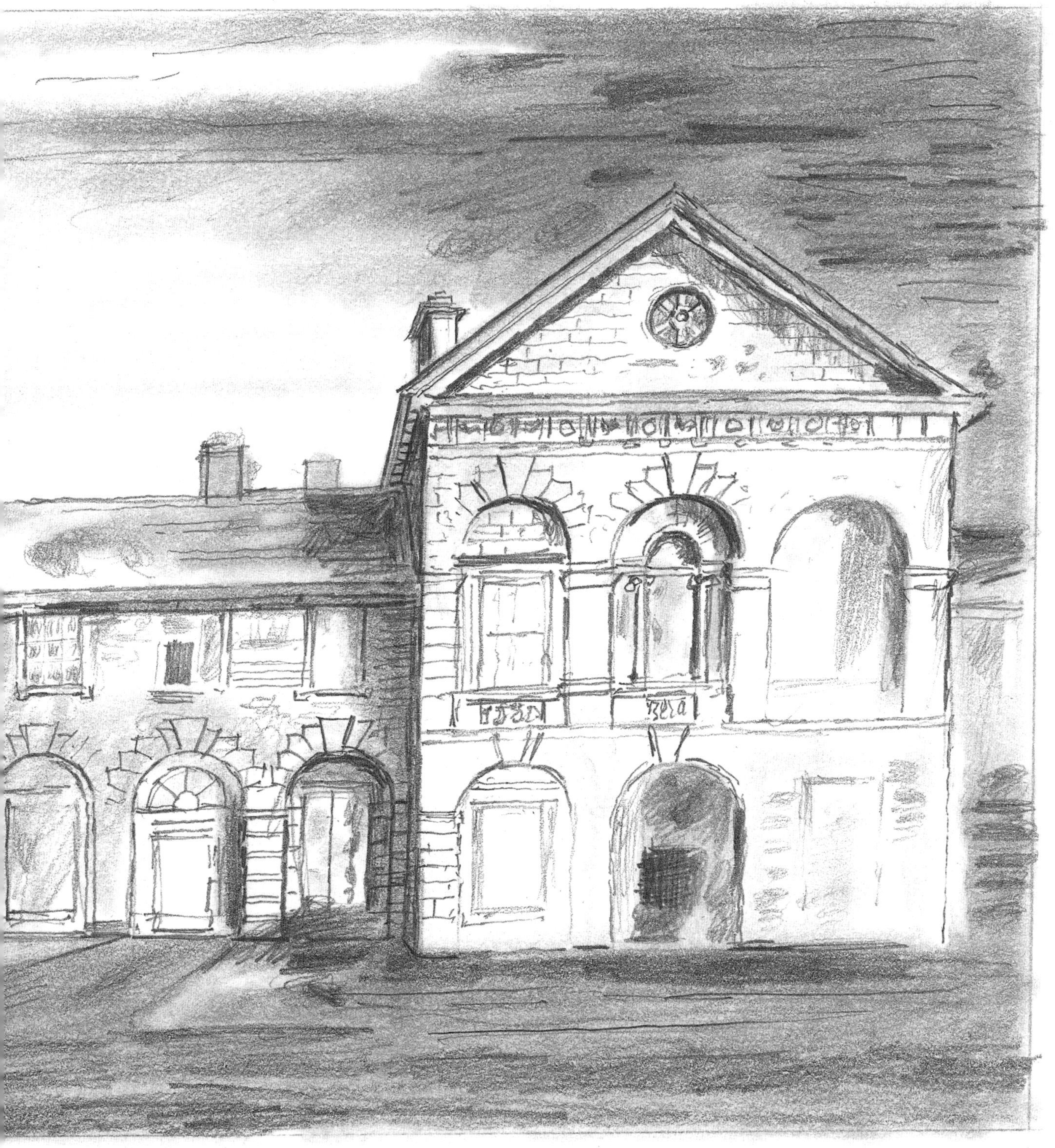

Die nächste Zeichnung gibt ein Bild vom Pegwell Bay wieder, das vom viktorianischen Künstler William Dyce gemalt wurde. Der Aufbau zeigt einen auf halber Höhe liegenden Horizont, der teilweise durch ins Bild ragende Kreidefelsen verdeckt ist. Das Leben spielt sich im unteren Bereich ab, wo Menschen zwischen Felsen und am Strand Muscheln sammeln. In unmittelbarem Vordergrund sorgen Frauen in ihren üppigen Reifröcken für markant schöne Formen.

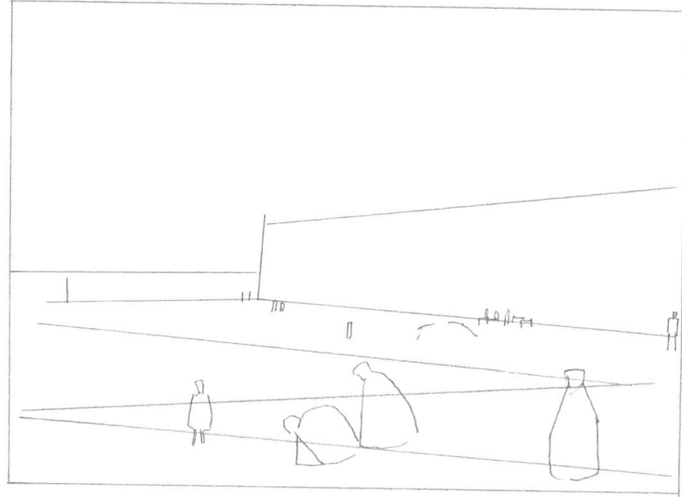

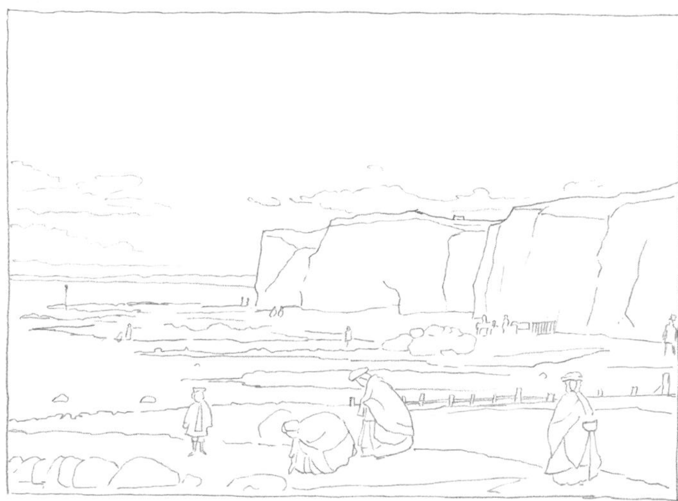

Zeichnen Sie diese Landschaftsszene zunächst in Umrissen nach, dann ergänzen Sie die Tonwerte – wegen der vielen waagerechten, leichten Strukturen können Sie gut linear arbeiten.

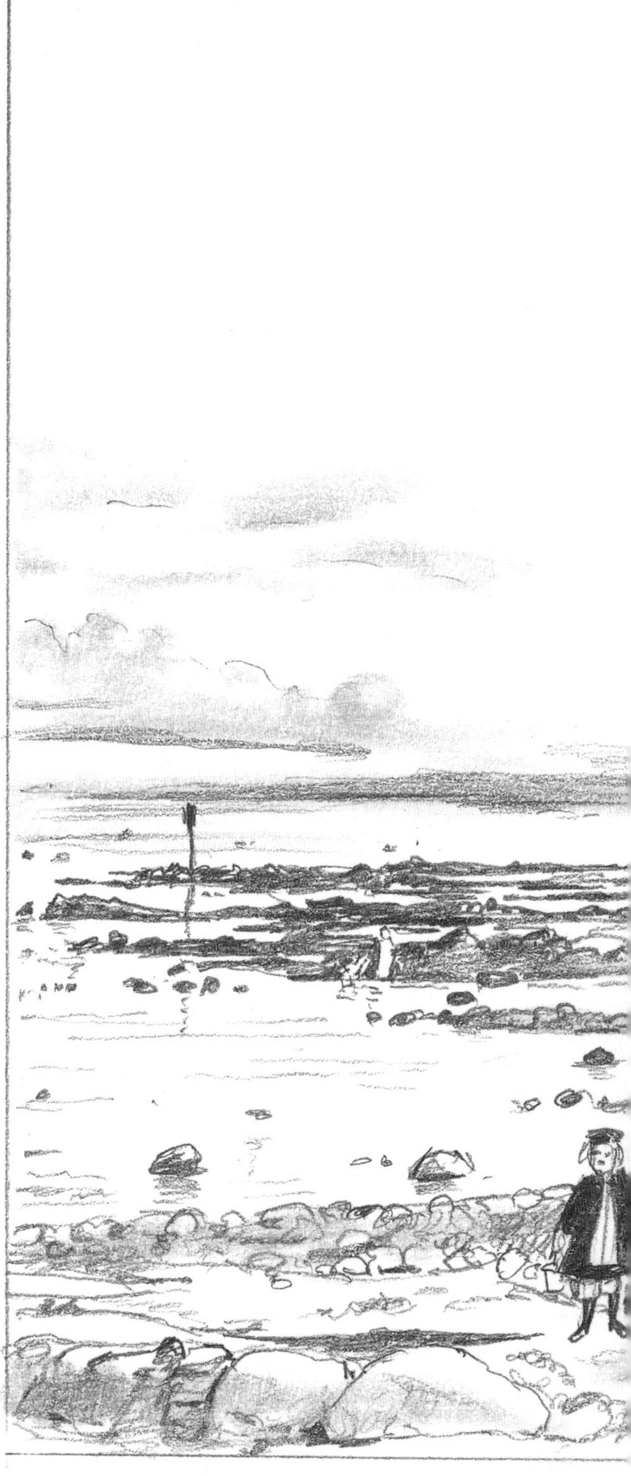

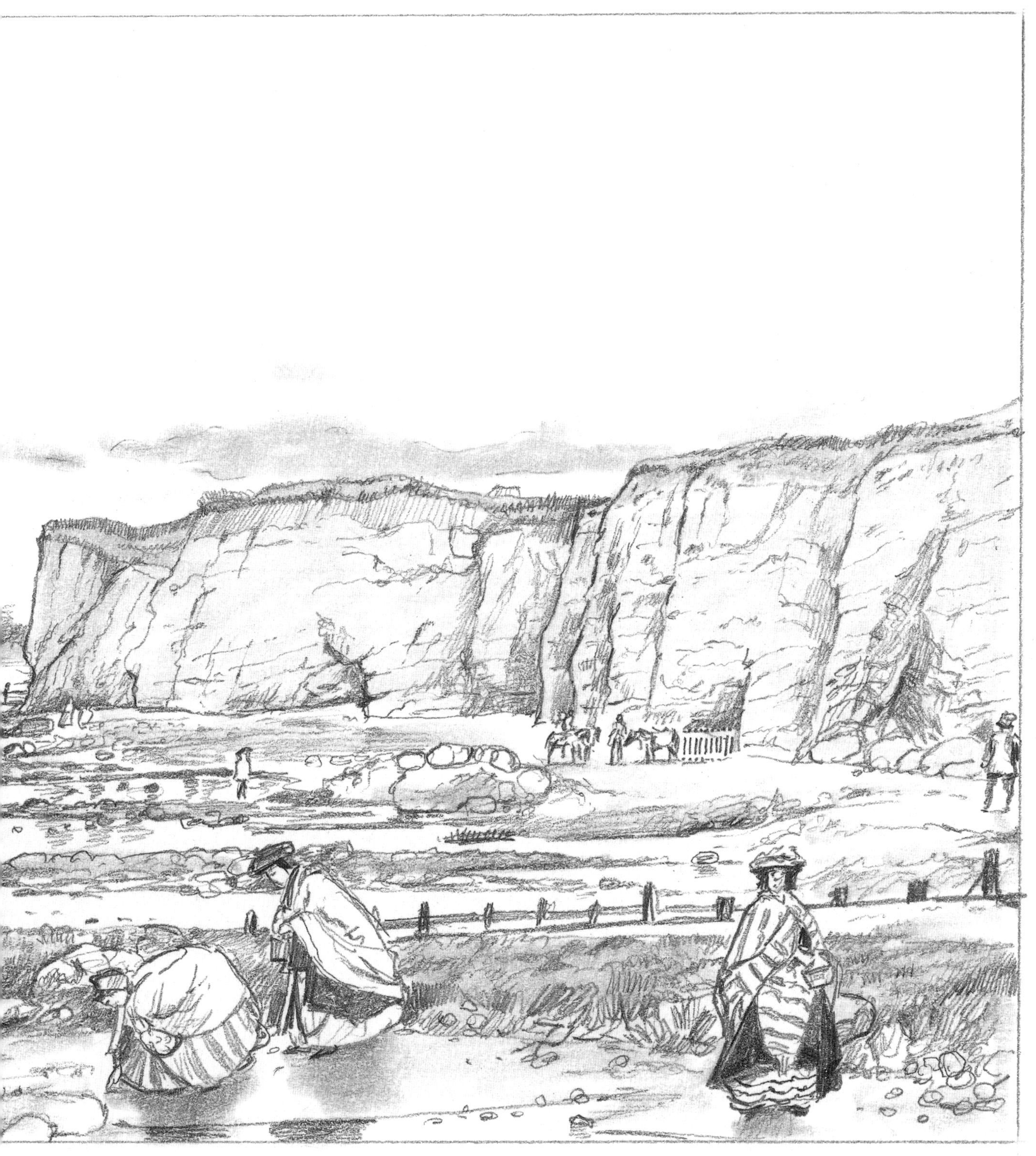

Hier nun ein Gemälde von Richard Wilson mit dem Gipfel des Cader Idris in Wales. Das Grundschema ist ein großes Dreieck, unterbrochen vom runden See und vom Berghang rechts. Bögen tauchen noch zweimal auf: beim Hügel im Vordergrund sowie links beim zweiten Gewässer.

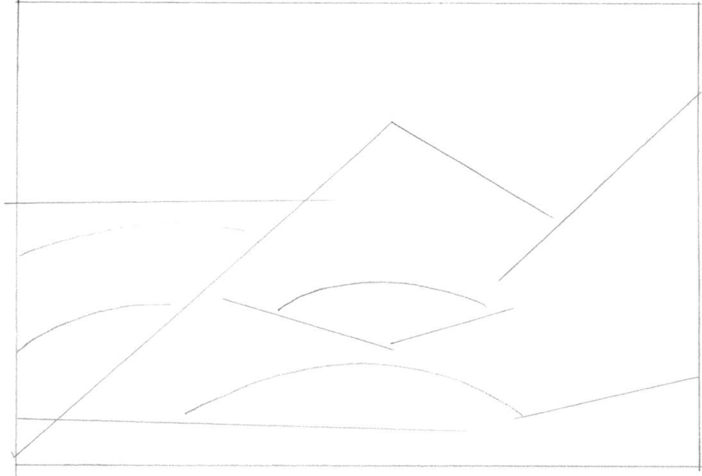

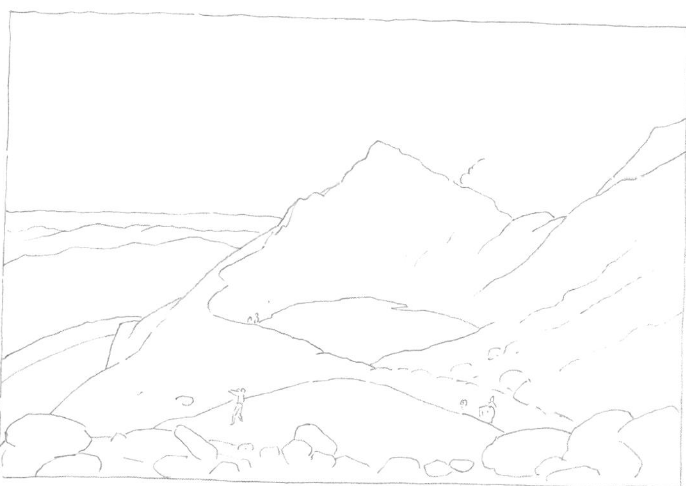

Für diese imposante Ansicht ist das zielgerichtete Setzen der Tonwerte besonders wichtig, schließlich soll sich die markante Dreiecksform des Gipfels oberhalb des Sees klar als Silhouette gegen den Himmel abheben. Wenn Sie nach der Strichzeichnung noch Zeit haben, sollten Sie so wie ich dieses Landschaftsbild kopieren.

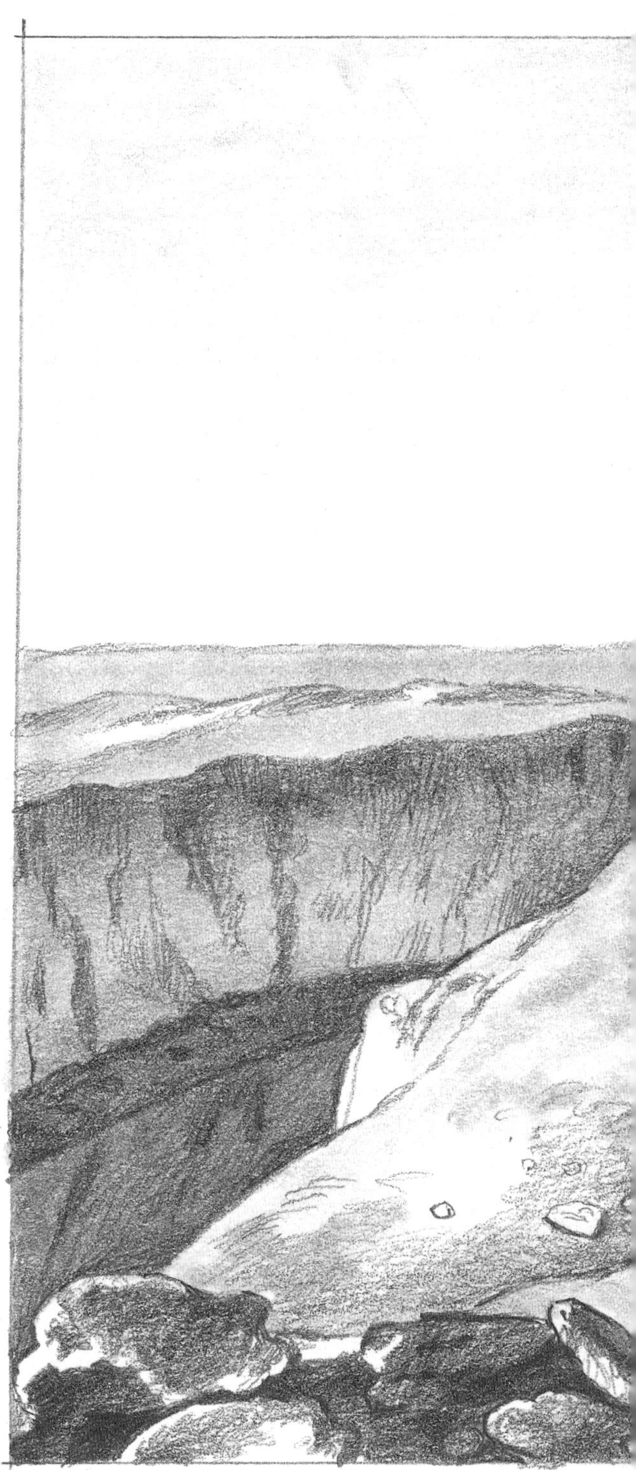

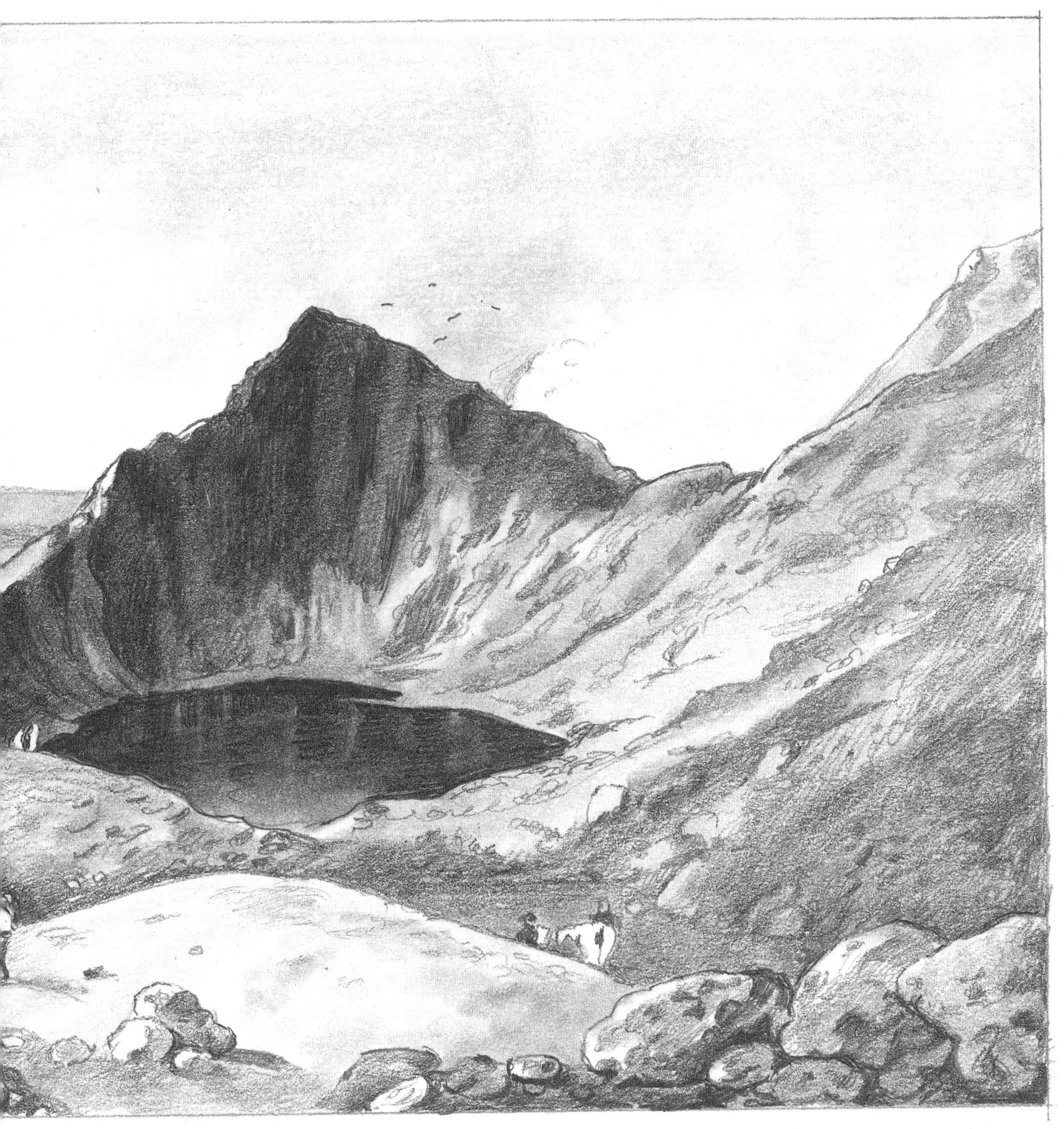

Das nächste Beispiel gibt eine Stadtansicht von Walter Sickert wieder. Es lebt von der Perspektive der geschwungenen Straßen links und der Schaufensterfront am rechten Bildrand – somit strebt bei dieser Bildkomposition die räumliche Tiefe in zwei Richtungen.

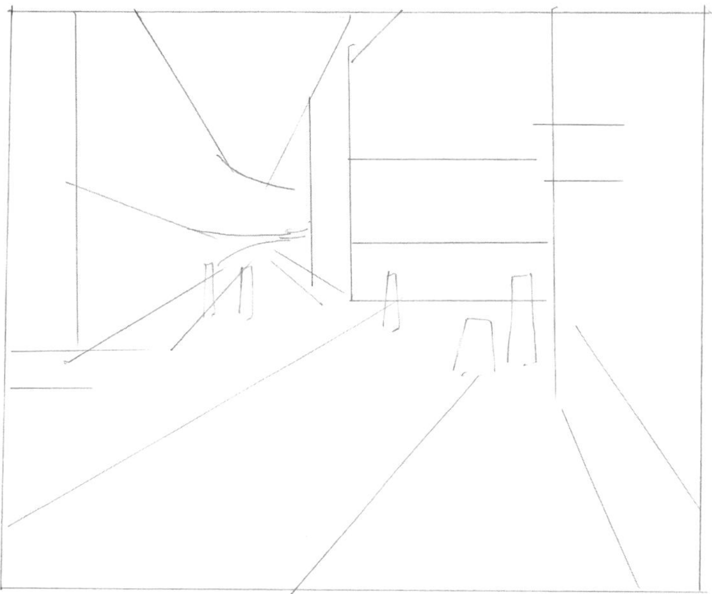

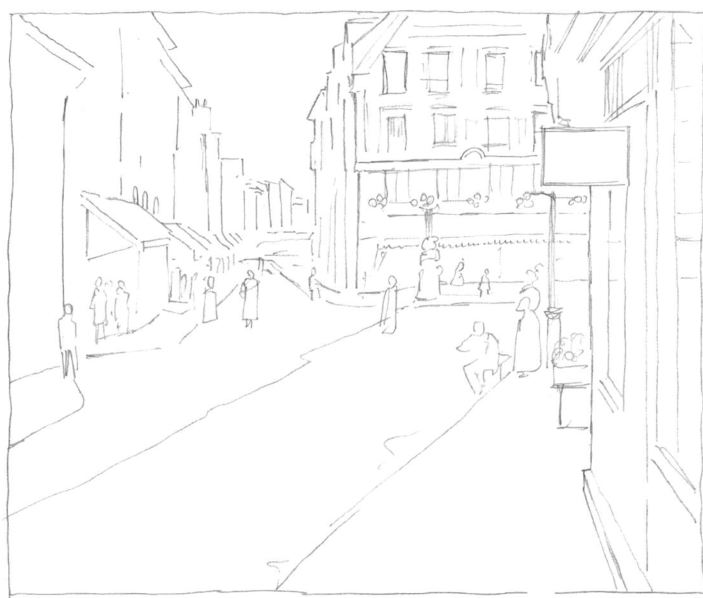

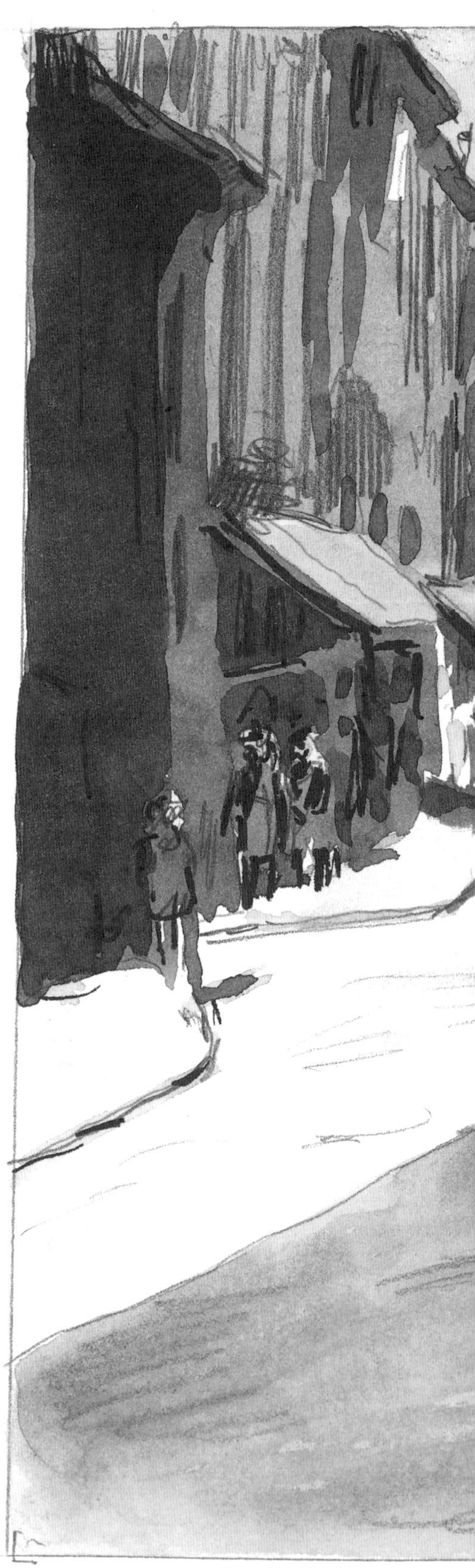

Beim Betrachten der Tonwerte lässt sich feststellen, dass der dunkle Schlagschatten der rechten Häuserzeile die große freie Fläche des Straßenvordergrunds schräg in zwei Bereiche teilt. Auch dadurch wird der Blick ins Bildzentrum und dann nach hinten in die Straße gelenkt.

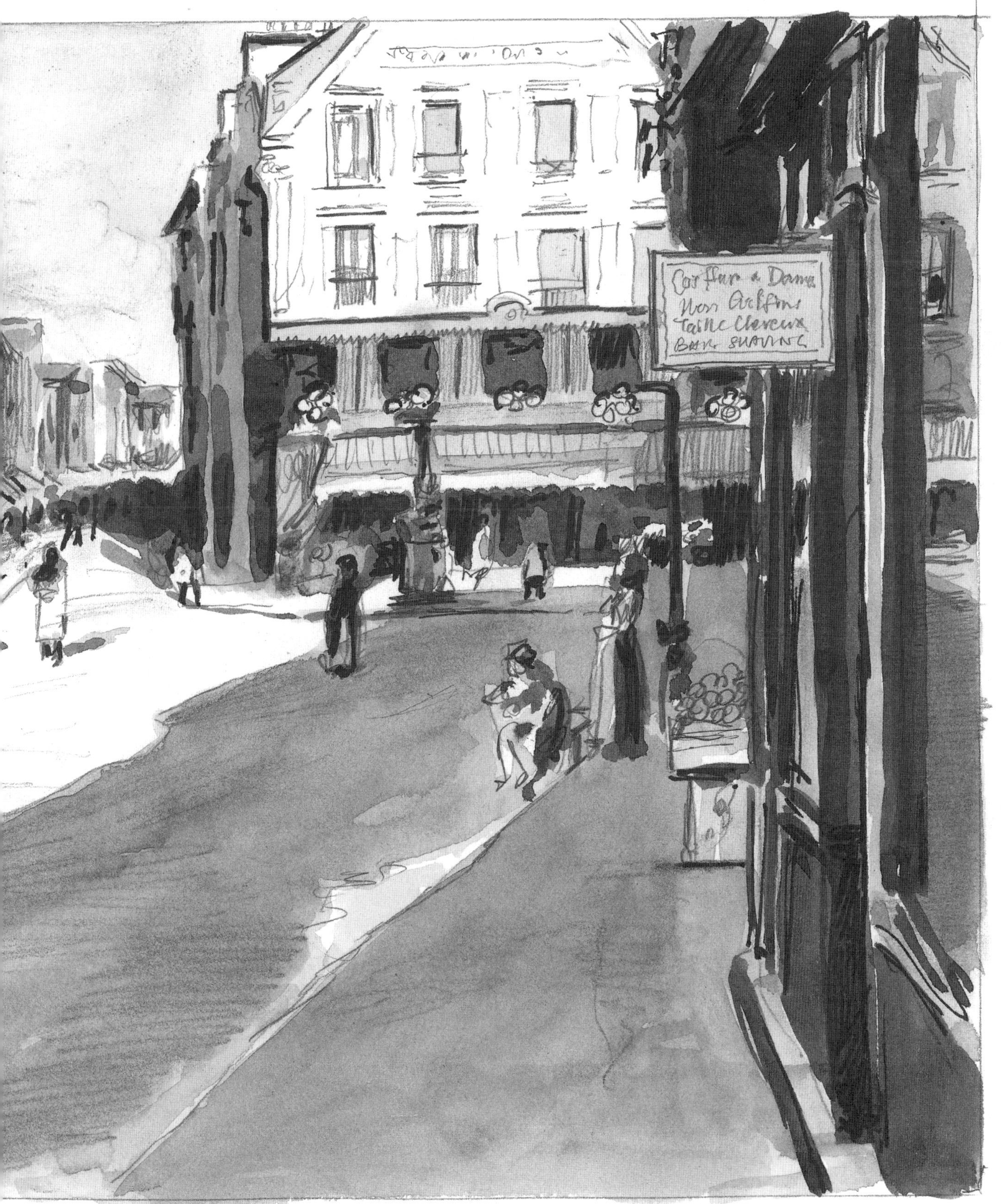

Die letzte Zeichnung ist einem Gemälde des berühmten spanischen Meisters Diego Velázquez nachempfunden. Die gesamte Szene mit der Eier bratenden Frau hebt sich hell vom dunklen Hintergrund ab. Die Frau springt optisch nach vorn, während der größtenteils verborgene, körperlos erscheinende Junge nur Kopf und Hände zeigt. Kompositorisch bilden die verschiedenen Gegenstände und auch das, was der Junge in der Hand hält, einen großen Bogen, der in seinem Gesicht endet. Dieser trickreiche Bildaufbau lenkt unsere Aufmerksamkeit auf den Gegensatz und die Verbindung der beiden Menschen.

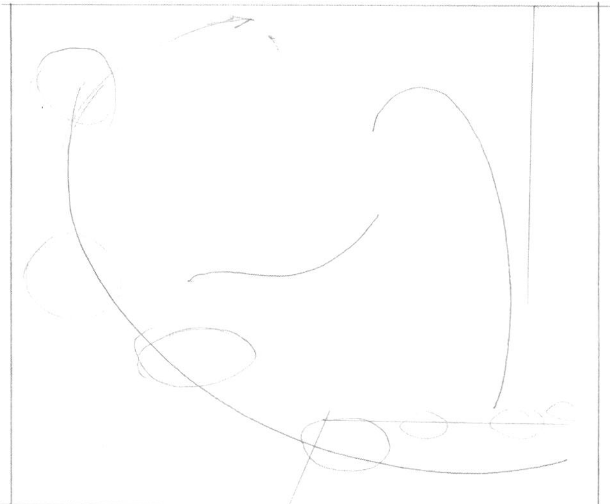

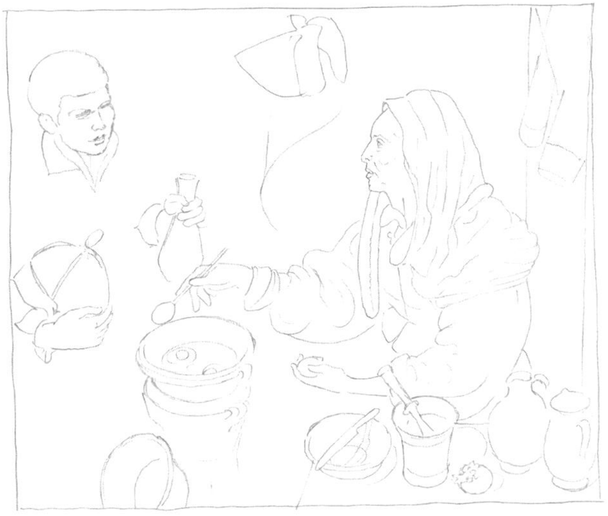

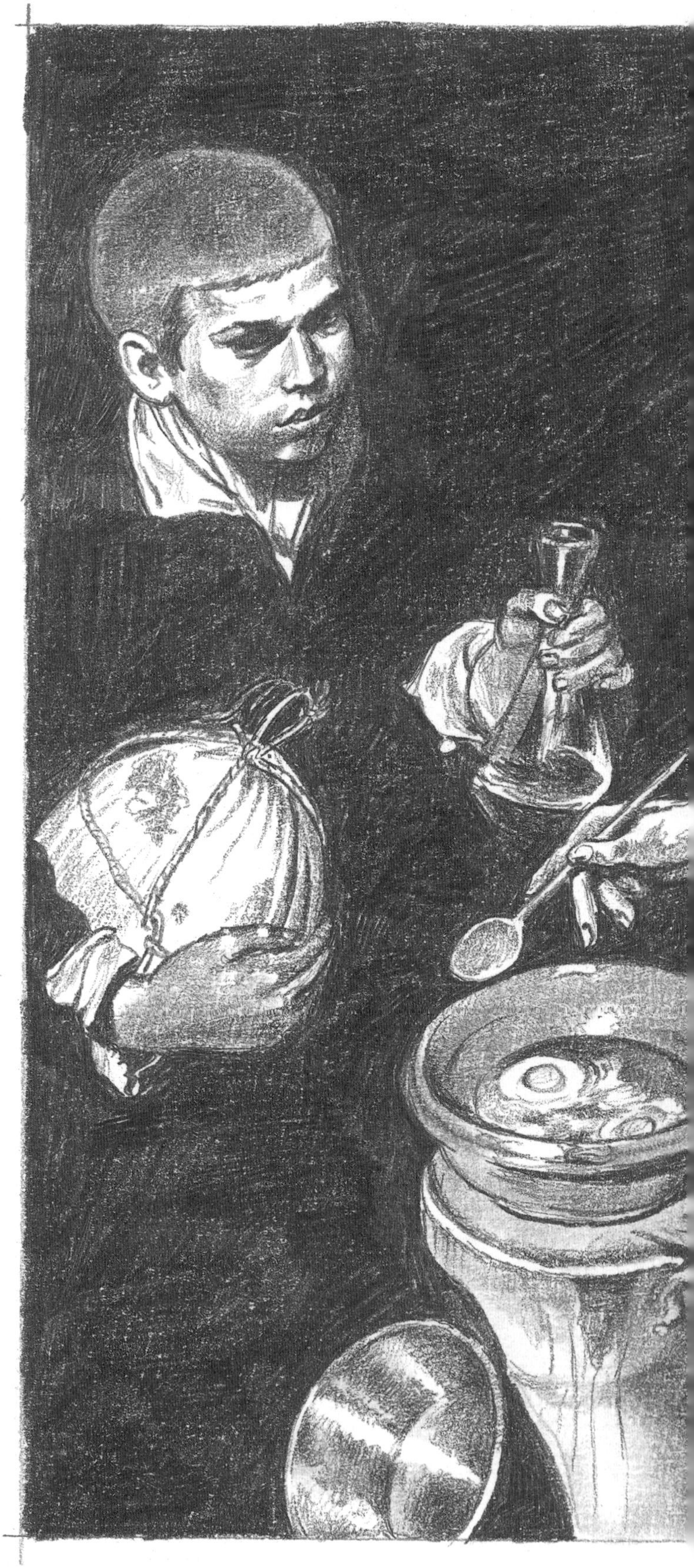

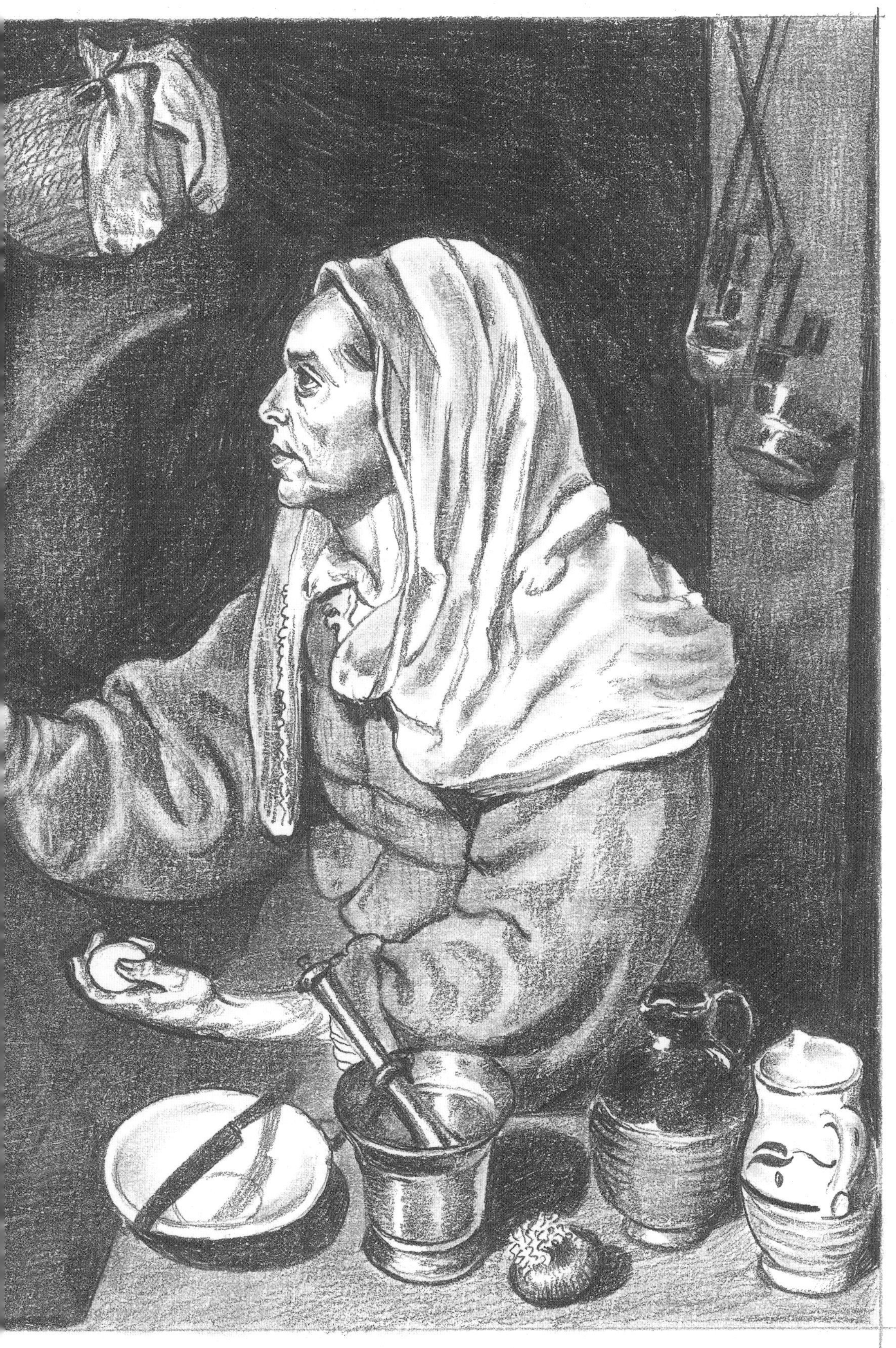

EINE AUSGEWOGENE KOMPOSITION SCHAFFEN

DAS BLATT EINTEILEN

Diese Übung befasst sich damit, wie man eine Bildfläche so aufteilt, dass eine ausgewogene Komposition entsteht. Dies ist nur eine von mehreren Möglichkeiten für einen stimmigen Bildaufbau, und zwar der vermutlich einfachste in dieser Phase Ihrer künstlerischen Entwicklung.

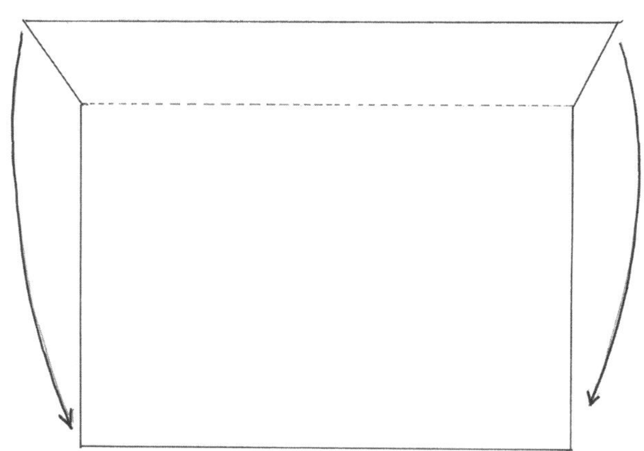

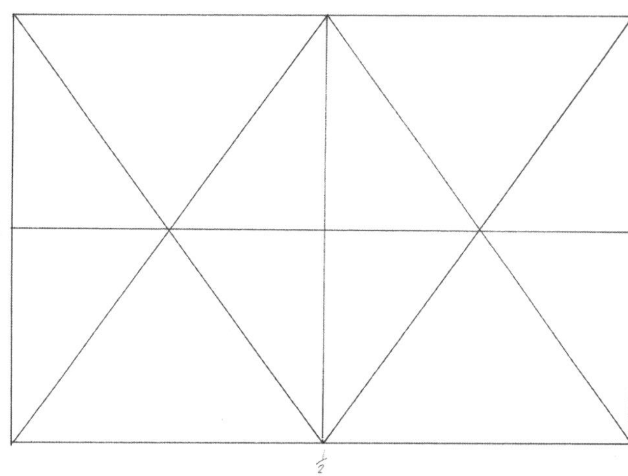

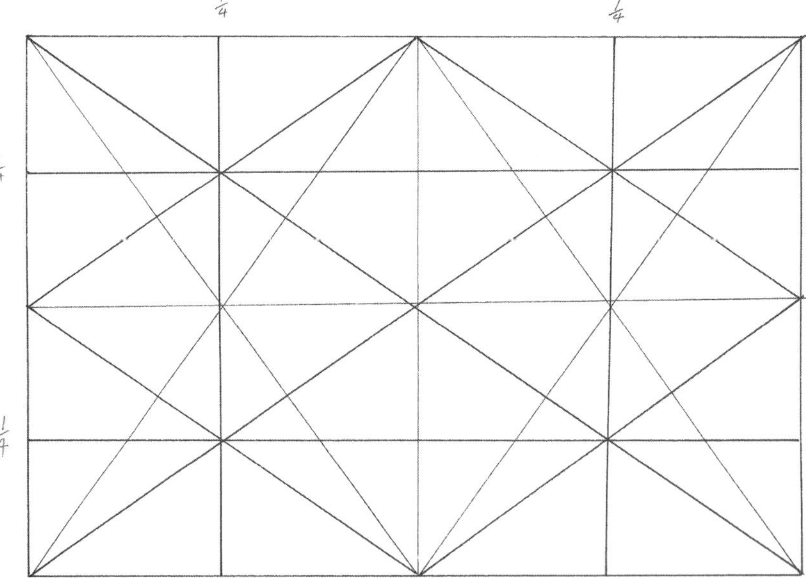

Im ersten Schritt falten Sie ein DIN-A3- oder DIN-A4-Blatt quer auf die Hälfte zusammenfalten: sehr exakt, denn hieraus ergeben sich alle weiteren Maße (Abb. oben links). Klappen Sie das Blatt auseinander und zeichnen Sie die Falte mit einem Stift nach. Die zwei Blatthälften unterteilen Sie nun jeweils von Ecke zu Ecke mit zwei gezeichneten Diagonalen; dann verbinden Sie beide Kreuzungspunkte mit einer Waagerechten, die Sie bis zu den Papierkanten verlängern (Abb. oben rechts). So wurde Ihr Blatt waagerecht und senkrecht in Hälften unterteilt, ganz ohne Abmessen.

Für die Viertel-Einteilung ziehen Sie zuerst zwei lange Diagonale übers gesamte Format, sie treffen sich im Blattmittelpunkt, sofern Sie exakt arbeiten. Jede Viertelfläche Ihres Papiers ergänzen Sie jetzt noch um seine zweite Diagonale, damit sich in deren Mitte je ein Kreuzungspunkt ergibt. Wenn Sie danach zwei waagerechte und zwei senkrechte Linien durch jeweils zwei dieser vier Kreuzungspunkte und weiter bis zu den Blatträndern zeichnen, ist die Viertel-Einteilung fertig).

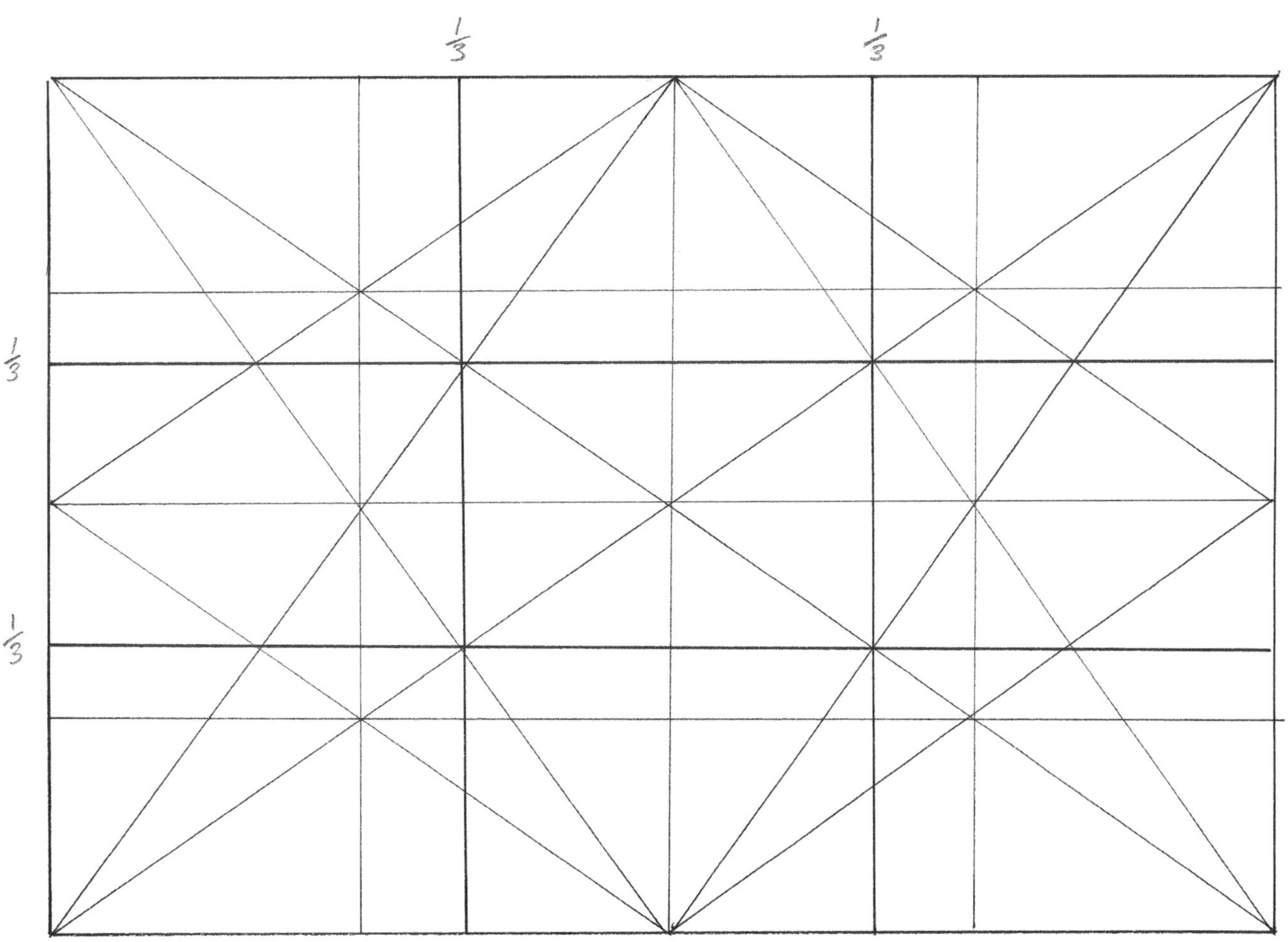

Zuletzt kommt noch eine Drittel-Einteilung hinzu. Dafür zeichnen Sie zwei waagerechte und zwei senkrechte Linien genau dort längs und quer über das Blatt, wo sich die zwei längsten Diagonalen mit den vier zuerst gezeichneten (zur Aufteilung der Blatthälften) treffen.

Mit diesem Musterblatt können Sie jetzt all Ihre Zeichenpapiere, die das gleiche Format besitzen, einteilen: in Hälften, Viertel oder Drittel. Die nächsten Beispiele werden Ihnen erläutern, wie Sie damit ganz einfach Ihre Kompositionen aufbauen können.

Das Blatt aufteilen: Übungen

In der ersten Komposition steht ein Baum um eine Drittel-Seitenbreite vom rechten Bildrand entfernt und zwei Drittel vom linken. Seine Wurzeln berühren die untere Viertelmarkierung. Oberhalb der unteren Drittellinie ragt ein Zaun fast bis zur Mittellinie in die Fläche hinein. Der Horizont verläuft entlang der oberen Dritteilung, und der Baum im Hintergrund ist an der linken Drittelmarkierung ausgerichtet. Wie Sie sehen, wirkt alles recht ausgewogen.

Das Stillleben sitzt ebenfalls im Hochformat. Die Vase ist an der linken senkrechten Drittellinie platziert, oben und unten bleibt je ein Abstand von einer Viertel-Blatthöhe bis zu den Bildkanten frei. Die anderen Objekte habe ich größtenteils im rechten senkrechten Drittel gruppiert; sie sind auf Höhe der Drittellinien angeordnet und einmal auf halber Formathöhe. Auch hier wirkt der Bildaufbau ausgewogen.

Nun noch zwei querformatige Beispiele. Den Anfang macht eine Figurenkomposition mit einer stehenden und einer sitzenden Person. Die stehende, bildhohe Figur teilt gleichsam das rechte Drittel des Formats ab. Die zweite Figur sitzt zu Füßen einer Mauer, die ihrerseits bis zur linken Drittellinie reicht. Diese sehr einfache Anordnung baut dennoch eine interessante Spannung zwischen den Personen auf.

Im letzten Beispiel, einer Stadtansicht, ragt von rechts ein Gebäude bis zur senkrechten Drittellinie ins Bild, seine Basis sitzt auf der unteren Drittellinie. Das linke Gebäude steht auf der waagerechten Mittellinie und erstreckt sich bis zur linken Drittellinie, während der Abstand darüber ein Viertel von der gesamten Bildhöhe beträgt. Zusätzlich habe ich im Hintergrund ein kleines Einzelgebäude auf den Platz gestellt, orientiert an der senkrechten Mittellinie und etwas unterhalb der oberen Viertellinie. Einen lebendigen Kontrast zu den harten Gebäudekanten bildet das Gebüsch, das links über dem unteren Viertel emporwächst.

Wie Sie an diesen Beispielen sehen können, reicht schon eine einfache Unterteilung des Blattes in Drittel, Viertel und Hälften aus, um damit einfache Kompositionsschemata zu entwickeln und mit ihnen zu spielen.

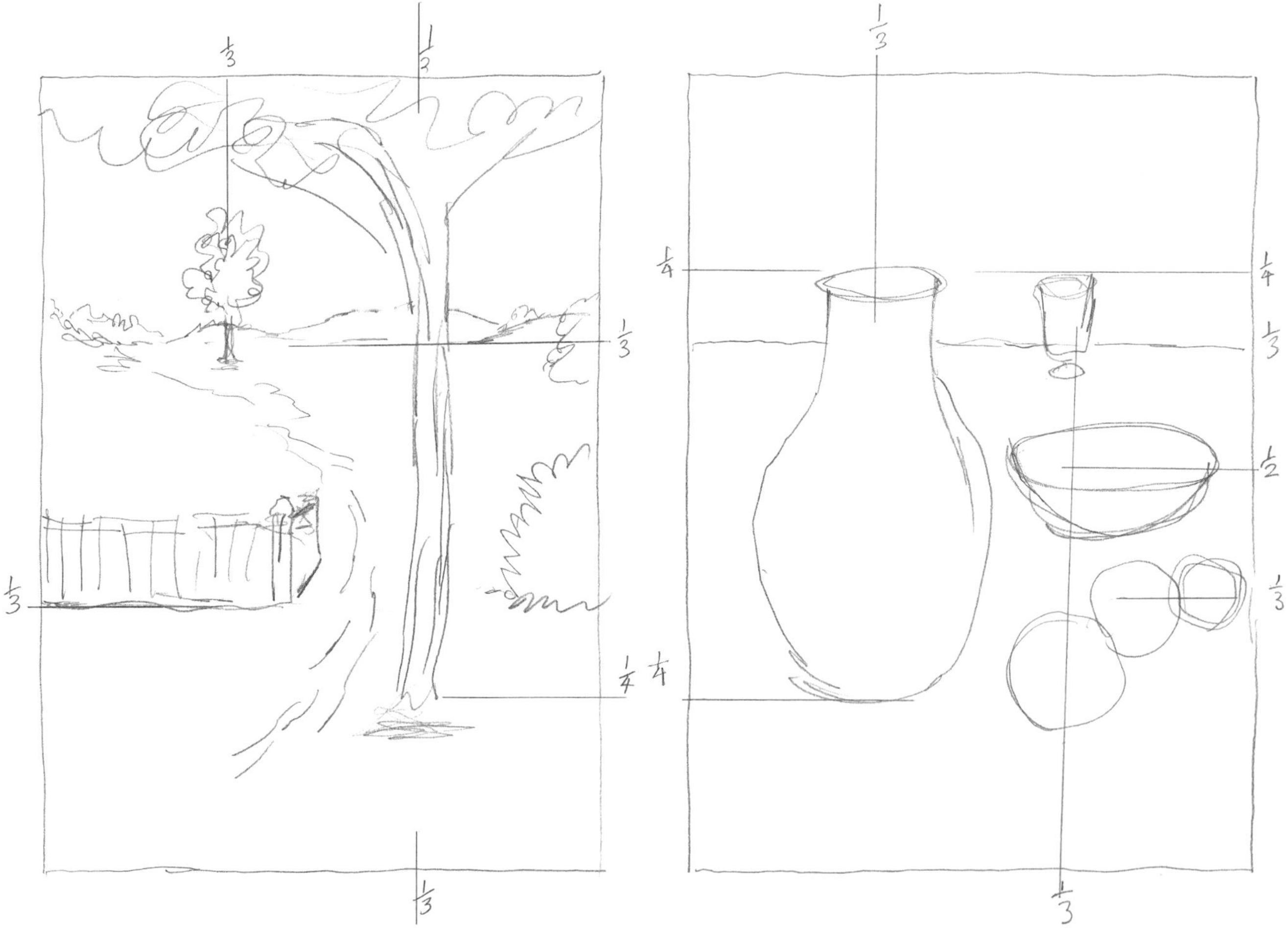

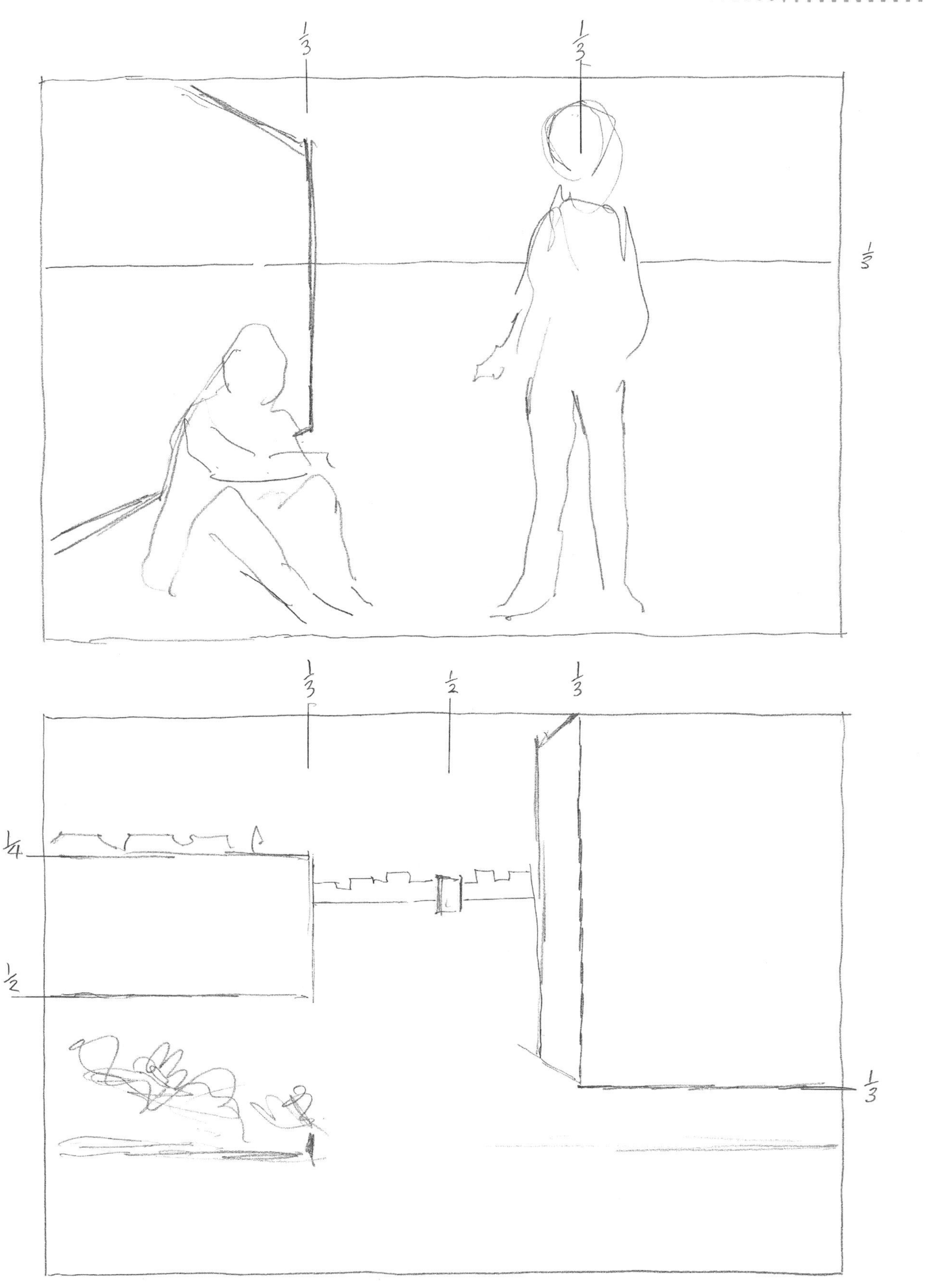
1/3
1/3
1/3
1/3
1/2
1/3
1/4
1/2
1/3

EINE FIGURENKOMPOSITION AUFBAUEN

Als Nächstes bauen wir eine umfangreiche Komposition mit menschlichen Figuren auf. Das können Sie ganz praktisch angehen, indem Sie den Aufbau meines Bildes skizzieren und es kopieren oder indem Sie eine eigene, ähnliche Personengruppe wählen, um nicht auf meinen Vorschlag angewiesen zu sein. Schritt für Schritt zeige ich Ihnen, wie man vorgeht, damit Sie diese Methode dann auf Ihr Werk übertragen können.

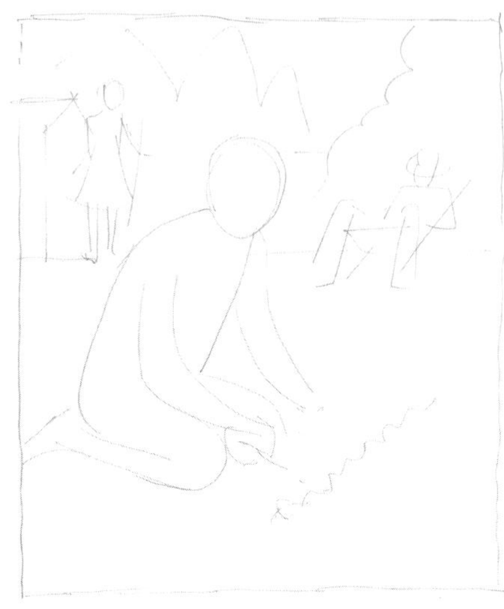

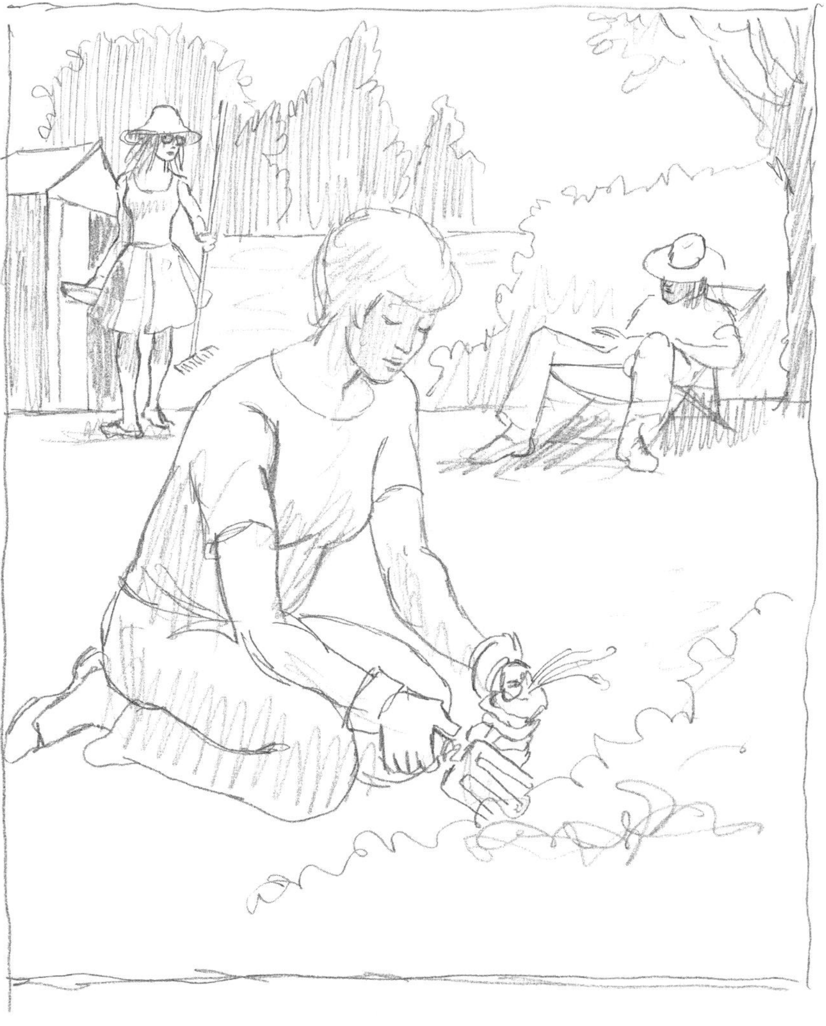

Schritt 1

Ich begann mit zwei leicht unterschiedlichen Hochformaten und überlegte, welche einfache, alltägliche Situation ich darstellen könnte. Wenn Sie ein eigenes Gruppenbild komponieren, sollten Sie ebenfalls eine Szene wählen, die Ihnen vertraut ist, dann wird Ihre Zeichnung authentischer.

Auf dem einen Blatt skizzierte ich eine Gartensituation mit drei Personen. Die im Vordergrund kniende Frau am Blumenbeet hält ein Gartengerät in der Hand. Sie befindet sich nicht ganz in der Bildmitte, sondern ist etwas nach links verschoben, wodurch auf der rechten Seite mehr Bildraum geschaffen wird. Dort, recht weit im Hintergrund, sitzt ein Mann in einem Liegestuhl. Aus dem Hintergrund links neben der Hauptfigur bewegt sich eine zweite Frau auf die Kniende zu. Die dunkle Baumgruppe im Nachbargarten nimmt ungefähr die linke Hälfte des oberen Formatviertels ein.

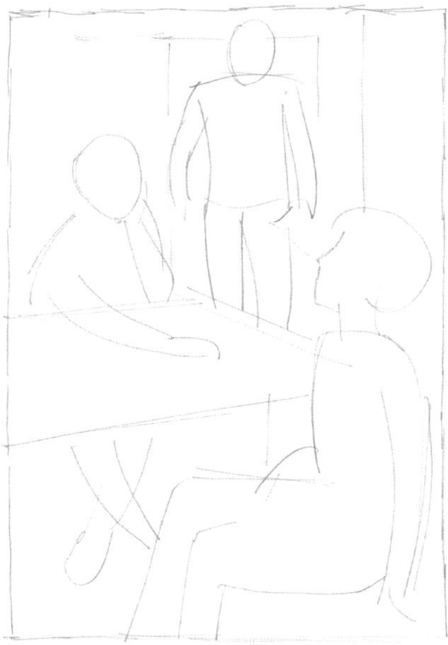

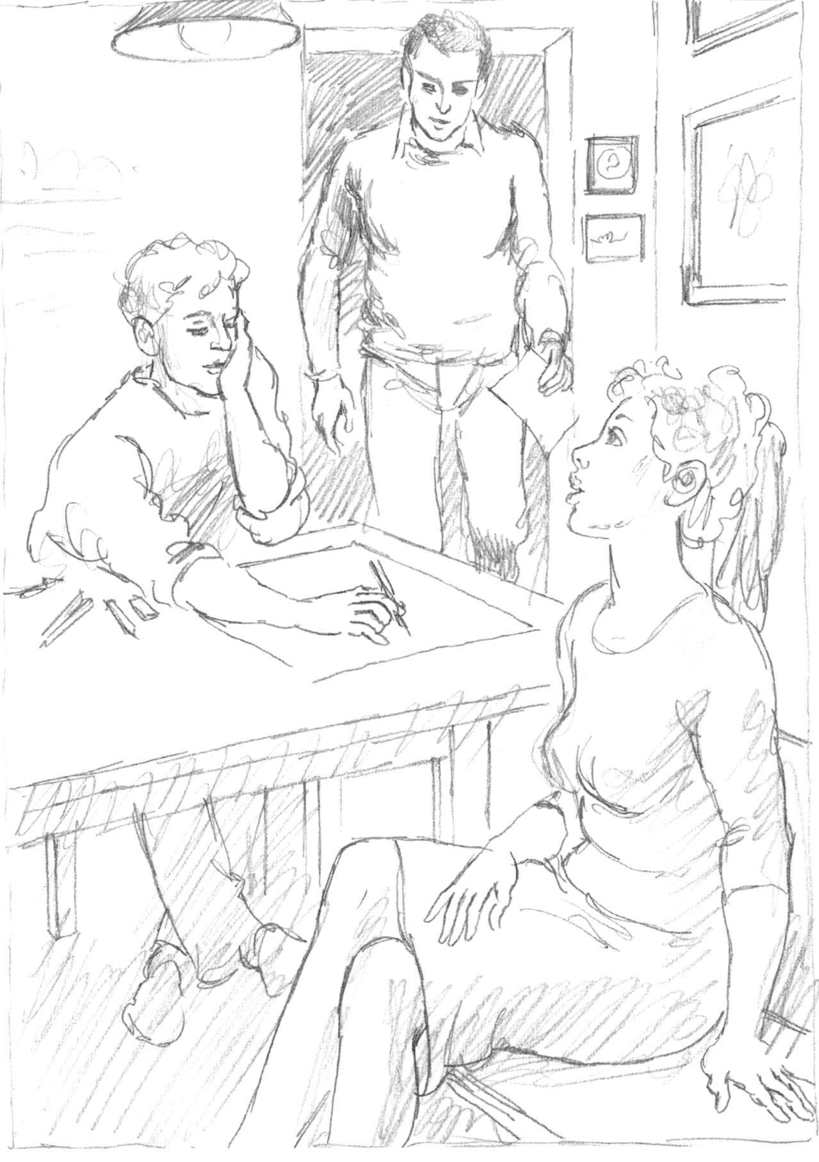

In dieser alltäglichen Szene stellte ich einen Künstler mit einem Modell dar. Um die Sache etwas interessanter zu machen, tritt eine dritte Person hinzu. Den Künstler platzierte ich hinter einem Tisch, der schräg über die mittlere Achse ins Bild ragt. Das Modell sitzt vorn an der rechten Seite der Szene. Ich entschied mich für ein Mädchen, während die Person, die aus einem anderen Raum in dieses Zimmer schreitet, ein Mann sein sollte.

Das Modell ist aus diesem Blickwinkel die größte Figur im Bild, ihre Füße sind nicht zu sehen. Sie füllt die rechte untere Ecke des Formats und nimmt ungefähr ein Drittel der schräg unterteilten Fläche ein.

Die zweitnächste Person vom Betrachter aus gesehen ist der Künstler, doch der ausladende Tisch verdeckt die Figur teilweise. Fast in der Bildmitte, aber weiter im Hintergrund bemerken wir die dritte Person, die soeben zur Tür hereinkommt. Diese Komposition ist Entwurf Nummer zwei.

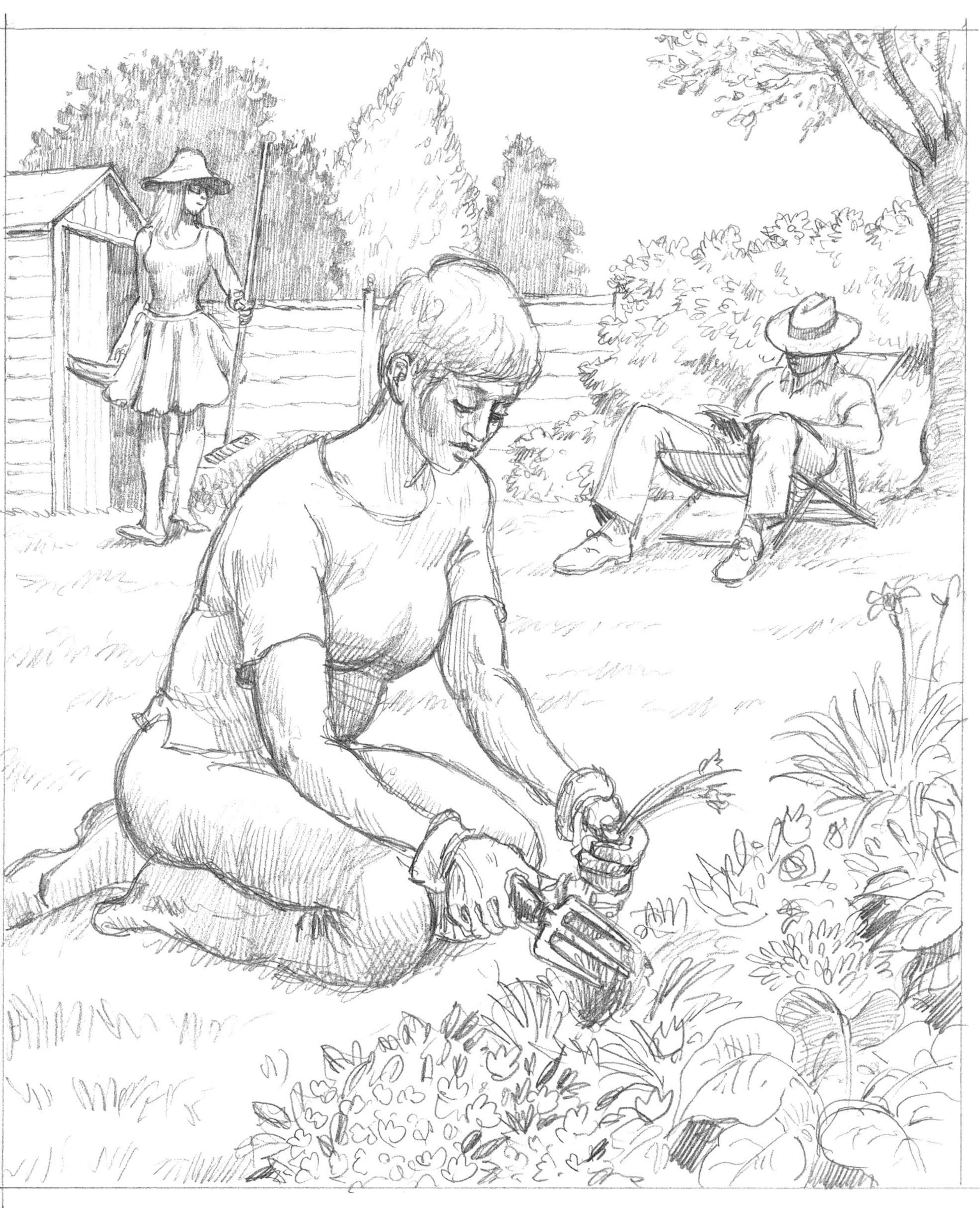

Schritt 2

Nachdem ich von beiden Bildern eine grobe Skizze angelegt hatte, konnte ich mich noch immer nicht entscheiden, welches ich weiterverfolgen sollte. So habe ich einfach beide Motive weiterausgearbeitet – ernsthafter und mit mehr Details als zuvor. Das kann ein Weilchen dauern, denn in dieser Phase legt man das Aussehen eines jeden Objekts genauer fest. Sollten Sie sich während des Ausarbeitens letztlich für eines der beiden Bilder entscheiden, dann legen Sie das andere zur Seite, um sich ausschließlich auf das Bild Ihrer Wahl zu konzentrieren. Eine Skizze sofort zu beenden, hilft dabei, sich entscheiden zu können.

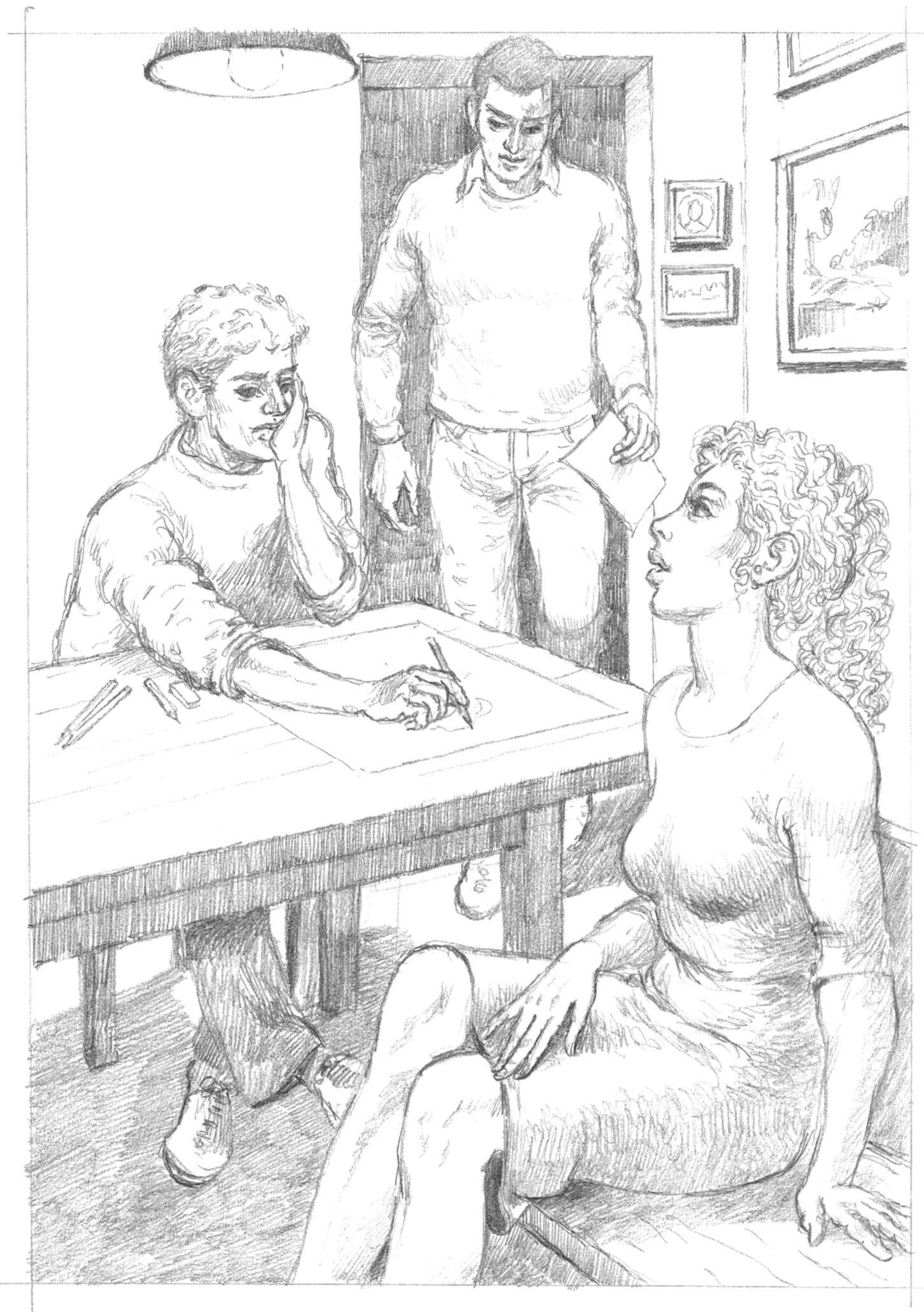

Schritt 3

Ich entschied mich also für das Bild »Zeichner mit seinem Modell«. Nun waren genauere Überlegungen nötig.

Zuerst legte ich das genaue Aussehen der Hauptperson fest. Ideal wäre es, für das Mädchen ein Modell zu finden, das in der gewünschten Haltung posiert, um es wie aus dem Leben zu porträtieren. Falls das nicht möglich sein sollte, könnte ich frühere Zeichnungen oder Fotos als Orientierungshilfe nehmen.

Wie Sie sehen, habe ich den Frauenkopf zweimal in verschiedenen Haltungen skizziert und auch von der Hand im Vordergrund eine Skizze gemacht. All das ist für das Ausarbeiten des »richtigen« Bildes hilfreich.

Dann widmete ich mich den beiden männlichen Figuren, um eine Vorstellung davon zu entwickeln, wie der Künstler aussieht und wie sich der zweite Mann tatsächlich nähert. Wie Sie sehen, habe ich auch hier verschiedene Kopfhaltungen durchgespielt.

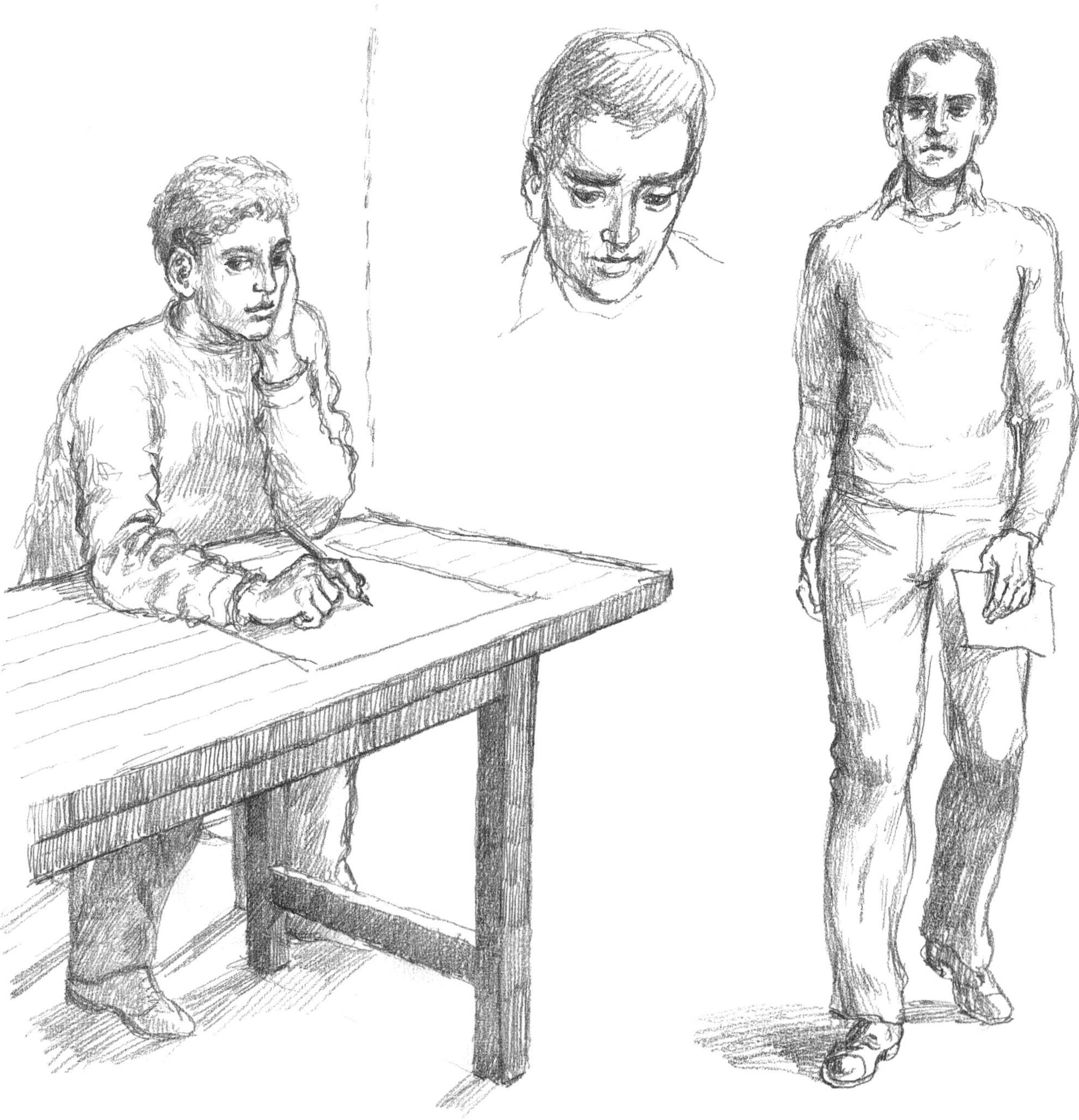

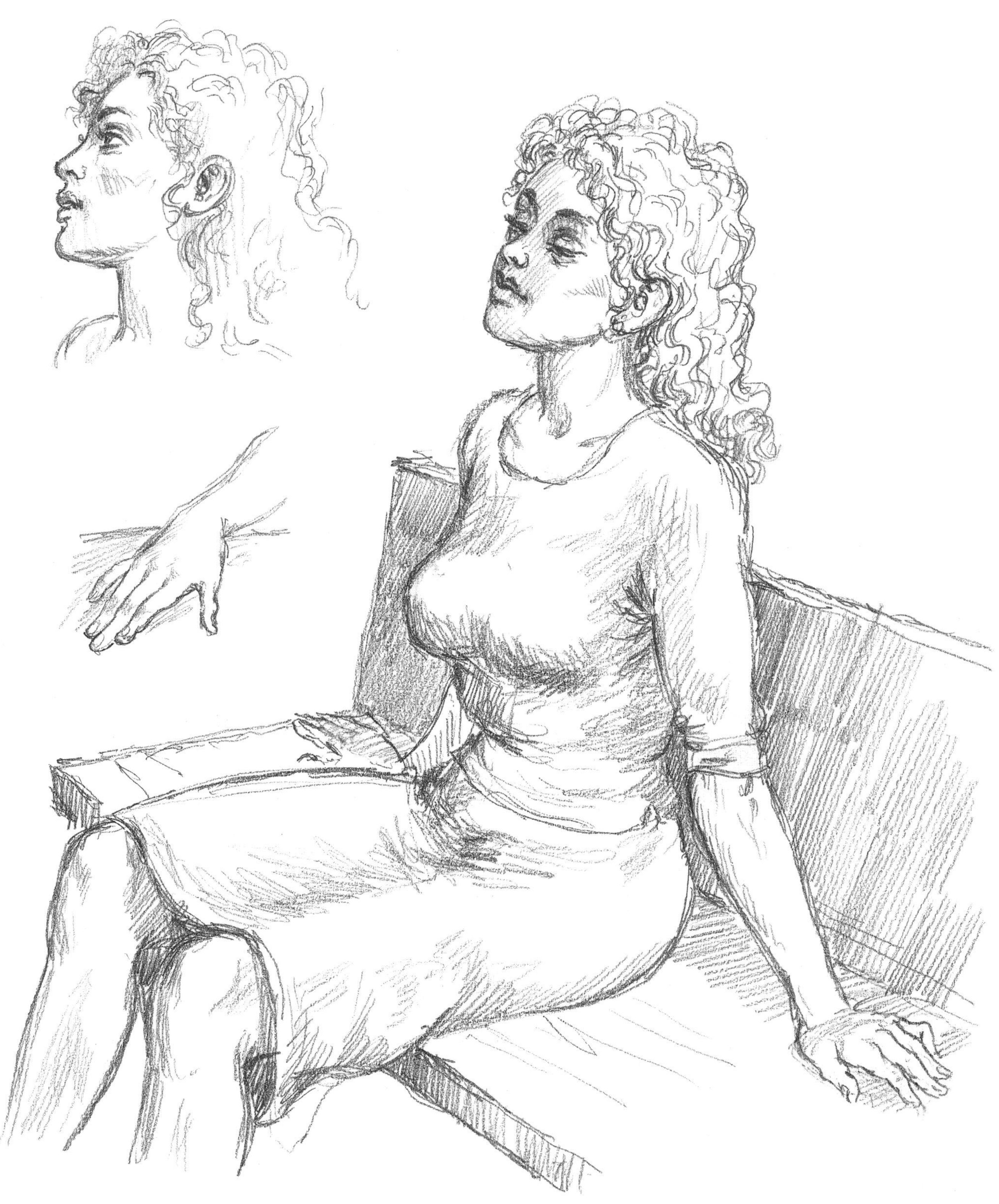

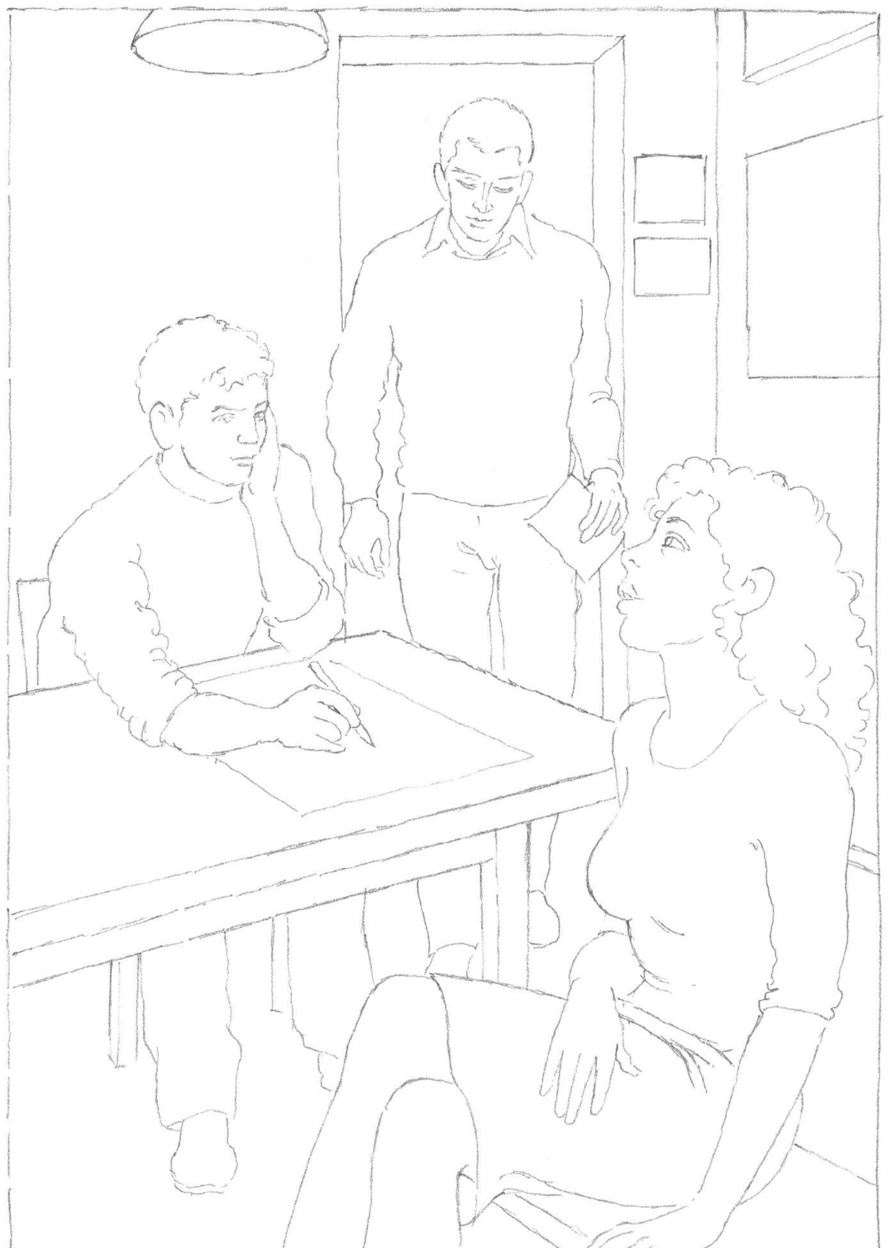

Schritt 4

Nach dem Erkunden der Einzelfiguren ordnete ich diese im Bild an, indem ich wesentliche Konturen der Komposition in einer exakten Strichzeichnung festhielt. Dies ist die letzte Phase, in der sich die Anordnung in einem Bild noch verändern lässt. Bewahren Sie eine Kopie dieses Blattes auf, um nach dem Schattieren gegebenenfalls noch Details korrigieren zu können.

In der fertigen Strichzeichnung schattieren Sie mit einem hellen, einheitlichen Ton nun all die Bildbereiche, die auch später dunkel sind (siehe rechts). Übertreiben Sie die Farbtiefe in dieser Phase nicht, denn es ist schwieriger, einen zu dunklen Ton heller zu bekommen als umgekehrt. Die Tönung lässt den Lichteinfall und die Körperhaftigkeit der Figuren erahnen.

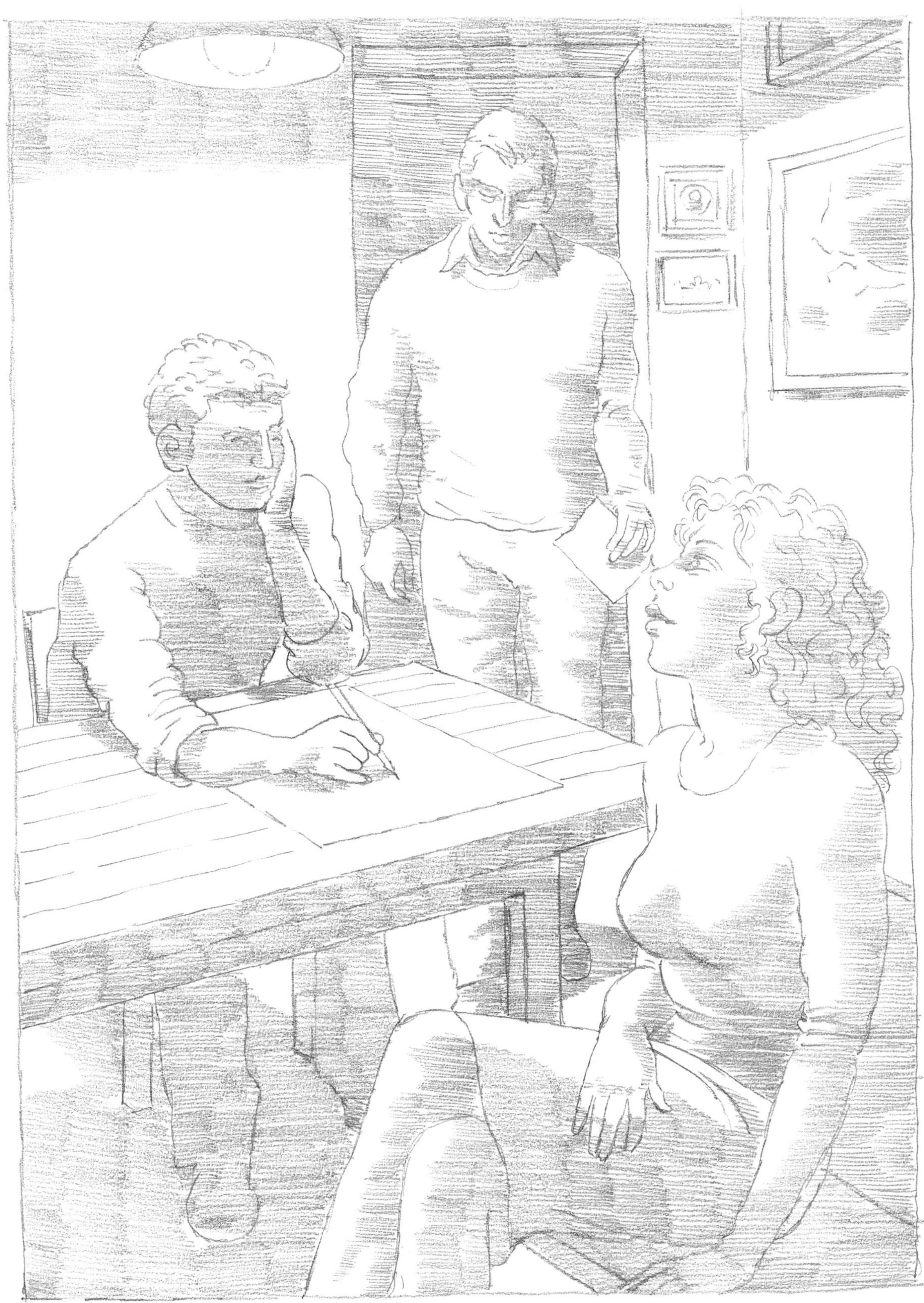

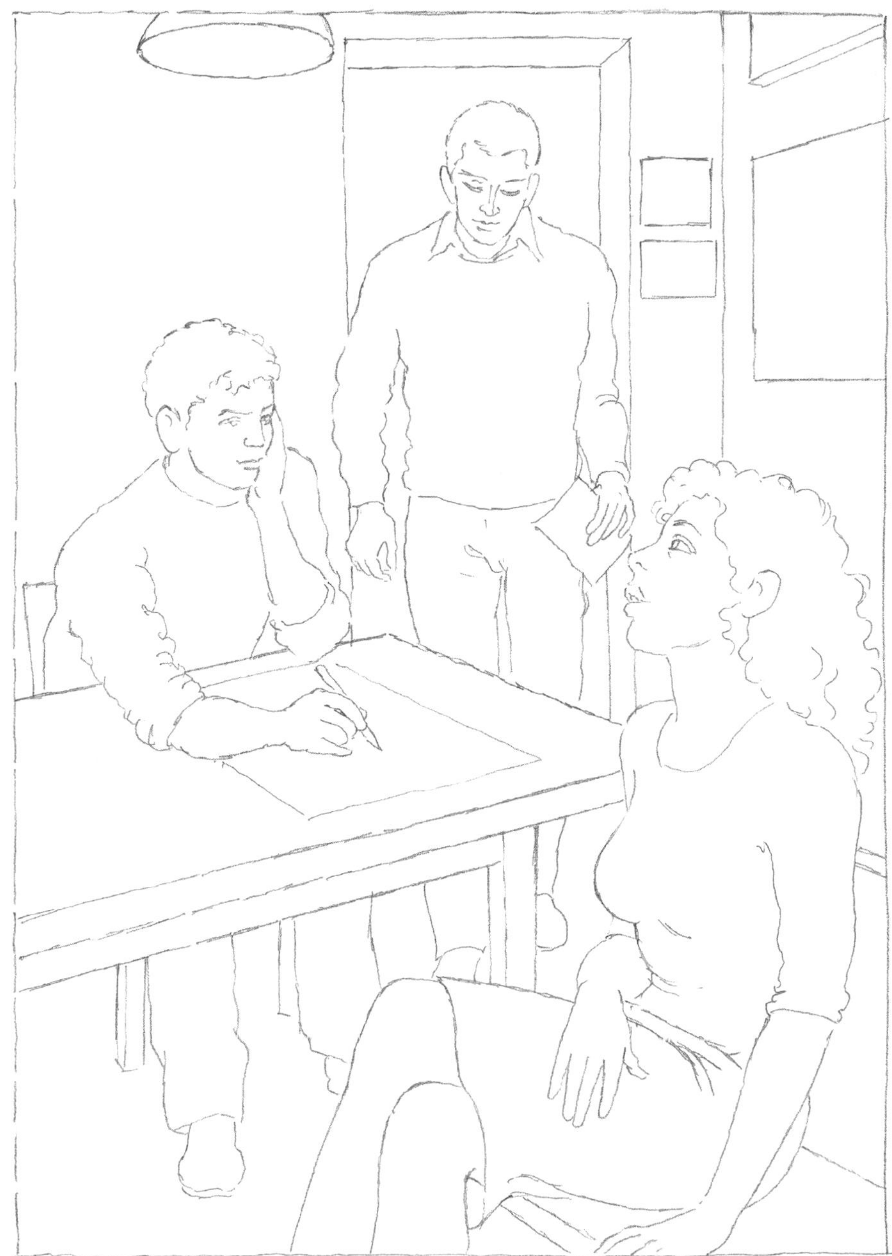

Schritt 5

Im letzten Schritt kümmern Sie sich um alle Details. Prüfen Sie mit Hilfe der kopierten Strichzeichnung, ob alle Formen korrekt sind. Beginnen Sie mit den dunkelsten Partien, um die räumliche Tiefe dieser Komposition zum Ausdruck zu bringen. Nehmen Sie sich Zeit dafür, denn die Qualität Ihres Werkes hängt von der Mühe und Aufmerksamkeit ab, die Sie in der letzten Phase investieren.

Nun haben Sie diese Zeichnung komplett ausgearbeitet sowie einige Skizzen und Studien. Bewahren Sie diese eine Zeit lang auf, denn sie könnte für spätere Zeichnungen nützlich sein. In den Ateliers der alten Meister hob man sämtliche Zeichnungen, die für die Gemälde angefertigt wurden, einige Zeit auf, um sie immer wieder für andere Kompositionen zu verwenden.

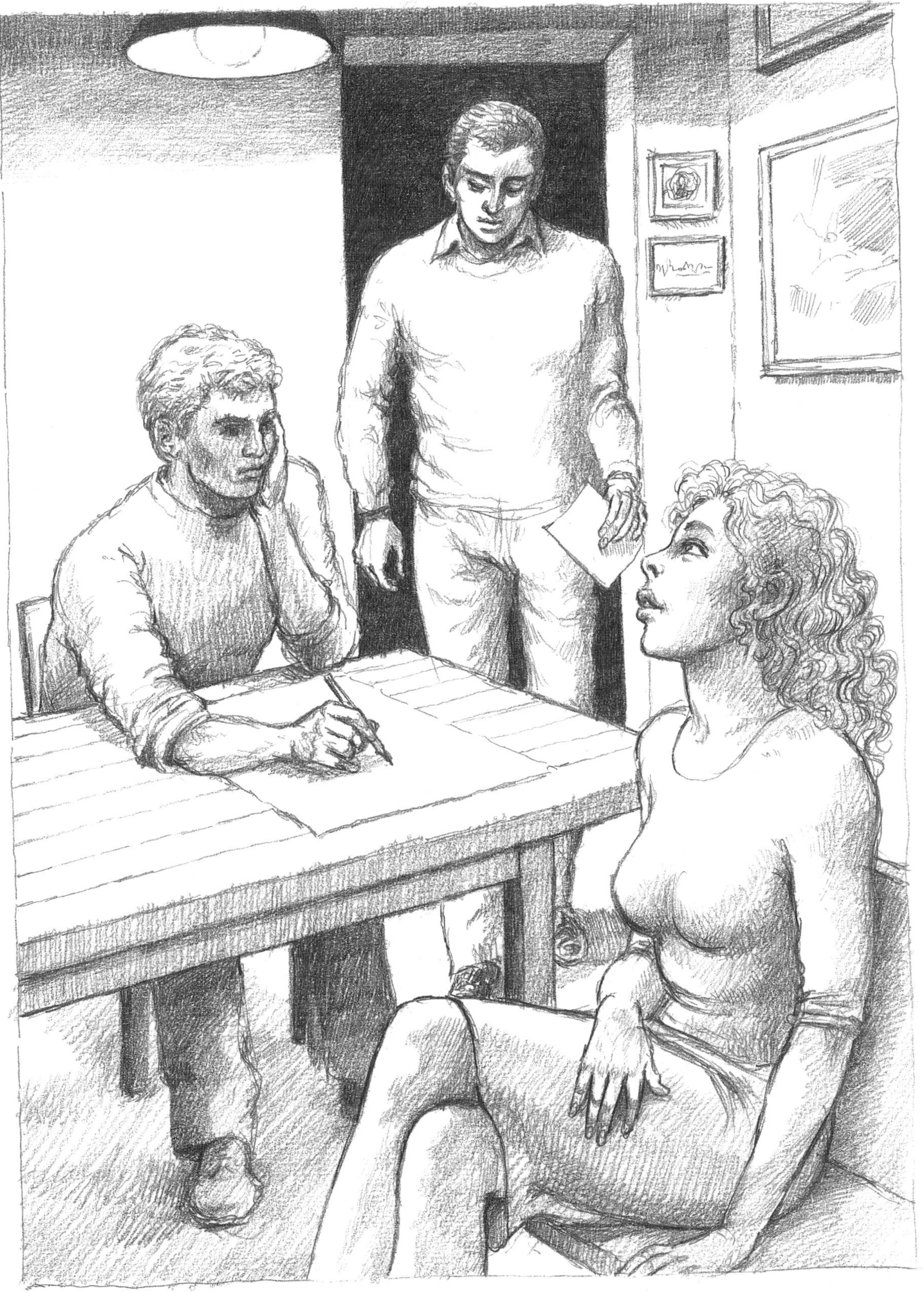

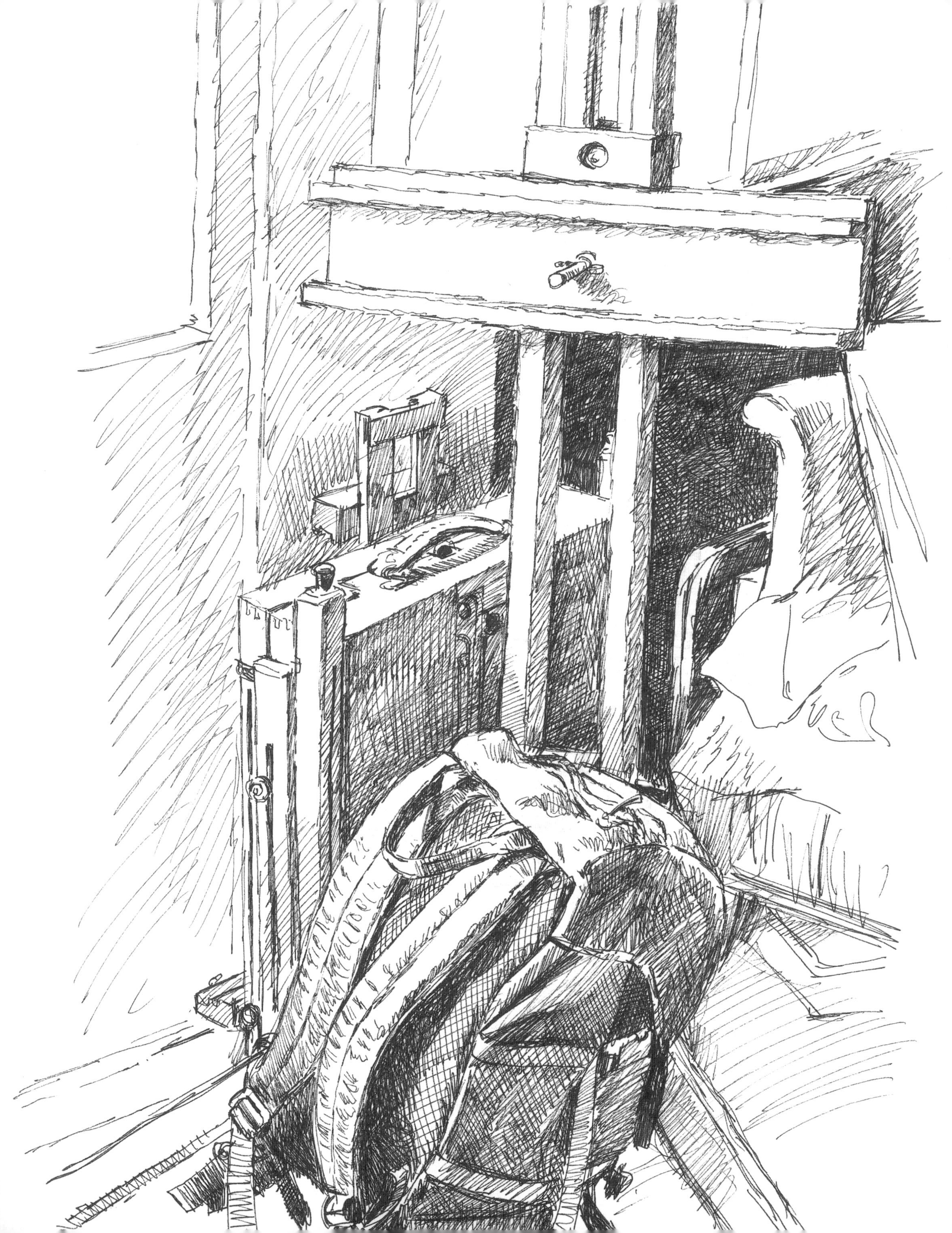

LEKTION **10**

DAS STILLLEBEN

In dieser Lektion erfahren Sie, wie man ansprechende Stillleben-Kompositionen aufbaut und sich in diesem Genre übt. Seit jeher galt das Stillleben als wichtige Kompositionsform, mit der sich jeder Künstler auskennen sollte. Auch heute kann jeder daran sehr bequem seinen künstlerischen Umgang mit allen Materialien schulen, denn Motive sind immer in Reichweite.

Daheim werden Sie garantiert auf etliche Stillleben-Arrangements stoßen, die keinen Aufwand erfordern. Ein Stillleben bietet immer die leichteste Übungsmöglichkeit, deshalb sollten Sie dieses Genre während Ihres ganzen künstlerischen Strebens nicht vernachlässigen. Wie viele Menschen, Tiere oder Landschaften Sie auch immer zeichnen, zum Verfeinern Ihrer Technik bleibt das Zeichnen von Objekten die beste Basis.

EINFACHE STILLLEBEN

Ein Stillleben zu arrangieren ist einerseits zwar nicht schwierig, erfordert andererseits jedoch einiges Nachdenken und ästhetisches Verständnis. Anfängern empfehle ich, die Anzahl der Objekte erst nach und nach zu steigern, um ein Gespür dafür zu entwickeln, wie das Arrangement endgültig aussehen soll. Für die ersten Übungen habe ich vor allem Dinge gewählt, die interessante zeichnerische Fragen aufwerfen.

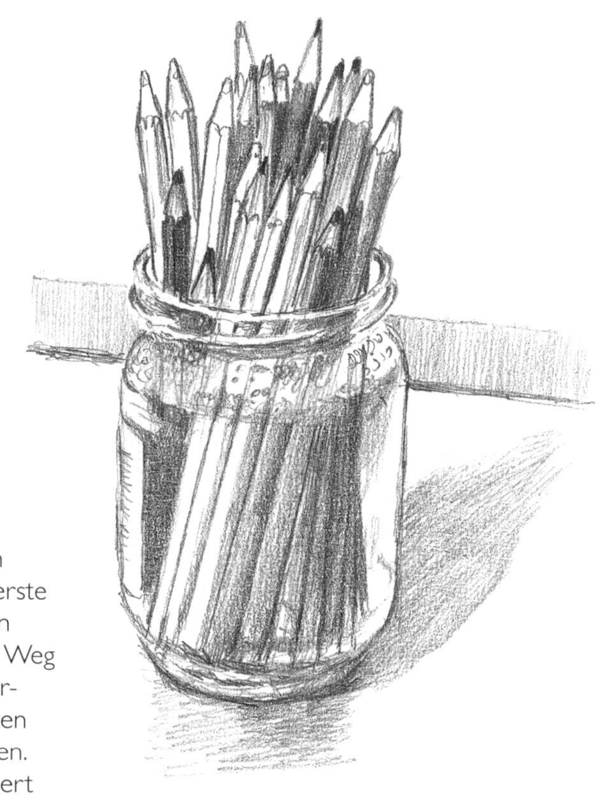

Zu Beginn ließ ich den Blick über meinen Zeichnungsschrank streifen, wo ich eine erste Aufgabe entdeckte: ein Bündel Bleistifte in einem Schraubglas. Ich musste also einen Weg finden, um die Transparenz des Glases darzustellen sowie die verschiedensten Spitzen dieser Stifte, die oben aus dem Glas ragten. Die Aufgabe ist nicht zu schwierig, erfordert aber etwas Fleiß.

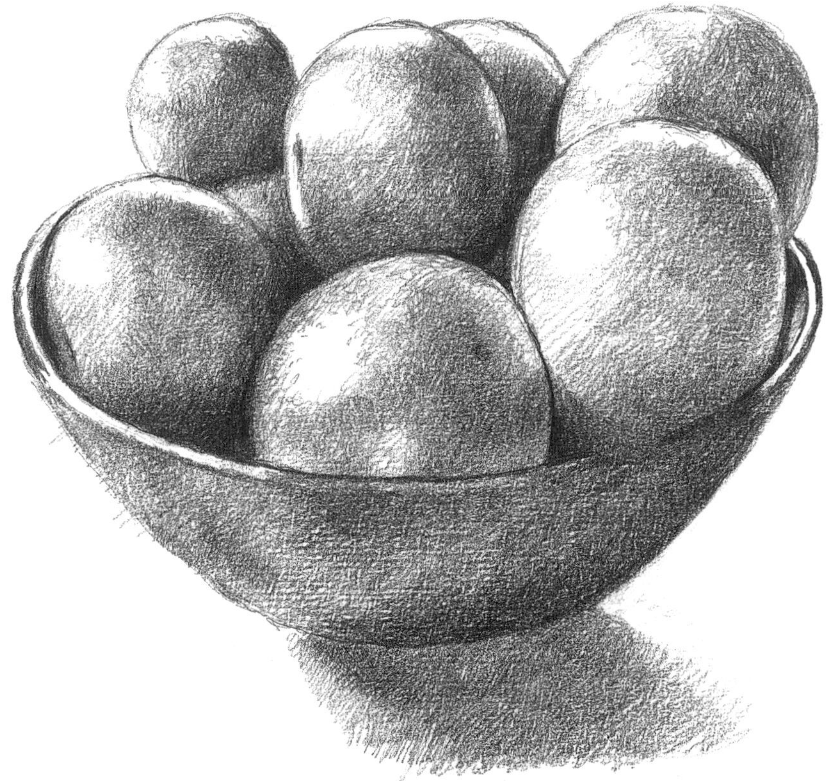

Danach nahm ich mir eine Schale mit Orangen vor, die auf meiner Anrichte stand. Die Obstschale als klassisches Stillleben-Requisit stellt uns vor das Problem, runde Objekte zu zeichnen, die zusammengedrängt zwischen den Wänden der Schale liegen. Beide Motive eignen sich als Gegenstände für ein Stillleben, andere Dinge brauchen nicht ergänzt zu werden. Wenn Sie wollen, können Sie ein wenig vom Hintergrund hinzufügen, um Ihre Zeichenkunst auch hier zu zeigen, doch sonst ist nichts weiter nötig.

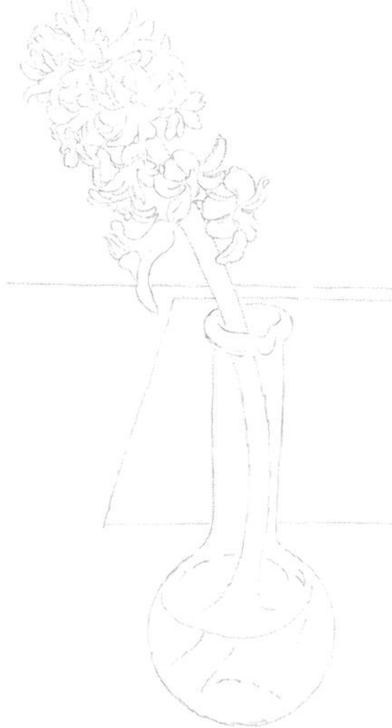

Dann widmete ich mich einer Glasvase mit Hyazinthe. Das ist einfach und komplex zugleich, obwohl es sich nur um eine einzelne Vase mit einem Blütenstiel handelt. Ein überzeugend wirkendes Glas ist eine Herausforderung, und die Blume besteht aus vielen Blüten. Daher entsteht das Bild in zwei Phasen: Beginnen Sie mit einer einfachen Strichzeichnung der Umrisse, die eventuell noch etwas korrigiert werden muss; dann folgt der Aufbau der Tonwerte, bis der Gegenstand so wirkt, als stünde er tatsächlich in seinem eigenen Bildraum.

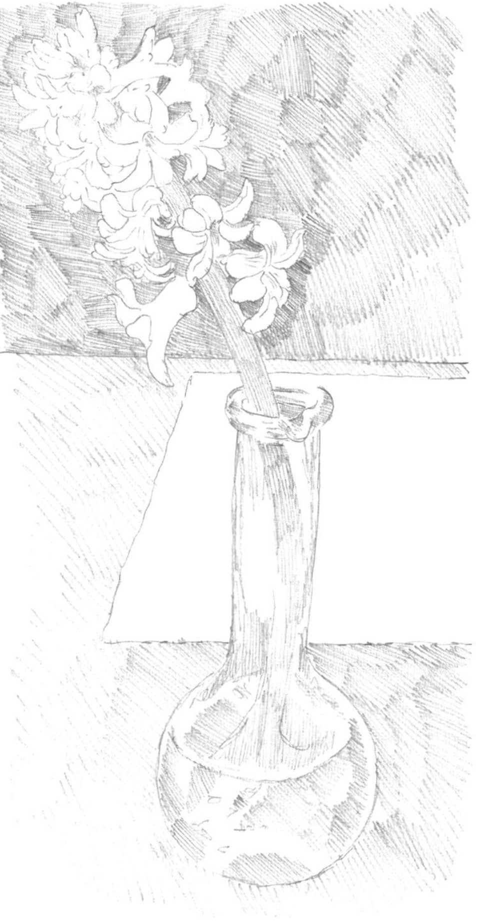

Überziehen Sie als Erstes alle Stellen, die schattiert werden sollen, mit einem einheitlich hellen Ton. Lassen Sie das Papier nur dort weiß, wo später die hellsten Partien sein sollen.

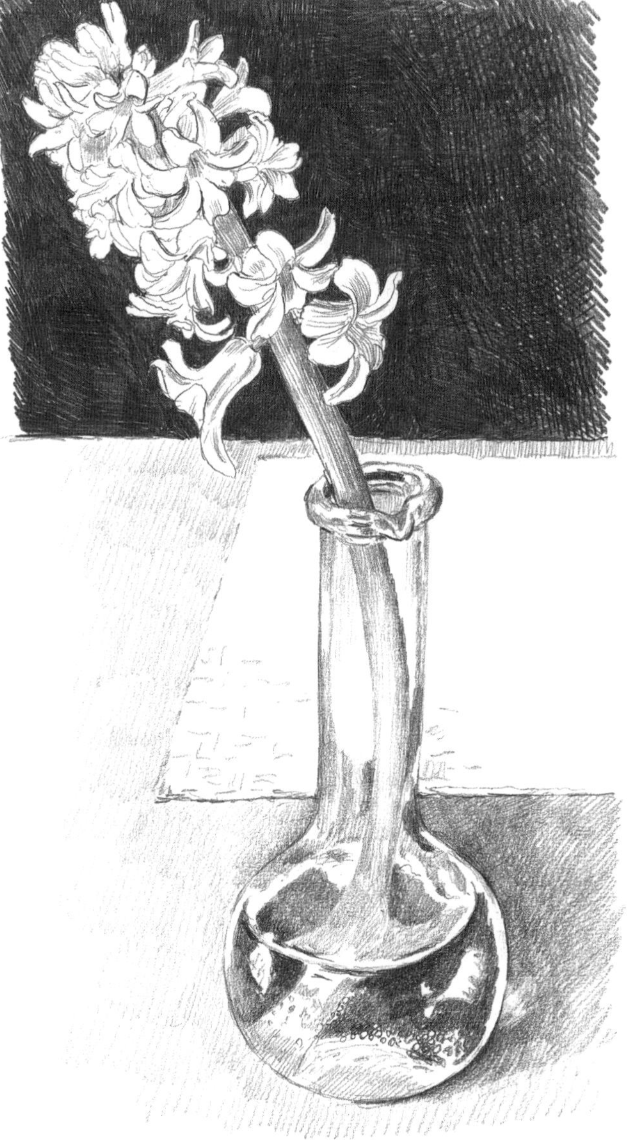

Überarbeiten Sie nun alle Bereiche mit weiteren abgestuften Tonwerten, um den Objekten mehr Plastizität zu verleihen. Wie Sie sehen, habe ich die Blüte gegen einen sehr dunklen Hintergrund gesetzt, um ihre Leuchtkraft zu betonen. Die Vase erhielt einen helleren Hintergrund, wodurch sich das Glas leichter darstellen ließ. Berücksichtigen Sie alle Verzerrungen, die sich im Glas und im Wasser zeigen, nur so werden die Eigenschaften dieser Materialien augenfällig.

ZUFÄLLIGE UND KOMPONIERTE ARRANGEMENTS

Hier steht ein Blumenstrauß in einer Vase auf einer Fensterbank, die sich perspektivisch nach hinten verjüngt. Man erkennt, wie das Licht von draußen auf das Objekt fällt, während man im Hintergrund einen Garten durch die Fensterscheibe erblickt. Bis auf das vorige Blumenbild, das ich ein wenig arrangiert habe, waren die bisher gezeigten Stillleben einfach vorhanden und schienen geradezu darauf zu warten, dass jemand merkt, wie interessant sie sind. Das ist einer der Vorteile beim Stilllebenzeichnen – wohin man auch blickt, überall entdeckt man ein Motiv.

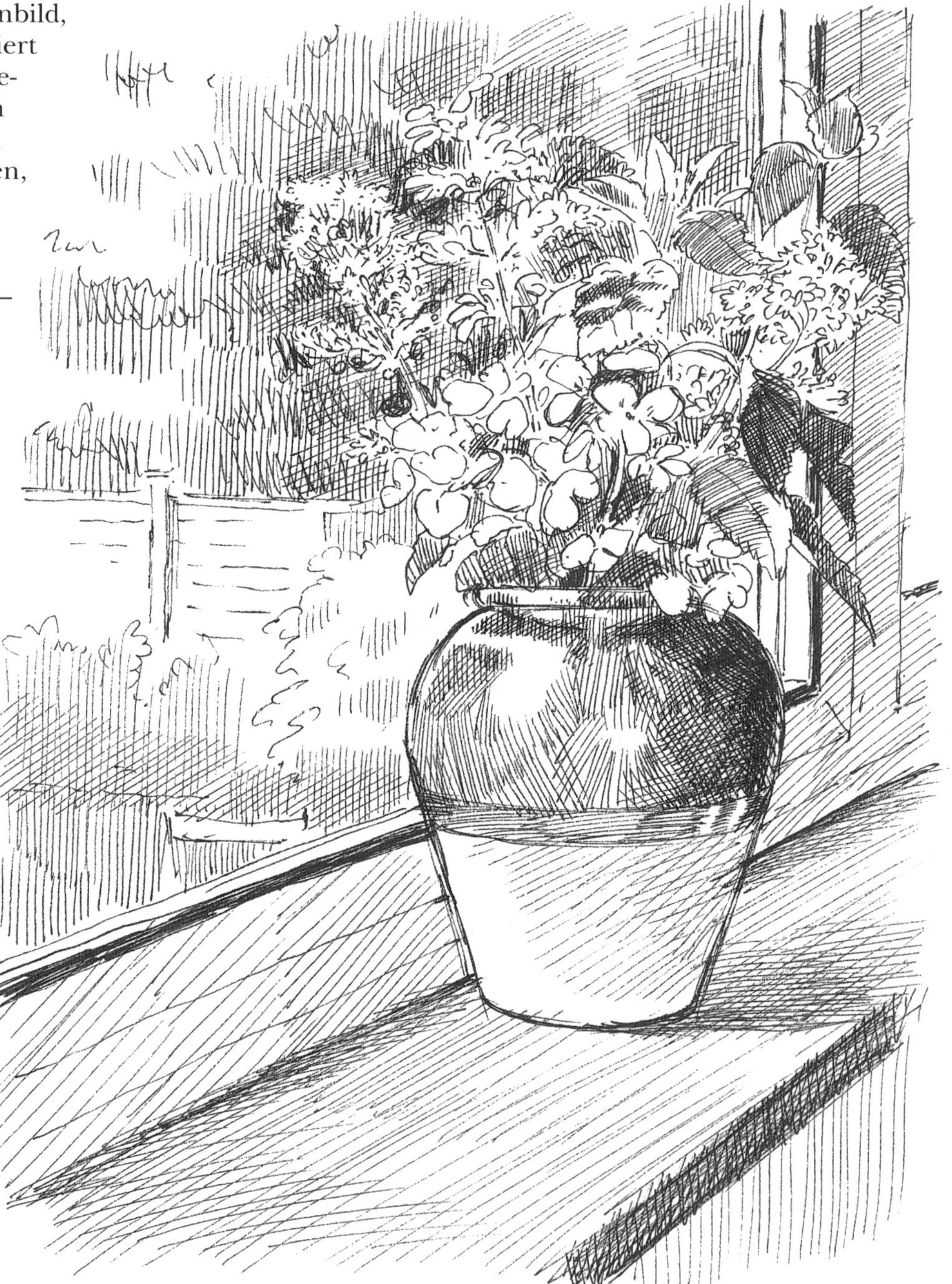

Mit etwas mehr Überlegung habe ich die nächste Wahl getroffen. Ich fand zwei Krüge von unterschiedlicher Form und Größe, stellte sie nah zusammen und drehte sie mit den Schnaupen zueinander. Dabei floss in meine Überlegungen ein, dass der eine Krug niedrig, bauchig und von dunkler Farbe war, der andere hingegen schlanker und heller. Ich begann also, bewusste ästhetische Entscheidungen selbst über einfache Objekte zu treffen, während ich bei den vorigen Beispielen eher zufällig auf die Motive für ein Stillleben gestoßen war.

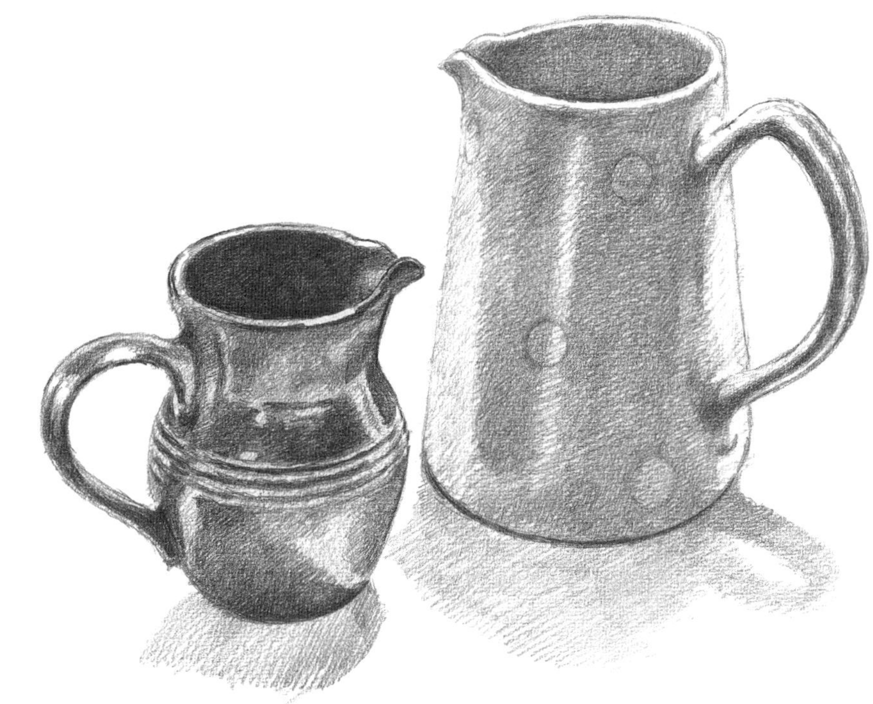

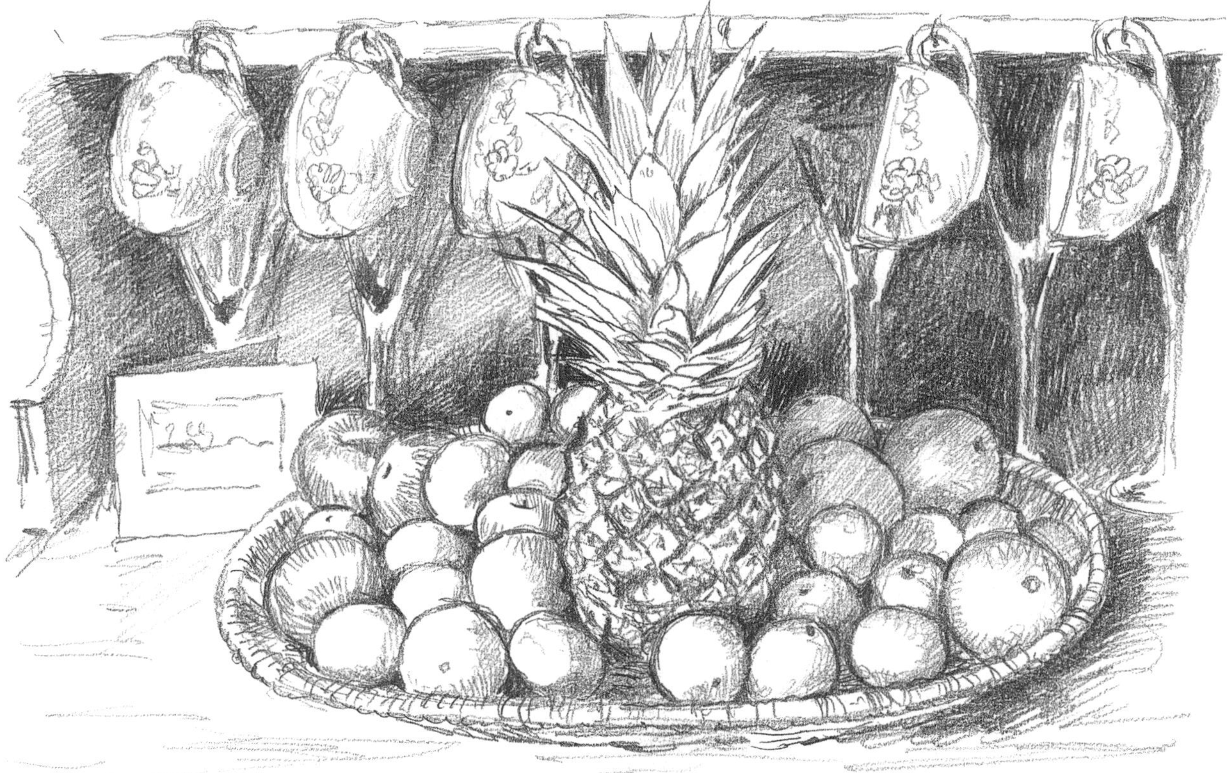

Die nächste Komposition ist viel komplizierter: Einige Tassen hängen an einem Regalboden, Gläser stehen darunter, in dem großen Flechtkorb sind sorgfältig diverse Früchte arrangiert. Diese Zusammenstellung ähnelt sehr stark den traditionellen Stillleben, wie sie Künstler über viele Generationen hinweg gemalt haben.

Nun betrachten wir eine weniger dekorative Stillleben-Komposition, eine Ansammlung gewöhnlicher Werkzeuge, wie man sie in jedem Haushalt finden könnte. Gezeigt werden sollten im Wesentlichen die Kraft und der allein praktische Nutzen dieser Dinge, die auf einem Tisch beieinanderliegen. Ich habe sie absichtlich nicht zu fein gezeichnet, sondern eher etwas gröber belassen, um die Härte der kantigen Gerätschaften und ihr zufälliges Zusammentreffen zu betonen.

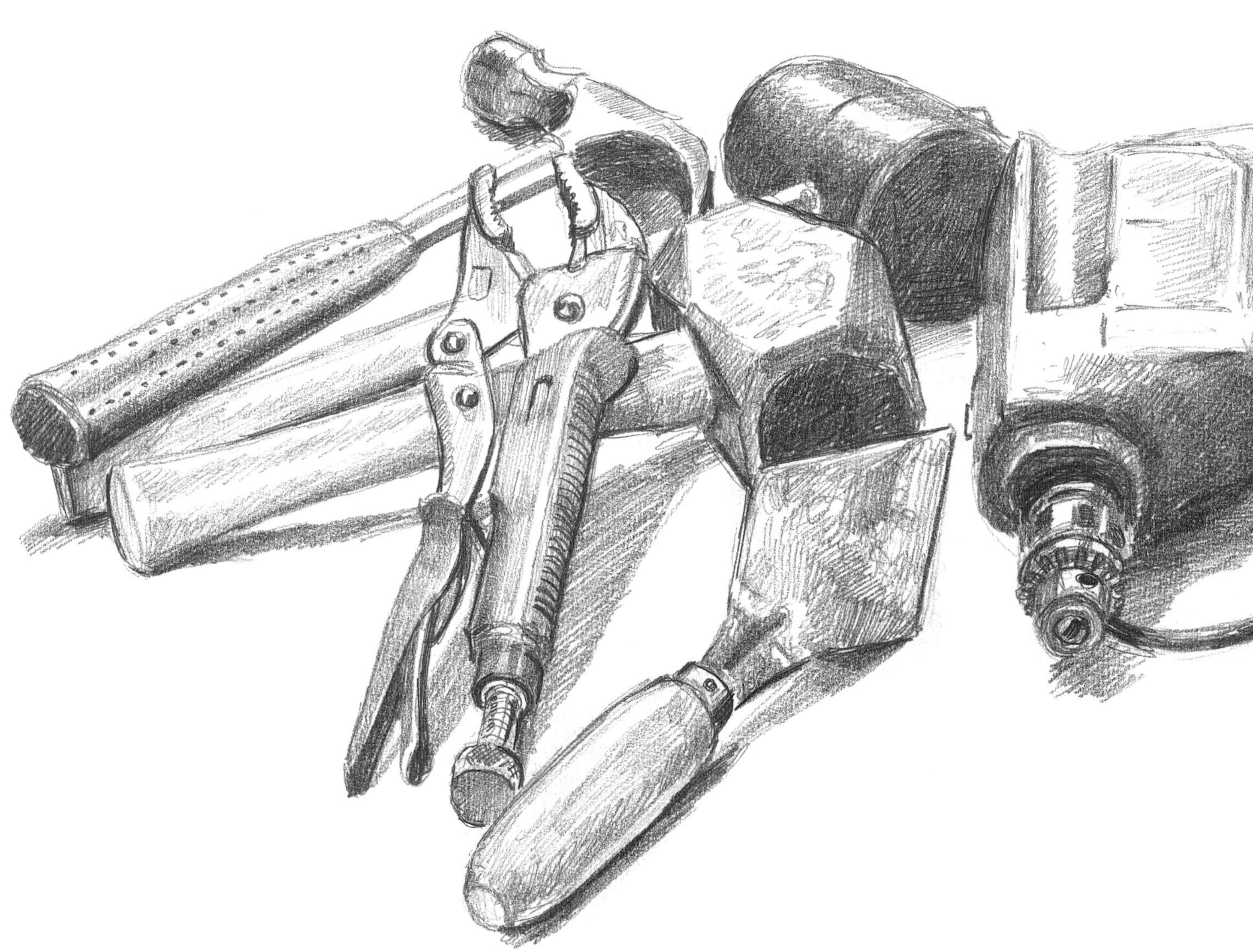

Ein anderes Stillleben aus dem häuslichen Umfeld zeigt einen Brotlaib auf einem Schneidebrett, im Hintergrund stehen zwei gefüllte Obstschalen auf dem Fensterbrett. Dieser typische Blick in eine Ecke meiner Küche war ebenfalls nicht mit Bedacht arrangiert.

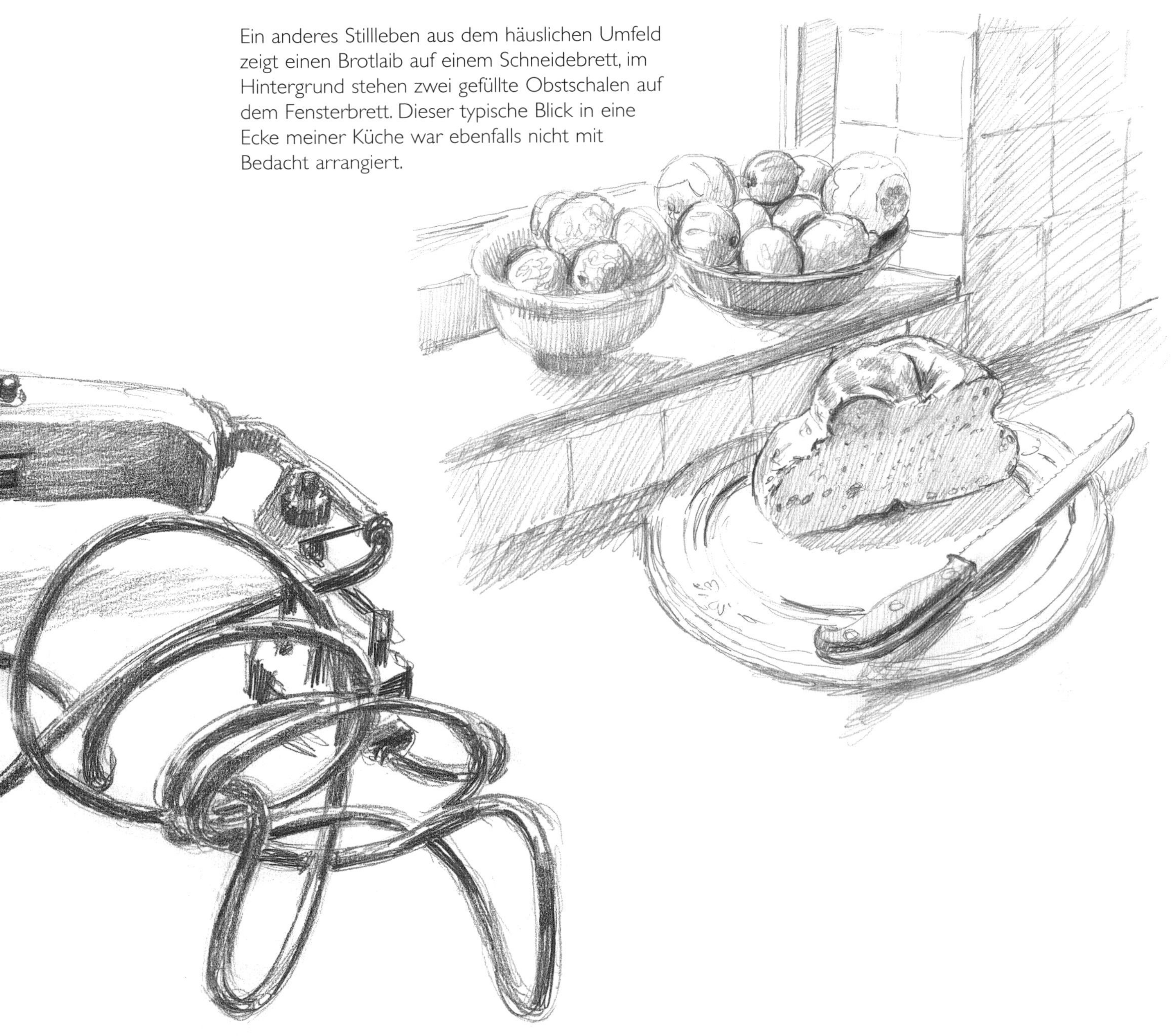

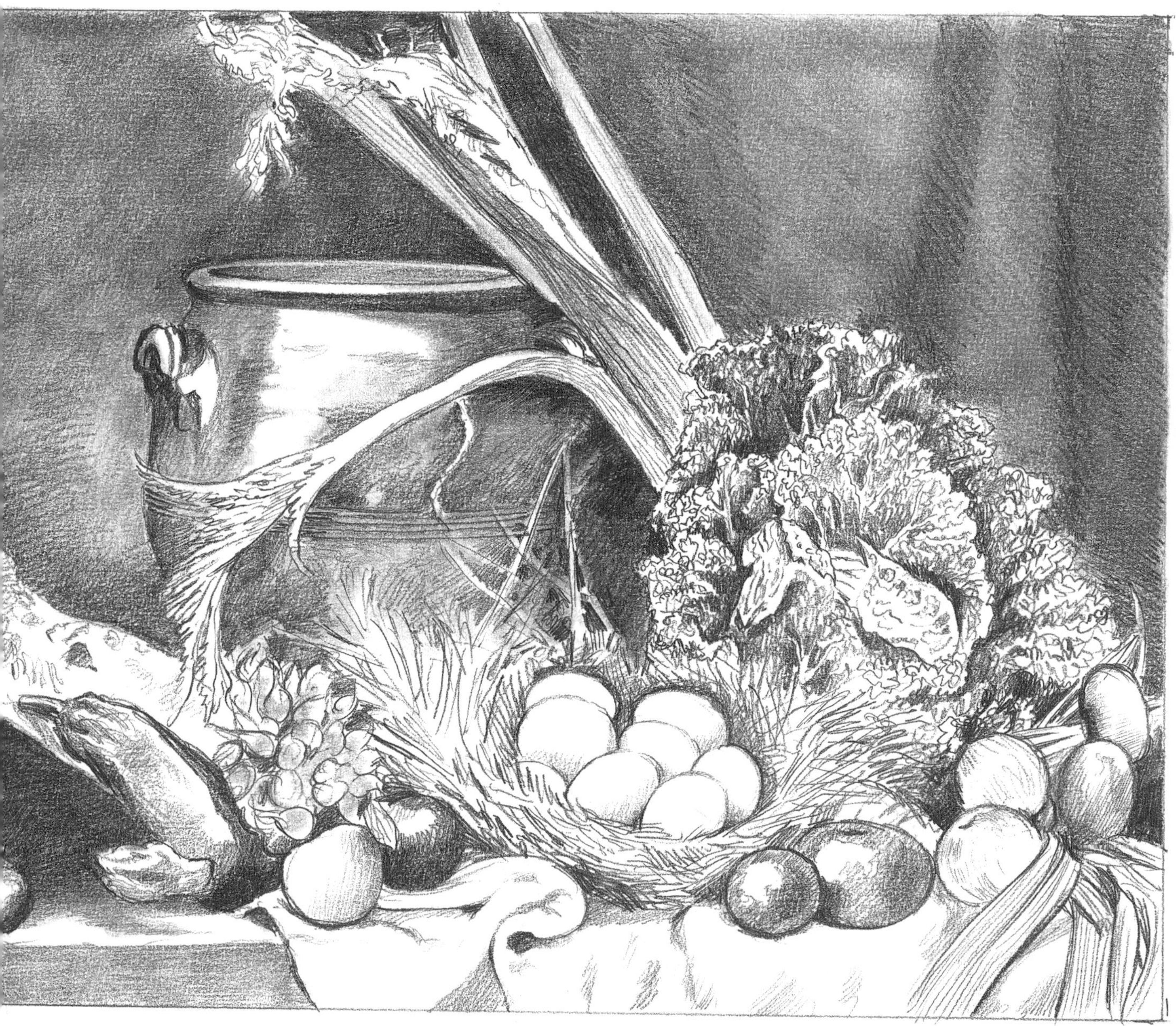

Diese Stilllebengruppe habe ich nach einem Foto aus dem 19. Jahrhundert gezeichnet. Sie wurde sorgfältig komponiert, um eine Auswahl an Lebensmitteln zu präsentieren, die wohl zu einer Mahlzeit verarbeitet werden sollten. Die Objekte bilden interessante Kontrastpaare wie die glatten Eier in dem dichten, rundlichen Nest, die großen Gemüse, die gegen einen stattlichen Steinzeugtopf gelehnt sind – alles arrangiert als ansprechende, ästhetisch wohlüberlegte Komposition.

Dieses Stillleben ist eine mit großem Bedacht arrangierte, stark zurückhaltende Komposition mit einem Wandspiegel, einer dekorativen Kiste und einem Glasbecher auf der polierten Oberfläche einer Kommode.

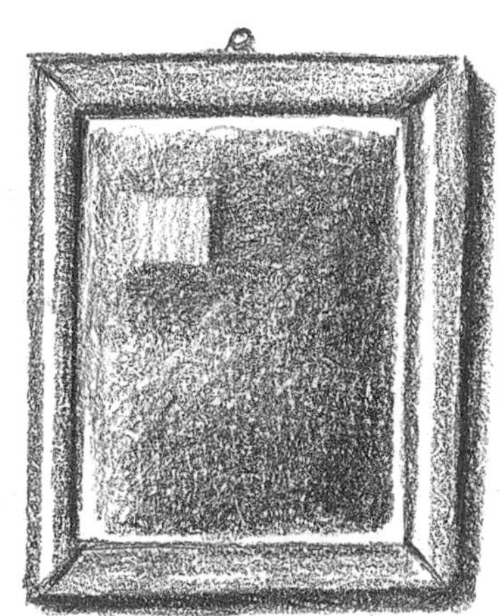

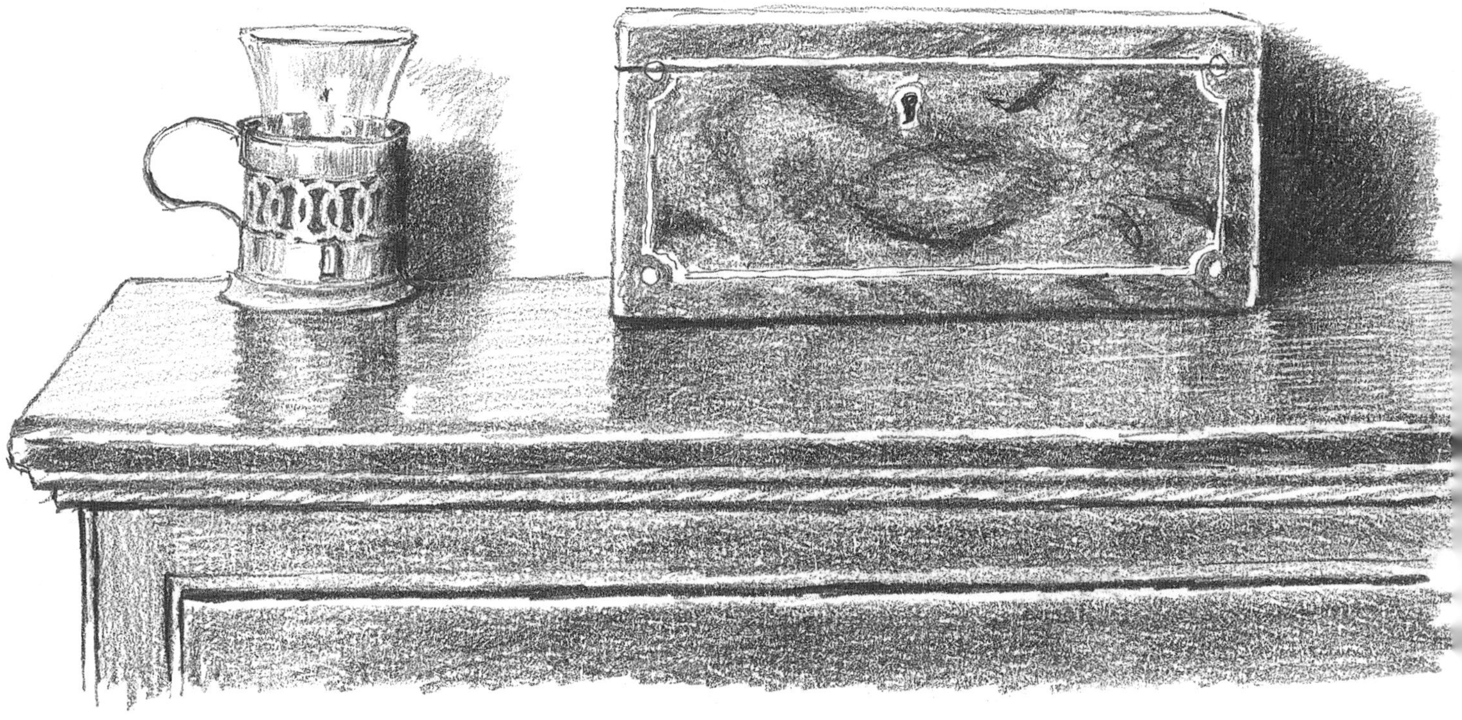

MOMENTAUFNAHMEN

Ein Reiz des Stilllebens ist die schlichte Schilderung des Privaten wie das Teegeschirr oder den über den Stuhl geworfenen Mantel. Selbst die einfachste Zeichnung kann eine häusliche Atmosphäre einfangen.

Das Küchenstillleben im schlanken Hochformat steht im Gegenlicht, welches durchs nahe Fenster scheint. So etwas ist recht schnell gezeichnet und erweckt den Eindruck, als handele es sich um eine flüchtige Zusammenstellung.

Unser nächstes Arrangement zeigt ein Kaffeegedeck in seiner schlichtesten Form mit Tasse, Untertasse, Kaffeekanne und Milchkännchen. Solch eine Komposition trifft man über kurz oder lang in jeder Wohnung an.

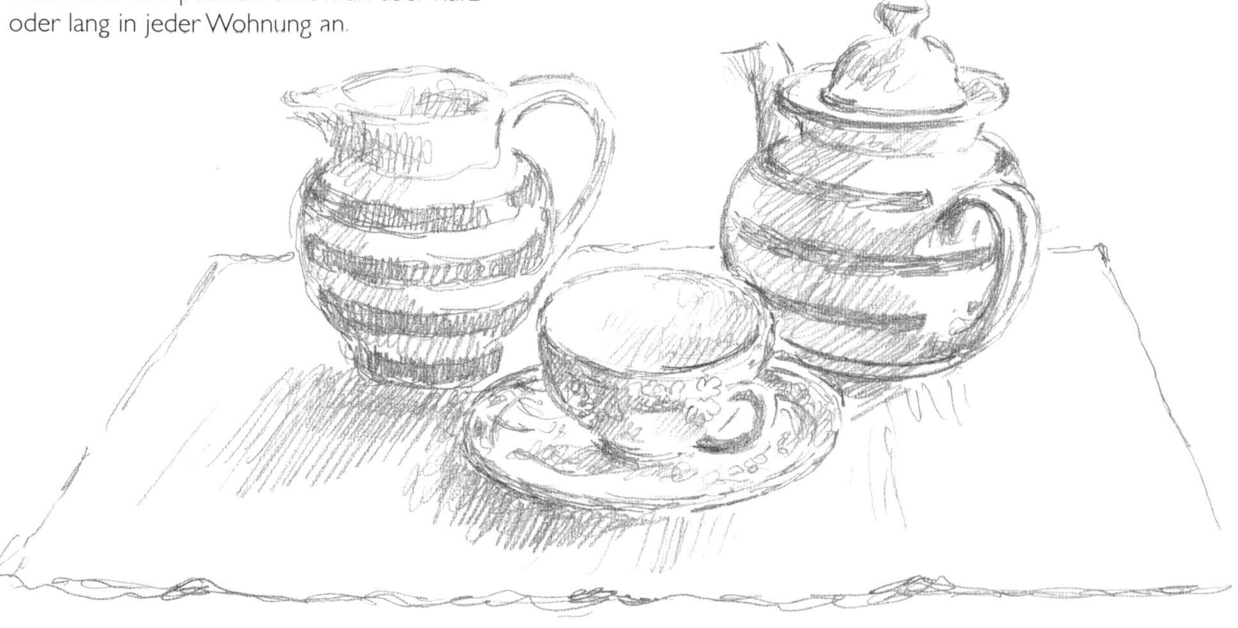

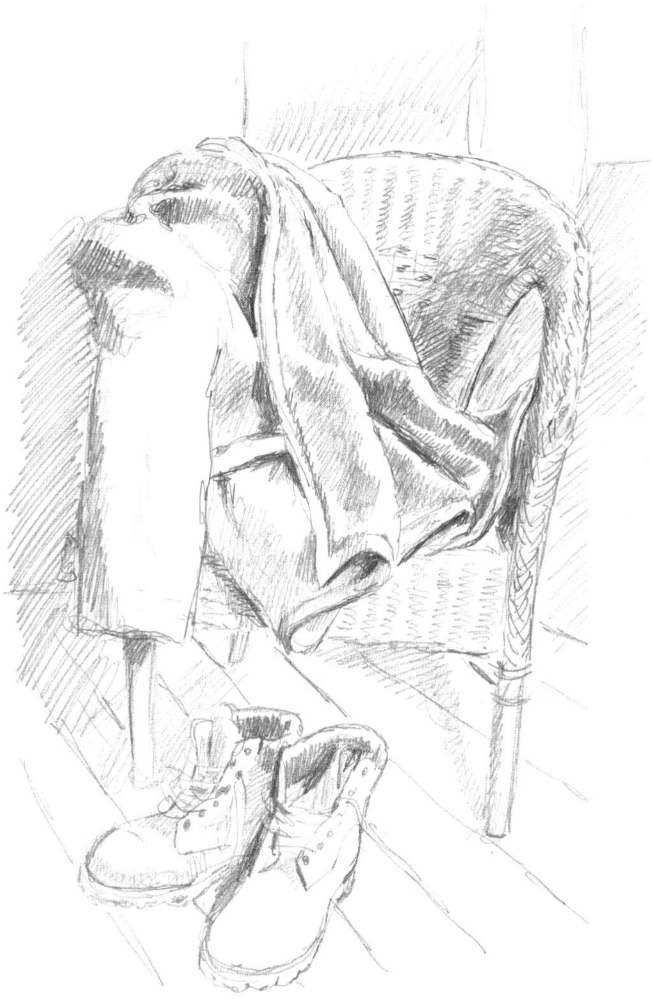

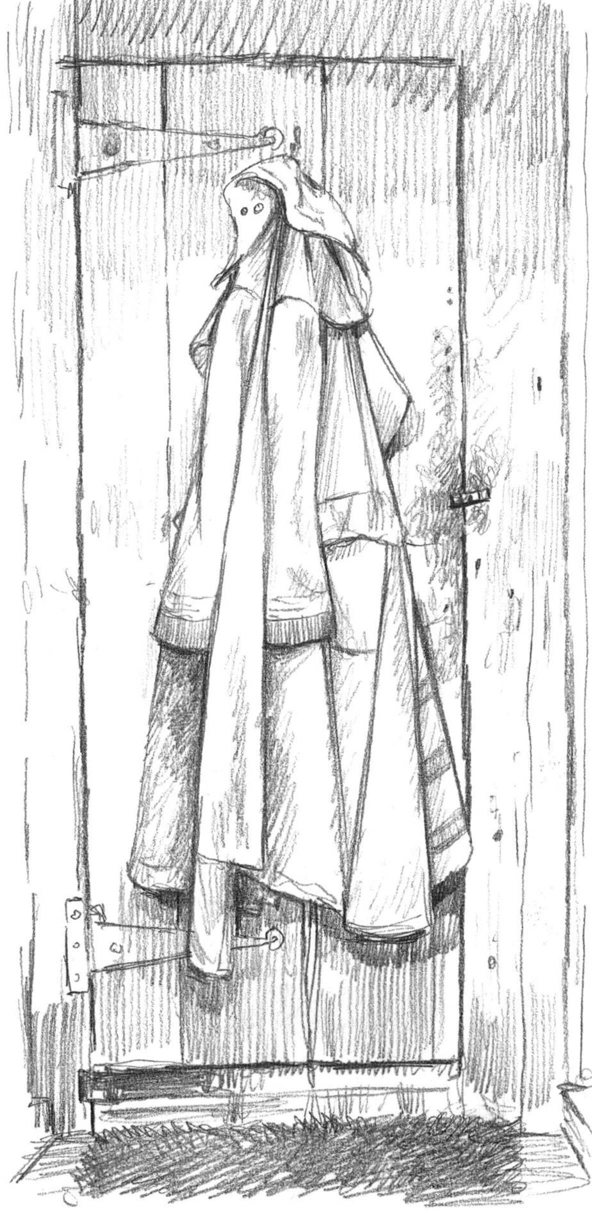

Diese beiden Stillleben spielen mit der Wirkung von Bekleidung in einer Szene: Oben liegt eine dicke Jacke über einem Korbstuhl, unter dem robuste Schuhe auf dem Fußboden stehen. Rechts hängt ein alter schwerer Mantel an der Innenseite einer Tür, die wahrscheinlich nach draußen führt. Alle Bekleidungsstücke sehen so aus, als würde man im nächsten Moment nach ihnen greifen.

Diese Komposition wirkt etwas strenger als die bisherigen Beispiele, doch auch sie spiegelt die Flüchtigkeit des häuslichen Alltags wider: mit einer Flasche, einem Glas, einem Teller voller Kastanien und ein paar Schalenresten.

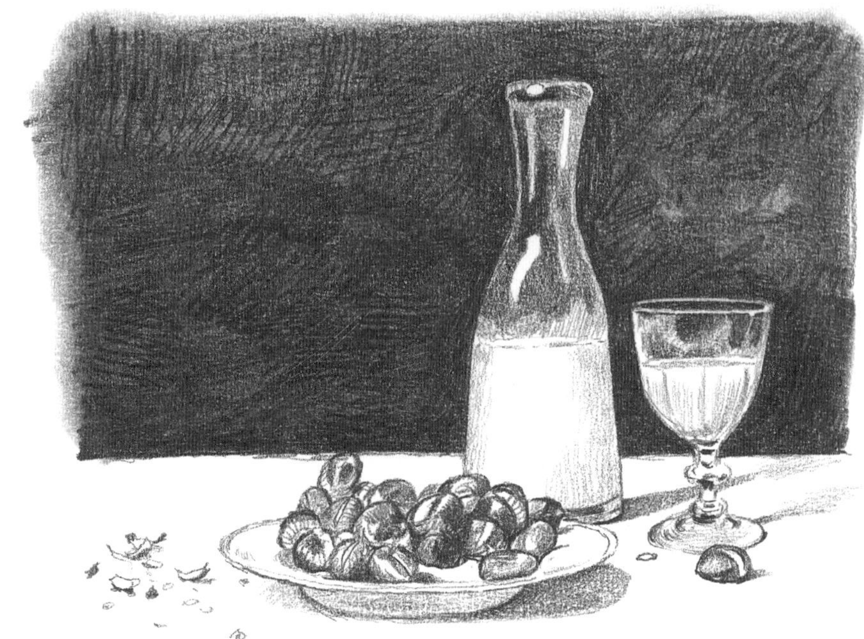

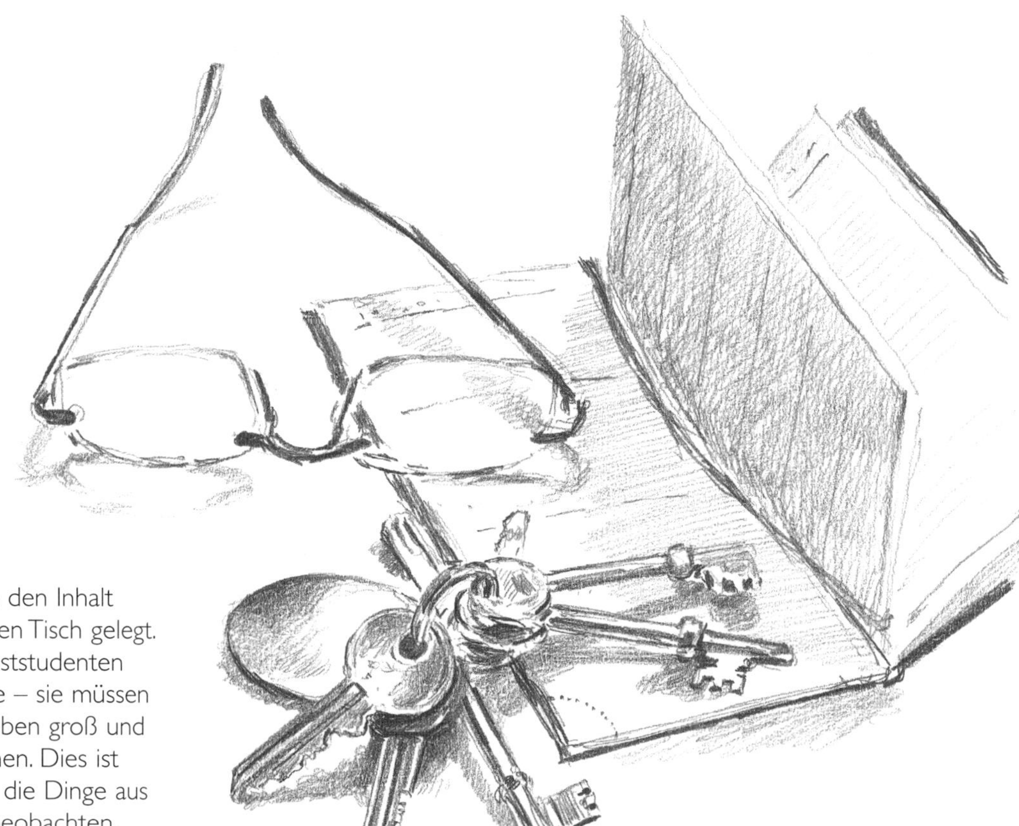

Hier habe ich einfach den Inhalt meiner Taschen auf den Tisch gelegt. Häufig stellt man Kunststudenten eine ähnliche Aufgabe – sie müssen kleine Dinge übertrieben groß und Format füllend zeichnen. Dies ist eine gute Übung, um die Dinge aus der Nähe genau zu beobachten.

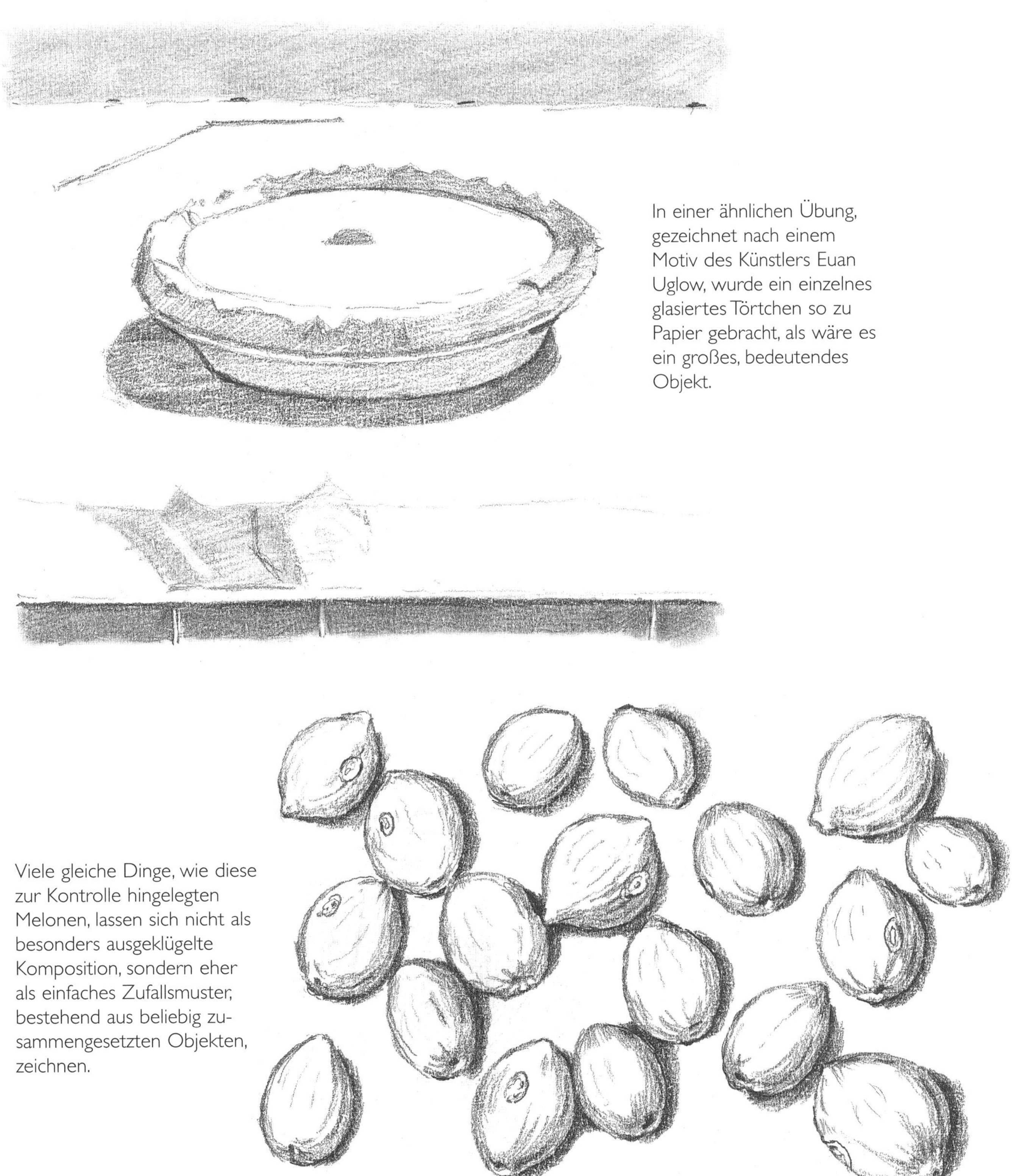

In einer ähnlichen Übung, gezeichnet nach einem Motiv des Künstlers Euan Uglow, wurde ein einzelnes glasiertes Törtchen so zu Papier gebracht, als wäre es ein großes, bedeutendes Objekt.

Viele gleiche Dinge, wie diese zur Kontrolle hingelegten Melonen, lassen sich nicht als besonders ausgeklügelte Komposition, sondern eher als einfaches Zufallsmuster, bestehend aus beliebig zusammengesetzten Objekten, zeichnen.

EIN STILLLEBEN-PROJEKT

Die Zeichnungen auf den nächsten Seiten veranschaulichen, wie man bei der Motivwahl für ein Stillleben vorgeht. Lassen Sie sich Zeit, eigene Ideen zu entwickeln.

Ein Motiv auswählen

Als Erstes gehen Sie durch Ihr häusliches Umfeld und erkunden in Ruhe die verschiedensten Möglichkeiten. Ich begann im Garten, in der Nähe meines Ateliers, und entdeckte eine alte Gießkanne, die ich sofort zu Papier brachte. Zwar war das für mich noch keine einladende Komposition, doch ein guter Anfang auf der Suche nach einem geeigneten Motiv.

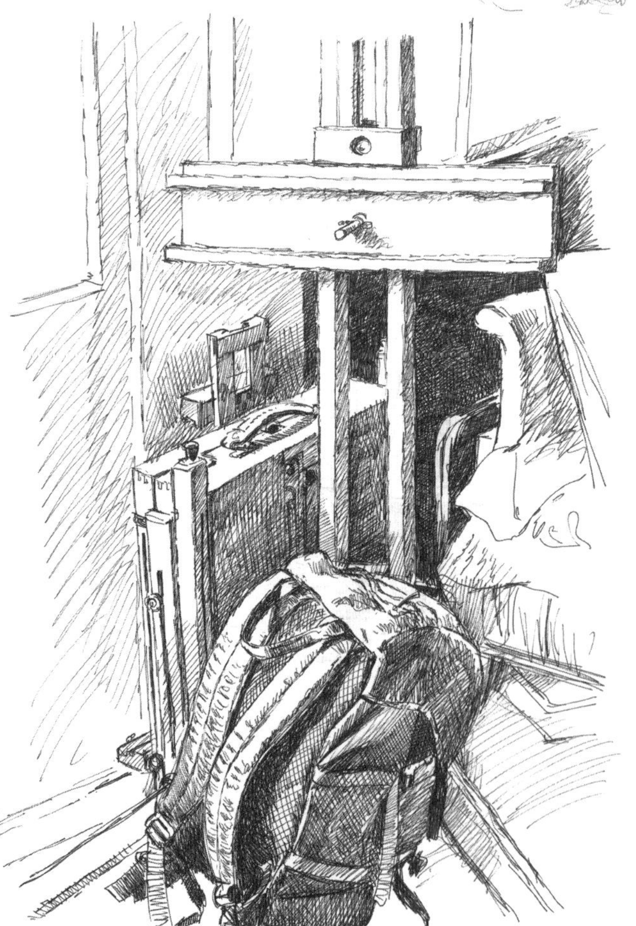

Zurück im Atelier, bemerkte ich die Studiostaffelei in einer Ecke und die Kofferstaffelei dahinter, der mit Malutensilien gefüllte Rucksack war dagegen gelehnt – alles interessant, aber für meinen Geschmack nicht abwechslungsreich genug.

Beim Gang durchs Haus fiel mein Blick auf das Bücherregal mit einer Gruppe Familienfotos, einigen Gefäßen und einem Kerzenleuchter. Alles war zwar durchaus etwas sorgfältiger arrangiert, aber noch nicht das, wonach mir der Sinn stand.

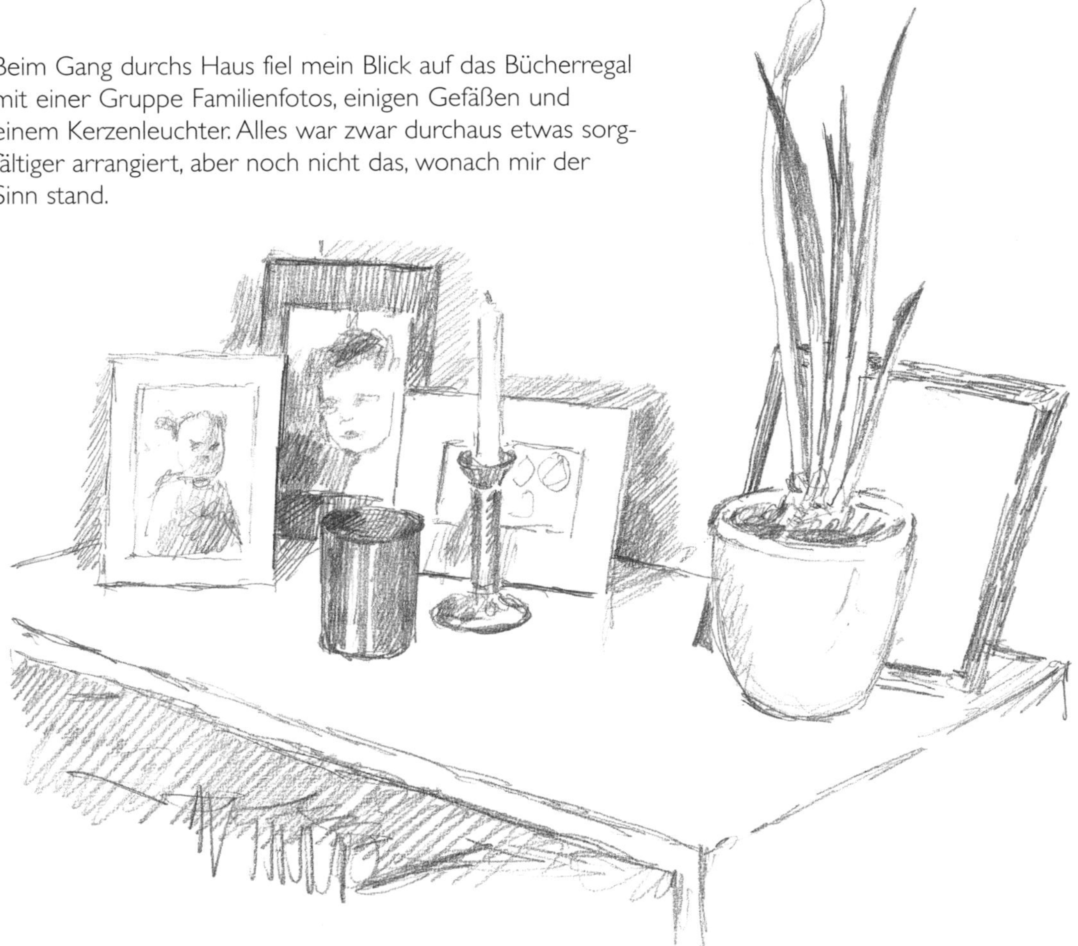

Danach trug ich einige Objekte zusammen, von denen ich annahm, dass man sie gut gruppieren könnte. Aus der Küche stammte ein Mörser mit einem Stößel und von der Anrichte ein großer Krug.

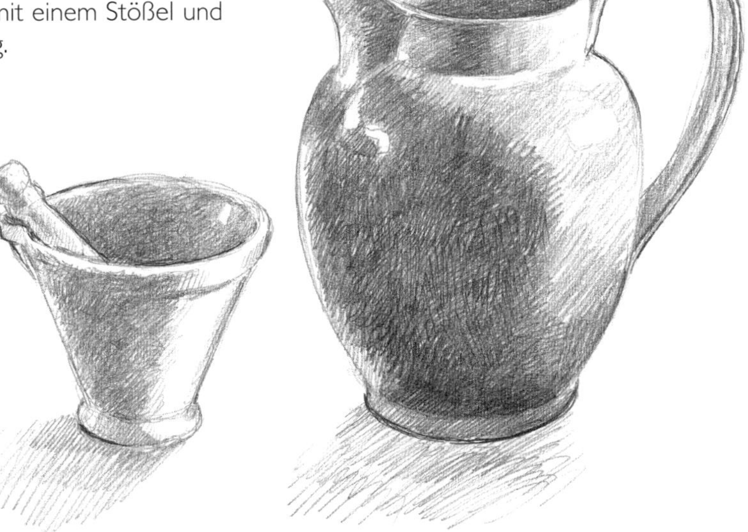

Vorstudien

Inzwischen schwebte mir eine Küchenszene vor. Deshalb arrangierte ich einige Äpfel und Orangen so, wie ich sie mir gezeichnet vorstellen könnte. Das Thema schien sich zu entwickeln.

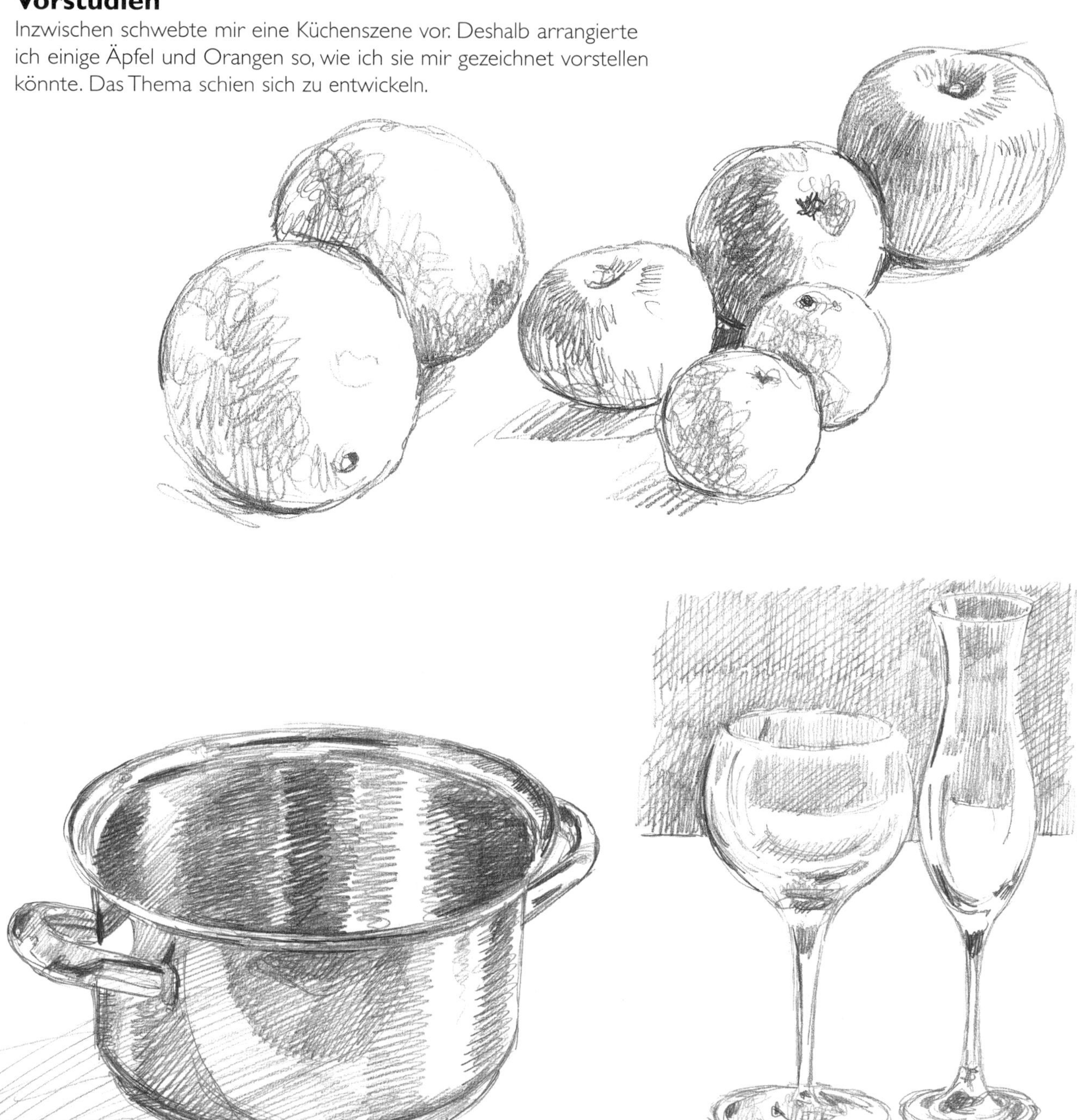

Ich blieb bei dieser Idee und holte einen großen Kochtopf dazu, später noch ein Wein- und ein Sektglas. All diese vorbereitenden Arbeiten sind sehr nützlich für den Aufbau eines guten Stilllebens. Vielleicht beansprucht Sie diese Phase einige Tage, aber dieser Aufwand ist es wert, wenn Sie ein wirklich imposantes Werk zeichnen möchten.

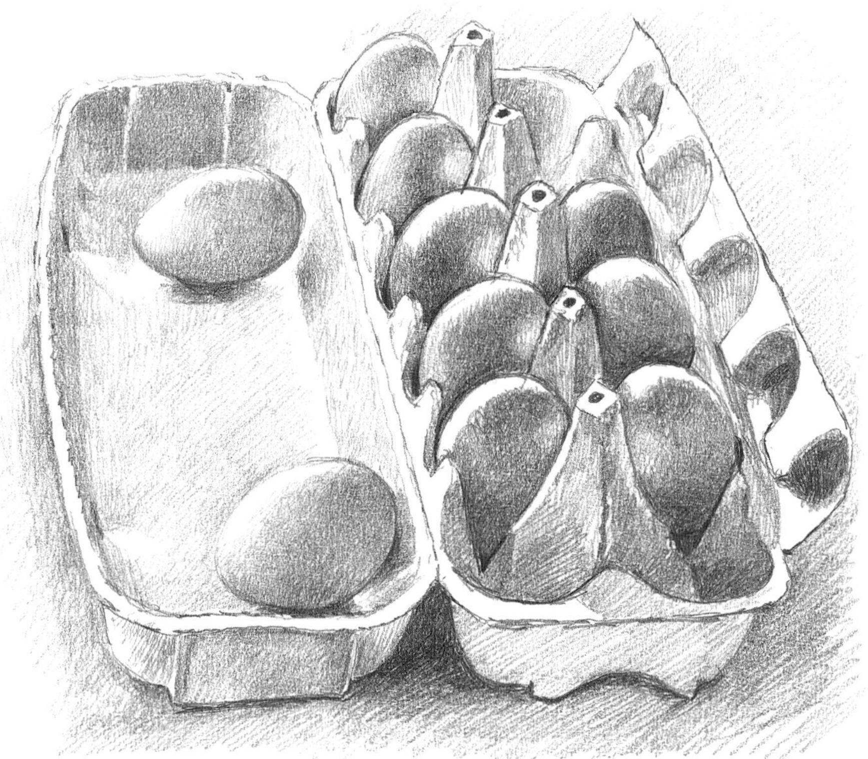

Anschließend schaffte ich zusätzlich eine Schale herbei und entnahm dem Kühlschrank eine Schachtel mit Eiern, um nochmals Lebensmittel ins Spiel zu bringen. Mein Küchenstillleben schien sich allmählich zusammenzufinden.

Um die Szene mit einer ganz anderen Textur zu beleben, legte ich noch eine Stoffserviette locker auf den Tisch.

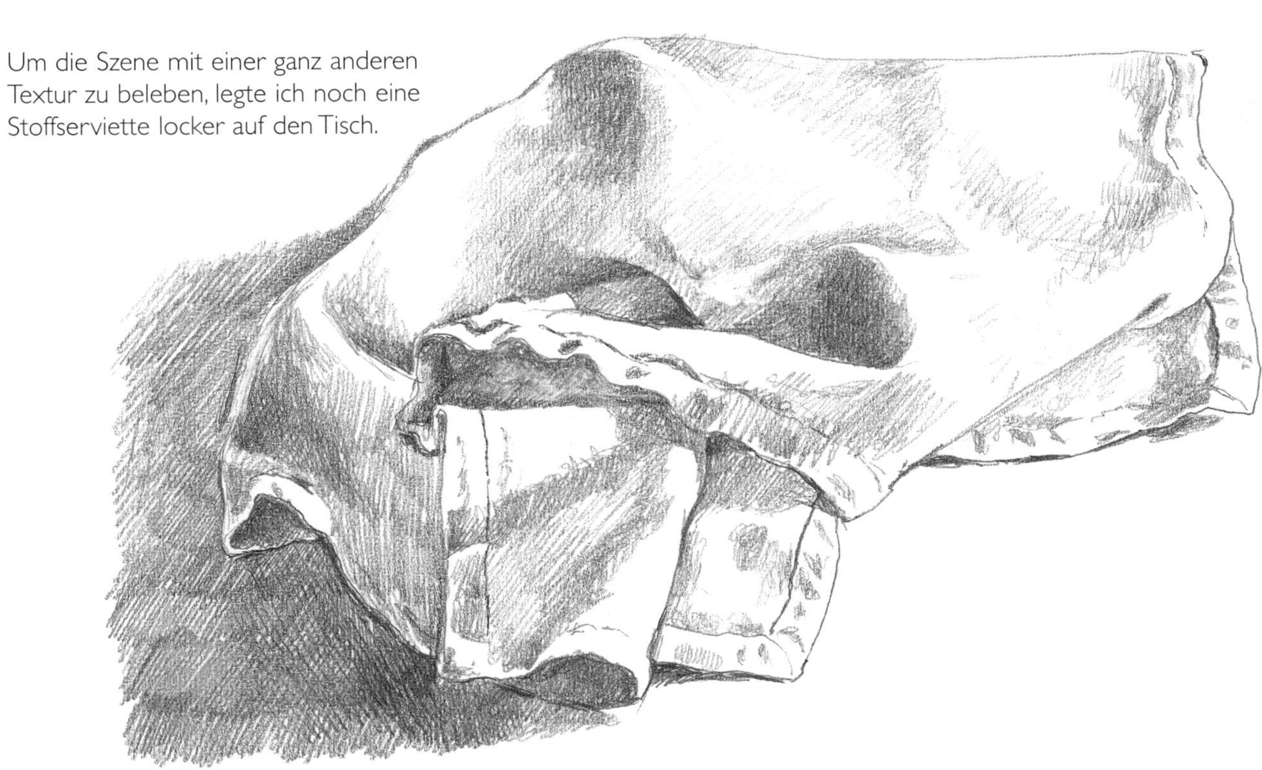

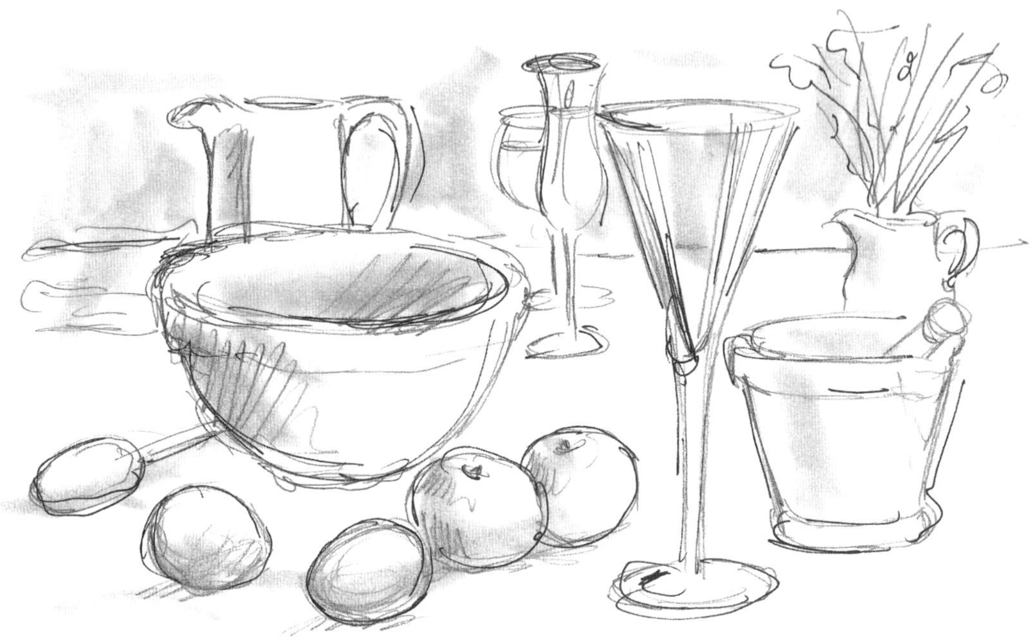

Eine Zusammenstellung auswählen

In der nächsten Phase wollte ich die Objekte fürs Stillleben endgültig auswählen und testen. Dazu arrangierte ich erstmals eine Reihe dieser Dinge und skizzierte diese Kompositionen ganz grob.

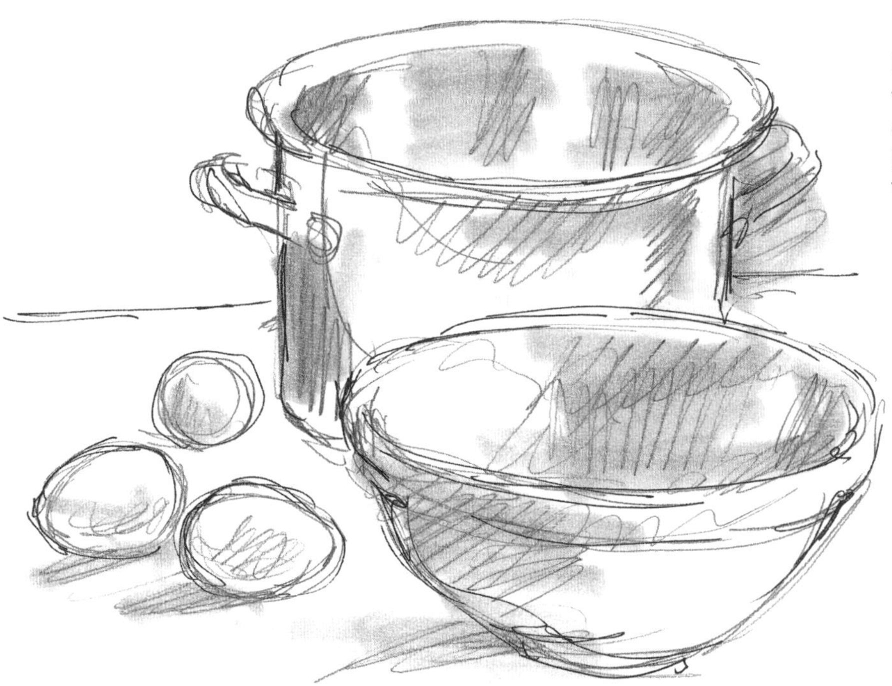

Danach erprobte ich ein viel einfacheres Stillleben, doch so richtig anfreunden konnte ich mich mit dieser Version noch nicht.

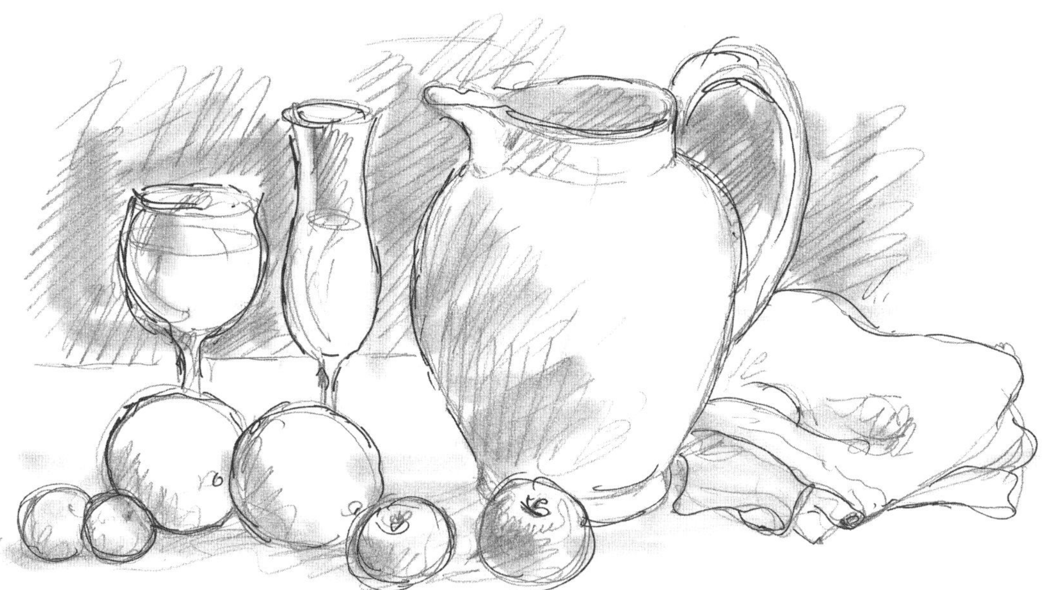

Also stellte ich wieder alles um, merkte aber rasch, dass es wieder nicht das war, was mir gefallen würde. Dennoch: Das Skizzieren verschiedenster Kompositionen ist keine Zeitverschwendung – es hilft zu klären, was man wirklich möchte.

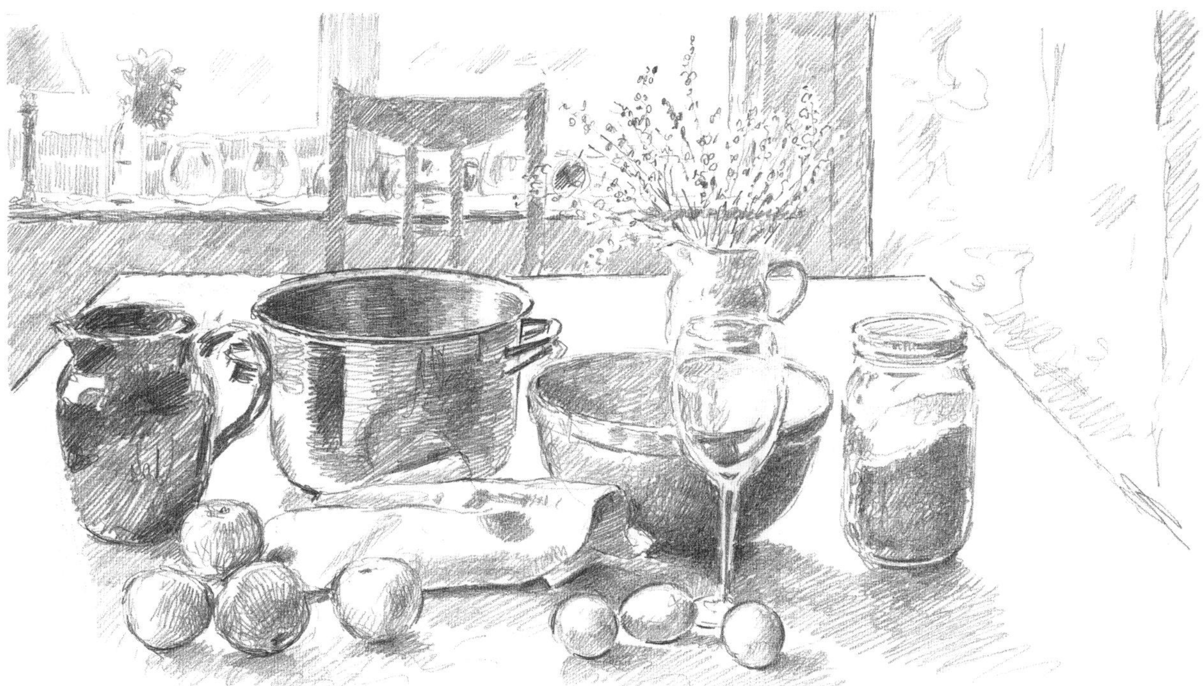

Endlich fand ich eine Anordnung, die meiner Stillleben-Idee allmählich Gestalt verlieh. Solche Vorstudien können Sie schon lange, bevor Sie das eigentliche Werk zeichnen, betreiben. Dabei setzen Sie sich aber so in Position, wie Sie es später bei der eigentlichen Ausarbeitung des Stilllebens tun wollen. Beantworten Sie sich auch sogleich die Frage, was Sie an diesem Arrangement reizt.

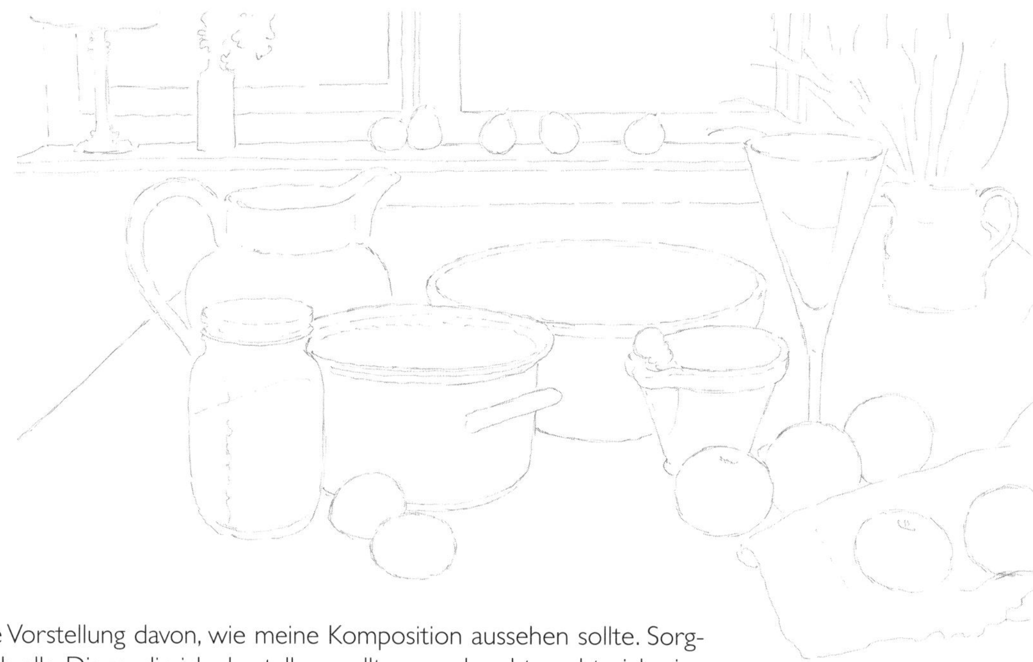

Schritt 1

Nun hatte ich eine Vorstellung davon, wie meine Komposition aussehen sollte. Sorgfältig arrangierte ich alle Dinge, die ich darstellen wollte, manchmal tauschte ich ein Objekt gegen ein ähnliches aus, das sich in Größe oder Stil unterschied. Schließlich hielt ich die gesamte Szene mit zarten Konturen fest und korrigierte dabei so lange, bis ich eine klare Strichzeichnung von der Komposition in Händen hielt.

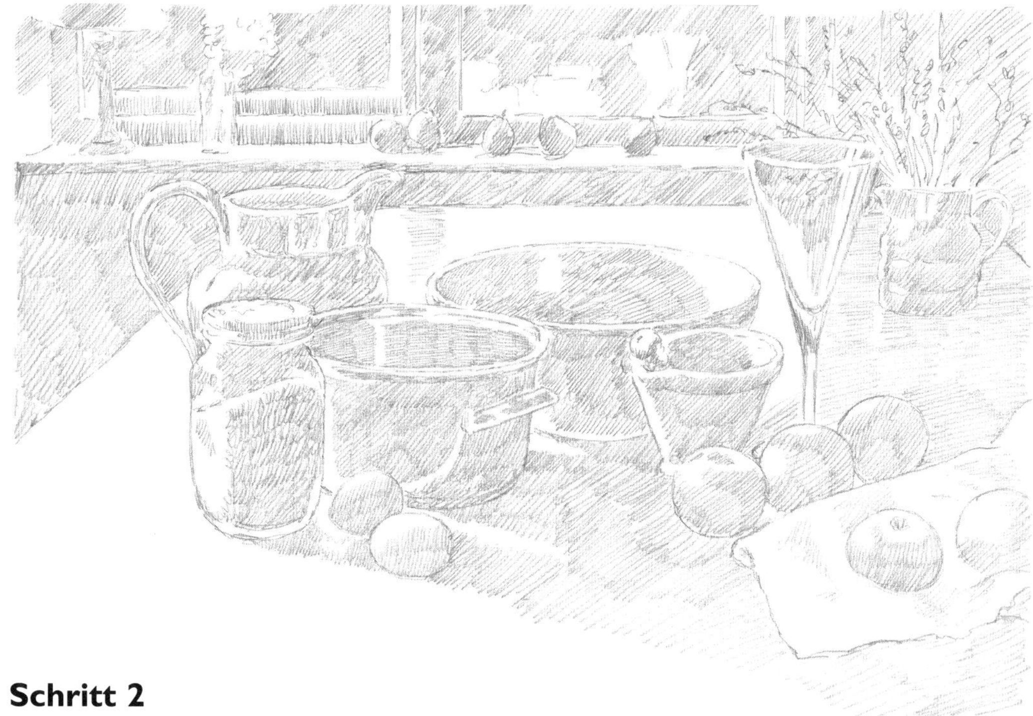

Schritt 2

In der nächsten Phase tönte ich zunächst mit nur einem einzigen hellen Grau all die Bildbereiche, die später irgendeine Schattierung erhalten sollten. So wird verständlich, wie das Licht auf die Dinge fällt.

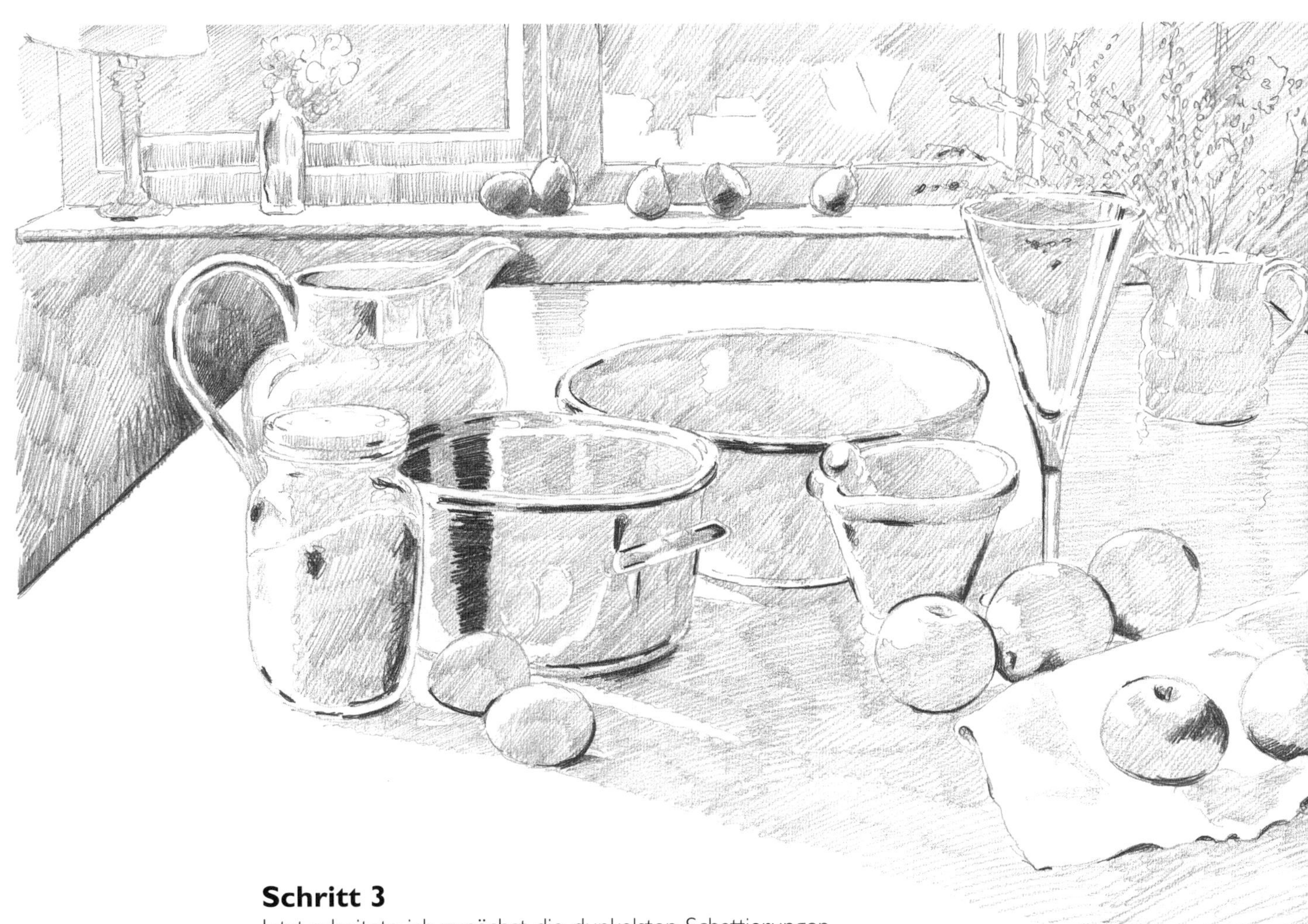

Schritt 3
Jetzt arbeitete ich zunächst die dunkelsten Schattierungen heraus: die schwarzen Bereiche. Dieser stärkste Kontrast zwischen den hellsten und den dunkelsten Partien macht es leichter, danach die vielen Zwischentöne einzufügen, was eine Weile dauern kann. Doch wenn Sie behutsam vorgehen, wird das zur Qualität Ihres fertigen Bildes maßgeblich beitragen.

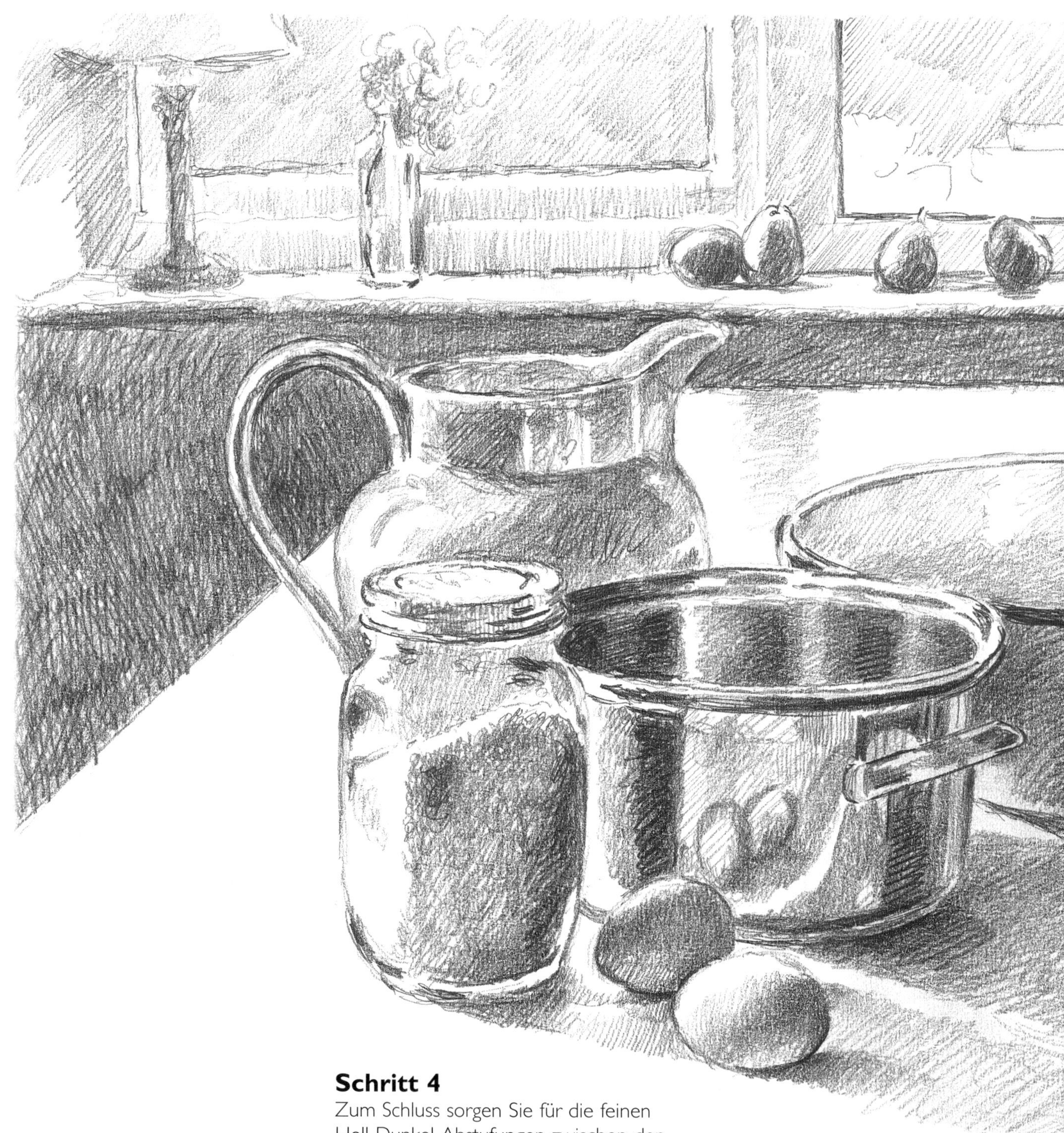

Schritt 4

Zum Schluss sorgen Sie für die feinen Hell-Dunkel-Abstufungen zwischen den hellsten und dunkelsten Tönen, was die Objekte sogleich plastischer aussehen lässt. Auch wird deutlich, wie das Licht auf die verschiedenen Gegenstände scheint und dadurch dazu beiträgt, viel von ihrer Materialbeschaffenheit zu verraten.

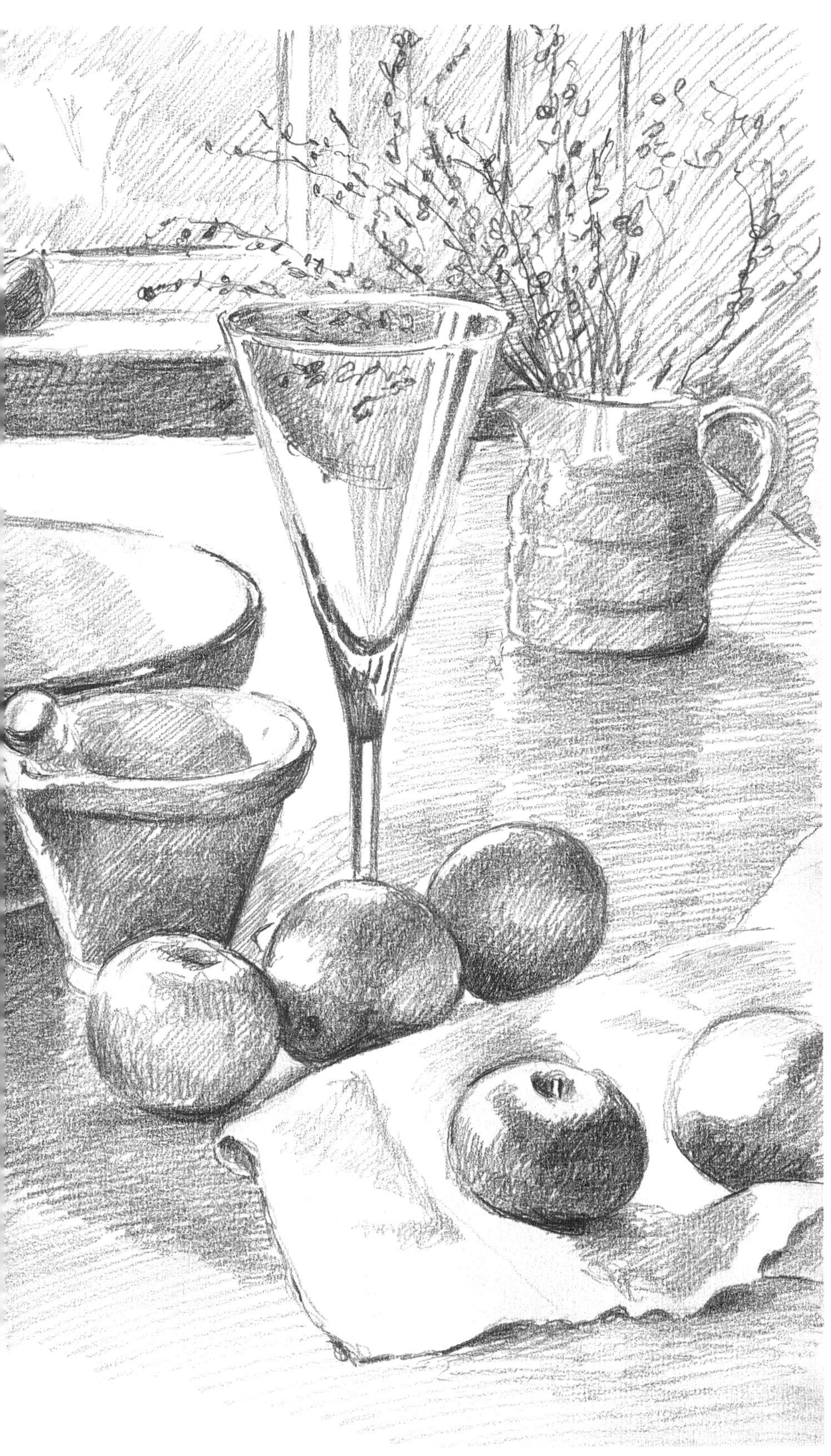

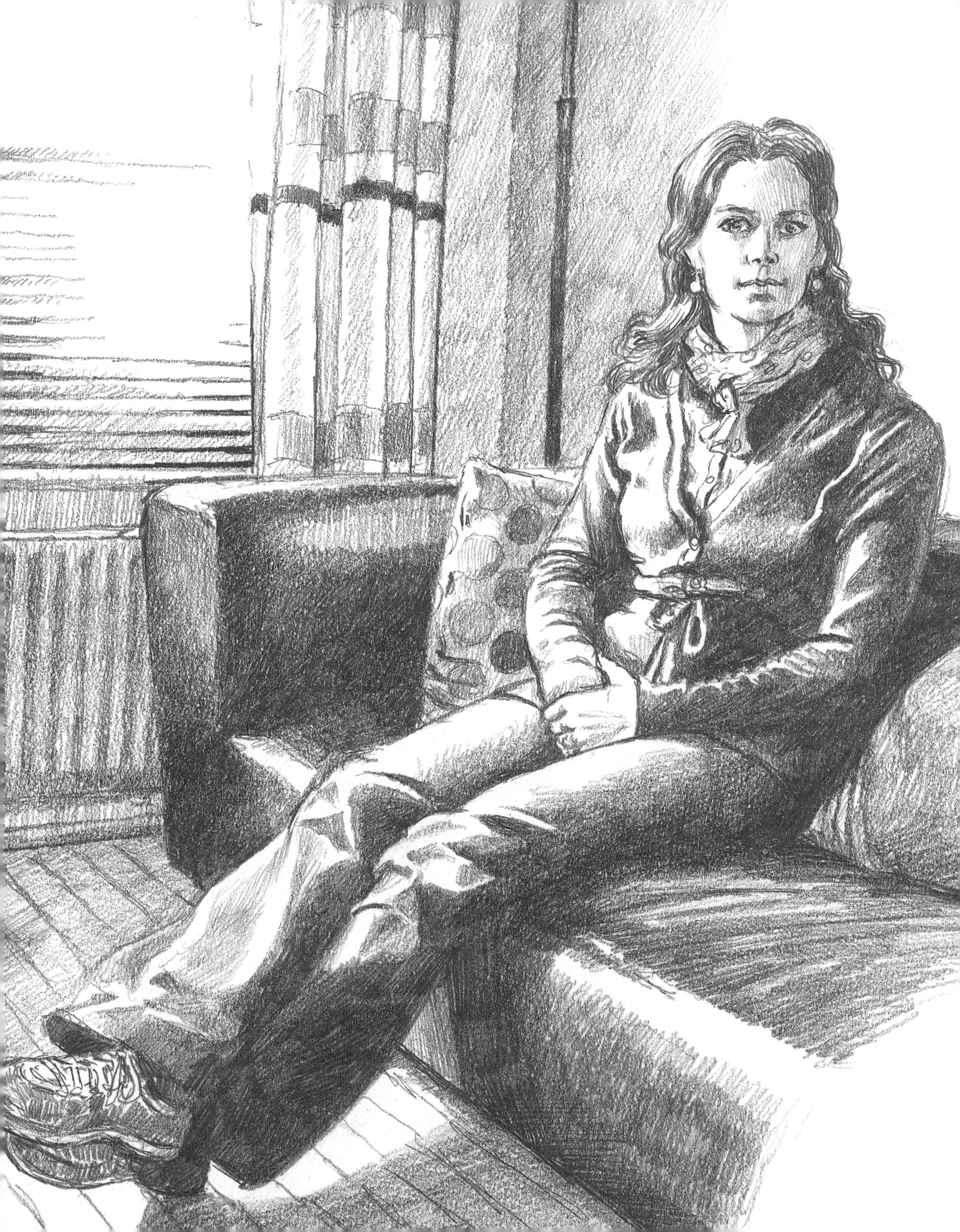

LEKTION 11

GESICHTER UND PORTRÄTS

Das menschliche Gesicht ist für viele Künstler das reizvollste Motiv. Wer einen Menschen treffend porträtieren kann, beweist, dass er große Fortschritte gemacht hat – hier werden Ihre Fertigkeiten am stärksten auf die Probe gestellt. Denn bei einem Porträt kann jeder sofort sehen, ob Sie die individuelle Ähnlichkeit hinbekommen haben oder nicht.

Doch das ist nicht das A und O eines Porträts – es ist ja ein Kunstwerk, keine bloße Wiedergabe eines menschlichen Gesichts. In dieser Lektion geht es um die Anfertigung von Porträts, auf denen Freunde und Familienmitglieder zu erkennen sind und die gleichzeitig als eigenständige Kunstwerke Bestand haben.

Bei einer Porträtsitzung ist manches zu bedenken – nicht nur der Charakter des Modells, sondern auch seine Pose und die Ausleuchtung. Diese Faktoren verändern den Porträtstil stark und sind interessant für das Modell wie für den Künstler. Manche Porträts wirken so förmlich und seriös, als hätte sie eine Institution für die Nachwelt in Auftrag gegeben. Die eher ungezwungen und privat anmutenden Bilder zeigen meist Leute, die wir recht gut kennen. Eine leere Hintergrundfläche gibt nichts vom Lebensstil des Porträtierten preis; ein detailreiches Umfeld lässt sich dagegen – vielleicht auch symbolisch – deuten. Dieses Genre bietet viele faszinierende Facetten.

PORTRÄT-KOMPOSITIONEN

Als Erstes gilt es, das Bildformat für das Porträt festzulegen, was maßgeblich davon beeinflusst ist, wie viel vom Porträtierten und vom Hintergrund zu sehen sein soll. Hier eine Auswahl an Formaten, wie sie von unterschiedlichen Künstlern für die Wirkung ihres Porträts gewählt wurden.

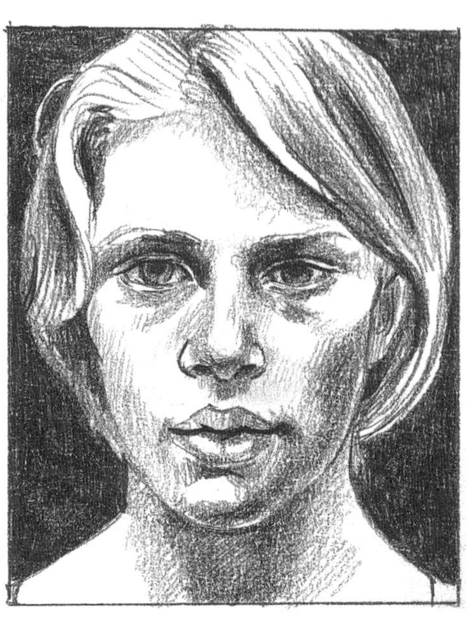

Celia Bennetts Porträt gehört zu denjenigen, die den Kopf so formatfüllend wie möglich abbilden – frontal, mit dem Blick direkt geradeaus. An diese Komposition denken sicherlich die meisten Menschen zuerst, wenn es ans Porträtzeichnen geht; sie ist eine gute Grundlage für Einsteiger.

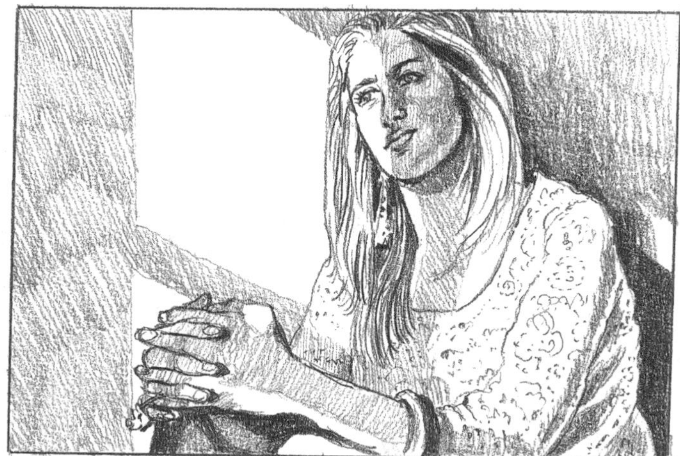

Im nächsten Beispiel, nach Lucie Cookson, sieht man Kopf, Oberkörper und Arme des Modells im Bild, alles ist leicht zur Seite gewandt, der Blick am Künstler vorbei gerichtet. Diese weniger gesichtsbetonte Darstellung gibt dem Künstler die Gelegenheit, mehr Wert auf die Körpersprache des Modells zu legen – sein Interpretationsspielraum wächst. Beachten Sie auch den interessanten Umgang mit dem Licht.

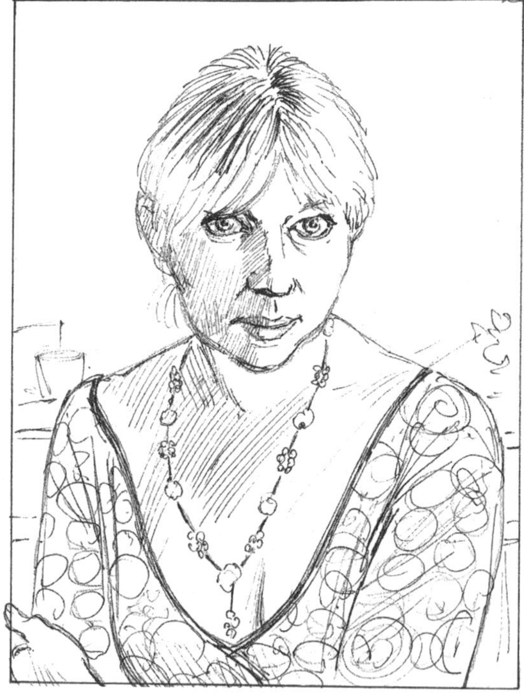

Bei diesem Brustbild nach Keith Robinson ist der Kopf des Modells leicht gedreht und nach unten geneigt. Der Freiraum um den Kopf herum lässt dieses Porträt etwas förmlich wirken, aber dennoch sieht es insgesamt freundlich und reizvoll aus.

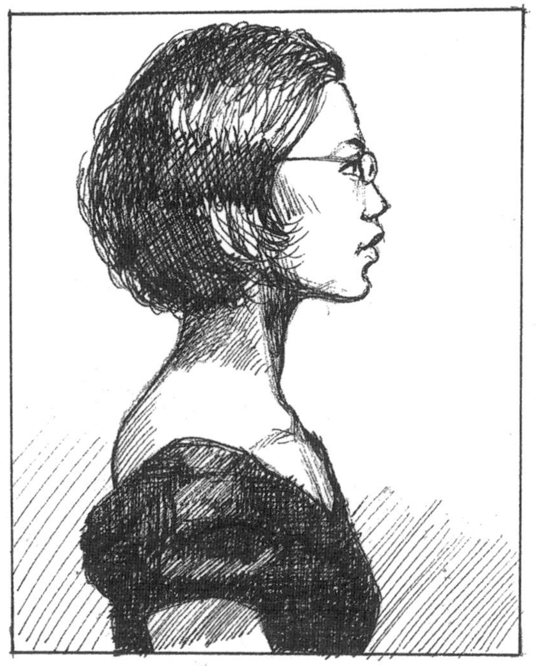

Auch diese Zeichnung nach einem Porträt von Geert Schless zeigt ein Brustbild mit Kopf und Schultern, hier aber im Profil, was sogleich streng und emotional weniger ansprechend wirkt. Man meint, der Künstler habe eine leidenschaftslose Studie des Kopfes malen wollen. Auftraggeber von Porträts wünschen sich selten eine solche Profilansicht, da kein Mensch sich selbst so wahrnimmt. Diese Darstellungsweise wirkt recht gegenständlich, und dennoch war sie in der Renaissance in Italien äußerst beliebt.

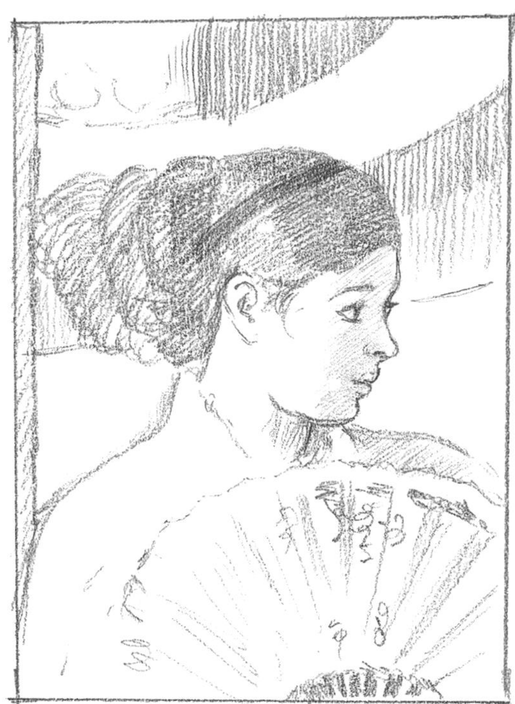

Die nächsten zwei Zeichnungen, nach Mary Cassatt, ähneln sich im Format: mit Kopf, Schultern und Oberkörper. Doch nun kommt noch ergänzend ein Fächer ins Spiel, der den Porträts ein Zeitkolorit verleiht. Im ersten Bild ist der Frauenkopf fast im Profil zu sehen (»verlorenes Profil«), während der Fächer den Oberkörper der jungen Dame so weit verdeckt, dass der Blick unwillkürlich aufs Gesicht und den Fächer fällt.

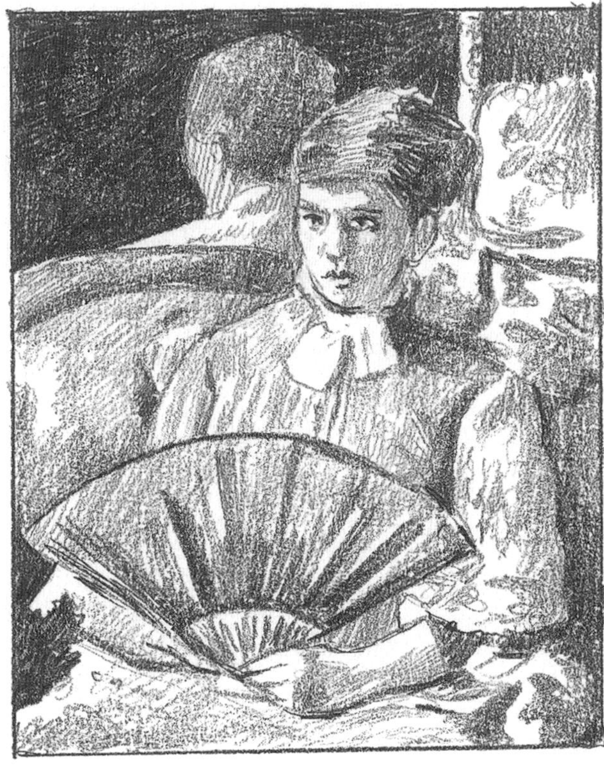

Das zweite Porträt ist etwas umfassender: Die Figur ist bis zur Hüfte dargestellt und zudem dem Betrachter stärker zugewandt. Unten im Bild sieht man auch die Hand, die den Fächer hält. Darüber hinaus spiegelt sich der Kopf hinten im Wandspiegel, wodurch das Bild sogleich mehr räumliche Tiefe erhält.

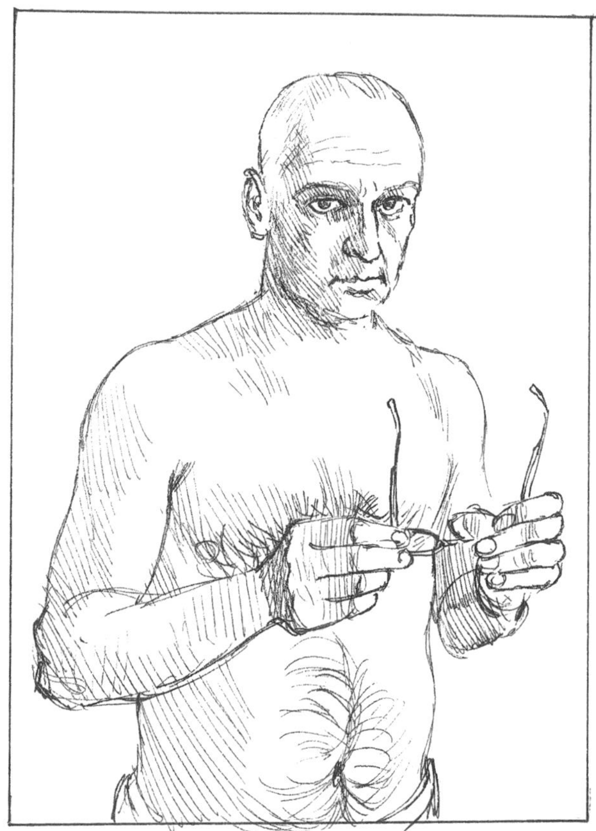

Kommen wir nun zu zwei interessanten Männerporträts. Das erste Beispiel, gezeichnet nach Annemarie Busschers, zeigt einen Mann vom Kopf bis zur Taille. Weil er unbekleidet ist, wirkt das Porträt noch kraftvoller. Ist das zu viel Information für uns oder eine brillante Möglichkeit, den Charakter dieses Modells herauszustellen? Auch hält der Porträtierte seine Brille ziemlich schulmeisterlich, so als würde er unseren Blick genau beobachten.

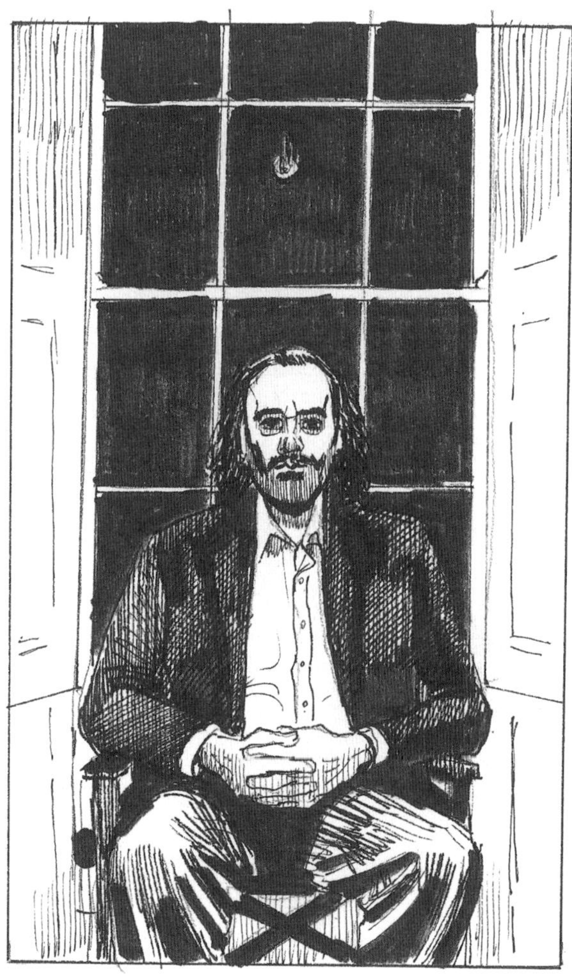

Das nächste Modell sitzt vor dem Rahmen eines großen Fensters, in den dunklen Scheiben reflektiert das elektrische Licht. Das recht formale Porträt, gezeichnet nach Oisin Roche, wirkt fast wie das Bildnis eines Herrschers. Der Mann nimmt jedoch nur eine kleine Fläche des Bildformats ein, da das Fenster auch ein raumgreifendes Element der Szenerie ist. Obwohl beide Männer nur als Halbfiguren dargestellt sind, lassen deren Posen dennoch viel von ihrer Persönlichkeit erkennen.

Nun folgen zwei Ganzkörper-Porträts einer sitzenden und einer stehenden Person. Beide Modelle sind kompromisslos frontal abgebildet, einmal gegen einen dunklen Hintergrund und einmal in einer flutlichtartigen Beleuchtung. Das Modell von Toby Wiggins sieht zwar recht freundlich und entspannt aus, doch der große, dunkel schattierte Leerraum wirft die Frau gleichsam nach vorn, was einen kraftvollen, dramatischen Effekt erzeugt. Der energische Blick der zweiten Frau (nach Blaise Smith) wird humorvoll relativiert durch den Terrier, der gehorsam neben ihr sitzt und ebenfalls den Künstler anstarrt.

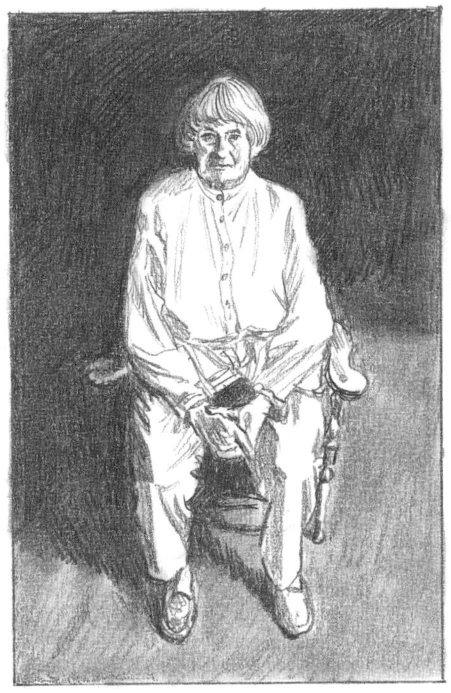

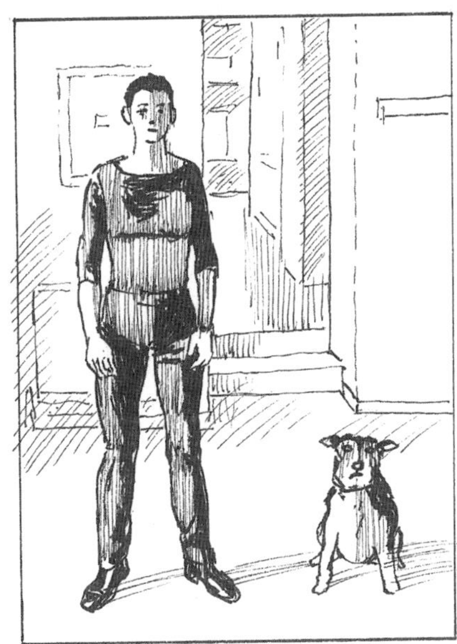

Die beiden nächsten Porträts spielen mit dem Format des Bildausschnitts. Die unterschiedlich herausgearbeiteten Personen ziehen sofort unsere Aufmerksamkeit auf sich. Die männliche Figur (gezeichnet nach Vincent Brown) ist in der Seitenansicht und so in das schmale Hochformat wie in eine Kiste eingepfercht, dass man sich tatsächlich nur auf das Gesicht und die Haltung des Modells konzentriert. Ein schlauer Kunstgriff, damit wir das Porträt auch gewiss näher betrachten.

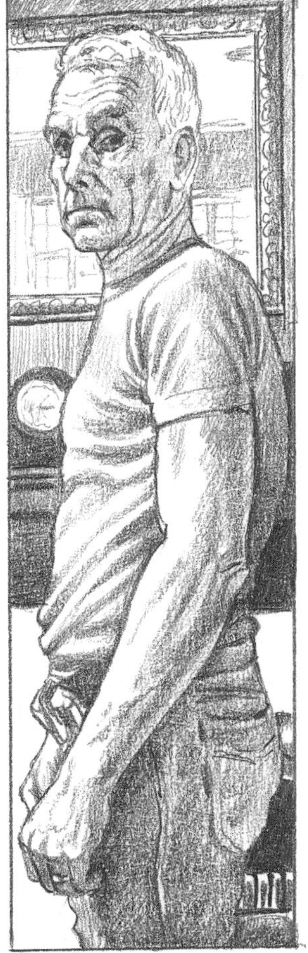

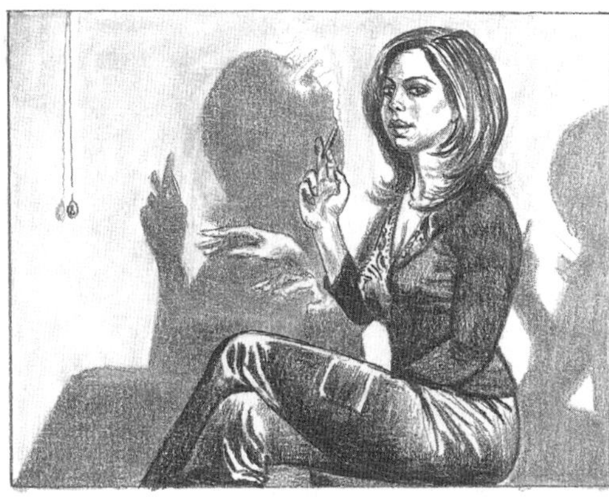

Die Frauenfigur (nach Sara Shammas) präsentiert sich wie eine exotische Blüte. Sie hält einen brennenden Zigarillo in der Hand, vor ihr schwebt ein Edelsteinanhänger. Ihr Schatten fällt zweimal auf die Wand im Hintergrund; auch die Hand ist mehrmals zu sehen, so als ob sich die Künstlerin nicht für die beste Haltung entscheiden konnte. Die sehr dekorative Kleidung trägt ebenfalls zum Eindruck bei, dass hier ein exquisites Wesen nur zu unserem Vergnügen posiert – eine interessante Selbstdarstellung der Künstlerin als eine Art Haremsdame.

GRUPPENPORTRÄTS

Wir betrachten nun Porträts, in denen mehrere Personen abgebildet sind. Wollen Sie zwei oder mehr Menschen zeichnen, kommt eine ganz andere Dynamik ins Spiel; denn nun gilt es, auch die Beziehung der Menschen zueinander wiederzugeben: Haben sie physischen Kontakt miteinander, sehen sie sich gegenseitig an oder haben sie den Blick auf den Betrachter gerichtet? Auch ihre Platzierung im Bild ist für das Porträt relevant.

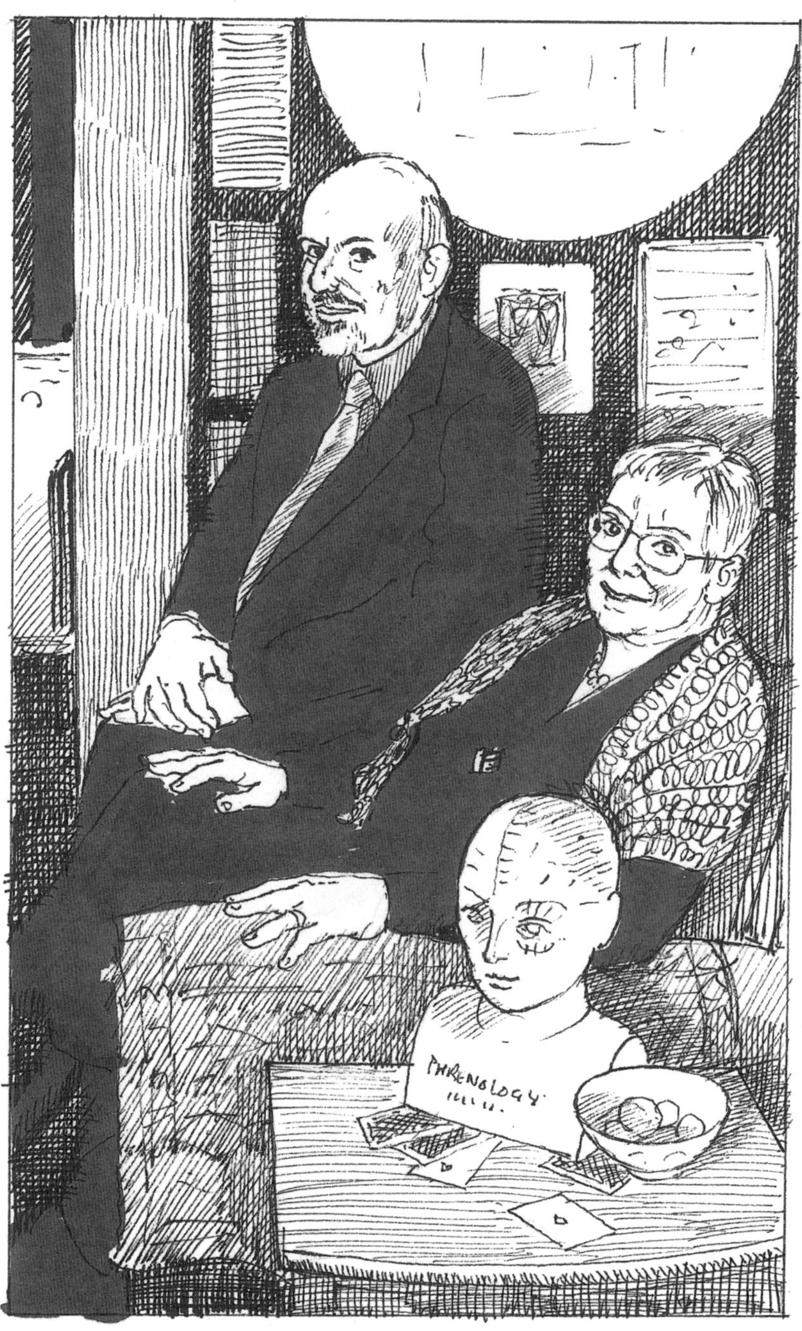

»Professors Chris und Uta Frieth« nach Emma Wesley zeigt ein Ehepaar im Arbeitszimmer. Die dargestellten Objekte lassen auf persönliche Interessen und akademische Arbeit schließen. Die Eheleute sitzen nah beieinander, blicken zur Seite und zu uns her, so als würden wir gerade das Zimmer betreten. Das Bild wirkt förmlich und freundlich zugleich, was schwierig zu bewerkstelligen und ein Ausdruck der künstlerischen Fähigkeiten der Malerin ist.

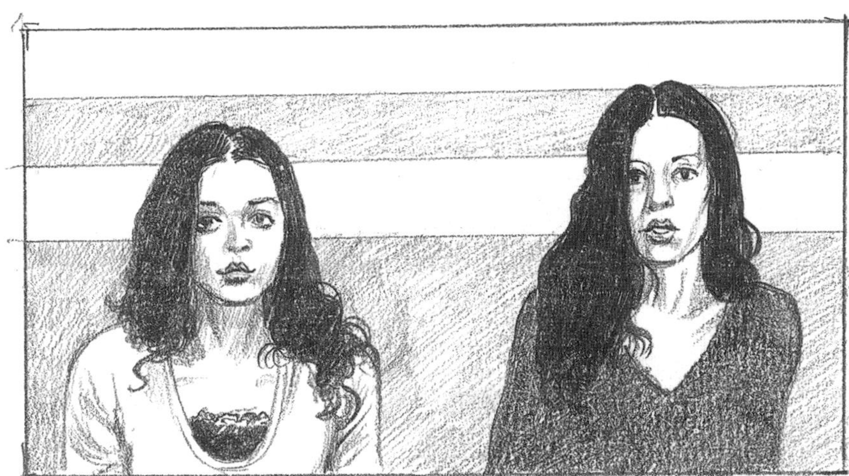

Im nächsten Beispiel, gezeichnet nach Stephen Rogers, sind zwei junge Frauen – vermutlich Schwestern – in formaler Pose nebeneinander vor einem abstrakten Hintergrund platziert. Beide blicken den Betrachter fast ausdruckslos an, so als habe man sie gerade zu einem objektiven Erinnerungsfoto überredet. Die Zeichnung wirkt wie ein doppeltes Passbild – recht steif, aber trotzdem amüsant.

Das dritte Gruppenporträt, nach Mary Cassatt gezeichnet, zeigt eine Mutter mit älterer Tochter und Baby, komponiert in einer klassischen Dreiecksform, so wie in der Renaissance die Heilige Familie. Die Beziehungen zwischen den Personen innerhalb des Bildes sind wichtiger als die zum Künstler oder Betrachter. Alle drei sind sehr aneinander interessiert und scheinen Zuschauer nicht wahrzunehmen.

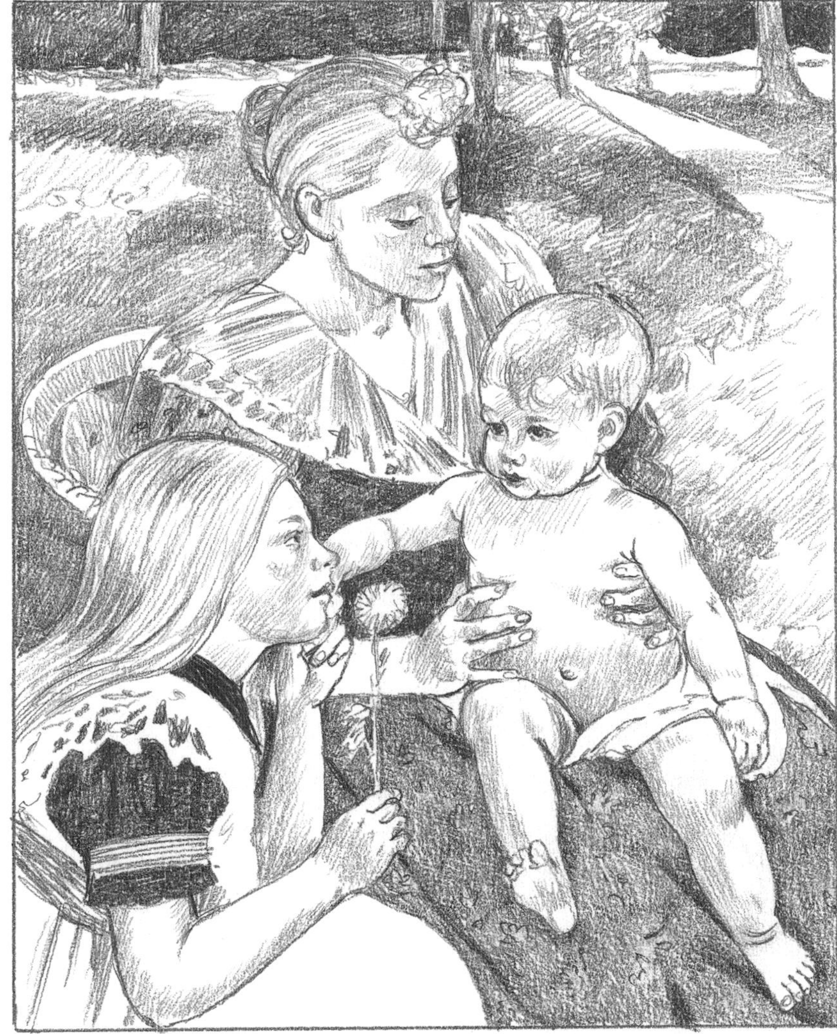

DIE EIGENE FAMILIE ZEICHNEN

Schauen wir nun, was passiert, wenn wir unsere Lieben zu Hause als Modelle wählen. Die meisten von uns haben sicher Familienmitglieder und Freunde, die uns dabei helfen, unsere zeichnerischen Fertigkeiten zu verfeinern. Es ist ein großer Vorteil, Menschen zu zeichnen, die in erreichbarer Nähe sind und die man sehr gut kennt. Das verleiht einem Porträt mehr Ausdruck.

Ich hatte mich dazu entschlossen, die meisten Familienmitglieder zu zeichnen, die Weihnachten bei uns zu Hause waren, und ich begann mit meinen Enkeln. Natürlich bleiben Kleinkinder und Babys nicht lange still für einen Künstler sitzen, weshalb bei dieser Gelegenheit ein Foto gute Dienste leistet. Doch gewöhnen Sie sich an, trotzdem die »Originale« um sich zu haben, was Porträts, gezeichnet nach einem Foto, mehr Authentizität verleiht.

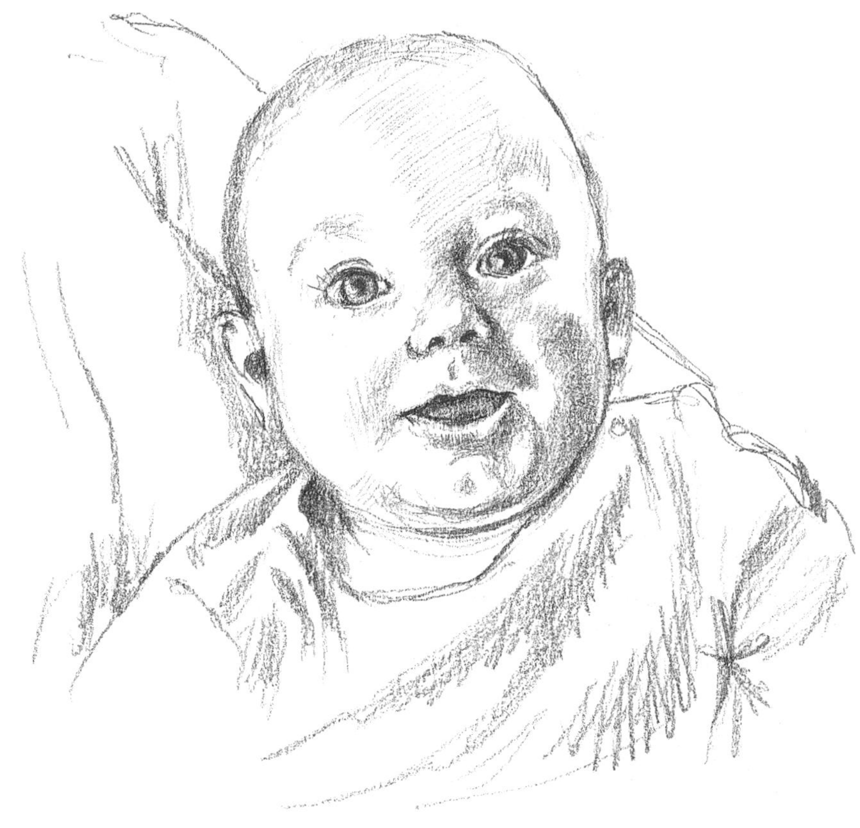

Hier ist mein jüngster Enkel, wie er in den Armen seiner Mutter in die Kamera lacht. Wie Sie sehen, habe ich die runden, offenen Augen, Nase und Mund schön in die Mitte der rundlichen Kopf- und Gesichtsform gezeichnet.

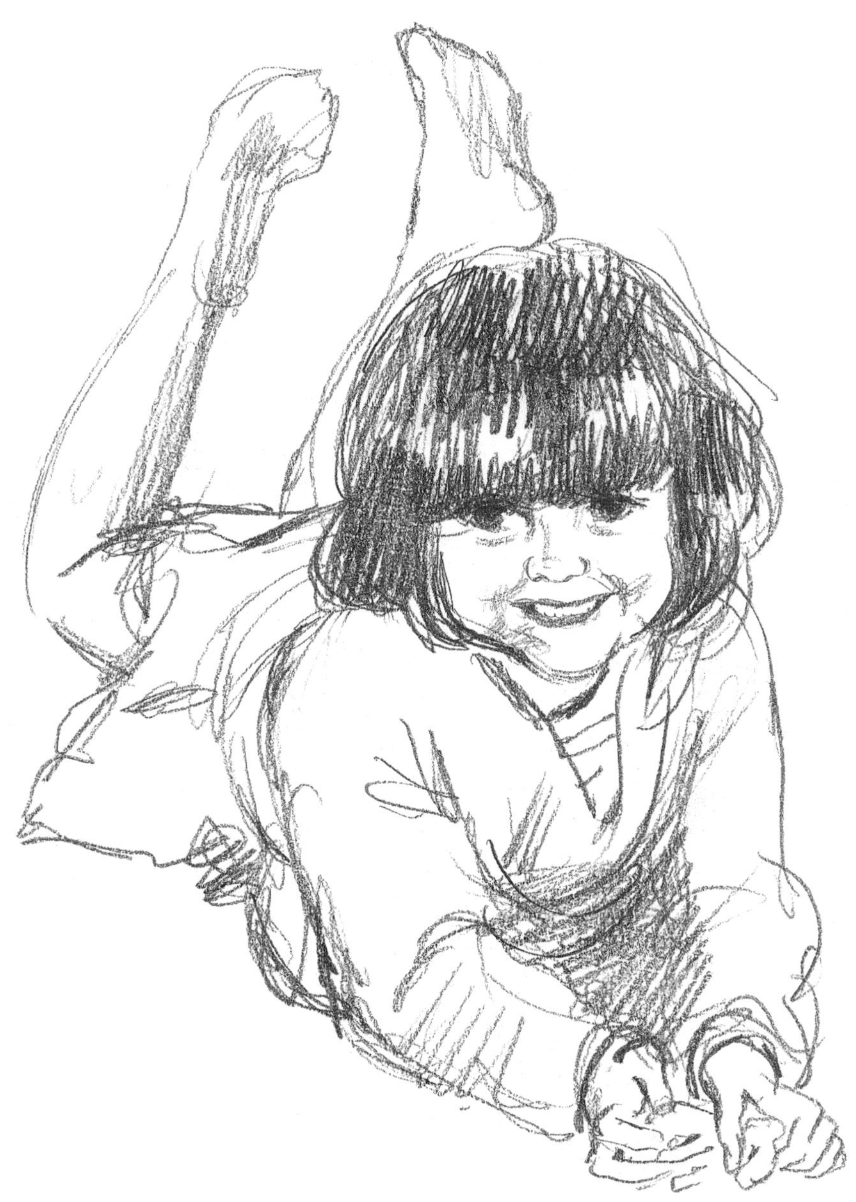

Als Nächstes sehen Sie meine Enkelin, die sich auf dem Fußboden lümmelt, mit den Beinen strampelt und kichert. Bei diesem Porträt habe ich mich auf ihre ausgelassene Stimmung konzentriert.

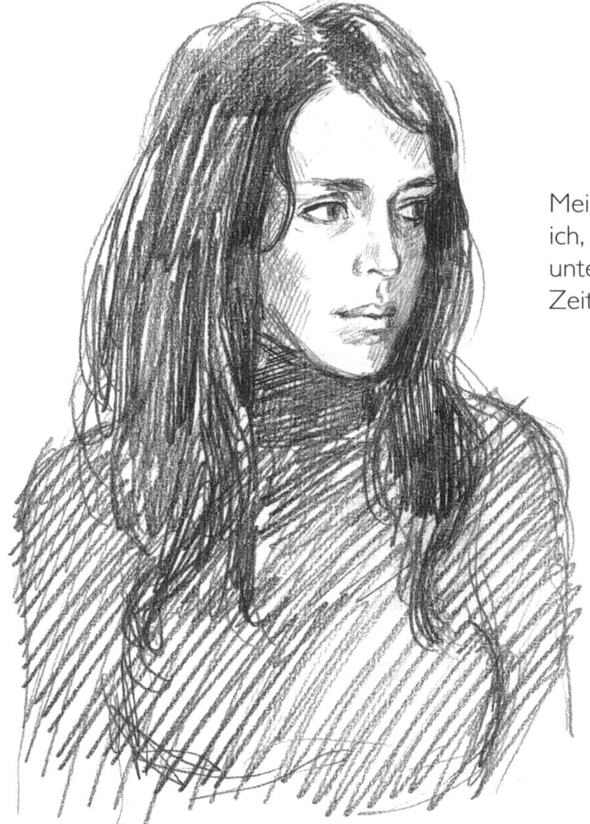

Meine jüngste Tochter zeichnete ich, als sie sich mit jemandem unterhielt und deshalb die meiste Zeit nicht auf mich achtete.

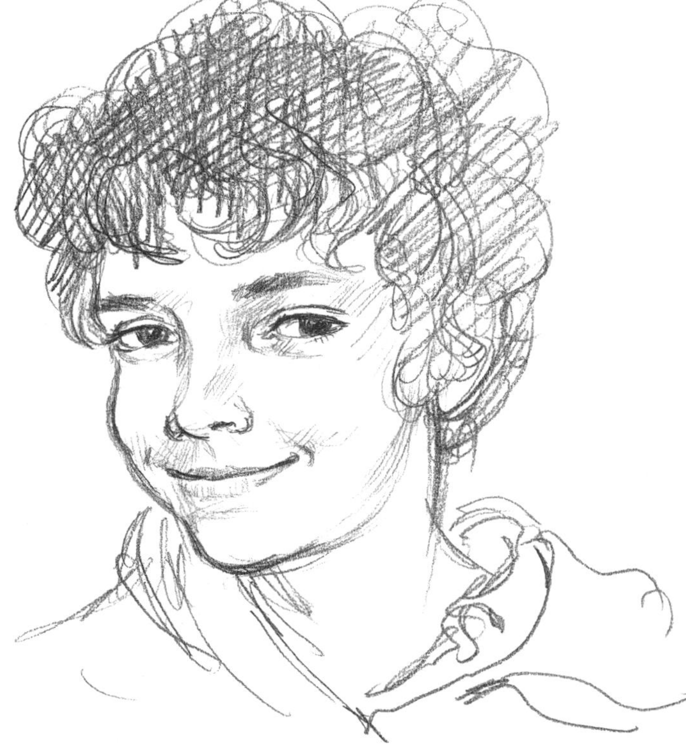

Mein ältester Enkel schaut ein wenig schüchtern, aber auch amüsiert. Er konnte nicht lange genug stillhalten, also fotografierte ich ihn, kurz bevor ich mit dem Zeichnen begann.

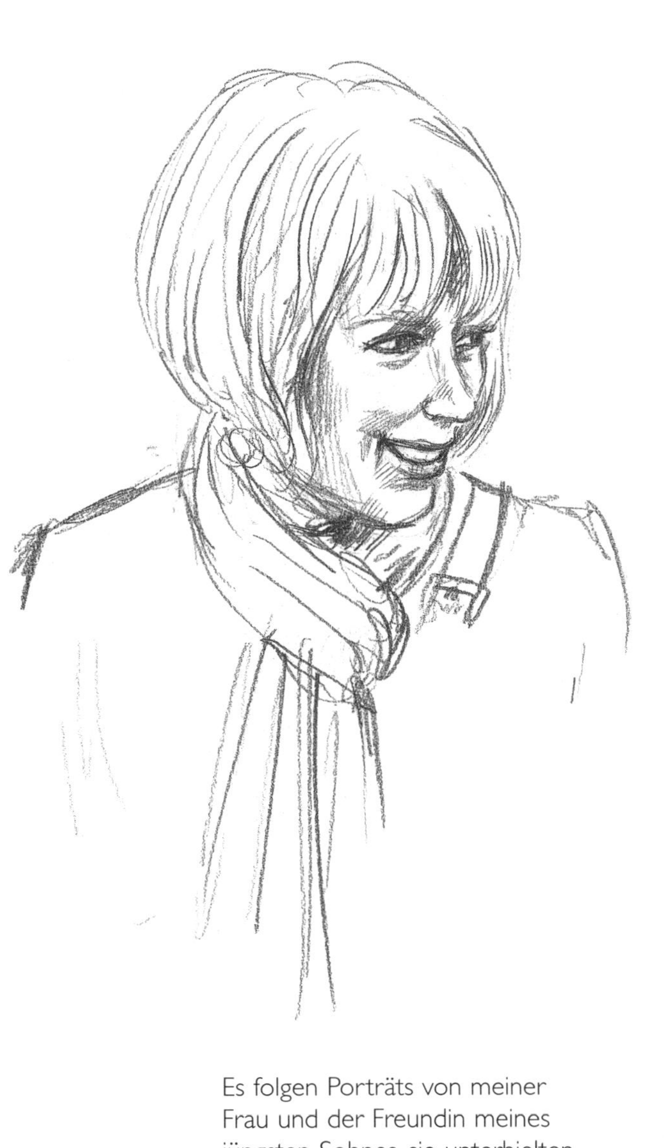

Es folgen Porträts von meiner Frau und der Freundin meines jüngsten Sohnes, sie unterhielten sich gerade mit anderen Leuten. Einen flüchtigen Ausdruck einzufangen ist nicht leicht, aber mit etwas Übung wird Ihnen auch das gelingen.

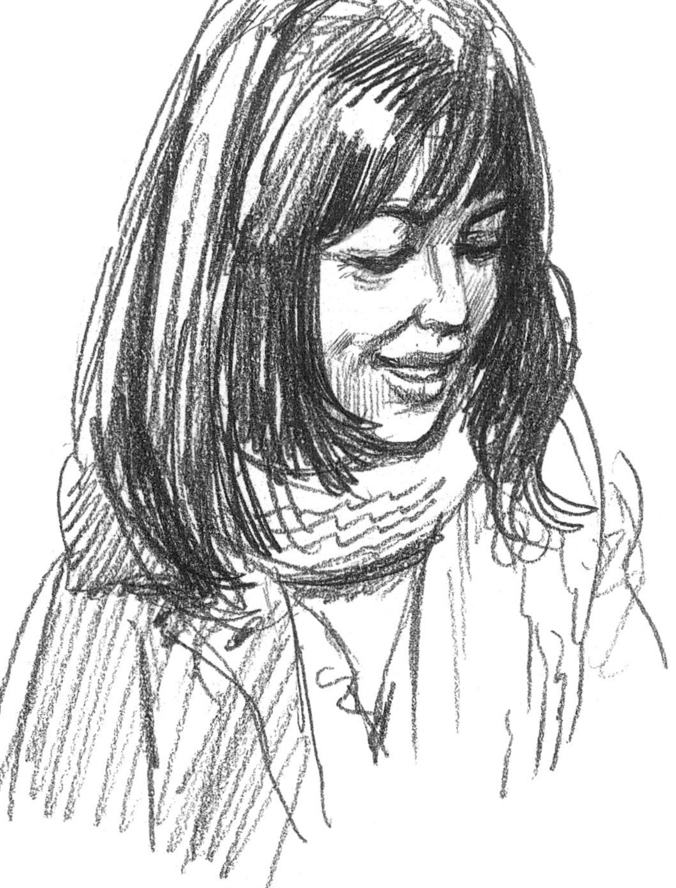

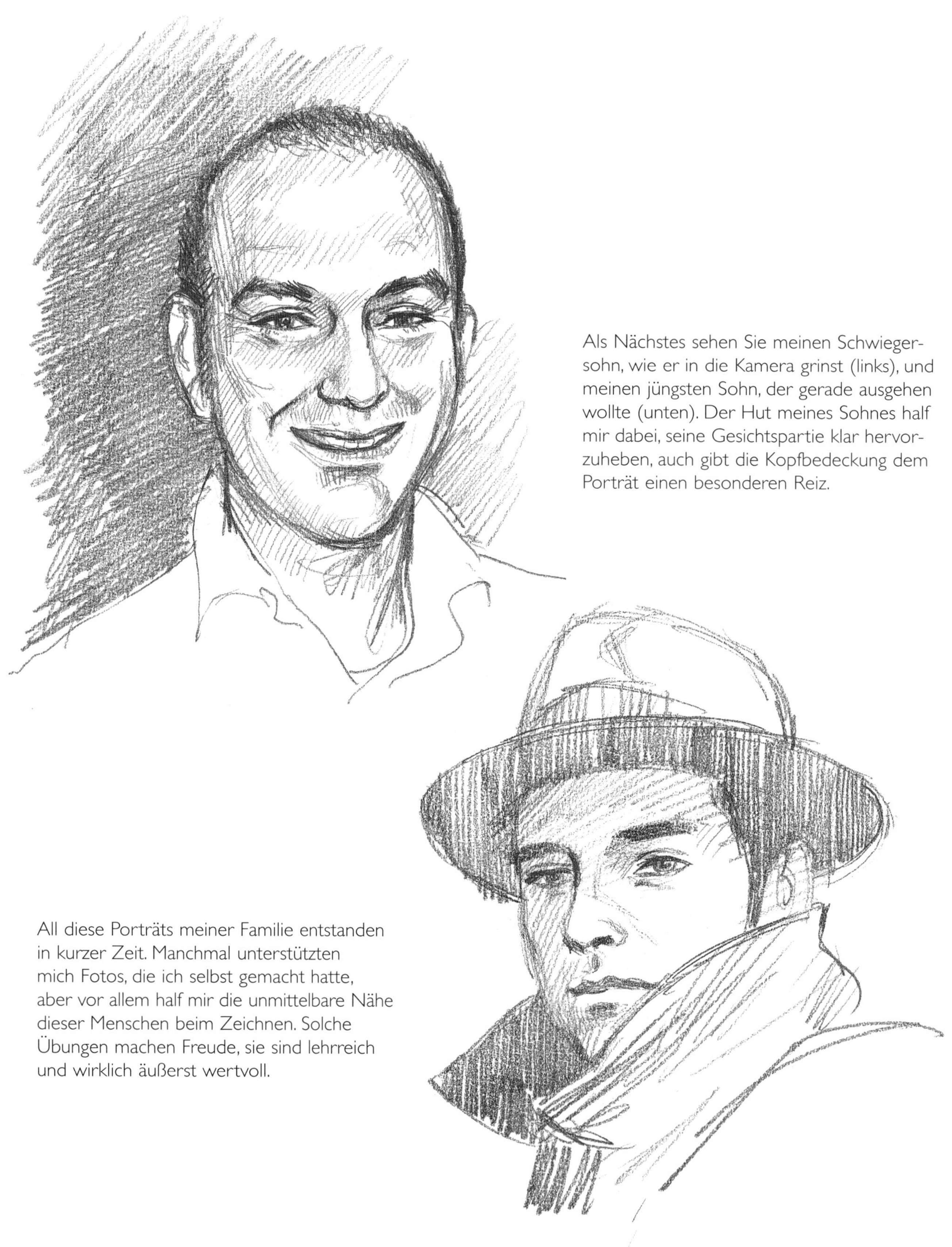

Als Nächstes sehen Sie meinen Schwiegersohn, wie er in die Kamera grinst (links), und meinen jüngsten Sohn, der gerade ausgehen wollte (unten). Der Hut meines Sohnes half mir dabei, seine Gesichtspartie klar hervorzuheben, auch gibt die Kopfbedeckung dem Porträt einen besonderen Reiz.

All diese Porträts meiner Familie entstanden in kurzer Zeit. Manchmal unterstützten mich Fotos, die ich selbst gemacht hatte, aber vor allem half mir die unmittelbare Nähe dieser Menschen beim Zeichnen. Solche Übungen machen Freude, sie sind lehrreich und wirklich äußerst wertvoll.

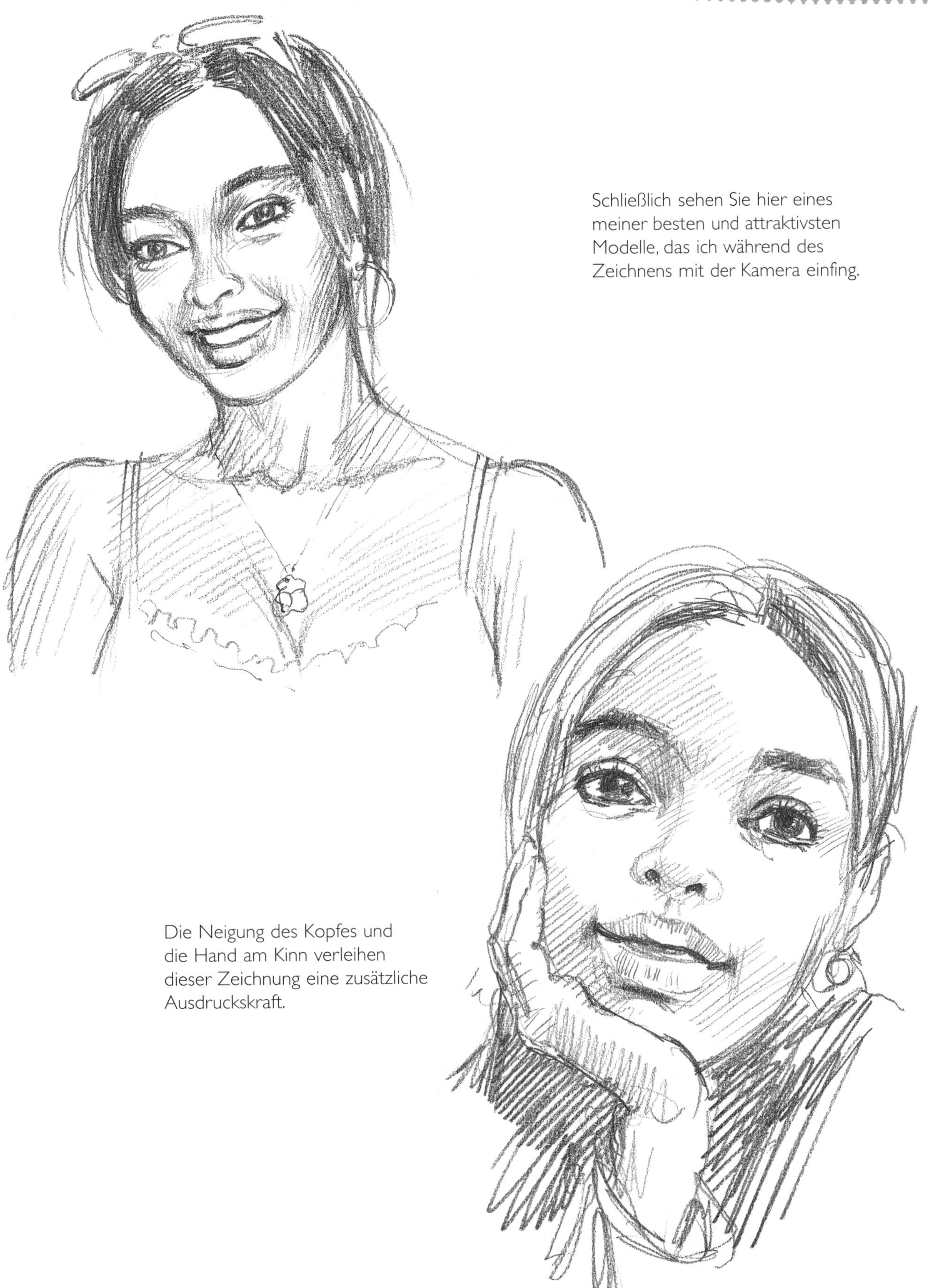

Schließlich sehen Sie hier eines meiner besten und attraktivsten Modelle, das ich während des Zeichnens mit der Kamera einfing.

Die Neigung des Kopfes und die Hand am Kinn verleihen dieser Zeichnung eine zusätzliche Ausdruckskraft.

EIN PORTRÄTPROJEKT

Dieses Porträtprojekt bringt einige Zeichnungen mit sich. Dabei lernen Sie eine Menge über Ihr Modell, weil Sie jetzt eine Sitzung ausgiebig damit beschäftigt sind, sie oder ihn so oft aus verschiedenen Blickwinkeln zu skizzieren, wie Sie es für Ihr Porträt brauchen.

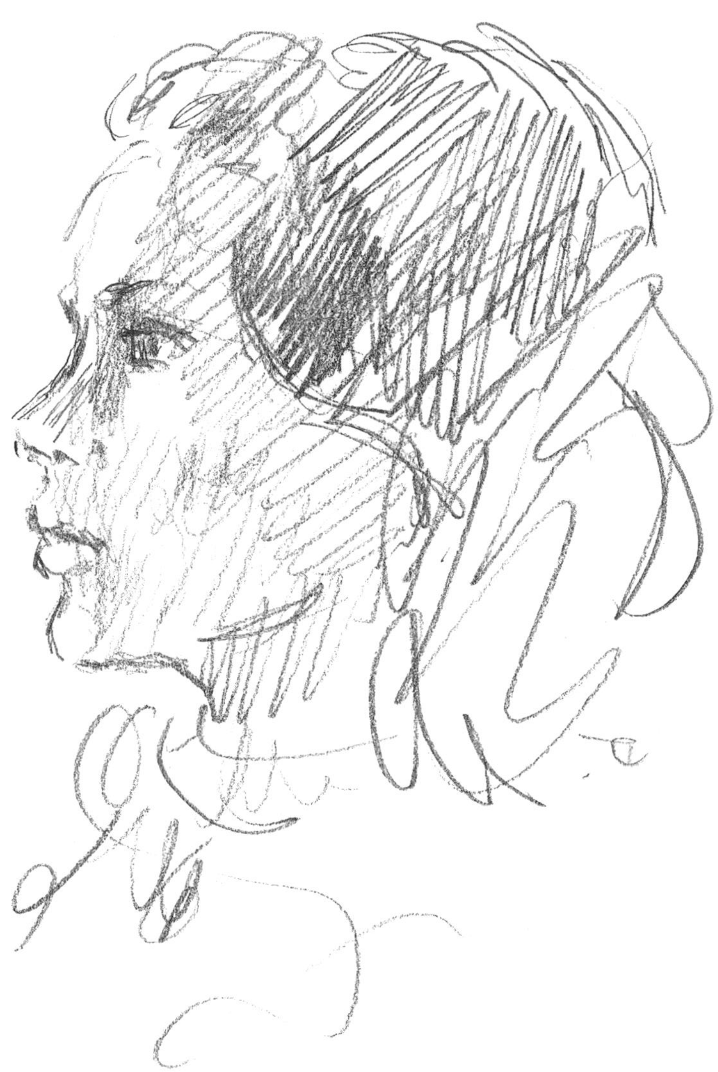

Studien des Kopfes

Ich habe meine älteste Tochter gewählt, die ebenso wie alle anderen Familienmitglieder schon oft für mich Modell gesessen hat. Nicht nur das – sie ist selbst eine perfekte Künstlerin. Deshalb kennt sie die Probleme, die beim Zeichnen nach dem realen Leben auftreten. Dieses Verständnis für künstlerische Bemühungen ist hilfreich, denn normalerweise langweilt sich ein Modell bald, wenn es zu lange ruhig sitzen soll.

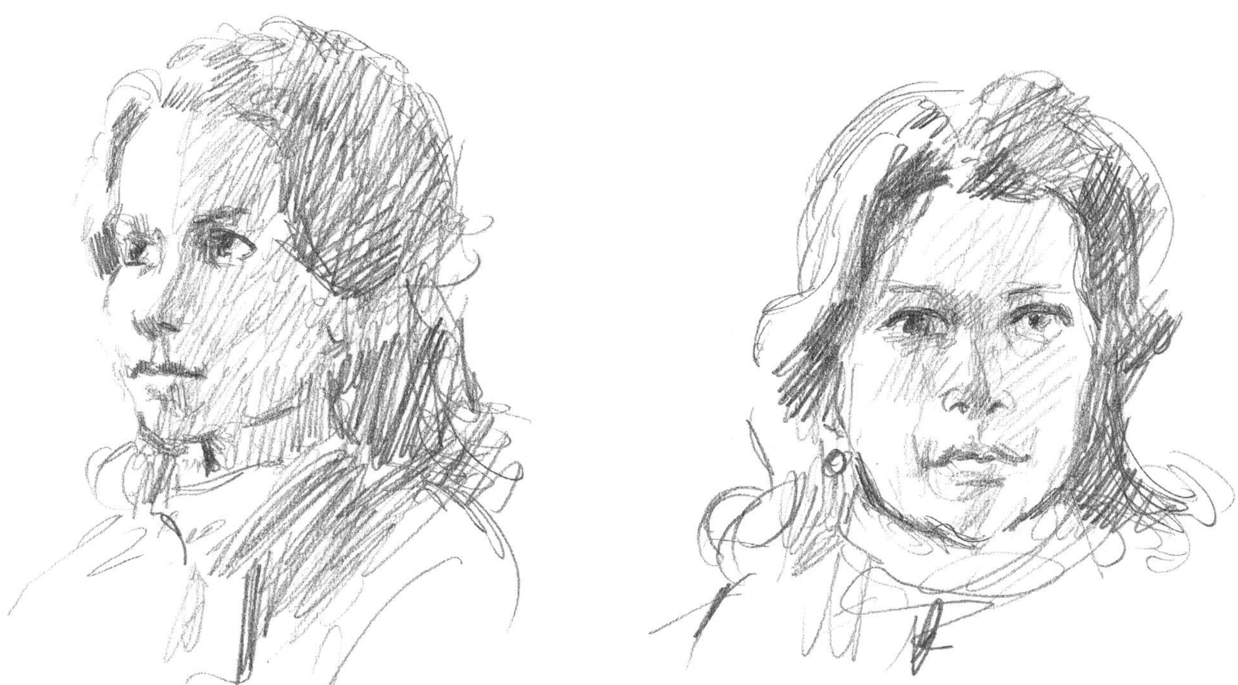

Zunächst studierte ich den Kopf aus verschiedenen Blickwinkeln. Ich skizzierte ihn aus der Seitenansicht (Profil), danach im Dreiviertelprofil und schließlich in der Frontalansicht. So gewann ich eine gute Vorstellung von der Physiognomie des Gesichts.

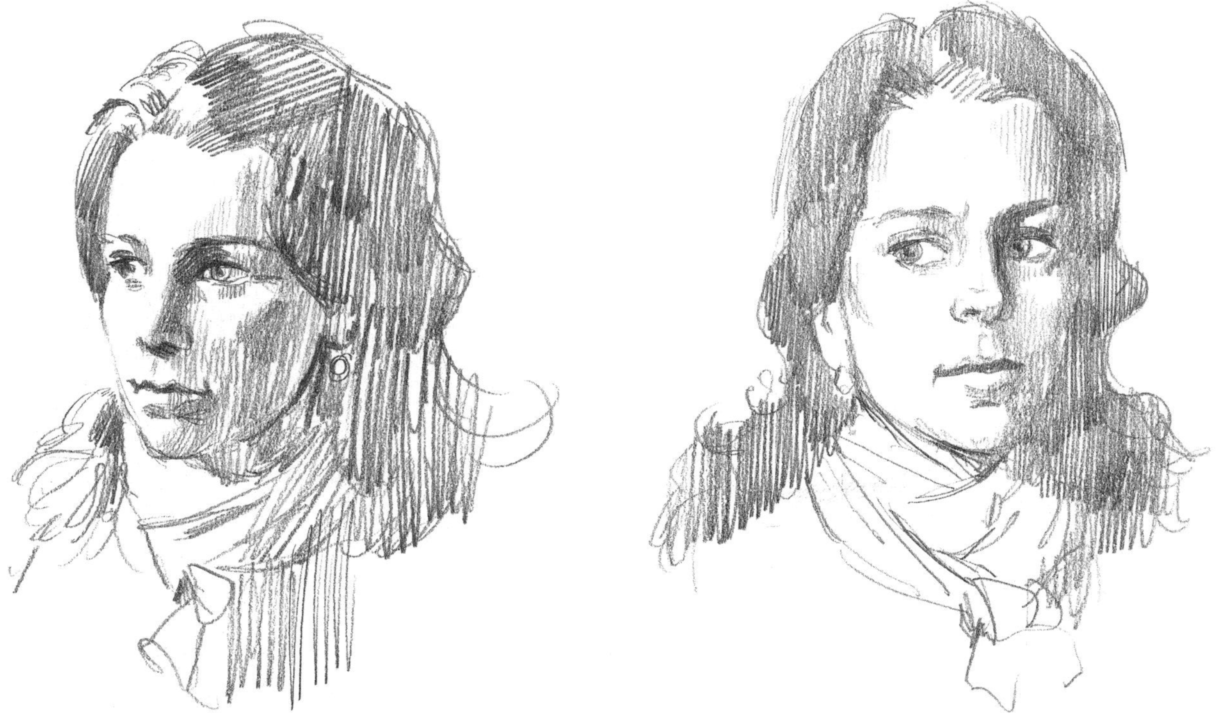

Beim nächsten Dreiviertelprofil und einer Frontalansicht betonte ich vor allem die Beleuchtung – ein helles, von links aufs Gesicht scheinendes Licht.

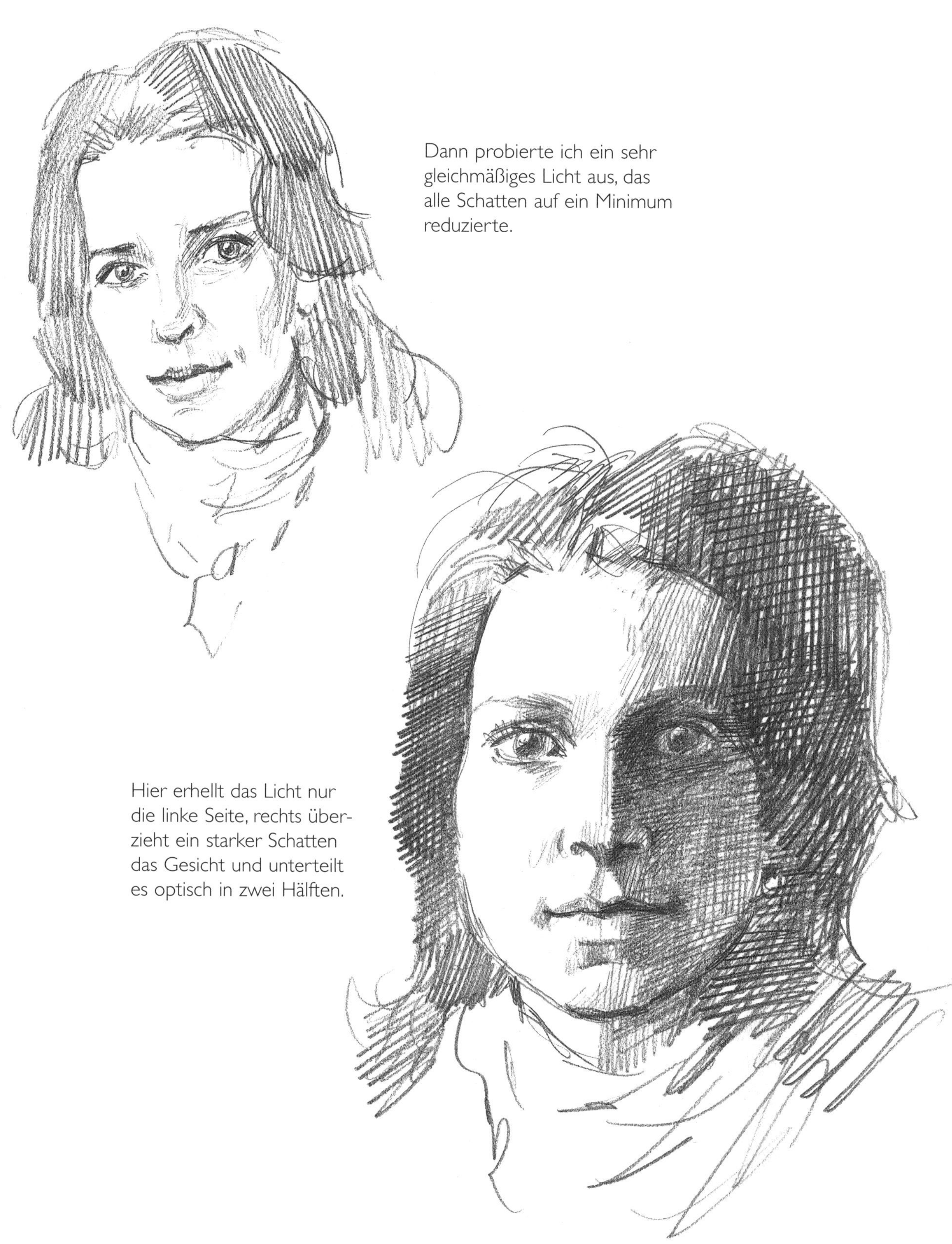

Dann probierte ich ein sehr gleichmäßiges Licht aus, das alle Schatten auf ein Minimum reduzierte.

Hier erhellt das Licht nur die linke Seite, rechts überzieht ein starker Schatten das Gesicht und unterteilt es optisch in zwei Hälften.

Verschiedene Haltungen skizzieren

Nun müssen Sie ein wenig Zeit dafür aufbringen, Ihr Modell als Ganz- oder Dreiviertelfigur zu skizzieren, um dann entscheiden zu können, wie viel Sie von einer Pose darstellen möchten.

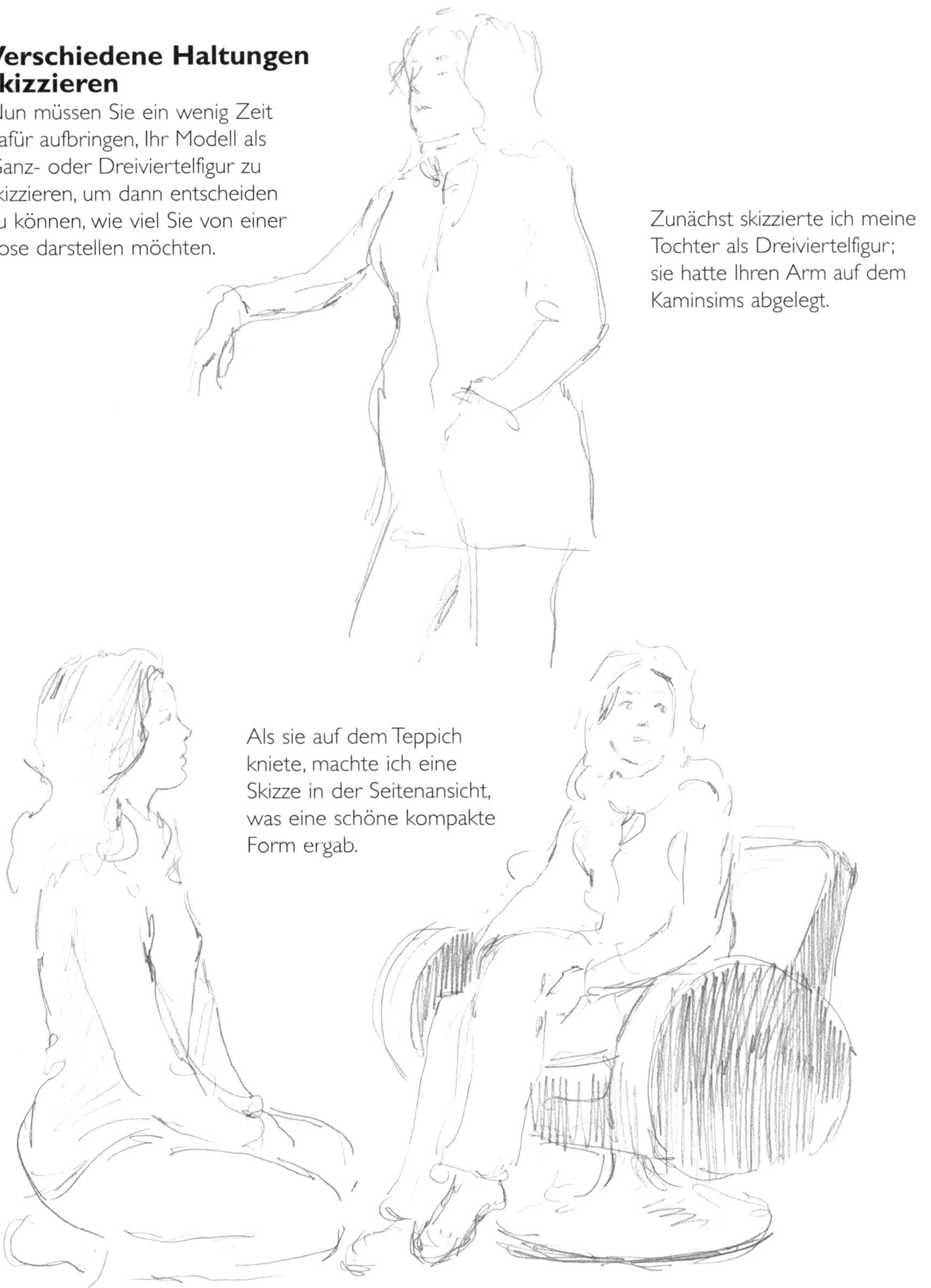

Zunächst skizzierte ich meine Tochter als Dreiviertelfigur; sie hatte Ihren Arm auf dem Kaminsims abgelegt.

Als sie auf dem Teppich kniete, machte ich eine Skizze in der Seitenansicht, was eine schöne kompakte Form ergab.

Dann bat ich meine Tochter, mit übereinandergeschlagenen Beinen in einem großen Sessel Platz zu nehmen. Hier blickt sie aus dem Bild heraus.

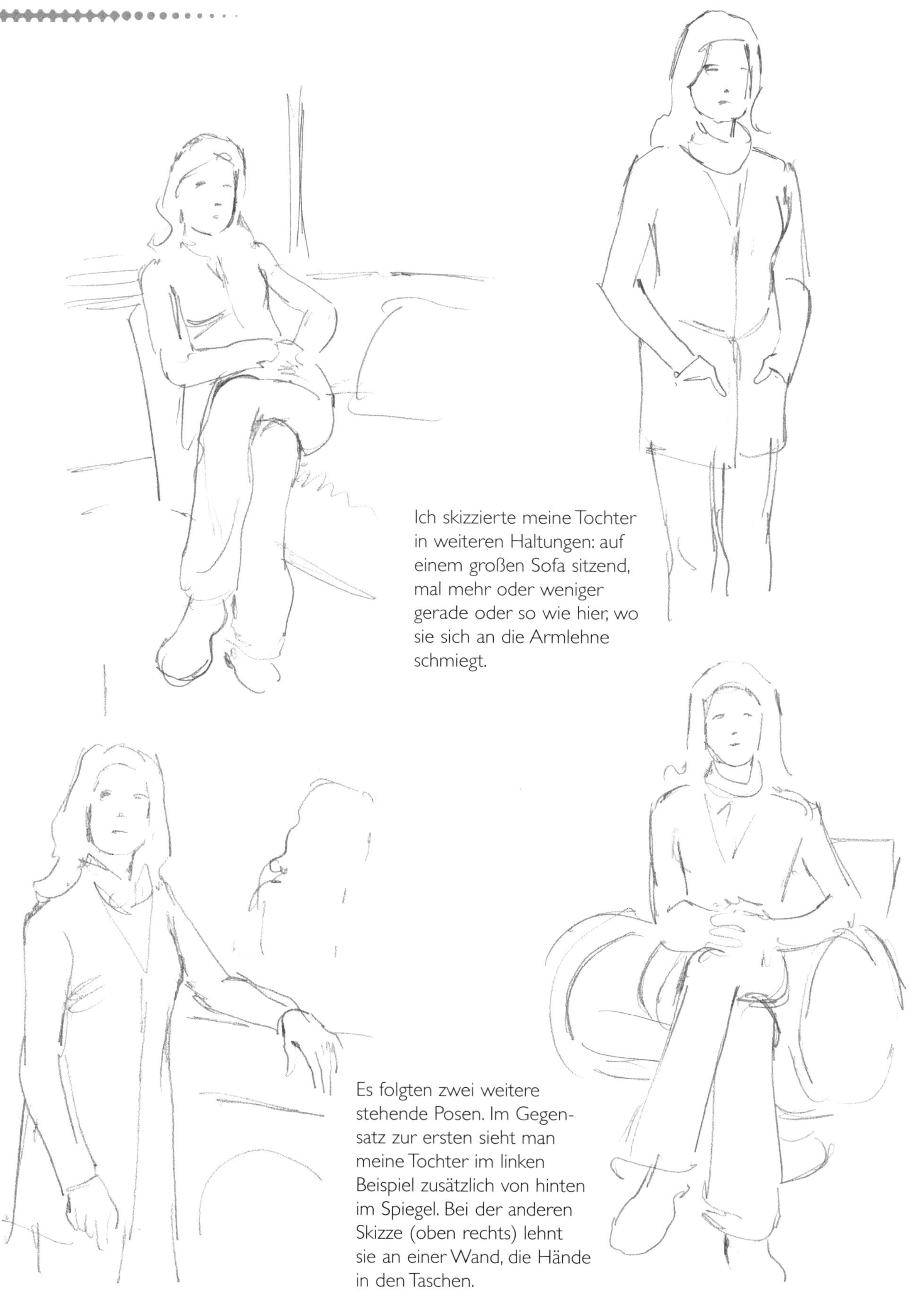

Ich skizzierte meine Tochter in weiteren Haltungen: auf einem großen Sofa sitzend, mal mehr oder weniger gerade oder so wie hier, wo sie sich an die Armlehne schmiegt.

Es folgten zwei weitere stehende Posen. Im Gegensatz zur ersten sieht man meine Tochter im linken Beispiel zusätzlich von hinten im Spiegel. Bei der anderen Skizze (oben rechts) lehnt sie an einer Wand, die Hände in den Taschen.

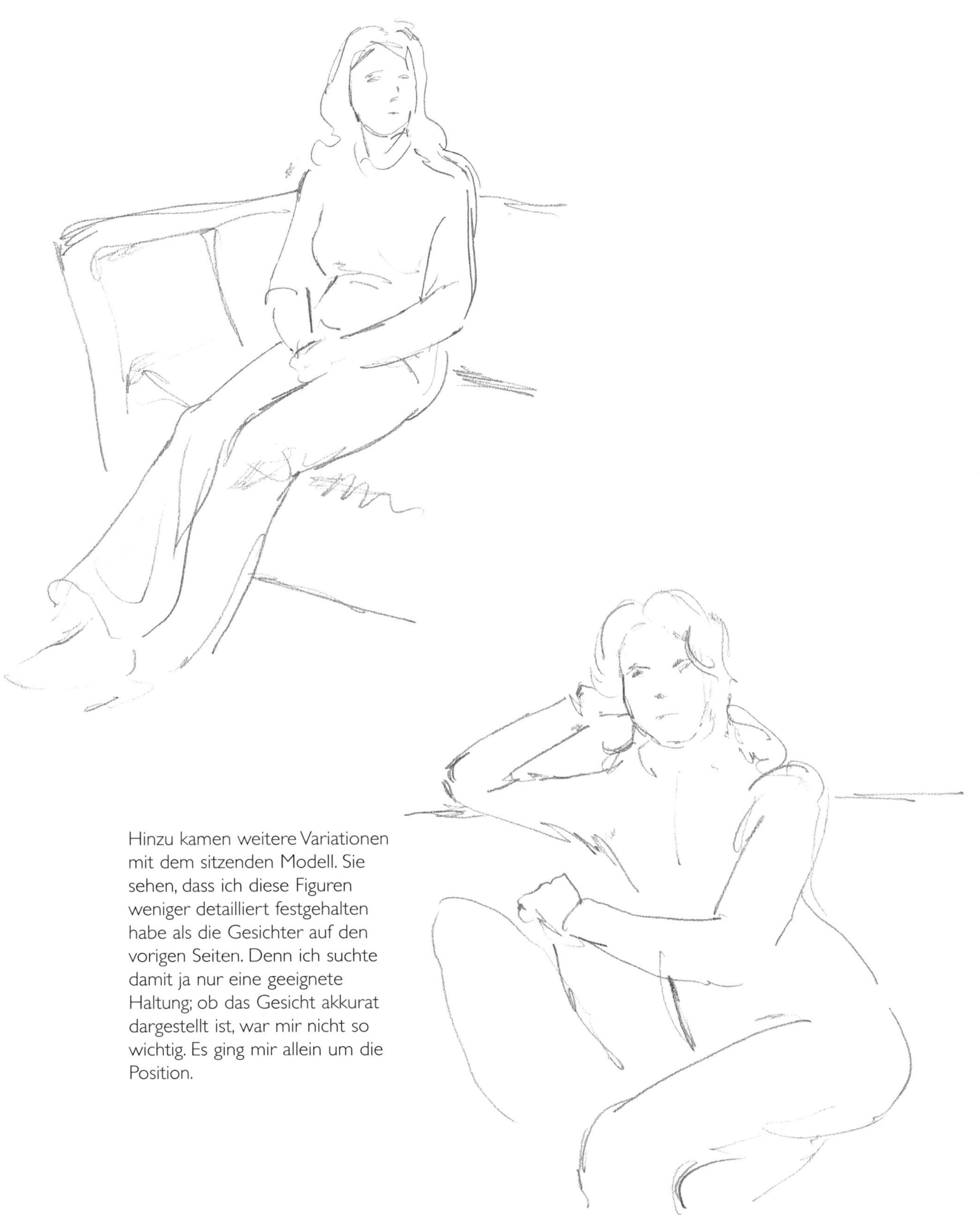

Hinzu kamen weitere Variationen mit dem sitzenden Modell. Sie sehen, dass ich diese Figuren weniger detailliert festgehalten habe als die Gesichter auf den vorigen Seiten. Denn ich suchte damit ja nur eine geeignete Haltung; ob das Gesicht akkurat dargestellt ist, war mir nicht so wichtig. Es ging mir allein um die Position.

Das Gesicht im Detail

Haben Sie sich für eine Pose entschieden, richten Sie Ihre Aufmerksamkeit nochmals auf die Gesichtszüge Ihres Modells. Studieren Sie jedes einzelne Detail und fertigen Sie exakte Zeichnungen davon an.

Zuerst bilden Sie nur ein Auge ab. Das ist schwierig, denn Ihr Modell mag Ihren konzentrierten Blick einschüchternd empfinden. Doch es wird sich zeigen, wie sorgsam Sie das Auge betrachtet haben. Nachdem ich ein Auge meiner Tochter frontal abgebildet hatte, probierte ich es für eine Seitenansicht noch einmal, nun aus einem leicht schrägen Winkel. So nahm ich mir einzeln beide Augen vor. Dann zeichnete ich sie als Paar, um zu prüfen, ob der Abstand stimmt und ob sie zusammen korrekt aussehen.

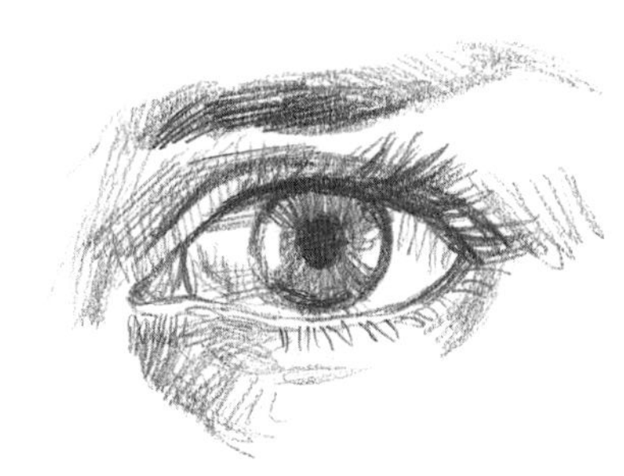

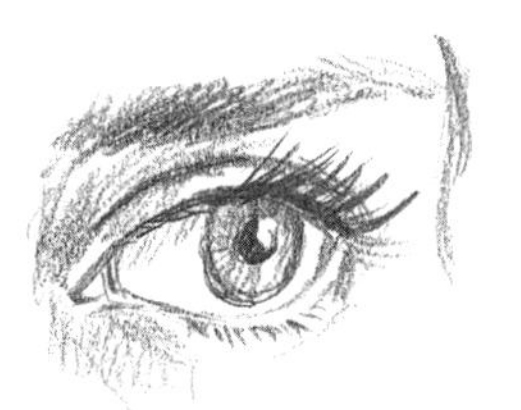

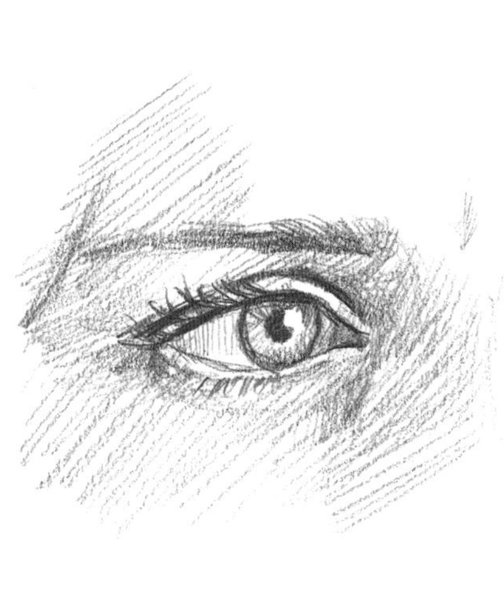

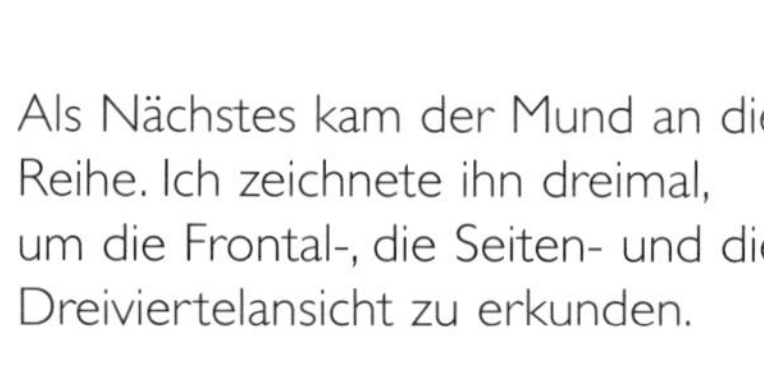

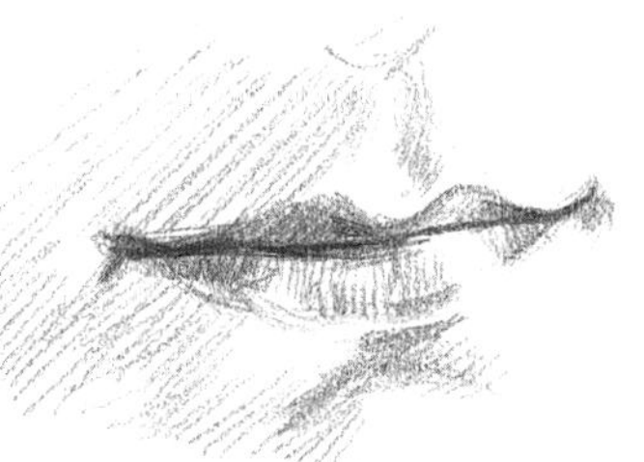

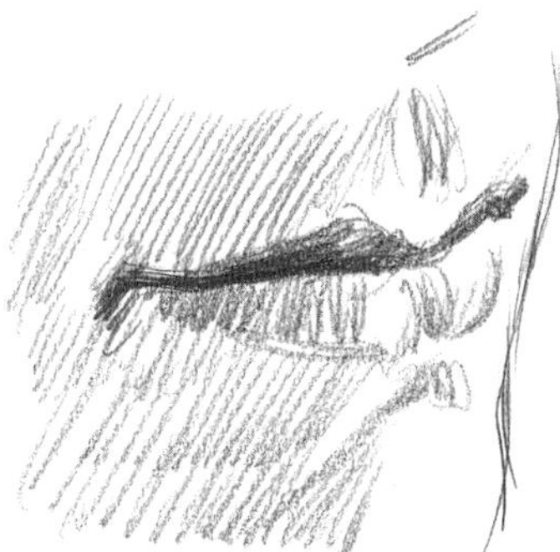

Als Nächstes kam der Mund an die Reihe. Ich zeichnete ihn dreimal, um die Frontal-, die Seiten- und die Dreiviertelansicht zu erkunden.

Anschließend zeichnete ich die Nase – zuerst im Profil, dann in der Frontalansicht und auch gemeinsam mit Augen und Mund, um zu sehen, wie alles im Verhältnis zueinander aussieht.

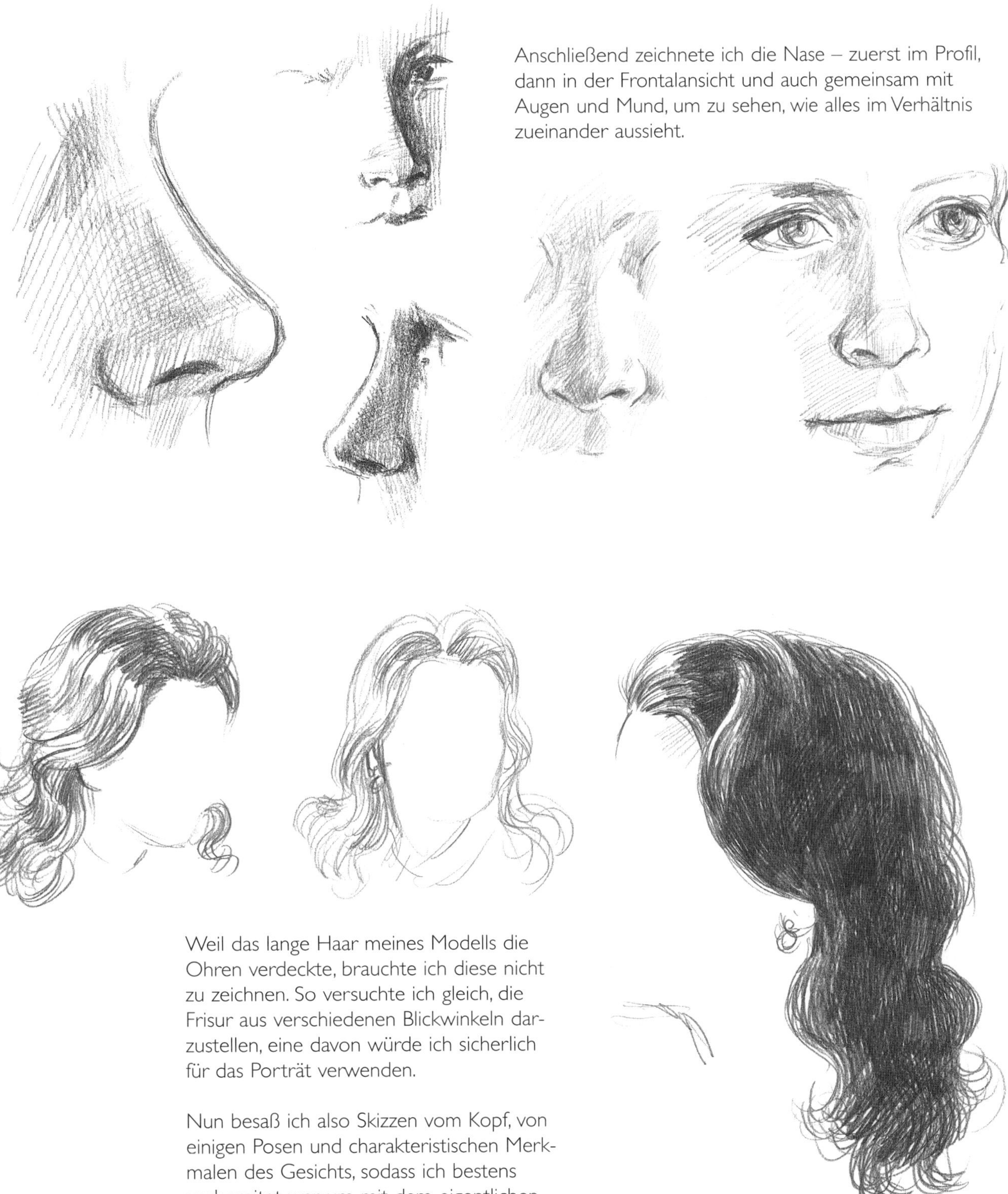

Weil das lange Haar meines Modells die Ohren verdeckte, brauchte ich diese nicht zu zeichnen. So versuchte ich gleich, die Frisur aus verschiedenen Blickwinkeln darzustellen, eine davon würde ich sicherlich für das Porträt verwenden.

Nun besaß ich also Skizzen vom Kopf, von einigen Posen und charakteristischen Merkmalen des Gesichts, sodass ich bestens vorbereitet war, um mit dem eigentlichen Porträt anzufangen.

Sich für eine Komposition entscheiden

Mit meinen gesammelten Zeichnungen und dem inzwischen ausgeruhten Modell entschied ich mich in der nächsten Sitzung für eine Pose. Diese legte ich zunächst in einer recht einfachen Umrisszeichnung fest, die aber dennoch alle relevanten Informationen für die Weiterarbeit am Porträt enthielt. Meine Tochter sollte auf einem Sofa sitzen, die Beine ausgestreckt, die Hände im Schoß liegend, den Kopf leicht zu mir gedreht. Das seitlich durchs Fenster fallende Licht sorgte für einen weichen Schatten auf einer Gesichtshälfte.

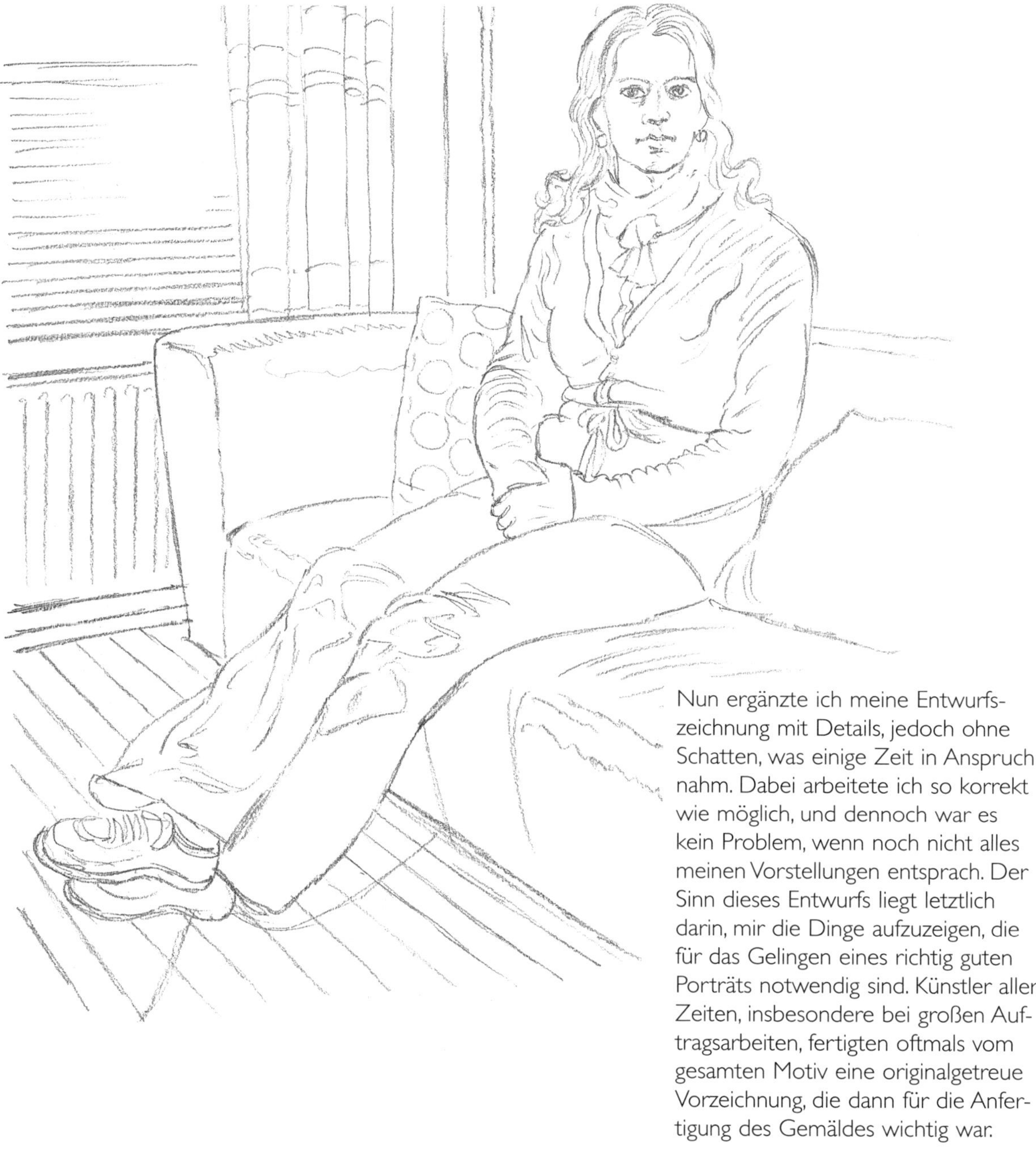

Nun ergänzte ich meine Entwurfszeichnung mit Details, jedoch ohne Schatten, was einige Zeit in Anspruch nahm. Dabei arbeitete ich so korrekt wie möglich, und dennoch war es kein Problem, wenn noch nicht alles meinen Vorstellungen entsprach. Der Sinn dieses Entwurfs liegt letztlich darin, mir die Dinge aufzuzeigen, die für das Gelingen eines richtig guten Porträts notwendig sind. Künstler aller Zeiten, insbesondere bei großen Auftragsarbeiten, fertigten oftmals vom gesamten Motiv eine originalgetreue Vorzeichnung, die dann für die Anfertigung des Gemäldes wichtig war.

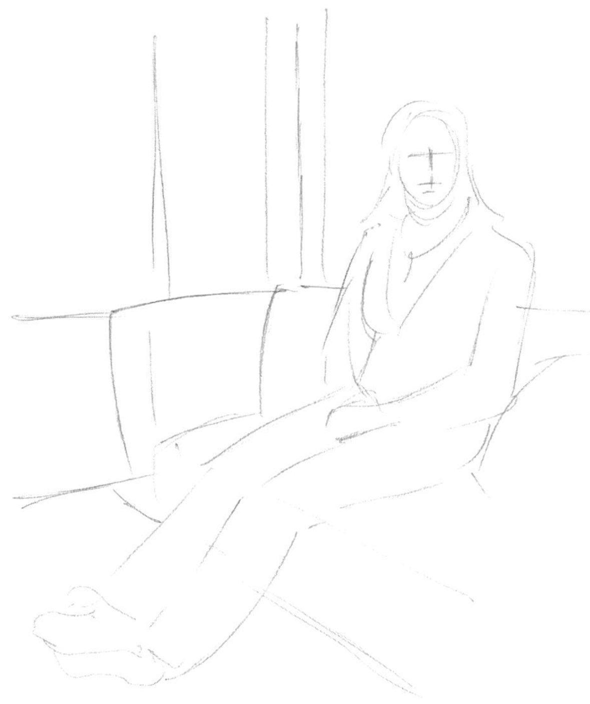

Schritt 1
Für das eigentliche Porträt fertigte ich zunächst eine Skizze an, aus der hervorging, wo die Formen im Bild ihren Platz finden sollen. Als Orientierung diente mir dabei die vor mir liegende Entwurfszeichnung.

Schritt 2
Danach zeichnete ich sorgfältig alle Konturen der Figur und des Hintergrundes und fügte wenige Einzelheiten hinzu, wobei mir wiederum mein Entwurf half. In diesem Stadium war schließlich die letzte Gelegenheit, einige notwendige Änderungen vorzunehmen.

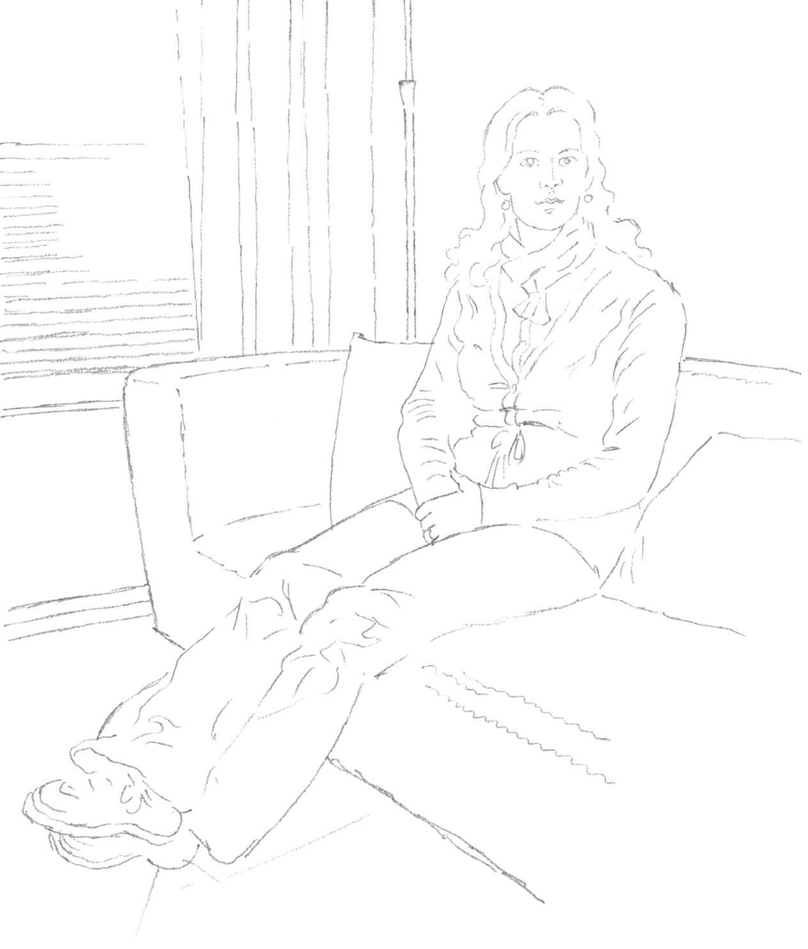

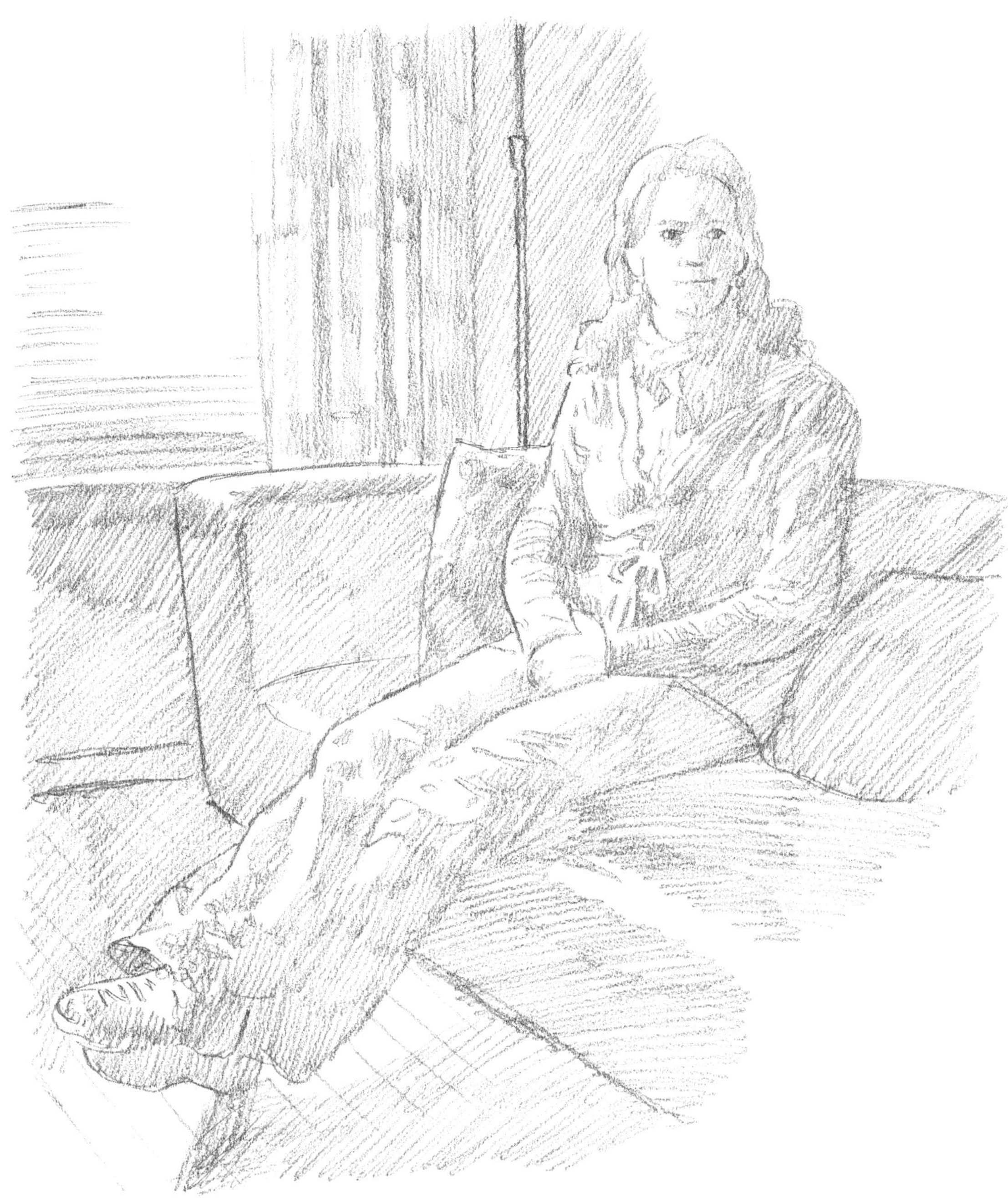

Schritt 3

Anschließend tönte ich all diejenigen Bereiche einheitlich hell, die später schattiert sein sollen. Dafür nahm ich zunächst den hellsten Grauwert, der später im Bild zu sehen sein sollte.

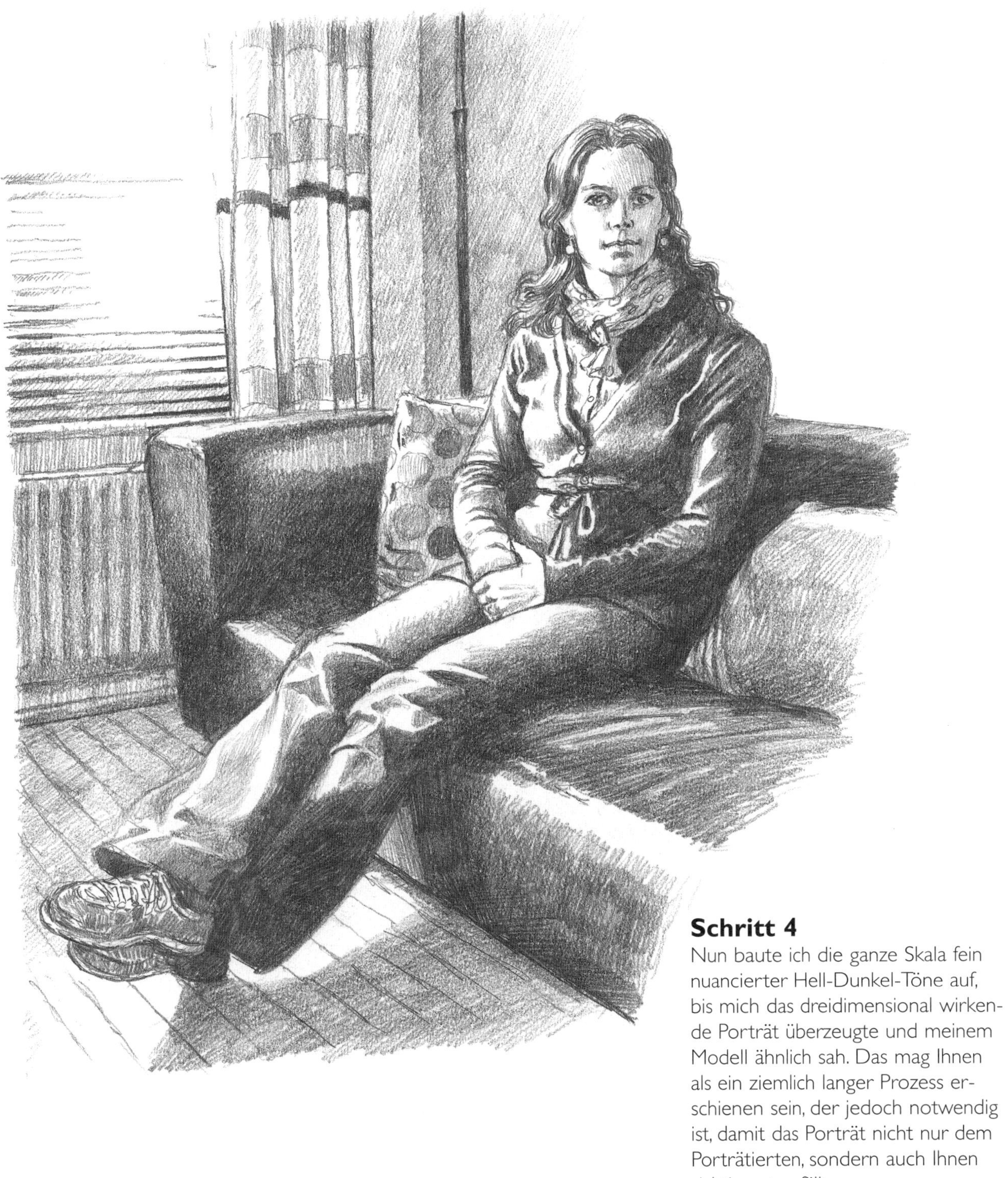

Schritt 4
Nun baute ich die ganze Skala fein nuancierter Hell-Dunkel-Töne auf, bis mich das dreidimensional wirkende Porträt überzeugte und meinem Modell ähnlich sah. Das mag Ihnen als ein ziemlich langer Prozess erschienen sein, der jedoch notwendig ist, damit das Porträt nicht nur dem Porträtierten, sondern auch Ihnen richtig gut gefällt.

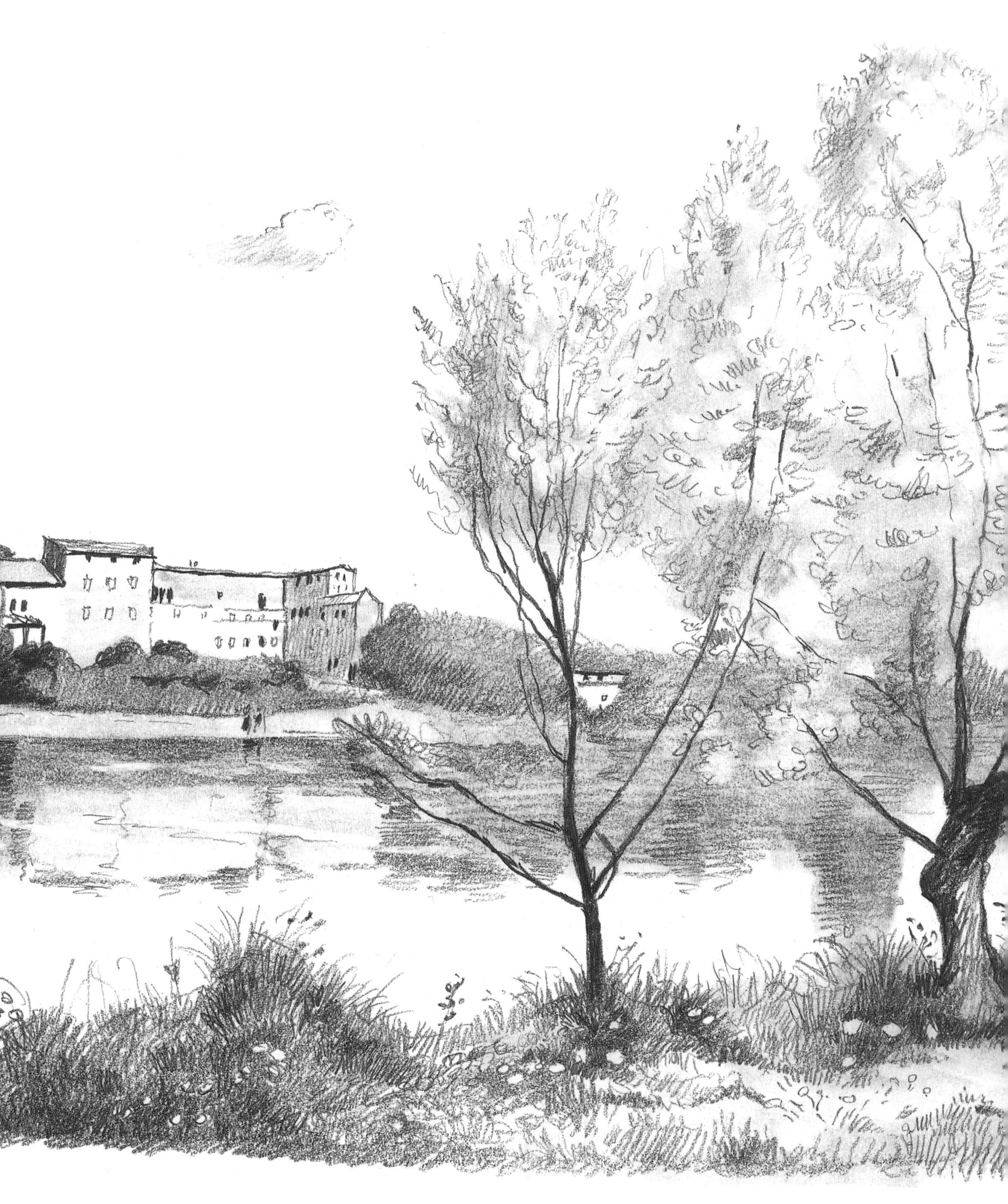

LEKTION 12

DIE LANDSCHAFT

Die Landschaft wollen wir als letztes Thema im Detail erkunden, denn für dieses Genre müssen Sie vermutlich am besten präpariert sein. Gewöhnen Sie sich zuerst an, stets ein Skizzenbüchlein mitzunehmen, wenn Sie unterwegs sind. So können Sie sich in jeder attraktiven Gegend schnell eine Gedächtnisstütze für später schaffen. Praktisch ist auch eine Kamera, denn beim Fotografieren merken Sie sich gleichzeitig, wie Sie diese Szene zeichnen würden; auch damit vervollkommnen Sie Ihre Fertigkeiten in der Bildkomposition.

Vielleicht möchten Sie manchmal die Landschaft beim Zeichnen teilweise verändern – übrigens eine bewährte Praxis bei Künstlern, die Natur- und Stadtlandschaften gestalten. Doch gerade als Anfänger sollten Sie die Szenerie erst einmal so exakt wie möglich wiedergeben; wer erfahrener ist, mag eigene Ideen ins Bild einfließen lassen.

Mit Landschaften werden Sie mehr Zeit verbringen als mit den anderen Motiven dieses Buches, denn die Fülle der Eindrücke an einem Ort verlangt mehr Arbeit und Anstrengung. Doch wenn Sie ein Bild fertig haben, ist die Dokumentation eines Ortes, an dem Sie gewesen sind, für Sie besonders befriedigend. Außerdem bringen Naturlandschaften offenbar in uns allen tiefsitzende Gefühle zum Klingen; es ist kein Zufall, dass die meisten Bilder, die wir an den Wohnzimmerwänden finden, Landschaften darstellen.

DIE VIELFALT SUCHEN

Die Vorstellung, eine Landschaft zu zeichnen, kann bisweilen entmutigend wirken – allein schon wegen der Fülle an Informationen innerhalb eines großen Blickfeldes. Dennoch ist das nicht annähernd so schwierig, wie es zunächst aussieht, und mit ein wenig Übung wird bald Ihr Selbstvertrauen wachsen. Versuchen Sie sich am besten zuerst an den hier vorgeschlagenen Zeichnungen.

Die Beispiele dieser Übung stellen allesamt attraktive Gegenden dar, die man gern im Urlaub besucht. Den Anfang macht ein auf einem Hügel liegendes Landgut in der Toskana, Italien. Diese Szene hat sich apart zusammengefügt: Kein irritierender Hintergrund stört uns, Sie brauchen nur die Wölbung des Hügels zu zeichnen, einige Bäume und die Formen des Bauernhauses. Solch sorgsam gewählte, reduzierte Aussicht ist ideal für einen ersten Versuch, denn hier stellt sich nicht das Problem, einen Ausschnitt aus der Landschaft auswählen zu müssen. Es gibt nur ein wichtiges Gebäude, das irgendwo im Zentrum Ihrer Aufmerksamkeit liegt. Ein weiterer Vorteil: Man muss sich kaum oder gar nicht mit der Fluchtpunktperspektive auseinandersetzen.

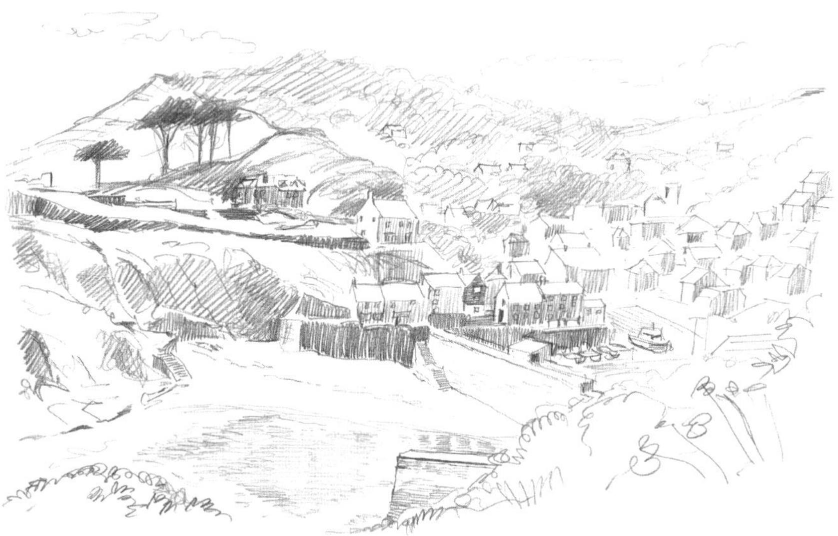

Dieser Blick über den Hafen hinweg auf Polperro, Cornwall, ist etwas schwieriger. Auch hier habe ich nur einen Ausschnitt der Stadt gewählt. Dennoch gilt es, etliche Häuser oder wenigstens Dächer zu zeichnen. Meine Aufmerksamkeit konzentrierte sich auf die wichtige Hafenzone und die Bäume darüber. Von den Häusern sind nur die in der Bildmitte etwas detaillierter dargestellt. Den Hintergrund und links die vielen Dächer habe ich lediglich mit schwungvollen Strichen in ihren Grundformen nachempfunden.

Als Nächstes wähle ich ein Beispiel, das Algernon Newton in den 1950-er Jahren gezeichnet hat. Wir sind im Londoner Norden, ein Kanal im Vordergrund lenkt unseren Blick unwillkürlich auf die Mitte einer Reihe gewöhnlicher Häuser. Ganz schwach spiegeln sich die Gebäude im Kanal wider, der Himmel darüber ist nur leicht bewölkt – und so ist die Häuserreihe am ausdrucksstärksten, die sich von links nach rechts durchs Bild zieht und deren Dunkelheit vom hellen Licht dahinter verstärkt wird. Der Künstler hat zwar ein gewöhnliches, gar belangloses Motiv ausgesucht, dieses jedoch in ein interessantes, ausdrucksvolles Bild verwandelt, das unseren Blick fesselt.

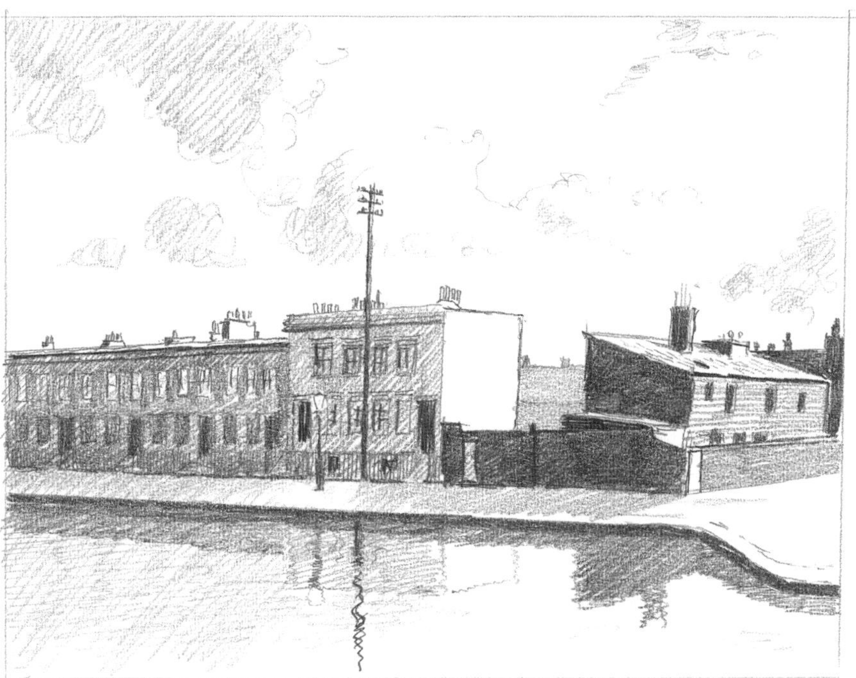

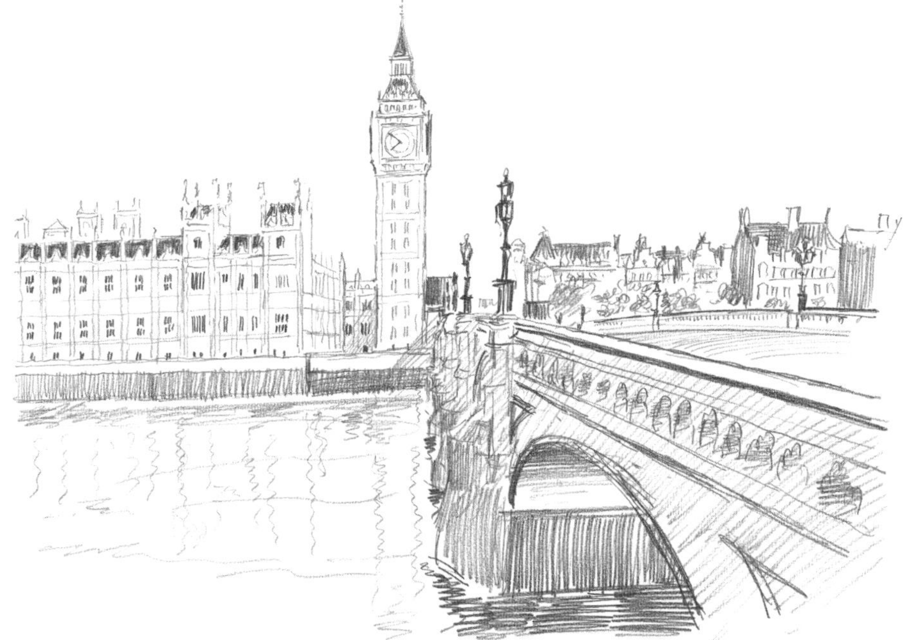

Dieser Blick auf die Parlamentsgebäude, den Big Ben und die Westminster Bridge in London ist weltberühmt. Solch ein bekanntes Motiv zu zeichnen ist eine Herausforderung, da dazu ein bestimmtes Maß an Genauigkeit notwendig ist. Die Szene komponiert sich fast von selbst. Sie entscheiden nur, ob Sie Ihren Bildausschnitt mit dem Uhrturm als Blickfang mehr nach rechts oder links verschieben möchten. Die Brücke stellt ein perspektivisches Problem dar, doch solange sie nicht zu viel Fläche im Bild einnimmt, ist es wiederum einfach zu lösen. Die härteste Aufgabe ist die Komplexität der Gebäude, daher zeichnen Sie diese zunächst so einfach wie möglich.

IMPOSANTE UND DRAMATISCHE FORMEN

Eine dramatische Landschaft ist immer ein guter Ansporn für eine Zeichnung, ob es nun Berge sind oder Gewässer, ob es die reine Natur ist oder etwas von Menschenhand Geschaffenes. Sie können die Ausdruckskraft einer Szene durch starke Hell-Dunkel-Kontraste oder schräge Blickwinkel zusätzlich verstärken.

In der Zeichnung vom Viadukt, der über den Fluss Wear in Devon führt, vereint sich eine Respekt einflößende Architektur mit einer schönen Landschaft. Solch ein Motiv wirkt aus vielen Blickwinkeln dramatisch, wobei ich mich für die markanteste Ansicht entschied, um sowohl die Brückenform als auch ihre Spiegelung im Fluss zu zeigen. Außerdem stand die Sonne so hinter dem Viadukt, dass dieser sich als wunderbare Silhouette vom Himmel und Fluss abhob.

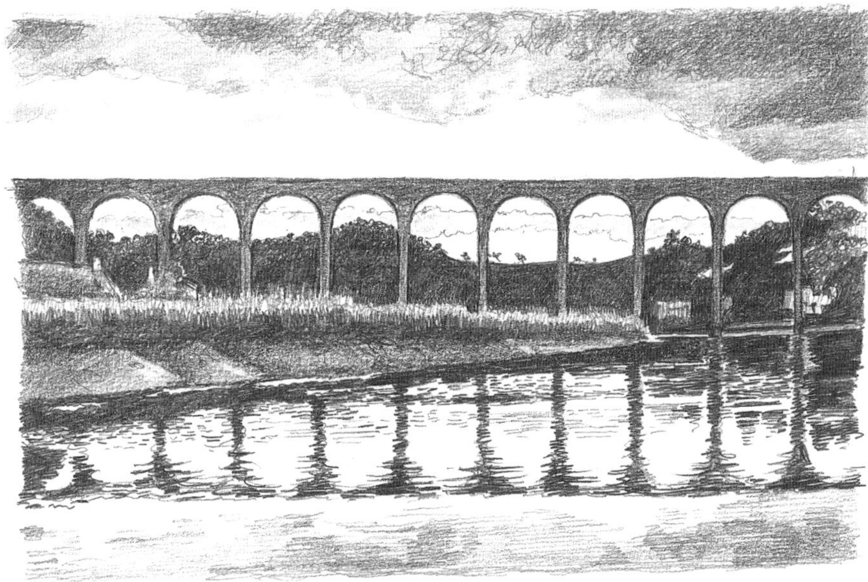

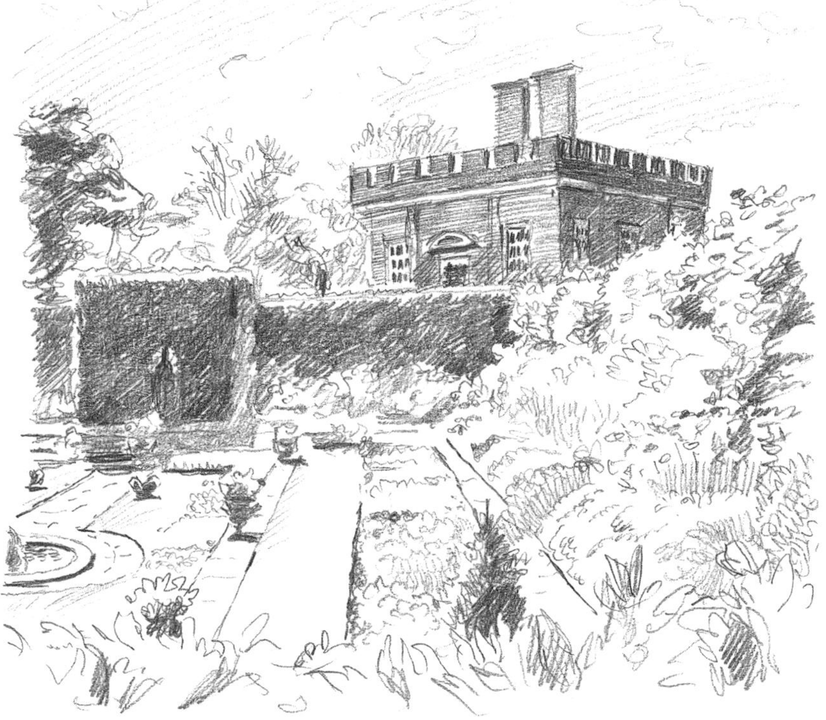

Dieser Blick über die architektonischen Gärten von Hampton Court Palace, etwas außerhalb von London, kann als Gartenstudie in großem Stil gelten. Die Bildfläche ist mit einem sorgfältig gewählten Muster aus Pflanzen und Wegen überzogen, das massive Gebäude im Hintergrund bildet einen ausgewogenen Gegensatz zur zarten Geometrie der Rasenflächen und der Blumen im Vordergrund. Ich habe nur einen Teil des Gartens abgebildet, sodass eine panoramenhafte Ansicht nicht entstand – man könnte hier von gezähmter Natur sprechen, wenngleich auch in großem Stil.

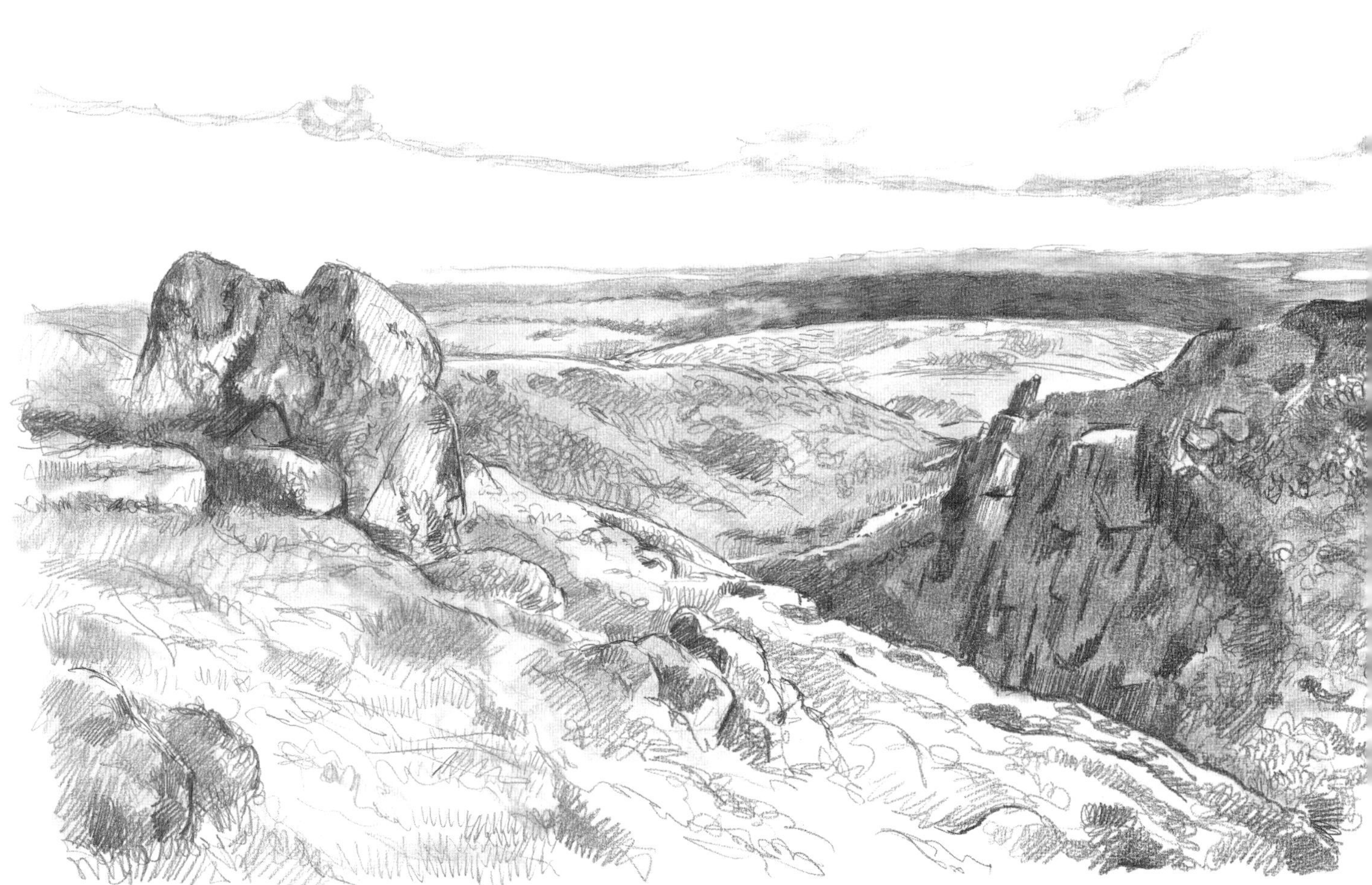

Für das dritte Beispiel habe ich ein großartiges Panorama von Dartmoor in Devon von dem viktorianischen Künstler John William Inchbold nachgezeichnet. In solch einer Landschaft sollten Sie als Blickfang eine Stelle finden, die mit ihren markanten Merkmalen einen Halt innerhalb des Motivausschnitts schafft. Inchbold gelang das hier mit einem Felsen auf der linken Seite und der tiefen Schlucht rechts im Bild. Ein weiter Himmel nimmt nur ungefähr ein Viertel des gesamten Bildformats ein und lenkt somit nicht von der Rauheit der Landschaft ab. Genauigkeit auf der ganzen Fläche ist bei solch einer Zeichnung keineswegs das Ziel, sondern vor allem die Atmosphäre dieser Gegend einzufangen.

DAS FORMAT AUSWÄHLEN

Denkt man an Landschaftsmalerei, denkt man unwillkürlich an die horizontale Form des Querformats – im Englischen gar »landscape format« genannt. Dennoch kann das Hochformat – interessanterweise »portrait format« im Englischen – eine interessante Alternative für dieses Genre sein, da es besser zu Ihrem Motiv passt. Beachten Sie die Möglichkeiten der Darstellung, die in diesen drei Hochformaten steckt.

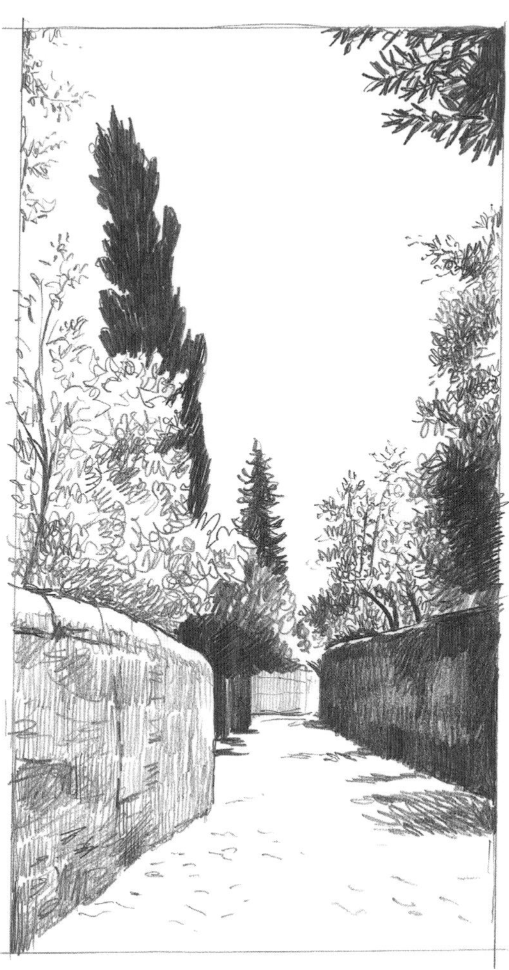

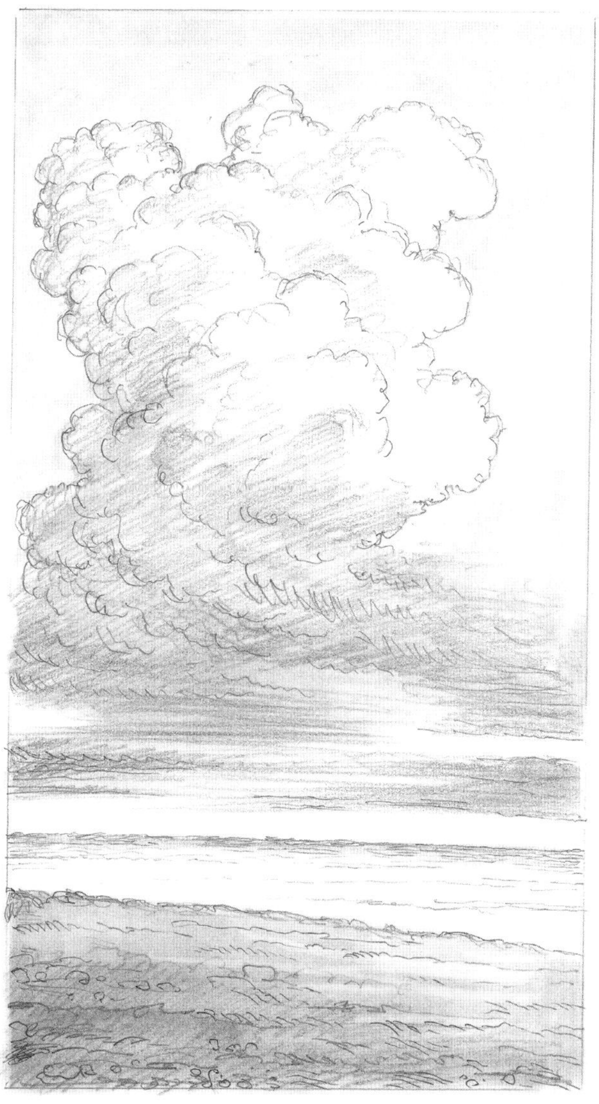

Das erste Landschaftsbild, entstanden in der Nähe von Florenz, stellt Ihnen einen schmalen Weg vor, schlanke Bäume überragen seine Einfassungsmauern. Mein künstlerisches Interesse galt vor allem der perspektivischen, tunnelartigen Wirkung, hervorgerufen durch die sich verjüngenden Mauern und Bäume. Von diesem zentralen Standpunkt aus kann eigentlich nur ein Hochformat in Frage kommen.

Die nächste Zeichnung ist eine ganz besondere Ansicht, denn üblicherweise erwartet man die Darstellung einer Küste im breiten Querformat, sofern uns keine Details im Vordergrund interessieren. Weil die seitlichen Bildränder zur Mitte gezogen sind, wird die imposante Wolke zum Hauptmotiv. Meer und Strand sind derart auf ein Minimum reduziert, dass sie den Blick auf die Wolke nicht stören. Solch ein Landschaftsbild könnte besser als Wolkenlandschaft bezeichnet werden.

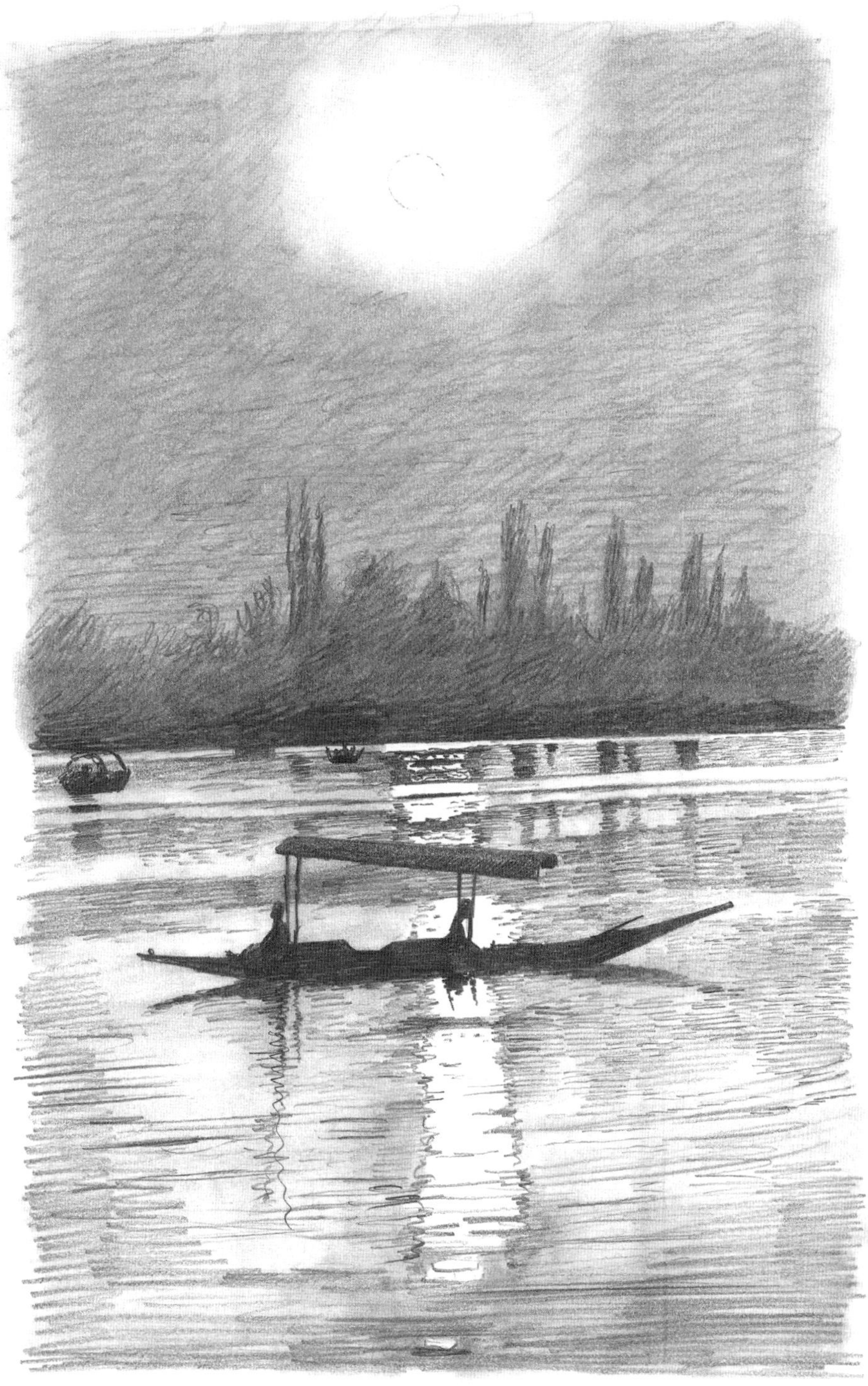

Dieses Landschaftsbild entstand spät am Tag, als die niedrig stehende Sonne Boote und Bäume in Silhouetten verwandelte. Hier interessierte mich weniger der See, sondern vor allem die Sonne mit ihrer Wirkung im dunstigen Himmel und auf dem Wasser. Das bewusst gewählte Hochformat ähnelt dem Blick durchs Fenster, der sich auf die Sonne und ihre Spiegelung konzentriert. Das dahingleitende Boot in der Mitte ist eine Zugabe, die nur aufgrund von Fotoinformationen gezeichnet werden konnte – solch ein flüchtiger Moment lässt keine exakte Skizze zu.

EINE PANORAMAANSICHT

Dieses Bild einer Hügellandschaft südlich von London entstand nach einer Zeichnung von George Lambert aus dem 18. Jahrhundert. Das breite Format kann viel von diesem Panorama erfassen. Lamberts Standpunkt lag weit genug vom Hügel entfernt. Er bildete sogar einen anderen Künstler ab, der, im Vordergrund stehend, auch die Landschaft zeichnete. Den Hügel wollte er eindeutig mitten ins Bildzentrum setzen, zwei seitlich platzierte Bäume rahmen die Ansicht ein. Viele Künstler dieser Epoche malten, so wie hier, große Panoramen; nach Zahlung einer Gebühr konnte das Publikum sie bestaunen.

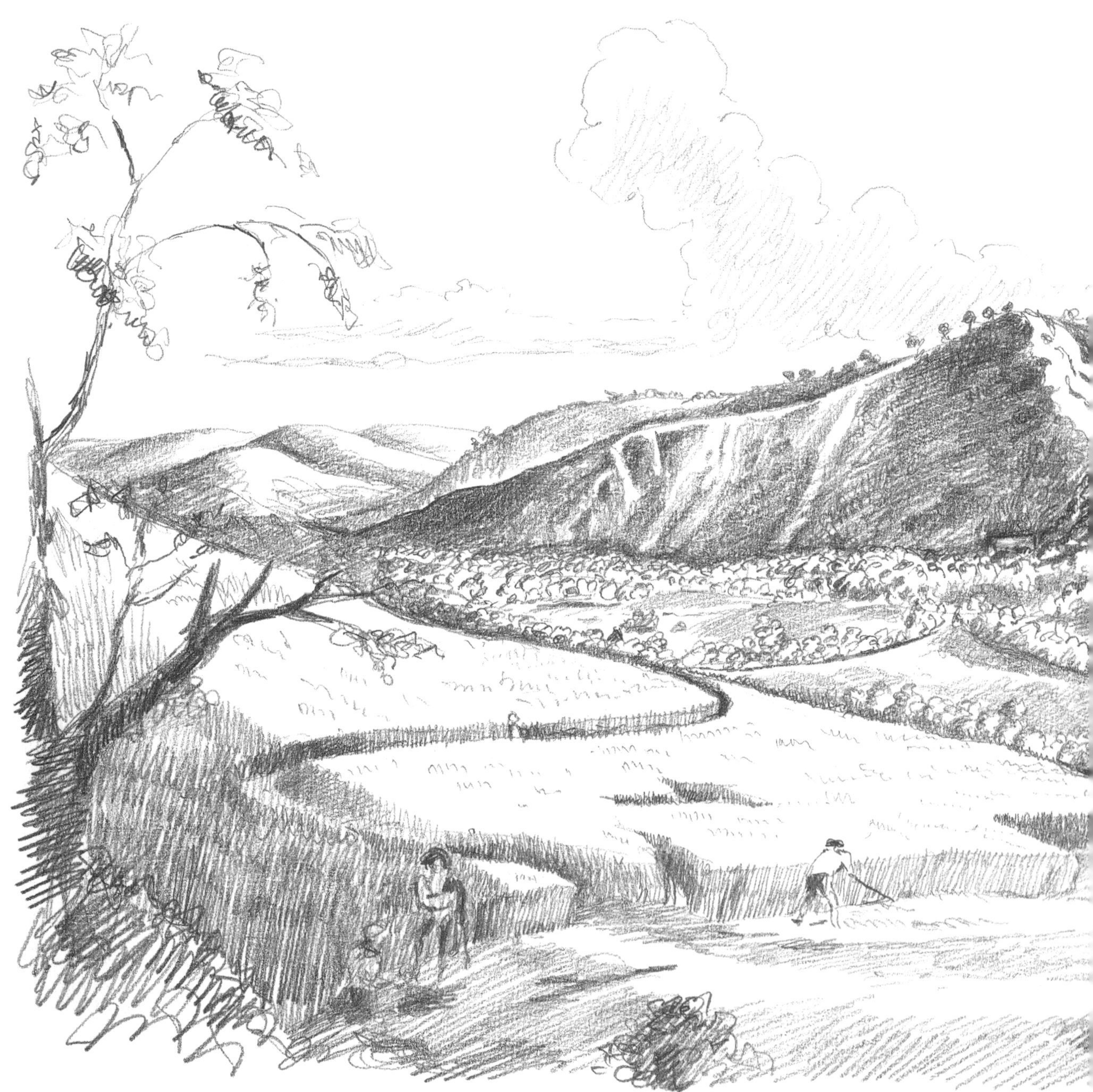

Ein Panoramabild zeichnen

Wenn Sie sich imstande fühlen, solch ein komplexes, umfassendes Bild wie dieses anzupacken, sollten Sie die Sache gemächlich angehen. Wählen Sie einen Tag mit sehr günstiger Witterung, und suchen Sie eine Stelle, von der aus Sie beim Zeichnen mühelos die gesamte Landschaft überblicken können. Solch ein Vorhaben kostet viel Zeit, weshalb Sie einen Großteil des Tages fürs Zeichnen reservieren oder mehrmals an diesen Ort zurückkommen müssen, um Ihre Zeichnung fertigzustellen. Auch hier können Fotos weiterhelfen, auf denen Details der Szenerie festgehalten sind, um die Zeichnung zu Hause zu vervollständigen.

Ein umfangreiches, großes Bild ist immer eine Herausforderung, doch wenn Sie den Mut aufbringen, diese anzunehmen und es auszuprobieren, lernen Sie in kurzer Zeit viel über das Landschaftszeichnen. Befindet sich das gewählte Motiv in Ihrer Umgebung, suchen Sie es mehrmals auf, um festzustellen, welches Tageslicht Ihnen am besten gefällt und wo Sie sich am günstigsten zum Zeichnen aufstellen. Dabei wird Ihnen die Ansicht immer vertrauter, was Sie schließlich couragierter mit Papier und Stiften umgehen lässt.

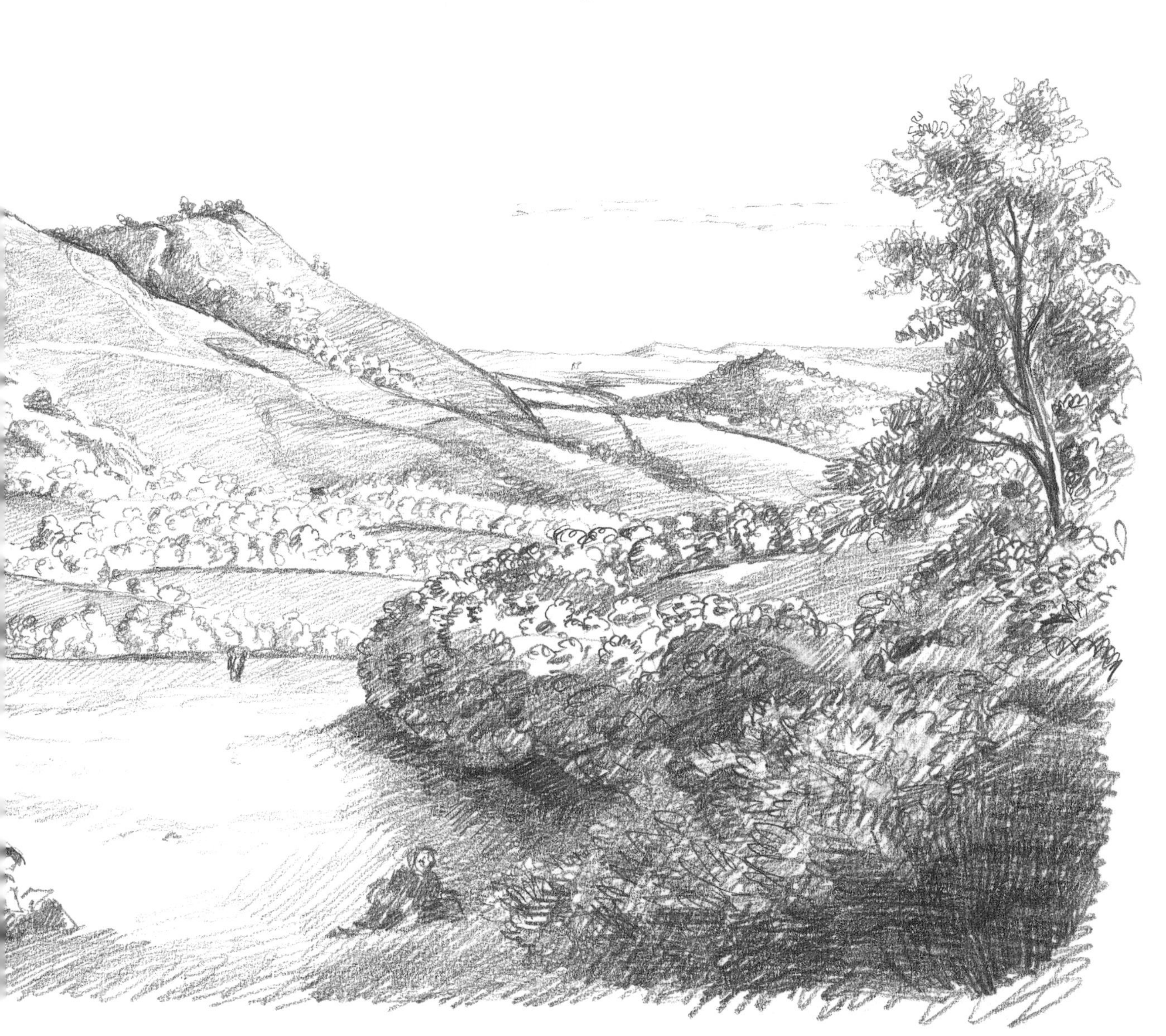

ELEMENTE DER LANDSCHAFT

WASSER

Wasser in einer Landschaft verleiht der Zeichnung eine zusätzliche Dimension, Himmel und Landschaft können sich darin spiegeln, und das Bild wird insgesamt aufgehellt. Ebenso wie das Meer bieten sich auch Flüsse und Seen für Wasserstudien an.

Dieses schnell sich bewegende Wasser spiegelt weder Landschaft noch Himmel wider, sondern nur das Licht. Das Wasser ergießt sich über einen felsigen Abhang in ein Becken am unteren Bildrand. Ich habe nur so viel Himmel gezeigt, wie nötig ist, um die Höhe des Hügels anzudeuten. Außer Gras gibt es fast keine weitere Vegetation. Im Grunde sehen wir das Porträt eines Wasserfalls, der größtenteils aus dem Weiß des Papiers besteht, das nur zur Geltung kommt, weil das Umfeld gut mit Bleistift ausgearbeitet ist. Nur so entsteht der dafür notwenige Kontrast.

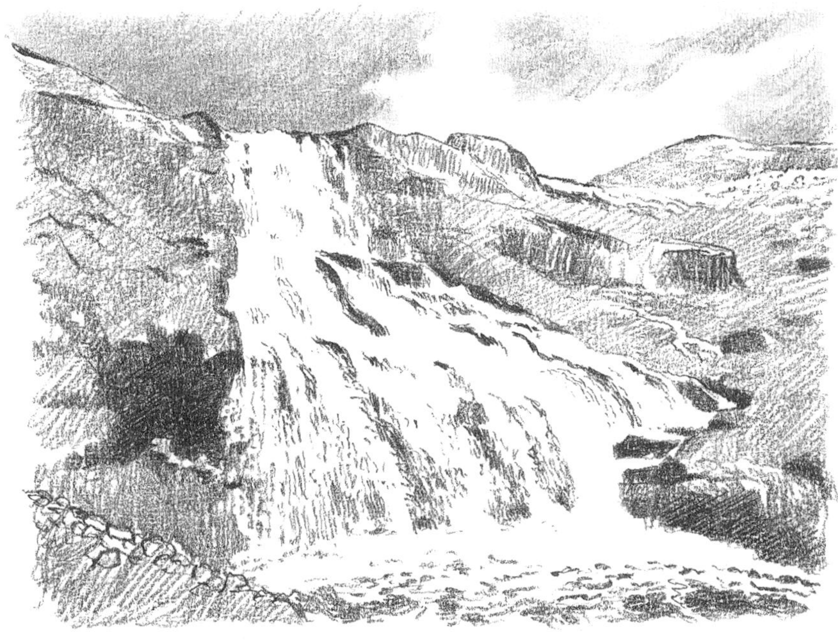

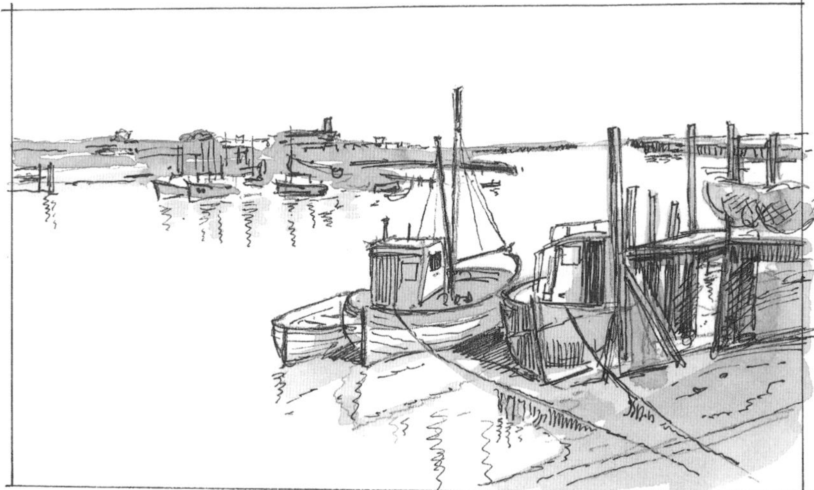

Das nächste Bild von der Küste der englischen Grafschaft Suffolk zeigt eine Bucht, an der Fischerboote festgemacht sind. Im Vordergrund sind einige Boote an einer Anlegestelle vertäut, dahinter befindet sich die Wasserfläche mit einem weiteren Strand und festgemachten Booten. Der Himmel ist klar, das Wasser reflektiert dieses Licht – mit kleinen gekräuselten Wellen dort, wo die Boote liegen. Das Wetter wirkt windstill und ruhig, deshalb gibt es sowohl am Himmel als auch im Wasser fast nichts zu sehen.

Die Brücke über die Themse bei Cookham ist ein Landschaftsmotiv, das durch den Maler Stanley Spencer berühmt wurde. Der Blick verläuft vom Ufer aus unter der Brücke hindurch, die sich im Wasser spiegelt. Im Vordergrund liegen einige Stocherkähne, in der Ferne können wir Gebäude und Bäume erspähen. Aus der rechten oberen Ecke hängen Weidenzweige, die den rechten Bildrand im Kontrast zur geradlinigen Brücke, die über den flächig ruhigen Fluss führt, gleichsam unscharf macht. Der ausgedehnte Himmel über der Szene lässt dieses Bauwerk noch dramatischer erscheinen.

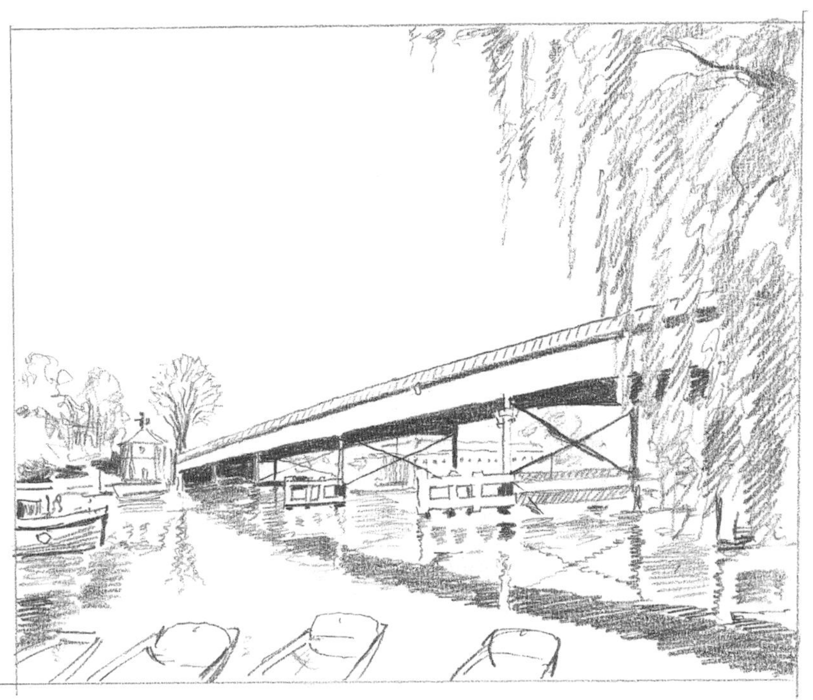

Diese Zeichnung stammt von der Themse bei Hammersmith. Das Hauptmotiv ist eine Häuserreihe, die sich im Bogen vom Betrachter wegzubewegen scheint, mit dunklen Spiegelungen im Wasser darunter.

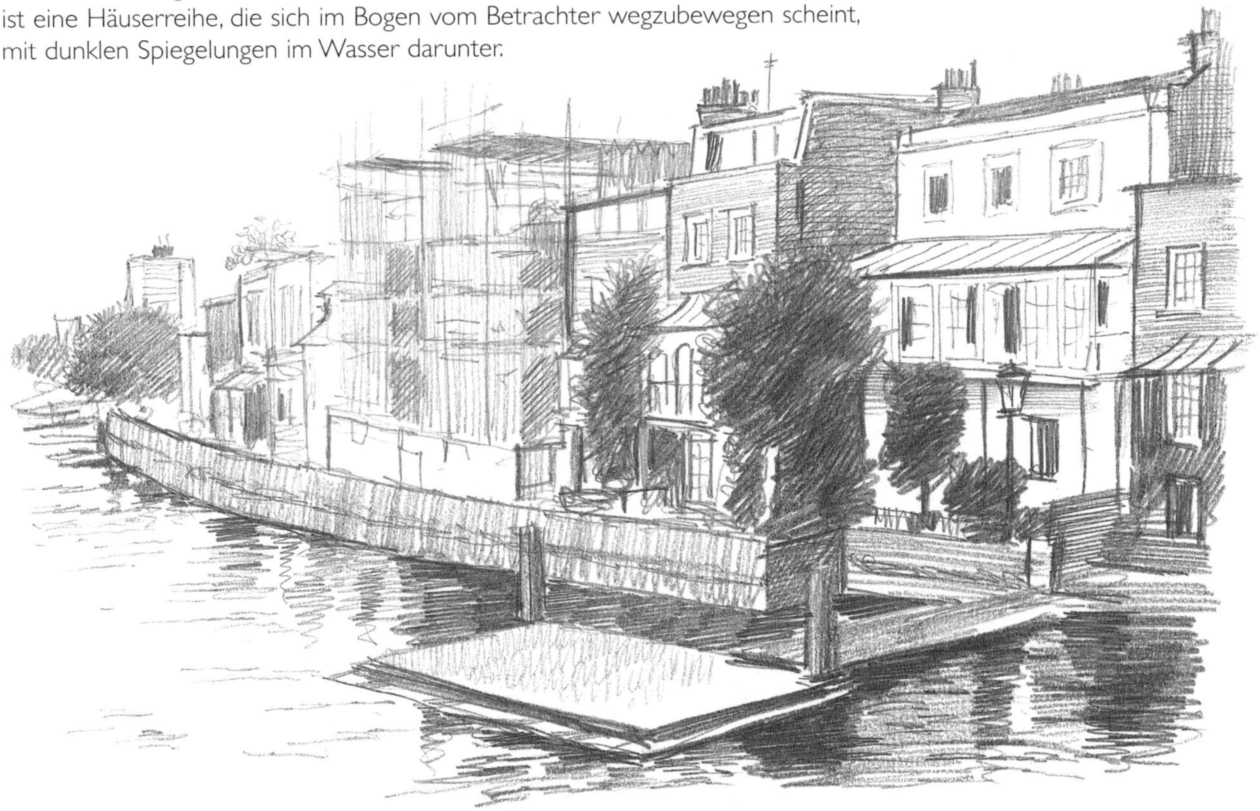

BÄUME

In der nächsten Übung studieren Sie Bäume, da diese in den meisten Landschaftszeichnungen vorkommen. Die Grundlagen zum Zeichnen von Bäumen haben Sie mit den Übungen aus Lektion 3 gelegt, nun konzentrieren Sie sich auf die Details von zwei oder drei Arten. Wählen Sie Bäume aus Ihrer näheren Umgebung aus, die Sie leicht mehrmals erreichen können. Meine Beispiele entstanden nach den Werken von Künstlern des 19. Jahrhunderts und sollen Ihnen eine Vorstellung von der Kraft und Stärke gelungener Baumdarstellungen geben.

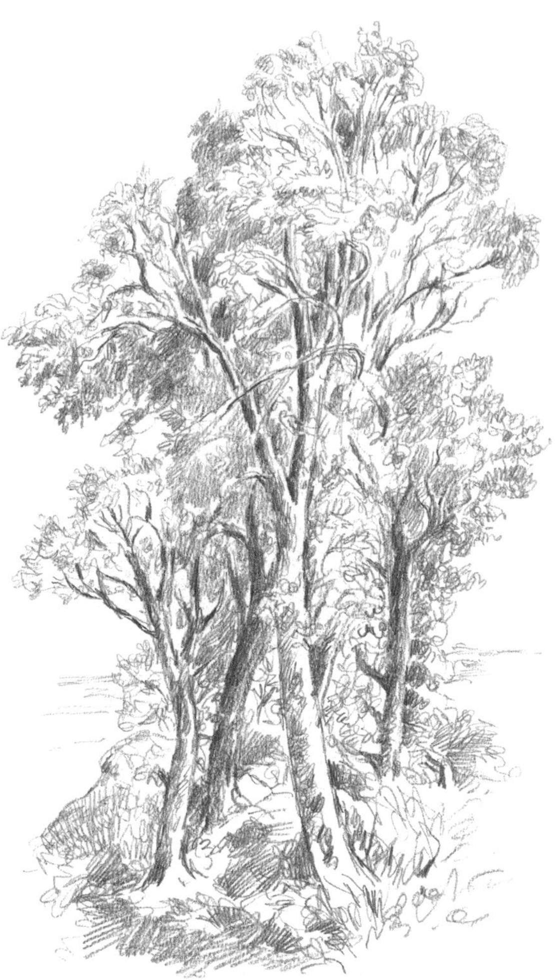

Der erste Künstler, John Constable, zeichnete einst im Tal von Dedham in Suffolk. Die wunderbar gelungene Baumgruppe, ihre miteinander verflochtenen Zweige, die Struktur aus unzähligen Blättern im Gegensatz zur Härte des Holzes – all das ist eine Aufgabe für sich. Kopieren Sie so wie ich eine Baumzeichnung von Constable, um einige seiner Methoden herauszufinden. Danach probieren Sie, ein ähnliches Blattwerk zu zeichnen.

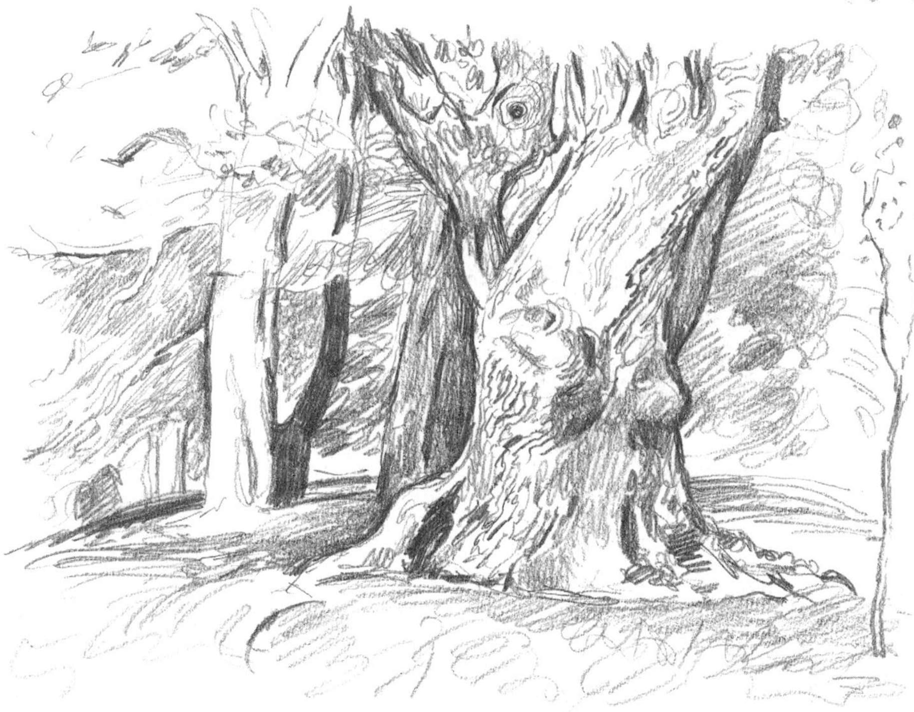

Der zweite Künstler ist Samuel Palmer, der die Landschaften Südostenglands porträtierte. Seine Zeichnung mit Eichen und Buchen im Wald, die ich hier nachempfunden habe, ist ein wunderbares Beispiel für die Größe, die der Stamm eines riesigen Baumes einem Bild verleihen kann, wenn er derart ausdrucksstark dargestellt ist. Beim Versuch, diese Übung nachzuvollziehen, können Sie eine Menge über einen solchen Zeichenprozess lernen.

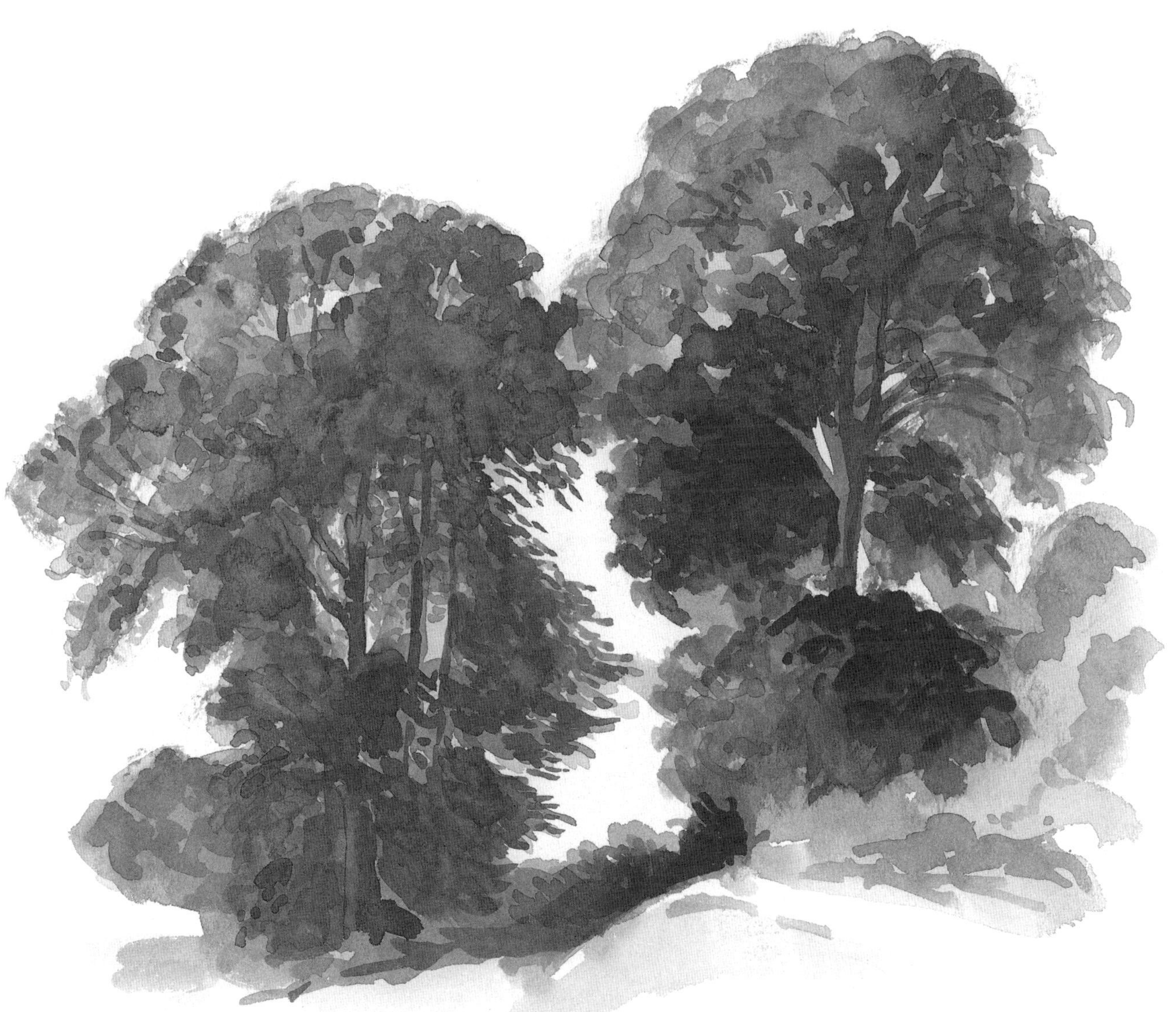

Betrachten wir nun eine Aquarellzeichnung nach Peter de Wint mit Bäumen aus der Nähe von Oxford. Zunächst legte er graue Farbflächen in rundlichen Formen an, danach fügte er dunklere und immer dunklere Töne hinzu, um dem Bild Tiefe zu verleihen. Die beste Methode, dem nachzueifern, ist es, den Künstler zu kopieren, um danach echte Bäume in ganz ähnlichem Stil zu Papier zu bringen.

PFLANZEN

Pflanzen können in einem umfassenden Landschaftsbild meist nur wage kenntlich gemacht werden, und dennoch sollen diese gelegentlich auch detaillierter sichtbar sein wie im Vordergrund eines Panoramabildes, um diesem einen größeren Tiefeneffekt zu verleihen, oder in einer intimeren, kleinformatigen Studie.

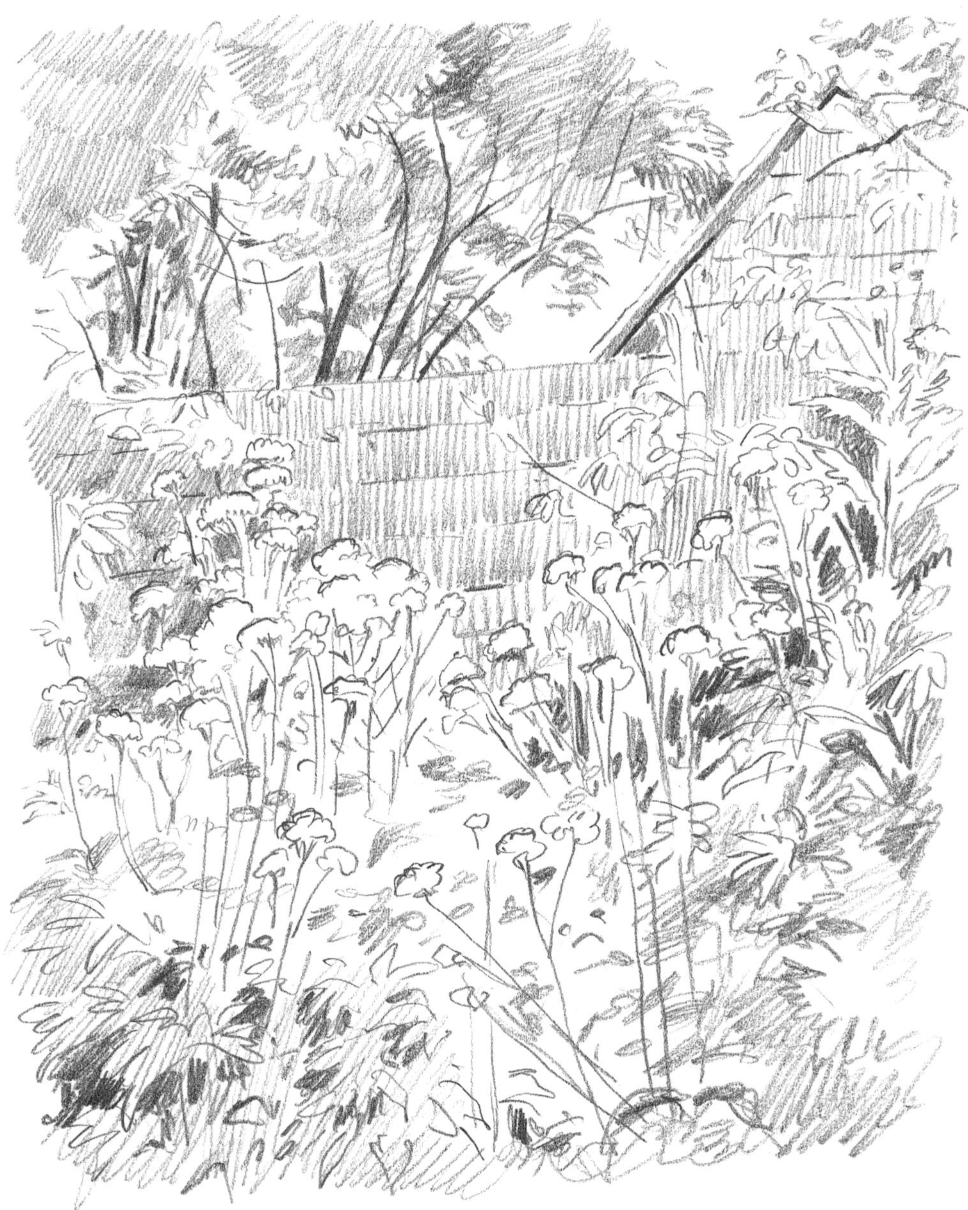

Diese verwilderte Gartenecke ist ein gutes Beispiel für eine Pflanzenstudie, so wie sie Landschaftsmaler unbedingt üben sollten. Die exakten Details der Pflanzen spielen in diesem Bild zwar keine Rolle, gelingen die Details jedoch als Ganzes nicht, leidet die gesamte Bildwirkung darunter. Eine Übung, auf die Sie sich einlassen sollten: Versuchen Sie, mehrmals einige Pflanzen in ihrer ganzen Fülle zu zeichnen, je alltäglicher und verworrener, desto besser.

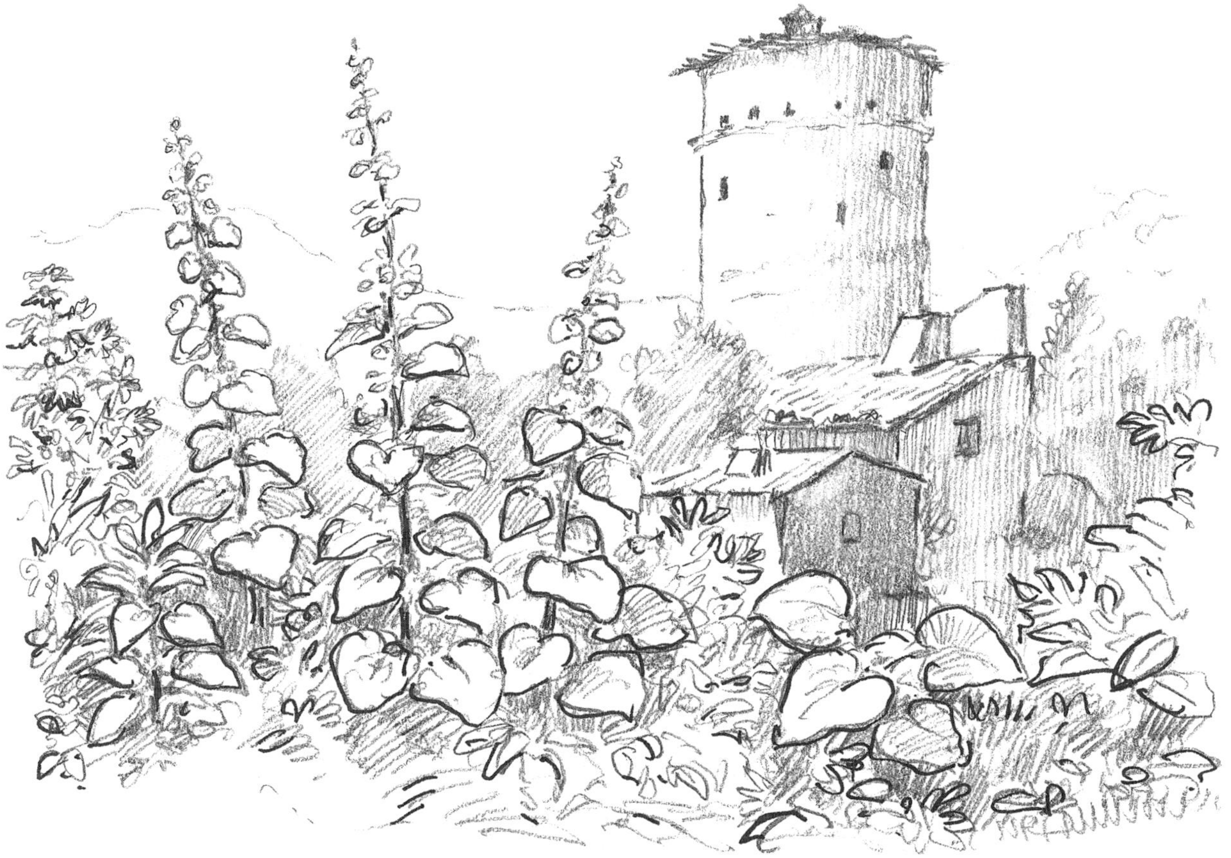

Der Blick auf einen Turm und weitere Gebäude fällt durch eine üppige Pflanzengruppe hindurch, die an einer Hügelseite nahe bei unserem Standpunkt wächst. Die Pflanzen in der Nähe sind kräftiger konturiert als die Gebäude im Hintergrund. Dadurch treten sie optisch nach vorn und lassen die Gebäude entfernter wirken.

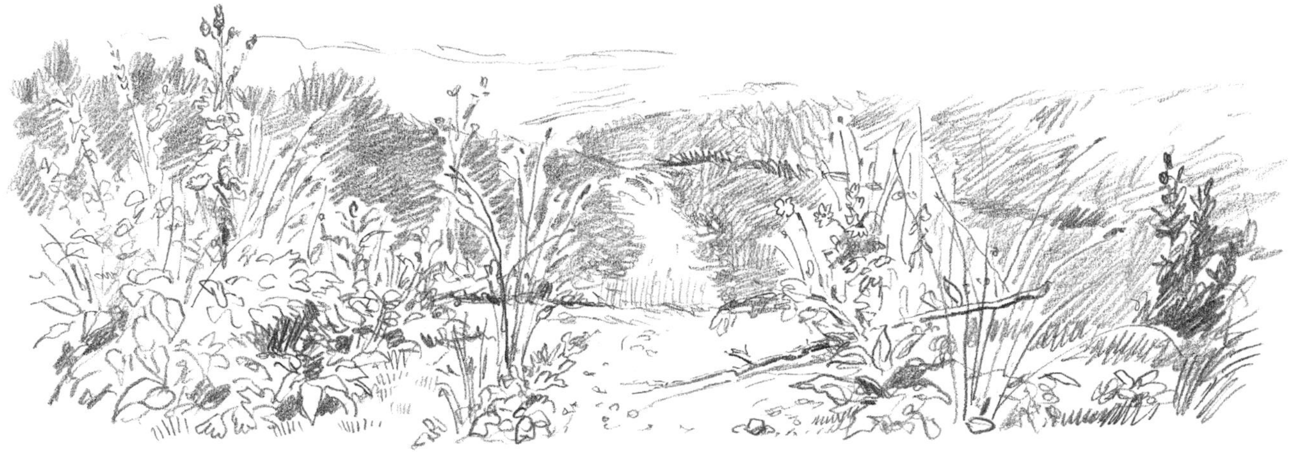

Solch ein landwirtschaftlicher Weg mit seinem üblichen Randbewuchs wilder Pflanzen bietet Ihnen eine gute Gelegenheit, Ihre Zeichenkünste zu testen, selbst wenn sie niemals in ein komplettes Landschaftsbild münden sollten.

DEN BLICK INS BILD HINEINZIEHEN

Die nächsten drei Beispiele stellen Landschaftsbilder vor, bei denen ein Weg oder eine Wasserstraße unser Auge in die Szene hineinzieht, weil der Blick vom Vordergrund in die Ferne gelenkt wird. Dieser sehr wirkungsvolle Trick wird von Künstlern oft angewandt, um ein Werk interessanter zu machen.

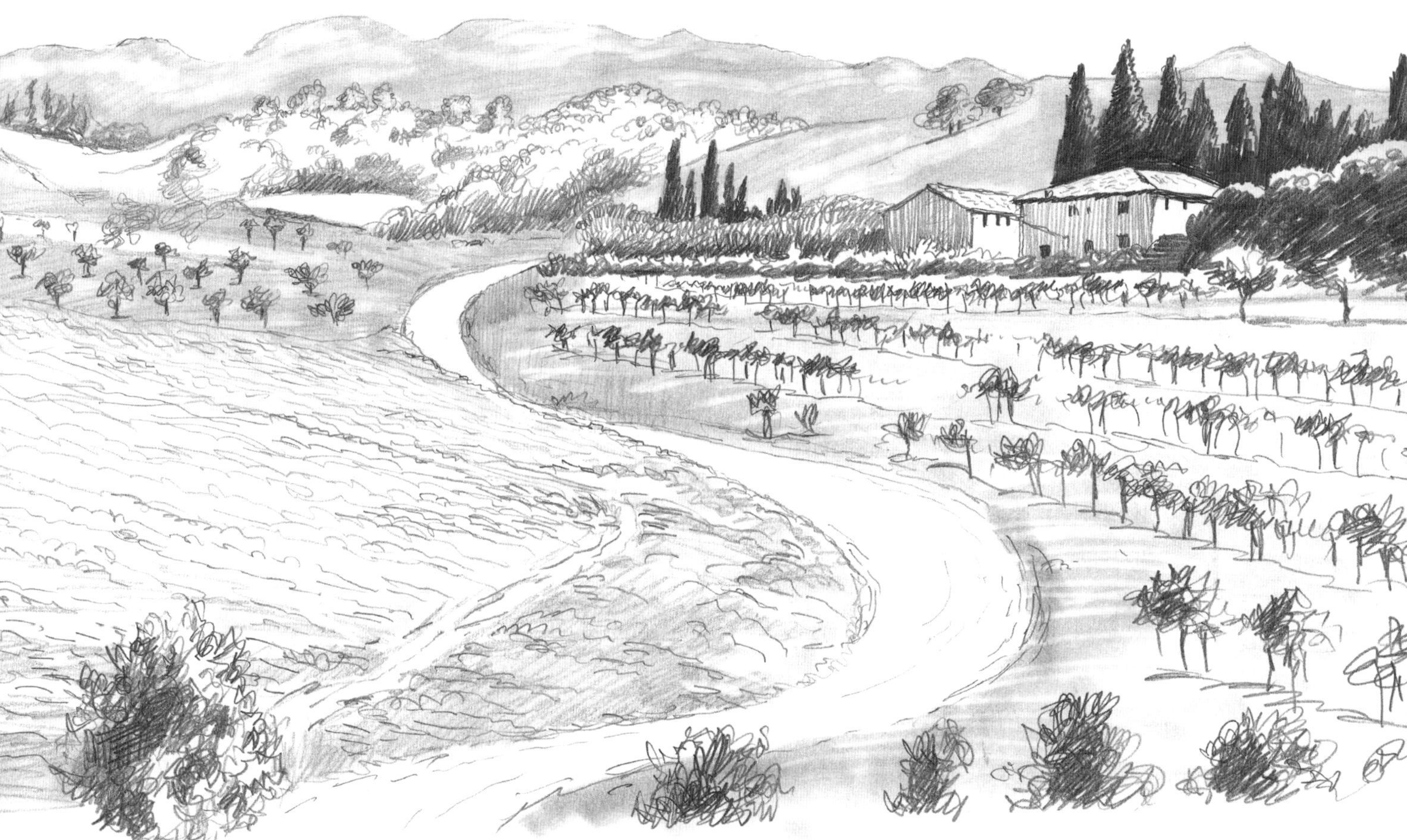

In dieser Ansicht aus dem Chianti-Gebiet in Italien windet sich ein Weg durch die Landschaft, vorbei an offenen Weinbergen und entlang eines Bauernhauses, um dann zwischen den Hügeln zu verschwinden. Fast alle wichtigen Elemente liegen in der rechten Hälfte des Bildes, doch sie schieben sich – im Gegensatz zur Wegrichtung – waagerecht über die Fläche.

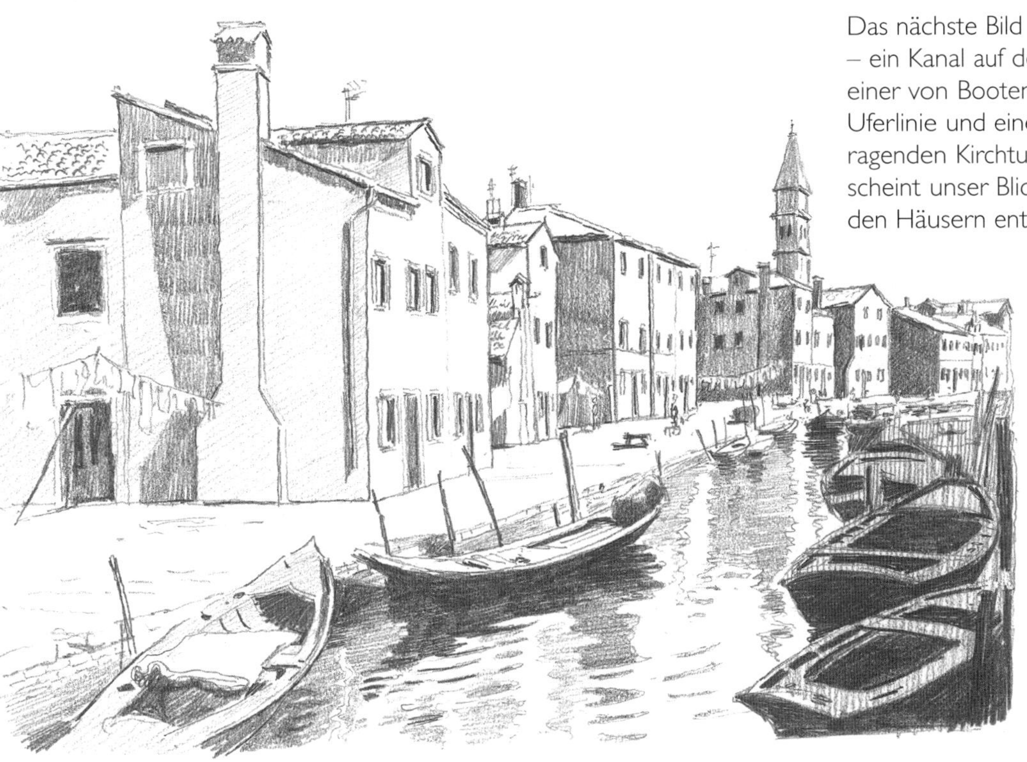

Das nächste Bild stammt aus Venedig – ein Kanal auf der Insel Burano mit einer von Booten überquellenden Uferlinie und einem in der Ferne aufragenden Kirchturm. Auch hier scheint unser Blick am Kanal und an den Häusern entlangzuwandern.

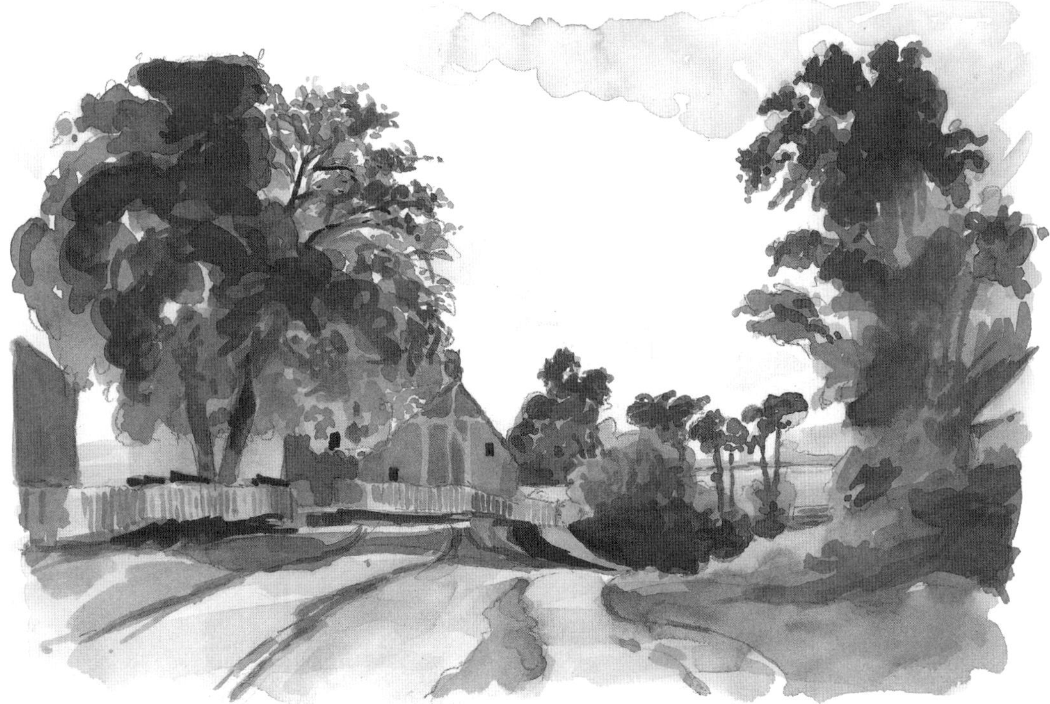

Dieses Aquarell (nach de Wint) zeigt eine Landstraße in der englischen Grafschaft Warwickshire. Sie führt an einem Bauernhof vorbei nach unten, während wir offensichtlich oben auf einem Hang stehen. Die großen Baumgruppen rahmen das Bild apart ein.

PITTORESKE ANSICHTEN

Bestimmte Landschaftsmotive reizen Künstler ganz besonders – eine gefällige Anordnung von Bäumen, Hügeln, Gewässern oder Gebäuden, die auf dem Papier gut zur Geltung kommen. Solche Motive ausfindig zu machen ist wichtig für das Zeichnen von Landschaften.

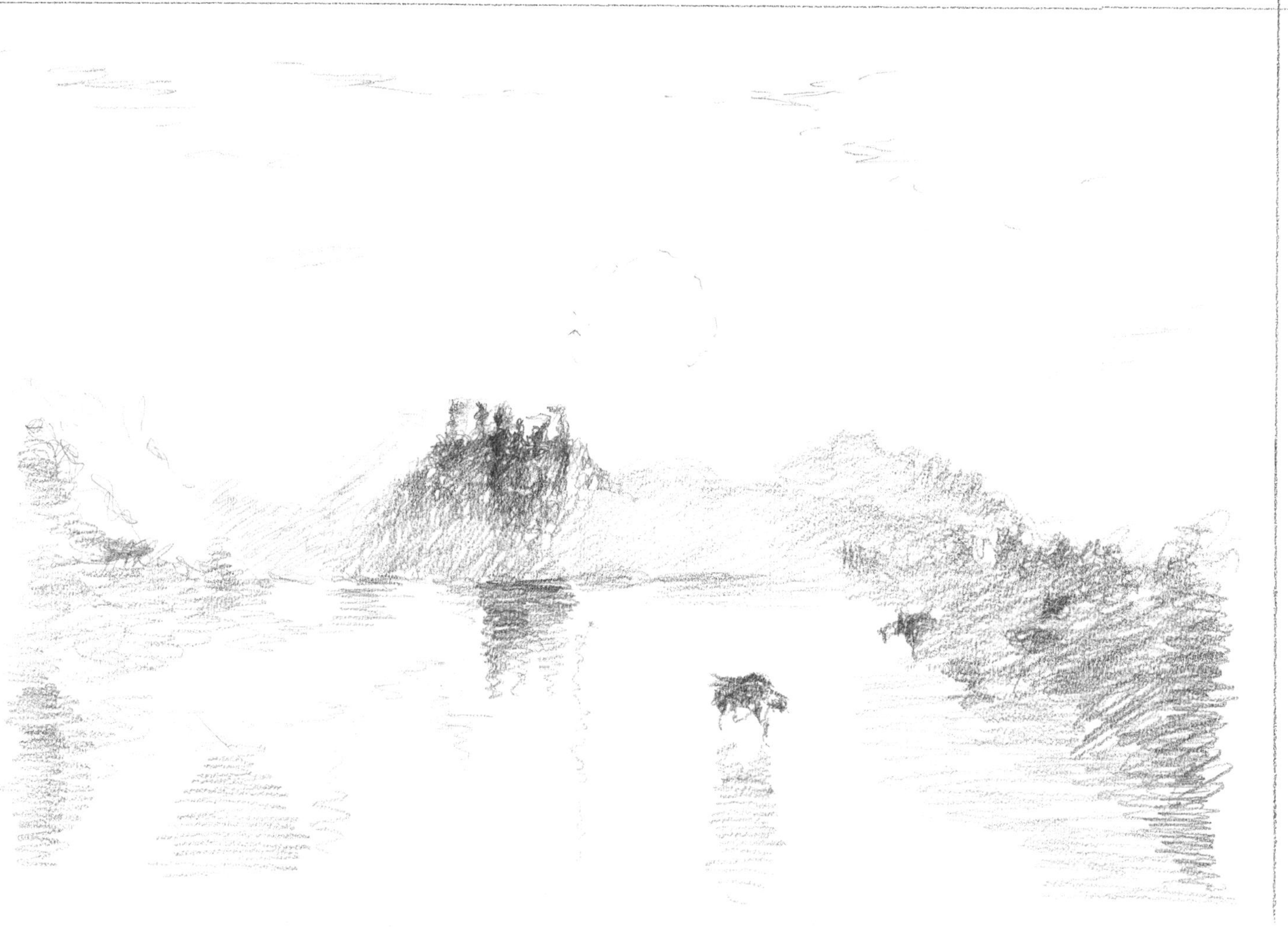

Diese beiden Bilder zeigen beispielhafte Ansichten, die offensichtlich nur darauf gewartet haben, gezeichnet zu werden. Die erste Szene wurde von William Turner entdeckt, dessen Landschaft sich im Sonnenlicht aufzulösen scheint. Er blickte auf ein massives, von Hügeln umrahmtes Gebäude, das im starken Sonnenlicht jedoch in der Luft zu zerfließen scheint. Das sich spiegelnde Licht im Wasser vor der Burg wirkt größtenteils hell, weshalb die fleckigen Reflexe gleichermaßen zart ausfallen. Turner war ein Meister dieser Darstellungsform, die Sie sicher nicht als einfach empfinden werden, und dennoch ist es wichtig, bisweilen solch eine Technik auszuprobieren, sollte sich eine Gelegenheit bieten. Für die Wirkung wichtig ist, das Bild nicht mit zu vielen Informationen zu überladen.

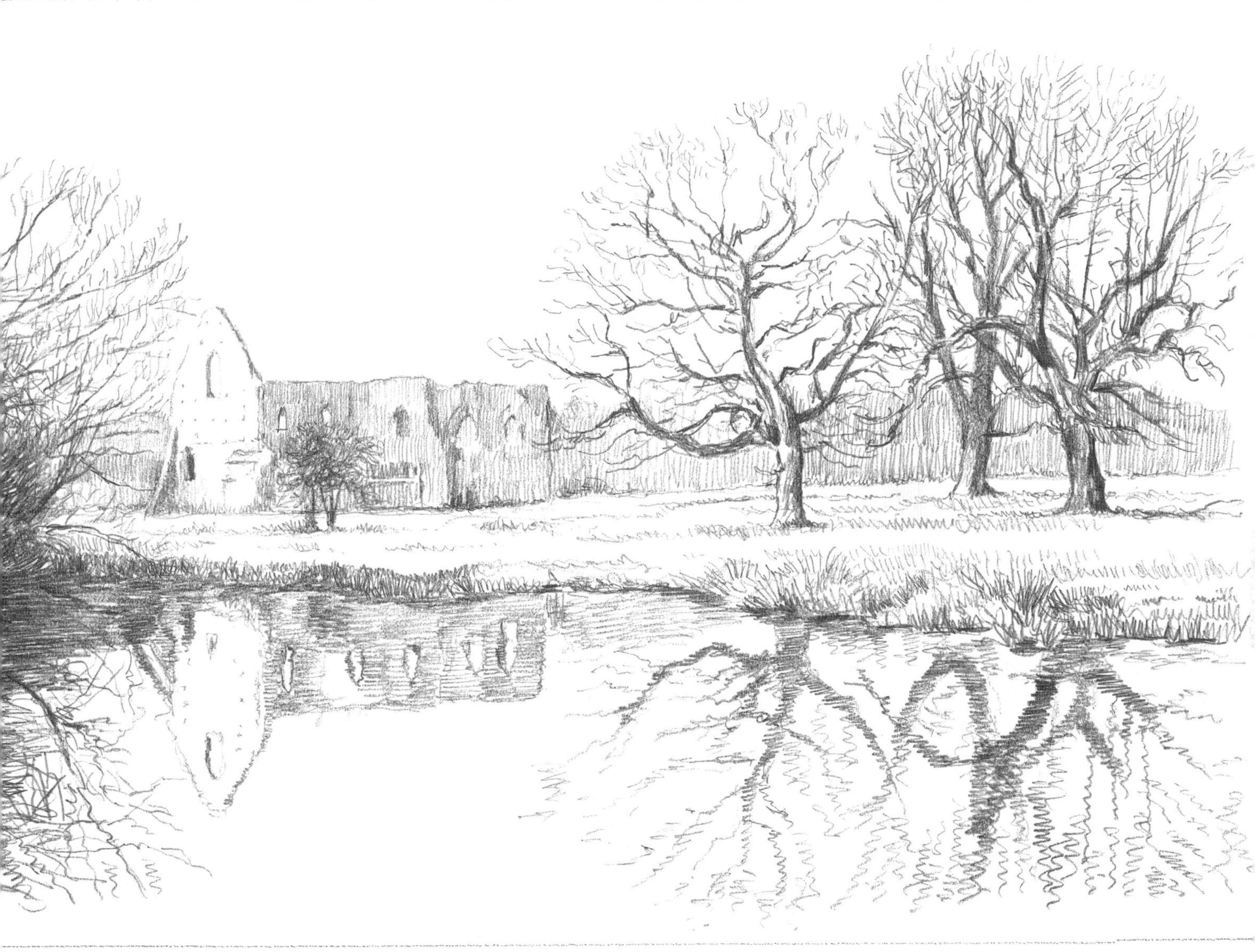

Das nächste Landschaftsmotiv entdeckte ich bei Ripley in der englischen Grafschaft Surrey, wo ich an einem stillen Wintertag die Ruine eines kleinen Klosters und ihre Spiegelung im Fluss zeichnete. Die riesigen Bäume an beiden Seiten des Gemäuers ergeben die größten Reflexe auf der Wasseroberfläche und rahmen die Ruine apart ein. Oft ist es die Suche nach pittoresken und romantischen Ansichten, die Landschaftsmaler antreibt.

UMSCHLOSSENE PLÄTZE

Die nächsten beiden Bilder zeigen klar umrissene Stadtlandschaften: zunächst der Blick nach Charles Ginner (1912) aufs Zentrum des Leicester Square in London, dann eine Zeichnung der Clarens Gardens nach dem Gemälde von William Ratcliffe, ebenfalls von 1912. Beide Maler gehörten zur Camden Town Group.

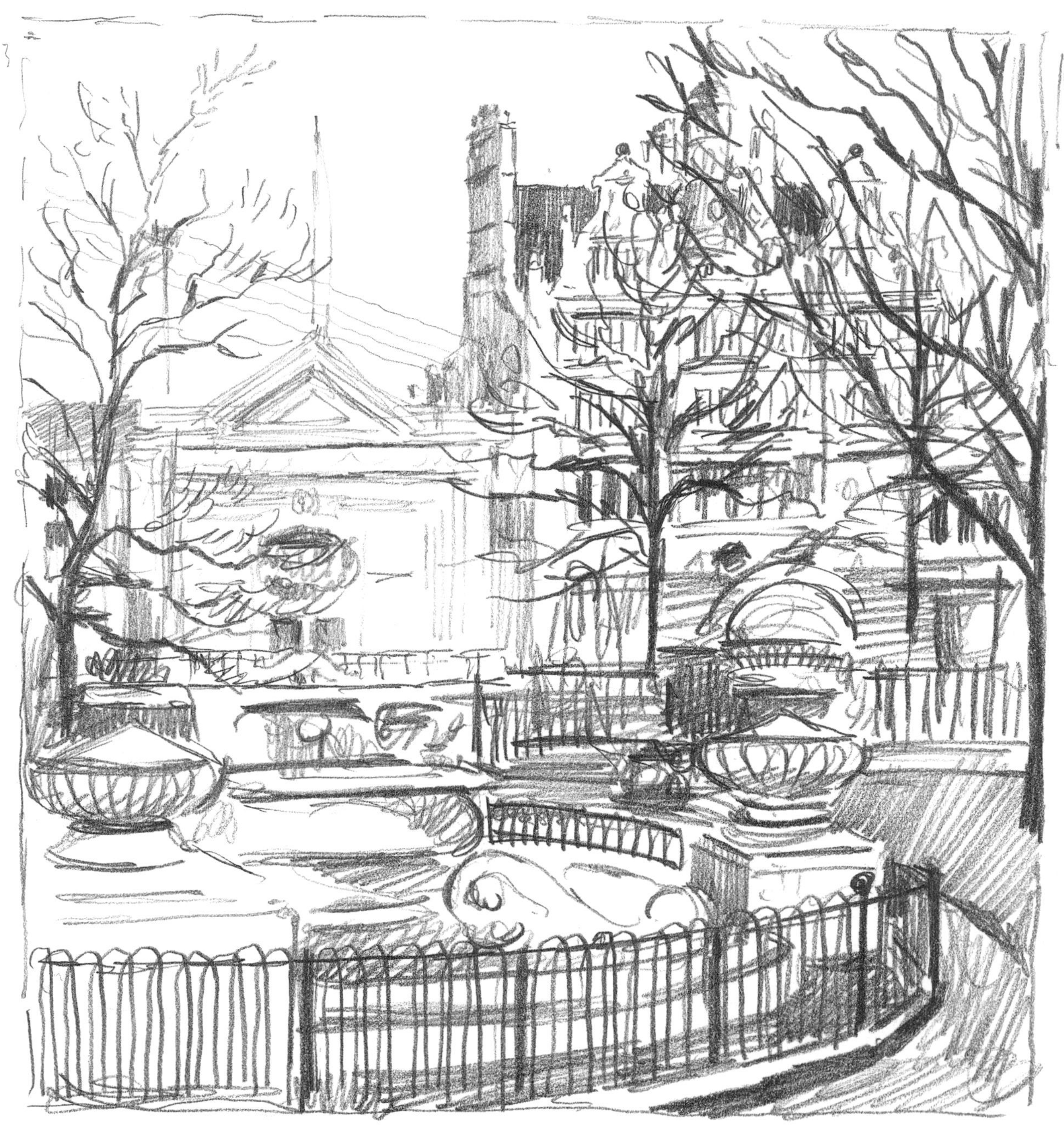

Künstler mögen solche Stadtansichten, denn die umschlossene Fläche scheint die Suche nach einem guten Standpunkt zu vereinfachen, ebenso die Entscheidung, wie viel man zeigen möchte. Auch die Richtung des Lichts beeinflusst die Wahl des Blickwinkels: Beim Leicester Square kommt es von der Seite, die Clarence Gardens wurden im Gegenlicht gemalt.

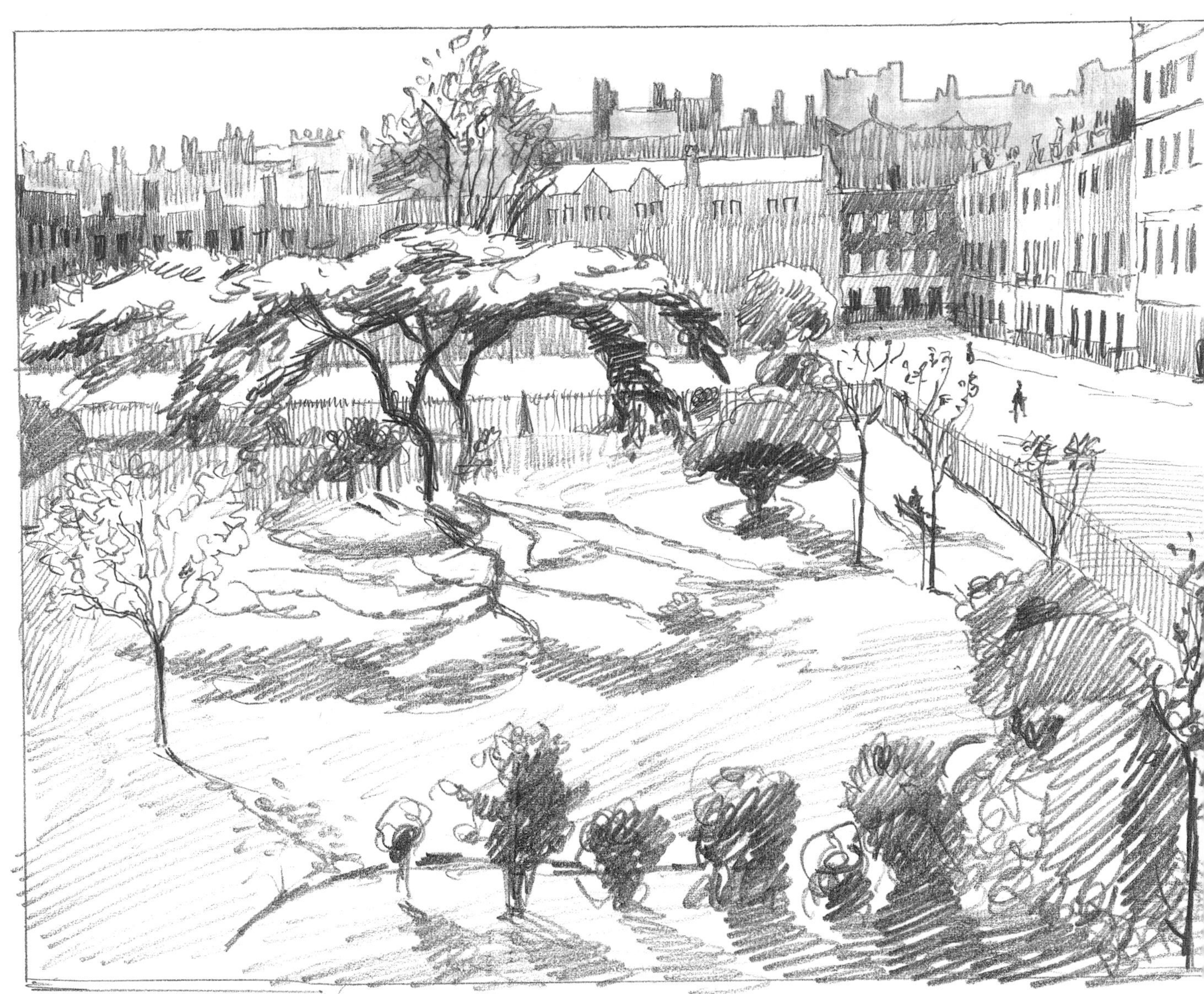

EIN LANDSCHAFTSPROJEKT

Einen Standort auswählen

Der erste Schritt im Vorfeld einer Landschaftszeichnung ist die Entscheidung für einen geeigneten Standort. Das kann Ihnen leicht fallen, wenn Sie sich inmitten großartiger Natur befinden und Ihr Skizzenbuch mit sich führen, denn dann brauchen Sie nur aus dem Vollen zu schöpfen. Dennoch ist oft das Gegenteil der Fall – Sie möchten eine Landschaft zeichnen, aber welche?

Und wie lässt sich gegebenenfalls eine Landschaft im Bild frei arrangieren? Für diese Übung wollte ich zunächst einige meiner flüchtigen Skizzen aus Frankreich und Italien zu stärker durchdachten Kompositionen ausarbeiten. Ich begann damit, eine Ansicht von Claude Monets berühmtem Garten in Giverny (Nordfrankreich) zu zeichnen, doch dann entschied ich mich dafür, etwas Naturnäheres abzubilden.

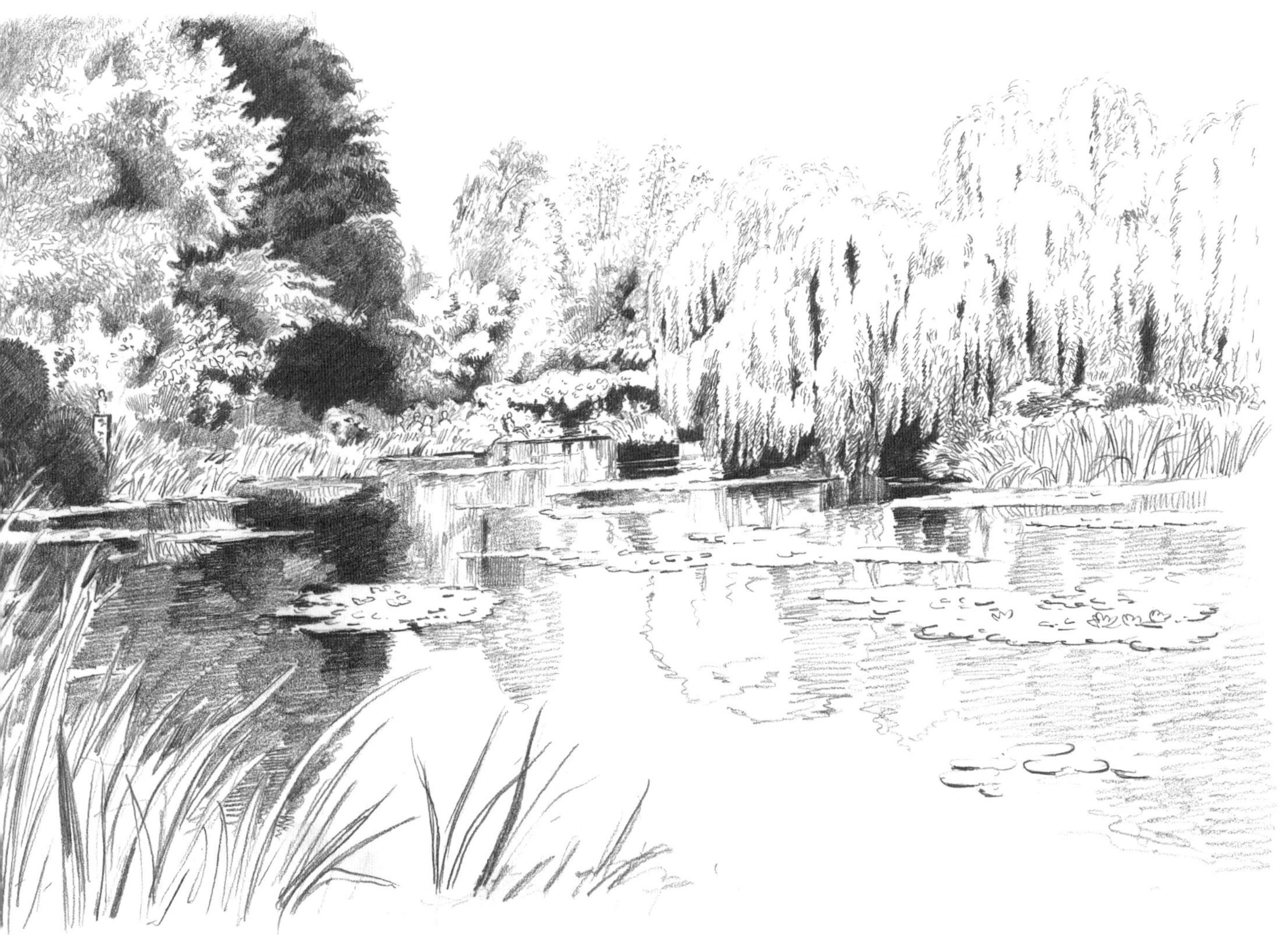

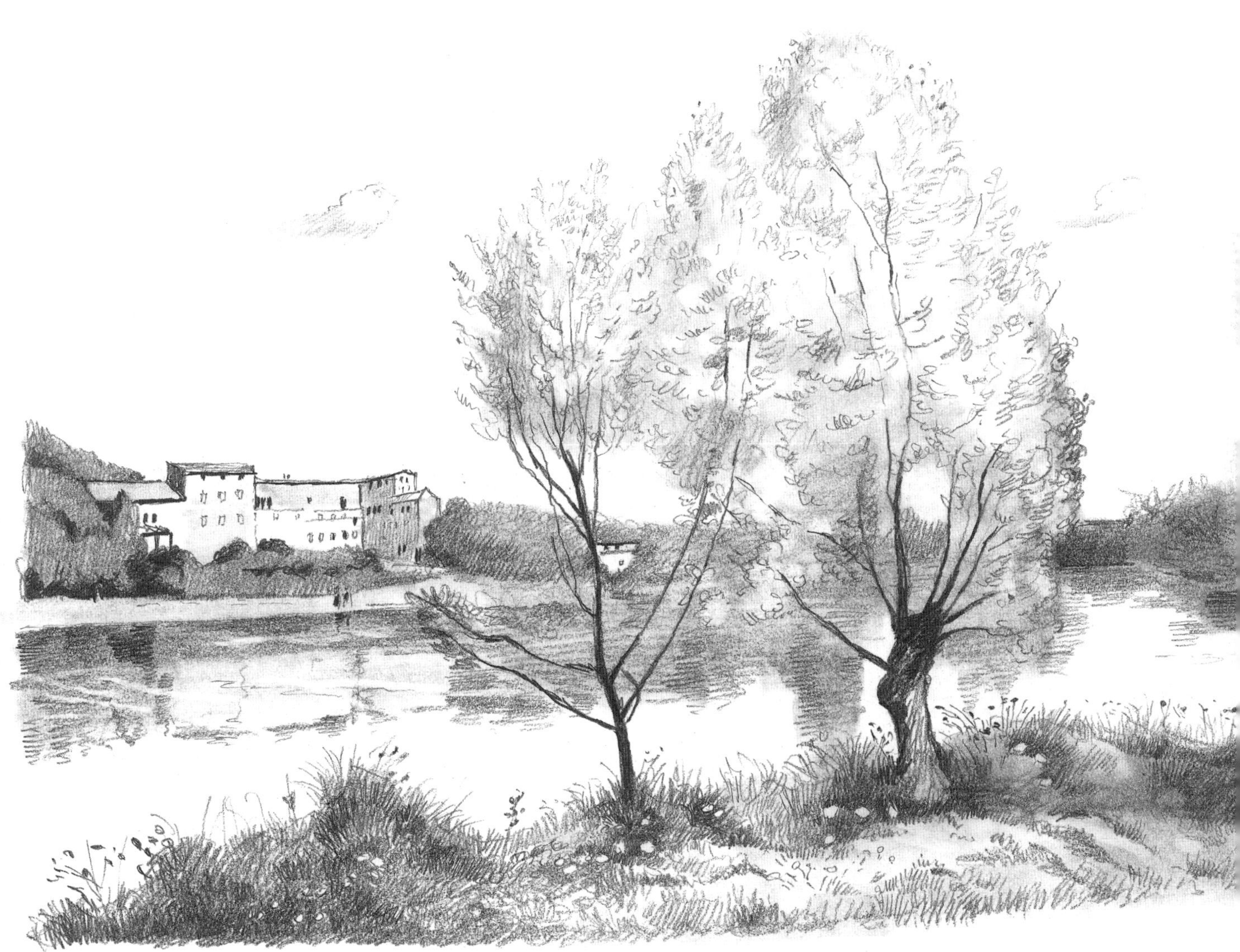

Anhand einiger Skizzen aus Italien begann ich damit, den Blick über einen Fluss umzusetzen, mit Bäumen im Vordergrund. Danach verspürte ich den Drang, neu anfangen zu müssen – mit einer nach der Natur gezeichneten Landschaft. Also legte ich die vorigen Skizzen fort und begab mich in den nahe gelegenen Richmond Park, ein wegen seiner landschaftlichen Vielfalt äußerst interessantes Gebiet mit Seen, Flüsschen, Hügeln und vor allem wunderschönen Bäumen. Obgleich ein Park und keine naturbelassene Landschaft ist dieser mit seiner Weite ideal für die Entdeckungstouren eines Künstlers.

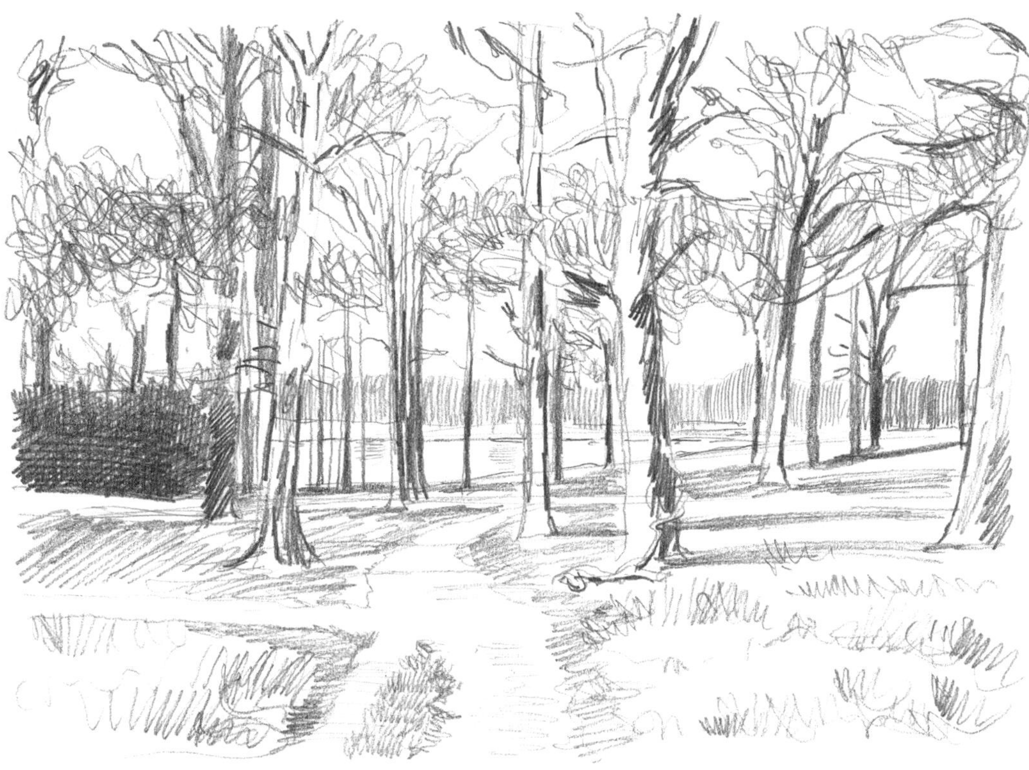

Vor-Ort-Skizzen

Mit meinem Skizzenbuch machte ich mich zu einem langen Spaziergang auf und hielt hier und da inne, um etwas zu zeichnen, was ich gerade entdeckte. In meiner ersten Pause skizzierte ich den Blick auf einen der Seen, den ich durch einige Bäume hindurch erblickte. Jetzt im Winter gab es nur wenig Laub, doch die kahlen Äste der größeren Bäume waren äußerst attraktive Zeichenmotive.

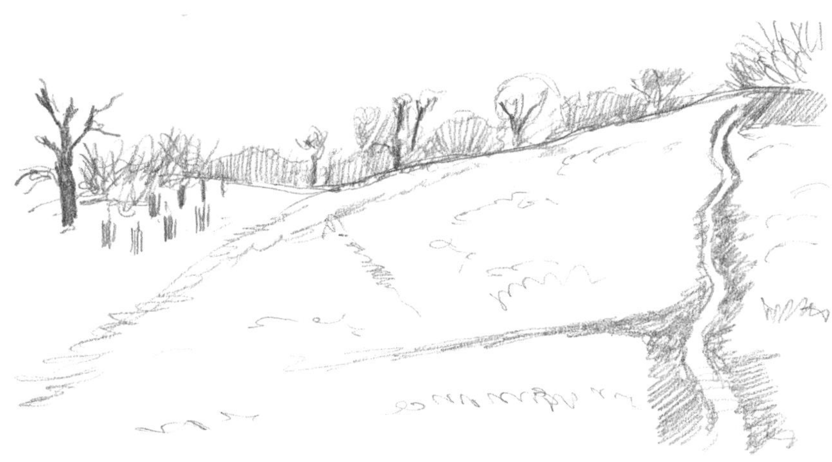

Dann wanderte ich weiter zu einem offeneren Gelände, wo sich ein Hang zu einigen Gehölzen in der Ferne hinaufzog, was ich rasch in einer Skizze festhielt. Dann entdeckte ich einen großen umgestürzten Baum, der langsam verrottete. Ich zeichnete ihn von einer Seite aus, ging näher heran und um ihn herum zur anderen Seite, damit ich ihn mit möglichst vielen Details zu Papier bringen konnte – ein Baum, wie geschaffen für den Vordergrund eines Landschaftsbildes.

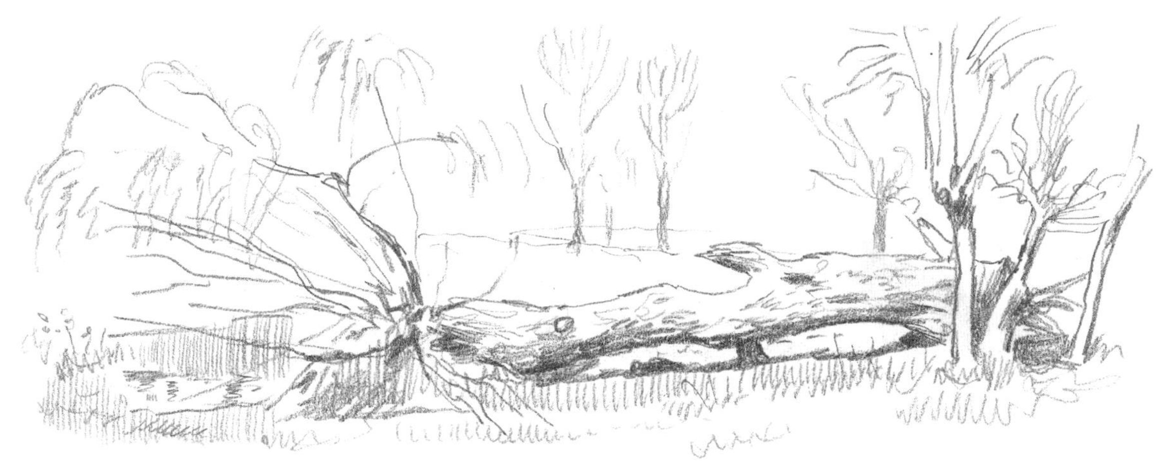

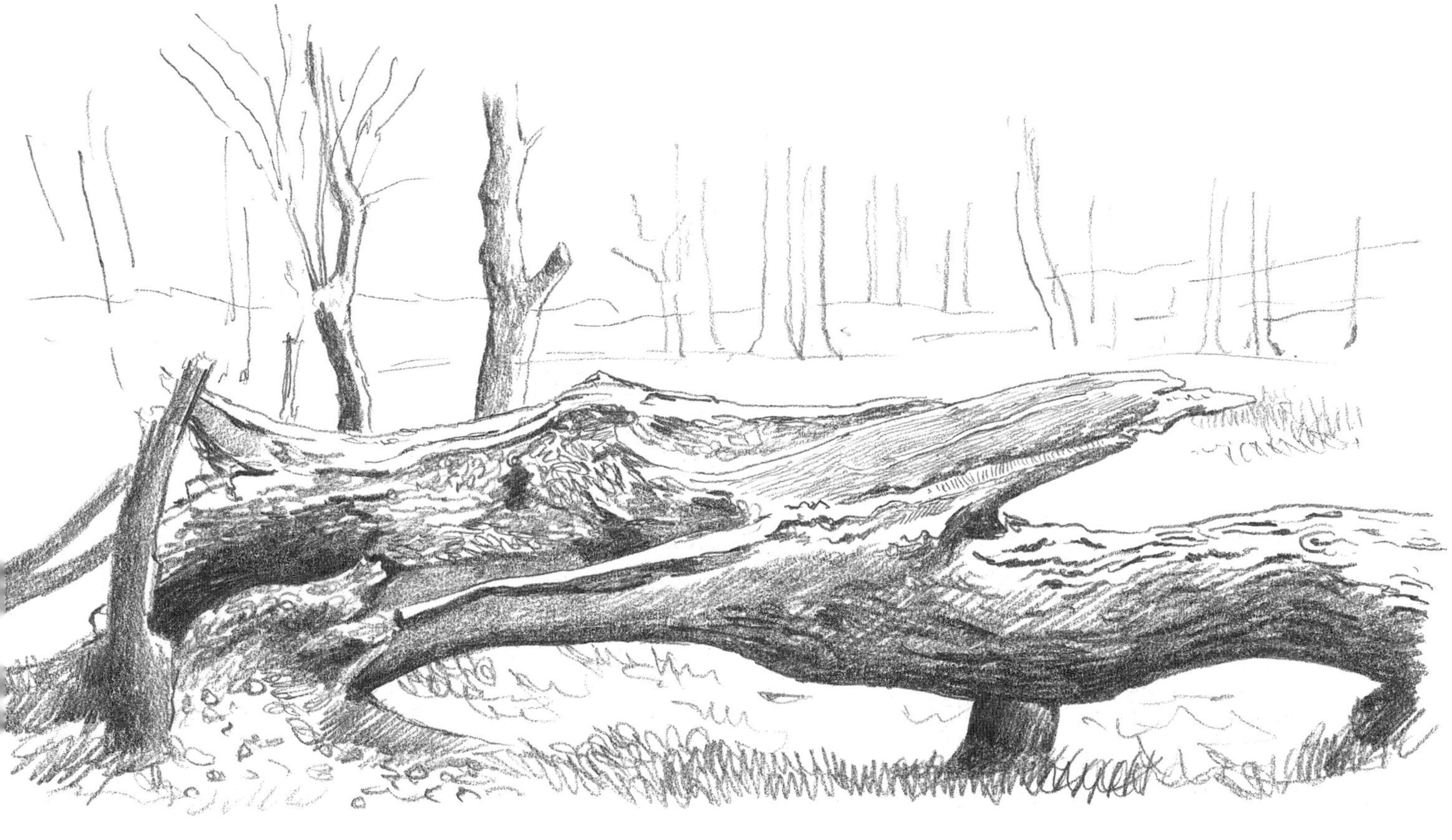

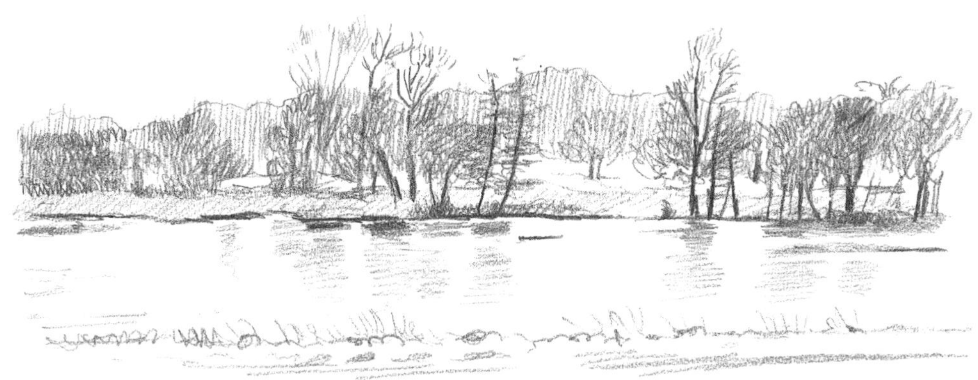

Danach entstand eine flüchtige Skizze vom See in der Ferne, ganz ohne Bäume im Vordergrund. Diese Ansicht könnte sich als Hintergrundmotiv eignen. Wie Sie sehen, begann ich bereits, ein mögliches Landschaftsbild zu komponieren, ohne mich jedoch bereits festzulegen.

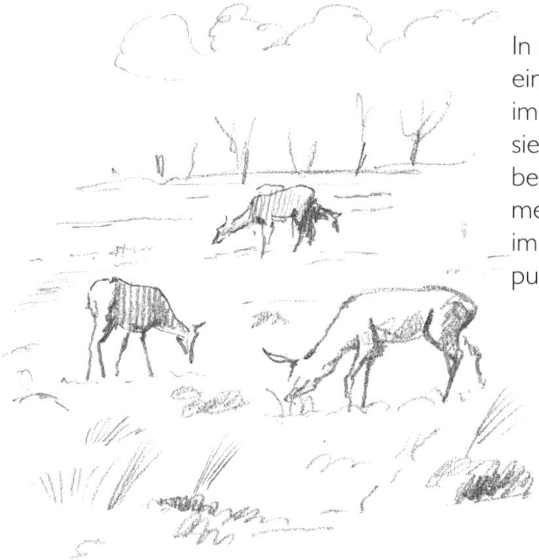

In der Ferne bemerkte ich eine kleine Hirschherde, die im Park lebt, und skizzierte sie rasch. Ich konnte nicht besonders nahe herankommen, doch die Tiere könnten im fertigen Bild als Blickpunkte dienen.

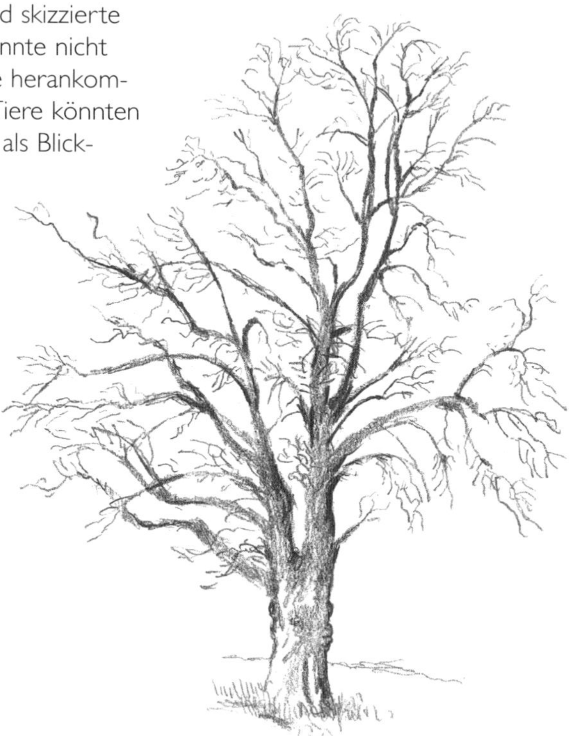

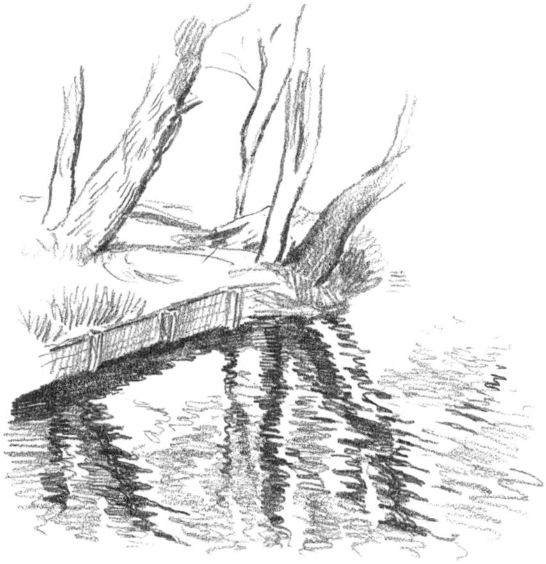

Dann ging ich weiter den Hügel hinunter auf ein Flüsschen zu, zeichnete unterwegs einen reizvollen Baum und einen Teil der Spiegelungen auf der Wasseroberfläche. Allerdings betrieb ich das nicht sehr gründlich, denn nun wurde mir klar, dass ich bereits entschieden hatte, was und wo ich zeichnen wollte.

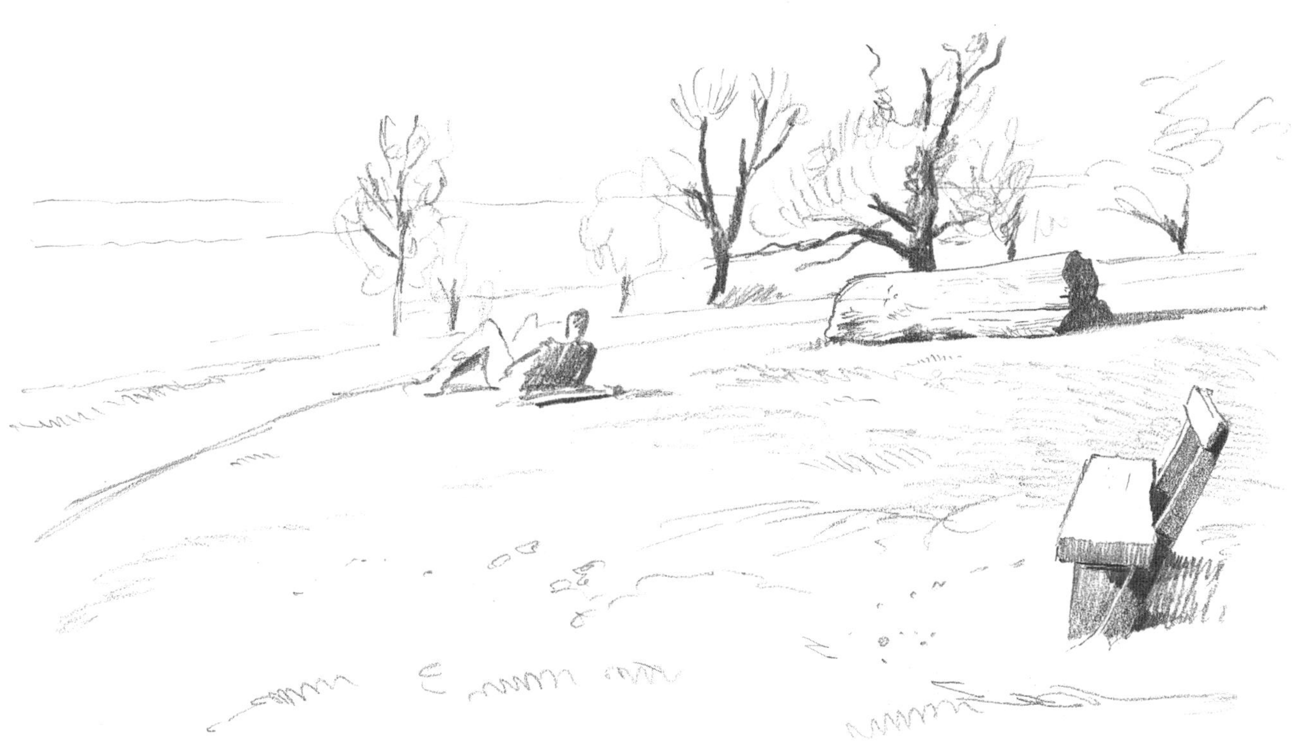

Oben auf dem Hügel hielt ich noch den Stamm eines gefällten Baumes in einer Skizze fest, außerdem einen auf der Wiese liegenden Mann sowie eine Holzbank. In der Nähe stand der beeindruckende Stamm eines abgestorbenen Baumes, geborsten und verdreht. Diese schöne skulpturartige Form könnte ein Motiv für den Bildvordergrund ergeben.

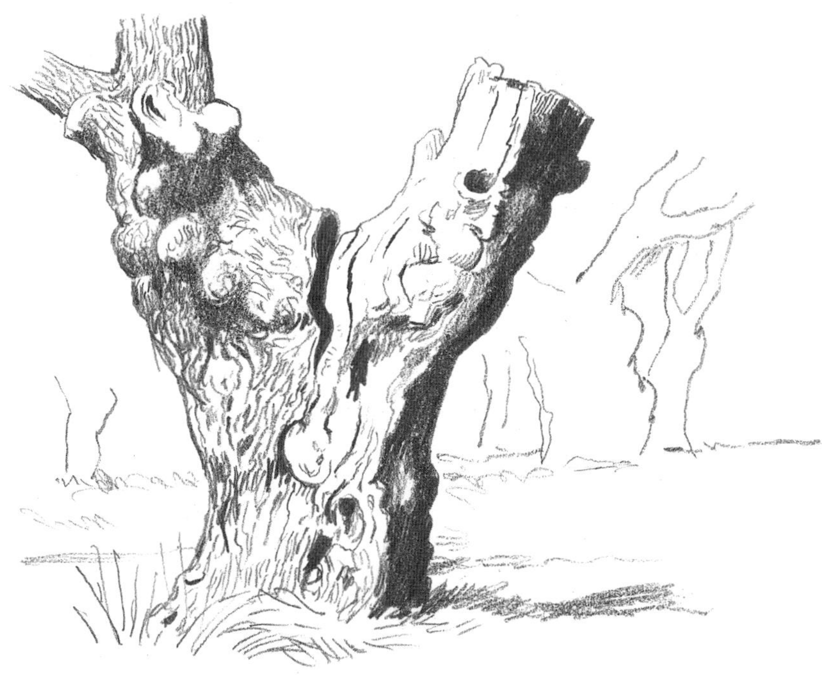

Schritt 1

Der Blick meines Landschaftsbildes könnte einen Hang hinaufführen, mit einem großen abgestorbenen Baumstamm, der im Vordergrund quer über einem Pfad liegt. Auch stellte ich mir ein paar Hirsche vor, die irgendwo im Bild erscheinen – mit anderen Worten: Meine Landschaftszeichnung sollte eine Komposition aus verschiedenen Ansichten werden. Anhand einer groben Skizze prüfte ich, wie das Werk aussehen könnte.

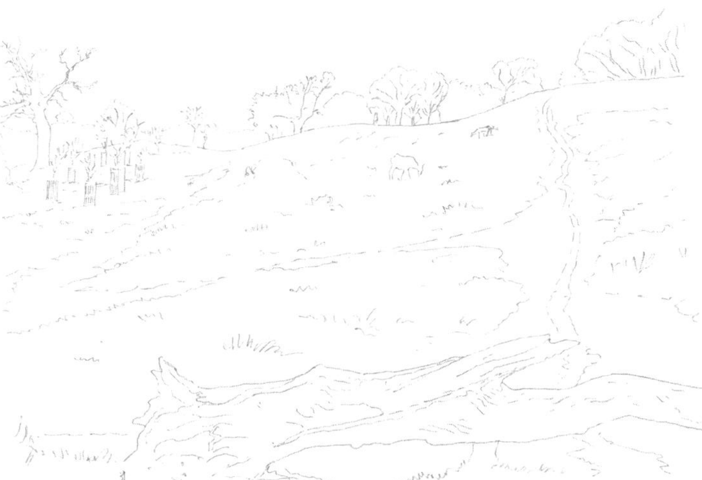

Schritt 2

Als ich merkte, dass das Arrangement gelingen könnte, machte ich mit einer Umrisszeichnung weiter. In diesem Stadium ließen sich noch leicht jegliche kompositorische oder zeichnerische Schwierigkeiten aus dem Weg räumen.

Schritt 3

Als alle erforderlichen Korrekturen erledigt waren, begann ich schließlich damit, die Texturen und Tonwerte einzufügen, um dem Bild etwas mehr Dichte zu verleihen. In dieser Phase wählte ich zuerst einen gleichmäßigen, sehr hellen Grauton, auch für den Fall, dass ich noch etwas ändern müsste.

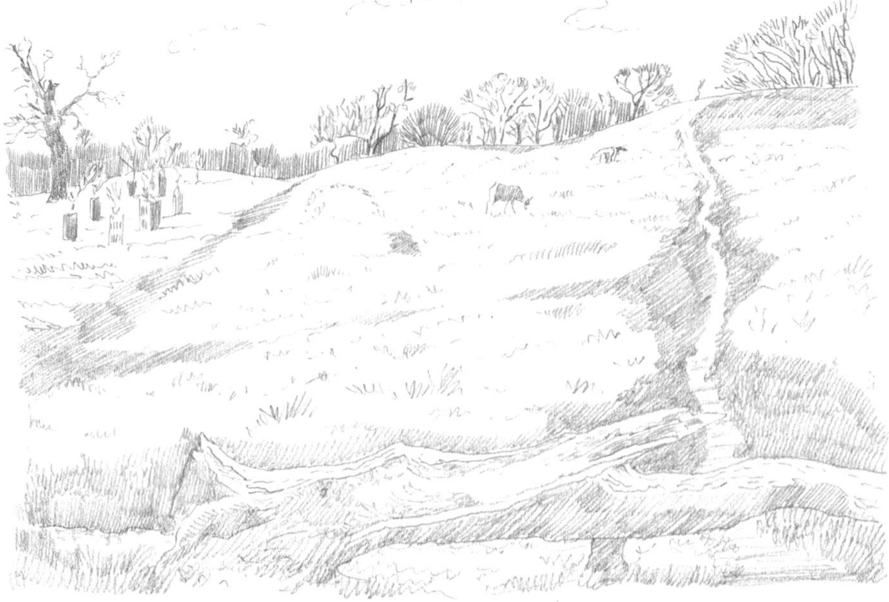

Schritt 4

Dann kam die letzte Anstrengung: Ich musste die Tiefe, also das Gefühl von Raum und Weite, erzeugen, denn gerade das soll der Betrachter in meiner Zeichnung wahrnehmen. Die Hirsche verlieren sich fast auf dem Abhang, dennoch bilden sie in dieser Komposition einen dezenten Blickfang. Der leicht gewundene Weg den Hang hinauf zieht den Blick des Betrachters ins Bild hinein. Der geschwungene Hügelhorizont hingegen lenkt den Blick über das Bild zu dem abgestorbenen Baum ganz links im Bild.

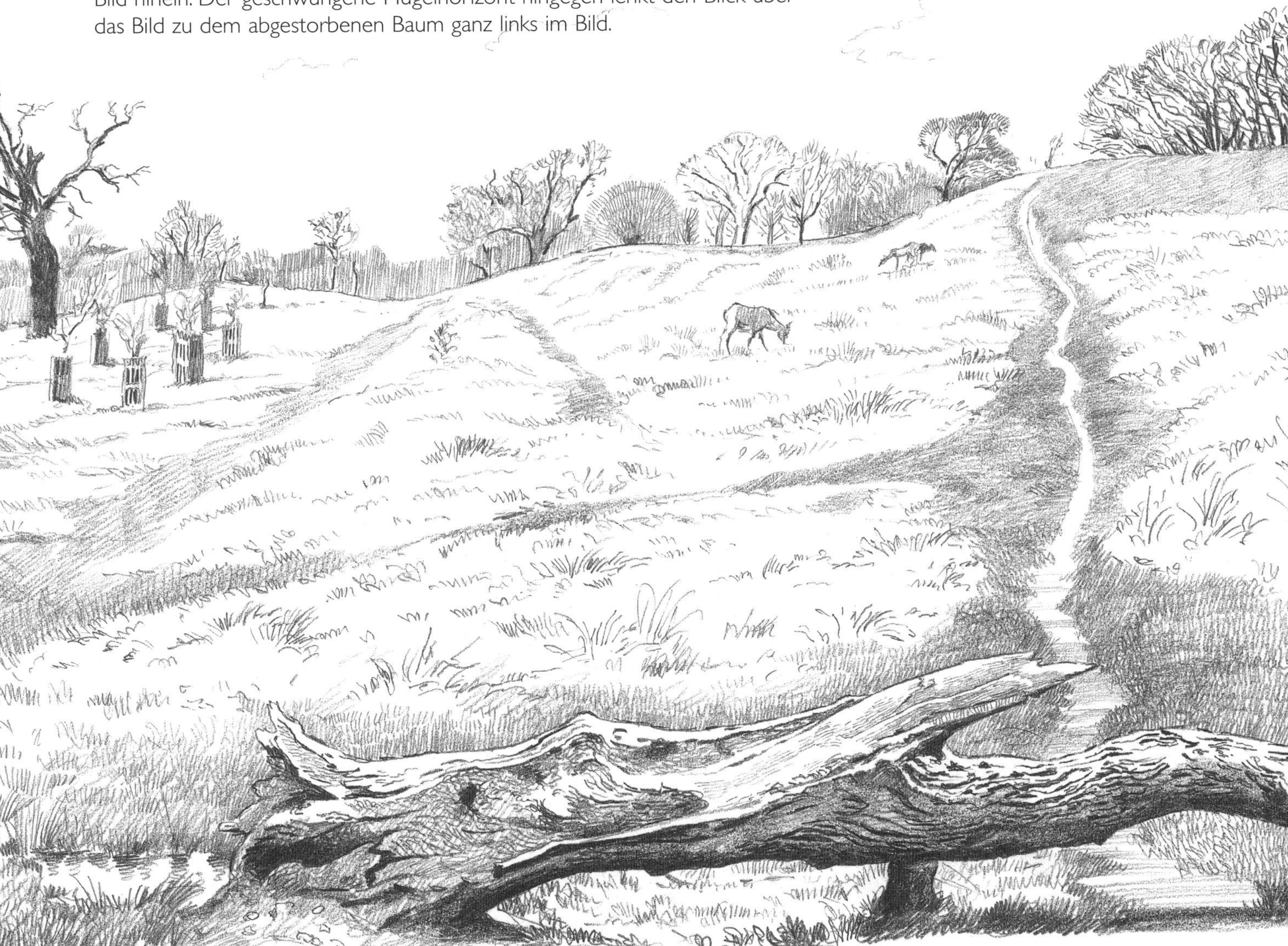

Das gesamte Projekt erfordert Geduld und Entschlossenheit, denn das Landschaftszeichnen kann viel Zeit beanspruchen. Um mich draußen auf eine Landschaft einzulassen, wähle ich stets die beste Tageszeit. Doch sind Sie erst einmal ins Zeichnen vertieft, merken Sie natürlich, wie Sie länger und länger an Ihren Lieblingsmotiven arbeiten. Machen Sie unbedingt weiter, bis Sie einige Fortschritte feststellen. Jedoch sollten Sie sich auch ernsthaft an solche Dinge heranwagen, die Sie bisher nicht inspiriert haben. Sie werden feststellen, dass das Verfeinern Ihrer Zeichenkünste in einem Bereich plötzlich auch einen anderen reizvoller macht.

Tatsächlich kann sich ein Künstler für alles interessieren, deshalb finde ich es so lohnend, das Zeichnen zu beherrschen. Daher wünsche ich Ihnen viel Glück bei all Ihrem Bemühen. Und ich hoffe, dieses Buch kann Sie ein Stück dabei begleiten, das zu erreichen, was Sie sich in der Welt der Kunst erhoffen.